"跨文化研究"丛书（第三辑）

[法]金丝燕　董晓萍　总主编

乐黛云　陈越光　主编

全球视野下的中国文化本位

《跨文化对话》第17辑至36辑精选 I

中国人民大学出版社
· 北京 ·

教育部人文社会科学重点研究基地重大项目
"跨文化学理论与方法论"
（项目批准号：16JJD750006）

综合性研究成果

教育部人文社会科学重点研究基地
北京师范大学民俗典籍文字研究中心
资 助 出 版

总　序

本丛书属于教育部"十三五"规划"高校人文社会科学重点研究基地重大项目"，由教育部人文社会科学重点研究基地北京师范大学民俗典籍文字研究中心承担执行。

跨文化学发端于北京大学，学科奠基人是乐黛云先生，乐先生同时也是我国比较文学专业的开创者，以往我国跨文化研究的成果也大都集中于这个领域。在法国，由新一代汉学家金丝燕教授领衔，已经开展跨文化学研究多年。北京师范大学跨文化学学科建设之不同，在于将跨文化学由原来的比较文学研究向以中国文化为母体的多元文化研究全面推进，让这一吸收世界前沿学说并提倡平等对话的学科在中国本土扎根更牢，同时也让中国文化研究成果通过跨文化的桥梁与世界对话。这种学科的转向是经过长期准备的。

北京师范大学近年连续举办了"跨文化学研究生国际课程班"一级平台教学课程，乐黛云先生、法国著名汉学家汪德迈（Léon Vandermeersch）先生、中国传统语言文字学家王宁先生和民俗学家董晓萍教授等联袂教学，将跨文化研究向传统语言文字学和民俗学等以使用中国思想材料为主的学科推进，促进多元文化研究与跨文化学学科建设的整体关联理论付诸实践。令人欣喜的是，此观点得到了加盟此项目的海外汉学家的一致响应，因此，这套丛书，也可以说，是在这批中外教授的共同努力下，在他们以跨文化为视野和从中外不同角度研究中国文化的学术成就中，在经过中外师生对话的教学实践后，所精心提炼的一部分研究成果。

与开拓跨文化学学科一道，我们同步进行了跨文化学研究生的培养工作，此项工作得到了北京师范大学研究生院的大力支持。我们希望通过这种双向推进，为跨文化学理论和方法论的建设积跬步之力，也为中外高校跨文化学研究生的高级人才培养履行社会责任。希望这套丛书的出版能够帮助我们接近这个目标。

"跨文化研究"丛书编辑委员会

2016 年 10 月 27 日

目　录

跨文化研究方法论

文化比较：方法与阅读

序　言

乐黛云　陈越光

　　跨文化研究已成为全球性热门话题。据不完全统计，全球有 190 多所大学和研究机构启动了跨文化研究的项目、课程和学术文化交流活动。中国思想文化界对于跨文化对话的理想和实践，始于 20 世纪 80 年代，成行于 90 年代初，1996 年和 2015 年是两个重要的时间节点。1996 年在南京大学召开的"文化的差异与共存"国际学术讨论会，确定了在以往学术会议、中外文论文集的基础上，由北京大学、南京大学、欧洲跨文化研究院三方合作创刊《跨文化对话》，并于 1998 年出版第一辑。它是跨文化研究领域中创刊最早、历史最久、影响最大的中文刊物，是中法合作的产物，也是 CSSCI 来源集刊。2015 年，北京师范大学设立全球第一个跨文化学研究生专业，开始招收该方向的博士和硕士研究生。2016 年 9 月，教育部人文社会科学重点研究基地北京师范大学民俗典籍文字研究中心承担的教育部重大项目"跨文化方法论研究"的成果——"跨文化研究"丛书首批著作出版，国务院新闻办公室专门发布了丛书出版消息，引起国内外的关注；12 月，北京师范大学与敦和基金会共建的北京师范大学跨文化研究院正式成立，标志着跨文化研究以及中国和世界跨文化对话平台的形成，它将召集更多的有志于人类和平事业的同道，特别是青年一代高层人才，投身于这项事业。

　　为了推动这项事业，建设跨文化学的编年学是十分必要的。摆在读者面前的这两本书，是我们在这方面付出的一种努力，它们由 2005 年第 17 辑至 2016 年第 36 辑《跨文化对话》近 800 万文字中的精选文章组成。根据我们的研究目标，这两本书旨在展现跨文化研究最近十年的研究视野与方法论探索。当然，这两本中的选文历时较长，一些文中的表述带有当时的印痕，但因涉及中外对话、多元交织，在不违背编辑原则的前提下，大都保留了作者行文的原貌，希望为有志于从事这门新兴学科建设的研究者和关心全球化背景下中国文化与世界文化发展的中外同道（特别是青年学人），提供基础、多样化而前沿的学术视野。

其中，第一本名为《全球视野下的中国文化本位》，包括三个专题："全球视野下的中国文化本位""跨文化研究方法论""文化比较：方法与阅读"。第二本名为《全球治理、国家治理与社会治理》，包括四个专题："对话：历史、社会、人生""科学与人文""信仰与文化""全球治理、国家治理与社会治理"。上述所有专题既具有整体性的视野，又分别具有相对独立的观察视角和研究成果。读者将两本合起来，可以大体看到近年跨文化研究的主题。

为什么要突出"全球视野下的中国文化本位"和"全球治理、国家治理与社会治理"这两个关注点呢？

21世纪初，世界格局出现了一个全新维度，就是中国因素的加入。中国走向世界，在改变自己中影响世界，在发展自己中促进世界。这种在开放中变迁、在碰撞中融合的过程自然是一个跨文化对话的过程，而要展望这一过程的未来方向，要问在这一过程中中国的积极因素是否能够持续，就必然要加深对中国文化精神的理解，就不能不审视全球化背景下中国文化自觉和中国文化自信。

同时，我们知道，跨文化学在中国的历程，起步于比较文学和比较文化的专业研究，但是，在今天，它的研究已深入到历史学、哲学、美学、政治学、社会学、民俗学、文献学、语言文字学和科技史学等学科领域，它的问题意识紧扣"理解我们时代的思想和行动"，从地方治理与全球治理的观念和伦理原则，到新的社会协同策略，再到公民责任，都进入它的视野，所以，我们需要在"我们的世界相互依存，人与生物圈相互依存"的观念下，认识全球治理、国家治理与社会治理。

跨文化是桥，我们要通过跨文化之桥，深入到不同文明、不同文化、不同民族精神的深层结构中去。从这个意义上说，这两本书不仅是一个历史的回顾，而且也能够成为读者了解跨文化研究之桥。

2017 年 12 月 18 日

全球视野下的中国文化本位

儒学的现代意义*

汤一介

　　儒学的复兴和中华民族的复兴是分不开的，这是由历史原因形成的。儒学自孔子起就自觉地继承着夏、商、周三代的文化，从历史上看它曾是中华民族文化发育、成长的根，我们没有可能把这个根斩断。如果我们人为地把中国民族曾经赖以生存和发展的根斩断，那么中华民族的复兴就没有可能了。因此，我们只能适时地在传承这个文化命脉的基础上，使之更新。就目前人类社会现实情况看，我估计在21世纪，儒学作为一种精神文化在中国，甚至在世界（特别是在东亚地区），都会有新的大发展。为什么儒学会有一个新的大发展？原因当然是多方面的，有政治的、经济的原因，但与西学（主要指作为精神文化的西方哲学等）对中国传统文化（特别是儒学）所进行的全方位的冲击有着密切的关系。正是西学对中国文化的冲击，使得我们对自身文化传统有个自我反省的机会。我们逐渐知道，在我们的传统文化中应该发扬什么和应该抛弃什么，以及应该吸收什么。因而在长达一百多年中，我们中国人在努力学习、吸收和消化西学的过程中，为儒学从传统走向现代奠定了基础。

　　由于在21世纪，我们国家提出建设和谐社会的要求，而我国传统儒家思想包含着和谐社会的理想以及可以为建设和谐社会提供大量的思想资源。《礼记·礼运》中的大同思想可说为中华民族勾画出了最为重要的和谐社会的理想。《易经》中的太和思想经过历代儒学思想家的发挥，已具有普遍和

　　* 原载《跨文化对话》，第22辑，3～9页，南京，江苏人民出版社，2007。

谐的意义，所以王夫之说太和是"和之至"。《论语》中的"礼之用，和为贵""和而不同"，《中庸》的"中和"，以及朱熹对"中和"的解释，等等，为中国哲学提供了一种世界观和思维方式。所有这些都是我们今天建设和谐社会的有意义资源。德国哲学家雅斯贝尔斯曾提出"轴心时代"的观念。他认为，在公元前 500 年前后，在古希腊、以色列、印度、中国都出现了伟大的思想家。在古希腊有苏格拉底、柏拉图，以色列有犹太教的先知，印度有释迦牟尼，中国有孔子、老子等，形成了不同文化传统。这些文化起初并没有互相影响，都是独立发展起来的。这些文化传统经过两千多年的发展，在相互影响中已成为人类文明的主要精神财富。当今，出现了世界各地的思想界对"新轴心时代"的呼唤，这就要求我们更加重视对古代思想智慧的温习与发掘，回顾我们文化发展的源头，以响应世界文化发展的新局面。雅斯贝尔斯说："人类一直靠轴心时代所产生的思考和创造的一切而生存，每一次新的飞跃都回顾这一时期，并被它重新燃起火焰。自此以后，情况就是这样。轴心期潜力的苏醒和对轴心期潜力的回忆，或曰复兴，总是提供了精神力量。对这一开端的复归是中国、印度和西方不断发生的事情。"例如，我们知道，欧洲的文艺复兴就是把其目光投向其文化的源头古希腊文明，而使欧洲文明重新燃起新的光辉，而对世界产生重大影响。中国的宋明理学（新儒学）在印度佛教文化的冲击后，充分吸收和消化了佛教文化，"出入佛老，而反求之六经"，再次回归先秦孔孟而把中国儒学提高到一个新的水平，并对朝鲜半岛、日本、越南的文化产生过重大影响。当今在全球化的形势下，作为"轴心文明"重要一支的孔子的儒家文化，在长达一百多年西方文化的冲击下，我们可以预见它将得以苏醒，得以复兴，以贡献于人类社会。

由于儒学是历史的产物，在我国历史上对它就有种种不同的看法，特别是在西学进入后，对它的看法更是五花八门，有褒有贬，直到最近对儒学的看法也是众说纷纭。有的学者提出重建中国儒教的构想。他们认为："必须全方位地复兴儒教，以应对西方文明全方位的挑战。"因此，主张把儒教立为国教，在我国恢复所谓自古以来的"政教合一"。而对这样的观点，有来自两个方面的批评：一方面是来自自由主义派学者，认为"儒教救国论"是对当代民主政治的反动，是对平等观念的践踏。把儒教立为国教，将会使"儒教意识形态化，为专制主义服务"。另一方面是来自马克思主义学者，他们认为，"儒教救世的想象实质是道德作用的自我夸大"，也是"以天道性命的形上学来追求王道政治，这样只能重踏封建专制的陷阱"，"真正的救世主只能是马克思主义"。还有一批学者，他们从维护和发扬儒家思想出发，对儒学做充分的肯定，以实现儒学的现代化，例如现代新儒家认为内圣之学可以开出适合现代民主政治的外王之道，儒家的心性之学可以发展出科学的认识论系统。有的学者还提出文化中国的观点。这些看法，也受到众多学者的质疑。当然还有一些学者认为，孔子的儒家学说是维护专制统治的工具，在五四运动时期已被否定，今天再把它推崇到至高地位，无疑是历史的倒退。北京大学有一位学者认为，北京大学是五四运动的发源地，要在北京大学建立孔子学院或儒学院，有悖于五四精神。如此等等。对儒学的看法真是仁者见仁，智者见智了。有上述种种看法，并且可以公开讨论，说明我们的社会在进步，因为学术文化问题只能自由讨论，在贯彻"双百"的方针下不断进行的理性的对话中前进。

由于儒学是历史的产物，又有两千多年的历史，因此对它有种种不同的看法应该是很自然的。在今天全球化、现代化的时代，怎样看儒学，我认为也许可以从三个不同的角度来考察儒学，一是政统的儒学，二是道统的儒学，三是学统的儒学。

第一，政统的儒学。儒学曾长期与中国历代政治结合，它的"三纲六纪"无疑对专制统治起过重要作用。儒家特别重视道德教化，因而在一定程度上对中国社会起着稳定的作用。但是，把道德教化的作用夸大，使中国重人治而轻法治，将很容易使政治道德化而美化政治统治，又容易使道德政治化而使道德成为政治服务的工具。总的说来，对当今的社会来说政统的儒学存在着较多的问题。

第二，道统的儒学。任何一个成系统有历史传承的学术派别，必有其传统，西方是如此，中国也是如此，中国历史上有儒、道、释三家，都有其传统。儒家以传承夏、商、周三代文化为己任，并且对其他学术有着较多的包容性，它主张"万物并育而不相害，道并行而不相悖"。但既成学派，难免会有排他性。因此，对道统的过分强调就可能形成对其他学术文化的排斥，而形成对异端思想的压制。而在历史上出现的某些异端思想，恰恰是对主流思想的冲击，甚至颠覆，将为新的思想发展开辟道路。

第三，学统的儒学。指其学术思想的传统，包括它的世界观、思维方法和对真、善、美境界的追求等，儒学在这些方面可提供的有意义的资源较为丰厚，应为我们特别重视。基于此，当前，甚至以后，对儒学不应政治意识形态化，学术最好归学术。而且儒学应更具有海纳百川的气度，在与各种文化的广泛对话中更新自己。

既然我们对儒学要特别重视的是其学统，那么我们应该如何从学统的角度来看儒学（当然，对其他学术文化的传统也应如此看），我有以下四点看法：

第一，要有文化上的主体意识。任何一个民族的生存与发展必须植根于自身文化土壤，只有对自身文化有充分的理解与认识、保护与发扬，它才能适应自身社会合理、健康发展的要求，它才有吸收和消化其他民族文化的能力。一个没有能力坚持自身文化的自主性的民族，也就没有能力吸收和融化其他民族的文化以丰富和发展其自身文化，它将或被消灭，或被同化。

第二，任何文化要在历史长河中不断发展，必须不断地吸收其他民族文化，在相互交流与对话中才能得到适时的发展和更新。罗素说得对："不同文明之间的交流过去已经多次证明是人类文明发展的里程碑。"在历史上，有着中华文化吸收和融化外来印度佛教文化的宝贵经验，应该受到重视。在今天的全球化时代，面对西方的强势文化，我们应更加善于吸收和融化西方文化和其他各民族的优秀文化，以使中华文化更具有世界意义。

第三，社会在不断发展，思想文化在不断更新，但古代思想家提出和思考的文化（哲学）问题，他们思想的智慧之光，并不因此就会过时，他们思考的问题和路子以及理念有些可能是万古常新的。

第四，任何历史上的思想体系，甚至现实存在的思想体系，没有完全正确的，没有放之四海而皆准的绝对真理的学说，它必然有其局限性，往往包含着某些内在矛盾，即使其中具有普遍意义（价值）的精粹部分也往往要给以合理的现代诠释。恩格斯在《〈反杜林论〉的准备材料》中说："**体系学**在黑格尔以后就不可能有了。世界表现为一个统一的体系，即一个有联系的整体，这是显而易见的，但是要认识这个体系，必须先认识**整个**自然界和历史，这种认识人们**永远不会**达到。因此，谁要建立体系，他就只好用**自己的臆造**来填补那无数的空白，也就是说，只好**不合理地**幻想，玄想。"罗素在其《西方哲学史》中说："不能自圆其说的哲学绝不会完全正确，但是自圆其说的哲学满可以全盘错误。最富有结果的各派哲学向来包含着显眼的自相矛盾，但是正为了这个缘故才部分正确。"我认为这两段话对我们研究思想文化都很有意义。因为任何思想文化都是在一定历史条件下产生的，它不可能完全解决人类社会今天和明天的全部问题，对儒学来说也是一样的。正因为儒学是历史中的一种学说，才有历代各种不同的诠释和批评，而今后仍然会不断出现新的诠释、新的发展方向、新的批评，还会有儒家学者对其自身存在的内在矛盾的揭示。人类社会在进入全球化时代后，不断反思儒学存在的问题（内在矛盾），不断给儒学新的诠释，不断发掘儒学的真精神中所具有的普遍性意义和特有的理论价值，遵循我们老祖宗的古训"日日新，又日新"自觉地适时发展和更新其自身，才是儒学得以复兴的生命线。

复兴儒学要有问题意识。当前我国社会遇到了什么问题，全世界又遇到了什么问题，是复兴儒学必须考虑的问题。对问题有自觉性的思考，对问题有提出解决的思路，由此而形成的理论才是有真价值的理论。当前，我国以及全世界究竟遇到些什么重大问题？近一二百年来，由于对自然界的过度开发、残酷掠夺，造成生态环境的严重破坏。人们对物质利益的片面追求和权力欲望的无限膨胀，造成了人与人之间以及国家与国家之间的矛盾与冲突，以至于发生了残酷的战争。由于过分注重金钱和感官享受，致使身心失调、人格分裂，造成自我身心的扭曲，已成为一种社会病。因此，当前人类社会需要解决，甚至今后还要长期不断解决的人与自然、人与人（"人与社会""国与国""民族与民族"）、人自我身心之间的种种矛盾问题，无疑是人类要面对的最大课题。其中人的问题是关键。

儒学可有的贡献有以下几点。

第一，儒家的天人合一（合天人）的观念将会为解决人与自然之间的矛盾提供某些有意义的思想资源。1992 年世界上 1 575 名科学家签署的《世界科学家对人类的警告》说："人类和自然正走上一条相互抵触的道路。"造成这种情况不能说与西方哲学中曾长期存在的"天人二分"的思维模式没有关系。罗素在《西方哲学史》中说："笛卡儿的哲学……它完成了或者说极近完成了由柏拉图开端而主要因为宗教上的理由经过基督教发展起来的精神与物质二元论……笛卡儿体系提出来精神和物质是两个平行而彼此独立的世界，研究其中之一能不牵涉另外一个。"这就是说，西方哲学长期把天和人看成相互独立的，研究天可以不牵涉人，研究人也可以不牵涉天，这自然是一种"天人二分"的思维模式。① 而中国天人合一学说是说在天和人之间存在着相即不离的内在关系，研究其中一个必然要牵涉另外一个。《周易》是中国思想最古老的书，它是中国哲学的源头。郭店楚简《语丛一》："《易》，所以会天道、人道也。"《周易》是一部会通天道、人道所以然的道理的书。故朱熹说："天即人，人即天。人之始生，得之于天；即生此人，则天又在人矣。"天离不开人，人也离不开天。人初产生时，虽然得之于天，但是一旦有人，天的道理就要由人来彰显，即人对天就有了责任。如果人能对天有所敬畏，尽其保护之责，则人与天就自然和谐了。天人合一作为一种世界观和思维模式，它要求人们不能把人看成是和天对立的，这是由于人是天的一部分，破坏天就是对人自身的破坏，人就要受到惩罚。因此，天人合一学说认为，"知天"（认识自然，以便合理地利用自然）和"畏天"（对自然应有所敬畏，要把保护自然作为一种神圣的责任）是统一的。"知天"而不"畏天"，就会把天看成一死物，不了解"天"乃是有机的、生生不息的刚健大流行；"畏天"而不"知天"，就会把天看成外在于人的神秘力量，而使人不能真正得到天（自然）的恩惠。所以天人合一学说要求人担当起合理利用自然又负责任地保护自然的使命。

第二，人我合一（同人我）的观念将会为解决人与人（社会）之间的矛盾提供某些有意义的思想资源。人我合一是说在自我和他人之间存在着一种相即不离的关系。为什么自我和他人之间存在着相即不离的关系？郭店楚简《性自命出》说："道始于情。"人世间的道理（人道）是由感情开始的，这正是孔子仁学的出发点。孔子的弟子樊迟问仁，孔子回答说："爱人。"这种爱人的品质由何而来呢？《中庸》引孔子的话说："仁者，人也，亲亲为大。"仁爱的品德是人本身所具有的，爱自己的亲人是最根本的。但孔子的儒家认

---

① 《怀德海的〈过程哲学〉》（载上海《社会科学报》，2002 年 8 月 15 日）中说："（怀德海）的过程哲学（process philosophy）把环境、资源、人类视为自然中构成密切相连的生命共同体，认为应该把环境理解为不以人为中心的生命共同体。这种新型生态伦理，对于解决当前的生态危机具有重要的现实意义。过程哲学是生态女性主义的思想之根，因为生态女性主义的哲学基础是彻底的非二元论，是对现代二元思维方式的批判，而怀德海有机整体观念，正好为它提供了进行这种批判的理论根据。"可见，现代一些西方哲学家已经对"天人二分"的二元对立的思维模式做出反思，并且提出了由自然与人构成"密切相连的生命共同体"。

为仁爱不能停留在只是爱自己的亲人，而应该由"亲亲"扩大到"仁民"。所以郭店楚简《五行》中说："亲而笃之，爱也；爱父继之爱人，仁也。"如果把爱自己的亲人扩大到爱他人，那么社会不就可以和谐了吗？如果一个国家、一个民族把对自己国家、自己民族的爱扩大到对别的国家、别的民族的爱，那么世界不就可以和平了吗？把"亲亲"扩大到"仁民"，就是要行仁政。在《论语》中虽然没有出现"仁政"两字，但其中确处处体现着仁政思想，如"博施于民，而能济众""举贤才""泛爱众""道之以德，齐之以礼"等讲的都是仁政。孔子的继承者孟子讲仁政，意义也很广泛，我认为最重要的是他说的："民之为道也，有恒产者有恒心，无恒产者无恒心。"意思是说，老百姓有一个基本情况：有一定的固定产业，才能有一定的道德观念和行为准则；没有一定的固定产业，怎么能有相应的道德观念和行为准则呢？所以孟子说："夫仁政，必自经界始。"仁政，首先要使老百姓有自己可以耕种的土地。我想，我们今天要建设和谐社会，首要之事就是要使我们的老百姓都有自己的固定产业；就全人类说，就是要使各国、各民族都能自主地拥有其应有的资源和财富，强国不能掠夺别国的资源和财富以推行强权政治。所以，人与人、国家与国家之间应协调和相互爱护的人我合一思想对建设和谐社会、和谐世界应是有意义的。

第三，身心合一（一内外）说将会为调节自我身心内外的矛盾提供某些有意义的思想资源。身心合一是说肉体生命与精神生命之间存在着一种相即不离的和谐关系。儒家认为达到身心合一要靠修身。郭店楚简《性自命出》中说："闻道反己，修身者也。"意思是说，知道了做人的道理，就应该反求诸己，这就是修身。所以《大学》认为，修身、齐家、治国、平天下，"自天子以至庶人，壹是皆以修身为本，其本乱而末治者否矣"。《中庸》里面也说："为政在人，取人以身，修身以道，修道以仁。"社会靠人来治理，让什么人来治理要看他自身的道德修养，修养是以符合不符合道为标准，要做到使社会和谐就要有仁爱之心。这里，把个人的道德修养（修身）与仁联系起来，正说明儒家思想的一贯性。郭店楚简《性自命出》中说："修身近至仁。"修身应该达到实现仁的境界。因此，儒家讲修身不是没有目标的，而是为了齐家、治国、平天下，即希望建设和谐社会。《礼记·礼运》中所记载的天下为公的大同社会就是儒家理想和谐社会的蓝图。如果一个社会有了良好的制度，再加之以有道德修养的人来管理这个社会，社会上的人都能

"以修身为本"，那么这个社会也许就可以成为一个和谐社会，世界就可以成为和谐世界了吧！

从儒家看，要解决上述的种种矛盾，"人"是关键。因为人是天地的核心，只有人才可以"为天地立心，为生民立命，为往圣继绝学，为万世开太平"。是不是我们可以说，当今人类社会遇到的问题，儒学可以为其提供某些有意义的思想资源？善于利用儒学资源来解决当今人类社会存在的种种问题，是不是可以说为儒学的复兴提供了机会？当然，我们必须注意到，孔子的儒家思想并不能全盘解决当今人类社会存在的诸多复杂问题，它只能给我们提供思考的路子和有价值的理念（如世界观、人生观、价值观等理念），启发我们用儒学的思维方式和人生智慧，在给这些思想资源以适应现代社会和人类社会发展前途新诠释的基础上，为建设和谐的人类社会做出它可能做出的贡献。

司马迁说的"居今之世，志古之道，所以自镜也，未必尽同"是很有道理的名言。我们生活在今天，要了解自古以来治乱兴衰的道理，把它作为一面镜子，但是古今不一定都相同呀！因此，我们今天的任务是对自古以来的有价值的思想（包括儒家思想）进行现代诠释，创造适应现代社会需要的新理论。

文化转场*

——汪德迈对中国思想的研究

［法］金丝燕

2015 年 11 月 15 日，星期天，上午九点半，汪德迈（Léon Vander-
meersch）先生推开索尔邦广场一侧的"书桌"（L'écritoire）咖啡馆大
门，在紧靠吧台的老位置坐下，"快速！"他点道。"快速"（Expresso）
是法国人说的"紧咖啡"（Caféserré）。年轻的老板米郎亲自招待，米郎
是塞尔维亚人，在亚洲住过。

"坐地铁来，空无一人，除了我。"汪先生说。两天前巴黎遭遇恐怖
袭击，但我们的周日工作坊照常进行。十一点半，一位女士来到我们桌
旁："我多么感动！在这样的情况下，你们还在继续文化思考。"然后转
身走了。苦难催醒人心里的妙觉。

第二天，阿尔多瓦大学承办的法国国家教育部的北部学区汉语教师
培训因国家进入紧急状态被取消。培训项目负责人、法国国家汉语总督
学白乐桑（Joël Bellassen）与我，依旧乘清晨高速地铁去学校，我们照
常上课。车上，我给白乐桑看汪德迈新著的汉译本《中国思想的两种理
性：占卜与表意》（北京，北京大学出版社，2016）的清样，白乐桑很兴
奋："等了好久啦，汉译本！翻译与知性对话交错，一个独特的跨文化
工作坊。为什么不写呢？"于是，我为该书写此文。

法国汉学家汪德迈，1928 年 1 月 7 日出生于法国北部的 Wervicq-Sud
村。1945 年就读于巴黎东方语言文化学院，学汉语与越南语，同时在巴黎索

---

* 原载《跨文化对话》，第 36 辑，3～9 页，北京，商务印书馆，2016。

尔邦大学学哲学与法律。1948 年获得汉语本科文凭，1950 年获得越南语本科文凭，1951 年获哲学硕士与法律学博士，1962 年获法国社会科学高等研究院法家研究硕士，1975 年以关于中国古代体制的论文获得法国国家博士。

汪德迈先后师从法兰西学院汉学家戴密微（Paul Demiéville），京都大学人文科学研究所重泽俊郎（Shigezawa Toshio）、小川环树（Ogawa Tamaki）、吉川辛日（Yoshikawa Kôjirô），香港大学饶宗颐，曾再返日本同志社大学（Université Dôshisha）师从内田智雄（Uchida Tomoo）。20 世纪 50 年代，他先后在越南西贡（Lycée Petrus Truong Vinh-Ky，1951—1954）、河内（Lycée Albert Saraut，1955—1956）任中学教师，受聘为法国远东学院（École Française d'Extrême-Orient）研究员，在河内大学西贡法学院（Centre de Saigon de la Faculté de droit de Hanoï，1952—1954）、法国远东学院任职，曾任河内路易·飞诺博物馆（Musée Louis Finot de Hanoï）馆长（1956—1958）。之后在京都（1958—1960）、香港（1962—1963）任职，并再次居京都（1964—1965）。60 年代以后历任普罗旺斯大学（1966—1973）、巴黎第七大学（1973—1979）、法国社会科学高等研究院（1979—1993）中国语言与文化讲师、教授、研究员。其间曾担任日佛会馆（Maison franco-japonaise）馆长（1981—1984）、法国远东学院院长（1989—1993）。

汪德迈为法兰西学院金石美文学院（Académie des Inscriptions et Belles-Lettres）通讯研究员。其研究着力于甲骨文、儒家和法家思想、中国古代政治制度、中国思想史以及受中国文化影响的亚洲其他国家的文化史（韩国、日本、越南）。出版专著 8 部①，发表论文 100 多篇。获法兰西学院儒莲奖

---

① 已出版 8 部专著如下：

（a）*Les Miroirs de Bronze du Musée de Hanoï*（《河内博物馆藏铜镜》），Paris：EFEO/Maisonneuve，1960。

（b）*La Formation du Légisme. Recherche sur la constitution d'une philosophie politique caractéristique de la Chine ancienne*（《法家的形成，古代中国特有的政治哲学形成研究》），Paris：EFEO/Maisonneuve，1965，1987 年再版。

（c）*Wangdao ou La Voie Royale I. Structures cultuelles et structures familiales*（《王道 I，文化与家庭结构》），Paris：EFEO/Maisonneuve，1977。

（d）*Wangdao ou La Voie Royale II. Structures politiques et Rites*（《王道 II，政治结构与礼仪》），Paris：EFEO/Maisonneuve，1980。

（e）*Wangdao ou La Voie Royale*（《王道》），全二集，Paris：You Feng，2009。

(Prix de Stanislas Julien)、法兰西学院金石美文学院奥马乐奖（Prix du duc d'Aumale）、法国荣誉军团骑士勋章（Chevalier de l'ordre de la Légion d'Honneur）、法国教育荣誉勋位（Officier de l'Ordre des Palmes académiques）、日本神器金银星奖（Etoile d'or et d'argent de l'Ordre du Trésor sacré du Japon）等。

基于对中国思想史的深入研究，汪德迈先生认为，21 世纪的中国可以以其悠久而丰富的思想与经验为世界寻求新的社会模式提供参照。中国思想源于中国文字，中国文字的起源为占卜，占卜对中国思想的形成起到决定性作用。晚年的汪德迈，思想清晰、年轻，学术活动不断，著述不断。2016 年出版的汉译本新著《中国思想的两种理性：占卜与表意》集毕生研究思想之大成。此书的思路如下：

（1）作为科学原型的史前中国占卜技术所展开的思维，并非宗教性的神学，而是准科学性的占卜学。

（2）中国文字的创造归因于龟卜兆纹的外推法。

（3）文言文离自然语言相当远，十分系统和规范化（六书系统的文字代替自然产生之词，卜辞类似数学的方程式句构，代替自然语言句构），体现了另一种高度抽象性。

（4）西方文学起源于古典神话的口述（如《伊利亚特》和《奥德赛》），中国古代文学起源于占卜学，并用文言文记录与卜辞有关的各种资料。

（5）西方思维完全不受印欧语言的语义系统的限制，因其为字母文字，可以创造所需要的概念，但容易陷入空虚概念的语言游戏；中国思维受文字系统的限制，不创造文字以外的概念，不容易进行改革，可是有客观性的保证。

（6）中国传统科学（尤其是中医学）的特性乃相关性系统思维，西方传统科学（尤其是物理学）的特性乃因果关系性系统思维。

（f）*Le Nouveau Monde Sinisè*（汉译本书名：《新汉文化圈》，南昌，江西人民出版社，1993），Paris：PUF，1986；友丰书店，2004 年再版。

（g）*Etudes Sinologiques*（《汉学研究》），Paris：PUF，1993。

（h）*Les deux raisons de la pensée chinoise-Divination et Idéographie*（汉译本书名：《中国思想的两种理性：占卜与表意》，北京，北京大学出版社，2016），Paris：Gallimard，2013。

（7）中国是礼学传统，西方是权理传统。

（8）西方思想在启蒙运动中形成现代性，而中国的现代性起源于与外来文明的冲突，其启蒙始于五四运动。

汪德迈在《中国思想的两种理性：占卜与表意》一书的导论中谈到萨满教的魔力思想信仰被理性化为占卜学，而西方的神父们努力将信仰理性地化为神学，作者对这个观点为汉译本加注说："这一不可见的灵力是自然而上的，超自然的，而非形而上的。它是与中国人的宇宙观相关的。"在与西方的比较研究中，汪先生提出，对中国思想的"宇宙性"理解就在其"相关性"。汪德迈在第八章论述"文学"之于人，与皮纹之对于老虎、林叶之对于风声这一类的表述，不应被视为是普通的文学比喻，而是反映出宇宙间万事万物之间的相关性，即虎皮上的花纹与老虎的身体相关，林风婆娑与林间颤动的树叶相关。

从这里展开，汪先生认为，宇宙显现的最高境界是"文"，它有广义与狭义两层，宇宙间一切都为"文"之美："山与川，树与花，龙与凤，星宿与四季的运行，一切都在显现无声的天之法则，使宇宙如此之美的文，是广义的文。然而，宇宙之最精雕细琢的美来自于人之才能：这就是广义的文所包含的狭义上的文。在这一哲学里，文学的话语是人的一个本体特性。此乃中国文化之所以赋予文学一个不见于任何其他文化的身份。"汪先生在此处为汉译本加入一句补充说："在中国文化里，思想的精华，不以哲学系统，而以文学之美，即以文学方式来表述。"古希腊哲学与中国文学均为人类思想的精华之体现。在中国，庄子正是以文学触及思想的最深处的古代哲学家。

在汉译本第八章中，汪先生提出："中国文学修辞学的关键乃体系化的互为文本性（通过引文等办法，各作者的文章互相交流，与西方另置注的做法不同，中国文本承继将注与疏同置的传统，这是中国文言互为文本性的结果）。"在这个观点的后面，他为汉译本补充道："在西方希伯来《圣经》传承中，原文与注释的分离，是出于对作者文字的个人特性之价值的尊重。在中国传统中，作者个人的特性不在文本本身，而在作者融入经典（占卜传统的文本）之功力，我称之为哲学性诠释的能力，这一力量从占卜的神奇中延伸出原本被遮蔽的形而上的意义。"

汪德迈进一步提出，中国文学的起源独一无二，来自占卜学之"文"，它为表意-表形文字，是非自然语言，具有高度的抽象性和科学性。他提出："在中国文言文里，逻各斯幻象不是话语的幻象，而是中国文化特有的'文'这个表意字，它没有实体化为对某一创始者的记写，而成为道，成为事物之象理的超现象投射。对发萌于萨满，与宇宙相合，而非人神合一的中国世界观来说，创世的思想是陌生的。在那里，道是超自然的理性，只有圣者（初始为萨满）直接为之。它由龟占与蓍草数字占所得诸象，通过相关性模拟显示。"论及于此，汪先生为汉译本补充道："这就是'卜'璺包含'卜'璺的超越性的文言。"他在西方汉学史上首次提出，中国"文"之"言"具有超验性。这一超验性就在于中国文字的占卜性和非自然性。在该书第八章，汪先生指出："在其他表意文字里，由于发音（指该读音就是口语本身）与文字能指和词意所指在同一层面，文字理性化的寻求得以向发音伸延，并通过强化语言的第二层链接（发音）而非其第一层链接（语义）简化文字体系。这导致字母文字普遍取代表意文字。在中国表意文字里则相反，文字的能指意义与文字发音并不一致，能指直接与词意所指相连，故而文字的理性化被出色地导向第一层链接，从文字的能指意义向书写伸延。"

汪先生将自然语言与中国的非自然语言做对比，认为自然语言笔录口语，而文言书写文字，因而造成两种写本的巨大差异。前者把词语当作现实的"逻各斯幻象"，话语通过文字实体化。实体化在人格化的神学中得到伸展。而在中国的"文"之"言"中，没有话语的幻象，而有"文"之道，有事物之象理的超现象投射。

汪先生对中国文字起源传说有自己的观点。他认为，文字初始阶段尚无文学，但它出现于占卜学发展第三阶段中的甲骨文辞，即由龟卜兆璺变成数字卦，而时被因于羑里，名为西伯，亦称伯昌者，就是这一阶段的参与者。文王之"文"是数字卦，只是后来以神话方式把数字卦转为文字之"文"。在此书的第一章中，汪先生为汉译本补充道："在这一点上，我与中国注释家们不同。他们都着力于'卜''墨''色''体'之不可思议的技术含义，而我认为，他们代表的是主卜事者如卜人与当权者对整个占卜的不同观点。"

由此产生汪先生的一个重要论点：中国文字的神话性起源是人为假设的。他在此书第八章论述道："根据有关中国'文'理的奠基著作《说文解字》，如我们所见，在假设的文言史中，即圣帝伏羲'仰则观象于天，俯则观法于地，视鸟兽之文，与地之宜，近取诸身，远取诸物'直入物理而创的占卦里面，表意字为最初形式。第二位圣帝神农由此雏形发展出结绳制以统其事。① 随后，第三位圣帝黄帝之史仓颉，将卦象与鸟兽蹄远之迹相应，分理之可相别异，初造书契。神话扭曲了中国文字与殷代卜兆的真正传承关系，它有意将蓍占而非骨占作为该文字的起源。"自周以降，中国史官使殷商在中国文字起源上的贡献消隐了。

中国文字与思想的宇宙上的关系，决定了中国文化中人与社会的关系：人面对的是宇宙，而非社会。因而中国社会不重法制，不需要神父类的宗教。汪先生为汉译本加入如下论述："道教否定儒家礼制，推崇回归大自然，而儒家修正大自然，通过礼仪建立一个人性的道德的自然（根据天人合一的道理，它本身就是大自然的发展）。"

这一与宇宙的关系使得一种独特的社会关系在中国产生，这就是此书第九章中谈到的"家庭哲学"。汪先生为汉译本加注说："这一'家庭哲学'与'社团主义'决然不同。社团主义以宗族为界，远离外族人。中国的'家庭哲学'则相反，将家庭作为模式，向整个社会伸延。它指出如何按照个人所处的家庭位置，以同样的方式，对待外族的每一个人。比如，在两个同事之间，应该以兄弟的关系处之；在两位同村人之间，应该以堂兄的关系处之；如此等等。我们看到，儒家哲学是如何将家庭模式延展为普遍的社会模式，而不是用家族封闭自己。在这一意义上的社会关系，其连接是由同一家族所有成员之间的渊源关系所产生的自然感情。这一自然感情通过礼仪伸延到对社会其他成员的行为上。"

《中国思想的两种理性：占卜与表意》的翻译，始于汪先生的法文著述接近完稿之时，作为译者的我，得以直接跟随汪先生的思考进程开展工作。在两年半的时间内，汪先生每周日上午九点半准时到达，或在我当时的维克多·古然街（rue Victor Cousin）寓所，或在索尔邦大学一侧的索尔邦广场"书桌"咖啡馆。无论风雨、寒暑、节假日，从不间断，除了汪老去香港、北大讲学的那段时间。

"书桌"咖啡馆是作者与译者双方对话的聆听者。汉译本乃汪先生在原书基础上的增写，所增内容有 87 处，对此我在译本中已一一标明，以为后

---

① 南美史前文化里也有结绳，其发音为："*qipu*"，可能是从东亚传到那里的。

来学者研究汪德迈思想提供参考。

2015 年 8 月，汉译本完稿，送北京大学出版社交初艳红责编，随即，汪德迈先生应中国西夏文专家、法兰西学院 2013 年儒莲奖获得者李范文先生的邀请，去敦煌看石窟。晚间散步，石窟、沙漠和天际做伴，汪德迈先生说："若天继续给我光明，我将写一本小书，书名是《中国教我们什么?》。"

全球化的本土化与文化传承*
——还中国哲学以本来面目

[美] 安乐哲（Roger T. Ames）

一、全球化的两种模式

除了最近开展的少数短暂的争论和各自取得的日益显得毫无意义的胜利外，现代主义者和后现代主义者之间的论辩已经陷入一个十分空洞的境地。西方（欧洲的盎格鲁）哲学在当下的旺盛生命力，从反现代主义者或后现代主义者一方看，再从伟大的文艺复兴运动的倡导者另一方看，并不是前者对于后者的论战的胜利，而应归功于对话空间的转化。在这样的对话空间里，活生生的思想参与得以发生。这种转化是全球化（globalization）的一个结果。全球化这个术语一直呈现出两种有争议的含义。主导性含义是这样的：从意识形态层面看，欧洲启蒙运动产生了对理性和道德观念的普遍认同。全球化则与这种观念的传播息息相关。从现实的层面看，全球化又与以权利为基础的民主制度、自由资本主义制度和技术理性密不可分。在此意义上，全球化是现代化的一个同义词——现代化本身则被认为与西方化同义。

在全球化的这一主导性含义的语境下讨论后现代主义，既能澄清这个概念，又能使这个概念的意义相对化。后现代是一个独特的西方概念。如果从现代性这个词本身最有效的含义来看，而不是从其他原因考虑，现代性是西

---

* 原载《跨文化对话》，第 18 辑，129～140 页，南京，江苏人民出版社，2006。汪泓译。

方的独创。① 那么，被理解为西方化的全球化，当然就是一种现代的动态。所谓后现代思想家对其所接受的传统做出的论辩性回应，将后现代倡导为一套反对的话语。但这套话语过分依赖他们支配式的叙述语调，以至于不能服务于非欧洲人的兴趣。

只要西方的价值垄断着全球化的进程，世界上就会不断出现扩张主义者、殖民行为以及与自由民主制、极端个人主义和技术理性相关联的发动军备战争的冲动。不过，已有重要的迹象表明，全球化的这种现代主义形式正在发生着奇迹般的变化。至少在原则上，已经没有理由将全球化理解为欧洲人的扩张或美国人的拓展。这是因为，除了这种顽固的、西方决定论式的意义外，全球化还有一种与之相对的含义。全球化的第二层含义认识到非西方文化所做的潜在性贡献。在这第二层含义上，全球化是指不同文化感受性（cultural sensibilities）的相互切近。

作为彼此切近的全球化仍保留后现代主义的一个重要内涵，不过在这种定义下的全球化了的世界是彻底非中心化的：世界的注意力从欧洲移向亚洲，伊斯兰教与基督教之间复杂的关系所带来的不稳定因素，非洲缓慢地或者说稳步地崛起。所有这些趋势都以事实说明，用一种固定的叙述模式去描述过去、现在、未来的事件是不相干的。无疑，商品化和麦当劳化的西方进程还将继续，但目前全球化的强劲动力或许足以遏制这些负面力量。与欧洲的盎格鲁政治家和企业家的宣教美梦相反，相对于基本上被理解为西方殖民化的全球化形式而言，如今或许有另一种新生的替代形式。

在西方，意识到我们生存的世界是有原则的，肇始于古希腊人的思辨。与之不同的是，自我意识的觉醒则是伴随着现代性出现的。在如今这被认为是后现代的时代中，自我意识和世界意识的觉醒都已达到各自的顶峰。通过认识到自我实现的多种成功模式以及对事物存在方式的多种本体论上的洞察，后现代使自我意识、世界意识觉醒的形式相对化了。为了取代把世界塑

---

① 对于现代性是西方的发明这一主张，进一步的讨论参见郝大维（David Hall）：《罗蒂：新实用主义的先知与诗人》（Richard Rorty: Prophet and Poet of the New Pragmatism，Albany: SUNY Press, 1997），29~47 页；郝大维、安乐哲：《先贤的民主：杜威、孔子与中国民主之希望》（The Democracy of the Dead: Dewey, Confucius, and the Hope for Democracy in China，Chicago: Open Court Press, 1999），63~97 页。

造成欧洲启蒙运动所设想的理性和道德模式的意愿，一些所谓的后现代批评家从文化自觉的角度认识到我们的名字是众人，我们和我们置身的时代都是多样化的。

全球化的第二层含义在原则上确保所有的文化彼此切近的同时，还附带着一个隐含的意义。那就是，在缺乏一种普遍共识的情况下，不同文化和传统的多元性（plurality）必然导致协商模式的地方性和多种可能。对追求一种理性和道德的共识，取而代之的是正在增长的需求，即在不同的习惯和感受性之间谋求协商。在一种最富成果的意义上，全球哲学既不承认只有一种占支配地位的叙述视角和叙述方式，也不声称对这种单一视角和方式表示宽容。全球并不存在一套普遍认同的话语模式。毋宁说，全球化的语境促使我们承认多元、丰富的话语的存在。由此，我们自然就认识到地方性现象的意义。

在表示广泛、综合之意时，"全球的"这个术语或许在事实上更为强调物质、事件的地方性这一根本特点。对全球化第二层含义的理解，不能是一种共识性或普遍主义的东西，即意味着我们在寻求跨越全球的共同价值或制度。毋宁说，我们所寻求的模式应以允许地方现象的活力为核心。这是在如下意义上来说的，即这些现象的客观存在或许是地方性的，但它们的潜在影响却是世界范围的。

在这样的条件下，出现"他性"（otherness）和差异的基本事实是不可避免的。这些差异的表达必然偏离普遍主义的关怀，而导向富有成果的思想对比。迄今为止，差异一直被置于讨论的背景中。文化的家族相似性（family resemblance）被视为是至关重要的，后现代文化/多元文化的时代扭转了这些极端的做法——现在，差异被视为是居于主导地位的因素了。在其最为积极的形式中，差异象征着宽容、适应和尊重。

把全球化理解为文化的广泛接触和生命形式的最为本质的地方性或核心特征的思想，使我们得以回避那种预言文明冲突即将来临的无稽之谈。这样的预言之所以存在，是因为它把全球化要么理解为各种文化中心论，要么理解为用来抵制文化中心论的文化孤立主义。西方意识形态和伊斯兰教之间的冲突是前者的一个例子。中国对大肆蔓延的西化的威胁做出的回应则是后者的典型例证。强调文化参与的地方性，推动了一种但不是唯一的处理文化政治的方法。

总之，文化政治正沿着两条背道而驰的道路发展。第一条道路是就现代化的进程来说的，也是为多数人所接受的。这一进程伴随着理性政治、经济和技术的蔓延——所有这些都包上了一层西方启蒙主义所认同的理性和道德的外衣。第二条道路认识到不同文化形式、不同文化发展道路之间需要相互接触和理解，最终致力于进行以解决特殊问题为目标的可能的和地域性的协商。

二、全球化与专业哲学

全球化两种模式之间的紧张关系同样存在于哲学学科中。这是一个类似于新瓶装旧酒的问题。如今，在我们高等学术的座席中，西方哲学——或者说，几乎全都是欧洲哲学——组成了世界范围内主要的课程内容。波士顿、牛津、法兰克福、巴黎是这样，东京、汉城和德里同样如此。如果土生土长的亚洲哲学和美国哲学在海外一直受到忽视，那么，在它们本国的文化中，它们也同样被排挤到边缘。詹姆斯（William James）在他的吉福德讲座（Gifford lectures）的开场白中坦言："在我们（美国人）看来，倾听欧洲人说话是一件自然的事。"① 除了把亚洲人也包括进来，和美国人一起充当欧洲哲学的天然听众这一点，他基本上是正确的。

正如雷蒙德·伯伊斯维特（Raymond Boisvert）所观察到的，自美国在太平洋崛起，到20世纪的上半叶，美国哲学在欧洲和亚洲都受到尊重。但除了见面时打个礼貌的招呼外，那些曾经影响了欧洲和亚洲的美国哲学在二战前肯定就已经销声匿迹了。② 在美国国内，哈维·汤森德（Harvey Townsend）曾对他那一代美国哲学的地位做了如下的一个报道：

在美国，美国哲学是一门遭忽视的学科。这至少部分归咎于美国人对欧洲事物的过分尊崇。爱默生（Emerson）和惠特曼（Whiteman）曾号召美国人用自己的大脑思考，用自己的声音歌唱，但并未得到响应。

① 詹姆斯：《宗教经验种种》（*The Varieties of Religious Experience*，Cambridge，Mass.：Harvard University Press，1985），11页。

② 参见杜威：《重新思考我们的时代》（*Rethinking Our Time*，Albany：SUNY Press，1998）。

他们的呼声没有让美国人相信他们有着自己的灵魂。①

两代以上的时间过去了，事实说明这种偏见依然存在。在《牛津西方哲学史》的序言中，主编安东尼·肯尼（Anthony Kenny）在提及书中各章节的作者时指出："所有作者均属于盎格鲁-美国派哲学的风格，因为他们已被训练地融入或灌输进了欧洲的文化传统。"然而，书的正文部分，没有一处提到美国的哲学思想——没有提到爱德华斯（Edwards）、爱默生（Emerson）、皮尔斯（Peirce）、詹姆斯（James）或杜威（John Dewey），仅有的涉及美国的部分是索引部分的"美国革命和博克"，索引中还有"潘恩"和"杰斐逊"，但在正文中，杰斐逊是作为"潘恩的一个朋友"被提及的。这本书得出这样一个错误的结论：美国哲学，即使在盎格鲁-美国的思想家看来是重要的，但也未在形成西方思想的特质中发挥真正有效的作用。事实上，美国很少设有本科和研究生层次的哲学课程，以让学生接受正规的、有体系的纯粹美国哲学的教育。正如日俄战争完全在中国领土上进行，当今美国的大学也正是这样一个地方，让几乎全部是外国势力在其上驰骋拼杀、相互争斗，而且还提供薪水。

不过，这种局面目前正在发生改变。首先，欧洲哲学的霸权本身遭到了攻击。近些年来，在诠释学后现代主义、新实用主义、新马克思主义、解构主义、女性主义哲学等旗帜下，专业西方哲学内部的一场内在批判正在进行。这场由不同形式的运动所构成的批判有一个共同的目标，用罗伯特·所罗门（Robert Solomon）的话来说就是"超越的伪装"（the transcendental pretense），包括观念论、客观主义、总体叙事以及"所与的神秘"（the myth of given）。

此外，美国哲学学科中的这种全球化力量产生了一股水压，将本土的文化传统推出水面。过去 10—15 年，尤其在美国国内（但不限于美国），我们见证了对古典实用主义兴趣的复兴，这是以对美国哲学演变的深入复杂的各种研究的激增为标志的。作为不同文化感受性的相互切近，全球化首先要求美国去接触和理解自己哲学的精髓。

最近，在美国的哲学系里还发生了另一个变化。直到最近，专业西方哲

---

① *Philosophical Ideas in the United States*（《美国的哲学理念》），New York：The American Book Company，1934，p. 1.

学对忽视亚洲哲学一直十分安之若素（更不用说非洲和伊斯兰教的哲学传统了）。除了对这些哲学传统有一个浮光掠影般的了解外，西方对它们根本不屑一顾。这种态度使那些专治西方哲学的人确信：这些思想派别并不是真正的哲学。于是，他们就想出了一个新的专业术语"比较哲学"。这一术语与其说是在哲学上得到论证，倒不如说在地域上得到说明。

我们夏威夷大学哲学系，很早就把哲学的全球化作为自己的使命了。夏威夷是一个多元化的社会。它欢迎来自世界各个地方的移民，尤其是来自亚洲的移民。20 世纪 30 年代，三位年轻的学者——查理·摩尔（Charlie Moore）、辛克莱尔（Greg Sinclair）和陈荣捷（Wing-tsit Chan）在制定哲学系的课程时决定：课程必须反映出夏威夷社会多元化这一事实。他们还决定把促进世界哲学的发展作为自己的使命。

或许是偶然的，最近开展的"经典与多元文化主义争论"参与并大大便利了这一使命。而意识到美国研究生教育必须国际化的需要也对这一使命的开展推波助澜。很明显，非西方哲学传统无可奈何地接受了这样的哲学课程。比较哲学运动，从每三四年开一次的世界哲学会议到檀香山的比较学派，到波士顿的儒家学派，携手并进，在目前似乎是巨大的西西弗斯式的劳作中也已经取得了某些发展的契机。① 同样，哲学课程中出现的多元主义为不同文化感受性的彼此切近敞开了大门。

再说中国学术界，我们可以公平地说，虽然当代西方哲学忽略了中国，但自从严复将西方自由主义引至晚清以来，在将所有能够增强其竞争力的东西吸收到自身之中这个意义上来说，中国哲学一方面忠实于自己的传统并焕发出活力，另一方面又具有吸收力并绝对是"比较性"的。那种情况就是：在 20 世纪，对于几代人来说，马列主义不断中国化，成为一种新的正统文化，初露端倪的杜威实用主义停滞不前，儒学的残余被置之脑后。同时，现代新儒学运动中许多杰出人物像唐君毅、牟宗三等，则从欧洲哲学主要是德国哲学中寻找参照，将中国第二序的思考论证为一种值得尊重的哲学传统。对于我们所期待的对话来说，重要的在于：在五四时代儒学与杜威最初的相

---

① 比较哲学运动的胜利还只是一个遥远的希望，但是，假如并且当胜利到来时，那将会是一场仁慈宽大的凯旋之舞，也就是说，在这场斗争中，成功就是将"比较哲学"这一极不自然的范畴从哲学词典中废除。

遇中，儒学被新文化运动的知识分子斥为阻塞中国动脉的血栓，妨碍了对中国进入现代世界构成必要条件的那些新观念的鲜活的流通。而杜威则被当成了一副解毒药。①

当马克思主义、毛泽东思想在当代中国哲学中归于理性研究时，从早先的康德、黑格尔到当今的现象学、维特根斯坦尤其是海德格尔，西方哲学的成分具有显著的增长。在重要的程度上，从康德到海德格尔的兴趣转向②，是由于被理解为与本土的思维方式有关而激发的，这表明儒学与杜威之间一种可能的对话是恰当的。事实上，20世纪中叶中国主权的重建，以及过去10—15年中国作为一支世界力量的稳步增长，正在给中国注入一种新生然而却十分重要的自觉，那就是：自身的文化传统是自我表现理解的一种重要资源，也是参与迟缓但如今却不可避免的全球化进程的一个平台。

虽然欧洲哲学对于哲学的活力来说一直是一种标准，但直至晚近，西方对中国哲学和文化的学术研究一直在很大程度上为中国学者所忽略。中国学者觉得从外国学者对中国传统的反思中所获甚少。然而，最近10—15年，负责传播和诠释中国传统的科班学者已经将他们最初的关注，从流落海外的中国学者对于文化讨论所必须做出的贡献，扩展到对于中国文化的西方诠释兴趣日增。在当今中国，翻译和探讨西方汉学具有繁荣的市场，甚至我们对中国哲学经典的翻译文本也正被译成中文，同时，英译本身被保留在中文本中作为一种新的注解形式。

---

① 1919年，杜威曾在其哥伦比亚大学的学生胡适和蒋梦麟处作客。胡适和蒋梦麟回国后都成为学界和新文化运动中的著名人物。大约有超过两年的时间，杜威在中国各地讲演，并受到当地出版界的格外报道。但是，在 *John Dewey：Lectures in China 1919-1920*（Honolulu：University of Hawaii）一书第13页中，Robert Clopton 和 Tsuin-chen Ou 指出："在中国大学教师队伍中的专业哲学家中，杜威并没有得到追随者，大多数中国哲学家仍旧继续追随着他们从中得到训练的那些德国和法国的哲学流派。"鉴于艰难时世，杜威的观念显然被积极的听众更多地以对当前社会与政治的需要而非专业哲学的方式"误读"了。这样一种"误读"，人们只能假定杜威可以原谅，如果不是鼓励的话。参见顾红亮：《实用主义的误读：杜威哲学对中国现代哲学的影响》，上海，华东师范大学出版社，2000；张宝贵：《杜威与中国》，石家庄，河北人民出版社，2001。

② 张祥龙的《从现象学到孔夫子》（北京，商务印书馆，2001）就是这样一个例子。应当注意的是，对于一本学术书，这种选题在出版时受到了不同寻常的欢迎。

三、用哲学的方法阅读哲学文本

全球化的两种模式已在专业哲学的国际论坛中发生作用。这一初步认识把我们引向这样一个问题：全球化作为不同文化感受性的相互切近，在何种程度上使得我们能够理解中国哲学的本来面目？

我们可以做出如下的评判：最近发生的几个事件共同促进了西方学术界对中国古代典籍的重新评估。首先，中国连续出现的一系列戏剧性的考古发现向我们提供了许多尚存的未遭损坏的早期文本，这些文献没有遭受2 000年传播过程中不可避免的扭曲。这些发现也向我们提供了许多散佚已久的文本资料。在许多情况下，这些资料的出现修正了我们对已有的很多描绘古代面貌的重要著作的理解。至少，这些资料为重新翻译这些影响甚大的文本提供了一个紧迫的理由。

然而，如果可能的话，对于从事翻译中国哲学经典这一工程，还有一个更加紧迫的理由。直到最近，大多数西方哲学家还对倡导中国思想的呼声置若罔闻，尚未认识到古代中国文献中所包含的重要哲学意义。一些具有深刻哲学意义的文本没有得到应有的重视。这些文本首先是由传教士翻译和诠释的，晚近一些则是由汉学家翻译和诠释的。也就是说，直到今天，很多早期的中国典籍只是偶然被哲学家看到或略微涉及。这样的论断既非谴责那些传教士通常怀有的良好意愿，也非假定已有任何足以取代那些传达了博大精深的哲学的、历史的、文学的和文化感受性的好的汉学文本。事实上，如果我们要进行谴责的话，矛头应指向我们的西方专业哲学。它依旧固执己见地认为哲学仅仅是欧洲的盎格鲁人的事业。

由于这种对其他哲学传统的边缘化，作为一门完整的学科，哲学是我们学术界尚未完成的责任。哲学家从事哲学的一个基本目的就是界定和描述人类经验的一般特点，为的是置哲学问题于尽可能的最广阔的语境中。当我们从一个文化的和时代的语境转至另一个语境时，我们所定义的这些一般性特点就显示出重要的差异性。哲学家有责任去发现、理解那些不同寻常的假定，那些假定使文化成为抵制文化化约主义（reductionism）以及势必随之而来的文化中心主义谬论的重要手段。因此，哲学家为缺少对中国哲学进行诠释付出了代价。西方人文主义者在试图挖掘中国经典哲学文本意义的过程中，轻率地将许多西方的假想加入到对这些文本的理解中；在表达这样的理解时，又为这些文本添油加醋。——这已是老生常谈了。中国哲学为西方学者所熟悉，首先是通过使之基督教化，然后是通过使之东方化以及把它放置在一种诗意的、神秘主义的世界观中。在大多数美国书店里，中国经典哲学通常是放在《圣经》和《新纪元》之间的。如果一定要将它们归于某个具体的类别，那么通常它们是被标明为"亚洲宗教"的。中国哲学通常是在种类和哲学性的框架里引起西方哲学的兴趣，而不是在其自身的意义范畴内。

最近现存文献新版本的重获，以及许多散佚已久的经典文本的进一步发现，使我们有机会重新翻译很多中国经典典籍。这些发现也为哲学家进一步思考或重新思考我们的标准解读提供了一个前文本和机遇。最重要的是，这些发现给我们提供了这样一个尝试的挑战——通过将这些文本放到其自身的世界观中加以定位和诠释，并发挥想象，以便发现其本来面目。

同样，汉学界也逐渐认识到合作进行这项翻译工程的需要。这一进展或许在所谓哲学文本的翻译中成果最为丰富了。如果说把一篇中国古典哲学文本成功地翻译成西方语言需要对中国语言和文化有一个精深了解的话，那么，这样一种翻译同样要求对作为翻译目标语言的西方哲学话语有深入的了解。

在过去几个世纪中，为翻译中国经典典籍而建立的西方语汇受到基督教传教士的明显传教动机的影响。中国典籍基督教化的影响直到现在还在我们之中存在着。无数很不确切的词汇已成为汉英字典中的标准对应词。我们使用这样的字典固化了我们对中国文化的理解。这样的对应词有："the Way—道""Heaven—天""righteousness—义""benevolence—仁""rites—礼""virtue—德"，等等。许多曾经与翻译中国古代经典有关的汉学家开始承认：对于翻译这些哲学文本来说，一套具有更为丰富语义内涵的词汇是非常必要的；他们还努力避免这样一种本能反应，即用他们自己文化感受性的通常语汇去翻译中国哲学的术语。但是，有一个问题更加令人担忧。我们必须问："最终，以本体论建设为己任的欧洲语言，能够表达出构成中国文本思想基础的那种过程性的世界观吗？"举例来说，像《道德经》这样一个文本能够被翻译成英文，同时仍然能够传达它本来要表达的意义吗？

在《超越善恶》这本书中，尼采指出了一种具体的世界观是如何积淀到语言之中去的：

印度、希腊和德国哲学发展的进程呈现出令人惊异的家族相似性。这一点很容易解释。语言之间一旦有了相似性，这种相似性就不会消失。这主要是因为它们有共同的语法哲学——我的意思是，由于我们未意识到的相似语法功能的主导和指引作用——所有的语言在一开始就预定了一个有着相似的发展过程和秩序的哲学体系；就好像这种相似语法的作用排斥了其他一些可能的阐释世界的方法。

当然，他不是在赞同语言决定论，那种观点认为我们的语言必然束缚了我们，使我们只能用某一特定的方法思考。毋宁说，他仅仅观察到语言和它的句法结构具有一种特定的文化洞见，这种洞见使人类经验具有意义。语言传达给我们的真正意义和我们在说这种语言时所表达的意义同样多。语言的这种意义促使我们偏爱一种经验而反对另一种，问这样一些问题而不是问别的问题。

在思考诸如法语和德语等语言是如何产生时，尼采认为："当人赋予他所思考的事物一个性别时，他并不是随意地在开玩笑，而是获得了一个深刻的洞见。"事实上，尼采本人就是他所提出的问题的典型例子。我们可以感觉到，在西方经验内部试图批判实体本体论（substance ontology）时，尼采本人之所以必须非常依赖修辞学的和文学性的精微比喻，正是因为他在用这种语言表达他的思想时，常常为这种语言感到困惑；他的思想与他运用的语言相妥协，甚或语言违背了他所要表达的思想。

最近，在具体谈及古汉语时，著名汉学家葛瑞汉（A. C. Graham）就有关"气"的宇宙论指出："古汉语的句式结构把我们置于这样一种世界过程之中，关于这一过程，我们要问它'始于何处'。并且，既然它是处于运行之中，我们还要问它'在何时'。"①

我们如何注意语言及其隐含的世界观之间的鸿沟呢？维特根斯坦提出，"我们语言的界限就是我们世界的界限"，如果这种说法是一种洞见的话，那么，也许我们就需要更多的语言。通过发展一种有关古希腊语汇（包括 logos, nous, phusis, kosmos, eidos, alethea，等等）的细腻的理解，我们就能

———————————

① 葛瑞汉：《中国哲学与哲学文献研究》（*Studies in Chinese Philosophy and Philosophical Literature*，Albany: State University of New York Press，1990），360～411 页。

够越过笛卡儿而回到古希腊，并在一定程度上，以一种更为细致的方式，运用其自身的术语来解读古希腊的文本。通过产生和拥有那些编织成中国哲学文本的关键哲学术语的词汇表，我们就可以更好地在其自身的思想画卷中来定位这些原创性的文本。

哲学诠释者必须让学习中国哲学的学生对其所面对的那些不同寻常的假设保持敏感，正是那些假设使中国哲学的叙事与我们自己的是那么不同。正是那些假设形成了它们的哲学语汇并限定了它们的意义。这些基因性的假设是至关重要、不可改变的吗？当然不是，但这并不是说，在缺乏一种足以抵御文化化约主义危险的诠释感受性的情况下，我们能够冒险地去进行文化比较。的确，在展开一种诠释的脉络时，比界定这种概括还要危险的唯一取径（approach）就是不能够去概括。诠释者自己能意识到的一个失误就是翻译中带有自身伽达默尔式的"先见"（Gadamerian prejudices）。他们为此辩解，说这是因为在翻译时，他们依赖那些"客观的"、被认为是"真理"的词典，而这些词典本身就带有浓厚的文化偏见的色彩。它们欺骗了读者不是一次，而是两次。就好像每一代人都是在选择并考量以前的思想家，并依据自己的形象来重新塑造他们一样。每一代人都会重新调整世界哲学的古典准则，使之适合于自身的需要。我们都是不可逃避的特定时空中的人。这种自我意识并不是要扭曲中国哲学传统，而是为了认同它的基本思想前提。

此外，欧洲的益格鲁哲学的最近发展，使得关于中国文化感受性产生的诠释性词汇得到最显著的重视。在取代植根于一种实体性世界观的传统语言的过程中，有关过程和变化的词汇逐渐流行起来。在西方哲学传统的语境中，晚近与诸如怀德海、柏格森以及最近古典美国实用主义的复兴有关的过程哲学的出现，是对实体本体论及其所蕴涵的二元世界观的持续批判。

传统二元论世界观中的一个主要问题，是形成于一套关于拯救、调和性词汇中的封闭性，以及为获得客观真理而必然产生的对于确定性的要求。当然，这是杜威意欲称之为"哲学性的谬误"（the philosophical fallacy）的目标。这种"哲学性的谬误"促使他既批判观念论，也批判实在论。那种目标就是"过程的结果先于该过程这样一种假定"。杜威一早就将忽视经验的历史、发展和境遇化的这些方面视为"哲学思考中最具普遍性的谬误"（the most pervasive fallacy of philosophical thinking）。在此，正如他所看到的，方法论的问题在于"从赋予某一个因素以意义的有机体中抽象出该因素，将其作为绝对",进而将该因素尊奉为"所有现实和知识的原因和基础"。①

相反,在我们与过程哲学相关的关联性宇宙论(correlative cosmology)中,一个主要问题意识是这样一种发现:有德的智慧(virtuous sagacity)、富有成果的和谐(productive harmony)以及心性的凝定(the maintenance of equilibrium and stability),是由一种有关如何成为圆满之人的不断地拓展来确保的。在自然主义决定论(naturalistic determinism)和人文化成的回应性之间的彼此依存关系中,存在着一种富有成果的张力。前者强调"自然的人化",后者强调"人化的自然"。而在自然环境、社会和文化条件的力量以及个人对于其所存在的生存环境中所做创造性贡献之间,也存在着这样一种张力。

从我们目前进行的工作来看,日益增长的过程语言的多元化的一个有趣的分支在于:更好地理解亚洲感受性的需要所提供的激励,实在是连锁性的。当过程哲学的词汇正在导向对古典中国世界的富有成果的诠释时,反过来,这种过程性的诠释又向我们提供了观察我们自己西方感受性的新的透镜。在我们自己的文化自我理解(self-understanding)中,以往被忽略或误解的那些因素,开始受到新的并且是决定性的更为一贯的诠释。②

或许,我们可以从最近的这些发展中预期一个较为乐观的结论,那就是:哲学与哲学思想在根本上被视为是西方垄断的时代正在走向终结。

---

① 关于杜威"哲学性的谬误"这一观念的历史、发展和脉络,参见蒂勒斯(J. E. Tiles):《杜威:哲学家的系列论证》(*Dewey*:*The Arguments of the Philosophers Series*,London:Routledge,1988),19~24 页。

② 例如,根据实体主义和分析传统来理解的主流美国实用主义的一些要素,如今正在被运用过程哲学的词汇来加以新的诠释,这种过程哲学的词汇经由中国古典文本而得到了生机和表达。最近的有 Joe Grange(1997,1999)、Steve Odin(1996)、南乐山(Robert Neville,2000)、Tom Kasulis(1997)以及 Warren Frisna(2000)等人的著作。

儒家诠释学：道德与本体*

[美] 成中英

一、经由本体诠释学思考的重建

儒家虽然已被从各种角度长篇累牍地讨论过，但仍然未见有人对其历史沿革和理论推演进行本体诠释学的思索和理解。我所说的本体诠释学的思考，是要寻找这样一种理解，即把一个给定文本的基本概念，跟有目的地涉及、实际上也涉及的一种现实（人们可能经历这个现实并诉之于它而不管文本如何）有意义地联系起来的理解。在我看来，本体诠释学有两方面的考虑：历史进展之意义，以及对某种经验过的现实进行理论上的建构或重构之意义。按照下述这些问题，我们确实要提出本体诠释学的考问：儒家怎样以及为什么经历了它曾走过的那条道路？按我们从经验和思考所知，儒家整体的、本质的意义是什么？对它的方法论和本体论的内涵我们能说些什么？最后，依据理解的反思原则，从这种理解中我们能学到什么？

正是联系到这些问题，我们才可以就本体论或本体诠释学谈儒家的本体诠释学。① 儒家的本体诠释学也有双重含义：一层是以儒家思想为基础建立的，并由我们的经验和思考所揭示的诠释学；另一层是一般诠释学，它可以吸收、合并我们从儒家思想中所学到的东西。这自然可能意味着儒家的本体

---

* 原载《跨文化对话》，第 22 辑，60～84 页。牟秋颖、张晓译，陈戎女校。脚注中"[ ]"内的部分为译者所加。

① 早在 20 世纪 80 年代，我已用中文的"本体诠释"阐述过这一点。

宇宙哲学和道德作为一种诠释性事业的建构或重建。为追求这项事业起见，必须掌握儒家历史演进的脚本，把历史顺序和意识形态的影响作为两个坐标，以确定阐释的适宜与否。一开始必须声明，我不打算讨论儒家两千多年的整个历史。我的讨论重点是古代儒家（Classical Confucianism）及其主要历史发展。不过我会按对古儒文本的本体诠释学思考的情况，涉及一些后期新儒学的历史。

我从儒家对人的个体的概念着手诠释学的思索。之前学者对此虽已有讨论，但对比着西方的个人观怎样描述儒家的个人观，仍然不清楚。① 有一点则是清楚的，人类的经验依不同的传统千变万化，但多数人的共见是人具有诸种心智功能和能力——思考、推理、感觉、欲求和意愿。否定这些功能和能力，就否定了人。然而，人类对人的经验并不仅仅局限在对人的心灵的功能性理解，远为重要的是，我们如何评价这些功能，我们如何让它们彼此相互关联，如何让它们与我们对人的观念关联。不同的传统在人的个体观上产生了重大差异。西方的主流传统将人的心灵与肉体二元对立，将心灵的理性与心灵的感性二元对立，而中国传统中并无此种对立。儒家居于中国传统的核心，它将人的存在视为身心的合一，更进一步将人的心灵看作情理的合一（所以心灵在汉字为"心"）。但这种人的身心的合一观是如何产生的？我们必须回到孔子——儒家的创始人，寻求此问题之答案。

二、《论语》中作为孔子形而上学的孔子伦理

这个答案就是，孔子对其时的文化历史进行过诠释学思考，对人的可能性有过本体论的深思，而且，他借助于这种诠释学和本体论的思索，将人提升到超越事件自然进程的地位。孔子进一步演绎出一套对人的核心设想，把人看作通过修己逐步完善的一个可能的过程，这就使其有基础和力量规劝他人也如此行为做事。子曰："吾十有五而志于学，三十而立，四十而不惑。"这是一段至关紧要的证词，证明孔子孜孜以求完善独立的个体性和道德的完整。子曰唯有"知者不惑"，而智的品德是由人区分对错、辨别善恶的能

---

① 有人尝试用反本质主义的观点描述中国的个人观，这无助于回答我们怎样才可以切切实实地理解人的本质的问题。

力——这个能力是在自我的理解力醒悟到了完美性的基础上建立的——证明显现的。这既意味着知性的成熟完备，又暗示着实践判断的诚实正直（即道德）。

从四十岁活到五十岁，孔子说知"天命"，可以想得到，孔子对人的理解加深了：追根溯源，人属于某种超验之物而身处现实，由这一理解出发，孔子对其道德教诲深信不疑，而且深信自己作为人师，负有作为独立思想者的使命。孔子提到"天命"，是十分值得注意的，因为他认为人可以独立于天地之间，可以对天负责，这就是作为立己以立人、达己以达人的君子应做的事，此即是天之所命。作为这样一个君子人，如同一个古代的贤君，他必得向与他有关的人和普通民众负责任，而且，他必须发自内心真心诚意地做事（因而做的是好事），他毫无偏私、行为公正地对待他人和大众（因而行为公正）。基于此一暗喻，一个君子人要负责的范围扩大了。这是为什么孔子要把"耳顺"看作个体的人的道德修为的一个深层要求的原因。诚然，一旦某人不靠外在权威，也能做事贤明公正，他堪称达到了道德自律、道德成熟。这种具有更大更深的道德自由和社会责任的内在转变说明的是孔子的德行"修己观"，美德源自人自身与自身的修持。

"修己观"指的是，人的自我有能力自我塑造和自我转变（self-formation and self-transformation），是个体自我决定是否愿意自我塑造和自我转变。子曰："我欲仁，斯仁至矣。"（《论语·述而第七》第三十章）这是人的意志自由的表达。仁的实现当然有一个努力的过程，而重要的是发起这个过程的开端是"欲仁"。人有能力这样去意愿，这在本质上是作为人的一个标志。孔子所说的自我转变的整个过程，无疑就是在自我身上仁的品质的自我实现。为何如此？子曰："德之不修，学之不讲，闻义不能徙，不善不能改，是吾忧也。"（《论语·述而第七》第三章）不过，体现仁之人却无此忧。故而，若要去忧，必要致仁，与此同时要欲仁。此即达到一种心灵状态。由此，人得知怎样以正确方式（此方式孔子称为"道"）与世界应和，并因而将践行其知识。关键的是：要注意不能将仁和欲仁分开。这意味着仁（或真道德）源自一种个人的自我理解，此理解既是思想上的，同时也是实践上的。在此意义上，我们也须把仁看作一种原则的具体体现，它不能从其具体体现（体现在人对应的感情和表现出的意愿中）里抽象出来。

毋庸全面描述仁的意义，显然有两个层面的仁：内在层面，指自我的自我转变；外在层面，指通过自我的自我转变启发他人的自我转变。很明显，凡儒家描述的仁，都可从这两个层面来识别：克己是内在面，复礼乃外在面；内自讼或内自省是内在面，爱人是外在面；忠（to be central-minded）是内在面，恕（to be like-minded）是外在面；己所不欲是内在面，勿施于人是外在面。由这些话，我们看到个体的自我如何修己，以改变自己对他人的行为，其视野在于，若人人如此行为，社会将会变成一种彼此尊重、能力互惠（reciprocal empowerment）的状态。在这样一幅社会景象里，为仁之人开创出了社会的和谐，在人的彼此依存之下，个体意志的潜能将会完全实现。这是基于相互理解而达到的一种和谐状态，不会产生忧虑、恐惧和怀疑，因为忧虑、恐惧和怀疑产生的条件在人们相互转变的过程中被消除了。

对内在的自我转变之仁，以及仁之外在的他人转变，我们要再多说两句。关于自我转变的内在过程，显然孔子曾假设过，人具备修身的潜能，修身终成正果就是仁，如孔夫子的生平所示。他曾言此"德"乃"天"所生。（《论语·述而第七》第二十三章："天生德于予。"）出于同样的原因，我们自然认为，人人皆有此德以趋仁，问题是愿意不愿意。不过孔子没这么明说，是孔门弟子察幽探微，寻绎到人的潜能的这种道德意识的隐微之义，遂有此说。至于仁之转变的外在过程，子曰："修己以敬。""修己以安人。"（安指精神的和谐安稳。）"修己以安百姓。"（《论语·宪问第十四》第四十二章）以一己之力，怎么能将和谐安宁带给苍生，带给世界？最好的答案是，因为他能激励起别人同样行事，因为人人都被认为具有趋仁的潜能，这个说法也并非一清二楚的，这一点对理解以仁治国（如圣王之治的完美体现）的政治理论定然是关键的要害。仁在众人之中实现的情的归一不全然是理性上的意见一致，然而，经过情的归一，可以达致理性上的共见，可以建立起道德理性和道德实践的共同体。

仁，在我看来，基本上源于两人之间的和谐，这个和谐状态是因一个人有意识地培养自己趋向和谐的潜能而产生的。正是由于人沉思致和的潜能，才会逐渐了解到这个重要的美德，这个美德根源于人的潜在可能性。孔夫子对人性并无定义，他认为不必把人性局限于任何一种个别的特性，他反倒以为，人是诸多特性的形成和转变的一个动态过程（此过程最初由人自己开始）。在人性的这个意义上，他挑选出能将政通人和的状态带给人类的那种特质和能力，作为人的根本本质。就此而言，仁定义了人，因为，人（又是仁）引导出仁。子曰："人而不仁如礼何？人而不仁如乐何？"（《论语·八佾第三》第三章）我们看到，这个问题可以扩展到一切德性和价值，原因在于，仁预先设定了将非人提升为人的那些要素。人们因此可以说，假若一个人不欲仁，他如何可能还是人？

孔子通过自己的内心转变以及相应的外部转变（这引导了他的社会和政治关切），产生出对道德意义上的人性的这一深邃洞见。但我们不能忽视他领悟这一见解的两个外部因素，即周礼（或周文）的因素和天的因素。对周礼或周文，孔子曾表示由衷的欣赏之意，他从周朝人的公共生活和私人生活的礼制看出，周朝的社会政通人和，人人都有能力甚至进一步地上升到一种个体的自我实现和彼此相互实现的状态。历史产生的这一文化成就对孔子而言，乃是对人的尊严和创造力具有深远意义的一个指示。所以，孔子以为，修德以成仁，从外在来看，就是礼和文发挥作用的形式所表现的。因而在孔子眼中，文的根主要就在于人趋仁的潜能，文直接证明的是人创造社会和谐的这种潜能。对人来说，问题是如何将内外联结为一体，如何将内扩散到外，并且如何在内外之间达到一种统一和谐。这一探讨是孔子在内心里思考自己和一般意义上的人的动机。

至于天的因素，很显然我们有理由相信，孔子把对天的精神性、根源性的信仰当作人的支撑和行为正当性的一个终极基础，也将之作为人创造力量和体现美德的一个至高榜样。他曾将自己德的禀赋和周文的价值诉之于天。①这里我们要问，天对孔子究竟是什么？孔子曾区分过鬼神和天，并表明他向天祈祷过很长时间了。（《论语·述而第七》第二十五章）然而，值得注意的是，此处天的宗教意涵并未引导出详尽的天的概念或构造。对孔子而言，显然，天道为人（仁）道的实现提供了基础和背景，天具体体现了人可欲求及必须仿效的一切美德品质。在此意义上，天道并不遥远，离人咫尺而已。当人察看到天的无言，天同时创造太阳、月亮、四季，天指向了自然，天之神圣并非因为是某个超验的上帝所缔造认可，而是因为自然在我们心里所激发的秩序感、和谐感和目的感。由此，我们或许进入到了儒家思想隐含的本体

① 《论语·述而第七》第二十三章"天生德于予"和《论语·子罕第九》第五章"天之未丧斯文也……"。

宇宙论（onto-cosmology）的一个深层方面。①

　　我想论证，这个深层隐含的本体宇宙论在孔子思想中一直存在，甚至在《论语》中就存在，它的目的超越了历史的语境。若我们仔细查看，缜密思考，就可以体察出这一点。此处我征引两段相关的段落。第一段，孔子在桥上看见流水，叹息道："逝者如斯夫！"此话难道不是意旨深远吗？若非跳出《论语》的历史文本的语境，就领悟不到此话的深意。此处我要提到《周易》的背景思想。如司马迁所说，孔子老年尤喜《周易》，我相信，这说的是年过五十以后，即孔子说想研究《易经》之际，而且在五十岁他体悟到"天命"。现在我们从马王堆出土的《易经》获悉，孔子确实在晚年讲过《周易》，而且提出注解与诠释。这明显启发了孔门弟子把用于占卜、暗含玄理的《易》转变为一本关于宇宙和本体见识的丰富详细的典籍。但问题仍然是，汲汲于天的本体（reality of heaven）以及对"变易"的理解，如何证明了孔子的观点，如何决定了儒家的旨趣，即自我乃是从一般的德转变到具体的仁的过程。下面我试图阐明，正是孔子把《易经》对天地的理解转变为对美善的创造力的见解，这种创造力也引生生命，支撑着生命走向大和谐。人类在人性发展和人类社会的演进中，必然要竭力仿效这种创造性的和谐与和谐的创造力（creative harmonization and harmonious creativity）。在《易传》（《易经》的注疏）里，人内在的仁与外在的"易"的本体宇宙融合，并且与此同时，易或天/地的创造活动造就生命、滋养万物，为人的道德化或道德完善提供了一个坚实的基础和源泉。这就完成了儒家思想进展中诠释学思考和本体论经验与观察的一个完整的循环，内外宇宙的循环。这使儒家哲学在人的本体的认识、在人行为上的价值诠释方面有了丰富的发展，充满了活力。

　　理解人乃是由德向仁的创造性转变的另一个相关要素，是人的完美实现过程中所有不同的价值、美德和道的自然合一或整体化。或许，孔子在历史和世界中观察到的纷繁万物使他追寻万物的合一，这种合一会启迪他对物之道的理解。然而，当他言及"吾道一以贯之"，他一定曾体验和思索过人的

---

　　① 既然在宇宙的形成中，实在与现在不可分割，本体论就不可能与宇宙论分开。所以我用"本体宇宙论"这个词指本体哲学与宇宙哲学之间的连续和同一。换句话说，存在是宇宙哲学的，生成是本体哲学的。

美德价值的彼此相关性（interrelatedness）的想法。① 当我们冥思自己身上体现的人类的自我时，必然体验过，在自我转变的过程中，来自一个根源的某种合一的形式，来自一个目的的某种合一的形式。所以，孔子之道一以贯之，对他而言，是使诸种美德的相互关系有意义的一个自然产生的品质，一个合乎逻辑的要求。这种对道之合一的认识堪称为《论语》表面上无体系的道德与形而上的思考和言论创造了一种隐含的体系。

虽然曾参（曾子）将这个一以贯之的原则理解和解释为忠恕原则，但我们不必局限于此。忠恕确是孔子的核心品德，但重要的是这两种品德（作为情理并存的状态）内在动态的整合和贯通，以及它们将人的个体和人的群体一体化和加以改变的力量。

我们还必须注意，孔夫子言及一，指的是有机的一，因为他用"贯"这个词来描述一如何发生。这即是说，一是普遍的，从万物之初就引发出来，因为，除非一生万物，否则万物或某物不可能有普遍存在的一。孔子有如此洞见，说明他曾深入思考过，他的种种思想学说在彼此的关系上，在应用于事物时，怎样才前后一致，有内在凝聚力，使人信服。"一"的思想反映出他的深刻体验：万物本性的相互关系，其根源就是那同一个更普遍的本性，我们名之为世间万物在本体–宇宙论意义上的和谐，《易传》称之为"太和"。通过这种有机的合一，才能真正将万事万物普遍联系，才能在明确强调普遍联系的方方面面（或将其当作主题）上，衍生出新的事物的含义。

三、作为儒家诠释学的孔子认识论

在孔子的德性经验与其有机统一的基础之上，可以切实提出认识论的问题。我们要追问的是，求助于孔子的"思"和"学"，是否能让我们判定他在《论语》中的主张是正确的。我们已经看到了《论语》中孔子除了道德和伦理教诲之外形而上的那些层面，但问题是，孔子是否具有方法论和认识论的说辞证明、支持其思想主张。对这个问题，表面上的答案（很多批评家也如是说）是孔子并不具有这样的方法论和认识论的说辞。但我认为，首先，

---

① 孔子答子贡时，说他可以将种种经验联系贯通。（《论语·卫灵公第十五》第二章）他也对曾参说过："吾道一以贯之。"（《论语·里仁第四》第十五章）

对孔子做这样的要求是一种"错置具体感"(misplaced concreteness)①的谬误。我想做一个重要的说明：我们必须检视，作为现代认知活动的认识论和方法论是怎样发生的，认识论和方法论是作为普遍有效的原则存在，还是仅仅囿于某种形而上思想的语境之内因而从一开始就是排他的、相对的。我们知道，西方的现代认识论始于康德，他抓住并且重构了现代科学和通常知识意义上的怀疑论问题。从这个意义上来说，他的认识论是对人们已知的范畴广泛地理论抽象、广泛地重构的一项思想计划。因此，他的认识论依赖一个形而上学的基础，这个基础使先验的推论成为可能。因为他致力于创造使知识可能的条件，知识被当成科学以及相应常识里的例证，知识是被那些先验范畴合乎规范地界定好的。所以，认识论在一开始就需要形而上学的确证，就像形而上学需要认识论的确证一样。形而上学和认识论形成了一个相互预设、彼此支撑的循环。然而，这并不是说形而上学不能包括认识论，或认识论不能包含形而上学。

相反，要指出的是，一个形而上学已预设了一种认识论的方法。由于两种水火不相容的认识论能与同一类形而上学契合，由此可知，没有任何一种认识论能等同于或充当一类形而上学。这也就是说，诸种形而上学是在多种认识论的基础上形成的，并且可以由任意一种给定的认识论非充分地决定(underdetermined)。②如何从同类的形而上学中重构或者推演出一种认识论，这就要求认识论自身具备一个独立的确证。随着现代逻辑学和现代科学的兴起，我们形成了一种理性主义-自然主义的认识论，它提供一套标准检验证实我们从科学得来的知识。所以，这种自然主义的认识论暗示了自然主义的形而上学是对它自身的确证。

经过这番说明后，我们准备在建构意义和指涉性的过程中，探讨孔子道德思想和形而上学思想中的认识论问题。很显然，我们必须仔细深究在某种形而上学的理解和某种道德思想的语境中发挥作用的认识论。因为并未否定矛盾律，所以这里不存在形式逻辑的问题，感觉和意义在形式逻辑的规则下

[① 哲学家怀德海的术语，即把具体感放错了地方。]

② 通过一种特定的科学理论，蒯因(W. V. O. Quine)研究并发展了本体论的"非充分决定性"(underdetermination)的概念，可见其著作《从逻辑的观点看》(*From A Logical Point of View*，Harvard University Press，1953)。

丝毫无损。实质的争论是关于人的自我的构成、人与他人的关系以及天人关系的认识。从而，我们可以指出从完整的人的统一体这个意义衍生出的至少三条认识论原则。

第一条原则乃全面的"观"的原则（Principle of Comprehensive Observation）。① 这一点我已经在关于早期宇宙哲学和《周易》的宇宙观的文章中讨论过。全面观的无所不包，可以对整个自然的模式和秩序，可以对世上万事万物彼此休戚相关的力量的整体统一感，产生或许是彼此相似的一致意见。知识自身是一种关系，是可被主体之间地、历史地和整体地看待的关系。因此，当孔子谈到"知人""知礼""知言"时，他用的"知"这个字总是带着对诸如"人""礼""言"等现实背景的总体的理解。

孔子认识论的第二条原则就是彼此同感的原则（Principle of Congruence of Reciprocal Feelings）。用怀德海的话说，就是"整体感"的一致。我们要谨慎认知的是，孔子的知识并不仅是理性和逻辑的认识，还是通过个人在社会中的具体感受和经历恰当地描述现实。因此，他所认知的美德和价值就是被证实的经验实例，即发出的感觉确保有他人的回应作支持。他的名言"己所不欲，勿施于人"堪称一例。这句话之所以会变成道德推理中对人人都有效的一句格言，正是因为，人能以自己的感觉体会他人的感觉，而且，指望他人也同样换位体验。这种换位体验的结果就是两个人之间或者两个组织之间的同感，对不协调引起注意并做出回应。因此，知识就是由感觉的发出和感觉的回应的换位体验过程形成的彼此同感。儒学认识论的这一原则使我们建立起对人的认识，就像第一条原则使人建立起对世界上事物的认识一样。

孔子的第三条认识原则乃修己实践原则（Principle of Practice of Self-Cultivation）。虽然知识在某种意义上的确反映出现实，但是现实变化不居，知识也必须随之变易，这就要求认知个体与时俱进。正如《易传》所言，圣人必"察微知几"。此外，人可以参与事物之变易，给现实带入预期的结果和不易察觉的善，因为不只事物在变，人自身也在变动转化，以充实和阐释"道"。从这个意义上说，知识只是实践以修己、修己以实践的开始，实践和

---

① 参见拙文《论〈周易〉作为本体诠释学的全面的"观"及其意义》，见《国际易学研究》，第 1 辑，156～203 页，北京，华夏出版社，1995。

自我修身会把人的认知带入一个新阶段、新高度。所以，知识必须成为有机的知识，以便于它具备一个变易和转化的内部有机机制。孔子还说，要"听其言而观其行"。毫无疑问，这说明了知识要与行为统一，理论要与实践统一，道要与言统一，参与要与转化或创造统一。

第四条原则是德和理的统一的原则（Principle of Unity of Virtue and Reason），用孔子的观念表示就是"道"，"道"渗入一切德和理，"道"引导德和理在"仁"之"人人为仁"（co-humanity and inter-humanity）的美德之下，达到融合统一。①

就此意义而言，知识将会引起人类道德视野向现实渐进的而且是持续的转化。正是在这条原则以及它与实践保持一致的基础上，孔子提出并界定了"正名"的学说。何谓"正名"？我对"正"的看法是，通过我们广泛观察物之层面后，"正"是对名或言与事物之实之间反映出的平衡、和谐以及恰当的表现的一种状态的认知。但是，依据价值层面上感觉的交互性和统一，依据实践层面上我们把事物从现实到价值的转化，也可以达到名或言与事物之实之间反映出的平衡、和谐以及恰当的表现的一种状态，因为，在这里现实会表现为价值之实践。在这三种情况下，"正"就是事物、价值、实践反映出的平衡、和谐、恰当表现的标准的概念。因此，"正名"既是描述性的，又是规范性的；既是认识论范畴的，又是价值论范畴的。因为"名"和"实"可以不依赖自行变化，可以通过认同和协调相互制约，这就要求人不但必须要锻炼心灵的知识，而且要锻炼转变的知识和修身养性的实践。

综上，我们不仅得知，孔子的这四条原则构成了孔子认识论和方法论的基础和核心，认识论和方法论使孔子关于德性和价值的知识成为可能，而且证明了这种知识的正当或得以"先验地推论之"。尽管如此，我们却不能把孔子的这种认识论等同于孔子道德和形而上思想的全部，因为如果没有人的存在、人和物的世界的存在隐藏的前理解和前认识，我们就不能发展出这些

［① 英文中对"仁"的译法借鉴了汉字中"仁"指"人人"而不只是"两个人"，不是复数与复数之间的关系，所以取带前缀 co 或 inter 的词来反映"仁"带有的"单数–复数关系"。此外，所加的词头语义上是指温和地接纳他人，以及认可普通人的人性。］

认识论。正因如此，只要涉及孔子对人类的前理解和对人的美德和价值的理解，我们必须让这些原则向详细的说明和进一步的阐释敞开。就此而言，认识论原则也即诠释学原则，因为它们必须也要作为阐释孔子的物之理、理之道和人的行为之道的基础和渊源而发挥作用。

前文已述孔子的道德观、本体宇宙观及其假设的理解原则。通过我们对孔子的本体诠释学思想的本体诠释学思考，我们可以肯定地提出孔子的本体诠释学思想的内容。我们甚至能够把这种本体诠释学思想本身描述为孔子的四条认识论原则的融合统一，因此形成一套完整的从理论到实践、从实践对理论的理解，以及从理解到对这种理解的理论的循环。关于"名""实"关系的意义和指涉的本质，最后一个意见如下："名"指涉"实"，"实"被"名"指涉，"名"与"实"不得不彼此让步妥协；若"名"未能成功指涉"实"，就不得不创造与其相符的"实"供其指涉。另一方面，"实"也必须适应"名"的挑战而转化自身。因此，"名"可以指涉现实，但具体指什么，要由"名"和"实"的相互作用、彼此确定的过程来决定；"实"可以被命名，但也取决于两者相互调整和协调的过程。毫无疑问，这里人们可以看到本体论和诠释学是如何相互作用的，是如何借助诠释一起决定现实的意义的，是如何通过本体论的理解或本体论的参与决定诠释的意义的。这种相互作用堪称本体诠释学的一个基本原理，它既是前理解的首要原则，又是将理解带入具有根深蒂固的共感与和谐的稳定平衡状态的基本原则。从而，我们的理解既是本体论的，又是诠释学的，我们的知识、我们的知识系统或方法（标准）同样既是本体论的，又是诠释学的。①

也许指出如下这一点是恰当的：在西方传统中，知识是更为客体取向的，认识论更具有指涉性；而在中国传统中，知识是更为主体取向的，认识论更具有诠释性。但这并不等于说，中国的认识论没有客体，没有指涉性，它提出的仅仅是：主客体的关系、名实的关系比之其他东西更加是中国传统关注的核心。

---

① 知识理论允许不确定性在相互作用、相互决定以达到和谐、平衡和明确的过程中发挥作用，我们可称之为"模糊认识论"，它和"精确认识论"相对。"精确认识论"要求我们在具体个别的基础上，以清楚主张、准确定义的确定性证明真理。"模糊认识论"则必然是在"模糊逻辑"起作用的领域里才可以发展和一展身手。

四、理解和参与过程中人的个体

根据上文探讨的孔子伦理学、孔子形而上学和孔子认识论，我想进一步描述儒家的人的哲学。儒家提出了无限转化过程中的人的自我观念，这与古希腊形式主义传统以及近代欧洲理性主义传统中的实在自我（substantive self）形成了对照。在当代哲学心理学（philosophical psychology）中，有一种强烈的科学唯物主义倾向，认为意识视大脑情况而定。然而，只要意识的意向性不能简化为认知科学，关于心理状态的争论就远未尘埃落定，心灵与大脑的二元论仍是一个哲学意义上的挑战，自我的统一和意志的自律也仍然是困惑难解的问题。

在这一点上，我们引入儒家关于人的哲学思想，它展现出一幅迥然不同的画面。首先，经验告诉人们，心与脑、感觉与理性是紧密协调，一起发挥作用的，它们形成了一个有机的和谐。孟子说："心之所同然者何也？谓理也，义也。"（《孟子·告子章句上》）孟子又有四种情感的四端说（恻隐、羞恶、辞让及是非），认为它们是德性的根基，即理和义（或责任）之所在。所以，对他来说，道德理性和道德情感是一回事。这里不难看出，心和脑的统一扩展到了真理和其他价值领域。这种见解最本质之处在于，现实不纯粹是作为理性的大脑认知，而是整个人身上产生共鸣的深刻经验。这表现为孟子所说的："夫君子所过者化，所存者神，上下与天地同流……"（《孟子·尽心章句上》）

孟子不仅认为，心和脑在存在的协和中起作用，而且他看到，人的心灵与身体同样是协调统一的。孟子曰："夫志，气之帅也；气，体之充也。"（《孟子·公孙丑章句上》）他视"气"为和谐统一之源，"气"的概念又是来自人的经验，来自更加广袤的自然以及人和自然的相互作用（表现为人的呼气、吸气）。实际上，正是出于这个理由，"气"不仅被看作身心统一的基础，而且被视为人和天地交互作用源源不断的基础。孟子所言"我善养吾浩然之气"就很好地表达了这个立场。当被问到什么是浩然之气时，孟子说："难言也。其为气也，至大至刚，以直养而无害，则塞于天地之间。其为气也，配义与道。无是，馁也。是集义所生者，非义袭而取之也。行有不慊于心，则馁矣。"（《孟子·公孙丑章句上》）我们可以指出，这里所描述的是人的心灵和支持有道之人的自然宇宙之间的交互作用。在天地之气的同样的基础之上，道德行为正是天地宇宙正气的所在。因此，气可以看作人和整个宇宙相统一的基础。出于同样的原因，当我们询问什么使人的心与脑的和谐统一成为可能时，就要进入孟子"性"的概念一探究竟。

孟子和其他儒学家心目中的"性"是什么？通常人们注意到，孔子很少提到"性"。他只说过"性相近也，习相远也"（《论语·阳货第十七》第二章），也说过"人之生也直"（《论语·雍也第六》第十九章）。此处的"直"指人不加修饰，不弄虚作假，直接自然地表现自己。人出生的时候性直，但长大后养成了善恶不同的性格。人们无法猜测，是否人出生时的"直"具体体现了孟子所说的性本善，但它至少代表了德的潜能。① 从用"性"这个词开始，一个生而有心的人定然是其性直的标志，所以随其心自然产生的能就是直，也可称之为德。所以，即便孔子和孟子都没有定义过什么是性，但他们应该都同意告子之见："生之谓性。"（《孟子·告子章句上》）换句话说，人性是人天生的。在此基础上，孟子声称人性本善，他指明了我们直接自发地表达道德情感的经验。要注意的是，孟子并非说这些经验是习惯使然，而是认为这些经验植根于存在的一个较深的层面。他把人性趋善比作水本性是往低处流。② 由于人性极容易被塑造，受环境和文化的影响，应该承认这种影响和自我修养将会改变人出生时的性格，所以人的性格在这些影响中被锻造。因此，我们提出"性"的三种含义：人出生时的自然真性，自发本能、自然行为方式表现的根深蒂固的倾向性，最后是传统、文化和环境塑造的性格和精神。

孟子之所以成为一个道德哲学家，是因为其见解和坚持的主张：人能自觉地致力于修炼性格以明确地实现道德情感和道德理性，因为人有能力这样做，因为人按照对人的理解认识到这样做是美好的，是自然的，也是必需的。当孟子说"尽其心者，知其性也"（《孟子·尽心章句上》），他把他的观点表达到了最强烈的程度。"尽心"就是尽力思考和检查我们的一切感觉和意识活动，让我们能分辨我们究竟想要什么，到底知道什么。孟子相信，这

---

① 汉代郑玄的评注认为"直"就是人性本善的表现。

② 当然可以说这是地心引力的外部作用，但是，在地球的体系中水的本性是必须受引力吸引，这可以视为洞察水之本性的见解。

样做我们就能知晓头脑和心灵所支持的、根深蒂固的意向，他把这视为性。所以对孟子而言，知性要求全面彻底地查看人心，理解心的自然倾向。这种意义上的"知性"并不仅仅是了解一己之本性，还要知道一般意义上的人之本性，因为我们在对"知性"做出评价时，我们的思考必须从别人的角度来看自己的感觉。

在这种"知性"的观念中，孟子把理性与感性结合在一起，这也反映在他提出不该轻易放纵身体的欲望的警言，因为身体的欲望是本能使然，可能走向极端，所以我们应该谨慎节制。另一方面，尽管我们被人相互之间的关系所拘束，但我们必须修养自身，做有德之人，这样人际关系将不再是负担。可以看到，在这两个方面，评价和调整的能力以及追求平衡和谐过程的能力，都是人的本性必要的组成部分。因而，人的本性存在于一种本体论意义的真实之中，它在我们内心存在的和谐之中，在理性与感性的统一之中，（又）在一种本体论意义的价值之中，发挥积极的作用。孟子的"知其性，则知天矣"（《孟子·尽心章句上》），因而变得十分重要，并且可以理解了。此处的"天"显然代表的是道德价值的权威和世上生命的最终本体。

假若孟子的人性观是一个创造性的道德理性与生命（活）感性的结合，那么，我们就可以把人视为一个统一体，或是人性自我实现的一个发展过程，因为人性需要被关心、被培养。只有人才会不断关心、培养自身的善和本性。我们可以得出结论，孟子的"性"的观念提供了一个人的最根本的个体统一，同时也使一个个体成为一个自我转化和转化他人的无限的、动态的过程。

通过孟子的人性观，我们也能看到个体一方面在社会和政治层面的发展，另一方面在本体论和宇宙论层面的发展。为了理解"性"的内部逻辑，我想简要解释一下这些发展。

在社会和政治层面，以人性的力量和倾向，个体可以选择发展自己的道德潜能，以寻求创造一个道德的社会。在这个道德的社会中，人们物质上、精神上的幸福都可以得到体现和保护。如果一个个体不选择培养和发展自己的本性，就不可能达到适合其本性的最佳状态。儒学视野中的有德之人理论上是和儒学视野中的有德的社会紧密联系在一起的。这两个视野融合为一体，乃基于这样一个事实：有德之人若没有献身于建立有德的社会，那他不可能做到德行圆满。同理，有德的社会若不是由有德之人组成，那也并非完全有德的社会。为确保两者的统一，孟子挑出"仁"和"义"作为两个最主要的原则。诚然，孟子曾提到"性"的"四端"。但为什么他集中于"仁"和"义"呢？答案不难寻找。孟子把"仁"视为激发人道德发展的原则，把"义"视为按照物性和人性使物和人各自有序的原则。换句话说，"仁"是统一人和物的情感，"仁"是使万物具有亲密关系和情感的原则，由此，物和人之间没有阻隔。所以"仁"将作为社会道德发展的基础而发挥作用。"仁"的观念实际上是和谐的观念，为使万物成为一体，和谐必不可少。

另一方面，"义"是在物的总体中区别事物、整饬秩序的原则。但是任何区别和秩序必须有正确的方式，不考虑事物的本性以及事物的表达和实现的环境与方式则是无效且不可持续的。这就是"义"。这样来说，"义"代表着对事物本性及其关系的一种客观评价，所以也暗示"智"的作用，"智"是人辨别真伪、区分正误的能力。"义"有从事物的秩序派生的意义，它也意指事物的秩序，这就不是偶然的了。我们见到，孟子把"义"和"理"的字眼合在一起用，这种合用表明，可以从人对秩序的理解扩展到一种秩序或原则，对秩序的理解符合秩序的意义。这样一来，"义"提供了对秩序的理解和秩序本身之间重要的连接。此外，当社会秩序以和谐的方式被维持的时候，"理"就变得相关和必需。也就是说，在"仁"和"义"的共同作用下，自然产生"理"的美德，"理"应该源于谦卑之情：当一个人面对有情感联系的统一体的要求时，面对有秩序的区分需要时，必然要对有益于和谐的情况让步，必然要对和谐化过程中公平对待所有他人的人要求让步（再次提醒，我们千万不要忘记，对于社会，"理"是保持情感交流、表达感谢的温文有礼的方式）。

我们在说明孟子专注于"仁""义"的论证时，不能以为他没有积极主张其他美德。事实上，他曾经将"礼""义"合用，并且多次把四种美德当成一个整体。然而，还有一个事实是，孟子用"仁"149次、"义"101次、"礼"63次、"智"31次。这四种美德不一样的使用频率给我们一个清晰的提示：这四种美德如何相互关联，需要如何解释。我以上所述正好是这样的解释，就我所阅及的文献，尚未见过此种解释。

由此可见，孟子的个体人性观与其说是针对有智之人，不如说是针对有仁之人而言，因孟子对仁的关注超过了对智的关注，智的提出是因为我们要维持一个个体相互联系的和谐社会。关于人的个体观念，即建立在导致个体美德之发展和实现的人性基础上的个体观，我们还有许多话可说。

第一，因为人性囊括物质和精神两面，所以"性"是人的一种深度的统一。这种统一不仅是人美德动机的源头，而且是美德之间相互联系的源泉。

第二，"性"提供了人的特性（identity），这种特性可以理解成人具体的物质存在（即"体"）和心（可视为生生不息的自然的诸方面）的统一。尽管善的一般特性是道德发展的根源，然而历史、文化及环境的个别性元素也构成了个人个体化的原则。所以，从"性"产生的个人个体性的争论便不会有什么困难。当某个个体的"性"得以发展和实现时，它永远是此个体的"性"。

第三，个体的人还具有道德决定的自主权和主动性。然而，持二元论时，很难分辨哪个实体是道德决定的主体，在科学唯物主义的情况下，很难相信是脑的活动（它不过是神经生理学意义上的）做出了道德的决定。不难看出，个体化的"性"是真正的道德主体，因为一个个体的"性"是实现所有心的功能的主体，它会逐渐拥有这样的认知——作为主体的人对"性"的自我认知。"性"为完整的个人提供的统一不但使这个人的一切个人特征融会贯通，而且使这种综合的个人性和自我意识出现。我们甚至可以把自我宣称的自我意识，阐释为显现出"性"的主体，故而，可以说"性"在心灵的自我反思活动中证明了自己。

第四，"性"被视为发展的一种潜力，也是发展的力量之源。所以"性"对所有的可能性敞开，但却是在符合既定的、已积累的经验时，对这些可能性的综合统一。随之而来的是，个体的观念必须是开放的实体，服从于自我修养和外部影响（包括环境的、政治的、历史的和文化的影响）。这意味着，修己对一个人极为重要，不重视自我修养，人会走入歧路而失德。

第五，"性"本质上不是一种自由或自由意志，但它自由地追求跟道德发展可能性相一致的自我发展。必须从考虑"性"的起源来理解这个问题。"性"是如何产生的？"性"本身象征着什么？我们不得不审视事物的一个更大范围的同一，就是它产生了个体的人的"性"。据此，儒家的经验和思想是从有德之人构成有德的社会这样的道德视野，转变到在理性和经验的基础上对个体的人之本性的理解。然而，儒家需要找寻一个更深层次的本体以及由经验的观察和反思结合而成的统一体，这个需要将会使个体的人认识到，万物中一个范围更大的、有机的整体以及整个宇宙有机的、创造性的本质。

从孔子开始，经过子思到孟子，儒家哲学的发展线索表现出可能返回自身的一个逻辑序列。人们不知道，是历史事件导致了这样的发展，还是出于自然的原因，像孔子的著述独立于历史之外引领儒家发展那样。根据诠释学的理解，理论和历史交织在一起并无阻滞，结论必然是，历史和理论间明显有一种调和，这种调和必定被视为提供了创造性和谐的诠释学的一个例证。

五、道德和本体论中的创造性和谐化的诠释学

除了创造性和谐化的诠释学之外，根据孟子的人性观及其道德和本体论的含义，我们还可以剥离出三条诠释学理解的基本原则。

诠释学理解的第一条原则是，经由统一与和谐的方式达到的本体论意义上的原则。为了把所有的差异融合为一个整体，统一与和谐显然要求这样的本体论，整体必须能包容种种差异并且把其纳入和谐之中。在这方面，"性"的统合意义不是一般物质本体论层面上的意义。正如我所阐明的，"性"的含义涉及一种本体论意义的现实，不只使人的本体论成为可能，而且使人的转化成为可能。"性"的含义还引向了一个先验地内在或者内在地先验的源头，这就是孟子思想中的"天"。存在的逻辑由"知性"延伸到了"知天"。这里我们目睹了从孔子到孟子的思想发展的重合与延伸，孔子谈及"知人""知礼""知言""知天命"，孟子则言及"知性"和"知天"。人若知性，作为人性的子嗣，自然就能"知礼""知言"。如《中庸》试图说明的那样，"性"使一个人可以发挥把现实的源头和人的文化社会连接在一起的作用。

与这种"性"的理解相关，诠释学理解的第二条原则是由人性的德与行为的善扩展到构建一条人道社会的原则。这可以被视为实践运用和建设性参与的原则。从实践和修己的角度看，这条原则回应了孔子诠释学的第三条原则。然而，我们却不能把这条原则还原成那条原则，因为两者有重大分野。孔子诠释学的第三条原则是由行为与实践完成和支撑思与言的一条原则，也是实现和完成道德意图的原则。在人对道德生活的追求中重要的不仅是动机和意志，还有真诚的、持续不断的实践。在道德实践方面，孔子提到了文、行、忠、信，这些全都跟具体的表达和行为有关。另一方面，孟子的实践运用的原则不是单纯直接的自我修养问题，而是为了设计和建立一个人道或仁

义的社会，出于实际的理由聪明而谨慎地使用原则。因此人们在孟子那里找到的是一个幸福社会的蓝图，这个社会的特点是土地分配的标准制度、家庭互相扶助的道德。我们的确可以认为，这一原则是"仁"在社会意义上的运用，孟子的第一条原则是公正和"义"的原则在本体论上的再生成。事实上，正因为这种本体论上的再生成，拥有私"心"的个体在由人的个体组成的社会中才是负责任的，可依赖的。

值得注意的是，基于前理解之上的孔子认识论原则运用于孟子，发展了孟子"性"的概念。孔子把人的美德理解为有机的、普遍的统一或合一，事实上正是在此基础上，孟子才能明确提出"性"的观念，这个"性"的观念可以被看成人的有机普遍的"一"的具体化，会跟有机的、普遍的"天"的合一相和谐。① "性"和"天"对"一"的终极实在（即有创造性的、无所不包的、敞开的"道"）予以实现。

承认了孟子的这两条原则的不同和独立性后，我们把孔子的三条原则和孟子的两条原则合在一起，构建或重构一般意义上的儒学诠释学或孔孟诠释学，我们能看到，按前文对孔子和孟子的分别讨论，可以如何设想一个更为全面、更为丰富的理解和重构之诠释学。这项计划某种意义上也是在这五条原则的基础之上，对诠释学的理解和重构。我们称这五条原则为孔孟的诠释学原则，它们为儒家在中国持久的、不断回返的发展提供并构成了坚实的基础，它们也反映在从古代儒家到新儒家、从宋明新儒家到当代新儒家这一创造性的诠释学重构的历史进程中。

六、本体诠释学循环的内在连接

上文已论，孔子自己是如何按他个人的发展对人进行反思，从而具有考察每个人伦理品德进展的道德视野的。他也察觉到并接受了关于世界之创造性变易的一种本体论。我们已看到，这影响了他对人的生命、人类社会的看法。在同样的诠释学考察下，我们见到，孟子在所谓培养自身的浩然正气的过程中，以"尽心"来定义个体的人的要素时，建立了人性观，他在"知

---

① 要指出的是，查尔斯·泰勒（Charles Taylor）的自我观从来没有这个重要的层面。参见其著作《自我之源》（*Resources of Self*）。

性"的基础上达到了"知天"。如上所述，这当然涉及儒学对于"天"的本体论和对自我反省的认识论。

要注意的是，只有从根本上理解了这些，孟子才可能提出他十分详尽的幸福社会和仁慈政府的观念（这个政府是在一位全心全意关心臣民福祉的君王治下）。恰恰是在这样的视野中，孟子进入一个完整的循环，与孔子最初的关切点汇合，就是个人的修身养性和人类文化的保存是达到道德和真理的手段。所以在进入这个循环的时候，我们也看到本体-宇宙论的理解起着至关重要的作用，即加强人的发展、人的个体和人类社会的道德强有力的存在主义基础。因为，本体-宇宙论的见解提供了一种整合一体的语境，它是这种整体的组成部分的人的个体和人类社会之道德发展的背景和诱因。当然概莫能外，整体的完成也依赖其组成部分。同样，若无人的道德发展，本体-宇宙论意义上的"道"的本体就无法展露。在这种联系中，我们要指出的是，孔子那里实际上表现为本体诠释学循环的东西，在孟子这儿变得更加生动具体：从孔子到孟子，在"心""性""命""天"这些概念的发展过程中，儒家的本体诠释学循环的完整演绎一览无遗。

现在，我们将阐述本体诠释学理解的一个更大的循环，囊括（理应如此）子思的《中庸》和曾子的《大学》在内。据司马迁所载，子思作《中庸》，曾子作《大学》，此两文收入儒家经典《礼记》。作为孔子的第一代弟子，子思和曾子可被看作贯通孔子和儒家后来历史的传统环节。胡适这位研究中国古代哲学的近代著名历史学家即持此论点。但其他历史学家对《中庸》《大学》两文的写作时间提出了疑问，认为它们出现的时间远远晚于孔子的第一代弟子。然而，1976 年马王堆《易经》帛书的发现，以及最新（1994 年）楚墓竹简的发现，让人们看到，不光孔子晚年全心研究《易经》，而且事实上存在一个由子思领头的形而上学学派，他们把人道和天道联系起来的研究非常活跃。这也澄清了人们对子思在今日所见的《中庸》文本的成文过程中的历史作用和理论作用上的怀疑。

虽然我们现在在对《大学》的成文过程仍知之甚少，但没有理由怀疑，它或许同样在时间上是孔子之后的作品，是孔子的一个知名弟子曾子所作。理论上急于使人们注意的是，如胡适所说，儒家哲学的两个方面——与人性相关的本体宇宙论方面和与人的美德相关的社会政治方面——通过《中庸》《大学》各自得到了发展。也可以说，这两个文本及其所表现的内容产生了儒学的两翼：孟子理想主义的一翼和荀子现实主义或经验主义的一翼。如此看待儒家历史情景的方式，不仅能带来一种范围更大的儒学本体诠释学的理解，而且将引入新的转折，也就是荀子带来的理性主义的转折。

众所周知，《中庸》把人性定义为得自上天的命令。这个定义的关键词就是"命"。这自然是说，天有意志，天有力量，所以天的意志在人身上潜在地成长发展，将引发存在的形成。最近的楚墓竹简中，有一篇名为《性自命出》的文章，说到"性自命出，命自天降"。这显然在强烈暗示一个像上帝一样的上天，它按人的特性创造人的存在，给人命令，确定人的存在，就像一个人给先前没有名字的东西起名字，或下令规定一支军队的位置。上帝般的天显然是创造人性的有效的、合目的的起因，在天中，既可以找到存在的原动力，也可以找到终点。没必要假设人的形式的、物质的起因为天命，因为可以想见，天命赐给人以人性之前，人的存在可能是形式的和物质的构成。在这个意义上，人们可能的确会争论，人被创造之前就存在一个先验的天。但另一方面，一旦"命"作为其本性具体到人时，"命"里的天所代表的意义就肯定是人内在的固有的特性了。

尽管"命"可以在每个个体中实现，但却不能摆脱自然的赐予。这就是说，人的生命世代更新，"性"也不断更新，这显示了得自于天的"命"永远延续。这样，超越是持续不断的内圣，如同"性"是日日更新。这种可能性使王夫之说出："日日皆有天命，性日生日成。"①《中庸》关于"性"的一个重要主张是"尽性"。然则，何谓"尽性"？一种回答是：能尽其性，则能尽人之性，是谓尽性。在《中庸》中，只有至诚的人才能尽性。诚，则可以尽自我之性后尽他人之性，再者可以尽自我和他人之性后尽世间万物之性。为了清楚起见，这整个一段需要做本体诠释学的阐释。可以看到，"尽性"的整个过程取决于我们如何理解"至诚"或只是"诚"的概念。

若要理解"诚"，必须明白《中庸》所曰"唯天下之至诚为能化"和"诚者自成也，而道自道也。诚者物之终始，不诚无物。是故君子诚之为贵。

---

① 王夫之：《读四书大全说》。

诚者非自成己而已也，所以成物也。成己，仁也；成物，知也。性之德也，合内外之道也，故时措之宜也"。《中庸》甚至更意味深长地说道："自诚明，谓之性；自明诚，谓之教。诚则明矣。"

综上所述，我们必得出如下结论：所谓"诚"不过是一种创造力，这种力量使我们追索自身的美德，激发他人德性的进步；这种力量使世上所有的善得以实现，这种善就是人的"中"与"和"（《中庸》第二段）。在这种意义上，我们可以把"诚"径直视为人性在其原始阶段的初始状态——一种平和居中的状态，而这种状态并非静止不动（它不停地创造、创新），因为它能应和世上万物，所以可以假设，这是首先发起创造世界万物过程的一种状态。然而，在它的运动和应和中，总是要达到一种可能的和谐。在这种情况下，"诚"就是这样一种创造性的品质和创造性的力量，以实现万物、珍惜万物的形式来寻找和谐。它也是为了永恒的和谐而使万物相互平衡的力量。

显然《中庸》具体体现了这种创造力和实现人性中善（包括宇宙层面的和人类层面的善）的意志。这是一种人性的至诚理论，它建立或者假定建立在具有无穷创造力的天（天可创造万物）之上。天赐人以"性"，人就能创造一个既仁又智的世界，因而也创造了人与人的一个和谐世界。人类既然可以创造人的世界，也能开拓发展自然的世界，给予自然更多的壮观、秩序和美丽。此即《中庸》所云："不诚无物。"这实在是一个强有力的理论，在这个理论中，所有的创造性活动（不唯人类的道德活动），都成其为可能。可以说，这个理论通过天赐本性予人，使天人合一，因而使"性"跟"命"或"天"等同起来。所以，先验的天变成了人的固有本性。但这只是人类存在的开端。人的命运清楚明白地（即"明"）显示了人固有的"性"或者"天命"。这才是在"中""诚"的本性基础之上促进和谐的过程。这就是实现自己的本性、他人的本性（包括启蒙他们，使之受益）、万物的本性（包括"能尽其性"）。在这里，我们看到了诠释学循环的完成，准确地说就是本体诠释学的循环的完成。这里存在着一种经由人性达到的潜在的天人合一，通过这种合一，再通过人的本性的发展（这同时也是万物和他人的本性之发展），可达到万事万物趋于和谐发展的最高形式。这就是《中庸》所描绘的"赞天地之化育与天地参"状态。这是人生命的最终目标：借助实现人的本性所达到的最终的世界和谐。①

根据以上的讨论，我们可以得出一个很重要的结论：儒家的终极本体既有超越的一面，又有内在固有的一面。"太极"创造性的动态变化和辩证法，使其统摄于万物之内的同一和差别的思想，成为对一个哲学心灵而言最深刻的洞见。子思所说的"性自命出"指的就是超越层面和内在层面在太极的同一中的融合。同理，周敦颐《太极图说》所言"无极而太极"，也意指这样的合一：超越和内在，"天"和"性"，一和多，都是一而二，二而一的关系。

和《中庸》相比，孟子表现的本体论看法更加保守。首先，在把"诚"作为一种创造性力量方面，孟子没有对子思亦步亦趋，毋宁说他视"诚"为符合善的理解的人的一种真性情。孟子曰："诚身有道，不明乎善，不诚其身矣。"（《孟子·离娄章句上》）但人如何明乎善？我们知道，人必须真诚对待出自本性的真实自然显现的情感，所有善的德性组成人的本性。在此意义上，"诚"可被看作终极本体的象征符号，甚至可认为，一旦人想到或有意识要做"诚"者，"诚"就存在了。换句话说，我们可以区分两种含义的"诚"："诚"作为终极本体的本体论特性，是人想要真诚、真实地意识或自我意识的对象。两者的关系如下：后者是前者的一个指示或征兆，而且，当人真诚地思考和感受时，前者可能就会出现。在这种关系背景下，我们可了解下面这句话："是故诚者，天之道也；思诚者，人之道也。至诚而不动者，未之有也；不诚，未有能动者也。"（《孟子·离娄章句上》）从孟子的"思诚"到子思的"诚至"明显有一段距离。孟子也说过："反身而诚，乐莫大焉。"（《孟子·尽心章句上》）这是否说明了他前面所说的"万物皆备于我"的原因？若"诚"首先是终极本体的一种真正特性，若"思诚"时这种特性在"我"身上实现或甚至变成"我"的主体，那么，万物皆备于终极本体的我（不管"备"的含义如何）。

孟子和子思的第二个不同点是：孟子从未提过"尽性"，而"尽性"是

---

① 在这里我们可能注意到宋代新儒学的奠基人周敦颐（1017—1073）所写的著名的本体宇宙论短文《太极图说》，在此文中，世界创造力的源头被称为"太极"。很明显，"至诚"恰恰可以被理解为人之"太极"，而宇宙之太极无疑就可以被理解为宇宙本体开始之初的"至诚"。周敦颐显然受《孟子》和《易传》影响，因此把这两种遗产融合成为一种"太极"的宇宙本体论。

《中庸》的关键词。我们在上文提到孟子谈的是"知性",他甚至说"养其性"(《孟子·尽心章句上》)和"存其心"①。为什么他没有提过"尽性"?原因在于,孟子认为"性"是支撑心的根基,人可以在性的基础上尽心,但不能像尽心那样尽性本身。在这种意义上,"性"不能被完全看作被实现(尽)的可能性,相反是一种尽(心之所欲)的力量。在"心"和"性"能对照区分上得出的是更精确的"性"的含义。所以可以说"尽心",但只能说"知性"。此外,只能在"尽心"的基础上谈"知性",因为,只有当人了解了所有的心理活动,才能发现"心"源源不断的根基和源泉就是"性"。然而,子思把"心"归于"性"。这样归并带来的麻烦是,既然子思认为"性自命出",那么"心"也该依赖于"命",这将产生一个不合乎要求的结果,剥夺"心"肯定和维持自我独立和自由意志的能力。对孟子,"心"有能力自主和自由,对于把自主性归于"性","心"显然是相反的根据和理由。所以在这一点上,孟子明确完善了子思(据称,孟子受业于子思的门人)。这也说明,子思提出"尽性"学说的《中庸》一文时间上早于孟子。

关于早期儒学中对"天"的本体宇宙论的发展,子思和孟子(思孟学派)主要集中在从人性、人性与人心的显现关系的角度来解释本体的来源,除此之外,大约同时甚或更早,孔子的一派弟子以全面的观的原则为基础,解释"天"的宇宙本体,这个原则明显是"易"的原初象征主义形成的来源。这个外观学派(与子思、孟子的内观学派相对)存在的证据就是众所周知的《易传》(《易》的注疏),传统上它被认为乃孔子亲著。通过对现存文本和马王堆《易经》帛书的仔细分析,没有获得《易传》成文和发展的详细资料,我们可以主张,孔子晚年体察到天"无言的创造",由此,《易传》(尤其是《系辞》)从"道"和"阴阳"乃创造性的本体宇宙论的观点立场中得到了灵感。《易传》的观点当然是对万物秩序和万物转化过程的深刻洞察,从中产生了"太极"概念,"太极"是创造以及万物创造性过程的最终根源。从"太极"衍生出"阴阳"之"道","阴阳"是变化的两种状态、两个极性,"阴阳"彼此对立、相互补充的特性和力量,给解释万物的多样性及其内在的同一提供了强有力的基础。根据《易传》对本体的深刻理解,我们不

---

① 《孟子·尽心章句上》:"尽其心者,知其性也。知其性,则知天矣。存心,养其性,所以事天也。"

仅目睹作为一个整体的本体宇宙论有了长足的进步，而且还看到这样的阐释——人作为"太极"和"道"的最高级体现的出现。

在如此的本体宇宙论的基础上，首先，人应该在其存在中体现宇宙所有的品性，应该有能力像天地一样行使同样的宇宙哲学力量。我们在看到了这种宇宙本体的深层和谐时，还必须意识到人性的善就存在于人与万物达到普遍的和谐。这里似乎存在比《中庸》和孟子更直接的对人性和人性善的辩护。《中庸》和孟子的理论或许却可以被包容在《易经》和《系辞》的"太极"和"道"的本体宇宙论中，那么关于这个问题就没有任何心理上的理想主义的残余了。我们反而看到一个宏大的实观体系，这个体系把建立在天地或"阴阳"之道上面的人之道用符号加以描述和规定。在这样的关联中或许可以说，老庄的道教同样属于统观天地以理解自然和宇宙。所以不奇怪，易传学派和道家在对本体宇宙论的体验和解释上存在着共鸣，但这不是说易传学派对"道"和"阴阳"的解释源于道家，反之亦然。一种更可能的解释是，这两派都源自《易》思想的大遗产，这个遗产具体体现于初期《易》的卦象和占卜文本。

从诠释学的角度看，有一点很清楚，《易传》的本体宇宙论为它要诠释的统一呈现了广阔领域中的万事万物。在此不仅可见到人及其本性融合到"太极-道"的框架中，而且文化、历史也融入了理解的范围。要指出的是，这种融合可视为全面的观（作为思考和概念综合的诠释学原则）延伸出去的一个例子。诠释学的这种思考和概念综合的一个结果就是"理"这一概念被揭示出来。《系辞》第一章提到了"理"："易简而天下之理得矣。天下之理得，而成位乎其中矣。""理"在这里被认为是被完成的秩序和模式，因此也是万物关系中广泛存在的和谐。我们由此推断，有物，就有"理"，"理"显现于事物之"象"，因而也显示于事物之"卦"。

在《系辞》的整个文本中，所有的论述都可视为表现无所不在的"理"："太极"和"道"的本体宇宙论的"理"，人类的发明和文明兴起的"理"，占卜的"理"，等等。实际上，对"理"的论述也覆盖了《易》的初期种种文本的诸多意义，这些"理"同样成了孔门弟子以推理精神进行解释阐述的一个目标。在此意义上，"理"不仅是事物的秩序，还是理解的原则，它产生了理性和推理，而且除了分类和模制（patterning）的原则之外，具体表达了理性和推理的原则。"理"在某种意义上变成了最高一级的范畴，一切事物甚至"太极"和"道"都服从于分类排序和解释。"理"的这种演进之意义显然在于，扩大事物的范围，使不同程度的差异一致化，同时还保留事物和事件的个性和独特性。

令人瞩目的是，中国最初的这个"理"的概念不涉及排他性的人的唯理性（rationality），"理"反而一直有某个维度或者方面，对全面观原则上建立的对本体的真实体验是开放的。所以"理"的概念不仅被用在人的主观现象如"心理"上，还用于自然的客观现象如"地理""物理"上，这并非偶然。直到宋明新儒学，"理"才和"气"联袂，具有了排他的、根本的形而上的地位。

《易传》的《说卦》写道：圣人穷理尽性以至于命。这是一个意义深远的见解，但未得到发展和阐述，所以其远见卓识也未被探究。《说卦》清楚阐明，若要"尽性"必先"穷理"，这可谓是对如何"尽性"的另一种回答。跟子思和孟子以为"尽性"之道乃是至诚的看法不同，《说卦》认为"尽性"之道是探究事物的秩序和法则（"穷理"）。这明显支持了《大学》"格物致知"的观点，两种观点一道引导出宋代程颐、朱熹的新儒学，程朱新儒学强调从"格物致知"着手以"尽性"的至关重要意义。在这里我们注意到，是易传学派提出了"理"的范畴，并认为"理"的实现乃"尽性"的基础，其时还是儒学学说的诠释进行本体论深化的初始阶段。我们没有理由认为程朱理学是孔孟主流学派的一个分支，因为在《孟子》中，"理"的范畴明显还尚未展开。《说卦》这个文本还指出，"穷理"和"尽性"会导致对"命"的理解。这是一个极具创新性的看法，通常认为"命"是不可解释的，或者说，唯有"命"是具有人格的上帝般的天的意志的安排。毫无疑问，此看法会把"天命"观化为"天理"观，程颢声称他在发展宋代新儒学的激动中获得了这样的灵感。这样的看法显然在《易传》的所有文本（尤其是《说卦》）中已有暗示。还值得注意的是，随着对"理"的思考，《象传》这样的注疏本出现了。《象传》宣称，德性被排除在宇宙的自然形式六十四卦之外，这样做之所以可能，是因为人与更广大的自然之间具有"理"或理智的类似。我们下一次再详细论述这个通过"理"的类比得到扩展和综合的原则（principle of extension and integration by analogy of *li*）之上的重要诠释学分析。

"理"的哲学在《大学》中已有演绎发展，《大学》和《中庸》都是孔子的第二代弟子时期的撰述。根据前文刚刚的说法，我们可以说，《大学》与其说是遵循《中庸》和《孟子》的"性"或"心"思路，不如说是遵从《易传》"理"的思路。然而，《大学》的主旨和着重点迥异于《易传》：它没有处理本体宇宙论的问题，却把注意力集中在人类社会秩序向着大统一、大和谐（所谓"平天下"）构建和转化的过程，这个过程起始于理解事物之"理"。这是一种新方法，它强调接近事物和人的内外之道，并试图把两者结合为一个由经验和规范相互联系的网络。值得注意的是，扩大"理"的实现的范围，是从《大学》开始的。但是比之更重要的是人类行为规则的合法性，以之为理解事物和人的法则秩序的基础。所以《大学》形成了一个合乎理性的方法论，以实现孔子心目中的天下大同。在如此转变的世界中，价值关系既有横纵层面，又有相互联系、相互独立的层面，这些价值关系代表了人类理性和感性的内外之道不同的统一和综合。在这个遵循"理"的思路和谐化理解的网络里，可以说对人和人类社会的全部理解不过是通过"理"的相互依赖又相互渗透的解释罢了。实际上，我们可以把这样看待事物的方法添加为儒家的诠释学原则，它可简称为"理性的通和位原则"（principle of rational interpenetration［*tong*］and positioning［*wei*］）。这个原则亦可视为对通过"理"的类比得到扩展和综合原则的进一步发展。

七、作为"理"的"礼"的支配地位：和谐化的两种顺序

在《易传》和《大学》之后，只有荀子诚实地遵循并极大地发展了本体宇宙论哲学（基于对秩序和原则的观察），以及社会组织和治理的哲学（基于知识和理性原则的社会综合运用）。实际上荀子想更进一步，把人看成不断试验和犯错的经验之理性的起源。荀子否认了孟子有关"性本善"的论断，代之以对人的自然本性进行自然主义的阐释。不过，使人区别于其他的，仍然是学习思考的能力，从经验中学习，以人从自然和历史中的所看所学为基础进行思考。

在此基础上，从人的经验中诞生的人的理性同样是自然主义的、实观的，并且在自然和历史中具体化。具体而言，人的理性可见于人类社会的制度组织和行为组织的具体表现。在此意义上，荀子提到，礼仪、礼制支配社会秩序。正是这种无所不包的"礼"，正是在这种无处不在的"礼"的统一中，圣王提出并实施礼制。但这个意义上的"礼"的本质是人心的理性和原则，即"理"。人不过是合乎理性地使用自然、历史、人文制度、人心等力量的产物。

如此一来，荀子把我们的力量带到这些方面：我们在现有的文化中所创造的东西，我们需要为现有的文化和社会做的事情。理性因而获得了三个方面的含义：自然秩序、人类思想和来自前两者的规范性原则。荀子哲学使儒学重新回归到人类、社会、治理的问题，这也是孔子主要关切的问题。在这种意义上，荀子也可被视为完成了一个诠释学的循环。这个循环从孔子思考人的行为、社会、治理开始，经过对整个宇宙的起源和转化的思索探究，回到更有系统、更有条不紊地解释理性中的社会礼仪和社会礼仪中的理性，其中本体宇宙论（可能是借用的）的背景仍然是灵感、动机和判断的依据。

综上所述，我们用下图说明古代儒学的本体诠释学循环，这个图同时也清楚地说明，儒学经过诠释学的思考完成了自己的本体诠释学：

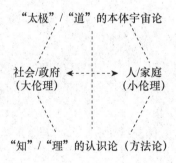

"太极"/"道"的本体宇宙论

社会/政府　　　　　人/家庭
（大伦理）　　　　　（小伦理）

"知"/"理"的认识论（方法论）

从此图可见到一个天人地三位一体的结构，这在我以前的著作中已有论述。① 此三位一体由下述三种合一予以表现：天人合一，即天和人，或伦理学和本体宇宙论的统一；"知""性"合一，即人和地，或伦理学和认识论的统一；体用合一，即天和地，或本体宇宙论和认识论的统一。此外我们还注意到，此图中有两种本体诠释学循环的顺序：古代儒学的本体阐释学循环是从中层的大伦理和小伦理开始，朝上循环到本体论的高层，最后向下回到低层的认识论，然后从这里再循环到中层的伦理学。但是，宋明理学的循环是另一种顺序：从高层的形而上学开始到低层的认识论或方法论，然后从低层到中层的伦理学，最后又回到高层的形而上学。如此一来，古代儒学"对本

---

① 参见拙文《儒家人格中天、人、地的三位一体》，见《儒学和生态学》（*Confucianism and Ecology*），edited by Mary Evelyn Tucker，Harvard University Press，1997。

体的思考"的方式和宋代理学"自本体思考"的方式之间的差异一目了然，这一点我已有他文论述。①

关于以诠释学或本体诠释学来理解儒学，我们还要提两个来自当代哲学文化思考（也与之相关）的问题：儒家关于人和社会的理论是否适宜人权的发展和协调？我们是否可以把儒家社会看作与资本主义经济和民主政治在概念上或诠释学意义上协调一致的？在这里，我们对这两个问题暂且不做解答，把它们看作仍在不断扩大的儒家诠释学循环进一步发展面对的挑战，这个循环建立在本文所讨论的七个儒学理解原则的基础之上。②

---

① 参见拙著《论中西哲学精神》，上海，东方出版中心，1996。

② 实际上在不同的场合我都以肯定的口吻回答了这两个问题。对第一个问题，以诠释学表述的儒学不仅与作为现代政治实践的民主政治是完全协调的，并且构成了对民主政治进行道德确证的本质。民主政治的实践行为有双重目的：肯定每一个体选择的自由，同时要实现社会和谐的目标。第一个目的导向民主，第二个目的导致民本。这两个目的在本体诠释学的意义上相互交织在一起，从而形成了一个本体诠释学循环，任何一个目的最终都要求另一个成为其基础和目的。此外我们知道，人权的兴起客观上是通过法律手段，保护个人道德上的自我意志以及社会道德上的团契目标。至于第二个问题，我已经建立了一套完备的伦理学和经济发展（通过市场和公平竞争）相统一的理论，在这个理论中，儒学（既作为伦理学又作为本体宇宙论）扮演了一个积极的有创造性的关键角色。参阅拙著《C理论：中国管理哲学》（修订版），北京，中国人民大学出版社，2006。

儒家伦理与文明对话*

[美] 杜维明

　　我曾在欧美、东亚等世界各地广泛进行关于"儒家伦理与文明对话"主题的探讨，但因为我把它看成一项发展中的、需要大家一起努力建构的事业，所以并没有逼迫自己将它形成一个言之成理、持之有故的定稿。因为宏观叙事的目标并不是要解决某个特殊问题，而是要分享一些观点。如果我们能够获得某种"重叠的共识"，就已经心满意足了。

　　下面我主要从我自身的经验来谈谈儒家伦理与其他文明的对话。

一、儒家伦理传统与印度的文明对话

　　1971 年，作为第一个受邀的华裔学者，我第一次到印度进行学术交流。其时中印冲突已经过去近十年。但我发现印度学者对中国或中国文化有一种强烈的抗拒心理，他们认为中国文化代表的是一种侵略倾向，因为印度从甘地以来和平观念极强。你第一次到印度之后会觉得他们很穷困，你会因为看到很多乞丐而感到不安。但很快你就会发现印度是文化资源、精神资源非常丰富的文明古国。这次旅行对我震撼很大。除了哲学思想的丰富外（我们把印度叫作"哲学之乡"），印度更难得的地方是其他文化传统也相当丰厚，比如它的音乐、舞蹈、歌曲等。1994 年我受印度哲学会之邀，再次到印度交流，举行"国家讲座"。这次我去了"和平之乡"、佛祖讲经处等地。

---

　　*　原载《跨文化对话》，第 22 辑，31～44 页。

这些经历使我觉得，中印对话的经验，是人类文明对话传统中我们最值得正视和宣扬的一个独一无二的经验。中印两大文明进行了和平、互惠的交流，其间没有任何武力和侵略的成分。印度将佛教的最核心的思想价值传给了中国。中国不仅欣赏、研究印度文化，而且亲自去印度取经，比如玄奘、法显等人。并且玄奘取经回国之后受到政府极高的礼遇，显示出唐朝政府对玄奘所取之经的重视。佛教来到中国之后，通过格义、翻译发展出具有中国特色的佛教传统，比如华严、天台、禅宗等。在人类文明史上是没有这样的现象的。但有趣的是，玄奘所带来的非常具有印度思辨特色的唯识宗，在中国没有获得像华严、天台、禅宗、净土等那样的发展，它一直到清朝末期，因从日本传来有关法相宗的经典才重获重视和发展。那个时候我就感觉到——后来二十多年来我也一直主张——我们在文明对话时应该特别把印度作为我们的参照。这在今天接受的人已经多了，但在二十多年前，几乎没有什么回应。之所以在文明对话时要重视印度，至少有以下三个重要原因：

（1）印度是世界上最大的民主国家，五十多年来，印度的民主是没有滑坡的。阿马蒂亚·森（Amartya Sen）曾说，1948年之后，印度没有出现过很大的灾荒；即使出现很大的灾荒，也没有饿死数千万人。因为印度虽然很穷，资源不丰富，但它是民主的，官方和民间之间存在有效的信息传递和沟通，资源的分配、流通也相应顺畅，因此他们有能力面对大灾难。也因为如此，印度的知识分子处理自己与政治的关系、对自我进行了解时，其堂堂正正做人、不顺受任何其他压力的风骨是显而易见的。这是第一个值得我们参照的地方。

（2）第二个就是印度与国际接轨方面的优势。印度十亿多的人口中，据说有两三亿是中产阶级，其中至少有数千万能纯熟运用英语。印度人在数学的掌握、电脑的应用技能上也都很优秀。硅谷的领导者当中印度人居多。印度很多大公司将美国的软件公司整批整批地吸收到印度去。比如，印度现在的班加罗尔（Bangalore）就被称为"世界的硅谷"，它的软件业发展很快。

（3）最值得我们注意，甚至严格地说值得我们学习的，是印度自己和其精神传统的关系。印度虽由英国殖民统治两百余年，但它的精神脊梁从来没有被打断过，也从未出现过一种强烈反传统的传统。印度对自己精神文明的爱护和正视已经成为共识。举个最明显的例子，比如说甘地。虽然他受的是英国教育，但却致力于印度文明的体现。当有人问及他对西方文明的看法时，他说"It's a very good idea."就是说它是一个很好的理念。甘地认为，西方虽然科技发展很快，但还没有达到文明的高度，那只是一个很好的理念。比如哈贝马斯就认为，启蒙计划还没完成，他的一生的努力就是完成启蒙理念和启蒙计划。这反映出甘地根本不承认西方已有足为世人效法的先进文明。当然这很傲慢。尼赫鲁是印度领导当中比较西化的总理，但尼赫鲁曾说过，如果印度的精神文明和西方价值发生冲突时，我们印度人非常清楚应该站在哪边。所以最近沙希·塔鲁尔（Shashi Tharoor）说：印度在经济发展上和中国比起来实在太差了，要落后中国几十年。但不要忘了，印度是一个精神文明输出的大国。梁漱溟先生在 1923 年讲，中国必须向西方学习，因为西方有进取精神，中国是中和精神，印度是舍离精神。可是人类文明发展到一个高度，特别是西方文明发展到一个高度，印度文明所体现的那种精神价值，对西方应该有很大的吸引力和导引作用。所以在印度虽然有很多穷人，但很多是穷得有骨气的人，而且如果用幸福指数来讲，印度人感觉更幸福。而且即使最穷的人也有他自己的天地、自己的精神世界、自己的尊严。比如在印度参观时，有很多小孩让我买小礼物，其中一个小姑娘一直缠着我。我已经买了很多，拿不动了，我就在上车之前跟她说，"好，给您 5 块钱，东西就不拿了。"可小姑娘一下子就不高兴了，她说："我是卖东西的，让你买，你不买，你给我钱这是施舍，我不会接受的。"

所以交流之后我和印度哲学界达成了一个协议，就是希望中印之间开展一个严肃的中印哲学交流，题目是《中印哲学对于知识智慧和精神性的理解》（"Indian and Chinese Philosophical Perspectives on Knowledge, Wisdom and Spirituality"）。我希望明年（2007 年）秋天能在新德里召开第一次会议，第二次会议能在 2008 年的北京召开，然后 2009 年或者再到美国。希望至少能进行三次这种学术的讨论。因为和印度的交流，使我对儒家伦理传统的不足、缺陷，当然也有它的长处，有了更全面的理解。

正因为和印度的交流，儒家和佛教之间有了一种文明对话。中国现当代的佛教发展中有位非常重要的大师大德——太虚。他特别突出"人生佛教"，认为佛教不只是面对死亡的，而也是安顿生命、丰富人生的。这种观念影响到南普陀——就是厦门大学外的闽南佛学院。闽南佛学院出了一位重要的思想家、实践家印顺。他就提"人间佛教"。之后，台湾地区受印顺的影响出现了圣严、星云、证严等大师大德。他们特别重视"人间净土"，倡导积极行善的入世态度。严格地说，这种佛教的传统，就是儒家式的佛教。我曾经和证严、星云大师谈过这个，他们认同此点。但另一方面，在中华民族的文化向世界传播的过程当中，佛教的这几位先生所做的贡献，远远要超出从事儒学研究的人的全部努力。汉文化圈的影响是非常大的。因此儒家当然可以而且应该向他们学习。其实，严格地说，五四运动以来的儒家能够进一步发展，是因为两种思想上的资源：一种是西方思想，这毫无疑问；另外一种就是佛教，特别是佛教的唯识宗。杨仁山从日本把有关唯识宗的资料带回中国，在金陵刻经处将之传播开来。此后的第一个影响，就是新儒学最重要的思想家之一熊十力。熊十力先生写了《新唯识论》，因为他受的基本训练是唯识论，深受欧阳竟无的提携。梁漱溟先生，严格地说是佛门子弟。我见过他，也跟他谈过，他表示真正希望做的是佛门弟子，但因为中国有救亡图存的危机，才勉强想入世、做儒家。但是他的整个心情是属于佛教的。甚至我的老师徐复观先生也是如此。他原来的名字叫徐佛观，后来碰到熊十力先生，他说你要搞儒学，应该把"佛"字改成"复"字，但他签名的时候还是常用"佛观"。另外牟宗三先生更是如此。他的资源一方面来自于康德，另一方面则来自于佛教。他晚年讲"一心开二门"，就从天台圆教汲取了内容。他对华严、禅宗等传统有些批评，但是认为天台圆教最能体现中华文明的精神价值。他最后最重要的一部作品就是《波罗与涅槃》。他对朱熹批评得比较厉害，但他非常心仪陆象山，认为陆象山的造诣要比王阳明高。印度传统、佛教对儒家在文明中的对话做出了很大贡献。这是我的一点体验。

二、儒家伦理传统与伊斯兰教的文明对话

在过去七八年，我还进行了一项工作，就是"回儒对话"，也就是儒学和伊斯兰教的对话。

1993 年，在哈佛进行了第一次"回儒对话"，一共二十六个人，其中有一位马来西亚的学者奥斯曼·巴克（Osman Baker），是当时马来西亚大学文学院院长。1994 年他建议我在马来西亚进行第二次"回儒对话"。本打算举行一个像哈佛那样的小型对话，可是他后来打电话跟我说，因为感兴趣的人非常多，要增加到三五十人。我说同意。不久又说可能要上百，也许不能真正对话，你来做报告好了。等我到达之后却发现那里有上千人。其实，并非有兴趣的学人特别多，这里面是有政治因素的：当时马来西亚的副总理安华，希望

通过这次活动给当地华人开拓更多的文化发展空间，以为巫统竞选造势。

在此次的"回儒对话"之中，我开始注意到中国本身关于伊斯兰教的文化资源。我对维吾尔族的了解非常片面，但是希望进行对话。幸好南京大学的华涛先生是专门研究中国边疆史的。于是，几年前由华涛安排，哈佛燕京学社在南京举行了第一次中国的"回儒对话"。当时来了不少在各地研究并认同伊斯兰文明的学者。我非常惊讶的一点是，这一批学者也代表着一种国际性。这个国际性和我所了解的国际性有很大的距离。我们了解的国际性多半是欧美、日本的，而他们的国际性是中东的，譬如说是埃及、伊朗的，甚至是伊拉克的。他们非常熟悉中东的各种伊斯兰教社群，而且阿拉伯文都非常好，多半也懂波斯文。所以这个对话后来又进行了两次，一次在银川，最近一次在昆明。这样就接触到了中国三大伊斯兰教学派的全部：金陵学派、西北学派、云南学派。通过哈佛燕京学社的资助，我们还要在南京进行一次讨论。这些讨论使我大开眼界。

比如，在马来西亚进行"回儒对话"的时候，新加坡一位学者李焯然，是一个历史学家（而不是神学家，对哲学思想也没有特别的兴趣），发表了一篇文章，其中有一个大家可能不熟悉的名字：王岱舆。王岱舆是17世纪中国的一个伊斯兰教思想家，他写了一本书叫《清真大学》，从伊斯兰教的角度来了解大学。这是一本非常有创意的书，后来日本学者木村杏子和我通过一字一句的精读，把它翻译成了英文。此书一经译成英文，就在研究伊斯兰文明的英语世界引起了极大震撼。因为伊斯兰学者一直有这样一个信念，就是19世纪以前，所有跟伊斯兰教经学有密切关系的创作，如果不是阿拉伯文就是波斯文，若不是波斯文就是乌尔都文或土耳其文。这些语言都是和阿拉伯文亲近的语言。他们认为除了这些语言之外，没有任何其他语言能对伊斯兰教教义进行创见性的阐释，到了19世纪，德文、法文、英文、西班牙文等语言才开始讨论伊斯兰教经学。像中国学者认为不懂古汉语就永远没办法真正懂四书一样，一些伊斯兰学者也认为，如果不懂阿拉伯文就不能真正懂得《可兰经》。但王岱舆虽是17世纪的中国学者，却因为自己是伊斯兰教信徒，而能够通过他对中国传统文化，特别是对宋明儒学的理解，对伊斯兰文明进行一种极富创意的诠释。这在整个伊斯兰学界都是一个特例。其实，在中国，从17世纪到18世纪，出现了一批（至少四位）对中国伊斯兰教发展史，也是对整个伊斯兰教发展史做出了突出贡献的经学家，一个是王岱舆，一个是刘智，还有马注、马德新。从文明对话角度来看，这是一个非常重要的史实。它虽是一个孤立的现象，却是一个非常重要的现象。可惜中国的学术界从未关注过。大家对作为西风东渐的人物利玛窦在中国的影响耳熟能详，但是大家都不知道这批具有中国特色的伊斯兰教经学家，不知道就在同时，王岱舆活动的场所和利玛窦相去不远，都在南京。这些伊斯兰教经学家的先祖都是从中亚、西亚来到中国的，在家里用的都是波斯语。王岱舆十七八岁开始学习汉语，一直到五十岁左右始用古汉语表述自己的思想。那么最近经过六七年的时间，我和木村杏子及其爱人对刘智如何将儒学观念和伊斯兰教观念结合的问题进行了详尽研究。我们一句一句地念，一句一句地讨论，一句一句地翻译成英文，一直进行了六七年。六七年中虽不是每个星期都有，但大半都是只要我们都在，我们就坚持见面、讨论、研究。现在此书已经成型，哈佛大学出版社也表示愿意出版。此书能够出来的话，我可以保证，至少会在用英语研究伊斯兰文明的世界引起一定的震荡。针对为什么在17世纪中国这个汉语世界，出现了一批具有原创性而且又有根源性的伊斯兰思想家（他们一方面对中国传统文化，特别是对宋明儒学有深刻理解，同时又是伊斯兰世界重要的贡献者）这一现象，值得做进一步的探讨。

三、儒家伦理传统和基督教的文明对话

另外，我也曾用更长的时间进行过儒学和基督教的对话。从实践的角度讲，我可以说我的对话经验是从大学就开始了。我大学一年级是在台中的东海大学上的。东海大学的英文教学是靠美国几所精英大学的毕业生开展的。他们刚刚毕业就来到东海大学作英文助教，我的英文就是跟他们学的——虽然他们只比我年长三五岁。一开始学英文，马上就开始接触到中国文化和美国文化的比较。可以说，用英文讨论多半就是进行文明对话。正因为有这个经验，我对文明对话一直有很浓厚的兴趣。从这个时候开始，我多多少少感受到儒家价值和基督教价值之间的同异之处，也开始思考它们之间的优劣。到美国之后，又接触到几位顶尖的基督教神学家，听了不少宗教神学史的课程，这使我受到很多教益。十年前，在香港中文大学举行了一次比较正式的儒家和基督教的文明对话。和"回儒对话"一样，对话者中十三人代表儒家，十三人代表基督教。会议的第四天，我发现了一个非常有趣的现象：我

们是儒家和基督教的对话，但十三位儒家代表之中有七八位都是基督徒。我虽然是一个认同儒家学说的非基督徒学者，但我并没有感觉到不妥。相反，我倒是觉得非常高兴。代表儒家的基督徒，包括南乐山（Robert Neville）、白诗朗（John Berthrong）、秦家懿和狄百瑞（William Theodore de Bary）等人。我当时不是很理解，儒家和基督教的对话怎么成了基督教徒和基督教徒的对话？后来我理解到什么叫"儒家式的基督徒"，这和什么是"儒家式的佛教徒"有密切关系。"儒家式的基督徒"就是他可以做神父、修士，并以信仰得救，但绝不能不关心政治，不能不参与社会，不能不关心文化。儒家的基本精神是入世的，在儒家看来，没有一个处在世事之外的、想象中的天国或者净土。入世但又转世，不完全认同这个世界但是又坚持在世界之中，这种精神取向，就是韦伯所讲的此世（this-worldly）。但韦伯对儒家有个最大的误解，就是认为因为儒家认同现实，所以没有创造发展，这种观点后来在国内也得到了认可。我觉得这是对儒家的极大的误解。有很多人说孔子一生想做官，但因为仕途不顺、找不到官做，没有政治影响力，就退而求其次，从事经学的注疏，以便发展儒学。这种理解是很片面的，也是对孔子非常大的曲解。其实，孔子的游戏规则本就不能和现实政治配合，他对现实政治没有直接的影响是必然的。他在现实政治中非常努力但并不成功，他的价值取向是可以理解。你必须在关切政治方面积极努力，不努力就不是儒者，因为在儒家看来，"政者，正也"，是 rectification。可是从政者都被腐化了，你想去"正"，实际上困难极大，也许根本不可能。关于此，儒家在元代有两个非常有意思的例子，一个是许衡，一个是刘因。忽必烈一召许衡就去，而且许衡官做得很大、影响很大，所以有人批评他，说怎么能放弃知识分子的风骨，一召就靠近政治呢？他说："不如此则道不行。"你不滚到政治旋涡里面就不能行道，不能独善其身。而刘因，忽必烈召三次被他拒三次，称病，甚至在性命受到威胁时还是坚持不去，所以又有人说，这样太自命清高了吧？刘因说："不如此则道不尊。"行道和尊道，兼善天下和独善其身，都是儒家传统里的存在选择，即所谓"出入进退"。这些选择非常复杂。在中国，从汉代始一直有这种状况。譬如两个对汉代儒家极有影响的人——董仲舒和公孙弘，《史记》称董为大儒，称公孙为曲学阿世。但真正提出"独尊儒术"的是公孙弘，因为在他之后汉武帝就"独尊儒术"。可在真正严格的儒家传统批评看来，公孙弘是"曲学阿世"。董仲舒提出"天人感应"不是为汉代的政治创造神学上面的借口，而是想用神学、用"天人合一"的观念来限制汉代的政治行为。如果国君不照顾百姓生活，而且为非作歹，那么日后一定会遭到非常大的责难。这其实是一种非常严格的批判精神，董的独尊儒术有批判精神在内。

严格地说，只有儒家传统可以和其他各种宗教、各种传统、各种文明相配合。我们很难想象基督教式的伊斯兰教信徒，或者犹太教式的基督徒，也很难想象新教的天主教徒。现在有很多学者在讨论是不是一个基督徒同时也可以做个佛教徒，或者一个佛教徒同时也可以做个基督徒，但我认为目前还很困难。儒家式的基督徒、儒家式的佛教徒、儒家式的伊斯兰教信徒已经成为大家接受的观念，所以才有"回儒"的观念，也就是伊斯兰世界中的知识分子。包括我刚才谈到的那几位参加儒家和基督教对话的基督徒，他们都非常明白地自称为"儒家式的基督徒"。圣严、星云、证严等可以算是"儒家式的佛教徒"。

这里我点出一个现象，就是西方的文化传统（包括两希文化传统）非常缺乏一种资源——现代意义下的知识分子传统，就是没有知识分子（intellectual）的观念。这并不难理解。因为现代意义下的知识分子绝对不是古希腊所谓的哲学家。哲学家对现实常是不闻不问的，他们通过冥想、思辨进行爱智的工作。哲学家绝对是精英主义，绝对是极少的人。现代意义上的知识分子也不是希伯来的先知（prophet），先知听到了上帝的声音，通过自己的诠释，把听到的内容带给普罗大众；当然也不是基督教的神父和牧师，也不是佛教里面所说的僧侣阶级，也不是印度教里面所谈到的长老。在现代西方，人们正重新了解什么叫知识分子（What is intellectual?）。西方"知识分子"这一概念来自于19世纪俄国的传统。英文intellectual是对俄语intelligentsia，即"知识阶层"的翻译。这个阶层，在19世纪沙皇时代的俄国，认同法国大革命，认同启蒙，对当时的现实非常不满，具有强烈的批判精神。因此俄罗斯传统下的知识分子有一个特性：一定反体制，一定和政治异化，一定反政府，若不如此就不是知识分子。所以沙可罗夫是知识分子，这毫无疑问。叶利钦和戈尔巴乔夫都不算知识分子，因为都是政治体制内的。这种人后来逐渐地在西方文明（包括美国和欧洲）中被认为是知识分子。所以，西方现代意义上的知识分子只能追溯到19世纪俄国的members of the intelligentsia。其实现代中国文化也受到这个影响，认为如果知识分子不反对体制，不反对政治，就是出卖了知识分子应有的责任；如果认同政治就是完全出卖了知识分子的"灵魂"——抗议精神。可是这种观念在法国就行不通，因为法国 40％的工作者都和政府有关系。在法国萨特是知识分子，而雷蒙·阿朗也是知识分子的典范；美国知识分子更是如此，譬如哈佛大学教授如果能到华盛顿参加一下咨询也是很光荣的事情，也有很多人在从政界退出之后回到大学教书；德国、英国也是如此。所以可以这样说，西方，包括两希、古罗马、中世纪，启蒙以来的思想家中，真正现代意义上的知识分子的资源非常少。而中国，所谓儒家知识分子的资源非常丰富。庞朴先生就曾经说过，只有中华民族才能写一部庞大的、从古到今的知识分子史，因为中华民族有一脉相承的知识分子的历史：从汉代太学生的抗议精神（党锢之祸对汉代的政治产生了很大的冲击），一直到东林党所代表的知识分子，再到戊戌时期的维新派，再到今天，这个知识分子的传统非常厚重。这是其他地方所没有的。我们可以重新发掘各种类似的文化资源。

四、儒家伦理传统和犹太教的文明对话

前面提到的这些儒家和印度、儒家和伊斯兰教、儒家和基督教的对话，都是我个人的经验之谈。另外，我还想提一下的，是儒家和犹太教。

我的一位研究生刚用英文出了一本书，叫 *Judaism and Confucianism*，她的这篇博士论文以宋明理学为重点，集中讨论周敦颐。论文主旨是对周敦颐观点核心价值的分析："圣可学乎？曰：可。曰：有要乎？曰：有。请闻焉。曰：一为要。一者，无欲也。无欲则静虚动直。静虚则明，明则通；动直则公，公则溥。明通公溥，庶矣乎！"（《圣学》）她准备通过这段话来了解人生意义的问题。哲学界以前长期讨论的是真理问题，而现在则越来越重视意义问题。她就打算从人生意义的角度切入，讨论儒家传统和犹太教的关系。有一点值得注意的是，犹太教的金科玉律和儒家的"恕道"都是"己所不欲，勿施于人"，这与基督教的"己所欲，施于人"是不同的。这两种说法哪一种在文明对话中更贴切？我们讨论了很多。

2001 年是联合国定的"文明对话年"，可"9·11"事件就发生在这一年，极富讥讽意味。其时，我正在北京参加由宋健先生主持的文明对话。这种文明对话是针对文明冲突提出的。如果有文明冲突，文明对话就显得更为

必要。有否可能、能否成功，我们暂且不管，但我们必须提倡文明对话。这也是联合国的一个基本精神。所以安南组织了一个"世界知名人士文明对话"的十八人小组来推动文明对话。第二次在都柏林举行时，我去参加了，但感觉气氛很不好。与会者对安南的私人顾问季昂利·比可（Gianni Picco）所起草的文件不满，提出很多争议。比可即和我联系商谈相关事宜，并邀请我帮他写一章。其实我当时的构想相当简单，就是全球化与地方化同时同步进行，也就是 globalisation。全球化不是西化和现代化的加速发展，而是进入一个复杂体系。在此体系内，以前的二分法，比如，传统和现代的分别、东方和西方的分别、全球化和地方化的分别等都不能简单理解。在全球化的过程当中，地方化和区域化也同时并进。我们可以说全球化会导致地球的整合，这一点可以从科学技术——比如信息的发展——对生活的影响看出来。但全球化也会造成霸权。相反，地方化可以成为真正的、认同的安身立命之道。我们每一个具体的活生生的人，对我们的具体的条件，比如我们的族群、语言、性别、代际关系、出生地、阶层、信仰，越来越重视，而不是因为全球化就越来越漠视这些东西。所以，美国如果不处理种族问题，美国会分裂的；加拿大不处理英文和法文的关系，加拿大也会分裂。女性的彻底解放是过去二三十年来最大的发展，也是人类文明史上很少的重大改变之一。因为她参加了工作，她可以选择要不要婚姻，要不要孩子。她有自己的财产，有自己的独立性。因之，工作、家庭、权利等各种基本的人际关系都变了。你们这一代和你们父亲一代乃至兄姐一代的关系都有紧张乃至异化的现象。而且这个情况越来越严重。另外，再加上地域问题，就是出生地的问题——这和主权问题有关系，阶层问题——这和贫富不均有关系，信仰问题，等等。所以，我们说，只有通过对话才有希望使全球化的过程趋向于整体，而不是走向霸权。突出的例子就是美国。美国在"9·11"之后，很明显走了一条不对话的单向主义道路。这基本上是要破产的，而且会破产得很惨。这不仅影响到美国的国力——有人说美国不注意自己的软实力，更重要的是，影响到了美国的灵魂：真正美国的灵魂给布什刺伤了，要恢复它，需要相当长的时间。其实，现在是非对话不可，但美国就是不肯对话，特别是不想和伊朗、叙利亚对话。但问题是它们不得不接触。因此，除了对话没有其他道路可走——即使不愿意直接接触，也要通过国际组织进行对话。全球的整合和全球的霸权，有可能会在全球化的过程中同时出现。要改变，就要靠对话。另一方面，虽然地方化可以成为真正的、认同的安身立命之处，但离开对话，地方化也可能走向宗教激进主义和狭隘的民族主义、封闭的特殊主义。

五、文明对话中的一些问题

中国现在到了一个非常重要的阶段，就是强烈的文化主体性和文化认同。但如何让这种主体性和认同不成为狭隘的民族主义，而是使它能够开放，在多元的背景下增加我们反思自己的能力，考虑双赢的可能，是值得我们思考的。"和"的问题与此有密切关系。我为"文明对话"报告写了一章"全球化与文化多样性——文明对话的基本条件"。我在此文中带进了很多儒家的伦理观念。2004 年 10 月 13 日，联合国教科文组织执行局邀请我去巴黎，讨论文明对话的理念和发展前景。这次讨论特别谈到文化多样性的问题。孔汉思（Hans Küng）因为认可基督教传统，所以认为文明对话的条件是"己所欲，施于人"，但我认为是"己所不欲，勿施于人"，这也是犹太教的观点。我不清楚讨论后孔汉思接受这个观念与否，但我认为，"己所不欲，勿施于人"这样的"恕道"更符合对话的基本条件，因为"恕道"是不强人所难的。我认为最好的，对其他人来说不一定是最好的。基督教传统认为，如果你得到了恩宠，听到了福音，你就有责任把福音传播给其他人，因为每个人都有原罪，每个人都可能进地狱，你听到福音而不把福音传播给其他人对你而言是罪过。但是，如果你想要传播福音的对象是一个伊斯兰教信徒，这中间就会有冲突，因为他有他自己的福音。所以交流的时候你要了解对方需要的是什么，而不是说你认为对方应该要什么。当然，"恕道"只是一个消极原则，只是"己所不欲，勿施于人"是不够的。儒家还有一个"仁道"原则，就是"己欲立而立人，己欲达而达人"。

《论语》中有学生问孔子，"以德报怨"如何？基督教认为可以，甚至可以忍受到人家打你左脸你给人家右脸的程度。但孔子反问："以德报怨，何以报德？"所以他主张"以直报怨，以德报德"。这种分疏非常重要。从儒家伦理来看日常行事，如果社会中多是"损己又损人"的做法，这是暴力，是一种破坏性的、最糟的情况；另一种是"损人而不利己"，这叫愚昧；有些是"损人利己"，它是有侵略性的，如果社会中只出现这样的人，其秩序就无法维持；有些是"利己但不损人"，这是自私。在儒家看来，自私的人至少不是社会的负担，而且，如果此人能够照顾另外一个人，他的价值就扩大了。简单地说，儒家认为越有钱、越有势、越能掌握资源、越能掌握信息的人，越应该对更广大的人负有更重大的责任。因此，"利己利人""推己及人"才是做人的道理。当中国被西方蹂躏、被日本侵略的时候，当中国面临亡国灭种的时候，人们基本的存活都成了问题，所以那时只要能够活下去，哪怕苟且偷生都是有价值的。那时我们没有任何责任可言，因为我们所有的权利都没有了。但是当一个民族或个人已经摆脱类似情况，已经能站起来，已经掌握了资源、信息，又有钱又有势，我们就要追问他的责任感，并要求他扩大自己的责任范围。在儒家传统当中，道德说教大多是针对精英，而不是针对普通百姓。普通百姓能安顿自己的生活，使自己有发展空间就行。道德说教最好对自己说，不对自己说就对比你更有钱更有势的人说，因为他们有责任做更多的事。儒家的基本价值应该是利己利人。孟子所谓"推己及人"，它代表了一些非常真实的感情和真实的价值。在儒家传统里，"情"是重要的，孟子所谓恻隐之心，就是同情。这虽不是理性，但也绝不是非理性，而且具有合理的内涵。日本的儒家讲"义礼人情"，中国讲"合情合理"。"恻隐"就带出"仁爱"的"仁"，这是儒家最重要的伦理价值。"仁者，人也。"作为一个真正的人就应该有"仁"这种素质。所以"仁"成为儒家的通德，各种不同的价值都要和"仁"挂钩，否则，其他所有的价值都有可能变成非价值，即使不成为非价值也会成为有限的价值。譬如，"义"如果没有"仁"就会变得非常尖刻，"正义"的观念就有可能变成一种强判性的苛求；"礼"没有仁就是形式主义；"智"没有"仁"就会成为小聪明；"信"没有仁就会成为小信小义。在西方哲学中，康德以降，都强调承诺的重要性，否则，就是诚信的堕落。但是在儒家看来，"言不必信"，你讲的话可以改变。譬如，我答应借给你钱，但后来发现你是要借钱去买毒品、武器，我就可以不借；"行不必果"，我做了一件事情，但后来发现是很糟的，我就不做了。即孟子所谓："言不必信，行不必果，唯义所在。"你要仔细地看你的言、行和更高的义、仁的价值能不能配合。一方面"仁"是使各种价值成为价值的润滑剂，使它们有真实地付诸实施的可能，另一方面，所有这些"义""礼""智""信"等价值又都滋润丰富了"仁"的内容。所以，此"仁"不是妇人之仁，不是简单的溺爱，而是对人的一种全面的关怀。

另外儒家突出"礼让"的观念，英文叫 civility，突出责任的观念，突出对社会和谐的观念，特别突出智慧。我们常把数据和信息混为一谈，把数据和知识混为一谈，把知识和智慧混为一谈。但智慧一定要有体验，智慧的获取要靠聆听，"听"在儒、佛、道中都很重要。圣人说：勿听之以耳而听之以心，勿听之以心而听之以气。另外要有面对面的沟通，要有对长者智慧、对他们所积累的经验的尊敬。有时候智慧是和年纪相联系的，是在人的行为中、知识结构中逐渐生成的一种价值。这样看来，对话的最低要求是容忍，没有容忍就不可能对话。但容忍只是起点，一定要承认对方（和你对话的他者）的存在是不可消解的。是马丁·布伯（Martin Buber）所谓的 I 和 thou 的关系。Thou 一词在《圣经》中常见，它一方面充满亲和感，另一方面是尊重感。有尊重才有可能把和你对话的对象当作参照，有参照才有可能把对话的他者当作和你共同学习、共同奋斗的伙伴。在对待对话他者的这方面，儒家是有缺陷的。儒家能容通外面的事物，但很难真正接受异己，而是所谓的"忠诚的反对党"。简单地说，儒家文明传统有丰富的对话资源，但也有限制。

但应该说明的是，不要把儒家伦理当作一个历史现象，好像现在对我们没有意义。我认为，儒家是一种具有历史价值和历史意义，但也有现代价值和意义的伦理。如何可能？因为儒家传统自五四运动以来经过了三个不同阶段，就是这三个历史阶段使儒家在今天仍有非常大的生命力。第一个阶段是儒家传统本身的西化，即从五四运动到中华人民共和国成立之间的三十年。在这个阶段，从事儒家研究的学者对西方的核心价值，如自由、理性、法制、人权、个人的尊严，不仅完全吸纳，而且能够认同。真正现代的儒者没有一个人认为这些东西不是价值。即使最保守的，比如辜鸿铭，也认同自由等这些西方价值。反而对传统儒家的一些价值，有非常强的异化感，比如"三纲"等权威主义、等级主义、男权主义。这一代人对儒学发展做出了杰出贡献，批评了儒家文化里面的阴暗面，比如熊十力说过"家庭为万恶之渊薮"这样的话。这可能是句气话，但也不完全是气话。作为一个儒者，如此深切地反对家庭，是因为他对巴金所谓的"家"和鲁迅所谓的"国民性"有深刻的体会。家庭不一定就是温暖的，相反有可能是非常残暴的。比如孟子了解的舜的家庭，舜的父亲瞽瞍是极为残忍的人，舜的继母一直要害他，他的异母弟弟也经常做出对他不敬不礼的事情。家庭有性别差异、年龄差异、地位差异、权力差别等，要搞好真是太难了。梁漱溟对中国传统文化也有过类似的说法，就是"中国文化既早熟又不成熟"，"不成熟"就是说中国文化没有开拓出民主、科学。对此我并不赞成，但我们可以从中了解他的心态。张君劢先生毕生的努力就是要发展法律，实现人权、自由的理念。后来他自己一个人办了一个刊物《自由钟》。冯友兰先生有一段时间是完全背离儒家传统的。海外新儒家对他非常痛恨，但我是同情他的。那段时间他写了《论孔丘》，完全接受斗争的哲学。当然后来他改变了，回到他的"贞元六书"。改变之后他特别心仪张载的"仇必和而解"，并提出、概括出横渠四句，即"为天地立心，为生民立命，为往圣继绝学，为万世开太平"。温家宝总理去哈佛大学演讲时（2003 年 12 月 10 日）也以张横渠的这些话作结语。从冯友兰回归张载可以看出，他是通过西方的新实在论来发展他的儒家学说的，所以把杜威当作他的老师。贺麟曾经说过，儒学的复兴将是中国哲学的再生。他对黑格尔的哲学有明确的认同，但同时也排斥一些中国哲学的观念。1949年之后，儒学经历了第二个阶段，即现代化的过程。此过程当中，唐君毅是一个最好的例子。他开始思考所谓"人文精神的重建问题"，即到底儒家的人文精神能不能和西方乃至世界接轨。"人文精神的重建"和牟宗三所谓的第三期发展一样，都是能不能和西方文明接轨、能不能互补的现代化问题。大家可以看 1958 年由唐君毅起草，张君劢、徐复观等签署的"文化宣言"——《中国文化与世界——我们对中国学术研究及中国文化与世界文化前途之共同认识》，在"宣言"中，他完全没有把儒家文化只当作中国文化的一部分。我们常说，儒家文化只是文化中国众多资源当中的一部分。但不管将文化中国扩大多少，文化中国并不能包括整个儒家传统。因为儒家也是日本的、韩国的、越南的，将来还可能是欧美的，所以如何在全球文明对话的视野中看待这个传统现代化的过程是很重要的。后来徐复观先生说自己是自由主义的儒家，他的《民主评论》和自由主义儒家都在突出儒家和西方文明能够对话，而且有强烈的儒家现代转化的意愿。1979 年以后是儒家第三个阶段，即全球化的阶段。波士顿现在有一个运动叫"波士顿的儒家"，而且已经出了英文书，主要由南乐山主持。问题意识集中在儒家在面对美国哲学时有无进一步发展的可能。比如，儒家的"礼"与西方的"法"是不是可以互补，儒家注重社会和谐和西方注重个人尊严能不能互补，儒家的"责任"和西方的"权利""人权"能不能互补，儒家注重"同情"和西方注重"理性"能不能互补，儒家注重"正义""公义"和西方注重"自由"能不能互补，还有，儒家把个人视为关系网络的中心点是否比孤立绝缘的个人更有说服力和生命力，这中间的矛盾冲突一定是有的，但对话的可能也是有的。

最后要谈一下儒学的发展前景，特别是如何在文明对话的角度上来看这个问题。首先我要讲的一点就是西方近代的启蒙运动。我认为这一点很重要。启蒙运动在开始的时候，最重要的参考社会是中国，最重要的参考文化是儒家，所以西方第一批的启蒙思想家都盛赞中国。很多法国的思想家对中国的文字、思想、理念是非常推崇的，最突出的是伏尔泰。伏尔泰在想，为什么一个没有外在的、超越人的上帝观念的文化、民族居然那么和谐，居然能够发展，而且在政治、经济等各个层面都比西方先进。真正在哲学上受儒家文化影响的是莱布尼茨，他后来很想学中文。百科全书派也受儒家影响。但这个公案研究不够，因为觉得西方要了解中国完全只是西方的意识问题，中国只是参照而已。但我们不要忘了参照本身是有塑造自我理解的感染力的。

如果我们要进一步讨论这个问题，就应特别关注一下苏格兰的启蒙运动。苏格兰启蒙运动的代表当然是亚当·斯密和休谟。亚当·斯密的墓碑上刻着"这里埋葬的是《道德情操论》的作者"，而不是"《国富论》的作者"。他认为自己是一个道德哲学家。浙江大学的儒商和东亚文明研究中心曾和北京天则经济研究所合作举行了一个"斯密思想、儒家传统和浙东学派研讨会"。最值得我们注意的是康德，康德是西方哲学界最重要的人物之一，可是尼采给康德起了个绰号，即"从哥尼斯堡来的伟大的中国人"。我们知道康德有三大原则，一个是上帝存在，一个是灵魂不灭，一个是讲理性，甚至理性能够规定我们认识上帝存在和灵魂不灭。这与西方基督教的"以信仰得救"的传统有极大的不同。以人的理性作为最重要的、最后的决断，在西方传统是一个异数，怎么会出现这样的情况？有人说利玛窦来中国传播天主教，接受了中国的儒家思想。利玛窦是把天主教作为词汇纳入儒家的文法之中，天主教和儒家是词汇和文法的关系。但是当这些文法被翻译到英文、法文、德文、拉丁文当中时，在17、18世纪的西方引起了一些什么样的转化功能，我们到现在并不是很清楚。到黑格尔后，因为工业革命、市场经济、民主政治、市民社会的发展，西方哲学家觉得西方已经成为主流，西方世界开始对儒家等东方文明表现出一种排拒的傲慢。其实由原始公社到奴隶社会到封建社会再到资本主义社会最后到社会主义社会的规律是西方的经验，而这个西方的经验就被看成人类文明的经验。一直到 20 世纪的下半期才有不同的反思。现在情况变化更大，因为人类第一次可以用自己的眼睛看到整个地球。

启蒙发展出来的潮流有两大盲点，一个是对宗教的排斥，一个是对自然的侵略。其代表了一种人类中心主义，是一种强烈的工具理性和浮士德的宰制精神。面向未来，我们需要的是一个比较全面的、整合的文明精神。儒家这种顾及自我，顾及社会、自然和天道的传统对这一个全面发展的人文精神，是不是可以做出自己的贡献？在文明对话中它可不可以作为一个中介？我和池田大作进行对话时，他开始提出的题目叫《文明：对话还是冲突》。我反对，我提出了《面向对话的文明》。我想也许会有这样一个可能，就是哲学在经历了认识论的转向、语言学的转向之后可能会有一个新的转向，就是精神的转向，就是重新回到古希腊所代表的哲学是一种智慧之学，是爱智之学，而不是从培根以后把知识当作一种力量、权力的传统。

2008 年，第二十二届世界哲学大会将在亚洲召开，这是从 1900 年在巴黎召开首届大会之后第一次在亚洲召开。而且这次会议有三个新的范围，就是佛教哲学、道家哲学、儒家哲学。那么从 2008 年起，世界哲学界——不一定是美国哲学界，将开始对非西方的文明有所重视。两三年以后，不是问中国有没有哲学，而是问西方古希腊哲学和希伯来宗教分离的状态是人类文明发展的大趋势，还只是西方文明的特殊性。如果说这是西方文明的特殊性，那从希伯来文明、印度文明、佛教文明、基督教文明、伊斯兰教文明、道家文明、儒家文明来看，哲学和人的身心性命之学应该结合在一起。文明对话的基础是更宽广的人文论域，儒家伦理对这个人文论域可以做出积极的贡献。

汉文化圈的新聚合*

［法］汪德迈 （Léon Vandermeersch）

记者：二十多年前，您写了《新汉文化圈》。我们希望能从您对"新汉文化圈"的见解出发，再来谈谈这本具先驱意义的著作中的核心问题。首先，我们想请您分析一下，为什么这一"新汉文化圈"在时代变迁中遭遇诸多可能颠覆它的因素之后，仍然能够给自身注入新的活力，并得以持续发展下去？接下来，我们可以在当前环境下，也就是在您的著作出版二十余年之后，来重新看一下您的分析。这一环境似乎同您在书的结尾所指出的趋势相吻合，也就是说，20世纪那些导致分崩离析的因素已不复存在，从今以后，我们能够想象一种新的聚合。在此基础上，我们想请问您，在您看来，经济发展的高水平和传统价值的共存的可能性，是否一直是理解这一文化大陆发展的正确方式？

汪德迈：首先，我想声明一下，我曾指出，在远东的汉文化国家内部特有的文化因素，在我看来，支撑着这些国家的发展，但不应该据此认为经济在此遵循着同别处不一样的规律，这样说会犯文化主义的错误。我以为，经济规律只能部分地解释发展的原因，另一个解释要从人的因素中去寻找，这

---

* 原载《跨文化对话》，第25辑，288～298页，南京，江苏人民出版社，2009。曹丹红译。脚注中"［ ］"内的部分为译者所加。

些因素所具备的，是促使自身摆脱落后状态的活力，是对现代化过程的适应力，是对变化带来的冲击的社会抵御力。当日本是亚洲唯一能赶超西方的国家时，我们曾相信，它成功的唯一原因，是它顺应了艰难的西化过程。今天，其他汉文化圈的国家也开始高速发展起来，因此似乎是它们文化中某个特有的领域促进了这种发展。由此，我们对日本的注意力也转向了在其西化过程中，在发达社会的日本模式中起作用的特殊文化因素。一百年前，马克斯·韦伯解释了为什么中国文化同经济发展不兼容的原因。今天，研究中国的史学家则苦苦思索着阻碍中华帝国——这一前工业时代最强大的国家实现转变的原因。中华人民共和国最终实现了这一转变，使其有可能在今后二十年内跻身世界最发达国家的行列。无论如何，今日的"新汉文化圈"，从日本式的自由资本主义到中国特色社会主义，因为文化的相似性，制度之间的对立，比起二十年前我冒险采取这一视角时，更为缓和。

记者：对您来说，这一深刻的"汉化"的特殊载体，这一确定某一思想和公共价值共同体的东西，是表意文字。您能不能给我们解释一下表意系统相对于拼音文字来说所具有的特殊力量？

汪德迈：对我来说，最重要的是，中国表意文字从源头看，远不只是一种书面文字，而是一种真正的语言，一种文言（这种说法出自中国）。相比口头语言，文言具有极大的独立性。对于语言学家来说，文言的概念是不可接受的，因此我们可以换个说法，即自然语言的形式化发展到了如此高的程度，以至于这种语言几乎同日常会话所使用的语言毫无关联。这种形式化所依据的原则同科学语言——其中最形式化的是数学语言——所依据的原则是一致的，不同的是，中国表意文字是一种前科学，是占卜术。在古代中国，它集中了所有思考，具有神学的地位，而神学在这一文化中是不存在的。文言首先纯粹是卜筮的工具，很快它就超越了占卜术的范畴，被提炼成语言工具。然而，在将近一千年的历史中，它只是被用来起草官方文件。从这一源头开始，甚至是之后，当它进入公共领域并促使了一种大家文学的诞生（从公元前5世纪至公元前3世纪的"百家争鸣"时期），它一直保留着一种先验媒介的地位。中国词典学之父许慎（约58—约147）指出，文言被创造出来，以巩固统治。当中国的藩属国开始汉化时，如公元初年的越南和朝鲜半岛，7世纪受一种发达得多的文化吸引的日本，它们采用文言时，完全没有将其视作一种文字，而是将其作为一种统治工具。文言保留了原有的形式，或者更确切地说，几乎没有在汉化越南、汉化朝鲜和汉化日本的国内受到归化。表意文字独立于口头语言的事实当然在很大程度上为此提供了便利。之后，在中国，因佛教徒意欲寻找一种有利于传播其善的教义的通俗媒介，因此从表意文字中衍生了一种严格意义上的书写文字，并在 8 世纪促使了口语文学的诞生。之后，汉文化国家也开始各自创造了自己的文字，日本在近 10 世纪创造了假名，越南在近 12 世纪创造了喃字，朝鲜在 15 世纪创造了谚文。然而，直至 19 世纪，文言在各地仍然作为官方行政语言存在。

记者：您能不能简要地介绍一下这些文字——朝鲜语、日语、越南语——是如何创生的？从表面上看，这些文字似乎属于非常不同的体系。

汪德迈：确实如此，这是一些同汉语差别很大的语言。虽然越南语也是一种单音节的孤立语，但是，与汉语不同的是，它将修饰语置于被修饰语之后，因此深刻地改变了句法顺序，而后者在这种类型的语言中具有基础地位。至于朝鲜语和日语，这两种语言属于另一语系，即乌拉尔－阿尔泰语系，是一种黏着语。当这三种语言的三种文化还没有书写文字时，中国的文言被原封不动地引入，正如我刚才所说的那样。很久以后，为了创造自己的书写文字，越南语也是出于单音节孤立语的缘故，模仿了中国表意书写文字（从口语文学开始，这一书写文字已经开始在中国使用），并在以中国方块字为模型的基础上，创造了特有的书写符号，并称其为"喃字"，即南方的文字，代表的是纯粹的越南词语。日语和朝鲜语则需要借助特殊的符号来标记"黏着于"词根的词缀。最初两者均采用了某些汉字，保留其读音，去除其意义，作为专门的符号。之后，在日本，这些特殊化了的作为音位的汉字发生了形变，简化为一种表音符号的识字表，不仅能够标注词缀，而且能够标注任何词语。朝鲜先是比日本早一步走上了简化汉字并使用其读音的道路，随后，它走得更远，甚至发明了一种字母表，其中的字母由一些调整成图形的小破折号组成，后者以图像形式代表了舌头在口腔中的位置。然而，这些国家的民族文字，正如中国记录口语的书写文字一样只是促生了一种价值次要的文学，主要是浪漫主义文学和女性文学。而高雅文学，尤其是思考伦理和政治规范的文学，仍旧只是用文言写成，后者此时已蕴含了中国全部的政治、社会意识形态。这一意识形态很容易被其他汉化文化所采纳，尤其因为表意文字的原则使人们能够在赋予汉字以当地读音的同时，很容易就吸收它们的意义。因此，越南语、朝鲜语、日语的民族文学文本中充斥着汉字，只需以越南语、朝鲜语、日语的方式来朗读它们，就能使其完好地融入语境中。

记者：您在著作中提到来自中国的公共价值体系，也就是儒家价值体系，您能否重新向我们描述一下它的基本原则？您指出，这一价值体系原本可能被同西方接触带来的冲击所摧毁，然而它却奇迹般地存活了下来，对此您怎么解释呢？

汪德迈：让我们先从在我看来使具儒家传统的社会根本性地区别于具罗马—基督教传统的社会的东西说起，那就是礼治主义同法制主义的对立。简而言之，我们可以这样来定义礼治主义：促使社会有序运转的关键是比法律更为重要的礼仪。中国文化从来没有忽视过法律，只不过它从两个完全分离的层面发展了法律，这与我们西方文化有所不同。这两个层面是公共生活层面的刑法和私生活层面的习俗，对于前者，中国传统限制了其适用的领域，而后者则与我们的私法一样规整、复杂，却从没被确立为正式的法规。另外，汉语中没有与我们的"法"（droit）相对应的词，汉语只有"刑"的说法。反之，在刑法与所有习俗之上，儒家传统设立了汉语称之为"礼"的东西，我们将其翻译为"仪式"（rites），这一译法很糟糕，因为在我们国家不存在这一概念。汉语意义上的"仪式"要求遵守礼仪，而且是以一种完全积极的方式，"积极"即"积极法"①意义上的"积极"。礼治主义因此是对礼仪的积极概念，它包含了两重思想。第一重，社会秩序首先依赖于礼仪。这一思想很肤浅吗？对此，我们可以用瓦莱里（Paul Valery）的话做出回答："人身上最深刻的东西，是他的皮肤。"换句话说，和谐的社会关系始于对人与人之间最直接的关系的管理。那么，怎么管理这些关系呢？它们不会显得太无定义可循，从而无法由积极的标准来判定吗？这里便出现了第二重思想，它构成了儒家礼治主义的独特之处，并使得外在的人际间行为在社会生活的重大事件中，能够成为积极规则规定的对象，这些规则的确立是为了使行为合乎礼仪。在此基础上，这些规则因得到遵循——哪怕只是表面上的，而且也更为容易，最终被内化为正直的品质。这一思想被运用到一系列社会机制中，后者既符合外在的人际间行为的社会秩序，同时也通过强化某种中

［① 即与自然法相对的人为法。］

国社交准则中特有的情感，即"面子"情感，而加强了遵守这一秩序的心理倾向。在引入西方机制之前，无论是在中国、在日本、在朝鲜半岛还是在越南，这些礼仪机制都曾受到详细的典章的规定，地位在所有刑罚法规和行政法规之上，因为孔子曾经说过："其身正，不令而行；其身不正，虽令不从。"当然，古代仪式制度所依据的社会秩序是一种充满缺陷的旧制度。然而，礼治主义并不受缚于这一背景。在今天，在这些汉文化国家内还保留了诸多仪式形式，例如人们庆祝节日的方式，表达敬意、地位的方式，这些方式符合儒家伦理。儒家伦理是某种人道主义，而且我敢说这种人道主义同西方文化所发展起来的人道主义有很大的反差。这种反差尤其体现为：两个世界中的个体在面对其所属的各个群体时，有着不同的行为变化。我远不赞同那种认为中国人不具有任何个人主义倾向的观点，他们只不过以一种不同于我们的方式实践着个人主义，而我们处理社会关系的方式也与他们不同。中国传统人道主义被渴望创造"新人"的愿望所摧毁，这一愿望只是导致了对公共价值的一切参照的失落。然而这种人道主义是根深蒂固的

记者：您认为儒家思想深深根植并常青于人们心中的原因何在？

汪德迈：原因在于，在汉文化诸国中，它为社会秩序的建立提供了一种方法，这一方法的歪曲之处后来常常受到揭露，但不是它的原则，至少在接受西方思想之前是这样的。中国历史上唯一一次取代儒家思想的，是秦始皇（那位陵墓在今西安，并由著名的兵马俑守卫的皇帝）时期采纳法家学说的独裁制度。从汉朝建立者推翻这一制度起，除了个别历史时期的历史学家对此大唱赞歌，没有人愿意采用它。今日的中国，儒家思想的复兴同国家必须面对的所有社会问题所带来的混乱密切相关。令人震惊的经济增长同时出现了社会的不稳定。贫富差距不断加大，城乡发展不平衡日渐加剧。"致富"口号导致出现了行为的堕落，这种堕落现象轻易地渗透到了各个领域，尤其因为在种种前所未见的事物大量涌现之际而推出的新政策中隐藏着大量空白，遭到一些道德败坏者无耻的利用。面对愈加猖獗的腐败现象，中国领导人决定支持甚至强化对儒家道德思想的回归。这一回归过时了吗？不如说是儒家思想与某股思潮之间姗姗来迟的对接，这股思潮真正具有革新意义，但它也令 20 世纪某些寻求开辟一条具有中国特色现代化道路的最卓越的思想家偏离了马克思主义。今天，一些中国学者——例如蒋庆、康晓光等公开谈论"共产党的儒家化"，鼓吹一种"儒家政治"，一个"遵循仁德（儒家）的

政府"。在我看来，这些说法是对杜布切克的"人道社会主义"的中国式回应，它们给人权思想涂抹上了一层孔学的油漆，否则，西方对人权思想的表达会因两方面的原因而令很多中国人感到厌恶。首先是民族主义原因，人们觉得在这个层面上，西方没有资格教训中国，因为西方曾在这里通过枪炮强制吸食鸦片，无数次剥削贫苦人民（据说每条贯穿美国大陆的铁路之下，都躺着无数中国移民工人的尸体），并通过缔结不平等条约嘲笑中国的主权。李光耀在 20 世纪 90 年代提出了"亚洲价值"的口号，这一口号或许只是那些积极响应这一口号的强硬的亚洲制度的托词，但随后在国际范围内同西方人权捍卫者的争论实际上只是两个虚伪者之间的争吵。无论如何，在这些汉文化国家内，人们更为强烈地感受到了建立国家威严的必要性，这是那些被公开揭露为侵害这种威严的阴险狡诈的行为在中国、在公众思想中遭冷遇的另一个原因。正如一句古老的中国谚语所说的："交了粮，自在王。"每个人在服从国家需要的前提下，都能随心所欲。中国正处于巨变之中。在地方一级，或许会出现一些民主的萌芽；然而统治全国的，还是一种得到强力保障的举国体制。必须承认，这被广为接受，并被视作是有效管理经济发展的不可或缺的因素。私人生活领域出现了巨大的进步，不可否认这其中发生了重要的变化。我还要补充一下，民主的诞生始于反对力量的建立。在旧制度下，农村自治组织与国家机器的对抗从来不会出现在国家层面，而且对抗仅仅通过不作为的方式。这一自治制度之所以得以确立，是因为县以下就不再设有官吏。至于国家机器本身，它从未包含制度化了的反对势力，例如我们旧制度下的议会。儒家思想对社会结构的认识是建立在自然界的宇宙论模式之上的，即自然界的有机运行依据的是阴阳、五行和季节的规律。这一认识促使人们在权力机构的复杂性中寻找它自身的平衡点。就这样，在行政程序、审查、上下级之间报告和决定的传达、通过考试选拔人才等方面逐渐建立起越来越精细的机制。古代中国的这些机制比西方的要完善得多，因为它们是国家机器自己创建并投入使用的，而不是真正意义上的政治机制——如果说"政治"一词意味着社会机体的各个部分对宪法确立的权力的干涉。促使西方最终走上民主道路的，是旧制度末期对神权和专制主义的批判。在中国，权力的宇宙观——权力是建立在五行活力基础之上的观点——在宋代就已受到广泛的质疑，对这一理论的批判本该产生同样的结果。不幸的是，皇权之后就落入了蒙古和满洲征服者的手中，他们没有给予任何形式的反对势力以任何机会，正如在这两个民族建立的朝代之间的明朝皇帝。朱元璋建立了明朝，他于1368年驱逐蒙古人时，只是为了抢夺其从国家权力中获得的东西。所能做的，只是通过"革天命"行动来推翻这些专制王朝，"革天命"是体现权力的宇宙观的古老说法，现代人选择了这个词来翻译西方人概念中的"革命"（révolution）。

记者：您从儒家价值基本体系中归纳出了两个元素：礼治主义和您称之为"政治功能主义"的东西。您指出，这些元素总是能够适应新的环境。那么对于您强调的第一个特征，也就是您所说的"群体主义"，您也是这么认为的吗？归根到底，我们可以认为，在资本主义商品文化的环境下，群体主义是最脆弱的东西，因为商品文化是建立在对个人利益的追求及个人利益最大化的基础之上的。由此看来，群体主义难道不是其中较为薄弱的一环吗？

汪德迈：在我这本关于新汉文化圈的小书的新版后记中，我修正了"群体主义"一词，我采用该词时，它还不具有今天所包含的贬义，即退缩到自己所属的社会集团中。与此相反，儒家思想坚持将亲情外延至整个社会乃至全人类（孔子说："四海之内，皆兄弟也。"）的职责。因此，这里涉及的不是今天人们所理解的群体主义，而是通过向外扩展家庭这一榜样性的团体中所产生的关系来构筑社会关系的行为。基于这个原因，我现在更倾向于谈论关系主义，意即汉语中称为"关系"的社会关系类型。这一关系主义的不良面是有可能沾染上社会的恶习，然而它拥有良性的一面，也就是使所有人际间关系变得人道化（儒家的仁义道德），而西方极端的个人主义只会令社会分解成一个个做着布朗运动的"基本粒子"。例如，西方企业文化将劳动者简化为一种"资源"，称其为"人力的"，只是为了将其同其他类型的原材料区分开来。它的反面，是日本式的企业－家庭文化，即使这其中可能出现异化现象。西方资本主义的另一面，是一种特殊的去个性化特征，正如它的名字所代表的那样，去个性化意味着一个匿名的社会。中国香港或新加坡的大集团经常会因不遵守这一资本主义生产关系中特有的原则而受到苛责，因为这些集团的运行模式受中国传统影响，非常强调人治。然而，我们当前正在经历的金融危机已证实了通过股份制减少匿名社会的各种机制所造成的不良后果。要想知道在全球化背景下，儒家思想中的社会关系主义是否能够抵御商品文化，只有未来能够告诉我们答案。我只是想指出，令汉文化圈内的日本、中国台湾、韩国翻船的，是美国的政治压力。太平洋战争后，美国以胜者的姿态占领了日本，之后又成为冷战期间被扶植起来的中国台湾和韩国当局的唯一支援者。日本早已不再是被占领国，而冷战也已结束很长时间了；当明日，与其他汉文化国家和地区处于太平洋同一侧的中国，其国民生产总值一跃成为这个地区第一时，因金融危机而面子尽失的美国，它还能有什么威慑力吗？

记者：在您写于 1986 年的书中，您指出，19 世纪末 20 世纪初，在西方压力和日本扩张主义等的作用下出现的汉文化圈内部的分裂因素已经消失，人们处于一个新时代的开端。自那时起，形势已经发生了巨变。您是倾向于认为——正如您刚才所暗示的那样——汉文化圈的聚合能够重新实现，还是以西方人的思维出发，认为经济竞争的精神会重新引入分歧因素？归根到底，哪一个会取得最后的胜利，是文化聚合，还是经济竞争？

汪德迈：我不认为我能够对此做出判断。但是，每个人都能看到，汉文化国家和地区之间的经济竞争并不会妨碍其互补互助。台湾对大陆的贸易顺差使台湾能够弥补其贸易逆差，中日贸易的快速增长使日本能够走出过去十年的停滞状态，1990 年金融危机之后，日本一直处于这种停滞状态。另外，在大陆和台湾之间，还存在着一种根深蒂固的潜在的爱国主义情绪。2008 年5 月汶川大地震之后，台湾地区所有的公务员都响应号召捐出了他们一天的工资来救助灾民。台湾问题尽管仍然没有得到解决，但随着海峡两岸越来越多的贸易、金融、文化乃至情感交流，这一问题正逐渐淡化。比起台湾问题来，在我看来对这一地区的未来更为关键的是中日关系。在日本和中国之间，战争的后遗症，以及之前日本将近一个世纪的军国主义的影响，这些都花了很长时间才渐渐消退。人们曾说至少需要三代人的时间。三代人，现在已经是了。中国和日本关系的正常化可以追溯至 1972 年，我相信，日本的兴趣正在发生转变，这一转变会促使日本从战后优先发展同美国关系的政策，转向一种优先发展同亚洲关系的新政策。届时中国同日本对于地区领导权的争夺将有可能激化，但西方的影响力终将被边缘化。

记者：您也是这么看待朝鲜半岛和越南的吗？

汪德迈：是的，根据自身活力——当今世界最强劲的活力——来重新制定政策，这关乎整个汉文化圈。朝鲜半岛方面，在 20 世纪，谁能料想到中国会成为韩国的第一大贸易伙伴，它的首要投资吸收国？谁能料想到，关于朝鲜放弃核武器的协商会在北京，在中国外交政策的协调下进行？至于越南，在越苏结成伟大友谊共同反华的时期，在 1978 年中越闪电战时期，在 1988 年两国海军在西沙群岛水域互相交火的时期，谁能料想到，中华人民共和国有一天会成为苏联海军基地金兰湾的租赁竞争者？而且，不要忘了散居在世界各地的华人的力量。据估计，泰国所创造财富的 80%、印度尼西亚所创造财富的 70%、马来西亚所创造财富的 65% 都出自华人之手。这支分散在世界各地的华人力量将汉文化圈的经济杠杆力臂延伸到了东南亚国家联盟的各个地区。

记者：您所描绘的世界历史重心向汉文化国家偏移的现象似乎是一次漂亮的反击。您是否也认为，即使西方曾在历史上短暂地统领过世界，它却几乎没有在精神上进入过这个汉文化圈？我们甚至有一种感觉，仿佛事实正好是朝着相反方向发展的。汉文化圈具有一种特殊的能力，能够深刻地渗透到西方世界内部同时又保留着自身。西方世界无法理解您所说的一切，也无法在政治和经济高度去考虑这一切；与此相反，汉文化圈却具有一种非凡的能力，能以某种方式理解并进入西方世界。那么，在您看来，这两者之间如何接合呢？简而言之，他们会说英语，而我们不会说汉语……

汪德迈：您指出的这种非常真实的不对称性，汉文化圈已经沮丧地感受到了。很显然，对于任何一个有中国文化或日本文化修养的人来说，即使在今天，即使在日本成功的例子之后，中国又以迅猛的速度发展起来，世界化进程仍然在一条轴线上，也就是在西方文化的轴线上向前推进着。中国政府对此有着清醒的意识，因此它提出了一项重大的政策，要使中国语言和文化传播到整个星球上。很长一段时间以来，中国大使馆的文化部门一直通过共享教学材料、提供教师、接受外国教师和学生的实习等，支持着汉语教学，我本人在普罗旺斯大学埃克斯人文学院创立中文教学机构时，也曾得益于他们的帮助。几年来，中国政府还参照我们的法语联盟、歌德学院和英国文化协会的模式，推出了在国外建立孔子学院的重大项目。第一批孔子学院开设在韩国和其他汉文化国家，现在西方国家也有越来越多的孔子学院。在法国，第一所孔子学院于四年前创立于普瓦蒂埃大学。第四所孔子学院刚刚在巴黎第七大学揭幕。我曾读到过一则消息——但我想我可能弄错了一个零，说中国政府投入了一百亿美元作为支持这一项目的经费。2008 年 5 月，我本人参加了一场庆祝宏伟的孔子研究院揭幕的法中研讨会。前不久刚建成的研究院坐落在孔子的故乡曲阜市中心①，其建筑在中国著名建筑师吴良镛精心规划设计之下，巧妙地融合了儒家思想阐释礼仪和宇宙世界的重要象征。总而言之，当中国人发现他们的文化影响微乎其微时，当他们发现世界范围内那些为人所熟知的伟人都是西方人时，他们决定要在政策中强调他们的文化。这是一场非常令人欣慰的反向的文化革命。

记者：我们想从一个完全不同的角度向您提一个问题，一个有关音乐的问题。中国人已经开始听西方古典音乐，他们理解莫扎特，如果我可以这么说的话，然而反方向的事情却没有发生。我们完全不了解中国音乐，而且我也不认为法国交响乐团会经常演奏中国音乐。这个例子是否可以很好地解释我们对相互关系的理解呢？

汪德迈：我想，在西方音乐和中国音乐之间，正如在中国文学和西方文学之间，同样存在着文化发展程度上的差距，然而是相反意义上的。中国文学因文言的存在而拥有世界上最高雅的工具。我觉得中国古典诗歌是无与伦比的，尤其是当用书法来表现它时。反过来说，我觉得西方音乐凭借其特有的平衡法则的发展，优于其他所有音乐，无论如何，肯定优于中国音乐。中国音乐当然也能感人至深，但它只是旋律性的。法国交响乐团偶尔演奏的，是中国作曲家写的西方音乐，这种现象还刚刚处于起步阶段。

记者：然而这些中国人——您说他们对我们的理解胜过我们对他们的理解，他们是想真正地理解我们，也就是想说真正深入到西方世界内部，抑或只是想了解我们高效率的原因？

汪德迈：这两种态度我都碰到过。某种自负感导致人们认为西方文化除了其所发展起来的科学技术之外，没有任何吸引人的地方，这种自负情绪可以追溯至19世纪产生重大影响的"洋务运动"（"西学［仅仅］为用"）时期。请允许我举一个个人的例子，我在香港曾有幸师从饶宗颐。今天，饶宗颐已成为从北京至东京、从欧洲汉学界至美国汉学界无人不晓的中国学者，其著作都是有关中国国学研究的，但他却是个不折不扣的法国文学和文化爱好者。当香港大学专门为他建立饶宗颐学术馆时，他受王家港小学的启发②，

［① 这里指的应当是孔子研究院的二期工程。］

［② Petites école de Port Royal des champs，由17世纪中期聚集在巴黎王家港修道院的知识分子所设立的教学体系，拉辛、帕斯卡等人曾在此地任教或学习。］

将其命名为"Jao Tsung-I Petite Ecole",并对拉辛和帕斯卡致敬。另外,我要补充的是,同中国知识分子进行交流的乐趣在于,我们不会感觉到他们面对西方文化时有任何自卑情结,这使得同等水平的交流成为可能。至于语言障碍,正如您刚才所说的那样,他们是唯一能够跨越这种障碍的。的确,是世界的西化浪潮促成了这样的结果。但情况正在发生变化。新汉文化圈影响力的不断扩大也吸引着美洲和欧洲越来越多的年轻学者开始学习汉语和日语。

儒学具有很大的机遇*

［俄］亚·斯·马尔蒂诺夫

刘亚丁（以下简称刘）：亚历山大·斯捷潘诺维奇，您好！您是近年来俄罗斯从事儒学研究的主要专家之一。我认为，俄罗斯汉学界对儒学的译介起步很早，现在的势头也很旺。俄罗斯汉学界的第一次儒学译介始于 18 世纪末，持续的时间较长。对儒学入俄的时间起点，我想同一位俄罗斯汉学家略作商榷。马利亚文在《孔子传》中将俄罗斯第一次出版有关孔子的著作定为 1796 年。目前掌握的史料证明，儒学入俄的时间可以提前 16 年。承蒙贵所所长 И. 波波娃博士指点和帮助，我找到了俄罗斯最早出版的《四书》，该书 1780 年由彼得堡皇家科学院出版，是大汉学家 A. 列昂季耶夫从汉文和满文翻译过来的。书名为《四书经：哲学家孔子的第一书》，书前面为康熙皇帝在康熙十六年（1777 年）为《四书》写的序的译文，然后是《大学》和《中庸》的译文，每段译文后附有列氏的释文，没有《论语》和《孟子》。全书共 357 页，毛边纸，大 32 开，可惜未标明印数。列氏在《大学》的小序中写道："学问和律法概念的来龙去脉在这里讲得一清二楚；题名称为《大学》，因为在书中提供了进入幸福之门的路径，它还包含这样的意味，倘若不完善地掌握书中所写的内容，不管是想当圣徒，还是想达致主宰大地，都无从谈起。"此书出版后，《圣彼得堡学报》发表书评说："欧洲人若是忽视中国人的学术，将是非常不公正的。"在 18 世纪，儒学在俄罗斯还有若干译介。如果说 18 世纪末贵国汉学界的儒学译介起步早的话，那么从 20 世纪 80

---

* 原载《跨文化对话》，第 22 辑，93～100 页。

年代开始，翻译研究进入了新阶段。1982 年莫斯科出版了由杰柳辛主编的《儒学在中国》，我认为，这本书是苏联学术界研究儒学的第一次结集，涉及儒学基本范畴的本源意义、《论语》的语言、《盐铁论》关于人的本性的儒家和法家观点、科举制度、五四运动中的打倒孔家店等学术问题，其中有您的文章，是研究朱熹与中华帝国的官方意识形态问题的。1987 年莫斯科大学出版社出版了谢麦年科的个人专著《孔子的格言》。顺便说一句，最近我到莫斯科大学亚非学院访问他，他将这本书送给了我。20 世纪 90 年代以后，俄罗斯儒学著作的翻译出版达到了一定热度：马利亚文的《孔子传》1992 年第 1 版印数 15 万册，第 2001 年第 2 版印数为 5 000 册。由莫斯科和乌克兰哈尔科夫两家出版社联合出版的《孔子：睿智的教诲》，印了两次，第 1 次是 1998 年，印数 11 000 册，2003 年重印，未标印数。马斯洛夫《孔子的密码：圣人想传达什么》，顿河畔罗斯托夫出版。2001 年圣彼得堡一家出版社出版了 1910 年由柏百福（П. Попов）译的《论语》的新版，该书第 1 版印 1 万册；2004 年又加了一家莫斯科的出版社，印数又是 1 万。据笔者不完全统计，还有《"我信而好古"》（2 版）、《论语》（4 种）、《四书》、《中庸》、《春秋》（2 种）、《孟子》（2 种），以及苏联汉学家休茨基 1933 年完成的《〈易经〉翻译及其语文学研究》（1960 年出了第 1 版，90 年代出了 5 种版本），另外还有其他人的 10 种《易经》翻译或研究著作。在您看来，是什么导致了一部分俄罗斯人对儒学产生如此浓厚的兴趣？

马尔蒂诺夫（以下简称马）：我十年前开始研究儒学，2001 年我们出版了"经典儒学"，第一部是《儒学研究·〈论语〉翻译》，《论语》是我翻译的，这本书本身又分两卷，您手里的已是修订版了。第二部是《孟子·荀子》，是由左义林（И. Т. Зограв）翻译注释的。我从事这项工作是因为我持有这样的观点：人类的命运很快会发生巨大的变化，人类面临资源枯竭等一系列问题，不得不调整需求，在资源严格限制的条件下，只有那种严格遵守伦理准则的社会才会有渡过危机的巨大可能性。在这种情况下儒学具有很大的机遇，有可能成为未来的人类重要意识形态之一，成为整个人类伦理生活的一部分。在多大的程度上成为这些，这不是我们可以猜想的，但这个趋势是可以看得出来的。人类的新的选择，是可以感觉到的。正是从这里我看到了儒家对全人类的意义。这里有纯粹的伦理，不考虑任何回报。这是意识形态，这是纯粹的意识形态，没有任何利益考虑。在这里，孔子所表达的伦理可以与德国哲学家康德在《纯粹理性批判》中表达的伦理进行对话。纯粹伦理应该摆脱任何利益考虑，如果人类持有对资源进行无限索取的态度，这是实用主义的态度，不是纯粹伦理。即在摆脱困境时，完全不能考虑回报。但是孔子的伦理观念在欧洲文化的承担者面前有很大的优越性，他更重视人性，在这种情况下我选择了《论语》第十二章的第一句话："颜渊问仁。子曰：'克己复礼为仁。'"同时，我认为，儒学是建立在人人熟知的基础上的，即建立在家庭关系的基础上的，甚至那些由于各种原因没有建立自己的家庭的人，如果深入了解儒学就也能明白，在这种伦理关系中正常的人只能成长于真诚的亲人之爱的环境中，因此他会终生感激自己的父母。再进一步说，儒学同别的宗教性的意识形态不同，它没有任何具有神话色彩的陈腐之物，因此它是开放性的，可以接纳不同背景的人群。

刘：您谈的是更广泛的、更宏大的问题，我更加关注近年来俄罗斯部分人群对儒学产生兴趣的问题。认真寻找背后的原因，我发现：首先，20 世纪 90 年代俄罗斯出现了原有的主流意识形态退席的现实，社会价值观念失范导致严峻的社会、心理危机。当整个社会的主体信仰缺位的时候，知识分子必然会产生重建价值观念的社会使命意识。价值观念重建的时候要调动激活各种精神资源。在此过程中激活了俄罗斯传统文化的资源，东正教的复兴就是一个明显的例证。同时各种社会思潮也纷纷涌现，如自由主义思想、西方化的思潮、新欧亚主义的思潮等等，在这种背景下，中国的传统文化，尤其是儒家学说，在部分俄罗斯人中，比如汉学家中产生了亲近感。在 20 世纪 90 年代前期，亚洲金融危机爆发之前，俄罗斯的学术界曾探讨了东亚地区若干国家和地区经济腾飞的原因，他们认为儒家文化与西方文化的融合，是东亚若干国家和地区经济高速发展的基本动力。20 世纪 90 年代初 b. 波斯佩洛夫在发表于《远东问题》上的文章《作为经济发展事实的儒家文化与西方文化的综合》中全面研究了这个问题，他首先指出日本、韩国、新加坡和中国台湾、香港等国家和地区取得了非常可观的经济成就。他介绍了儒家文化在处理人际关系和人与国家关系上的基本原则：仁、义、孝、忠、礼，认为它们具有现代价值，他分别分析了在这些国家和地区儒家文化与西方文化相互影响的状况，指出在西方意识形态和道德规范的影响下儒家观点的体系发生了变革。在日本、韩国和中国，这种变革的形态不同，但是应该指出，恰恰是东亚大多数国家和地区中两种社会文化的互相影响形成了现代工业文明的最重要的因素，这种工业文明被称为人性化的事实，保障这些国家和地区步入了经济发达国家和地区的前列。金融危机之后俄罗斯汉学界并没有放弃这个观点。稽辽拉在他 1996 年出版的《孔子传·〈论语〉翻译研究》中，在研究儒学的部分，于分析日本、韩国、新加坡和中国台湾、香港等国家和地区的具体材料时指出，这些地方出现了"儒学资本主义"。去年出版的由贵国科学院远东所所长季塔连科院士主编的《中国精神文化大典·哲学卷》则指出：在勾画文明形成和发展的历史轴心上，俄罗斯连结东方和西方，起到了欧亚大陆生命机体的纽带的作用，因此出现了新的欧亚主义。在此背景上形成了中国文化和俄罗斯文化的真正的对话，一方面是中国正在形成的高度精神性的人，另一方面是俄罗斯的新欧亚主义的人，他们借助于人类的精神词典的语汇来进行对话。正是出于这样的考虑，他们下了很大的功夫，历时十年，撰写了《中国精神文化大典·哲学卷》，并正在撰写文学卷等另外四卷。我发现，在《哲学卷》中您写了"中庸"等条目。这在某种意义上可以解释俄罗斯一些人近年来重视儒学的原因。其次，我认为，文化传播中的互补原则也起着潜在的作用。经营国际双边贸易的人讲究互通有无，出口对方缺乏的本国的特产，购进本国缺乏的对方的特产，这样就能使贸易顺畅地进行。其实在文化交流中这个原理也在自发地调节着国际智力贸易。中国智者、中国传统文化对一些俄罗斯人有些诱惑力，其原因大概正出于文化上的互通有无：俄国有文字的历史过于短暂，只能追溯到公元 10 世纪末。因此俄罗斯未见 9 世纪前的古圣先贤给子嗣留下睿智明训，而这恰恰就是中国文化之所长。20 世纪 90 年代以来俄罗斯对中国智者形象的建构也是一种取长补短的策略在起作用，正如现在中国的知识分子也很喜欢俄罗斯白银时代的宗教哲学著作一样。

马：是的，从思想观念的角度来讨论问题，我同意列昂纳尔德·谢尔盖耶维奇（稽辽拉）的看法。我们现在也正在做一个项目，从我们中国研究室抽出四个人，除我而外，还有塔吉亚娜·潘、加丽娜·穆拉强等，我们正在做的这个项目叫"全局性的和地方性的儒学在远东"，我们要研究，在中国、日本等国家和地区什么是儒学的共同的、宏大的、特别的东西，哪些是它对现代有帮助的东西。所以我们同列昂纳尔德·谢尔盖耶维奇是互相理解的。

刘：在当今儒学已经成了一个国际性的话题，您在宣传儒学的价值的时候，难免要与来自其他国家的同行，即别国的儒学研究者进行对话。一方面，您可以找到像杜维明这样的倡导发掘儒学的普世价值的同盟者，但另一方面您也会面对观点与您相反的国际同行。比如您强调儒学的现代价值，实际上就是同马克斯·韦伯（Max Weber）和列文森（Joseph R. Levenson）的观点针锋相对的。在《儒教与道教》（*The Religion of China，Confucianism and Taoism*）中，韦伯指出：由于儒教的伦理观念，客观化的人事关系至上论的限制倾向把个人始终同宗族同胞绑在一起，在中国，一切信任、一切商业关系的基石建立在明显的亲戚关系或亲戚式的纯粹个人关系上。相反，新教与禁欲教派挣断了宗族纽带，而是在共同的信仰的基础上建立优于宗族的伦理关系。因此尽管中国人曾经有很强的追求财富的意识，但终究没有建立起资本主义关系，而在新教文化世界就建立起了资本主义关系。列文森的《儒教中国及其现代命运》（*Confucian China and its Modern Fate*）也从政治文化领域研究和批评儒学的作用，他认为儒家强调的"中庸"，造成了中国文化的长期的稳定性，以及中国士大夫的业余精神，这样再加上儒家与统治者张力关系链条的断裂，儒家就从一种价值变成了博物馆的陈列物。您打算如何来驳难他们，借此进一步发展您的儒教具有现代价值的观点？

马：马克斯·韦伯，自然是在另一个时代写了他的著作，当时意识形态的情势是完全不同的。但是他也认为，1911年中国推翻帝制之后，中国人能够顺利地建立资本主义。但是中国的实际与他的预计完全不同，中国走上了一条新的道路。这些是马克斯·韦伯完全没有料到的。目前，我对马克斯·韦伯对儒学的批判不感兴趣，我感兴趣的是我的祖国的情形，我的祖国非常需要形成新的精神价值的基础。现在的问题是资本主义正在戕害人的心灵，个人主义造成了太大的灾难，应该形成实行有限的个人主义的新的空间，就像在韩国和日本所实行的那样。

刘：您的话，让我想起了一个半世纪前贵国的思想家、小说家车尔尼雪夫斯基，他试图建立一种新的人格，提出了合理利己主义的问题。他的表述与您的表述非常接近。

马：那同样也是另一个时代的问题。现在我相信，不同的人群、不同的阶层，在保留自己的利益的前提下，可以达成总体的和谐，这就是《论语》中说的"君子和而不同，小人同而不和"，所以我持有儒学对当代人类非常有益的观点。当然，这并不意味着我赞同孔子的全部观点，赞同儒家的考试制度，如要求年轻人撰写八股文等。这并不重要，重要的是儒学会对现代人类产生巨大的价值。

刘：我看到莫斯科 2004 年版《四书》本《论语》将第二章中的"五十而知天命"译为"В пятьдесят познаю волю Неба"，即"五十而知天的意志"。您的翻译是："В пятьдесят лет я познал веление Неба"，即"五十而知天的命令"，您又加了一个括弧，注明为"свою судьбу"（自己的命运），即您认为在这里孔子所说的"天命"，实际上是指对自己命运的认识。您为什么要这样译？我要强调的是，这里涉及的不是翻译得正确或不正确的问题，而是文化差异的问题。

马：在孔子的时代，天的概念是非常大的概念。一方面，天是有情感的，天会愤怒，天有激情，在此情况下，天的概念是最高的存在；另一方面，天的概念是自然力量的体现，是自然规律的体现。我想在这两个概念之间寻找一个中间的概念，因为孔子说要走中间道路，讲中庸。所以我在这两种概念中选择中间概念。先前有人将"天命"翻译为"воля Неба"（天的意志），但在俄语中，与"веление"（命令）相比，"воля"（意志）是一个很平淡的词，所以为了代替它，我用了"веление"（命令）这个意义更广泛的词，我想保持天作为命令主体的特色，所以我选择了"веление"这个意义更大的词。

刘：我记得，《十三经注疏》中对"命"是这样解释的："天之所禀受者也"，朱熹的《四书集注》中解释得更清楚："即天道之所流行而赋予物者"，接近于您刚才所说的"天的规律"，也比较近似于今天人们所说的"天道"。我发现在柏百福 1910 年的《论语》译本中将"天命"译为"воля Неба"（天的意志），但在注解中注释为"зокон Неба"（天的规律），这个注解就比较接近朱熹的意思了。阿列克谢耶夫院士曾经谈到，欧洲人在接触到孔子的"礼"的概念时，在欧洲的文字中找不到一个完全等值的词可以准确地涵盖它在中文中的意义。也许，这就是我所说的文化的差异。

马：我非常敬重阿列克谢耶夫院士，两卷本《阿列克谢耶夫中国文学论集》也吸收我参加整理。但对他所说的翻译中要找完全等值的词的这个说法，我不能完全赞同。在这里我要再次用孔子的说法，这就是"君子和而不同"。恰恰是尊重您说的文化差异，可以形成更高意义上的和谐。

刘：在您的《儒学研究》部分，我发现，您对宋代的儒学给予了很大的关注，尤其是，您非常全面、详尽地研究了苏轼的政治观点，认为这是杰出

的儒家思想的表现。但对西方汉学所说的新儒学的另一个阶段——明代，您
却似乎没有给予更多的关注。这是为什么？

马：我认为，北宋时期是中国儒学的黄金时代，在北宋儒学得到了更大
的发展、有机的发展，所以我称其为"黄金时代"。到了南宋，情况发生了
细微变化，明代的儒学则走上了认识论的道路。遗憾的是，明代儒学没有走
朱熹的路，而走了陆九渊的路，比如王阳明认为，意识有自己的原则，心和
理是有同等地位的。所以我给予了苏轼和朱熹更多的关注。以苏东坡为例，
他是一位达到了政治家高度的大儒，他继承了汉代儒学的传统，在对历史的
分析中，尤其是在对尧、舜、禹和文王、周公的分析中，他成功地解决了名
与实的问题。作为孔子思想的继承人，他认为：官吏对天下的责任首先体现
在对人民的关怀中，就是下大功夫借助教化来改善人民的精神面貌，此外他
还提出了对君主的无限忠诚和造福天下的行政能力。所以我认为，苏东坡是
达到了政治思想家高度的最后一位大儒，他在假设的国家管理与圣人之教的
自然的统一中建构了自己的观念和具体观点。同时应该看到，苏轼面临着巨
大的历史鸿沟，在汉代的儒学传统之后，中国文化已然经历了道教和佛教的
洗礼。所以在政治上，苏轼是一位坚定的儒家，在文化修养上他又研究佛教
和道教，后一方面，在我看来，非常充分地体现在他的诗文创作中。至于说
到朱熹，他经历了由读佛到回归儒学的心路历程。但他那种"即心即佛"的
自我完善的方式，确实成了新儒学中"心"的概念占据重要地位的原因之
一。但是明代的新儒学主要是受陆九渊影响。

刘：您对宋代儒学的研究实际上涉及了中国文化中的一个核心问题，就
是儒、释、道的相互关系问题。当然还有民间文化与儒、释、道的互动关系
问题。我自己在爬梳佛教文献时也略为接触了一些类似的个案：在传统佛教
中，佛尽管具有超人的智慧和能力，但他本身也不是神，不能预测和左右人
的吉凶祸福。然而佛教进入中土，为了赢得士大夫和凡夫俗子的信赖，一方
面主动与中土的方术融合，另一方面也调动佛教原有的与方术相似的资源。
如《法苑珠林》有《占相篇》，《占相篇》先引用《坏目因缘经》中讲六道人
的面相的偈语，说贵贱有晦明的区别，因此相是可占卜的，这是佛教原有的
内容。《占相篇》中作为事实材料首先引用的两个故事都出自班固的《汉
书》，一个是邓通，一个是周亚夫，他们都被占相者算定了先大贵、后饿死
的命运。外来的佛籍与中国的文本在这里毫不抵牾，浑然圆融。在实践层

面，同样可以观察到这样的融合。僧众自然地使用我国传统的数术工具，和尚昙迁对《周易》有深入研究，还会演习八卦，敦煌遗书中有不少写卷一面是佛经或僧人杂写，另一面是标明吉凶的具注历日。可见僧人也使用我国传统的具注历日，并以此来推测吉凶。

马：真是有趣，我也发现了类似的现象，在16世纪出现了将三教合一的尝试。一位福建官吏的儿子林兆恩受了很好的传统教育，考取了秀才。他的三教合一的理论是由三才（天、地、人）的世界观派生出来的，在此基础上形成人的三础，就是人的儒教的儒础、道教的道础、佛教的释础。三教以不同的功能和途径达到同一个"道"，这就是儒教"立本"，道教"入门"，释教"进阶"。理想的政治情势，在林兆恩看来，就是君主要无为而治，使人民完全感觉不到君主的存在。可是在清朝林兆恩的著作被视为歪门邪道，遭到查禁。后来林兆恩的学说在东南亚得到传播。我还要强调的是，中国的三教是和平相处的，除了极个别的情况以外，中国实际上没有发生过宗教战争，这是值得秉持西方文化的人注意和研究的问题。

刘：亚历山大·斯捷潘诺维奇，谢谢您在百忙中抽时间来与我讨论儒学和有关问题。这次谈话使我得到很多新的启示。祝您身体健康，学术工作取得更多成就！

马：刘先生，也祝您在圣彼得堡生活愉快，学术研究有大收获！

孔子和中国古代文论[*]

[法] 侯思孟 （Donald Holzman）

很显然，没有什么文明比中华文明更具有书卷气，没有哪种文明比中华文明更倾向于尊崇经典，在日常事务中也没有哪种文明像中华文明这样更容易在它的传统甚至现代文学的字里行间里寻求指引。然而当我们洞察古代汉语作品，寻求关于这种自然文学的一般评论——也许可以最宽泛地定义为"文学批评"时，我们几近彻底受挫。西方尽管成卷的作品都已经致力于古希腊，特别是亚里士多德有关文学方面的研究，但是它们的影响仍然持续着。而研究中国文论的历史学家，从另一角度来看，几乎没有一章专门来写整个古代时期（溯源到汉末），尽管如下说法是不对的，这个时期对后来的时代没有影响，或者说这个影响更多的是来自总体的哲学态度和通常经过了重新阐释，或者纯粹就是误读的相当短小的陈述，而不是来自任何与文学原理相似的内容。在这篇论文里，我的意图是想表明文学原理在古代中国是如何发展的（或者更确切地说发展没有成功），为什么它形成了那个样子，并且为什么我们必须等到"古代文风"的末期——汉末，去发现某种正如我们在西方所了解的与文学原理相似的内容。我将集中讨论孔子，因为我认为他首先成为古代最有影响力的思想家，并且他也是提出问题数量最多的人。但是首先我愿概述一下为什么文学批评理论在古代中国并没有发展起来。

---

  * 原载《跨文化对话》，第 28 辑，425～439 页，北京，三联书店，2011。万雪梅译。

一

　　我知道我对中国古代文论的贬抑态度是值得争议的，并且我给出的这个结论也很仓促，或许如庄子所说，这不过是"井底之蛙的观点"而已，非常概要形象。简要地说，文学理论（或者文学批评）在中国古代没有发展起来，就因为那些谈论文学的古代中国思想家，那些儒学家，拒绝把文论看作一个独立整体，看作某种与似乎吸引了他们全部兴趣的道德、仪式和政策分离开来的、可以被独立思考的东西。他们的不仅有关世界而且有关一个人和他的作品的观点都是极端的综合，不可以说是单一的。万事万物都被看作一个整体，看作彼此之间的相互关系，而不是被分析为它们各自的组成部分。这种看问题的方式是很自然的，令人钦佩，并且这使得黄金时代的哲学家所说的人和世界依然与我们今天有关——也许比以往任何时候都更有关，因为高度复杂和科技化的现代生活模式倾向于使我们不能够见木知林。举例来说，一个人甚至可以想象这种综合的视野可以产生关于文学的社会地位和文学在一个人道德生活中重要性的相当中肯的评论，但是古代中国的思想家太完全倾向于以表面、客观世界、国家和作为政治动物的人为目的，而不能看到文学可以是任何东西而不是政体运行的一个因素。

　　最早的文学评论很有可能是在《尚书》里记载的有关传说中的帝王舜和他的音乐指挥夔之间那著名的对话。我正要谈论的政治偏见具有一切特征地出现在最古老的文本里。在解释他所相信的音乐会赋予他的子孙以文明的影响后，舜做出了下面著名的、确实可以被称作文学理论或文学批评的陈述："诗言志，歌永言，声依永，律和声。八音克谐，无相夺伦，神人以和。"①当

---

　　① 《尚书》Ⅱ1/5《舜典》；参见高本汉（Bernhard Karlgren）译：《远东古物博物馆馆刊》，第22卷，7页，斯德哥尔摩，1950。有关《尧典》《舜典》的撰写日期的章节已经引起了很大的争议（参见张西堂《尚书引论》里的讨论［西安，1958］，173～177页），但是，正如罗根泽在《中国文学批评史》第一章第36页里所指出的那样，"诗言志"可以在汉前的数个文本里找到。但除了日期，文本是如此简要以至于高度含糊。它指诗人的感伤表达还是指某人吟诵《诗经》里的诗以婉转地"表达他自己的思想"（《赋诗》）？关于这一段以及它随后的历史在朱自清《诗言志辨》（上海，开明书店，1947）里有一些有趣的评论；也可见周策纵《早期中国诗词（诗歌）史》，见周策纵主编：《文林》，151～166页，麦迪逊，威斯康星大学出版社，1968。

我们再次听到这样一个如"诗言志"一样总括的、引发思考的、如怀孕一般让人充满期待的陈述时，我们不得不等了近千年。但是在《尚书》里，就正如后来的传统一样，这种激发人好奇心的说法依旧流产了。虽然这由心而生的诗歌的最后效果就只到达了上帝那儿，没有必要再进一步追究了，但它似乎已经发出了声音，仅仅为了描述音乐指挥的职责，一旦音乐指挥熟练技巧，这种仪式的颂歌就会被歌唱而且整个过程将顺畅进行。

二

几乎所有有关文学的古代评论都带有这种政体性的倾向，并且其中很少如"诗言志"那样有趣和意义深远。这一点非常适用于孔子——中国古代文明的骄傲，还有他的继承者。一位现代学者①已经尝试反证："孔子作为文学评论家的能力"不可以受到质疑。② 研究文学批评的中国历史学家，或者至少他们当中最著名的两个人，正是因为"文学批评的能力"而被划分出来。③但是让我们洞察孔子本人关于文学该说的内容。《论语》不长，谈文学的部分更要少得多。

让我们首先洞察我们能够了解到的孔子在总体上对待艺术的态度，看看是否能对艺术作品的优秀之处善于接受，这也是任何批评活动名副其实的必要条件。最吸引人的孔子艺术敏感度的证据，立即跳到我们脑海中的是《论语·述而第七》第十三章："子在齐闻《韶》④，三月不知肉味，曰：'不图为乐之至于斯也。'"就像《论语》中几乎所有的内容一样，这一段也充满了难度。我的翻译仅仅是三到四种可能性当中的一种，不一定是最好的。也许孔

---

① 马幼垣：《作为文学评论家的孔子：与古希腊比较》，见《献给饶宗颐教授的中国研究文集》，13～45 页，香港，1970。

② 参见上书，44 页。

③ 《中国文学批评史》第 Ⅰ 章第 38～40 页和第 47～49 页都非常关键；郭绍虞《中国古典文学理论批评史》（北京，人民文学出版社，1959）第 15～19 页也非常有帮助。还可以见前面由马幼垣在文章里提到的引用文献材料，在第 16 页注解 6，还可见附录第 44～45 页。

④ 在早期的评论中，据说是为仪式典礼的舞蹈而奏的音乐，由神话中的帝王舜所作。在《论语·八佾第三》第二十五章和《卫灵公第十五》第十章也都曾被提及。

子并没有不知肉味达"三月"之久，也许他也并不惊讶于音乐的完美性，而是惊讶于《韶》已在齐国被演奏这样一个事实。不管一个人选择什么样的翻译，事实依然是孔子被他所听到的音乐震撼得很厉害。他的评价是审美的、固守仪式的、考古学的，还是有点趋炎附势？无从知晓，但我认为我们应该把无法恢复的意思（在考虑到各种各样的翻译后）当作预示孔子是一个高度敏感的人，对艺术的刺激非常善于反映而且反映强烈。这进一步的证据，全与音乐有关，在他热情表演礼乐时（《论语·宪问第十四》第四十二章），在他对《诗经》中第一首诗有关音乐伴奏的欣赏中（《论语·泰伯第八》第十五章）都可被发现，还有他对歌唱的喜爱（《述而第七》第三十一章、《先进第十一》第二十五章也可能算在其中）。总的来说，在《论语》里，所有最可信赖的谈话和评论都描述了一个高度敏感和文雅的人，一位初露头角的文学批评家的完美典型，但是孔子的文学批评天才有没有绽放过？

对文学批评家的第二个要求，与敏感度相比虽然稍微次要一点，但是对学习的热爱，是一种对过去作品的阅读和吸收的热望，当他在欣赏他同时代的作品时，他很想用它们来作为指导和标准。贯穿《论语》的始终，孔子似乎都是这样一个形象：对过去非常热爱，并且几乎也非常适合第二点要求。《论语》的首行，正如我愿意诠释的，在任何情况下，似乎都描写了这位完美的好古者重读他古时的卷宗："学而时习之，不亦①说乎？"（《学而第一》第一章）再一次，通常很谦逊的他，为他自己热爱学习而骄傲："子曰：十室之邑，必有忠信如丘者焉，不如丘之好学也。"（《公冶长第五》第二十七章）有时他给人们这样一个印象，热爱过去是他唯一的美德："子曰：我非生而知之者，好古，敏以求之者也。"（《述而第七》第十九章）在孔子看来，不管怎样，"学习"被限制为读古书，他把一个人道德品质的提升也算在里面（《学而第一》第十四章），并且如果他在他说过的某句话里（《学而第一》第六章），将学习置于第二位，那确实是因为相对于某种道德职责，它处于第二位，只有最苛刻的唯美主义才会拒绝认可他理想中的完美文学评论家的形象。在这一点上，将孔子与他精通文艺的弟子子夏相比时，孔子的地位可

———————————

① "亦"的微妙之处在于"即使一个人不为人所知，没有当政"。

略见一斑，他被看作比子夏甚至更加博古通今。后者似乎坚持学习应当是一种闲暇活动（《论语·子罕第九》第十三章），其次才是一个人对国家承担的责任，这样就敏感性和爱学习、爱了解过去而论，孔子顺利通过了崭露头角文学评论家的测试。但是我们还没有谈完。

让我们更仔细地考察孔子有关文学批评和文学本身的原材料——话语和人类的措辞的观点。一个人应该料到，特别是现在当结构主义、形式主义和文体学是最受文学理论者尊重的吸引人的词语时，文学评论者也会非常热爱词语、口才和修辞。然而孔子不是，根本不是，至少在《论语》里没有任何迹象表明这一点，并且有关语言的评论对此全都是持怀疑态度或者完全否定："子曰：'巧言令色，鲜矣仁。'"（《学而第一》第三章）① 作为一个好的演讲者的能力与孔子的仁爱思想没有关系："或曰：'雍也仁而不佞。'子曰：'焉用佞？御人以口给，屡憎于人，不知其仁，焉用佞？'"（《公冶长第五》第四章）在一些其他的谈话中，孔子也提及了雄辩一事（《雍也第六》第十四章，《先进第十一》第二十章，《宪问第十四》第二十九章，《卫灵公第十五》第四十章）②，他似乎实际上对这类言语表示怀疑。在《颜渊第十二》第三章，也许用了一个双关语，他说："仁者，其言也讱。"在书的后半部分《阳货第十七》里，他几乎变成了一个唯我论者："子曰：'予欲无言。'子贡曰：'子如不言，则小子何述焉？'子曰：'天何言哉？四时兴焉，百物生焉，天何言哉？'"（《阳货第十七》第十九章）这些言语表明孔子对修辞或雄辩之类的东西似乎没有多少兴趣。假如他是一名文学评论家，他就必须非常传统守旧，对文学的方方面面比对语言本身更感兴趣。

有一段，尽管如此，可能会反驳我刚才所说的内容，这是很著名的描写"正名"的那一段（《子路第十三》第三章），这一段不仅在提到语言时把它当作有趣的东西，而且提及的方式也是如此，就像其他我愿意提及的段落一样，实际上让人想到了一个美学体系。这就是我想提出的我们或许可以期望文学评论家具有的第三个品质。一个美学体系不一定是必要条件，甚至也不必在每一种情况下都令人满意；依赖着文学评论家的性格，它弊多利少。但孔子毕竟是哲学家，并且这也是事实，通常正是他总体的与美学和文论相关的

① "巧言令色"来自《尚书》Ⅱ3/2《皋陶谟》。
② 《论语·宪问第十四》第五章可能是个例外。

思想被提及，而不是他有关文学和语言的实际表达本身被引用。

关于"正名"的这一段，在《论语》里是最不典型的部分之一。尽管它在中国思想史上有巨大的影响，但是今天很少有学者细想它还是处于《论语》的哪个层面，而《论语》极有可能溯源到孔子和他当时的门徒所处的时代。这一段很著名。子路问孔子，他欲承担管理卫国的责任、被人信赖，需采取的首要措施是什么。孔子回答说："必也正名乎。"在子路发表了一席表示并不理解的怀疑的话语后，孔子通过长长的连锁推理，或者说是预设的三段论或原始的逻辑推理来解释他的意思："名不正，则言不顺；言不顺，则事不成……"当然，这一段的目的根本不是关于文学的，而是关于政治的：正名导致了国家的秩序。但是这一段以简要的关于一个高素质的人应该如何表达自己的总括来结束："故君子名之必可言也，言之必可行也。君子于其言，无所苟而已矣。"所有这些都是相当模糊的，但是有一点应该非常明确，那就是没有一句直接与文学相关。也许"正名"或者"言顺"，就正如威利（Waley）所译[1]，可以有利于应用到文学研究中去，这儿应当注意的重要问题是它并非如此。孔子或者他的追随者，是把语言作为统治工具而对它有兴趣，关于这一点就论述到这儿。

《论语》里另有一段时常被作为孔子对文论的重要贡献而被引用，很难说为什么，但我们可以讨论。"子曰：'质胜文则野，文胜质则史。文质彬彬，然后君子。'"（《雍也第六》第十六章）[2] 这一段确切的意义当然依赖着我们对"质"和"文"的理解。不管它们意味着什么，我认为与文学没有关系，除非偶然的巧合，"文"正好也意味着"文学作品"。这两者自身相对并不完善的品质结合成某种完美的整体是引人注意的，并且或许当然与文学评论有关，但是这儿它确实与此没有关系。孔子正在描写的是人，是能够在政府中担任重要角色的"君子"，而不是艺术品。[3]

---

[1] 阿瑟·威利（Arthur Waley）译：《论语》，171 页，伦敦，乔治艾伦与昂温出版社，1932。

[2] 《颜渊第十二》第八章子贡所重复的，或多或少，与此意思相同。

[3] 马幼垣把这一段当作文学来理解就部分破坏了他其他有趣文章的内涵。孔子满足于一些关于舞蹈（想必还有音乐）非常切合实际的批评，在《八佾第三》第二十五章，将善和美以一种让我们联想到《雍也第六》第十六章将后天获得才能和先天具有的特性分离的方式区分开来。

三

    直到现在，我们关于孔子作为文学评论家的研究已经变得不得要领，敏感性、热爱学习、美学理论都是成为评论家必备的品质。只有在实际的文学评论中我们才能够定义孔子对待文学本身的态度和他批评的质量或倾向。幸运的是，我们有相当多的有关他谈论文学的语录可以选择，这些都是关于那本诗歌总集《诗经》的。这些语录中大部分内容实际上就是关于诗歌本身的讨论，我认为我们必须称它们为中国最初的真正的文学评论。其中一些是关于《诗经》在教育上价值的总概述，还有一篇试图用简短的措辞总结整个作品。让我们首先看看对诗歌本身的讨论，它们会立即向我们显示真相的。

    第一个例子并不表明孔子而表示他的门徒子贡对《诗经》的评价，孔子的评论如果说很难理解的话，却也是非常有趣的："子贡曰：'贫而无谄，富而无骄，何如？'子曰：'可也，未若贫而乐、富而好礼者也。'子贡曰：'《诗》云："如切如磋，如琢如磨。"① 其斯之谓与？'子曰：'赐也，始可与言《诗》已矣，告诸往而知来者。'"（《学而第一》第十五章）

    据说孔子已经改进了子贡的小格言，因为他感到子贡，一个富裕的人，正试图使许多情况简单化。但是对我们而言，在这一段里最有趣的是子贡摘自《诗经》里的引文和孔子对该引文的认可。引文所在的那首诗显然描写了一位男子（也许是一位人们爱戴的人）的优雅。这首诗的第二节描写了他奢华的衣着，第三节将他比作贵重的金属和玉石。子贡引文的恰当并没有立即显示出来。它或许在某种程度上有助于我们知道人们爱戴的这位男子传统上被认为是卫武公（在位时间为公元前 812—公元前 758）。可是描写大丈夫气概优雅以激励道德提升依然一定会被认为是牵强附会的。但这恰恰为孔子所赞扬，他所发现的是《诗经》评论的本质。这儿重要的不是《诗经》里诗歌的道义至上——此类文学批评在西方就正如在中国一样正统有效，而是他宽恕对诗歌故意的误读以便它可以被用作道德警句。

    还有一段与此非常相似的思想交流在孔子和子夏之间展开："子夏问曰：

---

    ① 《诗经》第 55 篇；高本汉译：《诗经》，见《远东古物博物馆刊》，37 页，斯德哥尔摩，1950。

'"巧笑倩兮，美目盼兮①，素以为绚兮。"何谓也?'子曰：'绘事后素。'曰：
'礼后乎?'②子曰：'起予者商也! 始可与言《诗》已矣。'"(《八佾第三》第八章)

我的译文是对传统的和威利的翻译的一种奇特的模仿。我感觉我们不可
能带着任何把握去翻译被引用诗歌的最后一行，而这在很大程度上取决于它
本身的意思。孔子回答（"绘事后素"）也很晦涩，因此被朱熹诠释为恰好相
反的含义："绘事，绘画之事也；后素，后于素也。"这种译法有个好处，就
是使得子夏的回答更易被理解，但确定对汉语的词序造成了曲解，但是这种
含糊，不管怎样，影响了我们对这一段的主要兴趣，对我们而言重要的是看
孔子是如何诠释《诗经》里的这一段，看他是否真的说出了它的含义。只有
当《诗经》文本与我们今天所拥有的完全不同了，我们就不再能够判断孔子
的翻译。如果或多或少与今天一样，那它就描写了一位高贵而美丽的女子，
卫侯的妻子，人们可以认为它以一种令人难以理解的方式已经传了孔子所认
为的道。他对一个美丽女子做了出色的描述并将它转化为了道德训诫，在此
过程中不经意地发现《诗经》中有他可以用作"道德革命"的证据，它将礼
的教育放到了第二位，仅次于道德教化。再一次，重要点不在于孔子强调了
诗歌的道德寓意，而在于他使诗歌变形以便可以为人们所用。

还有三处，孔子引用了《诗经》里的诗并对它们进行了一番评论。《诗
经》全书的首篇："子曰：'《关雎》，乐而不淫，哀而不伤。'"(《八佾第三》
第二十章)③ 很显然《关雎》是一首表达思念恋人而不得的痛苦的爱情诗。
这一次孔子关于这首诗的评论并不真的很牵强，但似乎确实很奇特地撇开了
它的具体内容。④ 另外两段来自《诗经》的引用是如此复杂（或牵强），以至
于需要很长时间的讨论才可以理解：第一段（《子罕第九》第二十六章）含

---

① 《诗经》第 57 篇。

② 并非摘自目前的《诗经》。我对翻译没有把握，这儿就仿效威利译本第 95 页的
译文。

③ 参见《泰伯第八》第十五章。

④ 邵洵美（Zau Sinmay）《孔子论诗》(载《天下月刊》，1938 年 9 月，137～150
页）给出了孔子这种说法的非常老道的翻译，维持了证明"爱是所有情感中最神圣的、
最正确的"方式。青木正儿（Aoki Masaru）：《支那文学思想史》(*Shina bungaku shisō
shi*，东京，岩波书店，1948）第 29 页更加敏锐，说孔子相信这一段，《周南》和《召
南》总的来说，"是最适合情感教育"的部分。所有这些都非常具有启发性，但是它们
忽视了一个事实，即孔子再一次误读，他对诗歌的意思几乎没有兴趣。

有彻底的误读，如果我们依照高本汉译本的意思的话。① 第二段（《颜渊第十二》第十章［有时被编为第十一章］）对程氏兄弟（程颢和程颐）和理雅各他们而言是如此牵强，以至于他们认为它实际上属于《论语》（《季氏第十六》第十二章）里的另一段。② 还有其他两处孔子引用了诗：一首（《子罕第九》第三十章）来处不明，这样就很难查考他的评价。③ 另外一首（《乡党第十》第十八章），它甚至不确定它实际上是一首被引用的诗。④ 因此我认为可以毫不夸张地说，在实际的文学评论活动中，孔子很少注意或几乎没有注意到他正在"分析"的诗歌的真实含义，并且他不惜一切代价，无情地汲取道德教训。

尽管如此，我们不必把自己仅仅限制在我们从孔子那获得的他自己的"实用批评"的印象里；他已经给了《诗经》一定量的总论，而且很清楚地告诉了我们他的兴趣所在。最著名的，当然是那短短的、对整部《诗经》的三句话的总结："子曰：'《诗》三百，一言以蔽之，曰："思无邪。"'"（《为政第二》第二章）⑤ 被选的这一行来自《诗经》的第四节第 297 篇，实际上描写的是一匹奔腾着的马"无邪"，意味着"没有偏离正规"，那个词"思"在《诗经》和其他古代文本是常见的词。孔子就这样使《诗经》具有道德小册子的特征，同时再一次应用无情的误读方法。⑥

我不愿意因为把《诗经》描写成"道德的小册子"就低估它对孔子的重要性。毫无疑问在孔子的教育课程里，它是最重要的课本之一。《论语》里有很多段落跟我们讲述这样的道理，那有助于我们更好地理解《诗经》对孔子而言意味着什么。首先我将引用的内容向我们表明这位圣人是如何教育他

---

① 《诗经》第 33 篇；高本汉译本，20 页。

② 理雅各（James Legge）译：《中国经典》，第 1 卷，256 页，牛津，牛津大学出版部印刷所，1893。威利译本（第 166 页）很灵活地解释了它们都出自《四书》。

③ 威利的翻译（第 145 页）对我而言似乎是最好的；也可参见铃木虎雄（Suzuki Torao）：《支那诗论史》（*Shina shiron shi*），18～19 页，东京，弘文堂，1961。

④ 威利的另一猜测（第 152 页）。在《八佾第三》第二章，孔子提到《诗经》第 282 篇，但仅仅（正确地）评论它是一首帝王的颂歌，而不用于非皇家的典礼仪式。

⑤ 孔子引用的精确含义是含糊的，它或者指《诗经》的读者（正如我翻译的那样），或者指《诗经》文本本身，或者指它的作者们，当他们写诗的时候"思无邪"。

⑥ 如果我们接受威利关于《论语》这一段的翻译（第 88 页），这句话只有最后部分是可靠的。他说孔子用这行诗就总结了他自己的哲学。对我而言似乎有些牵强，就我所知也只有威利本人才这么理解。

自己的儿子的："陈亢问于伯鱼曰：'子亦有异闻乎?'对曰：'未也。尝独立，鲤趋而过庭。曰："学《诗》乎?"对曰："未也。""不学《诗》，无以言。"鲤退而学《诗》。'"(《季氏第十六》第十三章)

在这一段的后半部分，孔子问他的儿子同样有关礼的问题。我想这两个问题可以被拿来表明孔子主要关注的事物：《诗经》很显然代表了他教学的一个非常重要的方面。在《诗经》里，他给出的学习理由有点儿令人惊奇："无以言"听起来似乎暗示一个人应当在他的谈话里随时引用古代诗歌。情况很有可能不是如此，在古代外交盛会上，人们用《诗经》作为交流的重要手段：引用合适的诗句及上下文有目的地阐释（有很多，就正如我们已经从孔子和他的弟子身上发现的那样），外交家们可以谨慎有礼节地提出各自的立场观点。① 引用不合适可以导致相互交流的彻底失败。② 在此，孔子向我们表明他对《诗经》的评价是多么高，但这种看重，在这个案例里，纯粹是实用的，超出了文学的范围之外。

在另一段里，他再次挑出《诗经》，把礼作为本质要素，将音乐添加到里面，但是他引用了《诗经》里的措辞，或许有文学的弦外之音："子曰：'兴于《诗》，立于礼，成于乐。'"(《泰伯第八》第八章)③ 在我理解孔子有关"兴"的评论时，相对于后来的注释者和翻译者，我非常谨慎地更加喜欢早一点的评论家包咸（公元前6—公元65）和皇侃（488—545）的注释。这个词，正如许多汉语里的词那样，有非常宽泛的词义，从"开始"到"唤起"和"引起"。我认为要绝对地决定哪一词义是正确的，或者更确切到孔子所指的最终的意义范围是什么，是不可能的，但评论的形式对我而言似乎暗示着一个简单的"开始"，达到道德完善的三部分课程的首要课程。假如孔子的意思，就正如所有他的注释者所相信的那样"兴于《诗》"的话，那么这一段也许就会被认为我们所认为的《诗经》文学美的朴实的赏析。

这一段的翻译稍微复杂些，因为这个词"兴"在另一语境中出现，也与

---

① 这也是班固（32—92）对这一段的理解，见《汉书》（《四部备要》本），30/29a。

② 《左传》里有很多外交上使用《诗经》的例子。随机取样有：襄公二十六年（《中国经典》，第5卷，525页）、昭公元年（577页）、昭公十七年（667页）。青木正儿《支那文学思想史》第36~37页以这种方式简要讨论了"诗歌的当众吟诵"，也可见罗根泽：《中国文学批评史》，第Ⅰ章，37~38页。

③ 这儿的"礼"和"乐"很有可能指的也是有关这方面主题的书。

《诗经》有关。在《论语》这一段，作为一个事实，孔子给予了我们他所认为《诗经》的最广泛意义的讨论："子曰：'小子何莫学夫《诗》?《诗》可以兴，可以观，可以群，可以怨。迩之事父，远之事君，多识于鸟兽草木之名。'"(《阳货第十七》第九章)① 术语兴、观、群和怨似乎很清楚就是学术术语。精确查明它们对孔子（或者对这个说法的作者）意味着什么，引起了几乎不能克服的困难，我已经注意到孔安国有关"兴"的注释的伪译本，尽管如此，一个重要的理由是：他间接提到的我所认为的"隐晦的暗示"是属于那种牵强附会的类推。我们已发现孔子本人就有这样的行为：他将许多段落用到《诗经》里。举例来说，"绘事后素"，他事实上将诗当作"兴"，当作一个"隐晦的暗示"，意味着某种与实际所说的完全不同的事物。这种外交场合必需的暗示，还有我们在古代文本里一次又一次发现的此类诠释实际上就是"兴"。孔子在列举时会仅仅忽视了《诗经》的这种"用途"吗? 而且关于诗歌的术语"兴"，非常古老，并且有着与"类比"或"暗示"相关的意思。② 这儿忽视这个术语的学术含义，将之译为"煽动人的情感"（威利）或"刺激思维"（理雅各）对我而言似乎是危险的。即使这个翻译可以给出同样的，就正如《论语》的翻译者在《泰伯第八》第八章的意思一样（根据我的观点也是错的），它是出于与我们已经看到的孔子对待《诗经》的态度保持一致。

我认为我们必须纯粹接受所有列举到的术语的学术含义："兴"并不意味着"刺激"；"观"并不意味着"自我反省"（理雅各，按照朱熹的假定），并且如果它意味着"观察人们的情感"（威利），那它就是以"读诗以观察一个地区公众的道德观"③ 的高度的学术敏感性去意味的，而不是对济慈

① 这或许也是一个证据，如果这是必需的，孔子个人也被诗歌所感动了。我想这一点是毫无疑问的，也不怀疑古代的中国人欣赏诗歌，并被诗歌所感动。但我发现这是很难相信的：一个像孔子那样明显敏感而肯定人道的人没有带着真正的理解和赏析对诗做出个体的反应，或者古代中国人对诗歌本身而言已经失去了纯粹的美学兴趣。在这篇文章里，我的兴趣不在于任何假定由孔子在个人层面上做出的反应，我感兴趣的仅在于他实际上告诉了我们什么，并且，就我所能看到的，仅在这一段，只有当我们给出这个词"兴""刺激""鼓动"的意义时，他才接近把诗歌当作诗。
② 参见《周礼》（《四部备要》本），23/7b—8a，被用在《诗经》的《毛诗序》里（《中国经典》，第 4 卷，34～35 页）。
③ 或者也许就正如《左传》襄公二十七年（533～534 页）和其他任何地方一样，通过看一个人在正式会面场合将背诵《诗经》里的什么小节而观察一个人的情感。

（Keats）的热情或艾略特（T. S. Eliot）的厌世做出反应的共鸣。最后的两个术语，"群"和"怨"，足够清楚表明与外部世界和社会生活有关，而与我们开始相信的更加真实的文学价值观没有关系。①

这并不意味着孔子没有高度评价《诗经》。恰恰相反，有一些段落表明他对这部著作致以最高的敬意，他觉得这部著作非常重要，任何一位受过教育的男子都必须学会它。在紧跟着刚才引文出处的那一段，结合老一点的版本，我们可读到："子谓伯鱼曰：'女为②《周南》《召南》矣乎？人而不为《周南》《召南》，其犹正墙面而立也与？'"（《阳货第十七》第十章）并且，在《先进第十一》第五章，我们了解到孔子将他的侄女嫁给一个不断（或者三遍？）诵读《诗经》中一首诗的人。有关孔子给予《诗经》以重要性，这可能是毫无疑问的，但是至于他赋予《诗经》以超出文学之外的重要性也可能是毫无疑问的。《诗经》不是作为一部文学作品而重要，而是作为外交的手段，超出文学之外的道义指南和对社会生活的一种帮助而重要："子曰：'诵《诗》三百，授之以政，不达；使于四方，不能专对。虽多，亦奚以为？'"（《子路第十三》第五章）像《论语》中大多数段落一样，这一段可以有多种译法。我认为，很笼统地评价说孔子所谓的文学研究是为了探寻文学本身的意义，而不是为了提高道德伦理的位置，也不是为了完善人格，毋庸置疑，这种讨论是没有意义的。假如孔子真是这么说的，那这种说法将毫不例外是一种文学理论的表述，这种表述可使孔子置身于马修·阿诺德（Matthew Arnold）学院，因为马修·阿诺德把文学看作"甜美和光明"③的提供者。但我并不认为这是这一段恰当的翻译。孔子在对他的学生提要求时，表达要独特得多。他没有直接讲道德要提高，也没有说人格要完善，他就要求

---

① 正如王夫之对他们的理解一样。

② "为"就正如《孟子》VIB3/2 里一样，是这个词在古代文本里常见的含义，皇侃将之近似地注解为"学"。

③ 这种理论归因于孔子在《礼记》中《经解》那一章的开头（顾赛芬 ［Couvreur］ 译：《礼记》，第Ⅱ部分，353～354 页，何贤福（Ho kien fou），天主教慈善机构，1913）。我已经忽视在《论语》（包括在《左传》襄公二十五年 ［第 517 页里最著名的部分］）中没有被发现的归因于孔子的引证，并且相信它们几乎无一例外都是伪证，至少在那些与文学理论有关的情况下。参见胡适对《中国文学批评史》序言的注解（第Ⅰ部分，3～4 页）。

学《诗经》的学生成为一名有能力、有礼节的公仆，特别是当他被派出执行外交使命时，他要能够"为本国利益应对问题"。我认为他的意思是在那种发生在各国使节和国家首脑之间的、以类似引证交流为特征的正式场合，他应当能够使用他已经熟谙于心的《诗经》里的诗句。

假如这是有关这一段恰当的解释，人们立即就可以发现这种解释偷走了这里面文学理论的笼统暗示，再一次把文学作为有用的、掌控在从事国家事务的男子手里的工具加以强调。

四

正如我所看到的那样，孔子的文学观点并非更加深刻。这似乎是很奇怪的一件事：认为一个敏感的、有教养的，并且首先是一位如此尊重文学以至于使《诗经》成为他教学基础内容之一的人，在我最后的分析中，却把对他的讨论局限到完全功利的视野。但是孔子毕竟是他那个时代的产物，并且他的兴趣也不可避免地受围绕当时中国异乎寻常的、紧急的道德、社会和政治危机所影响。这不也奇怪吗，在《诗经》最后一首诗和《楚辞》的第一首诗之间的整个阶段几乎完全没有任何美好类型的文学？在这长长的几个世纪里，不可能没有诗，哪怕民间诗（像《诗经》中的许多诗一样）。一定是当时缺乏对诗歌的兴趣，就其本身而言就使得人们写的（或当众吟诵的）诗歌被学者所疏忽，因此就消失了。这就是说，孔子和他所有同时代的知识分子一样，对哲学，主要是政治哲学而不是对任何其他的内容感兴趣。他的这种综合的、反分析的方法，就使得他很难，如果不是不可能，把文学从如此使他全神贯注的道德和政治难题中分离出来，而把文学看作文学本身。文学，如果它确实将要存在的话，一定得适合综合的人类生活观。

只要人类的生活被当作完全以国家为中心，只要中国男子几乎完全是政治动物，文学评论就依然很大程度上如孔子留给我们的一样。这并不是说从这些与文学相关联的古代哲学家的作品里，甚至关联更少的，许多后来没有被古代哲学家（特别是道家）的哲学态度所激发出批评的作品里不可能找到评论，但是没有对文学本身的真兴趣，远远不及古代西方的文学批评。荀子很有可能是古代最重要的理论家，但他依然保留了很多孔子的传统。按照他的观点，所有说的和写的文字都应该由是否顺从正统的信仰来判断，也就是说，顺乎道，道体现在圣贤的教学——"管窥"之道中。① 这种态度，当然，在文学理论上是一个"发展"，但它真的没有比《论语》更让我们接近文学本身。新文学形式的出现，特别是"赋"在汉代似乎已经只稍微修饰了同时代中国思想家的文学理论。对他们而言，文学依然是应该为国家服务而且必须在阐明正统思想的道上判断其用途。

只有当孔子的正统学说本身开始失去他对人们大脑的控制力，文学才能使它从所充当的对国家的辅助角色中分离开来，成为比较个性化的工具。在这演变过程中王充（27-91）是个重要的连接角色，一点都没有偏离孔子的思想范围，然而，他坚定地强调了作者个性的优越以及原创哲学著作胜过那些把所有时间花在权威评论的博学鸿胪司的文献学家的行为。

但是我们不得不等到汉朝末年，才发现真正关键的著作，从奇特含糊的程度上看，它是文学的独立宣言。曹丕（187—226）在他的著作《典论》中的《论文》里，强烈地坚持个人文学作品的重要性，正如王充所做的那样，但他甚至走得更远，提出了超越权威判断作品，将诗歌和哲学总括在"文"的标题之下的尺度。他已经打开了通向文学、研究文学自身的通道，不一定要与道德思考分离开来，但是至少不独与实用的、狭窄的说教有关。并且就在他文章的末尾，当他给予儒家散文以最高的评价，且说荀子本人很有可能赞扬并认为只有这种哲学散文在所有同时代的文学作品中才会"不朽"时，他提醒我们他依然非常接近古代的文风。

曹丕的可做多种解释的话语使我们想到传统的中国古文具有的非凡吸引力。如果他的《论文》预示着接下来的几个世纪文学评论作品的繁荣，那么它有助于我们记住在整个古代具有特色的文学和社会大一统的思想，也有助于我们记住孔子本人在详细阐述方面发挥了相当的作用。假如曹丕的散文在中国文学评论史上标志着一个新时代的开端，那么它绝对没有取消所有过去的风格。文学获得了新的自由、新的复杂性，但是它仍然强烈地面向社会、面向政治，正如孔子想要它成为的那样。这种文学在社会地位方面的双重性以变化的方式向人们展现出来。

---

① 《荀子》（《中华诸子》本）第八篇第84页。

托尔斯泰与中国思想[*]

吴泽霖

    在当今世界进入现代化时代，在社会危机、精神危机、价值危机使现代社会不得安宁之时，人类愈来愈把目光投向中国传统文化思想。而在当代西方人文精神于这一方向的求索上，我以为，托尔斯泰为第一人。

    在俄国经典文学家中，托尔斯泰是和中国文化关系最为密切的一人。这不仅在于托尔斯泰对 20 世纪中国文化发展有过深刻的影响，而且因为托尔斯泰东方走向的精神探索终把他引到了中国古典文化思想的面前，而和中国古典文化思想不期而遇，一拍即合，灵犀相通。在他一生精神求索的最后几十年中，他把目光专注于中国古典文化思想，并对老子、孔子、孟子、墨子等人的学说进行了积极的译介和研究。尽管托尔斯泰自认，在 50 岁至 63 岁（1878—1891）这一思想激变时期，孔子、孟子对他的影响“很大”，老子对他的影响“极大”，但是，托尔斯泰和中国古典文化思想的认同和共识的主观基础始终是俄罗斯传统民族文化，是他早有蓝图的托尔斯泰主义。这恰恰说明，中国古典文化思想之中，有着普遍性的价值，是人类文明的瑰宝；而同时应该指出，托尔斯泰对中国古典文化思想中落后的东西始终持着批判、扬弃的态度。

    托尔斯泰在宇宙观、人生观、认识论、文艺观、审美观和教育思想等方面，都与中国古典文化思想有着深刻而广泛的共识和对话。在此，仅从人生

    * 原载《跨文化对话》，第 20 辑，127～133 页，南京，江苏人民出版社，2007。

观方面，简单谈谈托尔斯泰和中国古典文化思想在人生本真境界和人的自我完善、提升能力这两个重要方面的共识。

一、托尔斯泰和中国人追求现世生活幸福、对生命本真境界的共识

中国古典文化思想有它独特的人文主义思想。中国的"人"具有至高的定位，没有被造物感、原罪感。人是"天地之性最贵者也"（《说文》）。"域中有四大，而人居其一焉。"（《老子》二十五章）而儒家经典《易经·文言传》更指出："夫大人者，与天地合其德，与日月合其明，与四时合其序，与鬼神合其吉凶。"

所以，中国的"人"与"天"这一至高观念不是处于对立状态，地位并不卑微。在这"域中"，人与天地万物是和谐融一的一体。中国"人"的价值实现，人生的终极关怀，不在域外，不在彼岸世界的超越。六合之外圣人是存而不论的（《庄子·天地》）；不承认在这"六合之外"还有一个决定世界命运的人格神——上帝，也没有救赎人类的耶稣，更没有超越人世的天堂。这充满悲欢离合、幸福苦难的天下人间，是中国人能够在其中生活、超越、得救或毁灭的唯一的家园。而就在这"域中"，成为一个真正的"人"，一个"大人"、圣人，也就是德配天地、赞天地之化育的人，就是中国人人生的终极追求。

从基督教观念出发的托尔斯泰，虽然承认生命的"永生"，却否定个体生命的不死，他说："基督在任何时候，一个字也没有说过个体的复活和死后个体的永生。""相信来世的个体生命，乃是一切野蛮民族所有的低劣而粗野的观念。"

否定个体不死、否定个体生命永恒的超越世界，其必然结果就是，托尔斯泰把目光转向现实世界，去创建他从早年就许诺的那种"剔除了盲目的信仰和神秘性的新的基督的宗教，是不应许来世幸福却赐予现世幸福的实践的宗教"①。因为"我们只知道现世的生活，因为对我们来说，只有在现世，生

---

① 《列夫·托尔斯泰文集》，第 17 卷，63～64 页，北京，人民文学出版社，1991。

活才可能有意义"①。

于是，现世生活不再是受苦，不再是为了过渡到另一个世界去的"暂次寄居"之所（如利玛窦在《天国实义》中教导我们的），而是——享福！托尔斯泰说："人生就是追求幸福。"②"我们活着只是为了享受生活的福。"③这正是中国人的现世主义的人生态度。

同时，中国传统文化思想虽然不否弃"寿考吉祥佑助于身"的所谓"世人"之福，但是更把真正的幸福视为心灵之乐。道家"福祸相依"的观点把穷通视如"寒暑风雨之序"而不去刻意追求。儒家则相信"万物皆备于我"，只要"反身而诚"，理顺天人之道的关系，自然"无所不顺"（这就是福，《礼记·祭统》指出："福，备也。备者，百顺之名也。无所不顺者之谓备。"），所以"乐莫大焉"。

孔子赞颜回"一箪食，一瓢饮，在陋巷，人不堪其忧，回也不改其乐"。又说自己："饭疏食，饮水，曲肱而枕之，乐亦在其中矣。"（《论语·述而第七》）这里都没有直接说什么是乐，也不是说箪食瓢饮就是乐，而只是说"不改乐"，"乐在其中"。因为乐是无待于外的，它就在生命本身之中。乐就是生命本身，就是对生命真谛、生命的本真状态——仁的追求。

乐，不因一事一物而偶尔得之，而是一种经常的心态。"仁者不忧"（《论语·宪问第十四》），不忧，也就是和乐的心态。孔子一语道破仁和乐的关系。人的生命如果能够保持在它的本真境界，即"仁"的境界，与天道自然和谐的境界，那么，这个生命就会流畅自如，生机盎然，就处在乐中；而一旦生命的追求违背了自己的本质，一旦"违仁""不仁"，生命之流就会滞塞不畅，即所谓麻木不仁，生命就失去了本真的乐趣。

中国人的终极追求，一方面讲"与天地精神往来"，和永恒的天道相合一；一方面强调生命直指当下，这就是梁漱溟先生说的，要"活在当下"，或叫"看当下"。④他说："孔子之所谓己，是说我们当下的心意，当下的情，当下的直觉之所觉。我们在为己的行事，是为当下心情之兴奋而活动，即行

---

① 《欧美作家论托尔斯泰》，280页，北京，中国社会科学出版社，1983。
② 《列夫·托尔斯泰文集》，第15卷，304页。
③ 《列夫·托尔斯泰文集》，第17卷，281页。
④ 参见梁漱溟：《孔孟的人生哲理》。

其心情之所安是也。"他又说:"所谓当下即心;看当下,就是心在心那个地方。"因为人本来时刻只有眼前当下,任他自然流淌,所谓一任天理是也。生命的福和乐,就是要在生命的永恒和瞬间的统一之中,在生命的每一个瞬间,在生命的变动不居的永恒流淌中,去"守仁",守住一颗永恒的真诚之心,守住人之为人、生命之为生命的根本。

托尔斯泰坚持说的生命本身就是福,也正是要在生命的永恒和瞬间的统一之中来实现的。他同样认识到:"人类真正的生命不是在时间里通过的,而永远是在一个超时间的点上存在,在这个点上,过去和将来相汇,而我们错误地称为现时。在这个超时间的现时的点上,而且也只在这一点上,人是自由的。所以在现时,也只有在现时,才有人的真正的生命。"① 这就是托尔斯泰的"活在当下"或叫"看当下"。他反复指出,正是这一个个生命瞬间和永恒的上帝融为一体:"现时的生命,这是一种上帝活在我们心中的状态。所以现时的瞬间是生命中最宝贵的。"② "只有在现时中,才表现出生命的自由的神力,因此现时的活动应该有着神意的性质,即应该是智与善。"③

这种要"活在当下"的思想,充分反映在托尔斯泰的众多作品中。1903年他写了一个小故事《三个问题》。一个国王总想找到最重要的时间,最重要的人,最重要的事。一位隐士告诉他:记住吧,只有一个时间最重要,那就是现在! 它之所以重要,就是因为它是我们唯一有所作为的时间。最重要的人是和你在一起的人,最重要的事则是对他做好事。因为人生在世原就只为了这个目的!

实际上,托尔斯泰一直在赞美这种"活在当下"的鲜活生命。哥萨克人我行我素的质朴人生不因野性而减色(《哥萨克》);娜塔莎的纯真不因私奔而变丑(《安娜·卡列尼娜》);安娜的魅力,就在于这种我行我素、活在当下的心灵发动处的生机,而安娜的受罚也正在于生命被纠缠在罪恶的城市生活和上层阶级的观念中,失落了心的本位,即失落了活在当下的活跃生机。

---

① 托尔斯泰:《生之道》,321页。
② 《托尔斯泰全集》(纪念版),第45卷,337页。
③ 同上书,335页。

魏列萨耶夫说得对："对托尔斯泰来说，活跃的生命是不会犯错误的。"①惯于在虚伪中游泳的卡列宁，在妻子病危之际，带着恶意的提防而来，但是，他一旦看到安娜，只凭当下心之所在而行，忘记了他时时注重的"别人的看法"，甚至都"没有想到他一生竭力想要遵守的、教他爱和饶恕他的敌人的基督教的教理；但是一种爱和饶恕敌人的欢喜的感情充满了他的心"。"我渴望她死。可是……我看见她，就饶恕了。"② 就凭这颗当下之心，卡列宁成了安娜说的"圣人"，成了当时在场者中最强的人、最幸福的人。

梁漱溟先生还说，儿童和老人就是最典型的活在当下的人，最无瞻前顾后的忧扰。托尔斯泰也持这种看法，所以他在翻译中，特别注重老子"含德之厚，比于赤子"（《老子》五十五章）以及"专气致柔，能婴儿乎"（《老子》十章）的意思。托尔斯泰不仅从《童年》开始，便讲述儿童的赤子真知纯德，在晚年更不止一次指出，人生走的实际上是一种归复人性之路：老人又回到童年的境界。他指出："过真正的生活的，首先是孩子，他们刚踏入生活，还不知道时间……随着年龄的增长，他们愈来愈受时间的幻觉的支配。到了老年，这幻觉渐渐减弱，最后，渐渐进入无时间的生活。所以孩子和老人在最大程度上过着真正的生活。"③ 托尔斯泰这里说的所谓"不知道时间"和"无时间的生活"，实际上就是"活在当下"的生活。

二、托尔斯泰和中国人自力提升思想的共识

中国人是"不知罪（原罪）"的，所以中国人没有依靠中保救赎的观念。实现人生超越的信心，源于对自我本质的信心。孔子认为人的本质是仁（"仁者，人也"）。孟子由此更从每一个人普通的生理的情感、认知之"心"上，开出一个伟大的道德之心，并将这心性与天道相贯通，把自我完成的根据完全建立在不假外求、自足自力的基础上。孟子大胆地宣布"万物皆备于

---

① 《俄国作家批评家论列夫·托尔斯泰》，237 页，北京，中国社会科学出版社，1982。

② 《安娜·卡列尼娜》第 4 章第 17 节。

③ 《列夫·托尔斯泰文集》，第 17 卷，309 页。

我"，需要的只是"反身而诚"。(《尽心上》) 只要走尽心—知性—知天 ("尽
其心者知其性也，知其性则知天矣") 的道路，就能自我完成，达到"天地
一体之仁"的终极境界。

托尔斯泰在否定原罪、中保，认定人的自我完善能力方面和中国古典文
化思想有着深刻的共识。

晚年，托尔斯泰写了一篇小说，篇名就叫《世上无罪人》(1908—
1910)，鲜明地和"世上一切人都是罪人"这一基督教思想相对抗。托尔斯
泰并不是说，世界上没有人犯罪，而是说，人的本性是善的，人没有原罪，
造成现世苦难和罪恶的原因应该从现世生活中去寻找："我清楚地想象一部
中篇小说或是一部戏剧，其中没有恶人、坏人，所有人物都真诚善良，都无
罪。这多好，人们的善良和无罪多么清楚地显示出生活安排的不善和罪过
啊。"(1909 年 5 月 9 日日记)

世上无罪人，所以，托尔斯泰把耶稣视为人类自救的榜样，而非拯救之
神。在 1890 年 3 月 9 日的日记里，托尔斯泰写道："真正的基督的工作正在
于废除这种神性。如果他是一个人，那么他之重要，就在于其榜样性。"他
还说："把基督这个人理解为神，向他祈祷，我认为是极大的亵渎。"[1]

托尔斯泰说过："'主啊，宽恕我这个罪人吧！'这种祷词我现在不很喜
欢，因为这是利己主义的祈祷，是个性软弱的祈祷，所以是无益的。"[2] 他在
给 M. A. 索波茨科的信中写道："我说说您执迷于教会信仰的愿望。这是很
可怕的，因为这种执迷会使人丧失自己身上最可宝贵的东西——他的理性。"
"没有比认为人不可能凭靠自己的力量实现自我完善的学说更不道德、更有
害的了。"[3]

别尔嘉耶夫郑重论道："托尔斯泰的高傲在于，为了执行神的意志，他
不需要神恩的帮助。""其根源在于他不需要救赎，因为他不知道罪，没有看
到在自然的途径中恶的不可战胜。他不需要救赎者和救世主，没有什么人像
他这样，与救赎和拯救格格不入。"[4]

---

① 《托尔斯泰的革命》，138 页。
② 《论托尔斯泰的宗教》，187 页。
③ 同上书，188 页。
④ 同上书，190 页。

大主教沙霍夫斯科依也一眼看出，托尔斯泰的"《谢尔盖神父》的故事的轻率"，"首先在于，其整个内在情节缺乏的恰恰应该是最主要的东西：基督"①。1901 年，东正教神圣宗教会议以"他傲慢地反对上帝和他的基督"开除托尔斯泰教籍，不是没有根据的。

早在 1887 年 9 月，托尔斯泰的姑母亚·安·托尔斯塔娅在给托尔斯泰的信中，就讨论了自己，一个基督徒，在对基督看法上和托尔斯泰的分歧。她郑重指出："您从人们那里剥夺了神的帮助，您将创造的是无食无水的饥饿的行者。他们有没有力量把压在他们肩上的重荷扛到底呢？"

而托尔斯泰认为："为了自我内在的完善，是不能够祈祷的。因为我们已被赋予了我们完善自我所需的一切，为此，什么也不需要再添增，什么也不可能再添增。""我们所需的一切皆在我们手边。""在我们的精神世界里，我们需要的一切都被给予了，我们需要的只是自己去做。"② 这就是托尔斯泰的"万物皆备于我"和"反身而诚"。

他指出："一个虚谎而荒谬的看法是，人的理智凭靠自己的力量不能接近真理……这一迷信太可怕了……"

晚年（1908 年 5 月 25 日），托尔斯泰又谈道："如果人知道他是什么样的，他知道在他的身上有着神性的根苗，他还需要什么样的支撑呢？"③ 而"千百万人为之受苦的巨大灾难……在于人们不是根据自己的信念去生活"④。

正如列文（《安娜·卡列尼娜》）早就意识到的，每一个人的心里本来自有一个"毫无过失的审判官"，它就类如孟子所说的人心的"四端"。涅赫留朵夫（《复活》）从精神的人变为兽性的人，就是因为失去了对自我的信任："他所以会发生这种种可怕的变化，只是因为他已经不再相信自己而开始相信别人。"⑤ 一旦意识到"执行那铭刻在我良心上的主的意志，我却能办到，这是我毫无疑问地知道的"⑥，涅赫留朵夫就幡然醒悟了。

在呼吁人文精神回归的今天，中国古典文化思想对人自身生命价值，对

① 《托尔斯泰的革命》，89 页。
② 《论托尔斯泰的宗教》，188 页。
③ 《托尔斯泰的革命》，179 页。
④ 《列夫·托尔斯泰文集》，第 17 卷，138 页。
⑤ 《复活》第 1 卷第 13 章。
⑥ 《复活》第 2 卷第 8 章。

现世人生意义，对人文世界的关注，对天人关系、个人与社群间关系的独特而智慧的理解，对"天地一体之仁"境界的追求，的确可以作为当今人文精神危机的一种反拨，来针砭人生意义的失落、道德价值的沦丧所导致的一系列"现代社会病症"，来纠正人与大自然间愈演愈烈的对立和危机，真正理解人和宇宙之间的关系，保持生态平衡，使人类社会走上一条可持续发展的道路。而中国传统文化思想缺乏西方个性意识、民主意识、科学精神和对客观世界执着的求知、征服、改造的能动精神、批判精神，形成消极保守、因循守旧的民族心理，又是使中国长期裹足不前的原因之一。反思托尔斯泰和中国古典文化思想共识的成败利钝，对于在全世界范围内人文精神危机的拯救，都有着现实的意义。

参考文献：

1. Шифман Лев Толстой и восток Москва 1960.

2. О Релитии Льва Толстого Москва 1912.

3. М. М. Розанов Религия и культура Париж 1928.

4. Л. Н. Толстой Полное собрание сочинений（в90-тых томах）М.

5. Л. Н. Толстой pro et contra С-Петербург 2000.

6. Архиепископ иоанн Революция Толстого нью-Иорк 1975.

经学何以是"哲学"*

——廖平对"六经皆史"说的批评及对经学性质的界定

李长春

以经为史,最典型的莫过于清代中期的章学诚,章氏《文史通义》的核心思想之一即是所谓"六经皆史"之说。然而,以经为史的观念却非章氏孤明先发。汉代王充、隋代王通、唐代陆龟蒙、宋代陈亮、明代王阳明以及清初的钱谦益都曾表达过类似的思想,但都没有较为系统的论述。① 可以说,经史关系是章学诚以前的中国思想既无法完全回避又没有被充分展开的一个议题。早于廖平的今文学者龚自珍,与廖平同时而稍晚的古文学者刘师培、章太炎都曾是"六经皆史"之说最热情的宣传者。与之相反,廖平则是这一思潮最激烈的批判者。

一、经史关系的思想史寻踪

自经学成立以来,经史关系一直作为一个非常重要的问题而存在。但是,西汉今文学家对经史关系或视而不见,或避而不谈。到了东汉,古文学者中就逐渐开始有人将经视作史,譬如王充,其《论衡·谢短》曰:

> 夫儒生之业,五经也。……五经之后,秦汉之事,不能知者,短也。

---

* 原载《跨文化对话》,第 28 辑,405～424 页。

① 日本学者山口久和对"六经皆史"说前史有详细的梳理和分析,可参看。见[日]山口久和:《章学诚的知识论》第三章"围绕'六经皆史'的诸问题",王标译,上海,上海古籍出版社,2006。

> 夫知古不知今，谓之陆沉。然则儒生，所谓陆沉者也。五经之前，至于
> 天地始开，帝王初立者，主名为谁，儒生又不知也。夫知今不知古，谓
> 之盲瞽。五经比于上古，犹为今也。徒能说经，不晓上古，然则儒生，
> 所谓盲瞽者也。

显然，王充只是把五经当作记录某一历史阶段的史书来看待。研读五经的儒
生只能了解五经所记载的历史，对于五经没有记载的远古和没有写进历史的
当代，则懵然无知。王充所鄙夷的“儒生”显然是指博士。在批评博士“陆
沉”“盲瞽”的时候，王充的说法明显回避了经书与“道”之间的关系。董
仲舒曾经宣称：“天不变，道亦不变。”这就是说，在今文学家看来，假如经
书能够彰显大道，那么它就必然关乎整个历史，而不只是历史的某一部分；
只有在经书并不载道的情况下，它才可能只是部分历史的记录。今文学家还
会反问：经书承载的不是万古不变的常道吗？研读经书怎么会导致对历史的
无知和对现实的盲目的呢？我们无法评估王充的看法究竟能在多大程度上代
表东汉古文经学对经史关系的判断，但是至少它能说明以史学来看待经书的
立场最早来自于古文经学。所以廖平在《今古学考》中将古文学列为“史学
派”，应该是有道理的。① 可见，是否以经为史的确是今古文经学的一个重要
的分水岭。

相比于汉代思想中对于经史关系的两种截然对立之判断，宋明儒学对于
经史关系的看法虽有冲突，但似乎并不那么尖锐。宋明儒者以“道”明其
学，又伊川以《诗》《书》皆为“载道之文”。经书和“道”之间的关联自然
不会被抹杀，但这并不意味着这种联系会被儒者所强调。朱熹就是一个典型
的例子。《朱子语类》卷一百一十六中记载一条对话：

> 先生问曼渊：“平日如何做工夫？看甚文字？”曰：“旧治《春秋》
> 并史书。”曰：“《春秋》如何看？”曰：“只用刘氏说看。”……曰：“《春
> 秋》是学者末后事，惟是理明义精，方见得。《春秋》是言天下之事。
> 今不去理会身己上事，却去理会天下之事；到理会得天下事，于身己上
> 却不曾处置得。所以学者读书，先要理会自己本分上事。”

从“旧治《春秋》并史书”一语，可见至少朱门师弟并未将经当作史来看。

---

① 周予同在其《经今古文学》中也沿用了廖平的这一看法。

但是朱子并没有把经典置于绝对优先的地位。"《春秋》是学者末后事",大概不光是说《春秋》,在朱子看来,恐怕所有经典的研读都是"末后事"。朱子不是说"读书乃学者第二事"①吗?由格物致知而体贴天理乃是"自己本分上事",须要先理会;经典讲的是"天下事"(属第二事),理精义明方见得。这样,在朱子学的系统中,"道"与"经"的关联虽然没有被割断,但是体道和读经却被置于一种逻辑上的先后关系之中。并且,经典本身不具有任何价值上的优先性。

阳明对经史关系的看法与朱子有很大不同。有学者认为阳明提出的"五经亦史"之说对章学诚"六经皆史"说具有决定性的影响。②本文重点在于对经史关系做类型学的考察,故对两者之间的谱系关系存而不论。且看阳明的说法:

> 爱曰:"先儒论六经,以《春秋》为史。史专记事,恐与五经事体终或稍异。"先生曰:"以事言谓之史,以道言谓之经。事即道,道即事。《春秋》亦经,五经亦史。《易》是庖羲氏之史,《书》是尧舜以下史,《礼》《乐》是三代史,其事同,其道同,安有所谓异?"

> 又曰:"五经亦只是史。史以明善恶,示训戒。善可为训者,特存其迹,以示法。恶可为戒者,存其戒而削其事,以杜奸。"(《传习录》卷上)

徐爱因先儒(大概是指朱熹)之论③,而顾虑《春秋》与其他经书体例不合。阳明则以为《春秋》与其他各经本无不同,因为各经无一不是既是事的记载,又是道的体现。《春秋》主要记"事",但"事"又何尝不是心体的发用流行?又何尝不是道?在阳明那里,"事"即是"物"④,意之所在之谓也。

---

① 《朱子语类》卷十。

② 参见[美]倪德卫:《章学诚的生平及其思想》第三章"史与道",杨立华译,南京,江苏人民出版社,2007。

③ 日本学者山口久和认为此处大概指《朱子语类》中的一条:"问:'《春秋》当如何看?'曰:'只如看史样看。'"(《章学诚的知识论》,115页)

④ 《传习录》卷上:"爱曰:'爱昨晚思,格物的物字,即是事字。皆从心上说。'先生曰:'然。身之主宰便是心,心之所发便是意,意之本体便是知,意之所在便是物。'"

"事即道，道即事"，就等于说，经即是史，史即是经。阳明依据其"意之所在便是物（事）"的思想，当然有理由认为历史本身也是心体的发用流行。因而"经"（道）与"史"（事）得以合而为一。这与朱子把《春秋》等经典看成（并非"自己本分上事"的）"天下事"则有很大不同。

《传习录》中又记载了阳明和徐爱的这样一段对话：

> 爱曰："著述亦有不可缺者，如《春秋》一经，若无《左传》，恐亦难晓。"先生曰："《春秋》必待传而后明，是歇后谜语矣。圣人何苦为此艰深隐晦之词？《左传》多是鲁史旧文，若《春秋》须此而后明，孔子何必削之？"爱曰："伊川亦云：'传是案，经是断。'如书弒某君，伐某国，若不明其事，恐亦难断。"先生曰："伊川此言，恐亦是相沿世儒之说，未得圣人作经之意。如书弒君，即弒君便是罪，何必更问其弒君之详。征伐当自天子出。书伐国，即伐国便是罪，何必更问其伐国之详？圣人述六经，只是要正人心，只是要存天理，去人欲。"

徐爱强调传记对于理解经典不可或缺，而阳明则强调经书本身即圆满自足。徐爱引伊川之语，意在说明经传结合才能显示一种实践智慧，而阳明则强调经典本身的意义在于呈现一种道德形上学的价值。考虑到这段对话是围绕《春秋》与《左传》的关系展开，阳明对传记之于经书的价值的贬低显然是针对《左传》的解经特点（即提供历史细节）而言。这对于我们理解阳明所谓"《春秋》亦经，五经亦史"至关重要。阳明所理解的"史"并非一般意义上的史实（历史细节），而是能够提供价值判准的事例。"史"的意义不在于提供真实的细节，而在于"明善恶，示训戒"。历史事件本身的过程究竟如何，根本无关紧要。在阳明看来，《春秋》之所以是经，并非因为它记录了古代的历史，而是因为它提供了判断是非的标准。"五经亦史"的真正含义为：五经也是《春秋》意义上的"史"。这里并不是强调五经是对古代的真实记录，而是强调五经也能够提供价值判准的事例。这与章学诚的"六经皆史"说还是有重大的区别。

二、章学诚的"六经皆史"

章实斋的"六经皆史"之说，具有远较阳明"五经亦史"思想更为复杂的意蕴。其值得注意者，约为以下几点：

其一，章学诚《易教》篇中提出的"六经皆史"说是以其《原道》篇阐述的"道器合一"论为理论前提的。

章学诚在《与陈鉴亭论学书》中说：

> 故知道器合一，方可言学；道器合一之故，必求端于周、孔之分。

此实古今学术之要旨。

"道器合一"从某种意义上可以视为清儒在哲学上的一个基本预设。从顾炎武到戴震，他们的思想论说无不是在"道器合一"的前提下展开。汪晖就曾强调"道器合一"为整个清代思想的共同前提①；倪德卫、山口久和等均以"道器合一"为理解章实斋"六经皆史"之说的关键②。实斋所谓"六经皆史"，实际上是想表达"六经皆器"的含义。如果不强调这一点，"六经皆史"的"史"就会被曲解成与道无关的"史料"，进而会产生实斋并不以六经为载道之书的误解。

其二，"六经皆史"虽未明确否定六经为载道之书，但它对于六经之道的理解却与先儒大为不同。

在章学诚看来，人类社会产生之前，道就已经存在，"是未有人而道已具也"；人类产生之初，道存在却尚未显现；家庭出现，人类社会形成，道也随之逐渐显现；随着人类社会的发展，人口逐渐增多，社会分工日趋细密，道显现自身并彰明昭著。但是道只能在历史之中并通过历史展现它自己。人类历史的发展过程就是道的形著过程（渐形渐著），它既是一个自然的过程，也是一个必然的过程；它既不是任何个人（包括圣人）所能创造，也不是任何个人（包括圣人）所能左右。历史是人的实践活动，而无论是人的道德实践，还是人的政治生活，都是历史的、时间性的、变动不居的。道德实践产生的伦理价值（仁义忠孝之名），政治实践产生的法律政制（刑政礼乐之制）既反映了人与历史的共存关系，又是道自身的展现。

---

① 参见汪晖：《现代中国思想的兴起》，第一卷上，北京，三联书店，2004。
② 参见［美］倪德卫：《章学诚的生平及其思想》；［日］山口久和：《章学诚的知识论》。山口久和过于强调章实斋把道器关系比喻为形影关系，认为这是"'器'在价值上乃至存在论意义上明显优越于'道'"，显然是对实斋所做的一个较为随意的比喻予以了过度诠释。这是笔者所不能同意的。

　　章学诚所论之"道"，其存在是超越历史的，但其显现却依赖历史，甚至受制于历史。历史没有展开之前，道是无法被认识的。即使圣人，也无法认识尚未展开的道。既然历史没有全幅展现，道自然也就不可能被全部认识。这样，六经作为载道之书，只能记录圣人时代的历史，因而只能承载圣人所见的并未完全展现的道。换言之，仅仅通过六经，无法把握道的全部。完整的道必须由全部的历史来承担，而不是由作为部分历史的六经来承担。道有待于在历史中持续展开，从而被人们更加深入地认识和领悟。

　　其三，在"六经皆史"说之中，圣人与道之间的关系相对于宋明儒学发生了一个哥白尼式的倒转。

　　宋明儒学作为成德之教，无论是朱子式的顺取之路，还是阳明式的逆觉体证，都是以圣人作为道的承担者或者体现者为前提。正是借着圣人这样一个天道性命相贯通的生命极致，各种个体成德之教才成为可能，个人的道德实践才成为可能，心体、性体、神体、道体等的内在而超越的性格才成为可能。一旦历史替代圣人成为道的承担者，历史与圣人之间的关系就将被重新定义：

　　　　道者，万事万物之所以然，而非万事万物之当然也。人可得而见者，则其当然而已矣。（《文史通义·原道上》）

　　道展开为历史，体现为存在于时间序列中的万事万物。道就是万事万物存在的根据（所以然），道不可见，万事万物皆为可见者，圣人也历史地存在于时间序列之中，也是"人可得而见者"（其当然而已）。这样，历史与圣人的关系被置入了一个因果链条之中：是历史（道）造就了万事万物（当然也包括圣人），而不是圣人创造了历史（道）。① 圣人之所以成为圣人，不是因为他主动创造了历史，而是因为他成功地让自己的业绩成为历史的创造物的一部分。换言之，圣人必须投身于历史才能实现其价值，而非历史因圣人创造才有其价值。于是，圣人与道的关系被这样界定：

　　　　言圣人体道可也，言圣人与道同体不可也。（《文史通义·原道上》）

----

　　① 在宋明儒者心目中，圣人即是历史的创造者——即使历史不是完全由圣人创造，至少可以说圣人参与了历史的创造并且主导了这一过程，譬如"赞天地之化育"（《中庸》），"天不生仲尼，万古如长夜"（《朱子语类》卷九十三所引）。

在实斋看来，圣人的生命可以融入历史（大道）之中（体道），但这并不意味着圣人的生命就是大道本身（与道同体）。大道与圣人的生命无必然的关联，它只存在于由亿万人共同构成的历史整体之中。

其四，在"六经皆史"说之中，周公与孔子的关系被重新定位。

根据前引"所以然"和"当然"的区分，实斋把道的一阴一阳往复循环比作车轮，把圣人的道德/政治实践比作轨辙。"自有天地，而至唐、虞、夏、商，迹既多而穷变通久之理亦大备。"（《文史通义·原道上》）历史不断发展，道也渐形渐著，先圣创制垂统的基本原则业已不断完备。一个作为"集大成者"的圣人的出现就成为"理势之自然"了。但是，在实斋看来，这个"集大成者"，不是通常所说的孔子，而应该是周公：

> 周公以天纵生知之圣，而适当积古流传道法大备之时，是以经纶制作，集千古之大成，则亦时会使然，非周公之圣智能使之然也。……故创制显庸之圣，千古所同也。集大成者，周公所独也。时会适当然而然，周公亦不自知其然也。（《文史通义·原道上》）

章学诚强调，"集大成者"之所以是周公而不是其他人，乃是因为他具备了其他所有人都不完全具备的条件：他不仅是天纵生知之圣，而且得其位可以经纶制作，最重要的是他"适当积古流传道法大备之时"，"时会使然"。所谓"集"，就是"萃众之所有而一之也"。周公之前如唐、虞、夏、商的圣人虽然都能得位行道，创制垂统，但其时道未著而法未备，根本不具备集大成的条件。那么，处于周公之后的圣人孔子何以不是"集大成者"呢？实斋说：

> 自有天地，而至唐、虞、夏、商，皆圣人而得天子之位，经纶治化，一出于道体之适然。……孔子有德无位，即无从得制作之权，不得列于一成，安有大成可集乎？非孔子之圣逊于周公也，时会使然也。（《文史通义·原道上》）

尧、舜、禹、汤既是具有完美人格的圣人（有德），又是地位至尊的天子（有位），所以他们个人的道德实践就是共同体的政治实践。圣王的道德/政治实践就是道体的呈现的最恰当的方式（"一出于道体之适然"）。孔子有德无位，无制作之权，他的道德实践自然也就不能成为共同体的政治实践。孔子甚至不能和尧、舜、禹、汤并列为一成，哪来的大成可集呢？

孟子说："孔子之谓集大成。集大成也者，金声而玉振之也。金声也者，始条理也；玉振之也者，终条理也。始条理者，智之事也；终条理者，圣之事也。智，譬则巧也；圣，譬则力也。由射于百步之外也，其至，尔力也；其中，非尔力也。"（《孟子·万章章句下》）在孟子看来，孔子之所以成为集大成者，乃是因为他具有伟大的人格（圣）和完善的智慧（智）。孟子和受他影响的宋明儒者普遍认为，正是这种圣和智的完美结合，构成了圣人所特有的创造力的源泉。这种创造力在各种知识领域都会发生作用，以至于无法给它一个具体的规定性。正如达巷党人所赞叹的那样："大哉孔子！博学而无所成名。"（《论语·子罕第九》）

实斋反驳说：

> 天地之大，可一言尽；孔子之大，不过天地，独不可以一言尽乎？或问何以一言尽之？则曰：学周公而已矣。……周公既集群圣之成，则周公之外，更无所谓学也。周公集群圣之大成，孔子学而尽周公之道，斯一言也，足以蔽孔子之全体矣。（《文史通义·原道上》）

周公之所以伟大，是因为他能够集先圣之大成而"制礼作乐"；孔子之所以伟大，是因为他学习周公的礼乐刑政并将其传承发扬。实斋强调："自古圣人，其圣虽同，而其所以为圣不必尽同。"周公和孔子之所以成为圣人的原因是完全不同的。在历史的运会到来之时，德、位合一的周公能够"制礼作乐"，而圣、智合一的孔子则只能"述而不作"。"制礼作乐"和"述而不作"对置背后是德位的结合与圣智的结合二者的对置。其中的要害在于是否有"位"，即道德实践是否同时是政治实践。这意味着只有圣王的道德/政治实践，才是真正可以借以窥见大道的知识。无"位"的圣人只有学习、传述圣王的道德/政治实践，才能够借以见道、体道。实斋的圣人论实际上颠覆了宋明儒者以圣智合一的圣人心体为一切创造的源泉这个基本信念。孔子依旧是圣人，但已不再是一切正当的知识/价值的创造者，而是一个学习者、守护者和传播者。

这样，在实斋"六经皆史"的论述中，不仅经书与大道的关系发生了变化，而且圣人与历史、圣人与道体、周公与孔子的关系都与传统儒家（尤其是宋明儒者）的看法和观念大相径庭。朱子因认定《春秋》等经书为史，而否认了经书本身在价值上的优先性；实斋认定六经为史，却是在史（道）的意义上肯定经书的价值。阳明从"事即道，道即事"的角度来说明其"五经亦史"的思想；实斋则从"道器合一"的角度来论证"六经皆器""六经皆史"。实斋和阳明的不同之处在于：他虽然承认六经载道，但不认为六经可以尽道之全体。要穷尽道体，就得"约六经之意以随时撰述"。

实斋本意并非要贬低经学，而是要提升史学，强调从道的高度来认识史学。但是其学说被化约为"六经皆史"这样一个论断之后，建立在对这一论断的简化理解之上的学术信念对经学研究自然会产生很大的冲击。

三、经史有别，对经学性质的重新界定

在章学诚的时代，今文经学的复兴还在酝酿之中，今古文之争尚在遥远的将来，所以，实斋的论述当然不能视作对古文立场所进行的刻意表达。尽管如此，它与古文经学所信守的一些共同的观念却极为契合。实斋的论述，究竟包含着多少清朝中叶思想界的共识（或学者中流行的观念）也不易评估。但是，实斋的"六经皆史"论，的确成为即将兴起的今文经学所面临的一大挑战，它对于整个晚清思想的影响不宜低估。廖平在其经学一变的"以礼制分今古"时期似乎并未明确意识到实斋之学对他所要阐发的今文经学"微言大义"可能构成的威胁。但是到了二变时期，分辨经史的问题就浮现出来。这个时期，廖平逐渐意识到，只有严格区分经史，今文经学的基本信念才能得以确立。当然，有另外一种可能，即廖平是在对"六经皆史"之说的不断反省之中才找到自己思想的立足点——今文经学之素王论。无论如何，判分经史成为廖平二变以后其思想的一个至关重要的方面。所以，从二变时期的《古学考》《知圣篇》，一直到五变时期的《孔经哲学发微》《五变记》，都有关于经史之别的论述。

廖平对于经史的分判，大抵有以下几个方面：经有笔削，史为实录；经制文明，史事蛮野；经为空言，史为实事；经乃百代之书，史以断代为准。

1. 《春秋》经过孔子笔削，所以是经而不是史

六经之中，《春秋》最易被当作史籍。从汉刘歆引《左氏春秋》以史事

解经开始，至晋杜预将《左氏春秋》整理为《春秋左氏传》，逐渐开创了以史解经的传统。后代儒者基本上沿袭这一传统，即便朱熹，也不例外。这样，澄清《春秋》非史，就尤为重要。

杜预《春秋序》曰："'春秋'者，鲁史记之名也。记事者，以事系日，以日系时，以时系年，所以纪远近、别同异也。故史之所记，必表年以首事。年有四时，故错举以为所记之名也。……周德既衰，官失其守。上之人不能使《春秋》昭明，赴告策书，诸所记注，多违旧章。仲尼因鲁史策书成文，考其真伪，而志其典礼，上以遵周公之遗制，下以明将来之法。"①在杜预看来，孔子对《春秋》所做的工作只是"考其真伪"和"志其典礼"，而且这一过程只是"遵周公之遗制"进行的编纂，而不是孔子的"圣心独裁"的制作。杜预为了说明孔子《春秋》只是发明"周公遗制"，还从《左传》中归纳出五十处以"凡"开头的文字，后人称作"五十凡"。杜预声称这是孔子继承的周公旧例，《春秋》即是依照此旧例进行编纂（当然杜预没有否认孔子也自创"新例"）。这样一来，孔子的《春秋》不但在制度上无创新可言，即使在编纂体例上也以沿袭为主，创造性被大打折扣。廖平意识到："国史之说，出于古文家，隐驳孔子作六经之意。"（《古学考》）② 古文家的意图分明是想否定孔子作经，把孔子由"至圣"贬为"先师"而已。

廖平反驳说："杜氏承古文家法以为鲁史，'五十凡'为周公旧例，多存史书原文，则十二公中至少亦经七八人之手。以为据《周礼》凡例而书，故人多而文不一律。又据外国而书，并不问其得失与本国义例。似此，则真为断烂朝报，无足重轻矣。"（《古学考》）若孔子《春秋》只是依照周公"旧例"编纂"遗制"，了无深意，那岂不真成了"断烂朝报"？可见，此说完全不可靠。杜预这种说法不但荒唐，而且非常危险，"一言史，则其弊不可胜言"，"圣人垂教之大经至诋为缘口代笔之杂说，非圣无法，至此已极"（《古学考》）。经不复为经，圣亦不复为圣矣。

---

① 李学勤主编：《十三经注疏·春秋左传正义》，3～11 页，北京，北京大学出版社，1999 年。

② 本文所引廖平著作，皆见李耀先主编：《廖平选集》，成都，巴蜀书社，1989。

《春秋》之所以是经，乃是因为它是孔子所修。孔子"修《春秋》"，意味着"于史文有笔有削，各有精义"（《古学考》）。那么，什么是笔削呢？

> 《春秋》有笔有削，史所有而削之为"削"，史所无而加之为"笔"。（《知圣篇》）

笔削就是"加损"。廖平又引董子之言推而广之：

> 董子云："《春秋》有诡名、诡实之例：当时所无之制，欲兴之，则不能不诡其人；义所当讳之事，欲掩之，则不能不讳其实。……"《春秋》有笔削，凡涉笔削，皆不可以史说之。……故凡大事，众人所共知，史原事也。至于一切外间小事，鲁国细事，不惟当时多无记录，即使有之，亦其细已甚，史不得详。总之，孔子之修《春秋》，正如刘歆之改《周礼》。……《周礼》当复旧观，《春秋》不可复言史法。如欲侈言史，太史为圣人矣，则《通鉴纲目》真可以继尼山之传矣。（《古学考》）

笔削之说并非仅为今文家所主张，古文家也不反对，只不过对它的理解不同罢了。譬如，唐人孔颖达看来，笔削只是依据周公旧典修订（或修正）错乱的史册文书而已。章学诚也认为"《春秋》之义，昭乎笔削"。他说："笔削之义，不仅事具始末，文成规矩已也。……所以通古今之变而成一家之言者，必有详人之所略，异人之所同，重人之所轻，而忽人之所谨，绳墨之所不可得而拘，类例之所不可得而泥，而后微茫杪忽之际，有以独断于一心。"（《文史通义·答客问上》）可见，对他而言，笔削的含义近乎"折中"，更接近一种凭借超乎寻常的卓越史识来判断取舍史料的能力。可见，从一般历史学的学术立场来看，无论如何，孔子修《春秋》都不可能"史所有而削之"，"史所无而加之"，因为这几乎等于有意的隐瞒（削）或编造（笔）历史。在一个推崇"秉笔直书"并且以董狐、太史简等人为正义化身的史学传统中，隐瞒或编造历史简直是不可饶恕的罪恶。人们会说，假如孔子真是一个伟大的史学家，他怎么可能隐瞒或者编造历史呢？

但是，在廖平看来，孔子的的确确"隐瞒"或者"编造"了一些东西，否则经书就不是经书，而孔子也就不是孔子了。孔子当然不是一名史家，而史家根本无缘成为圣人。正因为孔子不是秉笔直书的史家，他才可能成为创制改作的圣人。廖平反讽道：假如《春秋》只是一部史书，那么所有史官都可以称为圣人了！

2. 如果孔子在修《春秋》的过程中真有所谓笔削，那么，"史所有而削之"的究竟是什么？"史所无而加之"的又是什么？

《古学考》曰：

> 今所传者均非史。若周时真事，皆怪力乱神，不可以示后人。如同姓为婚、父纳子妻、弑逐其君、桓公灭卅国、姑姊妹不嫁七人等，背礼伤教之言，乃为真事。当时亦均视为常事，并无非礼失礼之说。孔子全行掩之，而雅言以诗书执礼，不得于孔子以后仍守史文之说也。

孔子笔削所隐瞒的正是那些愚昧的、野蛮的甚至是邪恶的"历史真相"。得出这样一个结论并非毫无依据——它立足于对经典语词的创造性的理解和诠释：《论语·述而第七》中的"子不语怪力乱神"和"子所雅言，诗书执礼"恰好一为遮诠，一为表诠，由"不语"知其所"削"，由"雅言"知其所"笔"，两者相得益彰，是对"笔"和"削"的最好诠释。有"削"必有"笔"，史只有通过笔削才能成为经；而一旦经过笔削成为经，它就不再是史，也不可能还原为史。就像生米一旦煮成熟饭，它就不再是生米，也不可能还原为生米。

笔削的过程，就是把史事改造成为经制的过程。把史事改造成经制，就是把"怪力乱神"隐去，而代之以"诗书执礼"。经过这一改造，野蛮愚昧的上古历史，就变成了"天下文明"的理想社会。五帝也好，三王也罢，都是变史为经的产物。三代之治之所以成为中国文化的最高理想，就是因为它根本不是历史事实，它并不存在于过去的历史之中，而是圣人假托历史为将来的人类生活所立之"空言"。《孔经哲学发微》云：

> 经为孔子所立空言，垂法万世。故凡往古之旧史，草昧侏离，不可为训。若欲存之，则如《黑蛮风土记》《赤雅僮瑶志》《四裔列传》。故孔作新经，尽祛已往之陈迹。《论语》所谓"成事不说，遂事不谏，既往不咎"。（康氏《孔子改制考·上古茫昧无稽考》，颇详此事。）

因药求病，可以推知经制所对应的史事，但是若要完全恢复古史旧貌，则既无可能，也无必要。既然上古茫昧无稽，章学诚所期待的那种全幅展现的历史画卷便绝无可能通过推考经制而获取了。

当然，这并不是说经中所有的内容都经过笔削，全无史事。它毕竟保留了很多历史事实。以《春秋》为例：

> 不知《春秋》记大事以明祸福得失，可以史例，如国史所记。经所记小事，多详礼制，阐发微意，其细已甚，史所不详。……传曰"我无加损"，是有加例可知。旧无而新创之制，则不得不见。……总之，《春秋》之功，全在定一王之制，以为万世法，不徒刘四骂人。"乱臣贼子惧"谓其改制作、绝乱源、失为厉之阶，非谓褒贬而已。经传果为史法，则不足重，南史、董狐之书故不传。若以为经学，则不徒以史例责之矣。（《知圣篇》）

孔子制作，有加例，有损例，亦有史例。就《春秋》而言，凡言大事，皆以历史史实为依据。这是史例；而与礼制相关的内容，往往都是细节琐事，史所不详，正好加损。孔子"我无加损"的"微言"，正好可以说明史无而经有之制都是"加例"。《春秋》乃是一部立法之书，所立者乃是"万世法"。为什么孔子作《春秋》能令"乱臣贼子惧"？这是因为《春秋》的立法功能。《春秋》的立法，不能理解成褒贬，因为褒贬乃是"史法"。经义不能误认作"史法"，经学更不能用史例来通释。

廖平似乎想表明：正是因为经中保存了未做加损的史例，所以才能衬托出有过加损的经例。但是，经之所以为经，不是因为其中保存的未改之史例，而是因为其中经过加损之经例。经的本质特征在于其有"加损"，而不是有"褒贬"。

3. 笔削之义果真如此，岂不是经中所言礼制都是历史上并不存在的"空言"？

若经中礼制皆为"空言"，那岂不是尧、舜、禹、汤、文、武、周公都成了孔子借以建立自己理想制度的傀儡？

在廖平看来，正是如此。《五变记》曰：

> 《尚书》托古垂法，以尧、舜为傀儡。宰我曰"夫子远贤尧、舜"，正谓《书》之尧、舜，政治文明，非若龙蛇同居之景象也。后儒不信及

门亲炙之评，而从枝叶之絮论，乖离道本，徒逞机辨，违心自是，甚无谓也！《论语》：夏礼、殷礼，杞宋不足征。则唐虞之文献，自更无可据也。《纬》说："圣人不空生，生必有制，由心作则，创起鸿谟。"经异于史，尚何异议之有？

廖平引纬书以证其说：圣人的使命就在于制作。所谓"制作"，就是编织出一套"空言"。对于圣人而言，编织"空言"乃是天之所命；对于平常人而言，试图"制作"则是僭越。只有圣人编织的"空言"，才能称之为"哲理"或者"哲学"。他说：

> 哲学名词，发表于东瀛。说者以哲理与事实为反比例，则古称孔子空言垂教、垂法万世者，正哲学之定名矣。六经空言非述旧，空文非古史，则以哲理说六经，所依托之帝王、周公，皆化为云烟，与子虚乌有成一例矣。（《孔经哲学发微·凡例》）

哲理（哲学）在与事实（史事）相反的意义上才能成立。假如六经所载都是真实的历史，那么它自然就不是哲理，也没有资格成为哲理。正因为六经都寄托着圣人的"空言"，而非仅仅著录旧史，所以经学才是哲学。不仅如此，在廖平看来，只有经学才是哲学：

> 哲学名词，大约与史文事实相反。惟孔子空言垂教，俟圣知天，全属思想，并无成事，乃克副此名词。如中外诸学人，木已成舟，皆不洽此名义。故书名《孔经哲理（学）》，示非史法。且思想变迁，无有极尽。以凡夫而谈圣神，固自绝于拟议也。（《孔经哲学发微·凡例》）

孔子在六经中垂训后世的，乃是一种制度的理想，它有待于历史的发展来印证（俟后），而不是在以前的历史中已经实现（并无成事）；中外学人所讨论的问题，都在现实中已经实现（木已成舟），所以都不是"哲学"。但是，廖平借用"哲学"一词所要表达的并非是一个脱离历史、与历史毫无关联的玄想的概念。恰恰相反，哲学是在与历史的相关性中被定义的。孔子的"空言"（哲学）必须寄托于"行事"（历史），借"行事"来显示出来；"空言"也将逐渐成为"实事"，并且由"空言"转变为"实事"的过程将是一个持续不断的过程。"空言"转变为"实事"，就意味着思想逐渐演变成现实。"思想变迁，无有极尽"实际上是说，我们对孔子的"哲学"（"空言"）的了解没有止境，空言转化现实的过程同样没有止境。如果把"空言"当作"实事"，不知六经乃"哲学"（譬如章学诚以为"六经皆史"），这便是"凡夫而谈圣神"了。

这样，"空言"（"哲学"）在廖平的思想中大概就相当于宋明儒学里"道"的位置。与之不同的是：道是一个存在于天地万物而又超越于天地万物的抽象的最高范畴，而"空言"（"哲学"）却是指孔子对人间秩序乃至宇宙秩序的理想设计。在宋明儒者看来，圣人的生命之所以伟大，是因为它完美地呈现了道体的流行；而在廖平看来，圣人的生命正是凭借其"空言"才获得超越其自身有限性的永恒价值。《易传·文言》里描述圣人"先天而天弗违，后天而奉天时"。廖平对它做了极富创造性的诠释：

> 旧哲史①于孔前罗列帝王、周公，今全以归入经学。六艺为旧，六经为新。孔前旧史为骈音书，《庄子》所谓旧法世传之史，《史记》所谓百家语、百家言六书文字，固专为孔氏古文也。故孔前从略，则以孔之俟后，固先天而天弗违者也。

> 旧哲史于孔后胪列历朝学人，下及性理考据，其弊与《改制篇》②孔子创教、诸子亦创教同。诸子及帝王卿相，师法经术，其善者不过得圣人之一体。在孔子为思想，在孔后为事实，此孔后不得再言哲学。故孔后从略，则以孔之法古，固后天而奉天时者也。（《孔经哲学发微·凡例》）

廖平认为，以往哲学史写作从五帝三王开始，这是弄错了"哲学"的开端。孔子以前的历史，皆因孔子制作六经而被尽数遮盖了。所以，探讨孔子以前的"哲学"，既无可能，也无必要。所以，要讲"哲学"，孔子以前既不能讲，亦不必讲。孔子作六经是为了垂法后世，期待后来历史的验证（俟后）。不光是孔子以后的历史发展验证了圣人所说的真理，而且，圣人生前就已经

---

① 此处之"旧哲史"，似应指谢无量所著之《中国哲学史》。谢无量为其书所写的序文中引用廖平书信曰："……义皆新拔，将求人攻难，非以自树也。"《孔经哲学发微》一书似应是与谢氏商榷之作。但谢著《中国哲学史》出版于1916年，而《孔经哲学发微》则出版于1913年，早于谢著。谢著之前，又无《中国哲学史》，故笔者怀疑谢著出版之前廖平已经读过书稿。

② 指康有为《孔子改制考》。

对他将来的历史确立了某种方向。这样，"先天而天弗违"就可以理解成为：圣人存在于可知的历史的开端（先天），而历史的发展不会违背圣人指出的道路（天弗违）。以往的哲学史写作在孔子之后平行罗列历代学人，这是没有搞清"哲学"的性质。譬如康有为《孔子改制考》，错就错在把孔子等同于诸子。孔子以后的学术和政治都只不过是孔子六经所开创的文教-政制在某一方面的展开（得圣人之一体），它们只不过是由孔子的"空言"转化而来的"实事"，却不是"空言"本身，因为只有"空言"才能称之为"哲理"。所以，孔子之后既不必再有新的"哲学"，也不可能再有新的"哲学"。又因为孔子出现于尧、舜、禹、汤、文王之后（后天），其"空言"吸收、消化往圣历史的结晶，从而蕴含了人类未来发展的各种可能。这也是天命使然（奉天时）。

4. 经学与史学必然存在着时间性差别

廖平总结说：

> 经学与史学不同：史以断代为准，经乃百代之书。史泛言考订，录其沿革，故《禹贡锥指》《春秋大事表》，皆以史说经，不得为经学。读《禹贡》，须知五千里为百世而作，不沾沾为夏禹一代而言，当与《车幅图》对勘。……《春秋》以九州分中外，是《春秋》以前，疆域尚未及三千里。《春秋》收南服，乃立九州，不及要荒。《尚书》乃成五千里定制。《周公篇》又由海内推海外，此皆《禹贡》之微言大义。胡氏概不详经义，泛泛考证，故以为史学，而不足以言经学。（《知圣篇》）

《禹贡锥指》是清初学者胡渭（1633—1714）所作的一部地理学著作，它被认为是《禹贡》研究的集大成之作。这本书汇集了历代关于《禹贡》的经注、《史记》以下各史中的河渠志、《水经注》以下各类地理著作以及《元和郡县志》等历代方志和总志中的相关资料来考察《禹贡》所载的山川河流。《春秋大事表》则是清儒顾栋高（1679—1759）穷毕生之力完成的一部巨著。它把《春秋》经传的所有内容提炼成五十个类目，各为之表，使之条分缕析，纲举目张。但是，在廖平看来，这类著作，无论考订如何精审，都不过是以史说经，不能算真正的经学。

《春秋》《王制》疆域三千里，《尚书》《周礼》疆域三万里，若以史学论，则完全不合情理：何以时代愈古，疆域反而愈广？若以孔子"微言"所托之"大义"视之，则庶几可解："孔子翻经，专为俟后。"经书是对未来历史走向的洞见和规定，而非对过往历史事实的忠实记录。那么孔经所划的疆域也是对未来人类交往和活动范围的预期，而不是对以往某朝某代管辖范围的描述。《王制》三千里，是古代华夏活动的大致范围，而《周礼》三万里，则是对未来（即今日）全球交通之后人类的视野所及的展望。这样，以疆域论，如果以《周礼》为周时一代之史，则极为荒唐；只有视之为百代之书，以俟他日得人而行，方才能解其中疑惑。

以上是以"疆域"而论，若就"制度"而言，更是如此。

孔子所立六经制度，在暴乱已极的春秋时代，根本无法实施。及至战国，孟、荀首倡王风，尊汤、武，黜五霸，犹不获一试。但是，孟、荀以下，情况就逐渐不同了。《五变记》曰：

> 卫鞅……孝公大悦，遂行新法。垦田定赋，变秦戎狄之俗，比于鲁、卫。（孔道初行于世。）李斯学于荀卿，得帝王之术，出而相秦，并六为一；规摹《王制》，施行郡县。分中国为三十六郡，力小易制，海内混一。（初行《王制》，宜从简便。）……炎汉嗣兴，初泥封建之说……继乃改用郡县之制。传之后世，遂为行省。至于省、道、府、县四等，适合《王制》伯、正、帅、长之规则。《春秋》王伯之学，当日孔圣创法，不过理想之空文，而小统政治，久而必征实验。

廖平（和他的弟子黄镕）把秦汉郡县制到明清行省制的发展看成是《王制》中的"空言"转变而来的历史"实事"。这样，从秦汉到今天两千余年的变迁，就成了《王制》的"小统"制度由不获一试的"空言"逐渐转变为历史陈迹的"实事"的过程。它既是一个自然的过程，也是一个必然的过程。既然"小统"《王制》都已经由"空言"转变为"实事"，则"大统"《周礼》的推行必待诸将来：

> 方今世界大通，列强角逐，已入中国战国时局。（昔之战国小，今之战国大。）中外名流，竟欲提倡"大同"学说，以安天下。五译谓"大同"之学，即《书经》《周礼》"皇帝学"也。《书·洪范》"建皇极"，居中统八州。……羲和二伯，即二帝，（如尧舜。）即《中候》之成王、周公，东西二雉。《顾命》五篇分五方，验推之，即《周礼》五官，如全球五大洲。将来一州一帝，即《戴记·帝德》之五帝。泰皇出

> 而一统，则《范》所谓"皇建其有极"。此孔经韫匮之美，数千年后，必见诸实行者也。顾验之往古，必先有学说发明于先，而后事迹从而践之。（《五变记》）

历史愈发展，疆域愈开阔。对于更加辽阔的世界版图的治理，必须诉之于更加高远的理想制度。《王制》作为圣人"小统"理想的政治模型，其意义已经在往古的历史中获得了验证，而未来的历史必将见证《周礼》"大统"（大同）政治理想的实现。

对于经书与史书的差异，廖平从四个方面做出了分别：经有笔削，史为实录；经制文明，史事蛮野；经为空言，史为实事；经乃百代之书，史以断代为准。根据这四个方面的差别，廖平认为：所谓"经书"，即是孔子把质朴的、简陋的甚至是野蛮的、混乱的远古世界的真相"削"去，而"笔"之以一套繁复的、文明的、有秩序的并且具有象征意味的礼仪政治和文明生活。可见，经典的世界不是一个实然的"历史真相"的世界，而是一个应然的"理想生活"的世界。"凡属经中典制，莫非圣心所独断"（《五变记》），这即是说，所谓圣人，绝非真实历史的记录者，而是理想生活的设计者。正因孔子不是一个秉笔直录的良史，所以他才可能是一个哲想弥纶的圣人。也正因为经学不是历史事件的真实记载，所以它才可能是一种指向理想生活的"哲学"。

我研究中国文明的路径与方法[*]

钱林森　　[法] 雷米·马修 (Rémi Mathieu)

　　雷米·马修 (1948—　　)，当代法国汉学界专攻中国古代文明的知名跨文化学者、汉学家，法国汉学新生代代表人物之一。20 世纪 60 年代末毕业于巴黎东方语言文化学院，1979 年获法国国家文学博士，随即执教于巴黎第七大学，入法国国家科学研究中心，先后师从吴德明 (Yues Hervouet)、侯思孟、桀溺 (Jean-Pierr Dieny) 等著名汉学家，专事中国古代文化、文学研究，任研究员、主任导师，现为法国东亚文明研究中心荣誉导师。著译有：《穆天子传》(1979)、《〈山海经〉：古代中国神话学与人种学研究》(1983)、《国语·周语》(1985)、《古代中国神话与传说选》(1989)、《〈淮南子〉研究：中国帝制时代早期的神话与哲学》(合著，1992)、《干宝〈搜神记〉》(1992)、《道家哲学家·淮南子》(合著，2003)、《楚辞》(2004)、《孔夫子》(2006)、《中国神话批评》(合著，2007)、《道德经》(2008)、《儒家哲学家》(合著，2009)、《列子》(2012)、《牡丹之辉——如何理解中国》(2012)、《荀子》(2013)、《中国诗选》(主编，2015) 等。

　　相逢雷米·马修先生，肇始于一年前对其著述意外相遇与阅读。2014 岁秋冬之交居室养病期间，我首次从圈内友人赠书中惊喜地读到了

　　* 原载《跨文化对话》，第 35 辑，37～60 页，北京，三联书店，2016。陈蕊译。脚注中"[　]"内的部分为译者所加。

雷米·马修先生二部代表作书影（自左至右：《孔子》
《牡丹之辉——如何理解中国》《中国诗选》）

他论法国诗人谢阁兰（Victor Segalen）和屈原的两篇论作：《出发》和《谜中的诗，诗中的谜：论屈原》①，就深为其新颖、开阔的跨文化研究视野与独特新见所吸引，因而便情不自禁地滋生了追踪阅读的兴致和结识作者的念头。随即我从网上获取了关于马修先生的较多相关著述信息，读到了他研究中国古代思想文明和文学的相关论作，这更激发了要与之交流、向之求教的强烈欲望。于是，在 2015 年羊年开泰之际，吾老兴勃发，便不揣浅陋，给马修先生径直发去一封电子邮件，冒昧地自报家门，向这位素昧平生的法国知名大学者请教。没料到我的邮件发出仅两天，就获得了他的热情回复，发给我其全部著作目录和新近发表的三篇专论电子文本，随之又向我寄赠他的《孔夫子》《牡丹之辉》和刚出版的《中国诗选》三部著作，令我喜出望外，兴奋不已。自此之后，我一有可能就挤出时间，用心研读其著作，时不时地向他致函求教，而他则有问必答。如此数度往返电邮后，我们彼此间成了朋友，并相约有机会晤面交流，就他研究中国文化、文学的方法论进行专访，马修先生欣然允诺。

2015 年 8 月 22 日，由南京大学"中国文学与东亚文明"协同创新中心牵头举办的"第一届中国古典文学高端论坛"在南京国际会议中心

---

① 《出发》，见黄蓓主编：《谢阁兰与中国百年》，186～190 页，上海，华东师范大学出版社，2014。《谜中的诗，诗中的谜：论屈原》，见金丝燕主编：《诗国漫步》，41～51 页，阿尔多瓦大学出版社，2013。

大酒店开幕，雷米·马修先生为国外特邀代表与会。感到荣幸的是，我也应邀作为我所在南京大学的正式代表之一参会。更为欣喜、有趣的是，我与马修先生的发言被大会安排在8月22日下午第二场，在紫罗兰厅，由金丝燕教授主持的同场、同一时段进行，遂如愿以偿，助成了我们首次晤面交流。当日休会晚宴后9时许，我在徐文博士陪同下，便乘兴邀请马修先生，就其汉学之旅的方法论话题，进行了近两个小时面对面的交谈，相聚甚欢。8月23日"第一届中国古典文学高端论坛"落幕后，在整理我们聚谈资料的基础上，我同时又认真细读其主要论著、译作和论文，于9月上旬拟定14个问题，寄他笔答。而此时，马修先生已应成都电子科技大学法文系刘文玲教授之邀，在蓉城讲学。在极为繁忙的学术讲座中，他夜以继日完满地回答了我的问题。随后由陈蕊女士协助翻译为中文，由我最后审定，马修先生过目，才成就了如下这个专访对谈。现发表于此，以飨本刊读者，并问教于海内外方家。

钱林森，2015年11月8日凌晨

钱林森（左）专访雷米·马修先生（右）

徐文摄于2015年8月22日南京国际会议中心大酒店。

一

《跨文化对话》编辑部钱林森（下称钱）：雷米·马修先生，您是活跃在当代法国汉学界的知名中国文学翻译家和成绩斐然的跨文化学者，著译等身，认识您很高兴。近年来我断断续续读到您的不少论作，受益甚多，一直盼望有机会与您聚首，当面求教。此次您应南京大学"中国文学与东亚文

明"协同创新中心举办的"第一届中国古典文学高端论坛"之邀，不远万里
来到中国六朝古都金陵和我们晤面交流、对话，接受《跨文化对话》专访，
实在令我们感到荣幸和欣喜。您是以译介、研究中国古代神话与传说步入法
国译界而蜚声当代法国汉学界的，且取得了有目共睹的成果，能否首先请您
给我们介绍介绍，您何以对中国神话与传说情有独钟？是何种动因驱使您与
这一学术领域结缘的？据我所知，20 世纪法国汉学大家马伯乐（Henri
Maspéro，1883—1945）、葛兰言（Marcel Granet，1884—1940）等都是以
探讨中国神话与传说而开启汉学之旅（如前者的《〈诗经〉中的神话传说》
[*Légendes mythologiques dans le Chou king*，1924]、后者的《古代中国的舞
蹈和传说》[1926]，便是他们研究中国的起步之作），以此举步而走向其各
自汉学巅峰的。您的中国研究与汉学之旅是否受这些前辈的启迪与影响呢？

　　雷米·马修：钱教授，您一语中的！虽然我从未设想将自己与 20 世纪
法国汉学界的诸位领路人相提并论，但不容忽视的是，正是马伯乐和葛兰言
两位前辈的成果，尤其是后者，如指南针一般，一直为我对中国的研究引领
方向。确切地说，葛兰言前辈的《古代中国的舞蹈和传说》（当时分两卷出
版）使我对古代中国——我所指的是先秦时代——以及更为久远的中国神
话产生了孜孜不倦的兴趣，还有高本汉先生的著作也令我获益良多。

　　在我看来，《古代中国的舞蹈和传说》是一部当之无愧的巨著，它兼具
敏锐的直觉、渊博的学识和严谨的论证，比列维-斯特劳斯（Claud Lévi-
Strauss）对美洲印第安神话的研究领先了整整一代人。葛兰言以天才的直觉
洞察到，中国古代神话遵循着一种严密的结构，并以各种形式不断再生，而
不同形式之间的差别微乎其微，它们都或多或少地将每一个新的"主人公"
加以神化。他还指出，对同一神话的不同版本（如"夹谷会盟"）进行比较
分析具有重要意义，其目的在于汲取神话思想中的最精华之处，从而避免在
理解上失之偏颇。难道这不是对列维-斯特劳斯神话理论的一种系统应用吗？
此外，列维-斯特劳斯也曾高度赞扬葛兰言对后世的贡献，葛兰言对中国亲
属关系的研究极大启发了其《亲属关系的基本结构》（*Les Structures
élémentaires de la parenté*）一书。

　　在《古代中国的舞蹈和传说》之外，我很快发现，中国人的中国（la
Chine chinoise）——如果我可以这样说——其主体在周朝末期已经形成。
这并不是说，商代（之前的时期暂且不论）或汉代以及之后的历史阶段没有

对中国人身份认同的建构起到过举足轻重的作用，但我认为，在封建帝国建立的前夜，一切就已准备就绪。这解释了我研究道路的两个分支：一方面是关于古代神话学文本（《穆天子传》《山海经》《淮南子》《楚辞·天问》《列子》……）和其后的志怪传奇（《博物志》《搜神记》《神异经》）的研究——整体研究尚待完成，另一方面是对中国的思想——毋宁说中国"各类思想"——的形成所抱有的浓厚兴趣。在这一点，我想着重指出，我全部研究（其中有部分是与我的同事白光华［Charles Y. Le Blanc］共同完成的）的重中之重，都围绕周代最主要的两类哲学思潮展开：儒家和道家思想。

经验使我意识到，历史、诗歌、哲学、神话学等学科之间的学术划分（无论在中国还是在西方）并不总是恰如其分，因为要了解一个时期，就必须掌握它所展现出的紧密相连的方方面面。《道德经》不正是采用韵体诗的形式吗？《楚辞》中的《天问》不正是一首由神话中的谜所构成的诗吗？《史记》与《国语》不也包含了小说、诗歌乃至宗教的成分吗？希望以上能够回答您所提出的问题。

二

钱：您的汉学之旅初始阶段以中国古代神话传说为开发点，有关这方面的著译确实硕果累累：由《穆天子传》译注打头阵，接着是《〈山海经〉：古代中国神话学与人种学研究》《国语·周语》《古代中国神话与传说选》《〈淮南子〉研究：中国帝制时代早期的神话与哲学》《干宝〈搜神记〉》《中国六朝文学中的志怪传奇——干宝〈搜神记〉中的奇闻逸事》《中国神话批评》等，一发而不可收，令人目不暇接。请问您对中国神话与传说的研究采取了怎样的视角和方法？须知，作为人文社科研究的跨文化谱系的汉学研究，方法论是至关重要的。在您看来，一个西方学者应采取何种适宜的方法与视角才能真正走进中国古代神话传说的世界，走进中国神话批评的世界？而研究中国神话批评的切入点与意义又究竟何在？

雷米·马修：我在科研和翻译方面的工作有很大一部分是由神话学研究构成的。您也对我近年来的几部作品做了回顾（前面提到，其中一些由我与加拿大的白光华先生合作完成）。

尤需强调的是，汉学并不是一门科学，而是对中国的语言、历史和文化应用进行假设的一种方法。一些人扬言"汉学"并不能作为一个学科而存在，这种说法虽语带挑衅，却并非全无道理。因此，我们应当按照具体的研究领域（神话学、哲学、历史、文学、科学、宗教……）采取相应的研究路径和分析方法，语言显然不仅仅是一种需要阐释的信息传递工具。诚然，在中国，语言和文字对书本知识的传播发挥着主要作用，但学问并不局限于此。因此，要探索中国古代文化的广阔领域，就必须掌握历史科学、哲学反思和神话学分析方面的能力（我援引上文提及的葛兰言、列维-斯特劳斯为例，此外还包括我曾广泛涉猎的杜梅齐尔［G. Dumézil］、弗雷泽［G. Frazer］、博厄斯［F. Boas］、米德［M. Mead］以及众多研究印第安神话的美国人类学家）。不仅应当熟知这些西方学者的思想历程，还应当了解中国学者所采取的相应视角。要研究中国神话，就不能越过袁珂先生；要研究中国哲学，就不能不知道杨伯峻、李零等数十位历代著名的注释家……因此，汉学研究应当掌握一种双重的学术文化，考虑到阅读浩如烟海的著作所需的时间，这绝非易事。（委婉地说，）西方学者往往容易轻视中国相应的学术研究，而中国学者——除了当代的学者——对自身科研领域在西方的研究现状也缺乏关注，这是不争的事实。

谈及我的研究范畴，我认为最重要的一点是，由于所处时代距今非常遥远，所以排除了直接考察的方法（人类学家则可以进行实地考察）；我唯一的对话者就是文本，是否回答我的疑问取决于它们的意愿！而且答案并不明确……因为从解读作品到理解作品（后世的评论家可能是最好的助手，也可能是最坏的干扰），再到进行现代阐释的阶段，都需要经历一番艰苦的跋涉，可以说这是一门艰深的艺术，而这也恰是其魅力所在。

为了简要回答您的问题，统而言之，我认为，葛兰言和列维-斯特劳斯所采用的分析方法，优先对神话的叙事结构及不同形式的循环复现（récurrences）加以考察，这种方法最富成效，同时也不与其他的研究路径相悖。

三

钱：神话传说是遥远的故事，是民族历史古老的记忆，每一个民族都拥有原创的神话故事。每个民族的神话故事都和各自民族文明起源紧密相依。对神话故事的研究必然导向对民族文明起源的探究，而对民族文明起源的探索，则是整个人类文明起源课题不可或缺的部分。文明起源的问题一向是学术界、史学界、跨文化研究界最重要的课题之一，难怪西方学有专攻的真正汉学家，无不将中国古代神话与传说的研究视为最重要、最必需的课题，看作解开中国文化奥秘、真正走进中国文明的大门之必经路径，请问马修先生，您对此有何高教？神话学、人类学向来是热门学科。近20年来，一如海外汉学界，我国学界的神话学、人类学者也已将神话学和人类学的研究自觉地引向中华文明探源方向上来，且取得了可喜的重要成果，一门新兴热门的跨文化交叉学科——文学人类学在我国已初步形成。您知道吧？其领军人物便是我国比较文学界的少壮派叶舒宪教授，他的《文学与人类学》《中国神话学》《千面女神》《神话意象》等以及新近出版的《图说中华文明发生史》，都是我国文学人类学的开路之作，引起了我国学界广泛的好评和高度的重视。请教马修先生，您对此有何评论与见教？

雷米·马修：叶舒宪实际上是中国当代将本国神话学与西方神话学相结合的一位学者。他曾关注结构主义的大胆尝试，并将自己的部分研究建立在结构主义的分析和理论之上。我认为，他同时也是袁珂的一位继承者，尽管后者的方法论形成于20世纪上半叶，在当时那个完全不同的政治和意识形态背景下，他很难接触到围绕这些问题的西方研究。

如果说，我能够最先认识到神话学有助于理解一种文化的形成和发展，那是因为神话的生命与其创造者相比可以无限地延续——但我并不会将神话学称作解开中国文化奥秘的关键。首先，我认为并不存在什么中国文化的奥秘，它们只是一个社会的形成发展与思维模式（即马克思所谓的上层建筑与经济基础）中尚不为人所知的若干方面。虽然对神话的分析能够像其他科学那样，解开文化中的奥秘，但这种方法并非居于首要地位。了解法律文本的历史、解读思想文献（也可称作哲学文献或先哲智慧）、对人类遗址进行考古从而分析宗教和祭礼现象（二者在中国高度融合）、研究文化之间的交流……通过不懈地尝试，这些方法同样有助于从物质和思想两个维度了解社会的形成。我惊叹于人们从考古学发现中所汲取的如此丰富的信息，无论是就随葬物品和画像而言，还是就文本自身而言。您看，马王堆、睡虎地和郭店的新发现以及上海博物馆收藏的楚竹简，为中国思想史领域带来多大飞跃！这对理解中国社会的形成难道不是弥足珍贵的帮助吗？

每逢要将中国与西方世界做比较，尤其是在神话学领域加以对比，我总是颇感踌躇。最近，一位中国大学的研究者曾询问我是否可以将古希腊神话与中国神话做比较，我的回答是只有具备可比性时，比较才能实现，而在我看来，在这一研究领域，把中西之间拿来做比较似乎有欠稳妥。我认为，虽然"比较文学"能够对叙述手法和人物类型以及诗歌、小说和历史的写作方式进行匹配与区分，但在文化和宗教背景截然不同且毫无关联的情况下，对源于口头文学的神话题材而言，采取的这种方法并不适用。

由于尚未通读叶教授的大作，我的认识还不足以对他的整体工作做出评价，尽管如此，我仍对其主体持欣赏态度。日后当我对他的研究具备一定的认识，且足以给出论据翔实的答案时，欢迎再就这一问题与我交流。

四

钱：古代中国神话传说与中国宗教信仰、中华文明生成发展紧紧相扣，对神话与传说的开发、研究，必然导向对中国宗教哲学、社会思想、文明历史的深度探究，这是 20 世纪法国汉学继一代大师沙畹之后号称"汉学三杰"的语文学家兼考古学家伯希和（Paul Pelliot，1878—1945）、历史学家马伯乐（代表作《古代中国》[1927]）、"具有哲学家和诗人气质"（戴密微语）的社会学家葛兰言（代表作《中国人的宗教》[1922]、《中国人的文明》[1929]和《中国人的思想》[1933]）所走过的道路。我们注意到，您作为这些大家前贤的法国当代汉学后辈，正以一个接一个的著译实绩，追随前辈而行。显然，您由古代中国神话传说出发，正向中国文化、文学、哲学、思想分途掘进，齐头并发，取得了令人瞩目的成果。请问是何种契机使您做出如此深度突进的？在您之汉学之旅这一征程与攀登中，想必有不少宝贵的心得、发现，能否与《跨文化对话》广大读者分享呢？

雷米·马修：您所问的是关于研究契机的问题，而我则以研究的条件作答。您所说的"契机"，我理解为有"偶然"或"时机"之意。我认为，偶然确实起到了一定作用。假如我与汉学的第一次接触是以唐诗为契机，我也许会在这个诗情画意的领域里成为专家（不论出色与否）！而如您所知，与葛兰言的偶然相遇决定了我走上另外一条道路。不容否认的是，我的许多同事的专业方向，都取决于一次偶然的相遇：偶尔读到一本书，偶尔遇到一位作家，偶尔结识一位老师……于是，我是否要成为一个汉学家就这样尘埃落定，相信其他的同事也是如此。

如您所说，此后，经验在很大程度上决定了我在高校和科研领域的工作方向。实际上，我循序渐进地累积自身的学问，不仅包括构成一门科学的各种各样的材料，还有在科学信息组成的复杂迷宫中开辟道路的能力，尤其当网络时代来临——我年轻时显然不曾经历过，庞杂的知识使我们迷失在信息的茫茫大海中，其中也不乏虚假的信息或者泛泛的知识。这就是您所提到的经验的好处，它使我们能够（随着年龄增长）逐步获得一种本领（un savoir-faire），即道家认为能够认识一切有价值的东西的本领。犹记得当我还是一个青年学者时，在图书馆中度过的那些午后时光，我一期接一期地翻阅学术期刊目录，生怕自己错过哪怕一篇必将为科学带来革新的文章！

回到答案中最初的条件一词。我总是对国家怀着一种有所亏欠的感情，这种情感贯穿我的整个学术生涯。时至今日，虽然我已经退休，但我仍然自筹经费，以便能够完全（或接近完全）独立地开展对古代中国的研究，我为此深感自豪与感恩。我常常自问："人们真的愿意为这种研究出资吗?"如果答案是肯定的，那么我的工作（发表、出版文章和著作、授课、参与学术会议、指导论文、参与媒体……）无论在质量上还是在数量上都应该当之无愧。这就是我所说的"研究条件"，即法国给国内科研人员提供的条件。这些科研工作者一直享有公务员待遇，社会上很少有人能享有这种待遇，同时还拥有表达自由和相应的生活保障。

总而言之，在与法国同事以及国外同人特别是与中国同人的频繁交流中，我逐渐具备了您所谈及的这种经验，并且希望把获得的经验储备在自家的店堂后间（恰如蒙田的那句隽语①，因为同人的见解往往建立在我远不能及的深厚基础上。我总是对自己说：中国同人的视角比其他人的更重要，因为这是一个中国人观察其自身社会的目光，在此意义上，这种视角比其他视角更值得思索，因为它无法被他者取代，它本质上是不可置换的。

[① 详见蒙田《随笔》："我们应当为我们自己保留一个店堂的后间，它完全属于我们自己，不受任何约束。在那里，我们可以获得真正的自由，超然物外，独善其身。"("Il se faut réserver une arrière-boutique toute nôtre, toute franche, en laquelle nous établissons notre vraie liberté et principale retraite et solitude." [Montaigne, *Essais*)]

五

钱：马修先生由古代中国神话转向中国古代哲学思想研究，我们迄今读到的是您 2006 年出版的《孔夫子》一书（内含孟子、荀子）和 2014 年年底发表的《中国思想中的"圣人"观》，前者是法国学界 21 世纪初推出的"永恒的智慧"丛书之一种，后者是巴黎东方语言文化学院去年纪念法国汉学前驱考狄（Henri Cordier，1849—1925）学术会议的论文。据说您所领衔翻译的《古代孔夫子思想全集》（*Corpus confucianiste ancien*）已入选伽利玛出版社"七星诗社文库"即将出版。我们知道，始终居于中国文化主脑地位的孔夫子思想一直是西方思想文化界、汉学家、作家所热衷的经典课题，在西方学界有关孔夫子的著译甚多，而作为儒学开创者和领军人物的孔夫子的思想学说之西渐，可谓历史悠久，满路风雨而命运多蹇。自明末清初来华传教士将之引入西方后，几个世纪来经历了何等漫长的解读、误释、曲解、想象与美化的曲折神奇历程！我要求教阁下的是，您作为研究中国古代文明深有所得、卓具见识的法国当代汉学家，在您眼光里，孔夫子到底是怎样的哲学家、思想家呢？您不是在您的《孔夫子》一书中说，孔夫子是"伦理思想家"（un penseur éthique），是一个"非常规的思想家"（penseur inclassable）吗？对孔子究竟如何定位？您认为对当代西方学人来说，应采用何种适宜的方法与视点才能真正认识儒家思想创始人孔夫子的真实面目？

雷米·马修：您定能理解，对我而言，用寥寥数语就孔子在中国的地位给出一个确切回答太难了，要知道，仅仅在当代，就有成千上万的著作为这一问题绞尽脑汁，却始终无法穷尽。这部关于孔子的拙作并没有那么宏伟的雄心，它只是一部介绍孔子思想的作品，以使那些不了解中国哲学奥秘的法国读者能够认识这位中国最优秀的思想家和教育家。鉴于其在中国历史、思想、政治和社会组织中的地位，这是一个绕不过去的人物。围绕着和谐这一十分宽泛的概念，孔子如今成为国家整体的象征，从而为他又添一道光环。自相矛盾的是，虽然孔子在中国历朝历代的影响已经超越了礼的范畴，而被用于政治目的，他却不曾参与政治——以我们今天的眼光来看——否则，他在道德辩论中已经提前落败。他没有什么政治"纲领"，只有一腔幻想，试图以道德伦理的约束来改变世人，似乎只要先行改变君主，别人就会紧随其后，进而达到每个人都仁爱他人的理想。然而，孔子身处的时代和即将到来的时代——战国，都与他的理想南辕北辙！诞生之初的儒家思想令我神往——当时的儒家还未发展成如今的面貌，而其最令我神往之处，莫过于儒家在中国社会和当代政治思想中一脉相承的价值观。孔子是中国人决然无法舍弃的一位先人！此外，我认为还有一点很重要，即孔子是一位拒绝特权与既定立场的人。由此观之，他是一位真正的中国思想家——这一点与道家思想家不谋而合，人们通常认为道家更符合这一美德——他并不倾向于任何一方，也不提供现成的解决办法或真理，只是针对与他对话的人和特定的场合提供一些想法（令人不由联想到《中庸》的题旨）。在我的研究中，我认为还有一点需要指出，孔子之所以能为人传诵至今，是因为他善于融入中国社会，融入社会中的各种信仰、道德准则、世俗或宗教活动……这是道家作为一种颠覆性的哲学所望尘莫及的。在文学和艺术领域之外，道家只能以宗教的形式流传下来，将一些大众信仰与佛教杂糅其中，并将最初对政府的尖锐批评（庄子体现了这一核心思想）消减殆尽，才得以残存至今。

对于您所说的"孔子的真实面目"，我并不十分感兴趣。在我看来，重要的是他在 2 500 年间传承下来的东西，比如有关人文主义、自然主义、礼仪制度以及伦理学的一些启示。至于其他，即使是历史学家也很难从中窥得全貌。人们是否期望知道这些呢？

六

钱：回眸儒家思想西传法国（欧洲）史，若从 17 世纪入华传教士金尼阁（Nicolas Trigault）神父的《基督教远征中国史》（1616）、柏应理（Couplet）神父等《中国哲学家孔夫子》（*Confucius sinarum philosophus*，1687）算起，已经四个多世纪。儒学的代表作由传教士汉学家和经院汉学家不断迻译，仅以儒家经典《论语》近代迻译为例，据粗略统计就不下十种法译本。在 20 世纪初除众所皆知的顾赛芬（S. Couvreur）神父的译本外，20 世纪后半期就有程艾兰（1981）、李克曼（Pierre Ryckmans，1987）、雷威安（André Lévy，1994）等先生的新译本。马修先生，相比此前之译，您所主编的伽利玛出版社"七星诗社文库"中的《儒家哲学家》（*Philosophes con-*

fucianistes）新译本有何不同呢？它与法国流行的译本相比又有些什么新增的特色？能否请略告一二呢？您在自己的《孔夫子》里称颂孔夫子创立了以"中国人道主义为特点的首个哲学学派"，一直影响着当代中国文明的发展方向，还高度赞扬儒家思想中的"圣人"观。请问：儒家思想的本源是什么？孔夫子哲学核心价值与普世意义（或现代意义）究竟何在？

雷米·马修：与基督教在中国的传播相比，儒家思想在西方尤其在法国的传播速度要缓慢得多。实际上，对儒家思想的引进者而言，其目的也不尽相同！在那一时期，没有一个引进者曾皈依儒教，之后也极为罕见，至少在法国是如此。

您所提及的那些古老的译本，其翻译质量并不是一个重要问题。因为在当时，译者的手段非常有限，字典极度匮乏，而且通常都是拉丁文，也没有中国当代的科学研究可资借鉴，可供参考的传统注释要追溯至朱熹及其弟子的注解，这在清朝末年的中国十分流行。我承认自己对这些过时的译本兴趣阙如，它们全部或有部分是以拉丁语翻译的。即便偶尔看到它们，也只是随手翻阅后便又放下。我并没有从中回顾过去的耐心。出于需要，第一个拉丁语和法语译本还是引起了我的关注，就是令人尊敬的顾赛芬神父的译本，无论是对学术界还是对当时仍是大学生的我而言，这都是一个至今依然无法超越的译本。我很快发现，拉丁语译文比法语译文更加忠实于原文。也许是因为我对拉丁文仍然记忆犹新，才促使我发现了这一点吧。对于当代同人的译作，我则没有多少可以谈论的发现。实际上，程艾兰和李克曼的译本曾受到批评，评论也许未必毫无道理。但是，所有的译本，包括雷威安翻译的《孟子》在内，都达到了极高的水准（诚如一些论文所言）。我与同事白光华近年编辑出版的"七星诗社文库"丛书中的《儒家哲学家》，就从中、美两国学者的研究中获益匪浅，他们中有人已于30年前逝世。这部作品的优势在于将儒家的全部经典（《论语》《孟子》《大学》《中庸》《孝经》《荀子》）集中收录，书末附有索引、表格、附录，符合"七星诗社文库"一贯的规范。此外，在评注方面，我们的丛书还得益于一套十分正规的注解校勘系统，《道家哲学家》第二卷《淮南子》即是如此。而对于您就儒家思想核心价值的大胆发问，我同样只能强调一点，即儒家哲学的最可贵之处，在于它认为人不仅仅能够衡量一切事物，同时也体现着最重要的价值。因此，儒家的理想就寄寓于我们在别人身上不断发现的善，这需要借助不断的自我完善以及面向他人的行动，而绝不是只爱自己。正是这一可贵之处，使儒家哲学能够跨越数个世纪的时间与不同文化的差异。这番教益也许会令我们感到过于理想，但它承载了一种人文主义情怀，历久弥新，作为道德和哲学蓝图，从未有什么能够对它加以质疑。

七

钱：相较于儒家思想西传法国（欧洲）之热潮，道家思想之西渐"热"也许要相对滞后，其代表作的西文迻译，大约至早也要到 19 世纪初叶才能读到。据考，1838 年，法译老子《道德经》首个全译本问世，追随其后的是 19 世纪著名汉学家儒莲（Stanislas Julien，1797—1873）的《道德经》全译本（1842），接着是 20 世纪初叶入华传教士、汉学家戴遂良（Léon Wieger，1856—1933）神父的《道德经》译本（1913），之后便不断有各种《道德经》的法译本出版，重要的有：近代华人学者黄嘉诚（Houang Kia-tcheng）、弗朗索瓦·黄（François Houang，1911—1992）神父和法国大诗人皮埃尔·雷里斯（Pierre Leyris）联袂翻译本（1949 年初版、1979 年再版），艾田蒲（Rene Etiemble）序、刘家槐（Lieuou Kia-hway）译《道德经》（1969 年初版、1980 年"七星诗社文库"），梅迪西斯《道德经》译本（1974），顾从义（Claude Larre）神父译、程抱一序《道德经》评译本（1978 年），乃至最近出版的资深汉学家汪德迈先生序、最年轻的华裔学者陶陶（Laure Chen）迻译的别开生面的老子《道德经》新译本（*DDB desclée de brouwer*，2014），等等。请问您的老子《道德经》新译本（2008）有些什么新特点呢？据说由您领衔的《道家思想》全译本，不久也将以伽利玛出版社"七星诗社文库"面世，您在这部道家皇皇巨译中又有什么追求和新的增添与创意呢？

雷米·马修：对每一个《道德经》的新译本，我们都有理由思考："与以往的西方（法语）译本相比，它有什么新意？有哪些更地道的价值？"就我的译本（巴黎 Entrelacs 出版社）而言，答案十分明确：我希望使读者看到这篇与基础文献现存的不同版本，包括郭店版本（郭店竹简年代上溯至公元前 4 世纪末，于 1993 年出土于湖北的遗址，这是迄今已知最为久远的《老子》抄本）、马王堆版本（基于公元 2 世纪中叶的汉代文献，这一版本打乱了传统的章节，与经典版本有所差异）以及由王弼、河上公注解的所谓经典版本，最后的这一版本在哲学思想史上长期居于统治地位（我将《想尔注》的版本排斥在外，总的来说，它对这个编年体三部曲并无补益）。王弼注解的版本被视为经典（"经"这个字也出现在《道德经》的题目中），因此作为参考标准；书中通过大量脚注的形式，对另外两个版本中的异文加以说明，这两个版本虽然已经考古确认，却没有在历史和宗教中作为经典承袭下来，但它们在文本历史和思想史方面具有重大价值。同时，由于《道德经》十分晦涩难懂，需要大量的补注和哲学注解，我也加入了自己的解释性评注。

对哲学翻译而言，最重要的是文字的准确性以及在可能的范围内确保科技术语使用的一致性。我竭力试图忠于　种翻译的选择，并以王弼的阐释为基础——在哲学家的眼中，后者的注释最忠实于老子的意图。这一译本不适于从宗教或医疗保健的角度阅读，道教的信徒往往倾向于从这两个角度着眼。因此，我的选择是基于哲学和历史学视角的，而非基于宗教。考虑到这一文本最初的性质，我相信这个选择理由充分，因为最古老的版本已经证明了原文的性质。众所周知，郭店版本的文字辨认工程是最为艰难的。我一直关注着这一文字辨认工程，它属于郭店遗址研究的另一项计划——出土于这一战国末期重要考古遗址的全部儒家文献，都将译成法语出版。

至于伽利玛出版社"七星诗社文库"即将问世的另一版本《道德经》，目前仍是一个计划中的计划，要确定它的局限和抱负为时尚早，但我希望能将古老的郭店版本收入其中，除非人们在公元前 5 世纪的墓葬中发现了更为古老的版本，证明《道德经》的年代比我们想象的还要更久远！

八

钱：道家思想西渐法国之旅，至 20 世纪已趋热潮，道学代表人物和代表著作老子及《道德经》，在法国思想文化界几近耳熟能详。80 年代末 90 年代初，法国《文学》杂志做了一个民意测验，问及"哪本中国书对法国人影响最大"。63％ 的人答曰《道德经》，其次是《易经》。在抽查的作家中，85％ 的人回答读过《道德经》。在一般人家里常常也能发现《道德经》译本。"道家热""老子热"可见一斑。以老子《道德经》为代表的道家思想的广泛传播，对 20 世纪法国文学界和思想界产生了深刻影响，不少作家、哲学家、思想家都从中吸取了思想滋养，著书立说，最著名的如：巴黎索邦大学资深哲学教授马塞尔·贡施（Marcel Conche，1922— ），作家、哲学家让·格勒尼埃（Jean Grenier，1898—1971），"原样"派（Tel Quel）作家菲利普·索莱尔斯（Philippe Sollers），罗兰·巴特（Roland Barthes），克里斯蒂娃（Julia Kristeva），等等。20世纪法国诗人与道家思想结缘而激发其诗情与灵感的更多，如克洛岱尔（Paul Claudel）、谢阁兰（Victor Segalen）、米修（Henri Michaux）、夏尔勒·朱里叶（Charles Juliet）、达尼埃尔·吉罗（Daniel Giraud）等。所有这些都是不争的事实。我要问教于先生的是，以老子《道德经》为首的道家思想到底具有何种神奇的魔力而对法国作家、诗人产生如此的冲击与影响？在您看来道家思想的本源是什么呢？它打动法国（西方）作家、思想家和诗人的奥秘究竟是什么？

雷米·马修：您提了一个很棘手的问题，有许多原因造就了道家思想在法国姗姗来迟的成功。首先，客观因素是，道家文献的第一批法文译本出现得相对较晚（主要包括《道德经》《列子》《庄子》）。您上文已经提及，《道德经》的法文译本到19世纪才逐渐为法国文化界认识，这是一个极为缓慢的过程。要等到20世纪初尤其是20世纪中期以后，道教的异端思想（至少当时被认为如此）才被那些非专业的普通知识分子有准备地接受，您已经列举了其中一些名字，这是一批引领知识界潮流的作家（巴特、索莱尔斯、克里斯蒂娃），我对此毫不怀疑。更严谨地说，他们使文化界步入一种崭新的思维模式，如果没有他们，这种新的思维模式仍将一直销声匿迹。他们的引渡人角色并未引起足够的重视，我由此想到，中国与汉学应当感谢艾田蒲与稍逊于前者的索莱尔斯，他们打开了汉学作为一种学术研究的大门，尽管他们自身并非汉学家。

再往上回溯，在他们之前，克洛岱尔等人已经开始改编《道德经》的某个篇章。对一个信仰基督教、浸润于古希腊和拉丁语文化而无汉学背景的人来说，这是一个相当勇敢的尝试。然而，克洛岱尔却醉心于中国文人文化的魅力，他的《中国诗》（*Poèmes d'après le chinois*）和《中国诗补》（*Autres poèmes d'après le chinois*）不仅丝毫没有损害译文，还充满异域风味！与米修、谢阁兰等人一样，克洛岱尔也在这种熏陶下闻到一股不墨守成规的清新之气，从而在一定程度上改变了基督教徒看待中国的狭隘目光，这种目光是如此地符合正统观念。回想这一代人所追随的主流观点，再想想极少数倾心于超现实主义魅力的那些人，我认为，对上述在法国知识界享有或曾经享有盛誉的作家而言，这种经历在他们的精神层面留下了某种后续影响，况且中国还是一个在文化上充满神秘的国度。您着重指出了道家思想的核心要素——道的神秘与不可言说性，您还强调了使一种非系统性的思想获得成功的诸多因素，正是道家思想使人们摆脱了看待中国的思维定式，从老生常谈的儒家转向了一种全新的目光。此外，那些多少有些晦涩的解释——就像对《易经》的阐释——也刺激了道家思想的传播。最后，由于庄子、列子等道家主要思想家（此处并不包括淮南子，在"七星诗社文库"的译本出版之前，法国读者对其所知甚少）的语言往往富于想象，使他们同时扮演了诱惑者、劝诱者的角色，从而使读者有身临其境之感。某些学说的传播和兴盛——特别是来自国外的学说，往往是一个谜。除了某些政治层面（不要忘记中国革命）与美学层面的因素，还应加入一个本质上难以解释的现象，即偶然造就了特定时刻的必然。

九

钱：我在想，道家思想之于法国作家、诗人、艺术家的独特魅力，或许就在于它对后者在认识论、方法论和艺术精神的启发，是道家智慧的深刻吸引力。这一点只要回顾一下诗人谢阁兰、克洛岱尔、米修的创作道路就不难明了，请问马修先生您对此有何见教？古代道家精神、道家智慧向来是古代中国作家、诗人、艺术家创造精神的资源与灵感源泉，这方面的例证可说不胜枚举。我们注意到，道家思想、道家智慧与艺术创造的问题，也引起了法国学界愈来愈多的兴趣和重视，在这一方面，我欣喜地读到索邦大学知音（Véronique Alexandre Journeau）教授赠送的一本厚重著作《文艺乐》（*Poétique de la musique chinoise*，L'Harmattan，2015），这是一部研究诗歌与音乐、绘画、艺术的跨学科之杰作，更令我惊喜的是您为此而写的序："在中国思想中，音乐是世界的一部分，换言之，是以音乐为表现形式的世界本身。作为人类的作品，音乐构成了文化的精髓，文字和绘画也是如此，但音乐首先是自然的表达，甚至是道的表达，道化生万物，并赋予万物循环往复的准则。"在此不妨请您简略地谈一谈这方面的心得与发现，以飨我们《跨文化对话》的读者，也让我国学者分享法国同行学术探索的喜悦，您看可以吗？

雷米·马修：关于法国艺术家为何青睐于道家思想，我想向您指出，我认为其原因更多是出于一种对神秘的向往，而非方法论或认识论的启发。此外，我们也需注意对道家思想的"野性"阐释——或以此假设，这些阐释在许多人眼中，构成了道家思想的魅力所在。

就我个人而言，我说过，我并不那么关注道家那种令人着魔般的魅力，我更看重道家哲学，也就是道家如何思考人与世界、他人和自身的关系，如何思考人与不可言说之间的关系，即中国哲学所探讨的人与道之间的关系。我很赞同您在此处使用了"喜悦"一词。没有研究能够脱离这种根本的动力，即在我们本以为熟悉的领域中，懂得了某种前所未闻的事物的喜悦，有时不懂得也是一种喜悦！现在对我来说，研究湖北郭店出土的儒家文献就是一种喜悦，这项工作我已在上文介绍过，它也属于我们所谈论的主题。在从事类似工作的中外同行身上，我也找到了同样的热忱、同样的激情。

回到您刚才提到的中国音乐特别是知音教授的那部作品，这是一项在西方特别是在法国汉学界独树一帜的重要研究。这本书以中国的资料为研究基础，指出中国音乐绝不只是一种纯粹的灵感产物，更是一种理性甚至计算的产物，我们乐于在狂放艺术家的作品中所见到的肆意挥洒，在它那里十分罕见。中国的艺术（绘画、诗歌、音乐、戏剧、建筑等）与其说是一种情绪，毋宁说是一种技巧，一种使表达的界限合乎"宇宙之数"的严谨技巧。我由此想到，欧洲的诗人与艺术家有一种误解，他们希望在道家那里看到那种他们所认为的随遇而安（laisser-aller）与放任自流（lacher-prise），至少，道家这种"无为"（non-agir）应当不亚于其逻辑思维与推理的严密性。在"放弃一种智慧与知识"之前，还需要首先拥有它们！人们时常将儒、道对立，似乎前者象征思想的严谨，后者则象征非理性的放任，这种观点在我看来是毫无根据的。我们可以看到道的学说有多么严谨、深刻，这一点在西方却往往遭到歪曲。此外，儒莲对道家思想的研究也有助于为我们的读者点亮一盏明灯，他们常常急于在不可能的地方寻找一些异域情调。道家的反智主义不应使人们忘记，这一思想体系是多么完善。如果说道家在政治领域被看作异端，那么在思想领域，它则是革命性的。

十

　　钱：马修先生由古代中国思想、哲学研究逐步转向中国古典文学（特别是古代辞赋、诗歌）的译介与探讨，且取得了引人瞩目的成果。我们读到的是您译介的屈原等《楚辞》（2004，伽利玛"认识东方"丛书）、您主编的《中国诗选》（2015，伽利玛"七星诗社文库"）等重要著译。在 19 世纪法国汉学史上率先将中国辞赋引进法国的是"和蔼可亲的文人"（aimable léttré，戴密微语）、翻译家德理文侯爵（Marquis d'Hervey de Qanit-Denys），他迻译的屈原《离骚》（1870），虽无华丽的辞藻，也无形式上的典雅，但在当时第二帝国的文学沙龙中却引人注目。20 世纪法国汉学界对屈原和古典辞赋产生了更多的关注，马古烈（Georges Margouliès）的《〈文选〉中的赋》（*Le 《Fou》 dans le Wen-Siuan*, *étude et textes*, Paris, Paul Geuthner, 1925）、吴德明（Yves Hervouet）的《汉代诗人司马相如》（*Un poète de cour sous les Han*, *Sseu-Ma Siang-Jou*, Paris, 1964, PUF）、攀巴诺（Jacques Pimpaneau）的《中国文学史》（1989）等著述中都有对屈原《楚辞》等辞赋的介绍或节译，20 世纪下半叶法国人可读到罗兰（J. Rollin）翻译的《楚辞》中屈原的《离骚》《九歌》《天问》（俄尔普斯诗丛，1994）法译文。您的屈原《楚辞》新译本作为有名望的伽利玛"认识东方"丛书之一，是《楚辞》首个法译全译本，且包含了与屈原同时代宋玉等其他楚辞诗人的译品，我想，不仅迻译篇幅前所未见，译介技巧和质量也远胜于前人，您觉得呢？屈原是我国广大读者最喜爱的伟大诗人，您出于何种动因要译介屈原《楚辞》全本呢？您对这位东方伟大诗人的歌唱有怎样的认识、评价？他的诗作与法国传统的诗学创造有什么不同的中国特色？是否如您所说，屈原《楚辞》的歌唱，是"诗中的谜，谜中的诗"呢？

　　雷米·马修：您提到古代文学作品中的两大门类：楚辞和汉赋（近日上海出版了一套两卷本的汉赋集，将这一时期的篇章全部收录，我曾认真研究过这一诗集），确有道理。您列举了两位具有代表性的研究汉赋的大家——当然二者的地位有所不同：马古烈和吴德明。前者的中国文学史（散文与诗歌）研究更为著名，但他对《文选》中的赋的探讨也非常值得关注。《文选》是公元 6 世纪萧统编纂的一部重要的古代诗文总集，对于所有的中国文人来说，它在诗歌鉴赏方面具有极高的指导价值。需加强调的是，汉赋在六家注刊的《文选》中占有重要地位。马古烈开拓了这条研究道路。借此机会，我还要向吴德明关于司马相如的著作表达感谢，这是一部学识渊博的作品。相比之下，我对吴德明翻译的《史记》卷 117（《司马相如列传》）则不那么感兴趣，因为虽然译文十分准确，却无法传达出汉代诗人健笔凌云的风貌。

接下来是屈原。在我看来，屈原即便不是中国最伟大的古典诗人（人们往往惯于按积分排名的方式品评作家①，对此我并不十分欣赏），至少也堪称古典诗歌最重要的奠基人。这正是我选择屈原及其在《楚辞》中的弟子（这些弟子的身份有些尚未确认）的作品的原因。屈原向君主抒发愤懑之情的长篇大论，并没有引起我特别的兴趣，他对君王既满怀忠贞，又带着一腔愤恨。但是，作为已知最早的中国诗人，屈原不仅继承了《诗经》的传统，还开启了文人诗的先河。他创立了一种诗歌形式、一种风格乃至一种体裁，并为中国诗人传承至今。显然，屈原所代表的中国文人的总体命运也吸引着他们：一个文臣因失去君王的宠信而遭背弃，以致被放逐和自杀的命运。屈原从此成为忠勇无畏的典范以及尊重传统的象征。我们发现，《诗经》中为人称道的丰富辞藻在屈原的作品中变得更加丰富，而孔子也曾对《诗经》的文采津津乐道。诗人不被理解的悲剧形象无疑也十分重要，它是中国的文人最常见的一面镜子。在此，我还要强调诗歌的形式问题（就《离骚》《九歌》《天问》《九章》而言），出于想要争取君王的宽待以求自保的目的，中国的作家赋予诗歌以一种谜的形式，即委婉含蓄的言说方式，这些方式包括寄托、讽喻、象征和比喻（日益发展为一种俗套）。重要的并不是直陈其事，而是通过一个暧昧不明的形象来影射爱憎之情的对象，以避免审查带来的惩罚。实际上，这就是我所提到的谜中的诗，况且诗歌本身就是一个谜。

十一

钱：由屈原入手，经近 10 年努力，由您主编，联袂法国汉学界马如丹

[① "classements par points"（按积分排名）本为环法自行车赛术语，指在多阶段自行车赛事中，将所有段的成绩累计起来决定每一位赛手的总成绩。]

(François Martin)、胡若诗（Florence Hu-Sterk）、尚德兰（Chantal Chen-Andro）、艾美丽（Martine Vllette-Hémery）等当代知名译家与高手推出的《中国诗选》（*Anthologie de la poésie chinoise*，Blbliothèque de La Pléiade，Gallimard，2015）法译本，无疑是法国学界译介、研究中国文学（特别是诗歌）的标志性成果，它与 20 世纪 60 年代汉学大师戴密微先生主编的《中国古代诗歌选》（*Anthologie de la poésie chinoise Classique*，Gallimard，coll. Connaissance de l' Orient，1962）相得益彰，应该说，同样是中国诗歌西传法国史上的里程碑式译述。这部《中国诗选》囊括了自古而今的中国主要代表诗人的作品，堪称皇皇巨译、气势恢宏。我要请教您的是，如此众多不同时代、不同风格的中国诗人之诗作，由近十几位法国当代汉学界不同风格的高手来移植为法文，您作为领衔主编，对联手翻译的全体成员有无统一的翻译方法与策略？在如何再现中国原诗风格特点、诗情韵味和文化意蕴方面有无同一的要求和期待？

雷米·马修：实际上，《中国诗选》的出版必然需要翻译组成员对翻译方法的共同商讨。我们的讨论一直持续进行着，直至将手稿交付给伽利玛出版社。我们的基本原则是首先将诗歌史划分为八个不同时期（古代、六朝、唐、宋、元、明、清以及现当代），接下来，自然是将每个时期分配给相应领域和时期的研究专家。您已经列举了许多专家，此外还应包括费扬（Stéphane Feuillas）、蓝碁（Rainier Lanselle）和桑德琳（Sandrine March-and）。中国的诗歌无疑是"浩如烟海"，仅就囊括全部时代的《中国诗选》而言，就收录了近一百万首正式诗歌！不过，《中国诗选》的原则不正是"博采百家之长"吗？虽然我会在某些方面提出意见，但每个人都有完全的选择自由。翻译的标准则包括诗歌的代表性、可读性（入选的诗篇应当易于理解，而无须借助过多的评论），当然还有译为法文后所保留的诗歌特质（对法语读者而言，译诗的形式应当能够还原作者所传达的美学情感）。您也许要说，这是多么严峻的挑战！然而，还有一条不属于科学范畴的标准，那就是兼顾译者对诗歌的不同偏好，因为没有这种对作品的偏爱，就没有质量上乘的译作，不论译者的技巧多么出众。

对这项计划的方法论层面，我认为每个人都能自由地选择自己的风格（不过，译本需要经过一位同事审阅，以确保翻译品质）。需要看到的是——您与贵刊的读者想必比普通读者更清楚这一点——中国诗的风格是多种多样的，其表现方式亦各有千秋，韵体诗在译为法文后，并不像非韵体诗那样朗朗上口，用于歌唱的诗与用于朗诵的诗、自由诗与七言诗、散文诗与《诗经》中的四言诗等也各不相同，能够解决一切形式问题的锦囊妙计并不存在，也不应该存在，只有一个最优先的要求：把一首中文诗变成一首法文诗。译者也是作者，虽然从一门完全不同的语言出发，他仍能以自己的语言和这种语言的天分来创造作品。法国读者在阅读时应当不会觉得这是一首译过来的诗，前提是作品不仅充分尊重原作，还能以它自己的语言与读者对话，这种语言绝不是妥协下的混合产物。正如我们看到的一些译诗的范例：它们以"成为中国诗"为目的，并使一首中国诗在译为另一种语言，比如在译为法文时，仍具可读性，否则，如果失去了原作的美学情感，我们的挑战就将失败，而读者也将寸步难行、丧失耐心！

我希望我们的尝试是成功的，如果参考作品目前所受到的褒奖。我们的作品总计 1 600 余页（其内容多达戴密微《中国古代诗歌选》的两倍，后者在文学史上的截至时代也早于我们的《中国诗选》），它足以令读者阅读并爱上中国诗。

十二

钱： 马修先生从译介中国古代神话传说开始，进入中国六朝神话传奇小说、古代哲学散文、屈原辞赋、古典诗词的法译实践，一直致力于中国文学的翻译，不仅积累了翻译中国文学的丰富实践经验，而且在译介理论和方法论上也颇多创获，能否请您就此谈一谈呢？以便供我国跨文化比较文学同行借鉴。翻译是不同民族文化文学交流的一座桥梁，随着日益频繁的各民族文化文学交流事业的发展，翻译的意义和价值毋庸多言，翻译批评与翻译研究也随之兴盛起来，翻译的规范、准则、策略与方法论之探究，便成为所有译家所关注的热点。早在 20 世纪初我国翻译前辈严复率先提出"信、达、雅"，向来被我国译界奉为圭臬，接着而起的是林语堂的"忠实、通顺、美"，傅雷的"舍形似而求神似"，钱锺书的"化境"，迄今也为我国许多翻译家和批评家所津津乐道。您对文学翻译拥有丰富的实践经验，想必对译介学理论和方法也有独到的理解与高见，能否就此和我们交流交流？您对"信、雅、达"三原则、"翻译是创造性的叛逆"以及如何使"文学翻译"成为"翻译文学"等有怎样的认识与评价呢？

雷米·马修：翻译的理论是一个极为复杂的问题，因为它涉及不同类型的文本的翻译实践，而文本的类型是如此繁多（文学、哲学、心理学、历史、法律、社会学……），更不必说纯粹的科学文献（医学、天文学、数学……），这些科学文献需要极为专业的科技知识。我在此仅就您提问的领域即文学领域来谈。

您强调在全球化过程中，跨语言和跨文化交流将起到如何举足轻重的作用，虽然目前仍不可预期，这就要求译者不仅要掌握源语言和目的语，还要以同样的程度掌握两者的文化。对此，汉学家以及一些研究非欧洲语言的专家有自己的观点。

我乐于适度地信任"信、达、雅"这种充满善意的表达。因为对原文的信是一个译者所应达到的最低要求。至于达和雅，则可能与信相对立！您不这样认为吗？（此处还需注意，这些标准主要符合中国人在语言风格上的评价。）众所周知，有一个争论不休的问题：思想还是文采？对我而言，两者都不能使我信服，因为这种二元论将其他参数排除在外，强迫我们必须做出一个非此即彼的选择。我认为翻译应同时尊重这种要求：思想与文采兼具。因为每一个句子、每一部作品、每一名作者……都各有其不同的要求，有的以思想为先，有的以文采为先。我知道以文本思想为先会带来怎样的损失，原文作者精心挑选的词汇将变得面目全非，最终成为丧失优雅、活力与灵感的逐字死译。我可以斩钉截铁地断言，应当同等尊重源语言的严谨、目的语的优美以及对作者原意的忠实，尤其还应尊重文本的阅读乐趣（对法语读者而言）。此外，我不太理解"创造性的叛逆"这一表达。如果一位译者既忠实又博学，他还会有丝毫背叛作者的想法吗，哪怕是出于创造的目的？这是一个褒义词，但并不适宜于那些用来发送和接收信息的文本，它们需要的是严谨和审慎的构思。当您说到"翻译文学"这一美丽的表达时，我回想起我在上文提到的话，真正意义上的译者是一位作者，即作品的创造者，如果他能完成两种符号、两种语言、两种文化之间的转换和过渡，并且兼顾原文与读者，而他的读者原本对其研究领域的奥秘一无所知。这就是我对这些豪言壮语保持警惕的原因，它们并不能够像现代翻译学所要求的那样，建立在科学分析的基础上。

十三

钱：近 30 多年来您从译介研究古代中国神话与传说起步，经由志怪传奇、哲学散文、屈原辞赋、古典诗词，一路走来，对中国文化文学、哲学思想、社会政治进行了深入的研究与探究，推出了您的《牡丹之辉——如何理解中国》（*L'éclat de la privoine. Comment entendre la Chine*，Paris，JC Lattès，2012），集中表达了您对中国文明特点的总体思考和您的中国观。一如大著引言开门见山所言："为什么我们无法聆听中国？为什么我们对它似乎视而不见？甚至当它近在眼前，我们所注视的也不是它，而往往是我们自己的另一张面孔。我们仿佛一直在想象它，似乎它的真相只能以谜一样的形象呈现在我们面前。但是，每个人都知道，所谓谜（ainigma①）的神秘之处都是由主体的智慧与想象构建出来的。另一方面，为什么中国是神秘的？跟我们与中国之间的距离相比，我们与自身之间的距离难道不是更遥远吗？它不正是那个长期以来，我们所渴望乃至需要的他者吗？"请问：您的中国观是怎样的呢？据您看，当代法国人乃至欧洲人应如何认识和理解中国，从而才能真正聆听到中国的声音？真正认识、理解中国？

雷米·马修：虽然《牡丹之辉——如何理解中国》是应 JC Lattès 出版社之邀而写的，但在我看来，这部总结性的作品也是回顾漫长历程的一个必要选择。似乎从很久以前开始，在我的汉学生涯中，我一直无暇对自身的研究背景加以回顾，我对中国的研究是以一个西方人的目光和思维展开的。也许正是因为这一点太过于显而易见吧，这也是一种危险！

然而，我意识到，自 16 世纪末传教士来华，误会就已经开始逐渐积累，在聆听中国的同时，误解也随之产生。我希望返回到误解发生的源头，以便了解其复杂的机制。误解的源头正是事物发展得过快了，如果我可以这么说。中国经济的腾飞特别是思想与行为模式的演变，使事物的发展日新月异，而这一切最终要归结为商品与人员流动的全球化进程。

我希望这本书能够阐明欧洲得益于中国的那些方面，而中国又得益于欧

［① 原文此处"ainigma"为希腊语。］

洲的那些方面，尽管欧洲对来自中国的影响可能毫无察觉，而中国接受欧洲的影响也并非出于本愿，这是由中国从 19 世纪到 20 世纪所经历的屈辱历史造成的。我试图了解欧洲人尤其是法国人无法"聆听"中国的原因，虽然中国一直在向他们诉说，并且令他们着迷不已。他们对中国如此着迷，以至于很早以前，他们就已创造了一个想象中的中国，用来满足自身对异域情调的幻想。伟大的诗人、汉学家和考古学家，逝世于 1919 年的谢阁兰曾如是说。我由此发现，法国公共教育在中国文化与历史方面的教育是多么欠缺，而与此同时，欧洲史的课程却已经在中国开设。

前人的全部工作（我想到葛兰言和艾田蒲的工作，就基督教在中国的传入这一课题，他们的研究已经十分出色）已经透彻分析了欧洲的耶稣会士、商人与军队是如何占据中国人的灵魂与生存空间。我希望着重分析这一进程所带来的影响，也即在与中国面对面时，欧洲人眼中的中国形象。正如在不同背景下，欧洲人眼中的美洲印第安人和非洲人。显然，曾经的彼此伤害已经过去，但历史仍然留给我们一道背景，正如我们知道的那样，历史的生命绵延不断。新的交流方式并不一定能够有效地改变既定问题，但它们造成的结果能够使双方的姿态发生改变。首先，那些精英知识分子应当摒弃世界止于地中海沿岸的想法，他们应正视弗朗索瓦·于连所说的相异性。后者认为，这种相异性已经显而易见，需要以一种严肃、理性的方式加以对待，而文化间的鸿沟不仅不是阻碍，反而是一种动力。反观德里达（Derrida）和福柯（Foucault）这样的欧洲知识分子，他们在谈论中国时竟是困难重重！

十四

钱：您自去年从法国国家科学研究中心主任导师岗位上退下来，便马不停蹄（一步不停）地四处出击：在伽利玛七星诗社出版大部头的系列著译，在国内外举办讲座、出席各种学术会议。仅以今年为例，8 月下旬在南京大学"中国文学与东亚文明"协同创新中心举办的"第一届中国古典文学高端论坛"做学术报告《论宋玉的赋》，时下（9 月中旬）应成都电子科技大学法文系主任刘文玲教授之邀做中国文化人类学系列讲座，10 月下旬又应暨南大学之约做翻译学的主题讲座，11 月赴山东济南做讲座。这一切都表明，您将迎来"中国研究"的"第二春"。请问：您的中国汉学之旅"第二春"将有什么举措与筹划，能否跟中国朋友透露一点呢？作为您与我们《跨文化对话》专访的最后一个问题，也是最重要的问题，能否结合您 30 多年来研究中国文化文学的历程和路径，从外国学者之中国研究的方法论着手，做一个总结性的回眸呢？谢谢您的回答。

雷米·马修：很高兴您能将目前我的研究称作"第二春"！不过，我有必要客观地看待事物。我希望通过我对中国的研究，使更多的人了解它，并进而研究它。尽管我不改初衷，始终以此为己任，但我已经不再处于青年研究者的阶段，无须重建自己的研究生涯（虽然我不喜欢这个词，但还是不能避免使用它）。我能够更加自由地支配自己的时间，也不必再考虑曾为之工作 40 余年的体制。但很显然，逝去的光阴也夺走了一部分我年轻时曾拥有的精力，使我不能再像以往那样早起晚睡了！

身为研究学者或大学教员，我的职业的特殊性在于，对我们中的许多人而言，退休之前与退休之后所从事的活动几乎毫无差别，唯一不同的是我们的身份。但是，如您所言，我今年有幸得到了来自中国的四个不同大学机构的邀请。由此观之，与其说我的工作节奏放慢了，不如说它反而变得更快。来自国外同人主要是中国同人的认可，无疑起到了很大作用，这是我年轻时未曾经历的情况。我的研究活动也是如此，我所酝酿的一些计划还在增加；此外，我的作品为我带来了一定的声誉，从而产生了一种良性循环，使我能够通过不断接受邀请和约稿，包括文章、讲座、学术会议、著作……对于那些不在意职位和年龄而仍然希望继续工作的研究者来说，寻常意义上的假期或退休并不存在。

对我而言，您的最后一个问题很难简单地将其说清，因为我的经历并不是线性发展的。它先是紧紧围绕一点，后来又在我毫无准备的情况下辗转迁回。因此，我并不能把自己的情况当作某一类型的典范。我又怎么敢这样做呢？我想援引两个事例：在我为汉语专业的大学教师会考做准备时，有人邀请我教授中国文学课，如您所见，这并不是很久之前的事。这一工作使我有机会遇到一批出色的学生，并与他们中的一些人成为朋友。它还为我提供了一次前所未有的执教经历，作为一名研究者，我从未对此有过准备。第二个积极的事例是《淮南子》的出版为我带来的机遇——这本书收入伽利玛出版社"七星诗社文库"，由我和白光华共同担任主编，此外还有六位加拿大和法国的同事参与其中。这本书出版之前，已经有多卷丛书出版，它们属于艾田蒲与谭霞客（J. Dars）（最近，我希望翻译他的回忆录作为纪念）主编的"认识东方"文丛。过去几十年来，伽利玛出版社也帮助我出版了不少作品——甚至是培养了我，许多书籍不仅十分畅销，而且质量上乘。我还想到感谢这套丛书的前任文学主编科坦（J. Cotin）与现任文学主编普拉迪耶（H. Pradier）。没有这些最初的经历，我就不可能出版这些作品，实际上，倘若不是正好由伽利玛这家享有盛誉的出版社出版发行，也不会给它们带来巨大的成功。

孔子曾说他"学而不厌"，我的想法应当更为谦逊，那就是要不知疲倦地努力阅读和倾听，学习那些能够帮助我们更好地理解中国，进而有益于教学的事物。对这个理想而言，一牛的时间自然远远不够。也许生为朱熹或苏轼，我们才能不再为问题所困扰！我还注意到，人们认为国外学者才抱有这样的忧虑。但是中国人就能够认识中国吗？当我有机会与中国的大学生谈话，我观察到，许多人认为只要生长于这片土地就能够了解它。这是一个致命的错误……对于任何一个国家都是如此！如果我们不是天生的汉学家，我们可以用一生的时间使自己成为汉学家，通过不断地积累知识并不断对某些知识产生怀疑。学习是不可取代的，我们的中国同人、中国的汉学家，正与我们沿着同一条道路前进，这就是证明。一个小小的进步，也足以使我们满怀欣喜。钱教授，您也一定深有同感！

出于谨慎，我对自己的计划有所保留。原因在于，首先，诚如斯坦贝克（Steinbeck）所言，"老鼠和人类的计划往往都不能实现"，我的许多计划都因为遗忘或者放弃导致失败。其次，我在这一方面的确还未形成明确的想法。我只能确定我将继续研究神秘的郭店竹简，正如我在上文所说。此外，我还有一点感到遗憾，就是法国——至少是讲法语的人——并没有一个好的《诗经》译本能够代替顾赛芬的译本，顾氏的译本完成于 19 世纪末，虽有其存在价值，却未能借鉴中美学者关于这部经典著作的诸多研究。

那么，人们是否可以相信，成为一个（好的）外国汉学家有"诀窍"可循吗？我持怀疑态度，因为经历必然是属于个人的，同时又取决于生活中的一些偶然。我唯一能够确信的就是"炉中要有两把铁器"（il faut avoir "deux fers au feu"），正如法国人的谚语所说。这意味着，应当全面考虑科学所包含的两方面的观点，兼顾中国与法国的双重视角。长期以来，学者仅仅满足于掌握自身文化中的知识，而忽视了他者文化中的知识（对于中、法两国的学者都是如此）。曾经的时代已经过去，这一点主要是由于大学教育和科学研究领域的联系呈国际化趋势。现在，人人都能够也应该去阅读他人，进而丰富自身。不是所有的法国汉学家的成果都有被中国读者阅读的机会，只有极少数例外（正如您所见）。幸运的是，一些学术杂志在两个世界之间架起了一座桥梁。这不正是贵刊所做的贡献吗？

从文字的创造到《易经》系统的形成[*]
——中国原始文化特有的占卜学

[法] 汪德迈

一、汉字源于龟卜

1. 甲骨文之前中国没有文字

许多学者认为汉字的起源应该是半坡与大汶口遗址出土陶器上类似象形文字的图画。然而，若提到文字，就令人想到某些符号相互组构，而在此之前，没有文字，仅有单一的符号，所以中国文化里最初出现的文字只起源于卜辞，因为仅仅在卜辞中文字之间开始有关联性的特点。

关于这一点，反对的论点是：在进化到甲骨文之前肯定已开始用一种文字，初时形状原始，之后逐渐改进，然而我们今天寻不到痕迹，因为这些文字该出现的载体，如树皮、木头、动物皮或其他媒介物等，皆因容易腐蚀而消失得无迹可循，而仅仅甲骨文留存下来。

而我则反对这个观点，因为有比甲骨文更经久的文字载体，那就是铜器。我们今天甚至还有保存得非常完整的金文参考资料。然而，虽然第一个铜器早就出现于公元前 1600 年，二里头遗址的商朝那一地层上[①]，但也不过

---

* 原载《跨文化对话》，第 28 辑，183～192 页。系作者 2010 年 9 月在北京中国文化书院的讲演。

① 参见郑光：《二里头遗址的发掘》，见郑杰祥编：《夏文化论集》，703～719 页，北京，文物出版社，2002。

是两个世纪后的武丁在位末期，才出现最初的有金文的铜器（其铭文尚不多见）。在此之前，跟陶器一样，也有的铜器上刻有图画，但是从来没刻过文字。而铜器上的文字，不过是在甲骨文的文字体系已经发展得非常完整后才出现，所以我认为甲骨文之前中国没有文字。

然而，甲骨文中出现的文字体系为什么突然一下子那么完整，这又如何解释呢？我的说法是：这个体系本身不是语言的传达工具，而是占卜学所用的准科学性的工具，是由多少世纪以来渐趋完善的占卜学问所孕育出的。

2. 占卜学的合理性与中国新石器时代占卜制度的演变

至今，仍有不少与新石器时代的中国人同种的大草原民族依旧沿用骨卜制度，但是他们的占卜方法还是很粗糙的。相反地，商朝以前龙山文化时代的中国人所使用的占卜技术就已十分精湛发达。

首先，可看出是龙山文化末期进入岳石文化，当时之所以用龟甲占卜是因为乌龟本身就代表整个宇宙的形象（圆形体的背甲象征"天"，四方形的扁腹甲象征"地"），以乌龟为宇宙的缩影，在这几乎可说合乎实验科学精神的程序下进行占卜，就是使占卜技术显著地合理化。

其次，特别是在二里岗北边不远，与它类似的下七垣遗址处，发现了龟甲反面上施以钻凿的痕迹（整体看来，"钻"出来的形状呈正圆形，"凿"出来的则呈椭圆形）。这种技巧极其不易。其实，在骨胛或龟甲上挖出小洞，商朝以前就已经出现过，因为龟骨硬得不易致坼，而在其上挖出小洞能使龟骨变得薄些，就容易烧灼见兆。可是为什么须要钻凿并施，使小洞这么复杂化呢？董作宾说："凿之，所以正面易于直裂也；钻之，所以使正面易于横裂也；钻凿之后，灼于其处，即可使正面见纵横之坼文，所谓卜兆者也"。

商代占卜专家所以如此一板一眼地钻凿，目的并不仅仅使坼纹美丽化，而且是使坼纹尽可能正规地标准化，以便能更清楚地依其形象判断吉凶。到了这个阶段，占卜技术已是十分合理化，占卜学于是变成了一种准科学。下一个阶段就是文字的发明，而这个发明的缘由，就是"卜"式的坼纹开始被视为文字。

3. 文字的发明：甲骨文的创造

考古学家所发现的是，用钻凿方式所制作的甲骨片突然大量出现的遗址位于河南省的小屯。殷商于盘庚时期在此定都。但是，那里有的大量的这种甲骨片，年代并不早于武丁王朝，而从武丁王朝才开始出现刻有文字的甲骨片。然则，这样的甲骨片之所以突然激增，一定是因为文字已经发明，甲骨片才可以有卜辞。其实，没有登记占卜的内容以前，没有打算把甲骨片庋藏；只要甲骨片上有卜辞，就开始把它存档。

至于为什么武丁的时候开始有卜辞的问题，应如下。

那个时候，占卜专家常常用施行钻凿的方式，已经几十年。他们习惯了标准的"卜"式的坼纹，定其类型使成一组（我看过六七种不同类型一组）。① 但是，撇开标准坼纹的不同标本之差异，其模式"┣"或者"┫"不自觉地被视作"占卜"的征象。为了称呼这个征象，据董作宾看来，专家用灼龟而爆裂的声作象声名（bu）。② 然则，标准的坼纹模式又有写法（卜），又有发音（bu），变成（原始）文字，意味着"占卜"的词。

只要推论用"卜"的写法和取名法来创造类似的（原始）文字而其间构成体系性的关系，（原始）文字就成为真的文字。

占卜专家，因为想起把占卜内容登记在甲骨片上，所以想出卜辞的系统，而且创造所需要数量的文字。关于这个过程，我再提出几点注解：

（1）"卜"式的坼纹化成文字，证据就在"契"这个字的双关语上，如"契龟"一语（《诗经·大雅·绵》"爰契我龟"）指的是"灼龟而产坼"；而"契文"一语则指的是"卜辞"。

（2）我们不应把（原始）汉字的"卜"字的性质与许久以来出现在陶器上的图画的符号的性质混为一谈。图画的符号所归属的是物主或制作陶器的工匠，因此有专有名词的性质；"卜"字所归属的是坼纹所有的各种类型，因此有普通名词的性质。

（3）在卜辞中，占卜准科学上最重要的一部分是辞头的表示宇宙时间坐标的天干和地支的名词。然而，意味着干支的文字大部分（甲、乙、丙、丁……巳、午、未、申……）是跟"卜"字一样非象形的字。我们晓得占卜

---

① 我想"卜"式的坼裂之类型不过五六种，因为我以为以后的甲骨上写的筮数一组就是同一题的。对于"卜"式的坼裂的类型，参见台北"故宫博物院"张光所描写的他所做的重新灼卜的实验报告（载《"故宫"通讯》，总第18期，19页）。

② 参见董作宾：《商代龟卜之推测·钻凿第六》，见《安阳发掘报告》，第1期，1929年12月。对于爆裂之声音的论述，见该报告第108页；对于钻凿形式的论述，见该报告第95页。

专家创造文字的时候，不觉地从"卜"字得到启发，而且等到这个办法用尽后，再去找象形的字来使用（戊……戌……）。

4. 卜辞的构成式不是句子式而是占卜学的方程式

卜辞的构成式皆是如下，绝无例外：

$$A(干支)\times B(贞人)：C(命辞)＝D(占辞)$$

A，B，C，D 就是占卜涉及的资料，三个运算子（×，：，＝）就是关联的工具。

比方说，京都大学所藏的骨片京大八四八上刻的唯一的完整的卜辞读如：癸巳(A) 卜（×）永（B）贞（：）旬亡祸（C）［王］占（＝）［曰］有灾（D）。

这种构成式与其说是文章式，不如说是类似数学的方程式。我们可留意到三个关联的工具的文字：第一个（"卜"）是标准化坼纹的本身，第二个（"贞"）出自这个"卜"和"鼎"字（以后简写为"贝"）组合成的，第三个（"占"）也是由"卜"和下面的"口"组合成的。那件事情证明卜辞的构式关系到龟骨坼裂。

不能不补充说，有的卜辞附加后辞。后辞有两种：一种是常有的，注明月期；另外一种（验辞）是罕见的，注明占辞预测之结果实现了。但是，这些后辞并不属于卜辞原始状态，而是文言语言形状出现的开端。

原来的卜辞实际上与自然的语言有相当大的距离。有些学者认为这是由于最简陋的原始文章所呈现出的不完整面。正相反，卜文的系统并不是原始文章，而是非常形式化的方程式，是为了满足占卜学的需要而出现的类似科学性的语言。

5. 甲骨文字体系后期的演变

原来是占卜者所发明的文字体系，日后越来越发展成为官方文书的工具，首先出现在祭祀用铜器上，之后出现在所有用来作档案保存的行政文件上，占卜者所发明的文字体系就如此演变成为文言文。

孔子曾经为了恢复王道的政治制度而获得了审核所有的官方档案的任务，就把本来官方专用之文言文的工具私人化了，随后马上就被儒家据为己有。如此文言文就成了知识分子发表个人意见的媒介，从此在中国产生了作者文学，由诸子领先开始。然而，由于文言文起源于占卜学的一种非常形式

化的文字体系，它一直持续保有它与口语之间大不相同的特点。而最后唐朝
时代发现变文的时候，汉字开始用来记录白话，然则从文言文导引出书面语
的出现。然而，就是书面语，它仍继续维持了原有的汉字精神，就是占卜性
的精神：类似坼裂一样，每个字神秘地含容一种超普通意义的秘密的意义，
只有书法家（像古代的占卜学者一样）会通美术（像占卜技术一样）显露，
所以中国书法很有特点。

另外一方面，文字的创造使占卜技术大跃进到用算数方法进行筮占。

二、从龟卜到筮占以及《易经》

1. 殷商时代的数字卦以前没有筮占

虽《易》卦的传统溯源追本到所谓的伏羲演八卦，然其果真有据可考
吗？迄今最早的数字原卦，却要等到殷商后期。截至今日，据统计数字表
明，此卦种尚存刻于龟甲 16 卦，刻于陶器及铜戈 34 卦。[1] 在很长的一段时
期它们是不可理解的。幸张政烺先生终于识破谜底，以具有说服力的论据证
明它们就是《易经》之卦的原始形式。问题在于怎么样说明其原始形式本体
的状态和起源。

数字卦不同于《易》卦的主要特征有二：

（1）《易》卦以 4 个数字为本（营数：6−7−8−9），原卦却以 7 个数字
为要：1−5−6−7−8−9−10，这就与所有阴阳思辨说中的奇偶平衡原则完
全不符。

（2）《易》卦通常以三爻一组、六爻一组（八卦：三爻之组；重卦：六
爻之组）。数字原卦以六为常组，兼有 3、4 或 5。这种尚未固定成型的态势，
正好显示出原卦作为《易》卦的初始形态，远早于《易经》中确认的系统化
占卜形式。

如果这些根本的差异迫使我们得出原卦并非简单的《易》卦变形的结
论，那吾等何处觅其源？可以肯定的是，此意且仅能由兆纹之意衍生而来，
在那通常承载兆纹的龟甲中去寻求原卦的正意将是一条确实之路。在下以

---

[1] 参见宋镇豪：《谈谈〈连山〉和〈龟藏〉》，载《文物》2010 年第 2 期，53 页。

为，每个组成原卦的数字都有相应的"卜"字型坼纹对应，由该坼纹组成的兆纹则对应与原卦相同的卜兆，因为《易》卦系统起点也是基于此 6 或者 7 的数种而创成定式的。

然坼纹类型的估算定式作为数字原卦之源，可有据考耶？不然也。皆因迄今未有殷末卜官施职之记载存世，固有此忖度也。而此忖度依在下之见，确为从龟卜到《易》卦之最为合情理之解释。可考，先代龟甲腹部之凿钻实践技术的提高和完善，使兆璺上卜字坼纹的标准化、统一化成为可能。这种特殊的技艺，使各类坼纹得以区别、变异和发展，并最终形成 6 或者 7 个类，每一类都具备了自身特有的吉凶征兆（比如：吉兆是"卜首仰"，凶兆是"卜首俯"或是"身节折"，等等）。以此列，将坼纹类型以 6、7 种编了号码，至此，将烦琐复杂的灼龟手续演变为更加简单的抽签代表坼的记号定式。

又曰，坼纹类型估算定式——坼纹的图划一化对数字原卦的出现以及尔后文字体系的形成都起到了一定的作用，此二者皆依同一心理原件而成。再曰，简化后的新抽签辨坼程序，使《易》卦这一本以铭刻记录卜辞的中央垄断权利，延伸到更广阔的领域成为可能。至此，该简易的操作方式使得占卜成为普遍的问事手段，甚至连一些日常使用的器皿上也出现了针对日常事务占卜的大量数字原卦。

2. 数字卦源于龟卜

对于龟数字原卦是否因袭龟卜的问题，中国学者中，是与否两种观点都有。张政烺先生以为数字卦属于跟龟卜没有关系的占筮技术。反之，屈万里先生则认为本来就源于龟卜。[①] 吾上面已说，也以为本来源于龟卜。可是吾以别的见解为理由。吾尤其注意到龟卜技术合理化和科学化的进程，经过先前用代表整个宇宙形象的乌龟来进行占卜的第一个阶段，接着是龟甲钻凿形式的第二个阶段，再接着是龟甲上刻卜辞的第三个阶段，然则占卜逻辑上的卜纹合理地换成占筮逻辑上的数字卦合理化就是第四个阶段。

否认占筮可以来源于龟卜的汪先胜先生说："事实上甲骨兆纹是没有规律的。《史记·龟策列传》说：'灼龟观兆，变化无穷。'因此，有规矩的卦

---

① 屈万里：《易卦源于龟卜考》，见《"中央研究院"历史语言研究所集刊》，第 27 本，台北，1956 年 4 月。

不可能从无规则的龟骨兆出来。"这种说法是值得商榷的。"灼龟观兆，变化无穷"并不是指构成卜兆的龟甲坼纹没有规矩的形式。相反地，在龟甲反面施以钻凿挖出相当复杂的小洞，正是为了在正面灼出十分标准化的卜或是卜形的"卜"式坼纹。如此这样标准化以后的坼纹，其独特的变种却不是无穷而是很少的，大概有横纹向上、横纹向下、横纹水平、横纹节坼、横纹首部向上足胗、横纹分叉等。我们可以假使卜官所区别的卜式变种一共有六类。于是，只要把六个号码分给这六类，就可以用抽号码之很容易的手续替代灼龟的坼纹之非常复杂的手续。

这样的进程有没有被证实？由于我们无法得到关于殷代占卜程序的直接资料，回答自然还是否定的。我们也无法知道那个时代的卜官所区别出的变种确切怎样，而且事实上究竟有几种（很可能先前是不一致的，专家中大概有分歧的意见），但是原理上并没有别的论法可以解释无可置疑的占筮与龟卜之间的如下的紧密联系之征象：

（1）数字原卦是跟卜纹一样被刻在龟甲上的；

（2）卦字从"圭""卜"，意味着"系列"（"圭"相当于4个"—"联系起来）的"卜"；

（3）尽管《易经》的卦辞比较晚，它们还保存了很多与卜辞相似的语法成语的特点。

由号码替代卜纹开启的占学的科学化、合理化进程，将最终引发数字原卦的数字学逻辑代替坼纹的形式相似性逻辑，并取得下面的进步。

3. 从数字原卦到《易经》爻卦

（1）以不一定若干数字为组的形态被修正，正规的以六个数字为一组的卦确立

龟卜方法，一事灼几卦是不一定的，在同一个龟甲可以有一至五卜，在几个龟甲可以有一至十卜。至于数字原卦内替代卜纹的数字，出现的最多的是以三个数字作组，但是也有以四个、五个、六个数字作组的时候。[①] 这种形态终于规律化，六个数字（后来的六爻）的卦成为定式。为什么是六个？在吾看来，可能关系到六合（上下和东西南北四方），即是占卜学上《易》

———————

① 参见宋镇豪：《谈谈〈连山〉和〈龟藏〉》，载《文物》，2010年第2期，53页。

卦所凭借的空间的概念。

（2）原卦所使用的 1—5—6—7—8—9 作数位的系统被修正，6—7—8—9（《易经》的"四营"）的系统成立

在数字原卦系统里，数位和龟卜所用的标准化的坼纹一样多，这就是说大概有六个数位（也许七个，有时用 10）。问题尤其在于为什么 2—3—4 一开始就被排除在外？

张政烺先生给出的回答如下：因为古汉字的数字从 1 到 4 都是积横画为一、二、三、三，自上而下书写起来容易彼此掺和，因此将 2、3、4 从字面上去掉，归并到相邻的偶数或奇数之中：2、4 并入 6，3 并入 1。

吾以所书而认为：2—3—4 在事实上确可能是为了避免混淆而弃之不用。然曰卜官为补此缺将"2、4 并入 6，3 并入 1"却未尝可信。皆因张政烺先生所归纳的，是以原卦数字中已经必然存在奇偶平衡的猜测为前提。然而正是在这里，这位杰出的学者用《易》卦之原则注解原卦犯下了要不合时代的错误。而此平衡则却是基于占学的科学化、合理化而缓慢形成的。在原卦的初始阶段，占卜官极有可能为了防止一、二、三、三自上而下彼此掺和，仅仅选择了在 5 到 10 之间数字作为号码来代表表示吉凶等级之标准的坼纹。至于此不用的数字 1，则用来作单独一个除外的卜纹之号码，也许垂直而不仰或俯亦不节折不分叉的卜纹，其意思是非吉非凶。

若果真如斯，我们就很容易理解为什么非类性的数字 1 被《易》卦系统舍去了。尔后，在其系统剩下的前五个数字中的唯一一个数字 5，很快也被排除了。之所以如是，是占卜学的理论思辨起始不能不分开 1、2、3、4、5 作为一个整体，演变成了所谓"生数"，即是体现天地五行、万物归一的基因组性的数；与 6、7、8、9、10 作为对应的整体，演变成了所谓"成数"，即是体现五行所盛产的万物之表型。[①] 而且思辨推断"生数"属于龟卜的系统，而"成数"属于筮占的系统。然而，因万物之表型都以阴阳为区别，筮占的"成数"系统不能不体现奇偶平衡，然则占卜学的专家截断撇开数字 10 不管，而只用 6、7、8、9 作"四营"。

（3）从数字卦到爻卦

在卜官们看来，每个数字都内在含有本动力（这将准科学的占卜学与真

---

① 参见《左传·僖公四年》注疏。

科学的数学区别开来）。所以，按照占卜学，阳性的数字 7 内在的动力使它变成还是阳性的 9，然而数字 9 内在的动力使它变成阴性的 8，因此，数字 7 比数字 9 更内含阳性的力量，算作"少阳"（青年阳），尤其代表阳气；相反，阴性的数字 8 内在的动力使它变成还是阴性的 6，然而数字 6 内在的动力使它变成阳性的 7，因此，数字 8 比数字 6 更内涵阴性的力量，算作"少阴"（青年阴），尤其代表阴气。然则，占卜学的思辨比数学的道理更深明阴阳的道理，取数字 7 作阳气的象征，取 8 作阴气的象征。

尔后，占卜专家把数字 7 的古文字写法"十"逐渐演变成—｜—，7 并最终简化为"————"，作"阳"，并最终简化为"——"，作"阳"的符号；把数字 8 的占文写法"／＼"逐渐演变成"┘└"[1]，并最终简化为"———"，作"阴"的符号。至此爻卦代类卦被系统地载入了《易经》。

正如在六边的矩阵上表达两个符号的算数可能性有 64 种一样，《易》卦也由 64 卦组成。故此辩证思维自然存续于《易》卦的各种可能之分析、计算、排列中，进而将此归纳为以下的逻辑发展程序：

太极生两仪（"——"和"——"）；

两仪生四象；

四象生八卦；

八卦演六十四重卦。

这个理论上的演化过程是通过历史和伏羲神话及其后人的传奇故事而来，但真实的《易》卦产生过程却远远比此更加烦琐复杂，吾作此文以叙一二。

三、结论

中国的哲学思辨就在占卜学中成型，而这种占卜学遗传因子就一直存在中国哲学思辨领域中，这就是为什么中国思想与西方思想极端地不相同：西方思想从神学思辨起点发展，而中国思想则是从占卜学思辨上出发，由此很早产生了《易经》。中国传统的《易经》，正如西方传统的《圣经》，同样极其大地影响了整个思想的历史。

―――――――――

① 参考马王堆帛书。

异质文化的对话[*]
——以《庄子》为核心

陈鼓应

  《庄子》这部书，经常运用不同学派人物间的对话来表述其人生哲理。时而借孔门师生的对话，表述"心斋""坐忘"等重要学说；时而以庄、惠的思想交锋引出"无用之用""有情、无情""濠上观鱼"等哲学议题。

  在中国文化史上，儒、释、道三教长期进行着思想交流，其中，庄子哲学的精神发挥了极其关键的作用。魏晋时期佛学渐兴于中土，道家有接引之功；庄、禅汇合，更在隋唐以后产生辉煌的文化成果；北宋儒学排斥佛、老，却暗引庄子思想以建构其理论体系，宋明大儒的人生境界，事实上多为孟、庄精神境界之重组；近代以来，民主、自由、平等的观念蔚为时代思潮，《逍遥游》中隐含的自由精神和《齐物论》中隐含的平等理念被文化界不断地阐扬。当严复借译著引进自由、民主思想观念，并思考如何落实于母体文化的土壤时，便寻找到老庄哲学作为接合之处；章太炎则在诠释《齐物论》时，阐发其族群文化平等的学说。

  在当前全球化的趋势中，庄子的视角主义（perspectivism），以及破除自我中心的论点（由个人自我中心、族群自我中心到人类自我中心），对于当前东西方异质文化对话的进行，具有宝贵的时代意义。

一、以生命为主题的《庄子》

  生命的流程不是单向的或单一化的，总是由不同的成素汇合而成。在我

---

  [*] 原载《跨文化对话》，第 30 辑，103~117 页，北京，三联书店，2012。

的人生历程中，自青年时代开始，由尼采的路途进入庄子的领域，此后，尼采的"冲创意志"、酒神精神和庄子的逍遥意境、齐物情怀，便在我的内心中长期进行异质性的对流。

尼采激发潜能的意志哲学和庄子"独与天地精神往来"的境界哲学，似乎正相对反，但二者都以讴歌生命为主题。尼采《查拉图斯特拉如是说》言"生命是欢愉的泉源""世界如一座花园，展开在我的面前"；"庄周梦为蝴蝶，栩栩然蝴蝶也，自喻适志与"，视天地如一座多彩的花园，人犹如蝴蝶一样翩然飞舞。在庄子看来，在宇宙大化发育流行中，人的一生倏然而来，倏然而往，安时而处顺，无往而不乐，庄子对死生的达观的态度，正如印度文豪泰戈尔所说："愿生时丽如夏花，死时美如秋叶。"①

先秦诸子在殷周人文精神的照耀下汇成一股澎湃的人文思潮，春秋战国之交呈现出百家争鸣的思想大格局，诸子在世界观与人生观上虽然各逞其说，但都关怀现实人生。以儒、道为例，孔、孟阐发道德人生，而老、庄阐述艺术人生，两者相互辉映。

在形神合一中，"神本形具"② 为道家各派的基本主张。《老子》五千言多属治世之道，但也倡导"贵身"。《老子》十三章说："故贵以身为天下，若可寄天下；爱以身为天下，若可托天下。"明确提出"贵身""爱身"的思想，即重视生命的体现，老子还进一步强调生命比身外之物更为重要。③《庄子》尤其突出生命的主题。"生命"一词在先秦时期已经出现④，而时至今日，"生命"这一议题尤其富有时代的意义。

我们说《庄子》哲学以生命为主题，内七篇的主要论旨可以为证。下面我简略地说说。

《逍遥游》开篇以丰富的想象力，借鲲鹏之巨大衬托出心灵的宽广，借

---

① 出自泰戈尔《新月集》，原文是：Let life be beautiful like summer flowers and death like autumn leaves 。

② 司马谈《论六家要指》说："神者，生之本也；形者，生之具也。"这是说心神是生命的根本，形体是生命的具现。

③ 《老子》四十四章说："名与身孰亲？身与货孰多？得与亡孰病？"这是说声名和生命比起来哪一样更值得爱惜？生命和财货比起来哪一样更为贵重？得到名利和丧失生命哪一样更为有害？

④ 《战国策·秦策三》曰："万物各得其所，生命寿长，终其年而不夭伤。"

鲲鹏之高飞拉开了一个苍茫无际的无限世界，主旨为"游于无穷"，如《庄子·则阳》所说的"游心于无穷"，即是精神游于自由适意之无穷境域。

《逍遥游》鲲化为鹏的寓言，喻示着人生历程中如鲲一般在溟海中深蓄厚养经年累月的积厚之功转化生命的气质。在生命气质由量变到质变的转化过程中，主体不断地发挥主观能动性（"怒而飞"），掌握客观的时机趁势而起（"海运""六月息"），所谓鹏程万里就预示着精神生命的层层超越、层层递进以臻于宇宙视野。

《养生主》以护养心神为主题，开篇提出："吾生也有涯，而知也无涯。以有涯随无涯，殆已！……为善无近名，为恶无近刑，缘督以为经。"这是一段令人费解又发人深省的话，其主旨则在于"缘督以为经"①。庄子在这里所讲的善、恶使我产生几方面的联想：一是尼采"超越善恶"（Beyond Good and Evil）的观点（见于《善恶之外》）。二是罗素在《中国问题》中所说的："中国也许可以视为一个艺术家的国度，它具有艺术家所具有的善恶之德：其善主要有利他人，而其恶却足以危害自己。"三是，此时此刻我更会想到庄子在人世中对价值判断常秉持的相对性的主张。如果我们思考庄子时，看到他总是悄然将儒家的道德人生转化为艺术人生的话，那么，我们会发现，此处他也是将世俗的善恶价值观转化为顺应自然的处世哲学。②

家喻户晓的"庖丁解牛"的故事，正是庄子艺术人生活动的最佳写照。《养生主》和《德充符》一样，篇题便以阐扬生命为主旨。《养生主》以庖丁解牛之精湛技艺而呈现于社会人生的舞台上。《德充符》则以开拓内在生命价值为主旨，通篇以对比反差的手法描绘着形残人士内在人格的魅力，以形体丑而衬托心灵美；后文"才全"一节更进而阐发了审美的心胸。

以"内圣外王"为人生理想，最早见于《庄子·天下》篇。这也是后来

---

① 对"缘督以为经"，有诸多解释，可以概括为两种：一是指顺应自然的常道；一是指保持中虚，如同《庄子·人间世》中所讲的"养中"。详见拙著《庄子今注今译》，北京，中华书局，2001。

② 王博在《庄子哲学》中对此有另一个层面的论述，非常精辟。他说："当道的优先的儒家和生命优先的庄子相遇的时候，他们的冲突就是不可避免的了。在生命的主题之下，道的注定要成为次要和从属的东西。道的是捉摸不定的，儒家有儒家的道德，墨家有墨家的道德，但生命却是唯一的、每个人都可以切近感受的东西。"

历代哲学家所追求的最高目标。《逍遥游》《养生主》《德充符》都是论述个体生命，是对内在生命与价值的阐扬与开拓。《德充符》在篇末一段由个体生命谈到群体生命时说："有人之形，故群于人。"已经注意到了个体生命不能离开社群的生活。因此，《人间世》和《应帝王》篇名就凸现出社群关系的问题。虽然《人间世》是讨论外王的问题，可是它通篇在描写知识分子，每一段都突出知识分子承载着时代的使命感，关怀着民瘼，所遭受的却尽是悲剧的命运（"此以其能苦其生""自掊击于世俗"）。所以他不得不转向了"心斋"说，这也是《人间世》最后留下的是"心斋"学说，即内圣学说的原因。

《应帝王》讲的是治术，以有权势的统治阶层将收敛他的权术而为民服务为思路。在这一思路的铺陈之下，最重要的是"心镜说"①。知识分子在政治舞台上，本来也怀着鲲鹏展翅的理想，任公子钓大鱼的"大达"② 志向，但"外王"的道路处处坎坷曲折，不得不转向"内圣"的途径。《人间世》篇末借楚狂接舆唱出了士人的悲怆之歌："凤兮凤兮，何如德之衰也！来世不可待，往世不可追也。天下有道，圣人成焉；天下无道，圣人生焉。方今之时，仅免刑焉。"人生旅途中虽然荆棘遍布，但庄子并没有逃遁到彼岸世界，而仍在人间世上如履薄冰地行进。庄子这种人生态度正是继承了殷周以来坚忍不拔的人文精神，如《易经》中的"困""屯""履""坎""睽""蹇""震"等卦，都是描绘在困境中如何开拓人生。如果不能了解中华大地上数千年来的灾难之多，也就不能了解它文化深层的一面。

《逍遥游》最后一句话是："安所困苦哉！"吐露出庄子时代知识分子群体探寻精神出路的心声。庄子处在战争连绵不息的战国时代，如《史记·秦本纪》所说："天下共苦，战斗不休。"他所处的宋国，宋偃君暴虐无道，其哥哥则昏庸无能。这可能是庄子从"外王"转向"内圣"的重要原因。

总的来说，《逍遥游》《养生主》，以及注重内在之德的《德充符》可以

---

① 《庄子·应帝王》曰："无为名尸，无为谋府；无为事任，无为知主。体尽无穷，而游无朕；尽其所受于天，而无见得，亦虚而已。至人之用心若镜，不将不迎，应而不藏，故能胜物而不伤。"

② 《庄子·外物》曰："夫揭竿累，趣灌渎，守鲵鲋，其于得大鱼难矣，饰小说以干县令，其于大达亦远矣，是以未尝闻任氏之风俗，其不可与经于世亦远矣。"

看作表达"内圣"之说。而《大宗师》则是讲个体生命如何通向宇宙生命。《齐物论》的"道通为一"也是讲人与天地万物如何相通的问题。《人间世》与《应帝王》是表达"外王"之说,但是,篇中论点又从"外王"渐渐转向"心斋""心镜"说,这都与现实人生及个体生命有关。

二、《庄子》中不同学派的对话

《庄子》一书中常论及不同学派人物的思想观点,包含道家系列人物在内,书中所提及的先秦诸子,有三四十人之多。其中也保存了不少诸子的佚文,例如《则阳》篇提到接子、季真的"或使""莫为"说,《天下》篇保存了惠施名辩学说及其"合同异""泛爱万物"的思想。我曾指导过的一个学生,对《庄子》的人物系谱做过详尽的研究。①《庄子》书中所出现的庄子学派与儒家和名家的对话,最值得我们注意,庄周往往借儒家人物之口表述自己的观点,或者在与惠施的辩论中,将论题深入并转入自己的学说,进而扩大双方的视阈。下面我们即以儒、道对话和惠、庄对话作为范例,解析《庄子》中学派之间对话的意义。

1. 儒、道对话:"明乎礼义而陋于知人心"

在儒、道对话中,最具典范性的例子是《田子方》中出现的仲尼与温伯雪子的会面与对话。这个寓言借历史人物的相会,来表达不同学说的特点与相互交流的过程。温伯雪子是楚国道家思想的代表人物,他在与中原儒者相会之前,以知性的、旁观的态度指出儒家学说的特点,即"明乎礼义而陋于知人心"。但在相会之后温伯雪子通过直觉的体会,感受到孔子行止"从容"、内外融合的境界。孔子则"目击而道存",直接感悟到对方由内而外呈现出来的道的精神境界。心既可以通过理性,也可以通过感性得到提升。儒、道两家通过交流,相互欣赏,彼此获得更为深入的了解,以及生命的感染和交通。

> 温伯雪子适齐,舍于鲁。鲁人有请见之者,温伯雪子曰:"不可。

---

① 台大哲研所高君和的硕士论文《论〈庄子〉的人物系谱》(由我与李日章教授共同指导),对《庄子》一书提到的人物做了详尽的研析。

吾闻中国之君子，明乎礼义而陋于知人心。吾不欲见也。"至于齐，反舍于鲁，是人也又请见。温伯雪子曰："往也蕲见我，今也又蕲见我，是必有以振我也。"出而见客，入而叹。明日见客，又入而叹。其仆曰："每见之客也，必入而叹，何邪？"曰："吾固告子矣：'中国之民，明乎礼义而陋乎知人心。'昔之见我者，进退一成规、一成矩，从容一若龙、一若虎。其谏我也似子，其道我也似父，是以叹也。"仲尼见之而不言。子路曰："吾子欲见温伯雪子久矣。见之而不言，何邪？"仲尼曰："若夫人者，目击而道存矣，亦不可以容声矣！"

生命哲学的重大课题即以主体为思考的中心，儒家过分强调外在的礼仪规范，常常使得道德离开生命、离开主体。儒、道对话的意义正在于把儒家"主体之非中心化"的趋向移回主体生命。外在的规范不能离开生命，相反，应该从生命的角度充实伦理。孔子感受到温伯雪子"目击而道存"的境界，隐含着"道与心的结合"。道具有整全性，道与心结合，就使得生命的深度更为深邃，生命的思路也更加宽广。道与生命接触，主体才能移动自我的界限，使之拓宽与提高。

对道家来说，儒家明礼义也是由人心而自然流露出来的，在根本上也合乎道家自然的理念。《大宗师》所描述的游方之外、游方之内的两种态度，本为"内外不相及"。但在这则寓言中，通过具象化的理解，也是这场对话的另一层意义。

2. 惠、庄对话："出游从容，是鱼之乐也"

惠施是庄子生平最要好的朋友，惠施做过魏国的宰相，地位很高，但他们之间的对话完全是平等的。《庄子》书中一共有十三则二人对话，往往被安排出现在极为特殊的场景。惠、庄对话一般出现于一些重要篇章的结尾，其中较为重要的是《逍遥游》中讨论"用大"与"无用之用"的问题，《德充符》中讨论"情"与"无情"的问题，以及《秋水》篇末的"濠上观鱼"。这里仅以"濠梁之辩"为例，探讨惠、庄对话蕴含的意义。

庄子与惠子游于濠梁之上。庄子曰："鲦鱼出游从容，是鱼之乐也。"惠子曰："子非鱼，安知鱼之乐？"庄子曰："子非我，安知我不知鱼之乐？"惠子曰"我非子，固不知子矣；子固非鱼也，子之不知鱼之乐，全矣！"庄子曰："请循其本。子曰'汝安知鱼乐'云者，既已知吾知之而问我，我知之濠上也。"

濠梁之辩展现了惠、庄二人不同的世界观和人生观，但他们都触及了一个相同的议题，即主体如何认识客体。这是中西哲学中很重要的议题。惠、庄辩论还透露出了另一个重要议题，即情理关系的问题。惠子的思路可以导向"以情从理"的方向，而庄子的思路可以导向以情絜理的方向。有关"濠上观鱼"寓言的论述，我们先进行一些概念分析。

"游于濠梁之上"，乃描述庄子悠游于山水之美的感受，"游"是写主体心境，"濠梁之上"是写美的情境。庄子适意地欣赏濠梁山水之美，即景而生情，化景物为情思，其乐融融。"鲦鱼出游从容"使庄子发出了"鱼之乐"的感叹，此时，主体情调与客体自然相和相融，庄子以心照物，以物寄情，将外物人情化，把宇宙人性化。这正是推己及物的移情作用。对于庄子的感叹，惠子便提出了非常重要的哲学问题："子非鱼，安知鱼之乐?"这是哲学上极其重要的议题，即主体如何认识客体以及主体能否认识客体的问题。庄子和惠子就这个问题展开了针锋相对的论辩，庄子认为主体可以感悟客体，两者是能够相互会通的。最后，庄子提出"循其本"来解答他的"知鱼之乐"，我们可以做这样的解读，他认为人与人之间虽然形体间隔，但人的心、性、情可相互沟通。总的来说，惠、庄多次对话都显示出惠子的特长在于运用理性思考做概念分析，庄子的特点则在于由感性的同通来体悟外界，这则对话尤其突出这一点。

庄子、惠子这段对话对我们的启发在于：第一，它揭示了哲学上的一个重要议题，即"主客关系"的问题。在对话中，庄子代表的是感性同通的思维，惠子代表的是理性分析的思维。第二，它揭示了人和自然之间的亲和感，庄子说"天地有大美而不言"，充分显示了他对自然美的鉴赏。这正是中国的道文化与西方逻各斯文化的差异。中国文化更重视人与自然主客融一的境界。这一点为当今全球化下的异质对话提供了更高的视野和更新的角度。第三，今天的文化对话是以理性分析为主流的，理性分析的思维当然有它的重要性，但庄子"游于濠梁"的感性同通思维是很好的补充，值得借鉴。这样，异质文化之间的对话才真正成为可能。此外，它揭示了对话的意义，即在差异中求会通。无论是同质文化还是异质文化，都需要进行对话，而异质文化之间的对话尤为重要。

三、全球视野下异质文化的对话

前面谈到儒、道和名、道学派间进行的对话，接着要谈在中西文化的差异中如何进行对话。这使我想起惠施所说的"小同异、大同异"的问题。《庄子·天下》有一段介绍惠施对异同相对性的论述："大同而与小同异，此之谓小同异；万物毕同毕异，此之谓大同异。"由于万物有其殊相也有共相，由殊相来看，则莫不异；由共相来看，则莫不同。中西文化也是这样，如庄子与尼采彼此的人生观虽有巨大的差异，但也有许多观点可以相互会通。

1. 尼采与庄子的会通：世界各民族道德形态与价值判断的多样性

这里我先以尼采《查拉图斯特拉如是说·一千零一个目标》与《庄子·齐物论》作为基点进行论述，来察看中西文化在极大差异之中有其可以会通的观点。先从《一千零一个目标》作为起点，在这诗篇中尼采是这么说的：

> 查拉图斯特拉曾游历过许多地方，见到了许多民族的善与恶。在这世界上，查拉图斯特拉还未曾发现比善恶更强大的力量。
>
> 每个民族都高悬一块匾额。看吧！那是记录着他们超越自我的匾额。看吧！那是它的冲创意志的呼声，凡是从最深处，最不寻常、最艰难处获得自由，都是神圣的。
>
> 真的，我的兄弟，一旦你认清一个民族的需求，天空及其邻人，你无疑会猜想他们自我超越的法则是什么，以及他们攀登希望之梯的目的又是什么。
>
> 时至今日我已有了一千个目标，因为我们有一千个民族。所缺的，只是套住千颈怪兽的锁链；所缺的是一个目标。人类仍然没有目标。

《一千零一个目标》提出了这样一些主要论点：

第一，世界各地区产生了多样性的道德形态，各民族有它们不同的价值判断。

第二，不同的价值取向与道德观念是创造意志的呼声。

第三，尼采列举了希腊人、波斯人、犹太人、日耳曼人四个族群的价值取向，他们各自的道德标准、内涵各有不同。

第四，每一个民族所形成的不同价值判断都基于四个重要因素：困苦、土地、天空及民族关系。我们应该对于一个民族的困苦、土地、天空及民族关系有所认识，这样才能了解他们自我超越的法则是什么。

第五，道德准则是人为设定的，并非所谓天启的——"不是从天下降下来的声音"。

第六，人类有千百个民族，就有千百种道德准则。然而，各种不同的善恶判断之间就会形成相互对抗，导致四分五裂，以至各民族之间出现了隔离、混乱的状态。因此，需要一个新的视野，作为大家合力追求的共同目标。

《一千零一个目标》所提出的价值判断的多样性，使人类能够从一个新的视野来追求更高的目标，延续多样的道德形态，尼采这一主张与庄子的齐物精神正相会通。

道家思想自老庄开始便倡导价值取向的多样性与道德判断的多向性。两千五百年前的老子便提出美丑善恶的价值相对性观点，如谓："天下皆知美之为美，斯恶已。皆知善之为善，斯不善已。"（《老子》二章）庄子更阐扬齐物精神：不同的生命都有其独特的价值，万物都有其各自生成的方式和独特的生存样态。如《齐物论》所说："物固有所然，物固有所可。无物不然，无物不可。"这是庄子对世界上各物的存在性及其独特意义的肯定。但是具众多殊异性的主体生命是可以相互会通、互为主体的，即庄子所说的"恢诡谲怪，道通为一"。

2. 罗素与庄子的会通：破除西方中心论与人类中心论

我们这一代是战后生长的一代，自青少年开始，便处于一个动荡不安的时代。我的祖籍是福建客家地区，十来岁便因战乱随父母迁居台湾。我有生之年，多局限在校园生活。由于蒋氏父子实施戒严长达三十八年，在高压统治下，知识分子的言行往往成为注视的焦点。官方将儒学的忠孝节义，由"移孝作忠"而狭化为"忠于领袖"；学术圈里，则道统意识的樊篱深深地笼罩着人们的心思。而我在大学期间，课程则以西方哲学为主，从柏拉图到黑格尔，每个哲学家所构造的庞大体系，最后都要抬出一个虚构的上帝，作为其理论的最后保证。在这种无所不包的思维笼罩下，让人深觉失去了真实的自我。直到接触了尼采，我才体会到思想园地里充满着蓬勃的生命感。尼采说："西方传统哲学注入了了过多的神学血液。"这话引起了我的无限共鸣，因而，尼采的酒神精神便成为我冲破西方形而上学网罗以及宋明道统观念囚笼的两个面向。

20世纪50年代后期到60年代后期，在台湾大学校园内外流行着两股西方现代哲学思潮，一是存在主义，一是逻辑实证论。我个人的学术理路，是由尼采而存在主义再到庄子。罗素之所以对我那一代人产生广泛的影响，不是因为他的分析哲学，而是他解析社会现状的论著，最盛行的如《变动世界的新希望》（*New Hopes for A Changing World*）①，罗素言论最引起我们共鸣的是他深怀社会良知的呼声。从20世纪50年代起，罗素强烈谴责英、美政府的侵略行径。1961年，已经九十高龄的罗素，仍然在参与对英国政府的抗议示威中被捕入狱。

罗素《变动世界的新希望》的主旨在于讨论人与自然的冲突、人与人的冲突、人与自己的冲突，并且在各种冲突中探寻和谐的可能性。我们首先谈人与自然的冲突。

（1）中西哲学自然观的差异：天人合一论与天人分离观的对显

在人和自然的关系上，罗素说了如下这些富有现代意义的话：

> 现在我们对于自然的态度，有以骄横代替顺从的危险，这将导致更大的灾难。
>
> 我们虽然能使物质的自然满足于我们的愿望，但我们不能支配自然或改变自然的常态。
>
> 工业耗尽地球的资源，现代的工业其实就是在浪费地球资源，这样必定要受到浪费的报应。

虽然罗素这些言论出现在20世纪50年代，但我们现在读来，恰像生态学者对全球人士所做的告诫。与西方文化将人与自然割裂的倾向不同，中国传统文化具有天人合一、推崇自然无为的和谐思想。而最早提出天人合一观念的就是庄子，如在《知北游》中所提到的"通天下一气"便体现了这种思想。在人与自然的关系上，庄子强调"知天之所为，知人之所为者，至矣"。这就提醒我们既要了解自然的作用，也要了解人为的作用，这样才能真正做到人与自然的和谐，而不是将人类的欲望、行为妄加于自然之上。正如金岳霖先生在《中国哲学》一文中指出的，中国文化一向不将自然与人分割开

---

① 罗素因此书获得1950年诺贝尔文学奖。中文译本在台湾有张易所译《世界之新希望》（正中书局，1956），英文的原版书也颇流行。

来，西方则有一种征服自然的强烈愿望，自然与人类隔离的看法带来了西方哲学中的人类中心论，对自然的片面征服让人性更加专断。他说："如果我们用堵塞的办法来征服自然，自然就会重重地报复我们，不久就会在这里或那里出现裂缝，然后洪水滔天、山崩地裂。人的本性也是一样，例如原罪说就会造成颓废心理，使人们丧失尊严，或者造成愤怒的燥发。"① 而另一位当代新儒家方东美先生也有相同的看法。在他的一本英文著作《中国人的人生观》(*The Chinese View of Life*)中，他也进行了中西自然观与人性论的比较，他提出，"我们对自然的态度与西方不同，自然对我们来说，是普遍生命流行的境界"，"人和自然之间也没有任何的隔阂，因为人类生命与宇宙生命乃是融贯互通的"②。

在这方面，传统道家文化为我们提供了丰富的思想资源。老子"道法自然"重点在于呈现、表述"道"的精神是"道"遵行自己而然，也就是说"道"依据自身的存在方式、遵行自身的活动方式自由运行。同时，在"道"的统摄下，老子也强调了天地人相互联系的整体性。至庄子表述自然，则由物理的自然、人文的自然，进而提升到境界的自然。仅就物理的自然而言，他由"刻雕众形"的道之美而提出"天地有大美"。在庄子看来，天地间物象百态，春和桃丽、夏凉柳新、秋爽菊艳、冬凛松劲，无不生机畅达，引发人对山水之美的观赏趣向，就像《知北游》所说："山林与！皋壤与！使我欣欣然而乐与！"

后世对山林的品鉴也渊源于此，魏晋南北朝时期的士大夫具有极高的审美情趣，披奇览胜是他们的生活趣味，山水诗画的创作、鉴赏也因而蔚然成风，这与庄子对天地审美情趣的激发不无关系。庄子希望能借由欣赏天地山水之美而达到主体精神愉悦的审美情怀。《外物》篇表达的就是这种情怀：

---

① 《金岳霖学术论文选》，362 页，北京，中国社会科学出版社，1999。金岳霖《中国哲学》一文的英文手稿写于 1943 年，1980 年发表，由钱耕森中译，收在《金岳霖学术论文选》一书中。

② 方东美：《中国人生哲学》，93 页，台北，黎明文化事业公司，1984。在这本书里，方先生在谈到人与自然的割裂时，也讲到西方"神魔同在"的人性二分法，他指出：这是一种恶性二分法 (Vicious Bifurcation)。《熊十力全集》第八卷（武汉，湖北教育出版社，2001）第 112 页《论文书札》中，通过对东西方文化的比较，也指出西方文化会导致"杀机充大宇"。

"大林丘山之善于人也，亦神者不胜。"人之所以向往大林丘山，正是因为人置身其中能心神舒畅，悠然适性。

庄子常赞叹大道创生万物时体现的艺术创造精神："刻雕众形而不为巧。"造化钟灵毓秀，美不胜收，宇宙就是个艺术宝库，处处感发人的审美情趣，使人回归真性，自在地生活，怡然于天地人的和谐共存之中。

庄子宇宙观、人生观的基本主张就在于强调人和天地自然是一气相通的、不可分割的整体，所谓"天地者，万物之父母也"。人应当尊重天地的自性，与天地和谐共生，进而保持人与人之间的和谐共处，以最终实现内心的和谐欣乐，这就是庄子倡导的"三和"：天和、人和与心和。①圣人之德是"成和之修"，其最高境界就是达到"三和"的状态，也即"游心于德之和"的审美境界。

(2) 中西哲学人生观的差异：中国人文传统与西方极权宗教的对显

《变动世界的新希望》全书最精辟之处，在于"种族仇视"及"信仰和意识形态"这两章的讨论（第十二、十三章）。罗素指出各种集团间最剧烈的斗争，经常是导源于经济利益、种族主义和宗教信仰。

有关种族主义的冲突，罗素指出法国人和英国人自黑斯廷斯（Hastings）之战至滑铁卢之战，互相打了七百五十年之久。不过在和平期间，彼此之间并没有真正的厌恶，仍然互相旅游，甚至通婚。但是"英国血统的美国人对红印第安人的态度就不同了"。的确，英国血统的美国人进入北美洲时，对印第安人的土地和人民做了相当残酷的掠夺和屠杀。根据史料记载，被杀戮的印第安人多达两百万人。这段历史在白人的艺术手法描绘下，美化成为所谓的"西部开拓史"，而且塑造了许多好莱坞式的英雄。罗素在讨论白人对印第安人敌意后面的一段文字中，提出了"白种人帝国主义"的概念，当时罗素意指苏联政权，然而现在看来，这个概念更适合于"美利坚合众国"。

---

① 《庄子·天道》篇说："夫明白于天地之德者，此之谓大本大宗，与天和者也；所以均调天下，与人和者也。与人和者，谓之人乐；与天和者，谓之天乐。"（庄子把人类与"大本大宗"的天地和谐相应的状态称为"天和"，把人类与天地万物共存共生所呈现出的和乐之境称为"天乐"。这种和乐落实到人间就是调适人间的多样存在，达到"人和"；而消除了族群对立，与人欢愉共处，便是"人乐"。）

与种族主义紧密连接在一起的是宗教狂热及其排他性。罗素指出："信仰不同未必就是冲突的原因；要信仰的争执和狂热的不宽容结合时，才会如此。"罗素列举了佛教传入中国时并未引起争端，而犹太人则是一个例外，他特别指出："基督教徒从犹太人传承了这种神学上的排他性。它认为对异教崇拜的任何让步就是容忍偶像崇拜，这是重大的罪恶。""宗教战争以回教的兴起而开端。回教徒也如基督教徒和犹太人一样，主张真的信仰只能有一种。虽然他们并不如基督教徒那么不能容忍异端，但他们的不宽容已足使基督教国和回教国之间，无真正和平之可能。"史实证明，在整个中世纪，战争被用为传教的武器，以屠杀为手段排斥其他信仰。① 从十字军东征到两次世界大战，几乎所有大规模的战争都导源于西方世界。② 这和西方宗教的历史根源相关。

罗素的洞见可谓一针见血，正是不宽容和排他性才会引发残酷的迫害、屠杀等暴行。中国古代庄子的慧识也恰好照见了西方种族主义以及宗教之不宽容和排他性的病根，他自始便对这种偏见、成见保持一种警惕。开篇《逍遥游》"小知不及大知，小年不及大年"的提法，正是要人扩充胸襟识见，不要局限于自己片面的"小知"。局限于"小知"的人常对其他事物抱有一种成见，不理解因而也就不承认、不接受，这种状态被庄子比喻为"蓬心"。以"蓬心"观世，就如同柏拉图"洞穴比喻"中被铁链锁在洞穴中的囚徒，以囿于一方的狭隘视角来观看问题，并认为自己所见便是全部真理。以成见为真理，并自是而非人，只会使自己的生命陷溺于"日以心斗"的困境，造成人与人之间的隔阂，甚至造成人与人之间的争斗，这在《齐物论》中庄子称之为"成心"。抱着"成心"的人，"是其所是而非其所非"，预示着武断和欠缺包容的心态。针对这种成见，庄子提出了"以明之心"，即通过虚境的功夫，使心灵达到空明之境，"以明之心"用现代语言就是指开放的心灵。有着开放的心灵，才能使视野开拓，接纳多样价值和多种视角。

---

① 由西欧基督教国家对地中海东岸国家发动的十字军东征，历时近 200 年（1096—1291），包括六次宗教性军事行动，为了从伊斯兰教信徒手中夺回耶路撒冷。

② 在东方文化中，日本是唯一的例外。正如罗素在《中国问题》（上海，学林出版社，1996）中所说的："只要是欧洲人对中国所犯的罪行，日本人都犯过，并且有过之而无不及。"（96 页）也可以说，日本人已经全部模仿了西方人丑陋的一方面。

　　庄子这种"相尊相蕴"的齐物精神为《淮南子·齐俗》篇所继承。庄子的"成心",《齐俗》称之为"隅曲"之见;庄子的"以明之心",《齐俗》称之为"宇宙"视野。有着"宇宙"视野的人,才能使百家之言汇聚一堂。①

　　庄子的"以明之心"、《齐俗》的"宇宙"视野上承老子"海纳百川"和孔子"道并行而不相悖"② 之恕道的人文传统。因此,汉代之后,作为异质文化的佛教文化才能够得以引入中国;近代以来,严复引进的自由、民主的思潮,才能逐渐落实到母体文化的土壤上。这和罗素提到的宗教不宽容、种族主义形成了鲜明的对比。如果要进行全球异质文化的对话,那么东方应该尽量发出声音,西方中心论也要有所反省。

---

　　① 《淮南子·齐俗》说:"故百家之言,指奏相反,其合道一也。"
　　② 《中庸》:"万物并育而不相害,道并行而不相悖。小德川流,大德敦化。此天地之所以为大也。"

生活儒学的面向[*]

——后牟宗三时代台港新儒家的新探索

龚鹏程

一、当代新儒家的基本困境

有关儒学内涵之探讨及儒学的现代性辩护，近数十年来，可谓汗牛充栋，成果斐然，尤其以当代新儒家之表现最为可观。

所谓当代新儒家，主要是指由熊十力、马一浮、梁漱溟所开启，尔后由唐君毅、徐复观、牟宗三在香港、台湾发皇的一个新的儒学当代运动。近二十余年来，对大陆儒学之复苏，也有极大的影响。

其主要努力方向，在于阐明中国哲学之特质，特别是从心性论、形上学方面，说明中国哲学之价值。认为中国哲学不仅足以与西方传统并立，且其伦理精神更有胜于西洋哲学之处；而面对当代社会，它又具有调节现代人"失性"危机以及可以开出民主与科学之作用。

新儒家学者，著述宏富，对中国哲学之阐释，功力深厚，且能与西方哲学传统做细致的对比研究，故其成绩，殊非泛泛。

可是，新儒家对中国哲学文化的阐释不管多么深入，他们所介绍的中国艺术精神、道德的形上学、天人合一境界、既内在又超越的形态、无执自由的心灵，都与我们现在每天过着的具体社会生活好像很难关联起来。我们一切食、衣、住、行，都强烈显现着现代性，都市建设、生活环境、职业工作，

---

* 原载《跨文化对话》，第 22 辑，143～173 页。

也都与古代迥然不同。在这种情况下，我们只能是分裂的，具体生活是现代的，意识内涵则遥思古人。那些传统哲学所含之精神价值，确实只是精神性的存在。余英时先生乃因此而说当代社会中儒家思想只是一种"游魂"，无躯体可以附丽，在具体生活中无法落实践履之。

所以当代新儒学，事实上大抵仅以一种学术思想的方式存活于大学等学术研究机构中，跟社会上大多数人之作息、生活方式、伦理行为不甚相干。

造成这种结果，当然是因社会结构整体变迁使然，但我以为当代新儒学本身也助长了这个形势。他们面对现代社会，只以"存仁""复性"的方式救之，希望现代人仍能重视归根复命的重要性。这当然十分重要，但这是弱势的保存，并不敢企望让儒学重新回到具体生活中去，儒学遂因此仅是游魂了。

而且，新儒家的义理及表述方式，充满了学究气，其语言非一般民众所能理解，如牟先生说"智的直觉""良知的自我坎陷""道德的形上学""道德主体性""纵贯系统""横摄系统"等，一般硕士生也听不懂，遑论庶民！儒家义理遂于渐昌隆于上庠讲坛、学报专刊之际，愈来愈晦隔于匹夫匹妇，非寻常人士所得闻。偶或闻之，也不懂。

再者，整个新儒学的诠释，也显得偏宕。由于新儒家深受陆王式孟子学之影响，偏重于从个体生命说，讲尽心知命以上达于成己成德之学。讲究的是心体活泼的鸢飞鱼跃，直契天地之大化流行。为学者，欲寻孔颜之乐处，以"心斋"达致美善合一之境界，却甚少考虑化民成俗之问题。儒家的实践性，落在个体甚或主体道德实践上者多，着在社会实践者较少。故论到生命德行之美，皆堪欣赏；想谈谈风俗文化之美、开务成物之道，辄遂默焉罕言。

以牟宗三先生论朱子为例。当代论朱子学，牟先生自为巨擘，《心体与性体》三巨册，论朱子的独占其一，用力之勤，吾人唯有叹服而已。然而牟先生论朱子就极偏，所论只涉及朱子参究中和的问题及有关《仁说》之讨论。欲以此确定朱子上承伊川，所开之义理系统属于横摄系统，而与孔、孟、明道、五峰、陆、王之纵贯系统不同。故依牟先生说，朱子学虽亦为内圣成德之学，然置诸中国儒家心性学的传统中，实非集大成者，仅是"别子为宗"。

不管这个论断对不对，我都觉得：如此论朱子，实仅论及朱子内圣学之一偏。但朱子学绝对不仅是要人内圣成德而已。朱子对井田、经界、封建、社仓、税赋、礼制方面，多所究心，以礼为本体，更深具哲学意蕴，重在开务成物。朱子与湖湘派学者间的论辩，亦不只是参究中和的问题和《仁说》而已，更关联到彼此论礼的歧异。牟先生为其学力及视阈所限，论儒学仅能就形上学与伦理学方面立说，丰于仁而啬于礼，故于儒者开务成物、行道经世之学，较罕抉发。论朱子，亦复如此。其用心，在于立人极，教人逆觉体证仁心觉情，而存养于道德践履中，这是我们明白且能深有领会的。但识仁之功多，而究礼之意少，偶或论之，亦皆摄礼归仁，于礼俱为虚说。对于宋代儒者如何借助其性理之学开物成务，实均不甚了了。而不知朱子之所以能兼汉宋之学，元明清诸朝且视其为孔子之后唯一的集大成者，绝不仅因他在性理学方面的表现。仅由性理学上争辩其是否为正宗，其实也不甚相干。

这就可以看出新儒家的诠释有其局限，并未充分开发可以作用于现代社会具体生活的资源。

牟先生论阳明学也一样，十分偏宕。

阳明学于明末清初备受攻击，批评者或谓其为禅学，或以亡国之过相责，谓其袖手谈心，无裨实际。故当时有一股讲实学之思潮，即起于这种意见气候中，批评讲心学的人都不重实际，所以他们才要来关注实际问题，讲经世致用之学。牟宗三先生推崇阳明，固然绝不同于清朝人，但只从本心良知讲阳明学，不知也不重其经世的那一面，跟清朝人又有什么分别？

且牟先生论阳明，有个著名的论点，即"良知的自我坎陷"。此说之所以提出，就是因为依牟先生看，阳明讲的道德良知无法直接开出民主、科学，所以必须要把良知自觉地否定掉，转为有执，才能开出知性主体，从而发展出现代的民主、科学来。

此说争论极大，或谓此说仅具理论意义，缺乏可操作性；或谓其理论未必可通。我则以为这根本就把阳明学弄错了，良知教本来就可开出事功，不需坎陷才能开之。阳明本人的事功，不唯在宋明理学家中罕有其匹，就是讲经世之学的，如永嘉学派或清初所谓实学学者，又有几人比得上他？而且良知与经世致用本来一体，不能打为两橛。王学，无论阳明本人或其后学，亦辄不忘经世。故若由经世这个角度看王学，便完全无须牟先生那个理论，亦可以补充过去只由内证本心良知那一面去论王学之不足，看到王学与朱子学密切的关系。

二、对王学经世的重新理解

阳明本身的经世实绩，人尽皆知，不必详述，阳明后学之经世事业，近来也颇有抉发。最近的研究，可以张艺曦《社群、家族与王学的乡里实践：以明中晚期江西吉水、安福两县为例》①为代表。此书从社会史的角度讨论王氏学术如何草根化，王学学者在地方上又做了些什么社会事业，这些事业与其建立社会声望、传播学术又有何关系，等等。

其大体内容是指出江右王学与地方家族合作共生，家族成为地方上推动王学的主力。然后借着这样的地方力量，王学学者在地方上推动土地重新丈量、赋税改革、清除虚丁等社会工作，并透过乡约与书院教化民众。

该书具体谈到的是吉水同水乡罗洪先家族对王学的传扬、邹元标在县城的讲学。安福北乡则为邹元益家族，刘氏、伍氏家族辅之；东乡另有彭氏、王氏两家族；西乡有张氏及刘元卿一家。两相比较，同水的家族关系网络比较发达，虽乏固定的建制化讲会或书院，王学却发展得很好，正德、嘉靖（1506—1566）以来一直是王学的中心。安福的南乡、北地虽有建制化的会讲场所，但主要也仍是家族在主持与推动。

作者大量利用方志与家族史料，重建明中晚期王学在地方发展的历史，令我们看到王学在具体社会脉络中如何生存与茁壮。但他可能想告诉我们的还不止这些，他恐怕更想强调宗族在王学发展中的重要性。它的效果胜于书院与讲会，书院和讲会若无宗族之支撑，亦往往衰败。反之，纵无书院与讲会，宗族网络本身就能推动着王学的发展。例如安福南乡刘氏、王氏相继中衰以后，南乡王学亦衰，最后只留下书院这所建筑而已。而南乡可是具有建制化、固定开放空间供人会讲的地方呢！同水乡则根本只类似家族内部流传家学的方式，无此建制化的开放会讲场所，故其家族网络较学术网络发达，李中、罗洪先、曾同亨几乎都很少公开讲学，可是其草根化却似乎最为成功。相对来说，邹元标来往不同乡里讲学，又建了不少书院，可是与乡里士民、家族之互动即不如罗洪先，反而因要建书院讲学，须仰赖官方资助，故

---

① "台湾大学文史丛刊"，2006 年 10 月。

不易与政治划清界限，在张居正禁毁书院时，其所办能文书院便也列名禁毁。

过去的研究者，大抵只注意到阳明学者的书院讲学活动，张氏此书把焦点改放到宗族，确实令人耳目一新，所论亦有文献及数据支持，很堪欣赏。但宗族的重要性高于书院，只是江西之现象还是通例？浙中王学或泰州学派也是如此吗？此即不无商榷余地。且宗族传学，自汉代传经以来，即是学问发展的主要模式，故六朝隋唐门第士族均号称经学礼法传家。书院相对于这个传统，乃是将学术传承与教育由私家人际网络拉出来，变成一种向公众开放的领域，本身是具进步性的。阳明本人就十分注重书院讲学，也关心社学的发展，更有通过社学去兴化一乡的意识，如《王阳明全集》卷十七所载：

> 看得赣州社学乡馆，教读贤否，尚多淆杂。是以诗礼之教，久已施行；而淳厚之俗，未见兴起。为此牌仰岭北道督同府县官吏，即将各馆教读通行访择；务学术明正，行止端方者，乃与兹选。官府仍籍记姓名，量行支给薪米，以资勤苦；优其礼待，以示崇劝。以各童生之家，亦各通行戒饬，务在隆师重道，教训子弟，毋得因仍旧染，习为偷薄，自取愆咎。（《兴举社学牌》）

> 先该本院据岭北道选送教读刘伯颂等，颇已得人；但多系客寓，日给为难，今欲望以开导训诲，亦须量资勤苦，已经案仰该道通加礼貌优待，给薪米纸笔之资。各官仍要不时劝励敦勉，令各教读务遵本院原定教条尽心训导，视童蒙如己子，以启迪为家事，不但训饬其子弟，亦复化谕其父兄。不但勤劳于诗礼章句之间，尤在致力于德行心术之本。务使礼让日新，风俗日美，庶不负有司作兴之意，与士民趋向之心，而凡教授于兹土者亦永有光矣。仍行该县备写案验事理，揭置各学，永远遵照去后。今照前项教条，因本院出巡忙迫，失于颁给，合就查发，为此牌仰本道府即将发去教条，每学教读给与二张，揭置座右，每日务要遵照训诲诸生。该道该府官员亦要不时亲临激励稽考，毋得苟应文具，遂令日就废弛。（《颁行社学教条》）

观其所论，兴学并不以兴王学为目的，同时兴学也不只教生童，还要透过社学来化谕其父兄宗族。这是阳明的深衷。可是假如依张艺曦所说，那就恰好颠反了。王学发展退回到宗族内部，传统的血缘、地缘人际网络，成了支撑王学的力量，抽离了宗族，书院亦难以存活。这岂不是否定阳明的用心了吗？又或显示王学后进在发展中只能依附于传统势力与人际网络呢？情况恐怕不是这样的。应该说是讲学者透过教育，化谕了乡里，令各宗族亦睦然从风，成为以学术、道义相维系的讲学团体或伦理团体。

这时，宗族或在其内部讲学，或在族与族之间共讲互讲，如同水之例；或以宗族力量发展出建制性的公开会讲场所，如安福南乡。只是形式不一。书院及讲会，则与宗族相互穿透，相协而动。血缘宗族团体亦因此而转变成为道义向学团体。换言之，恰好不是王学依托着宗族，乃是宗族受到王学的教化而发生了变化。

三、宋代理学的社会实践面

教化宗族，本来就是宋明理学家一大努力方针。理学家论经世，主要思路即在于此。例如：

> 管摄天下人心，收宗族，厚风俗，使人不忘本，须是明谱系、世族与立宗子法。宗族不立，则人不知统系来处，古人亦鲜有不知来处者。宗子法废，后世尚谱牒，犹有遗风；谱牒又废，人家不知来处，无百年之家，骨肉无统，虽至亲，恩亦薄。（《经学理窟·宗法》）

> 凡人家法，须令每有族人远来，则为一会以合族，虽无事亦当每月一为之。古人有花树韦家宗会法，可取也。然族人每有吉凶嫁娶之类，更须相与为礼，使骨肉之意常相通。骨肉日疏者只为不相见，情不相接尔。（《二程先生书》卷一）

> 宗子法坏，则人不自知来处，以至流转四方，往往亲未绝，不相识。今且试以一二巨公之家行之，其术要得拘守得须是，且如唐时立庙院，仍不得分割了祖业，使一人主之。（《二程先生书》卷十五）

本来，宗族内部只是一种血缘关系；这种血缘关系，要被赋予道德意涵，并要求作为实践之规范时，才能成为伦理关系。譬如近代名种狼犬，亦多附有血统谱系证明书，但这种证明书，就丝毫不带伦理之意义。而在宋代以前，宗族即未被赋予这样的关系，因此宗族也没有应去实践道德的伦理义务。

在上古，姓氏宗支的亲疏及祭祀关系，实与继承和分配统治的权力有关，故宗法制度之建立，基本上来自世卿之事实。魏晋以来，中古之世族望姓，用以区别士庶，所谓"立品设状以求人才，第士族以为方司格，有司选举必稽谱牒"①。两者均不以族内伦理关系为主要内容与功能。宋代以后，才讲族内孝悌义务，并企图由敦睦亲族而达到整个社会都能风俗淳化的目标。张载、伊川之说，可为代表。

南宋时，吕东莱与朱熹推广此意，更是不遗余力。如吕东莱的《宗法条目》，就是推衍发挥程子这一类想法的重要著作。《宗法条目》名为宗法，易令人以为是古代的封建宗法制度，其实不然。因社会变迁，古宗法制早废了，宋人托古改制，讲的乃是他们心目中理想的宗族组织法。此法之基本原理，是把宗族血缘关系转为契约规定，而这种契约规定又实现了伦理价值，不会显得只是一套法制规约。其目共列有祭祀、忌日、省坟、婚嫁、生子、租赋、家塾、合族、宾客、庆吊、送终、会计、规矩、学规等项，分别说明其行事规范仪节。揆其内容，殆与宋代自温公以下迄朱子之"家礼"一脉相通，亦与朱子制定的《白鹿洞书院学规》相通。

朱子撰《家礼》，自谓："愿得与同志之士熟讲而勉行之，庶几古人所以修身齐家之道，谨终追远之心，犹可以复见；而于国家所以崇化导民之意，亦或有小补云。"显然也与程颐、张载的用心无异。朱子在《跋三家礼范》中，更自任司马光之后，把厚彝伦、新陋俗的工作，视为他与他朋友同志们共同的事业，他说：

> 呜呼！礼废久矣，士大夫幼而未尝习于身，是以长而无以行于家。长而无以行于家，是以进而无以议于朝廷、施于郡县，退而无以教于间里、传之子孙，而莫或知其职之不修也。长沙博士邵君囷得吾亡友敬夫所次《三家礼范》之书，而刻之学官，盖欲吾党之士相与深考而力行之，以厚彝伦而新陋俗，其意美矣！然程、张之言犹颇未具，独司马氏为成书。……熹尝欲因司马氏之书，参考诸家之说，裁行增损，举纲张目，以附其后。

其欲参考增损，即是"采集附益，并得善本，通校而广传之，庶几见闻有所兴起，相与损益折衷，共成礼俗"（《跋古今家祭礼》）之意。移风易俗，而

---

① 张即之：《蓝溪李氏族谱序》。

一再强调家礼祭祀，正是希望透过这些制度，让人能体现亲亲孝悌之心。乾道四年（1168），吕祖谦又推广宗族宗会法之义于社会，云：

> 凡预此集者，以孝悌忠信为本，其不顺于父母、不友于兄弟、不睦于宗族、不诚于朋友、言行相反、文过遂非者，不在此位。既预集而或犯，同志者规之；规之不可，责之；责之不可，告于众而共勉之；终不悛者，除其籍。

这个乡约，事实上就是再将宗族亲睦合会之法推展到社会上去，是族谱族规的扩大，故后世往往也将它并收到族谱族规里，因为内涵是一样的，宗法条约转化着血缘宗族，乡约则转化着地缘团体。朱熹对此乡约也极为重视，特"取其他书及附己意，稍增损之，以通于今，而又为月旦集会续约之礼"。

换言之，宋代理学家努力地以复位族谱功能、建立宗法条目、编修家礼、组织宗族宗会等办法，来改造宗族，把一个血缘团体变成有道德义务且须努力实践其伦理规定的团体。再由一个个宗族拓展到一个个乡，以乡约化民。

因此，书院讲学、家族宗会、乡里会约，内在是一致的，只是对象施用范围略异而已，以此化民成俗，亦以此经世。

四、阳明及其后学的实践性

王阳明的思路也是如此的，而与朱子关系尤密，《王阳明全集》卷六《寄邹谦之书之二》中有：

> 承示《谕俗礼要》，大抵一宗《文公家礼》而简约之，切近人情，甚善甚善！非吾谦之诚有意于化民成俗，未肯汲汲为此也！
>
> 古礼之存于世者，老师宿儒当年不能穷其说，世之人苦其烦且难，遂皆废置而不行。故今之为人上而欲导民于礼者，非详且备之为难，惟简切明白而使人易行之为贵耳。中间如四代位次及祔祭之类，固区区向时欲稍改以从俗者，今皆斟酌为之，于人情甚协。盖天下古今之人，其情一而已矣。先王制礼，皆因人情而为之节文，是以行之万世而皆准。其或反之吾心而有所未安者，非其传记之讹阙，则必古今风气习俗之异宜者矣。

此虽先王未之有，亦可以义起，三王之所以不相袭礼也。若徒拘泥于古，不得于心，而冥行焉，是乃非礼之礼，行不著而习不察者矣。后世心学不讲，人失其情，难乎与之言礼！然良知之在人心，则万古如一日。苟顺吾心之良知以致之，则所谓不知足而为屦，我知其不为蒉矣。

非天子不议礼制度，今之为此，非以议礼为也，徒以末世废礼之极，聊为之兆以兴起之。故特为此简易之说，欲使之易知易从焉耳。冠、婚、丧、祭之外，附以乡约，其于民俗亦甚有补。

至于射礼，似宜别为一书以教学者，而非所以求谕于俗。今以附于其间，却恐民间以非所常行，视为不切，又见其说之难晓，遂并其冠、婚、丧、祭之易晓者而弃之也。《文公家礼》所以不及于射，或亦此意也欤？幸更裁之！

此文之重点，是以定家礼及乡约为化民成俗之法，这便可印证我上文所说王学颇以教化宗族乡党为职志。阳明对家礼有此见解，并不是碰到邹谦之来问，才如此云云的。你看他文末一大段，就是"往年曾与徐曰仁备论"祠堂祖宗牌位位次及袝祭之义。观此，便知阳明于此凤所究心，是有过研究的，所以前文说"区区向时欲稍改以从俗"。其论祭法曰：

祠堂位次袝祭之义，往年曾与徐曰仁备论。曰仁尝记其略，今使录一通奉览，以备采择。

或问："《文公家礼》高、曾、祖、祢之位皆西上，以次而东。于心窃有未安。"阳明子曰："古者庙门皆南向，主皆东向。合祭之时，昭之迁主列于北牖，穆之迁主列于南牖，皆统于太祖东向之尊。是故西上，以次而东。今祠堂之制既异于古，而又无太祖东向之统，则西上之说诚有所未安。"曰："然则今当何如？"曰："礼以时为大。若事死如事生，则宜以高祖南向，而曾、祖、祢东西分列，席皆稍降而弗正对，似于人心为安。曾见浦江郑氏之祭，四代考妣，皆异席。高考妣南向，曾、祖、祢考皆西向，妣皆东向，名依世次，稍退半席。其于男女之列、尊卑之等，两得其宜。今吾家亦如此行。但恐民间厅事多浅隘，而器物亦有所不备，则不能以通行耳。"又问："无后者之袝于己之子侄，固可下列矣。若在祖宗之行，宜何如袝？"阳明子曰："古者大夫三庙，不及其高矣；适士二庙，不及其曾矣。今民间得祀高、曾，盖亦体顺人情之至，例以古制，则既为僭，况在其行之无后者乎！古者士大夫无子，则为之置后，无后者鲜矣。后世人情偷薄，始有弃贫贱而不问者。古所为无后，皆殇子之类耳。《祭法》：'王下祭殇五：适子、适孙、适曾孙、适玄孙、适来孙。诸侯下祭三，大夫二，适士及庶子祭子而止。'则无后之祔，皆子孙属也。今民间既得假四代之祀，以义起之，虽及弟侄可矣。往年湖湘一士人家，有曾伯祖与堂叔祖皆贤而无后者，欲为立嗣，则族众不可；欲弗祀，则思其贤，有所不忍也。以问于某。某曰：不祀二三十年矣，而追为之嗣，势有所不行矣。若在士大夫家，自可依古族属之义，于春、秋二社之次，特设一祭。凡族之无后而亲者，各以昭穆之次配祔之，于义亦可也。"

古代天子七庙，诸侯五庙，五乘之地者祭三世，三乘之地者祭二世，一般庶民持手而食，不得立庙，故亦不祭祖。司马光《家礼》鉴于时代变迁，才建议民可祭曾祖，程伊川则云应祭高祖，明代庶人可祭四代，恐僭，乃改家庙为祠堂，阳明谈祠堂位次祔祭，就是要确定在这种新的祠庙秩序中如何祔祭子嗣的问题。徐曰仁问阳明："然则今当如何？"就点出了这是个新时代的新问题，阳明所说，则为制礼。怎么制呢？参考古礼之义而斟酌之。家礼的内容，当然不只有祭礼祭法，只因祭法在此时一般人正无所适从，故特详言之。

阳明论祭礼祭法，是斟酌旧礼以制新裁，论射礼则是依循朱子之见，索性删去了。删去的原因，是"非所以求谕于俗"，也就可见他是从化民谕俗的角度考虑这些问题的。邹谦之书，名《谕俗礼要》，亦由于此。

《谕俗礼要》是根据朱熹《家礼》来的。家礼，看起来应行于一家之内，可是其间就"附以乡约"，而阳明亦认为如此甚好，"其于民俗亦甚有补"。这也可以呼应我上文所说宗族内部之孝悌伦理要求跟宗族外乡里的伦理规约，在宋明理学家看来是一贯相连的。阳明在这些地方，可说均是衍朱子之绪。

较特别处，在于他把家礼、乡约跟心学结合在一起讲，云："后世心学不讲，人失其情，难乎与之言礼！然良知之在人心，则万古如一日。苟顺吾心之良知以致之，则所谓不知足而为屦，我知其不为蒉矣。"一方面把礼制损益的根据放在心上说，谓心安就合礼，不安则礼必非；一方面把制礼的活动跟致良知的"致"结合，表明儒者既讲心学就应制礼，不赞成古人"非天子不议礼制度"之说。

这种做法，也是把他自己的良知说和朱子的家礼、乡约合在了一起。礼不是外在的一套制度，乃是因乎人情、合于人心的仪度。

在此，阳明之说看来是一种钩合，将朱子之礼，拉到自己所主张的致良知学说上来讲。可是细细考察，似又不然。例如此处论制礼就不采用胡五峰那种仁体礼用说。五峰云："学圣人之道，得其体，必得其用……井田、学校、封建、军制，皆圣人竭心思致用之大者。"把致放在致用上讲，便与阳明致良知之致不同，依阳明说，礼是顺良知而致的，因此不应说是用。

阳明学一向被认为较近胡五峰、陆象山一系，但由论礼这方面看，他却不近五峰而近朱子。朱子论礼，即不说是用而说礼也是体，且批评："公江西有般乡谈，才见分段子，便说道是用，不是体。"不知礼即是体，其说详见《朱子语类》卷六，因为礼不是别的，就是仁心，是仁表现为礼，具体说到恭敬、羞恶、是非、恻隐才是用。由于朱子把仁与礼的关系如此看，所以复礼就是归仁，仁与礼就只是一个道理的两个指称，对于制礼之事，则亦要"一一以礼文心即之，使之无不中节，乃嘉其所会也"。以礼文心即之，不是和阳明"顺吾心之良知以致之"很接近吗？

以上是与朱子家礼有关的部分。《南赣乡约》部分，与朱子乡约的关系更为密切。正德（1506—1521）末年，阳明所定之约，即以朱子增损吕氏之本为依据：

> 咨尔民，昔人有言："蓬生麻中，不扶而直；白沙在泥，不染而黑。"民俗之善恶，岂不繇于积习使然哉！往者新民盖常弃其宗族，畔其乡里，四出而为暴，岂独其性之异，其人之罪哉？亦由我有司治之无道，教之无方。尔父老子弟所以训诲戒饬于家庭者不早，熏陶渐染于里闬者无素，诱掖奖劝之不行，连属叶和之无具，又或愤怨相激，狡伪相残，故遂使之靡然日流于恶，则我有司与尔父老子弟皆宜分受其责。呜呼！往者不可及，来者犹可追。故今特为乡约，以协和尔民，自今凡尔同约之民，皆宜孝尔父母，敬尔兄长，教训尔子孙，和顺尔乡里，死丧相助，患难相恤，善相劝勉，恶相告戒，息讼罢争，讲信修睦，务为良善之民，共成仁厚之俗。呜呼！人虽至愚，责人则明；虽有聪明，责己则昏。尔等父老子弟毋念新民之旧恶而不与其善，彼一念而善，即善人矣；毋自恃为良民而不修其身，尔一念而恶，即恶人矣。人之善恶，由

于一念之间，尔等慎思吾言，毋忽！

乡约分三部分，以上是第一部分，说明立约的缘故，在于彼此协助以共趋于善。值得注意者，为整个说明均未由良知或致良知讲，而是从荀子讲起。"昔人有言"云云，即出荀子《劝学篇》，接着称"民俗之善恶，岂不繄于积习使然哉"，也是荀子说。依荀子之见，人生之性只是自然，但顺性而为，不以礼义教化之，便会流于恶。阳明曰"有司治之无道，教之无方。尔父老子弟所以训诲戒饬于家庭者不早，熏陶渐染于里闬者无素，诱掖奖劝之不行"等等，遂使子弟靡然日流于恶，正是荀子说的翻版。尤其是说作恶的人"岂独其性之异，其人之罪哉"，比荀子讲得更远。荀子是说要化性起伪的，伪是人为的劝学、教化、积善等。可是性本身并不是恶的，只是说若不教化便将流于恶罢了。阳明说那些作乱的人，不只是本身性与人异，也缺了教化，岂不是说那些人本身就性恶吗？这可能只是因为文章重点在呼吁乡里一起来讲信修睦，故未由鼓舞人本身的良知善性说，但整体看来确实有偏于荀子礼教一路之倾向，论性纠恶，则更甚于荀子。王学之复杂，亦由此可见。这是历来研究者没注意到的。

第二部分，为乡约的具体内容。其中又分两部分，前五则是讲乡约的组织法，后九则是讲乡约要处理什么事。先说前者：

一、同约中，推年高有德为众所敬服者一人为约长，二人为约副，又推公直果断者四人为约正，通达明察者四人为约史，精健廉干者四人为知约，礼仪习熟者二人为约赞。置文簿三扇：其一扇备写同约姓名，及日逐出入所为，知约司之；其二扇一书彰善，一书纠过，约长司之。

一、同约之人，每一会，人出银三分，送知约，具饮食，毋大奢，取免饥渴而已。

一、会期以月之望，若有疾病事故不及赴者，许先期遣人告知约；无故不赴者，以过恶书，仍罚银一两公用。

一、立约所于道里均平之处，择寺观宽大者为之。

一、彰善者，其辞显而决；纠过者，其辞隐而婉。亦忠厚之道也。如有人不弟，毋直曰不弟，但云闻某于事兄敬长之礼，颇有未尽，某未敢以为信，姑书之以俟。凡纠过恶皆例此。若有难改之恶，且勿纠，使无所容，或激而遂肆其恶矣。约长、副等，须先期阴与之言，使当自首，众共诱掖奖劝之，以兴其善念，姑使书之，使其可改；若不能改，然后纠而书之；又不能改，然后白之官；又不能改，同约之人执送之官，明正其罪；势不能执，戮力协谋，官府请兵灭之。

一、通约之人，凡有危疑难处之事，皆须约长会同约之人与之裁处区画，必当于理济于事而后已；不得坐视推托，陷人于恶，罪坐约长、约正诸人。

明成祖时，曾取吕氏乡约颁降天下，但并未实际推行，主要只是以里老人制作为敦化措施。洪武十四年（1381）首先实施里甲制，此后再配合里老人制，于是乡村关于户婚、田土、斗殴等事不直接诉诸知县，皆由在地老人先行决断，同时又颁行乡村统治政策集大成的《教民榜文》。里老人制的精神，主要从民间调停机制脱胎而来，官方利用里老人制与民间调停机制并存的方式解决乡村纷争。里老人制与乡约的差异，一是乡约有组织化的教化机构，约正、约副、约赞、司讲，各有其任务分掌；二是教化方式有所改进，乡约不只是宣讲《六谕》等文，还更有所敷衍，以令民众理解。阳明对乡约的组成，说要怎么设乡所，怎么收会银，怎么聚会，并设立约长、约副、约正、约史、知约、约赞，即属于这个部分。

明中叶以后，户部又命令以太祖《六谕》作为乡约之内容。每州县村落聚会时，朔日社首、社正率全会诵读《六谕》，以至《六谕》为主，乡约为从。阳明此处说约时“北面跪听约正读告谕毕”，接着再大家走出会所，分东西立，“约正读乡约毕”，即反映了这种现实。后来王学学者如罗汝芳在安徽宁国府知府任上推行乡约，或前述吉安地区王学学者推行乡约时也均是如此。朱鸿林《明代嘉靖年间的增城沙堤条约》① 则以湛若水的增城沙堤乡约为例，指出：这是引用《六谕》作为法源依据与护身符。阳明及其后学的情况大抵也是如此。

后面九则说明乡约要处理的事，其实也就涉及了乡约的功能。一是协助官方要求人民纳粮当差，二是防止地方豪户或异境客商欺压穷民，三是禁止乡里斗殴，四是防止军民与盗贼私通呼应，五是防止胥吏及地方主管阶层剥削欺压下民，六、七是协助盗贼或附盗之民自新，八是不准因女婚嫁取财，

---

① 载《燕京学报》，新 8 期，2000 年。

九是革新丧葬礼俗：

一、寄庄人户，多于纳粮当差之时躲回原籍，往往负累同甲；今后约长等劝令及期完纳应承，如蹈前弊，告官惩治，削去寄庄。

一、本地大户，异境客商，放债收息，合依常例，毋得磊算；或有贫难不能偿者，亦宜以理量宽；有等不仁之徒，辄便捉锁磊取，挟写田地，致令穷民无告，去而为之盗。今后有此告，诸约长等与之明白，偿不及数者，劝令宽舍；取已过数者，力与追还；如或恃强不听，率同约之人鸣之官司。

一、亲族乡邻，往往有因小忿投贼复仇，残害良善，酿成大患；今后一应斗殴不平之事，鸣之约长等公论是非；或约长闻之，即与晓谕解释；敢有仍前妄为者，率诸同约呈官诛殄。

一、军民人等若有阳为良善，阴通贼情，贩买牛马，走传消息，归利一己，殃及万民者，约长等率同约诸人指实劝戒，不悛，呈官究治。

一、吏书、义民、总甲、里老、百长、弓兵、机快人等若揽差下乡，索求赍发者，约长率同呈官追究。

一、各寨居民，昔被新民之害，诚不忍言；但今既许其自新，所占田产，已令退还，毋得再怀前仇，致扰地方；约长等常宜晓谕，令各守本分，有不听者，呈官治罪。

一、投招新民，因尔一念之善，贷尔之罪；当痛自克责，改过自新，勤耕勤织，平买平卖，思同良民，无以前日名目，甘心下流，自取灭绝；约长等各宜时时提撕晓谕，如踵前非，呈官征治。

一、男女长成，各宜及时嫁娶；往往女家责聘礼不充，男家责嫁妆不丰，遂致愆期；约长等其各省谕诸人，自今其称家之有无，随时婚嫁。

一、父母丧葬，衣衾棺椁，但尽诚孝，称家有无而行；此外或大作佛事，或盛设宴乐，倾家费财，俱于死者无益；约长等其各省谕约内之人，一遵礼制；有仍蹈前非者，即与纠恶簿内书以不孝。

阳明在南赣时另有一则告谕，也提到居丧不得用鼓乐、为佛事。又说病者不得听信邪术，专事巫祷，应求医问药；嫁娶之家，丰俭称赀，不得计较聘财妆奁，亦不得大会宾客，酒食连朝；亲戚随时相问，以诚心实礼为贵，不得徒饰虚文，为送节等名目，以至奢靡相尚，浪费钱财；街市村坊，不得迎神赛会，百千成群，以至有无益之费。（《王阳明全集》卷十六《告谕》）据该文说："有不率教者，十家牌邻互相纠察；容隐不举正者，十家均罪。"可见，乡约所要对治的正是南赣之陋俗，印行告谕牌文谈的也是同样的问题。

文告最后说：

> 一、当会一日，知约预于约所洒扫张具于堂，设告谕牌及香案南向。当会日，同约毕至，约赞鸣鼓三，众皆诣香案前序立，北面跪听约正读告谕毕；约长合众扬言曰："自今以后，凡我同约之人，祗奉戒谕，齐心合德，同归于善；若有二三其心，阳善阴恶者，神明诛殛。"众皆曰："若有二三其心，阳善阴恶者，神明诛殛。"皆再拜，兴，以次出会所，分东西立，约正读乡约毕，大声曰："凡我同盟，务遵乡约。"众皆曰："是。"乃东西交拜。兴，各以次就位，少者各酌酒于长者三行，知约起，设彰善位于堂上，南向置笔砚，陈彰善簿；约赞鸣鼓三，众皆起，约赞唱："请举善！"众曰："是在约史。"约史出就彰善位，扬言曰："某有某善，某能改某过，请书之，以为同约劝。"约正遍质于众曰："如何？"众曰："约史举甚当！"约正乃揖善者进彰善位，东西立，约史复谓众曰："某所举止是，请各举所知！"众有所知即举，无则曰："约史所举是矣！"约长、副、正皆出就彰善位，约史书簿毕，约长举杯扬言曰："某能为某善，某能改某过，是能修其身也；某能使某族人为某善，改某过，是能齐其家也；使人人若此，风俗焉有不厚？凡我同约，当取以为法！"遂属于其善者。善者亦酌酒酬约长曰："此岂足为善，乃劳长者过奖，某诚惶怍，敢不益加砥砺，期无负长者之教。"皆饮毕，再拜会约长，约长答拜，兴各就位，知约撤彰善之席，酒复三行，知约起，设纠过位于阶下，北向置笔砚，陈纠过簿；约赞鸣鼓三，众皆起，约赞唱："请纠过！"众曰："是在约史。"约史就纠过位，扬言曰："闻某有某过，未敢以为然，姑书之，以俟后图，如何？"约正遍质于众曰："如何？"众皆曰："约史必有见。"约正乃揖过者出就纠过位，北向立，约史复遍谓众曰："某所闻止是，请各言所闻！"众有闻即言，无则曰："约史所闻是矣！"于是约长、副、正皆出纠过位，东西立，约史书簿毕，约长谓过者曰："虽然姑无行罚，惟速改！"过者跪请曰："某敢不服罪！"自起酌酒跪而饮曰："敢不速改，重为长者忧！"约正、

副、史皆曰："某等不能早劝谕,使子陷于此,亦安得无罪!"皆酌自罚。过者复跪而请曰:"某既知罪,长者又自以为罚,某敢不即就戮,若许其得以自改,则请长者无欲,某之幸也!"趋后酌酒自罚。约正、副咸曰:"子能勇于受责如此,是能迁于善也,某等亦可免于罪矣!"乃释爵。过者再拜,约长揖之,兴,各就位,知约撤纠过席,酒复二行,遂饭。饭毕,约赞起,鸣鼓三,唱:"申戒!"众起,约正中堂立,扬言曰:"呜呼!凡我同约之人,明听申戒,人孰无善,亦孰无恶;为善虽人不知,积之既久,自然善积而不可掩;为恶若不知改,积之既久,必至恶积而不可赦。今有善而为人所彰,固可喜;苟遂以为善而自恃,将日入于恶矣!有恶而为人所纠,固可愧;苟能悔其恶而自改,将日进于善矣!然则今日之善者,未可自恃以为善;而今日之恶者,亦岂遂终于恶哉?凡我同约之人,盍共勉之!"众皆曰:"敢不勉?"乃出席,以次东西序立,交拜,兴,遂退。(《王阳明全集》卷十七)

这是详细说明乡约的具体运作方式。由其运作,即可见其为一乡里自主的自治形态,跟阳明其他相关文献,如在南赣发布的《十家牌法告谕各府父老子弟》《告谕各府父老子弟》《告谕新民》《告谕浰头巢贼》《告谕》《告谕父老子弟》等,在征藩时发布的《告谕安义等县渔户》《告谕顽民》,在征思田时的《告谕村寨》《告谕新民》等,虽是同一目的,但性质不同。

有的告谕,他还明令官属广为翻印散发:"照式翻刊多用纸张,印发所属各县,查照十家牌甲,每家给与一道。其乡村山落,亦照屯堡里甲分散。务遵依告谕,互相戒勉,共兴恭俭之风,以成淳厚之俗。"并且指令官府:"于城郭乡村惟选素行端方,人所信服者几人,不时巡行晓谕,各要以礼优待,作兴良善,以励末俗,毋得违错。"可见移风易俗,允为阳明政务之大事,与乡约的功用适相符同。但是,这些告谕均是一种行政措施或宣告,其实质是以公权力来强制或半强制推动此类工作,故征藩时的《告谕安义等县渔户》云:"务益兴行礼让,讲信修睦,以为改恶从善者之倡。族党之中,果有长恶不悛,不听劝谕者,众共拘执送官,明正典刑,以安善类,毋容莨莠,致害嘉禾。"(《王阳明全集》卷十七)提督广西四省军务时的《告谕村寨》亦云:"各宜益坚为善之心,共享太平之乐。其间平日纵有罪犯,从今但能中心改过,官府决不追论旧恶。"(《王阳明全集》卷十八)

在劝善惩恶、敦励风俗背后，都有政府公权力的威吓。相较之下，乡约的性质就刚好相反，基本上是村里自治自决的，要靠同约的人共同合议以惩恶劝善，条约最后一则长文，就是为了详细说明约会时如何靠这种同约之力量与程序来达到敦励风俗的效果。当然，如果乡里自治型的约会无法达成这些效果，最后仍将诉诸官府，所以条约中提到：若大户不仁，"或恃强不听，率同约之人鸣之官司"；若乡里斗殴报仇，屡劝不听，"仍前妄为者，率诸同约呈官诛殄"；以及其他"不悛，呈官究治"，"有不听者，呈官治罪"。但这只能说是以官府为后盾，所倚赖的仍是同约共议所定之是非，基本性质就跟保甲法或"十家牌法"不同。

阳明之前，正统年间（1436—1449）的保甲制度，是配合明初的里甲制共同实施的，如正统十二年（1447）御史柳华在邓茂七之乱后，为了强化里里制的机能，并维持乡里治安而在福建设置，总小甲制。清水盛光《中国乡村社会论》第一篇第一章、谷口规矩雄《明代徭役制度史研究》等书对此叙述甚详。阳明所定十家牌法，也是保甲一类，十家为一牌，亦即是一甲，以连坐的方式命各户人家共同监督，防止宵小匪徒混入农家。

在阳明，此等保甲法与乡约原相表里，一者以行政措施建立地方御盗组织，一者以村里自治形成自助自励体系，两者互相搭配。如乡约第十一、十二条就谈到附匪投匪民众自新的问题，第九条谈到军民替盗匪报消息做内应的情况，显见乡约既构成一地方自治自保之体系，对于御盗防侮必是有帮助的。但保甲与乡约毕竟性质非一，保甲重在安全保卫，乡约重在风俗劝励。故从组成上看，保甲乃行政组织，乡约为地方自治；从内涵上说，保甲是治安的，乡约是道德的。

不过，在一个乡里，乡约和保甲，参与者大抵为同一批人，它们功能又相表里，因此两者也会有一体化的现象，或因乡约而兼保甲功能，或以保甲推动着乡约的发展。例如江西吉水曾昂在正德年间便推行乡约、保甲二法以拒盗，此地因此"七十余年奸宄屏迹，外户不闭，向来淳俗借以维持为多"①。待嘉靖四十年（1561）吉水又遭闽广流贼来寇，罗洪先继作《同水乡约》，并编练乡兵守御乡里，胡直形容当时的景象是：

---

① 《泉湖山房稿》卷十五，曾同亨《同水乡约引》。

　　　　同江一带，约令画守，乡兵万众，各相劝，军容整饬，联数十舟，
　　上下警巡，戒客舟毋得近岸，贼莫得渡，一境尽全。①

可见乡约即是乡兵，乡约实兼地方御寇之重任。罗洪先《刻乡约引》对此亦
明言之，云在同水乡实行的乡约，正因"利御寇，故众乐从"（《念庵文集》
卷六）。至万历年间（1573—1619），曾昂族孙曾同亨再订《同水乡约》时，
则参酌了罗钦顺的《云亭乡约》，说："夫《泉南约》主保御，而《云亭约》
主礼教，斯二者何可偏废？"（《念庵文集》卷六）事实上就阳明原初之设计
言之，乡约只主礼教，保甲之类十家牌法才主保御，但在某些地方基于现实
需要，颇有混同，或竟以乡约来主持保御之责，亦不罕见。

　　虽然如此，我们却不能不指出：乡约与保甲毕竟本质不同。将乡约转为
保甲功能，看来颇具现实效益，其实等于消灭了乡约。日本铃木博之在分析
明代徽州府乡约后指出，此地设立乡约的目的本在维持"礼的秩序"，但在
乡约与保甲一体化后，渐从此一目的逸脱，而转向强调维持"法的秩序"，
由于理想与现实的落差，使得徽州乡约最后趋于空洞化，讲的就是这个问
题。② 王学学者所推行之乡约，虽可能在某些时候因现实需要而以御寇为主，
但盗患稍戢，即便回归于礼教，正是要防止这个弊端。曾同亨所采酌罗钦顺
的《云亭乡约》，或万历时唐伯令在泰和定的《西昌乡约》，都具这个性质。

　　当时除上文所举一些例子外，王学学者推动乡约者，可谓所在多有，且
颇通声气。如浙江王学学者季本在广东揭阳主簿任内便曾与当地王学学者薛
侃合作推行《榕城乡约》。薛侃在《明儒学案》中被归入粤闽王门，他曾往
赣南听王守仁学并传王学于广东，使王学在当地大盛。嘉靖十三年（1534）
季本任吉安府同知时，聂豹便敦请永丰知县彭善、吉安知府屠太山酌取季本
的揭阳经验用于永丰，于是制定《永丰乡约》。王学后来能在地方上形成巨
大的影响，殊非偶然。

　　乡约自然还有许多值得评述之处，张艺曦等人对之也已有不少申论，但
本文重点并不在那些具体推行之实务状况，故大体说明如上，我想就已够
了。谈阳明及其后学在兴学（包括社学、书院、个别讲会等）、教化宗族、

---

　　① 胡直：《衡庐精舍藏稿》卷二十三，《念庵先生行状》。
　　② 参见铃木博之：《明代徽州府的乡约》，见《山根幸夫教授退休记念明代史论
丛》，东京，汲古书院，1990。

建立乡约各方面的努力，主要是想以此来看阳明经世之学的规模。

五、良知教的体用不二

阳明论经世，有政治实践与社会实践两个面向。政治实践，主要是亲民说。《王阳明全集》与邹谦之第四函云："正之归，备谈政教之善，勤勤恳恳，开诱来学，毅然以斯道为己任"，批评"独以慨夫后儒之没溺词章，雕镂文字以希世盗名"。即可见其学不以空文为主，重在政教之善。"教"不用说了，"政"则阳明曰：

> 南子元善之治越也，过阳明子而问政焉。阳明子曰："政在亲民。"曰："亲民何以乎?"曰："在明明德。"曰："明明德何以乎?"曰："在亲民。"曰："明德、亲民，一乎?"曰："一也。明德者，天命之性，灵昭不昧，而万理之所从出也。人之于其父也，而莫不知孝焉；于其兄也，而莫不知弟焉；于凡事物之感，莫不有自然之明焉；是其灵昭之在人心，亘万古而无不同，无或昧者也，是故谓之明德。其或蔽焉，物欲也。明之者，去其物欲之蔽，以全其本体之明焉耳，非能有以增益之也。"曰："何以在亲民乎?"曰："德不可以徒明也。人之欲明其孝之德也，则必亲于其父，而后孝之德明矣；欲明其弟之德也，则必亲于其兄，而后弟之德明矣。君臣也，夫妇也，朋友也，皆然也。故明明德必在于亲民，而亲民乃所以明其明德也。故曰一也。"曰："亲民以明其明德，修身焉可矣，而何家、国、天下之有乎?"曰："人者，天地之心也；民者，对己之称也；曰民焉，则三才之道举矣。是故亲吾之父以及人之父，而天下之父子莫不亲矣；亲吾之兄以及人之兄，而天下之兄弟莫不亲矣。君臣也，夫妇也，朋友也，推而至于鸟兽草木也，而皆有以亲之，无非求尽吾心焉以自明其明德也。是之谓明明德于天下，是之谓家齐国治而天下平。"曰："然则乌在其为止至善者乎?""……天命之性，粹然至善。其灵昭不昧者，皆其至善之发见，是皆明德之本体，而所谓良知者也。至善之发见，是而是焉，非而非焉，固吾心天然自有之则，而不容有所拟议加损于其间也。有所拟议加损于其间，则是私意小智，而非至善之谓矣。人惟不知至善之在吾心，而用其私智以求之于

外，是以昧其是非之则，至于横骛决裂，人欲肆而天理亡，明德亲民之
学大乱于天下……"（《王阳明全集》卷七，《亲民堂记》）

阳明另有《书朱子礼卷》，云："明德、亲民，一也。古之人明明德以亲其
民，亲民所以明其明德也。是故明明德，体也；亲民，用也。而止至善，其
要矣。"又说："学所以为政，而政所以为学，皆不外乎良知焉。"（《王阳明
全集》卷八）也都足以与《亲民堂记》互相印证。这是阳明论政的纲领。做
官的人，因己之好恶，得民之好恶；去己之蠹，于是也就去民之所患。个人
明德乃因此通之于亲民，把老百姓看成自己亲人一般。

在谈政治实践这个面向时，阳明之说大抵如此。偏于从原则原理上说，且
谓明明德为体、亲民为用。可是在社会实践上，阳明论办学讲学、家礼宗祀、
乡约保甲等，却少说原则，谈了许多具体措施，这是跟他论政不同的第一点。

其次，在论社会实践事务时，他固然也会和良知说合在一起讲，如其论
家礼时说制礼应本良知，但因其具体措施多本于朱子，以至良知亲民说也渐
有拉归朱子学的迹象。为民制礼时，对礼的解释甚至还近于荀子，这也颇与
其论政不同。

但不管如何，讲论兴学、教化宗族、乡约共善这几套社会实践措施，是
阳明所殷殷致意的，也是张横渠、司马光、程伊川、朱熹、吕祖谦以来就一
直在努力的。儒者经世而实践于社会者，宋明儒之气力，主要集中于此。当
时不仅行之于江西、安徽、浙江、广东等地，在阳明稍后便已传入今越南。
乂安河德光府清漳县邓山总知礼社乡约早在 1420 年即已问世，此后在各处
以例簿、券例、条例、券约、乡约、券簿、券词、俗例等名义流通，影响深
远。越南古语"国法不如乡约"，即指其事。乡约生效前，皆须由乡人一致
通过并经代表本乡的"职役会同"通过，大约等于今日之乡村人民委员会签
署。[①] 而这个面向及具体措施，在今天看来格外具有意义。

例如兴学部分，民间讲学，目前大陆已渐复苏。宗族也渐恢复，但大概
较多的只是重建祠堂、重修家谱，体现血缘性认同而已。族人定期会聚，而
且在婚冠庆吊等活动中形成一套礼范，推行着孝悌亲睦的伦理要求，更是罕

---

① 阮德全：《从越南乂安河五本乡约研究民俗》，台湾成功大学东亚和文学语民
俗文化研讨会论文，2007。

见。家礼既不行于宗族，当然也就不行于社会。新时代的家礼，尚无学者编辑。至于地方自治的乡约，更未见踪迹了。今后推展儒学，除了会讲形式的研讨会之外，希望能再多从这些地方入手。

六、生活儒学的新路向

说明了朱子、阳明绝不同于当代新儒家所描述的那样无经世实践力之后，让我们回头来看看儒学发展可以有什么新路。

古代即有人主张应将儒学视为一种客观、纯粹知识性的学术，不必管经世的问题。这是学政分途的思路。如明朝末年钱牧斋就主张把儒学与圣王修齐治平之学分开，儒者只管学术传承，圣王才负责治世理国。（钱牧斋《初学集》卷二十三《向言上》）

这个想法，到了清代乾嘉学派崛起后，得到进一步的强化。乾嘉朴学以考证为主，投身于经典之中，考索于一字一句之微，不复讨论治国平天下之道。这个路向，在五四运动之后，更进一步发展。胡适、傅斯年等人都强调要发扬汉学朴学传统，以科学方法整理国故，要将史学建设得和地质学一样。

当代新儒家反对这个路向，故提出儒学是"生命的学问"之说，不认为它只是概念的游戏，只是学者数据考辨的工作，只是客观认知的对象，而应落实在身心践履上。这个立场，虽强调儒学的践履性格，但践履只谈到修身而止，齐家的问题已多不谈（后来只有曾昭旭先生较关注这个领域），治国平天下之道，则更罕齿及。故所谓践履，其实只是原则上的点明，对于修齐治平的经世之学，仍乏探究。

相反地，新儒家致力于建立所谓的"学统"，事实上走的反而是与乾嘉朴学、五四科学方法整理国故者合辙的道路，越来越知识化、学术化。正如曾任新儒家主要刊物《鹅湖月刊》首任社长的袁保新所说："新一辈的学者，有越来越安于目前大学知识分工的角色定位的趋势。我们发现，学者们的学术论文愈来愈多，创造发明的新术语也愈来愈多，而我们民众也愈来愈不知道我们在说什么。"

针对这个现象，我曾主张应恢复儒家的经世性格，才能使儒学介入实际的政经社会体制，亦曾实际参与政事，从事"法后王而壹制度"之工作。

但这个尝试失败了，儒学之政治实践，目前仍然机缘不成熟，困难重重。因此我另外构思了儒学的社会实践、生活实践之道，先后撰有《饮食男女生活美学》（台北，立绪文化事业公司，1998）、《人文与管理》（嘉义，南华管理学院，1996）、《生活儒学的重建》（台湾儒学与现代生活国际学术研讨会论文，2000）、《东亚儒学发展的新途径》（韩国成均馆大学，东亚国际学术会议论文，2000）等书及论文，主张现今应将生命的儒学转向生活的儒学，扩大儒学的实践性，由道德实践而及于生活实践、社会实践。除了讲德行美之外，还要讲生活美、社会人文风俗美。修六礼，齐八政，养耆老而恤孤独，恢复古儒家治平之学，让儒学在社会生活中全面复活起来，而非仅一两人慎独于荒斋老屋之间，自尽其心、自其知性而自谓能上达于天也。

话虽如此，但到底应怎么做呢？

我认为：面对现代社会，若想重建礼乐文化，让儒学具体作用于生活世界，就需要在反现代性的世俗化及形式化方面着力。反世俗化，有两个方式，一是重新注意到非世俗的神圣世界，由其中再度寻回生命归依的价值性感受，重新体验宗教、道德等的实质力量，并以之通达于美感世界。二是针对世俗化本身再做一番厘清。现代社会的世俗化，其实并未能真正符合社会生活的原理。要让社会世俗生活恢复生机，即必须恢复礼乐揖让之风，使人各得其所，各安其位，显现出人文之美来。

现代社会的特征之一，就是世俗化。工业革命以降，新开展的世界与文明，往往被理解为是因摆脱神权迷信而得。滕尼斯（Ferdinand Tönnies）形容这就是从"小区"到"社会"，涂尔干（E. Durkheim）形容这是由"机械"到"有机"，梅因（H. S. Maine）形容这是自"地位"到"契约"，雷德菲尔德（Robert Redfield）称此为由"乡土"到"城市"，贝克尔（H. Becker）则谓此乃"神圣的"与"世俗的"之分别。

世俗的现代社会中，人所关心的，主要是世俗社会的活动与价值，例如高度参与、社会成就取向之类。对于神圣性的价值与生活，则较不感兴趣，也较少参与，甚至会经常觉得陌生，难以理解。

当然，在许多场合中，神圣性并未完全消失，例如医院。人在医院中，态度自然会敬谨起来，面对医师，立刻表现出敬畏与期待的情绪。医院中也常保持有祈祷与祭祀的空间及设施，安排宗教人员参与"安宁照护"或"临终关怀"之类工作，以抚慰患者及家属的心情。因此，这便成为现代社会中的一种神圣空间。

可是社会上大部分机构都不具有神圣性了，学校即是其中最明显的一种。

学校，在东方或西方，自古即被视为神圣空间。西方的大学，系由宗教的修道院发展而来。除非是现代新建的学校，否则一定瞧得见这些校园中高耸的钟楼、矗立的教堂，也一定可以发现神学及神学院乃是彼等整体架构中的核心。在中国，则古代的大学辟雍，向来与宗庙明堂合在一块儿；州府所办学校，亦必连接着孔庙；私人书院，建筑中则一定包含着先师殿、先贤祠、奎星阁之类。因此它是教育场所，同时即是一处祭祀中心。春秋两季举行"释奠""释祭"礼，或供奉先贤，兼祠土地，均充分体现了它的神圣性。故其教育本身，也是具有神圣性的。1939 年，创办近代著名书院——复性书院的马一浮先生即说道：

> 古者射飨之礼于辟雍行之，因有燕乐歌辞、燕飨之礼，所以仁宾客也。故歌《鹿鸣》以相宴乐，歌《四牡》《皇皇者华》以相劳苦，厚之至也。食三老五更于太学，必先释奠于先师。今皆无之。（《泰和宜山会语合刻》附录）

他最后所感慨的"今皆无之"，指的就是光绪末年以来成立的新学堂已久不行此等礼仪了。现代的学校，在建筑上放弃了文庙、先贤祠之类祭祀系统，改以行政体系为建筑中心，有的一度还以政治人物代替了先师先贤的地位，塑了一堆铜像。建筑本身也与一般世俗功能之办公大楼、商社、工厂无大差异。其行政方式，则亦与一般行政机构无大不同。在礼仪上则亦放弃了燕歌、燕飨、释菜这一套，而改之以唱国歌、升国旗、向领袖致敬。服制方面，则无青衿，亦非皮弁，尽是一般街市中所御日常服装，如 T 恤衫、牛仔裤、拖鞋、球鞋等。世俗化如此彻底，学校教育工作所蕴含的神圣庄严之感，遂荡然不复存在。教师以教书为一般职业，学生也不以为来校上课是什么应该庄逊诚敬的事，以轻率为潇洒，以懒散为自由，对学校、教师及知识均乏敬意。

这种情况，比许多现代社会中的专业领域还糟。例如法院里的法官、律师，在执行其业务时，必然披上法袍，有的甚至戴上象征司法传统的假发。医师、牧师、法师乃至厨师亦然。

那是因为要在世俗的现实社会中创造出神圣性来，就不得不从几个方面去做：一是从时间上，区隔出某些时段，予以特殊化，认为那几个日子具有特别的意义，可以成为具神圣性的节日。二是从空间上区隔或建构出神圣性的场域，如纪念碑、某某公园。三则是利用反世俗、违异世俗生活一般样态的服饰、饮食、动作、语言、仪式来表现神圣性。医师、律师等披上医袍、法袍，即属于这种形态。唯独同被称为"师"的教师，上课授业仍只着一般世俗日用之服装，上下课也常没什么仪式，其世俗化远甚于其他专业领域。

由此神圣性沦丧及世俗化倾向讲下去，我们就会发现当今教育发展的许多问题均与此有关。

因为神圣性所蕴含的是一种价值的观念。对某项职务、某种工作，觉得非常特殊，具有与众不同的意义与价值，值得或应该敬谨从事之，才能形成神圣感。所以许多时候我们要借助仪式，来表示这是件不寻常的事务，由现在开始，得专心诚谨、以敬事神明般的心情来行事了。电影开拍前、工地动工时，为什么需要拈香祝祷？不就是这个道理吗？一旦神圣性丧失，对工作便也丧失了专诚敬慎之心，不能体会出正在进行的事具有什么价值。以教育来说，教者与学者就会相率嬉惰、苟且散漫下去。

不但如此，倘若我们对于教育本身缺乏神圣性的体会，则亦常以其他的世俗化目的替代了教育的意义。许多人去挤大学、去读书，哪里是由于感到知识有价值、教育很重要？只不过是为了混张文凭，以便谋取金钱与地位等世俗目的罢了。教育变成了工具，其本身便不再被视为神圣之事。

这就像现代社会中仍有许多人有宗教性的神圣信仰。具此信仰者，有些是因对宗教的教义已有理解及认同，接受了这些神圣性的价值。但大部分人则是因为亲身参与宗教仪典，而在其中感应或体会到那些精神，乃因此而生起信心，形成信仰。对于古代文化精神，我们也当如此，方能使现代人重新获得认识。

仍以学校为例。单是在讲堂上教学生读背默写《礼记·学记》《乐记》有什么用呢？为什么不能设计一套新的仪典，让学生参与其中，而体会感受之？

我办佛光大学时，就注意到现今大学世俗化以后均不再举行开学典礼，学期结束时也没个仪式。学生来了，上课；学生走了，放假。毫无节度，完全不能显示来此读书成德、师友讲习的意义。因此我们便设计了一个"开校启教"典礼。典礼开始时，先以北管音乐前奏，再击鼓静场，然后请董事长及贵宾入席。待大家入座已定，即奏佛号，请董事长致辞，阐述建校缘起与经过，并致送校长聘书。聘定校长时奏《殿前吹乐》，然后由校长说明办校理念。再介绍贵宾，请贵宾致辞，勉励来学者。这是"开校礼"，表建校之因缘、示未来之轨辙。其后则举行启教礼。

启教礼由校长上香、上果，祭献先师，学生代表奉戒尺，尺上写"戒若绳尺"。校长则授简，把竹简刻成的一卷经书交给学生，奏《合鸣乐》，礼成。根据《礼记·学记》："大学始教，皮弁祭菜，示敬道也。宵雅肄三，官其始也。入学鼓箧，孙其业也。夏、楚二物，收其威也。"（夏是苦茶的枝子，楚是荆条，都是用来鞭策学生，以整肃威仪的。）并说这些都是"教伦"。可见开学时应行"释菜"礼，学生穿着礼服，以蘋藻之菜，祭祀先师，表示尊敬道术。肄业练习演唱《诗经·小雅》中《鹿鸣》《四牡》《皇皇者华》三首诗歌，代表学习开始了。上课前，则要击鼓，召集学生，然后才打开书箧，表示对学问很逊敬。与西方大学，因为是由教会修道院发展而来，故上课以钟声为号者相类似。以上这些礼度仪节，均极重要，蕴含深意，所以说是教之大伦。

在我们的仪式中，典礼开始击鼓静场，衍"入学鼓箧"之意。启教礼，献果上香，存"皮弁祭菜"之仪。学生奉戒尺，以示受教；教者授简付经，以表传承，亦为古体"开箧""施楚、夏"之遗风。至于典礼前，佛教"洒净"仪式，则因本校系由佛光山教团及十方佛教善信所创办，为本校建立之本源，故《学记》曰："之祭川也，皆先河而后海。或源也，或委也。此之谓务本。"

这样的仪制，后来经媒体报道，甚获好评，但都以为我们是恢复古礼。其实不是，这是我们根据古体之仪节与精神而重新创造的新神圣空间，让所有参加的学生、家长、教师及一万多名来宾重新体验并含咀教育的意义。

这次尝试，证明了许多文化意义及价值体认仍是可以在现代化社会中获得的，但不能只让学生去死记硬背《学记》《乐记》。所以学期结束时我们又设计了一套结业式，结合成年礼来办。把古代冠礼的精神，以新的方式来体现。学生们上山下乡，唱歌仔戏，泡茶，静坐，打拳，也禁语禁食，享受与自然、与他人，以及与自己的内在对话。同时，古冠礼"弃尔幼志，顺尔成德""敬尔威仪，淑慎尔德"的精神，也因此而得到体会。

批评者可能会说，这只不过是在现代社会生活中穿插一些礼仪设置罢了，在行礼之际，可能可以获得某些体会，但毕竟是与世俗日常生活区隔开来了的。

批评得很对。可是这正是我所说的让人重新注意到非世俗的神圣力量，由其中再度寻回生命归依的价值性感受，重新体验宗教、道德等之实质力量，并以之通达于美感世界之举。它不是世俗日常生活，但是它对世俗日常生活有所点明、有所启发，作用正如宗教仪式对一位教徒之日常行为不会没有影响那样。推拓此义，恢复儒学的宗教性及其相关祭祀仪典，我认为也是可以考虑的做法。

仅仅如此，当然不够，因此我们还要从世俗生活本身的改善去下手，重新在婚、丧、祭、生活起居、应对进退、饮食男女各方面，恢复礼之精神。

所谓"形而上者谓之道，形而下者谓之器"，儒者之学，本来是上下一贯的，故孔子论仁，辄在视听言动合不合礼之处说。荀子常说礼本于"太一"，而行于饮食衣冠应对进退之间，也是这个意思。但后世儒家越来越强调形而上谓之道的部分，尽在道、仁、心、性上考诠辨析，忽略了视听言动衣食住行等形而下谓之器的部分。又误读孟子"大体""小体""从其小体为小人"之说，以耳目形色为小体，以心性为大体，不断强调人应立其大体，批评注意形色小体者为小人。于是儒学遂越来越成为一种高谈心性道理而在生活上无从表现的学问。现在，我们若要改变以往的错误，重新建立人文世界的生活美感，当然就要重新去体会仲尼闲居、鼓瑟舞雩之类的礼乐态度，恢复早期儒家重视礼乐、重视人文习俗之美的做法。

那么，如何追求习俗生活美呢？生活美的追求，是通于两端的，一端系在世俗生活的层面，即饮食男女、衣食住行、生老病死这一些现实生活的具体内容上；另一端则系在超越层，要追求到美与价值。若只流湎于世俗生活欲望的驰逐与享乐，将逐物而流，享受了生活，却丢失了生命。若仅强调美与价值，生命亦将无所挂搭，无法体现于视听言动之间。故礼乐文明，是即饮食男女以通大道的。道在饮食男女、屎尿稗秽之间，成"不离世而超脱"的形态。而此即为儒家之特色，故它不是超尘避俗的出世之学，也非欲至彼岸天国之教，它对具体世俗生活，如饮食、衣饰、视听言动、进退揖让，定了许多礼，正是为了将世俗生活调理之以成善的。

儒家注重饮食这类日常生活，并由此发展出礼及各种典章制度，显示了儒家所谓的礼与法的性质甚为不同。礼与法同样是要对人生社会提供一套秩序、规范，让人遵守，但礼不是法。法不论来自习惯或契约，它都是对人与人之间权利和义务的规定，但礼的核心不是权利与义务问题，而是情。礼乃因人情而为之节文，人有饮食之情，故有饮食之礼；有男女之欲，故有婚嫁之礼。法律能规范人该怎么吃吗？能叫我们席不正不坐、割不正不食吗？法不能，只有礼能。因此，法是政治性的概念，礼却是生活性的概念。对于像家居生活之类，不与他人或公众发生权利、义务关联者，后世编了《文公家礼》《司马温公家仪》等许多书刊，来发挥《礼记·内则》的说法。由《礼记·月令》逐渐扩大，而影响民众整体生活的农历，更几乎是家家有之。法律是不能如此的。

我们要知道：工业革命后的现代社会，与古代的礼乐文明之间，有一个截然异趣的转变。"礼文化"变成了"法文化"，凡是讲礼的社会，逐渐以法律来规范并认知人的行为。生活中的具体性，变成了法律形式的抽象性存在。一个人行为是否正当，非依其是否合乎道德、伦理、礼俗，而依其是否合乎法律条文及行事程序而定。即使其人劣迹昭著，若法律所未规定，仍然只能判其"无罪"。同时，人与人相处，不再以其位置来发展人我对应关系，乃是依一套独立自主且自具内在逻辑的法律总体来运作。老师与学生、父执与晚辈，漠不相干的人之间，用的是同一套普遍性的法律标准，权利、义务关系并无不同。因此，"义者，宜也"，在礼文化中，凡事讲究适当合宜的态度，亦已改为法律规范下的权益观念。诸如此类，"礼/法""义/权利""实质理性/形式理性"，都显示了现代社会不同于古代的征象。现代社会中，师儒礼人员日少，律师司法人员日夥，即以此故。

而伴随着这些的，则是契约、财产、职业在我们生涯中的分量日益增加，情义、价值、生活越来越不重要。生活的质量、生活里的闲情逸趣、生活本身的价值，渐渐依附于契约、财产和职业之上，权力意识及价格观念掩盖了价值的意义，或者替代了它。因此，财货的争取遂取代了美感的追求。

故而，唯有重建礼乐文明，才能真正让生活具有具体性；唯有重新正视儒家在礼乐文教上的表现，才能让我们在世俗生活中体现义与美。要达成这个目标，则我们一方面要对儒学传统进行再诠释，不再仅限于性、道、天、命、心、理、气、仁，而须对礼乐、文教、政刑、井地、制产、社仓、燕居生活各部分再做阐发；另一方面须本儒者之说，积极地进行制礼作乐、整齐风俗的工作。倘能如此，或将可为儒学再辟一天地，令已在社会中如游魂般飘荡多时的儒家学说重新归窍，活生生地具现于东亚社会。

七、儒学发展的新探索

以上所说，建议新儒家要再进一步发展，而且应面对生活世界，其实并非我一人之私见。故以上之介绍，万勿误会为仅属个人意见之陈述。我只是借这个机会，描述儒学在 20 世纪末 21 世纪初台湾地区有这样一种新思路罢了。

有类似想法者，实际上也很多。除了上文曾引述的袁保新教授之说以外，曾任台湾新儒家主要团体——鹅湖月刊社的社长及主编的林安梧教授，也曾出版《儒学革命论》（台北，学生书局，1998），以《后新儒学家哲学的问题向度》为副题，提出了与我类似的呼吁。

林教授所谓"后新儒家"，是指在当代新儒家之后，儒学应加强其实践性。这种实践性，不同于以往新儒家所说的心性论式的道德实践。他批评以往儒家的实践，只是境界的、宗法的、亲情的，将对象、实在与感性做一境界性的把握。这样的实践，他认为并不充分，因此他建议走向生活世界，进入整个历史社会总体之中。不仅止于内在主体的实践，而且要将此内在主体的实践动力展现于生活世界；面对物质世界，理解生产力、生产关系、生产工具间的互动关联，找寻实践的切入点。

这样的工作，主要在两个方面：首先，对儒学传统进行哲学、人类学的解释，说明"传统儒学所强调的'人格性的道德联结'是在如何的'血缘性的自然联结''宰制性的政治联结'下所形成的"，"不再以'良知的呈现'作为最后的断语，来阐明道德实践的可能，而是回到宽广的生活世界与丰富的历史社会总体之下，来评述'性善论'的'论'何以出现。这'论'的出现必须回溯到人的生产力、生产关系、生产工具、生产者之间的互动关系来理解。这一方面是将心性论导向语言哲学来处理，另一方面则要导到更为彻底的带物质性的、主体对象化的把握方式来重新处理"（第三章第七节）。

其次，他也并不完全仅以释古为满足，而是希望能"参与全球现代化之后所造成人的异化之问题的处理。这也就是说它不能停留在原先儒学传统的实践方式，它亦不能只是空泛地说要如何地去开出现代的民主、科学，它更要如实地面对当代种种异化状况，作深刻的物质性理解，才能免除泛民主的多数暴力，免除科学主义式的专制"。面对后现代社会，儒学必须处理后现代的社会问题，所以他说："现在应转化调适，开启一以'契约性的社会联结''委托性的政治联结'为背景的'人格性的道德联结'。"（第三章第九节）

由于林教授把这种革命理论宣称是牟宗三之后的"批判的新儒学"或"后新儒家哲学"，而这个"后牟宗三时代"，隐然又以他为代表，故在新儒家阵营中引起不少争议，或以为他是要欺师灭祖，批判牟宗三，革新儒学的命。而"后新儒家"之说，亦未令人明其所以，故至今尚在讨论阶段。

林先生本人之著作，亦仅止于对此方向之呼吁或说明，究竟如何就生活世界与历史社会总体去解释儒学之内涵，如何如实地面对后现代社会，即使林先生本人也还少有具体之操作，是以成绩尚待观察。

而且，林先生所理解的历史社会总体，到底是不是中国历史及社会，也很有疑义。亦即：若其理解已非如实地理解，则所谓血缘性自然联结、宰制性政治联结云云，便根本只是林先生自己扎的稻草人。由此理解儒学之内涵，说明儒家心性论如何在那个情境中出现，当然也就成了不可能的事。

复次，林先生套着新儒家的义理规模说，仍以心性论来掌握儒学，未及注意儒家面对其历史社会总体时，自有其社会、政治、经济、制度方面的思维，且其心性论亦与其仁政王道、礼乐政刑具体措施有关。因此也就没有开发这一方面的资源，以至批判现代乃至后现代社会，寻找实践的切入点时，显得空泛无所着力。

再说，面对生活世界，到底仍要继续采取这种言谈论辩（用林先生自己的术语来说，就是"言说的论定"）的方式去实践呢，还是可以有与行动结合的实践方式，能具体改造社会、体制，对生活世界产生作用？

虽然如此，林先生的呼吁已备受瞩目，陈鹏《现代新儒学研究》（福州，福建人民出版社，2008）第九章即专论其说；方红姣《现代新儒学与船山学》（中国社会科学院博士论文，2006）第四章，亦专论之。

相较于林先生，袁保新先生认为应从教育入手，参与教育改革，他质问："'全人格'的教养、'有教无类'的精神，不正是孔门儒学的特色？为什么'儒学'却有愈来愈'知识'化的倾向，成为少数精英分子精神上的奢侈品？作者无意非议大学教授知识研究的责任，但是台湾新儒学运动的展开，必须思考儒家教育理想究竟应该如何落实，当前的教育制度、知识传递的模式又有什么问题。换言之，台湾新儒学应该成为教育改革运动的一员，因为唯有通过教育改革，社会、国家、人类文化才有前景、希望，儒家人文化成的理想才能实现。"

基于上述，他主张："参考小区大学'社团课程'的精神，旨在通过民主程序的学习，打开公共领域，培养现代公民。"同时，他也呼吁："新儒学运动将来作为教育改革的成员，有必要调整人际互动的模式，让'主体性'稍稍低一点，让'群而不党'的'群'性高一点。"① 也就是说，一方面要面向社会的小区型教育活动，让新儒家回到民间去；一方面要打开自我，把自我放进群众中去。

袁先生、林先生以及当代新儒家许多朋友和我本人，都参与了南华大学、佛光大学的办学活动（1994—2003），故我深知新儒家此刻正面临转型的契机与压力。袁教授、林教授的思考，代表了一种转向生活儒学的方向，我自己也表现为此一方向中另一模式。这个方向，在香港，其实也有着类似的呼声。

在港台执教多年且亦为新儒家阵营健将的刘述先先生，针对儒家发展的策略问题，曾经说过："当代新儒家的哲学，最有成就的无疑是在形上境界的重新解释与体证；在政治、经济、社会哲学的范围中，却只有一些极粗疏的纲领。"因此这样的新儒学"出现了一个十分吊诡的现象：传统儒学最强的地方，适为今日的新儒学最弱的地方"②。

出生于香港的吴汝钧，则另辟蹊径，要建立一套新的体系，称为"纯粹力动现象学"（die phanomenologie der reinen vitalitat）。林安梧曾主张牟宗三时代的新儒学应该往上回返至熊十力。可是吴汝钧的思考正是由对熊先生的反省开始。他认为熊先生在《新唯识论》中建立的是一种实体主义的哲学，此亦为当代新儒学之基本路数，当代新儒家皆持实体主义，认为形而上的实体具有常自不变的善的内涵（inhalt），但具有动感（dynamik），能创生宇宙万事万物。而且超越的实体创生事物，自身的内涵亦贯注于事物中，而成就后者的本性。

但本体又有运转、变化之功能，因此才能翕辟成变、化生万物。熊先生

---

① 《台湾新儒学运动的回顾与展望：从台北广设小区大学谈起》，台湾儒学与现代生活国际学术研讨会论文，2000。

② 《中国哲学与现代化》，75页，台北，时报文化公司，1980。

说"宇宙开辟，必由于实体内部隐含矛盾，即有两相反的性质，蕴伏动机，遂成变化"，即指此言。

然而，本体如能还原出较它更为基要的因素，便失却终极性了。其次，本体是终极原理，是理，是超越性格；阴阳则是气，是经验性格。以佛教的词汇来说，本体是无为法，不生不灭；阴阳则不论是阴气也好，阳气也好，都是有为法，有生有灭。熊十力把阴阳二气放在本体观念中来说，视之为构成本体的复杂成分，是不能成立的。最后，实体或本体，作为具有实质内涵的绝对有，必有它的一贯的、不变的质料，谓质体性（entitativeness）、质实性（rigidity）。这性格又使绝对有集中起来、凝聚起来的倾向以至起作用，而产生所谓凝滞性、固结性，最后灭杀绝对有的动感。动感不足，便难起创生的大用，或只能作有限的创生，不能作无限的创生。

因此，吴汝钧觉得熊先生或整个新儒家之论体恐怕都成问题。可是，吴汝钧也不赞成佛教的非实体主义。因为无体如何起用？面对此等困难，佛教后来提出佛性、如来藏自性清净心等观念，也不能解决这个难题。这些观念只能说功德，但它们还是以空寂为性，本性还是空的，不是实体，因而亦不能真正发挥作用。中国佛教也不成，天台宗说性具，说中道佛性，华严宗说性起，禅宗说自性，都不能脱离空寂的本性，都不能是实体。

柏格森在《道德与宗教的两个来源》（*The Two Sources of Morality and Religion*）中把宗教分成静态的宗教（static religion）与动进的宗教（dynamic religion），认为真正的宗教应该是动进的，应该具有浓烈的动感，才能具有足够的力量以教化、转化众生，改造社会。他视基督教为动进的宗教的典型，认为佛教缺乏动进性或动感。吴先生也认为佛教虽然在精神层面影响世人甚大，但在经济、科学、政治以至具体民生方面，贡献却极微。其原因显然由于它的动感不足，不能发出具体的、立体的、有效的力量以推动政治、社会、科技的巨轮向前迈进。而动感不足，是由于它不能在哲学上确立精神实体，不能由精神实体起到强有力的精神作用以改造社会所致。

吴先生在 1999 年发现得了癌症，手术与电疗后在家养病，一日散步中忽悟到要解决佛教体用问题的困难，必须在实体主义和非实体主义，或绝对有与绝对无之外，建立一终极原理，这原理必须是一种活动，而且是纯粹活动，无任何经验内容。这种纯粹活动，是绝对有与绝对无这两个终极原理之外的第三终极原理，它能同时综合绝对有与绝对无的殊胜之点，如绝对有的精神动感，绝对无的自由无碍；又能同时超越或克服绝对有与绝对无所可能发展出来的流弊，如绝对有可能发展出实在论倾向的自性见或常住论，以为一切都是常住不变的，而绝对无可能演化成完全消极的虚无主义，以为宇宙一切都是空无，一无所有。且这纯粹活动既是一种活动，则它本身便是力，便是用，凭其本身便具有足够的力用去积极地教化、转化世间，不必在此活动之外求一精神实体。因此，在纯粹活动中，用便是体，体便是用，体、用都是同一个东西，都是这活动。他把这种活动，称为纯粹力动。其详论可见2005 年台湾商务印书馆出版的《纯粹力动现象学》。

此说主要是形上学式的处理体用问题，与我们上文所说生活面向的儒学似乎不符，但实际不然。其说本来就是在病中所创，对佛教的批判，基本上也是针对佛教在经世致用、开物成务上的不足，而筹思在体用关系上予以改造。而其改造之所以未回到熊先生那种实体主义，则又与他的苦痛现象学（phanomenologie des leidens）有关。

苦痛和一般的事物或法一样，都是缘起的性格，因而是生灭法。它既是缘起，或依一组条件掇合而成，就不可能具有常住不变的自性。具有自性的东西是不可改变的。没有自性的东西，才有可能转化或消解，例如疾病若有自性，病就永远存在。故缘起说，吴先生认为绝不能取消。在缘起性空的观点下，中观派认为要灭除业烦恼或苦痛，才能得解脱。《维摩经》与天台佛学则持另一说法，认为不必一定要消灭苦痛。因为苦痛亦如其他事物一样，是缘起的，空无实体。因此它是可被转化的，可由负面价值转化成正面价值。

换言之，真正解决死亡的办法，是要从生存与死亡的二元格局中超越出来，在精神上达到无生无死的境界。生与死是相对的、有限的，无生无死则是绝对的、无限的。只有超越生死的相对关系，从这关系中翻腾上来，才能免除对死亡的恐惧，彻底解决生死的问题。

吴先生这样处理生死问题，我认为是新儒学在傅伟勋开创"生死学"之后的呼应与发展。傅先生当年就我之聘，返台开办南华大学生死学研究所。他虽于 1996 年即去世，但生死学已被建立为正式学科，产生了不小的影响。2007 年 3 月《鹅湖月刊》第三十二卷第九期中香港中文大学赵敬邦的《唐君毅先生之死亡观》，也属于此类开展。1999 年我还另在这个学科上开展出另一个新学科：生命学。

生病与死亡，都是人生活中会碰上的大问题，新儒家回到这种具体经验上来展开其关联于生病与死亡的伦理学形上学思考，实比过去只就道德主体、知体明觉、寂感真几、大德流行等说生命要切实得多。由生死学、生命学发展出来一些关于殡葬、临终关怀、悲伤处理、民俗治疗等的讨论，更都是过去新儒家所未触及的领域。

与由生病与死亡处展开思考可相比观的另一路，则是曾昭旭先生所开创的爱情学。

曾先生认为传统儒学是通过忠道（君臣伦）、孝道（父子伦兼及兄弟伦）、友谊（朋友伦）以行仁显道，但三者却都是有距离或媒介的人际关系：君臣间有法律制度；朋友间有道义信诺；亲子间虽不责义，亦超越法（故若瞽叟杀人，舜唯负之而逃），但仍有礼为介质，且有不宜责善之消极限隔。三者都不如爱情关系之为生命觌面相见，其间全无媒介与距离，遂亦全无保护与缓冲，而只能诉诸生命感情之纯以为保证。换言之，其他关系尚多少可以有外在力量（礼、义、法）的支持与保护，爱情则以位阶超越法律与道义（以情、理、法三分而言）之故，既不需要法律、道义之保障，法律、道义实亦无能保障，而只能直诉诸仁，亦即独立自由、真诚刚健之人格。

所以，以仁道之实践而言，爱情关系其实才是位居最核心或最高阶的形态。当然因于其四无依傍、独立自证，所以也是最难以圆成的形态。此所以需要双方都有真诚恳挚且自强不息的工夫修养以支持。针对传统儒者的工夫修养偏于独知自证，爱情学或爱情道（相比于忠道、孝道、友道）可说是一种双修互证的形态。

可惜传统儒学对此注意不及，以至中国传统的男女关系，在森严的礼教之防中，扭曲成兄弟伦中相敬如宾的家人关系而僵死，仅能在礼教夹缝中以才子佳人的传奇方式乃至狎匿邪僻之行来略为透露。

而西方文化由于以知识法治为首出，相对缺乏生命内部的修证之道的缘故，使得他们的爱情经验一直停留在第一步，他们的爱情观念也一直停留在刹那闪现的浪漫境界以及由此境界之发生而引动的激情，而不知如何持续。

故依曾先生看来，爱情学理应是儒学或心性学的最新一阶段发展或最新形式，此其中即含有"新"的成分（创新的儒学）与"儒"的成分（归本于身心性命之源的爱情）。

只有当行有不得（两情不能通）之时，反求诸己，去疏通自家生命的内部郁结，照亮心中的幽暗角落，治愈历史残留的创伤，让生命恢复健康统整、光明和畅，才有可能秉其真诚自信去开放自己（直），也欢迎并相信对方也会秉其真诚良善来进入我心（谅）。原来爱情之路之所以难通，之所以易于伤人，都因至少一方的生命受伤未愈，由此凝成愈形严密的自我防卫机构，以阻绝情意之交流所致。

由此看来，爱情之路的畅通，需要预设整套的身心修养工夫，也完全可以接上己立立人、己达达人的忠恕之道。

曾先生爱情学之大凡，大抵如此，细说则因机因境，甚为繁赜，处理的是现代社会中青年男女或夫妇的感情问题，也是儒家心性论的再开发。他是新儒家中最能体现民间讲学精神的一位，四处巡讲，解决现代人之困惑，社会影响甚大。

对此学问，曾先生颇溯源于唐君毅，谓唐先生具先驱地位。在《爱情之福音》一书中，唐先生便是强调所有爱都是宇宙灵魂的分化，男女之爱须从道义结合到生命结合，且求彼此精神人格不断进步，上升到最纯粹，以几于宇宙灵魂之永恒。约言之，即是一种"以性贞情"或"以道贞情"的路数。这样追溯，与论生死学而推溯于唐先生一样，皆是要在后牟宗三时代打开一条新路！

这条新路，着眼于具体的世俗生活，而非精神性的生命。在生老病死、男欢女爱、饮食日用中探寻儒学发展之新契机，论述各有巧少，但也各有其疑难。或重体（如吴汝钧），或重气（如曾昭旭、林安梧），取径不一，但21世纪新的儒学景观或将以此为大宗。谨此介绍，以供参考。

关于孔子和谐思想的有限性*

苏永利

　　孔子讲过"君子和而不同，小人同而不和"①，这句话常被引证为儒家思想的"和谐"观。孔子确实主张和谐，但他的和谐并不针对全社会，而只是局限于部分人群，是一种片面的有限和谐。换句话说，孔子不提倡"全面和谐"。孔子思想之所以区别于别家，其基本特色是"仁"，不是"和"，而"仁"与"和"之间存在一定的矛盾。

　　"和谐"是中国传统文化的整体价值取向。在孔子所处的那个百花齐放的时代，诸子百家中少有不论及"和谐"者，但只有五行家的思想较为接近"全面和谐"。相对于"五行和谐"，孔孟儒家学说的人文价值取向太过明显。就儒家积极进取的人生态度而言，与之相对的是道家。矫枉常需过正，儒家之"仁"最好与道家之"静"相结合，如此阴阳互补才能达成人的身心内外切实而持久的和谐。

一

　　孔子的思想主要反映在《论语》一书中。《论语》是由孔子的学生所编辑的主要有关孔子的语录，不是一部成体系的理论著作。由于"君子和而不同，小人同而不和"这句话没有相关的上下文可供参考，因此对于它的真正

---

　　* 原载《跨文化对话》，第 22 辑，174～182 页。
　　① 《论语·子路第十三》第二十三章。

含义，学术界并没有统一的解释。但是，不管学者如何解释，有一点大概不会有人否定，那就是：孔子的所谓"和"不涵盖"君子"与"小人"之间的关系。事实上，迄今为止，似乎也没有学者认真关注"君子"与"小人"之间的和谐问题。而这一点恰恰又涉及儒家思想中的和谐观：和谐有限，和谐只能针对部分人群。

长期以来，许多学者一直在努力宣传孔子的和谐思想，但对于其中的有限性却没有给予足够的重视。我们说孔子的和谐有限，可能很多学者一时不会贸然同意。因此有必要从多个角度进行分析。

孔子等许多古代圣贤的思想基本上都能以原始文字的形式流传下来。我们在研究古人的思想时，往往会从文字的研究开始。古代汉语比较简练，一个字或词往往具备多重含义，学者常常会因为对文字的不同理解而导致对有关思想的不同认识。因此，人们对"君子和而不同，小人同而不和"这句话所表达的儒家和谐思想的重大误解可能部分源于语言上的问题。

儒家认识社会有个基本的前提：等级。不同等级的人应该遵守不同的行为规范。对此，亚圣孟子有一非常形象的说法："父子有亲，君臣有义，夫妇有别，长幼有序，朋友有信。"① 就全社会而言，"君子"与"小人"是从社会地位和道德情操等多个方面对人们所进行的两大综合分类。儒家向来爱憎分明，在儒家的思想之中，君子与小人的区别之大几乎"不可同日而语"②。在《论语》之中，孔子正是以"君子"与"小人"这两类划分作为最主要的基础来评判和论述社会的是非与人性的好坏。

在《论语》中，孔子使用"君子"一词的地方很多，含义也不完全相同，归纳起来至少可分为四类：其一，君王的儿子。这是"君子"的原始本意。如《乡党第十》所述："君子不以绀緅饰，红紫不以为亵服。……吉月，必朝服而朝。"③ 其二，贵族子弟。贵族往往是没有继承王位的那些王子的后

---

① 《孟子·滕文公章句上》。

② "不可同日而语"，儒家学者常用此来形容不同存在之间的重大区别。比如朱熹，仅在《论语精义》一书中他就曾三次使用过这一用语。如卷一下曰："能温故知新岂循物践迹者之所为乎？故可以为师矣。与记问之学岂可同日而语哉！"

③ 对于此句中的"君子"一词，学者间存在不同的解释。因每月初一都必须且能够觐见君王者似乎只有君王的儿子，固或可有此一解。

裔，广义地讲也算是君王的儿子。这是将"君子"的对象扩大化。如《先进第十一》："先进于礼乐，野人也；后进于礼乐，君子也。"其三，做人的高标准。这一用法是"君子"的引申。在人类发展的某些阶段，有些人习惯于按照人们的政治地位来判断其道德水平。以《里仁第四》中的两段话为例："君子无终食之间违仁，造次必于是，颠沛必于是。""君子欲讷于言而敏于行。"这两处"君子"是用来赞美为人处世的一些好的品德与作风，显然与人的出身没有什么关系。其四，两类人中的一种。"君子"的这一用法通常会和与其相对的"小人"一词连用。如《阳货第十七》："君子有勇而无义为乱，小人有勇而无义为盗。"

孔子非常重视道德，儒家的哲学在某种程度上可以称之为道德的哲学。在《论语》之中，关于"君子"一词，不仅使用第三种含义的时候最多，而且在使用第四种含义时往往也很难与第三种含义决然分开。因此，人们完全可以从道德修养的角度对"君子和而不同，小人同而不和"一句中的"君子"与"小人"进行理解，并将这句话解释成：人们应该追求和谐，不应该强求同一。不过，在这句话里，孔子所要表达的似乎不仅仅是道德上的倡议，更重要的是一种哲学思想，一种有区别的和谐观，也即用"君子"的第四种含义：和谐的思想只存在于君子之中，而小人则讲究同一。

鉴于《论语》的语言太过简洁，含义又太过丰富，我们很难仅仅从这句话的文字本身简单地说明孔子是在使用"君子"的第四种含义，以求证儒家和谐观念中的有限性。为了更清楚地认识孔子的有限和谐，我们还有必要从整体上对孔子的思想进行观察分析，包括孔子学说的理论体系以及孔子其他相关的语录。

孔子的思想及其后学之所以能成为一种流派，被称为儒家，其理论的核心特色是"仁"，而仁学思想在本质上似乎并不主张全面和谐。

《颜渊第十二》载："颜渊问仁，子曰：'克己复礼为仁……'"在可能是孔子所直接表述的有关"仁"的众多古代文献辑录之中，这句答颜子问或许可以较为确切地表达儒家的仁学思想。

　　孔子崇尚"周礼"。"礼，经国家，定社稷，序民人，利后嗣者也。"① 从本质而言，孔子所倡导的"礼"是指美好的社会制度和秩序，甚或代指"真善美"。在他那个社会体制分崩离析的时代，维持周王朝的有关制度也许是好的，或者他认为是好的，因此予之肯定与赞美。不过，对于孔子所谓"礼"，我们似应进行较为抽象一些的理解，不必太过拘泥于特定的表述形式，求全责备，尤其不必将孔学之"礼"与时代之"周"绝对地联系在一起。孔子本人就曾对周礼进行过取舍损益。在《子罕第九》中，他就曾说："麻冕，礼也；今也纯，俭，吾从众。拜下，礼也；今拜乎上，泰也。虽违众，吾从下。"也即，对于"周礼"，"择其善者而从之"，正确的部分应该遵循；"择其不善者而改之"，过时的部分则可以舍弃。

　　沿着孔子"礼"的轨迹，于是乎宋时的程颢便"体贴"出"天理"。之后，受到西方现代文明影响的新儒学就"开出"了"科学与民主"。环境不同，人们的需求与审美意识也就随之发生改变，但万变不离其宗，"礼"所代表的始终是不同时期不同的儒家学者所能想象到的各种社会胜境与人生理想。

　　"克己"就是对自身进行改造。"非礼勿视，非礼勿听，非礼勿言，非礼勿动。"这是孔子针对"克己"向颜渊所做的详细解释。对于仁者的自我改造，孔子的讲解非常广泛，涉及许多方面。所谓"诚""直""忠""恕""义""温""良""恭""俭""让"等莫不都是"修身""进德"的"克己"之道。人性有善恶，"克己"的目的是向善。隐恶扬善，"为仁由己"。劝善既是孔子学说的主要内容，也是各家儒论的终极主旨。孟子列"四端"，荀子提"性恶"，表面上似乎矛盾，但在儒学的本质上却完全一致。不管是"尽心知性"还是"化性起伪"，其最终落实处都在于肯定善与否定恶。这种善恶的理念到了朱熹那里虽然又一次更换名目，变成了"天理"与"人欲"，但其是非实质仍然一以贯之。

　　尽心完善人格个性，努力实现社会理想，这大概就是儒家"克己复礼"的仁学内容。为了"克己复礼"，孔子还在《大学》中对"仁者"的人格修养提出了一系列非常严格的要求：格物致知、正心诚意、修身养性、齐家治

---

① 《左传·隐公十一年》。

国平天下，以至"止于至善"。为了达到"至善"的"仁"，孔子的态度几乎不可调和。首先，他将"仁"作为人们不可企及的永恒的奋斗目标。为此，孔子从未在现实生活中树立一个完全具备"仁"德的人格榜样，一般只是肯定"为仁"的某个方面。再好的人也只能是"近仁"。其次，他号召"仁者"与"非仁者"进行不妥协的斗争，哪怕你死我活。"志士仁人，无求生以害仁，有杀身以成仁。"① 最后，孔子"为仁"的理想范围是全社会："一日克己复礼，天下归仁焉。"②

但是，无论是在儒家"自强不息"的奋斗过程中，还是在其孜孜以求的理想实现之后，"仁"这颗道德太阳的融融光芒始终都只能照到"君子"，而照不到"小人"。"君子而不仁者有矣夫，未有小人而仁者也。"③

为了将"君子"与"小人"、善与恶彻底分开，儒家学者总是习惯于从源头开始对人性的好与坏进行本质划分。孔子说"性相近也，习相远也"，其思想的侧重点不在"近"，而在"远"，在于"君子"与"小人"之间的天壤之别。"君子学道则爱人，小人学道则易使也"，"唯上知与下愚不移"④。围绕以"君子"与"小人"所代表的人性善恶的本质区别，孔子的后学发挥了许多偏执的性命理论，如：孟子提出"性本善"，荀子提出"性本恶"，朱熹区别"天命之性"与"气质之性"，等等。他们个个言之凿凿，就好像都曾亲眼目睹"天堂"与"地狱"，善与恶一定产生于两种物质，"君子"与"小人"从不曾同胞父母。

显而易见，"君子"与"小人"这两类人之间没有和谐。就像朱熹所言：要"革尽人欲"，"复尽天理"⑤。孔子确也提倡"中庸之德"："执其两端，用其中于民"⑥，但他的两端似乎不是善与恶、仁与非仁、"君子"与"小人"。他所倡导的美满和谐只能适用于社会中的一部分人——"君子"，是不同程度的"仁者"之间的和谐。而对于另外一部分人——"小人"，"君子"的态

---

① 《论语·卫灵公第十五》。

② 《论语·颜渊第十二》。

③ 《论语·宪问第十四》。

④ 《论语·阳货第十七》。

⑤ 《朱子语类》卷十三。我们可以将朱子的"天理"和"人欲"引申为"善""恶"两端，并进而类比为"君子"与"小人"。

⑥ 《中庸》。

度则是斗争与批判，或许还要消灭。《史记》载孔子代行鲁政稍许，即因"持不同政见"而诛杀少正卯，虽然其事未必当真，但其情却与儒家思想颇能相符。① 被认为是孔孟儒学正宗传承的宋明理学，到后来之所以被认为"杀人"②，正是反映了"仁学"理论的某种必然。

　　对于孔子和谐思想的有限性，我们还可以找到原始文字上的直接根据。《学而第一》即曰："礼之用，和为贵。先王之道，斯为美，小大由之。有所不行，知和而和，不以礼节之，亦不可行也。"《里仁第四》也有曰："君子之于天下也，无适也，无莫也，义之与比。"也就是说，"和"应该受制于"礼"，不能为"和"而"和"。用现代语言表述，就是：和谐不是无限的，而是必须服从于一定的道德准则和价值观。

二

　　要彻底认识孔子和谐思想的有限性，还须对照分析中国古代哲学中的其他和谐观念。

　　在先秦时期，和谐思想是一种非常普遍的社会意识。诸子百家一般都会在不同程度上论及"和谐"。虽然绝对而言，没有哪家的和谐观是绝对的，但相对来讲，在诸多和谐思想之中，五行家的和谐观比较接近于全面和谐。

　　周武王克殷商之后，曾向商臣箕子讨教治国安邦、建立和谐社会的方略，箕子所言首要即是"五行"："一曰水，二曰火，三曰木，四曰金，五曰土。水曰润下，火曰炎上，木曰曲直，金曰从革，土爰稼穑。润下作咸，炎上作苦，曲直作酸，从革作辛，稼穑作甘。"③ 与箕子几乎同时代的另外一位五行家史伯也说过："先王以土与金、木、水、火杂，以成百物。"进而明确地提出了有关和谐的哲学命题："和实生物，同则不继。"④

　　五行家认为，世界是由五种基本要素共同组成。不同的要素各具特性，彼此间因生、克、制、化等多重关系而相互依赖、相互制约，从而维持着万

---

　　① 孔子诛杀少正卯一事见《史记·孔子世家》，有的学者认为不符合史实。
　　② 这是学者的比喻，表明孔子的儒家学说到后来被某些人演变得几近灭绝人性。
　　③ 《尚书·洪范》。
　　④ 《国语·郑语》。

事万物的不断运动和平衡发展。

五行图

弧线表示生助关系，直线表示克制关系。

　　五行中的任何一行都与其他四行保持着非常复杂的多重关系。以金为例：一、金生水以助水；二、金克木而伤木；三、金生水，水生木，金因水而助木；四、土生金以助金；五、火克金而伤金；六、金生水，水克火，火生土，土生金，金既可生水克火，又可借土化火；七、土既通过化火、敌木、生金而助金，又通过克水而害金；八、金生水，有助于自身的健康流通，但生太过就会削弱自身的力量；九、金克木只是常态，如果金弱木强，木反可克金。

　　五行是一种多元思维体系，主张多样社会主体和多重社会关系共生、共存，以建立普遍和谐。与孔子的有限和谐相比，五行和谐所表现出的最大区别在于：和谐的对象是全体社会成员。在五行家看来，组成社会的各种要素之间只有特性的不同，没有高低贵贱之分。不管什么事物都没有绝对的好与坏，五要素中任何一种既不可单独存在，又不可或缺，过与不及都会带来损害。敌对的要素之间总是能通过第三种要素得到平衡和协调。因此，和谐既是原因，又是过程、形式，同时还是目的。孔子的有限和谐源于其有限的价值观。他基于特定的标准对人群进行善恶分类，并进行是非取舍。由于有是非观，孔子很自然地就希望一部分人能够战胜另一部分人。这样，不仅和谐只能存在于那部分值得肯定的群体，而且和谐显然还只是不得已的暂时权宜。从某种意义而言，孔子和谐的最终目的是绝对的同一。

　　学者们谈论中国古代和谐思想，经常还会提到晏子。"和如羹焉，水火醯醢盐梅以烹鱼肉，燀之以薪。宰夫和之，齐之以味，济其不及，以泄其过。君子食之，以平其心。"[1] 他的这段话几乎与孔子的那句语录同样引人注

――――――――

[1] 《左传·昭公二十年》。

目。与孔子一样，晏子的和谐思想也有其局限性。按照一定的标准做饭炒菜，这样的比喻会让人觉得晏子的和谐仍然脱离不了特定的价值观。常言道"众口难调"，困难的不是调和一种美羹以满足一人之私，而在于同时满足所有人的需要，即平和"天心"。在现实生活中，很少有人绝对地反对和谐，但无奈"天心"难测。

一些后期儒家也曾吸收过五行思想的内容，但都只是按照儒家的仁学标准进行取舍。他们的五行只能算是儒家五行，如孟子的"仁、义、理、智、信"五德思想就是抽取了"木、火、金、水、土"五行的部分含义而加以附会。① 可能正是由于孟子肢解和歪曲了五行思想的原始含义，在他之后被认为是儒家思想集大成者的荀子就曾批评他"编造五行"。② 荀子之后不过百年，董仲舒又借用五行原理中的部分思想类比天人，提出"天人相类"和"天人感应"等理念，其目的仍在运用五行理论的有关内容来证明"三纲五常"等儒家仁学和谐思想的合理性。虽经五行思想改造，儒家的和谐观仍然未失其偏。

与儒家思想相对，先秦时期还产生了另外一种有限和谐：老子的道家和谐。孔子主张"礼"，老子反对"礼"："夫礼者，忠信之薄，而乱之首。"③ 孔子肯定"仁"，老子对"仁"却不以为然。他认为，仁只是在世间失去正道之后所出现的等而下之的现象。④ 而实际上，"天地不仁，以万物为刍狗。圣人不仁，以百姓为刍狗"⑤。要取得社会和谐，就必须"绝仁弃义"，消除一切人为的东西，"和其光，同其尘"，无为而治。⑥

与孔子的"克己复礼"相反，老子取得和谐的方式是"无为"。"万物负阴而抱阳，冲气以为和。"⑦ "清静为天下正"，人们只需"守静"，一切顺应

---

① 参见《孟子·尽心章句下》。
② 《荀子·非十二子篇》："略法先王而不知其统，犹然而材剧志大，闻见杂博。案往旧说，谓之五行。"
③ 《道德经》三十八章。
④ 《道德经》三十八章："故失道而后德，失德而后仁，失仁而后义，失义而后礼。"
⑤ 《道德经》五章。
⑥ 参见《道德经》十九章、五十六章。
⑦ 《道德经》四十二章。

自然，社会就会自动地达成和谐美满。①

老子的和谐观之所以有限，在于它走向了另外一个极端——太过消极。基于老子的"自然"与"静"，庄子的思想几乎陷入宿命。"死生，命也，其有夜旦之常，天也；人之有所不得与，皆物之情也。"② 人生之所以痛苦就在于有愿望、有区别。因此，他号召人们不管生死穷达，放弃一切思考，静坐玄览，以求与道同体。"天下莫大于秋毫之末，而太山为小；莫寿于殇子，而彭祖为夭。天地与我并生，而万物与我为一。"③ 庄生"齐物"，抹杀了事物间的所有区别。

人类对自然和自身的认识似乎永远处于探索之中，有心与无心的错误从未间断。道家主张"清静""无为"，有利于维护自然的平衡，并在一定程度上带来社会的和平与安宁。但是，正如五行家所言，太极生阴阳，阴阳生五行，五行生万物，世界本来就是一个充满各种矛盾的综合平衡体。火向上，水向下；木成形，金毁物；土既非是，又非非是。人类没有绝对同一的价值观。消极无为虽然可以解决一部分矛盾，但同时又会放纵一些矛盾，进而产生新的问题。由于庄子的许多思想不符合人性，荀子就曾批评他"蔽于天而不知人"④。

被儒、道两家共同视为经典的《周易》有曰："同声相应，同气相求。水流湿，火就燥……"⑤ 志同道合者之间比较容易取得一致，和谐的困难往往发生在不同的利益者之间，特别是在针锋相对的敌对者之间。和谐的前提是共生，和谐的内容是相互协调。因此，要建立全面的社会和谐，必须提倡在相互矛盾和否定的主体之间进行利益调配。儒家主张高标准积极进取，其人生观虽然值得肯定，但从社会和谐的角度而言，其标准未免过于绝对，在生活中难以实现。人们的不同思维方式取决于不同的主客观环境，真善美与假恶丑永远相互伴随。"刚毅木讷"是性，"巧言令色"也是性，"为仁"不好反倒容易残害无辜、培养敌对。⑥

---

① 参见《道德经》四十五章、五十七章。

② 《庄子·大宗师》。

③ 《庄子·齐物论》。

④ 《荀子·解蔽篇》。

⑤ 《周易·文言》。

⑥ 孔子认为"刚毅木讷近仁"（《论语·子路第十三》），"巧言令色鲜矣仁"（《论语·学而第一》）。

　　和谐只是一种人生态度，是不同的人格之间的相互谅解与谦让。和谐必须同时包容善恶美丑，而不应赋予太多具体的道德是非。孔子说："己所不欲，勿施于人。"① 初看起来似乎有利于社会和谐，但如果完全按照仁学思想的要求去做，可能会变成：己所欲而使人欲，己所不欲亦不使人欲。也就是《雍也第六》所言："夫仁者，己欲立而立人，己欲达而达人。"其结果，和谐反被和谐误。千百年来，孟子的"穷则独善其身，达则兼善天下"② 几乎成为一代又一代仁人志士的人生指南。但正是在儒家强烈的善恶观念的驱使下，君子不懂"顺自然"，一幕幕"君子悲剧"不断上演：发达之时，自以为是，强加于人；穷困之时，愤世嫉俗，怨天尤人。其结果不是危害社会就是毁灭自我，最后导致仁者不仁。

　　五行思想的基础是阴阳。《周易》说："一阴一阳之谓道。"③ 孤阳不生，孤阴不长，天地自然须臾不离阴阳消息。儒家追求"圣王"之道，属阳；道家强调"清静无为"，属阴。学之分别为儒、道，犹如《周易》之分别为阴阳，阳病尚须阴治。为了真正创造全面和谐，人们既要适时地积极进取，同时又要恰当地顺其自然。阴阳相息，儒道互补，五行和谐。

　　孔子不愧为中华民族的圣人，凡人生大道，他似乎少有完全未曾言及者。"喜怒哀乐之未发，谓之中；发而皆中节，谓之和。"《中庸》的这段语录就特别有益于全面和谐：人人都有七情六欲，但在生活中要适可而止。现实生活纷繁复杂，血肉之躯百年之期，深处其间，难免会遇到许多的无奈，包括难为的无奈和不知何以为的无奈。要适可而止就要兼具两种心态：儒家的进取和道家的退让。发达时，要尊重他人，求同存异；穷困时，要心平气和，随遇而安。只有这样，才真正有利于达到身心内外切实而持久的和谐。

---

① 《论语·卫灵公第十五》。
② 《孟子·尽心章句上》。
③ 《周易·系辞》。

"多元"如何"一体"*
——华夏多民族国家构成的大传统奥秘

叶舒宪

一、文明发生：人类的最大作品之由来

关于人类文明的由来问题，19 世纪的标准答案是环境说，如泰纳（H. A. Taine）的"种族、时代和环境"三要素说。20 世纪以来，魏特夫（K. A. Wittfogel）的"水利造就文明"说流行一时。基于考古学的新知识范式，以柴尔德（V. G. Child）《人类创造了自身》为标志，是简明扼要地阐述人类文明起源奥秘的理论典范之作。从学科分类上看，其理论创新被概括为一个标志新兴交叉学科的关键词——"认知考古学"。将考古学所发现的各个地方文化之演进，用人类认知的统合视角给予整体的、动力学的诠释，从而说明人类为什么会先后脱离狩猎采集、原始农耕和畜牧，终究迈进文明国家的门槛。

英国考古学家伦弗瑞（C. Renfrew）在《史前：文明记忆拼图》（*Prehistory: Making of the Human Mind*，2007）一书中指出，认知考古学的特色在于从考古学所关注的遗址与文物转向遗址和文物所代表的史前人类心智及其进化过程，亦即文明化的过程。对于文明的判断，除了过去特有的一些物质指标，如城市、文字和青铜器等，伦弗瑞又添加了精神方面的指标：思想模式和由此带来的特定文化的价值观。他认为在物质与精神之间，起到关键性的动力要素是精神，而不是物质。"我们现在才刚开始了解人类思想模

---

* 原载《跨文化对话》，第 35 辑，173～183 页。

式的改变，这可能是人类环境中一些重大进展或转变的基础。"社会变迁的基础方面是思想观念，这在19世纪被看成是属于"上层建筑"，其下的基础则称为"经济基础"。究竟是以物质生产力为基础还是以人的观念为基础，当代认知考古学主张是后者。

文明不同于史前的最大特点是，史前人类似乎走的是统一性的道路，从旧石器时代到新石器时代，再到文明时代，从狩猎采集到农耕或畜牧生产。总之，是世界各地大体一致的同样进程。文明则完全不同，笼统而言的人类文明，其实是由若干地域性的文明国家构成的"拼图"。就其发生的时间顺序而言，有苏美尔文明、古埃及文明、阿卡德文明、巴比伦文明、印度文明、克里特文明、米诺斯文明、华夏文明、古希腊文明等。这些文明国家中的任何一个，都与其他文明判然有别，所以史前史研究也就必然要解释文明发生现象，不仅需要说明人类走出史前史而进入文明史的一般原因，而且要研究特定文明国家诞生的文化基因差异，说明是什么因素导致古埃及文明建造出金字塔一类的标志物，而古希腊文明则孕育出奥林匹克运动和悲剧诗人，华夏文明则以玉礼器和青铜器为社会权力和等级的标志物，并从巫史传统中催生出历朝历代延续不断的官修史书编撰模式。

对不同文明的文化基因予以考察，将揭示特定文明国家及其人群的特殊奥秘。就中国文明而言，需要从思想模式和价值观方面说明中国为什么是中国，中国人为什么是中国人，这理所当然地成为一部"中国文明发生史"的题中之意。

《史前：文明记忆拼图》一书第九章题为"古人的宇宙观"，伦弗瑞在此明确提出：

> 在人类社会中，有形物质如何能够呈现意义而产生新的制度事实；人类创造了物质符号，于是形成可感知的现实。
>
> 新的物质性使得新的社会互动成为可能。
>
> 物质和财货是如何呈现价值与意义，之所以如此，是透过人类这种赋予无生命物质意义的特殊习性，因而使这些事物成为象征符号，但是它们不只是象征符号，实际上还能将财富具体化，而且能授予人类权力。
>
> 伴随特定的地域文明发生而产生的特定神话信仰观念，占据着异乎

寻常的地位，对该文明的所有成员——从社会最高统治者到最下层平民，都发挥着潜在的行为支配作用。

伦弗瑞对神话思维及其行为支配作用有清醒的意识，他引用唐诺（Donald）的文化三阶段理论①，称为"人类发展之神话阶段"：随着语言和叙事的发展，有关过去的经验的解释和传说必定会被用来解释现状。

> 我们无法直接接触到史前时期所构思出的神话故事。然而，我们确实能获得早期社会活动的痕迹。借由这些活动，人类试图透过他们在世上的行动与这些现实产生关联，他们的行动曾留下某种物质痕迹。

对于古埃及文明来说，古埃及人留下最显著的物质痕迹就是金字塔，其时间距今约5 000年。对于英格兰平原史前居民来说，所留下的最显著的物质痕迹是巨石阵，其时间距今也是5 000年。对于华夏河套地区的史前居民来说，最显著的物质遗迹是两种：巨大的石头城池与点缀其间的玉礼器。二者一大一小，大者为石头，小者为万千种类的石头中特殊筛选出来的一种——玉石，用来加工成负载神话信仰意义的玉礼器。借用伦弗瑞的说法："在我们尚未详细确认事项中，其中一项是人造器物在社会关系方面的具体意义。"因为人造器物也可以被赋予神性的特质，所以，"更精确地说，许多社会关系是靠财货与人工器物来维系。在欧洲新石器时代，打磨光亮的石斧（偶尔会以玉石制作）明显具有比较高的价值。当人类后来懂得识别与使用黄铜和黄金后，新的价值系统就出现了。欧洲青铜器时代即奠基于这样的价值系统，并伴随强大的武器工具，如由新材料制成的刀、剑等"。

石斧与玉斧在华夏史前史也同样重要，甚至更为重要，因为后来的青铜和黄金出现之后，玉斧的至高价值并没有被金属器物完全取代，而是形成微妙的新老圣物组合价值，所谓玉振金声或金玉良缘的说法，即是这种新老结合的明证。精致打磨的史前石斧、玉斧，在世界不同地域的社会中具有跨文化的普遍意义，但是唯独在华夏文明中演变成象征王权的玉钺和铜钺，这种情况和华夏史前期长久的玉石神话信仰有不可分割的关系。在距今5 300年的安徽凌家滩文化中（图1），在距今5 000年至4 000年的环太湖地区良渚文

---

① See Donald，R. *Origin of the Modern Mind*：*Three Stages in the Evolution of Culture and Cognition*，Cambridge，Mass. Harvard University Press，1991.

化中，玉钺如何升格为首屈一指的王权象征物，可以在合肥的安徽博物院以及杭州余杭区的良渚博物院展厅中得到直观的观察和体会。对照有关 3 000 多年前商周易代之际的历史叙事，周武王手执黄钺斩下殷纣王的头颅，再用玄钺斩下殷纣王妻妾的头颅之细节，也就有了基于文化大传统的深度理解之新知识条件。换言之，5 000 年前玉钺已经成为东亚地区的至高神物、圣物，3 000 年的改朝换代大革命为何要让最高统治者用斧钺来完成最后一击，就容易理解了。这是从前文字时代的符号叙事大传统理解文字叙事小传统的生动案例。

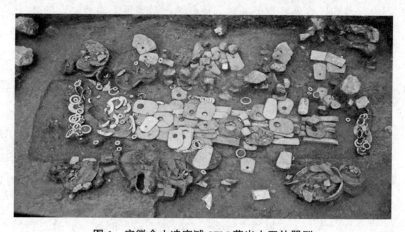

图 1　安徽含山凌家滩 07M 墓出土玉礼器群

墓主人身下全是玉钺，其玉料为就地取材的杂色玉，没有白玉，距今 5 300 年。

我们参照韦伯论证西欧资本主义起源的理论模式，提出"玉教伦理与华夏文明精神"的命题，希望揭示出使得华夏文明有别于其他文明的"文化基因密码"——物质与精神的互动关联及其所铸就的核心价值观。

二、玉教传播：中国玉文化发生期的多元与一体

地域多元和多色彩是东亚史前玉器用料的普遍情况。

中国地质大学（武汉）珠宝学院和安徽省文物考古研究所联合组织的安徽凌家滩出土古玉器玉材来源考察结果认为：5 300 年前的凌家滩玉器基本上是就地取材的多种玉石材料：

（1）5 300 多年前的交通是很不发达的，只有人力、牲口和漂流，一般

来说，古人会就近取材。

（2）肥东县桥头集双山—小黄村一带晋宁期片麻状闪长岩与下元古界双山组（Ptish）镁质大理岩的接触带中具有形成蛇纹石玉和透闪石玉的地质条件。本次考察就找到了蛇纹石玉、含方解石蛇纹石玉、方解石透闪石岩、透闪石大理岩。蛇纹石玉与蛇纹石玉质的古玉器的基本宝玉石学特征可以对比。

（3）火山岩、泥岩、粉砂岩、大理岩、滑石等石料采自周围的火山岩盆地和太湖山一带的沉积岩层中。这些石料并不稀少，没有必要舍近求远去采。

（4）古人的用玉观与现在有一致的，即将自然界分布稀少、细腻、温润、美丽的石头作为珍品，琢制成精美的礼玉、饰玉等；也有与现在不同的，如喜欢五颜六色的花斑状的石头，这些石头分布较多、块体也较大，故用来制作石钺、石斧等工具和仪仗器。

从史前文化的局部看，每一地方性玉礼器生产的就地取材，本身就具有一定的玉矿种类的多元性。再从全局视角看，各地的多元性玉石资源汇合成玉料取材的更大的多元性和丰富性。到距今约4 000年至3 000年的夏商周国家阶段，由于西玉东输的曙光初现，这种多元性局面逐渐发生转变，即向一元性局面演变。从使用地方性的各种玉石向集中使用西域输送而来的昆仑山和田玉（古书称为"昆山之玉"）的转变。除了玉礼器种类（如琮、璧、圭、璋等）的中原王朝一元性整合趋势外，玉料的选择方面也出现向优质透闪石玉材集中的趋势，而且愈演愈烈。到东周和秦汉时代，玉器加工技术出现突飞猛进的大发展，玉材的使用也形成和田玉独尊的一统天下局面。只有在充分认识到"昆山之玉"的优越性和独一性的转变基础上，才会产生出儒家以"温润"为第一物理特征的顶级玉材标准价值。用今日的玉器收藏界经验标准，温润是和田玉中上等籽料所特有的物理特点。君子温润如玉的人格理想，使得以温润为最大特色的和田玉的文化品格得到普遍的认同和推崇，由此奠定此后两千多年玉文化发展的主流。

物质方面的玉石资源之变化，必然导致精神价值方面的观念变化。玉石资源从多元到一元的转变，非常突出地体现在东周以来的历史叙事中，诸如卞和向楚国最高统治者三献玉璞的典故，完璧归赵的和氏璧典故，秦始皇用和氏璧改制传国玉玺的典故，都明确凸显天下宝玉的唯一性，史书叙事中的宝玉被描绘得神奇无比、至高无上、舍我其谁。这些叙事不是文学却胜似文学。对此，我们找到的迄今最恰当的概括词语是"神话历史"。尤其是秦始皇销天下之金，唯独选中宝玉制成大一统帝国象征之玉玺的史实，让玉在宇宙万物中独尊的至高地位，一直延续到清代的末代皇帝玉玺，甚至延续到2008年北京奥运会的金镶玉奖牌设计。

大传统的地方性多元玉矿资源，为什么在文明小传统中变化为一元性的至尊宝玉崇拜呢？玉教即玉石神话信仰的数千年演进过程中发生着怎样一种九九归一的大变革呢？

先看商代的最高统治者——末代帝王殷纣临终的玉文化表演。《逸周书·世俘》云：

> 商王纣于商郊。时甲子夕，商王纣取天智玉琰五，缝身厚以自焚，凡厥有庶告焚玉四千。五日，武王乃俾于千人求之，四千庶（玉）则销，天智玉五在火中不销。

对于接替殷商王权而受天命统治中原的周朝王者来说，前朝统治者遗留下来的所有宝玉，皆可作为天命转移和权力转移的有效物证，所以有必要照单全收，藏之王室，而不必像处置异族的神像、图腾、牌位那样加以取缔或销毁。《逸周书·世俘》篇讲完商王自焚一事，接着叙述的就是周王继承殷商宝玉一事："凡天智玉，武王则宝与同。凡武王俘商旧玉亿有百万。"这里上亿件的玉器数量让后人百思不得其解，有各种不同的解释。黄怀信依照各类书的引文校注说：这一句话在"俘商旧"后面脱落了"宝玉万四千佩"六字，"百万"当作"八万"。翻译成现代汉语应是：凡属天智玉，武王就与宝玉同等看待。武王一共缴获商朝的旧宝玉一万四千枚、佩玉十八万枚。

不论认为这是历史还是神话，《逸周书》的叙述至少可以表明殷周革命之际有一笔巨大数量的宝玉更易主人。即使不采用有夸张之嫌的上亿之说，也还有近二十万枚玉器被纳入周王室宝藏。在其财富和奢侈品的后起意义之前，宝玉在文明初始期的更高价值是代表神圣和天命。值得我们从跨文明比较的视角思考的是：为什么史籍上要特别强调商周革命时惊人数量的宝玉继承情况，却对金银器、青铜器等其他贵重物品不置一词呢？对于记述三代史实的著作者而言，是怎样一种独特的、来源于大传统的文化价值观发挥作用，在暗中支配着史官叙事的取舍和关注焦点呢？

商纣王自焚之际烧掉了除天智玉之外的宝玉。这一细节清楚表明商代统治者珍视的玉石是多元性的，这一点从考古发掘的商代墓葬用玉情况已经得到充分证明。

再看西周初年的最高统治者珍藏的王室秘宝情况。《尚书·顾命》讲到周成王病危，周康王将继位之际，西周朝廷中的珍藏国宝都被拿出来陈列：

> 越玉五重，陈宝，赤刀、大训、弘璧、琬、琰，在西序；大玉、夷玉、天球、河图，在东序。

在西周王室珍藏的国宝中，排列在前面的十种物质，从名称上看几乎全部是玉石类的物质。而"越玉"和"夷玉"之类的名称还清楚地透露出多地区和多民族之物产信息。就此而言，3 000年前的中原国家统治，从其首要战略资源依赖性看，就是中原国家以外辐射性的广大区域内出产的玉矿玉料。那时新疆和田玉已经进入中原，但是还没有像东周时期那样获得至高无上的价值。在儒家的温润人格理想取法于和田玉的价值标准成立之前，以玉石的多元性为主。只要看看周武王伐纣的联合大军中，有多少非中原族群的成分，就知道周人的民族团结功力如何了。周王室为什么有那么多来自各个民族地区的宝玉石问题，可不言自明。

在温润人格标准确立之后，玉石的多元性必然让位于一元性。为了保证数千公里以外的和田玉资源不断供应，需要从黄河中游到上游再到河西走廊和北方草原的整个西域的多民族地区间贸易与交往关系。由此拉动的华夏最高价值必然是照顾到国家资源依赖局面和西玉东输远距离贸易需求，即以多地域、多民族之间的彼此互利互惠关系为现实基础，用儒家的表述称为"化干戈为玉帛"。

"化干戈"是中国先民处理多元文化关系的和平主义理念，其目的很明确，就是为了"玉帛"。离开对玉帛的物质层面与精神层面的深入理解，华夏文明能够认同和凝聚多民族文化为一体的具体经验遗产就难以揭示。因此，下文侧重从物质方面说明玉这种物质在东亚史前大传统的信仰建构和神话编码情况。

东亚玉器时代的前身是石器时代。玉器时代最终因融入青铜时代而告终结。需要辨识的一点是，玉器时代的结束并不意味着玉器生产的结束，只是玉器生产独领风骚的局面不复存在，而且是一去不返，取而代之的是金属器与玉器并重的时代。就此而言，玉器时代的末段与金属时代的早段有所重合。金玉并重的价值观从夏商周到明清，贯穿着中华文明史的全程。这样的情形给人造成一种假象，好像金和玉一开始就是并驾齐驱的宝物、圣物。其实二者进入华夏的时间早晚相差很大，需要重建玉器独尊的年代谱系，方能有效透视玉器大传统与金属小传统的发生学关系。

三、"多元"如何"一体"：玉教的"新教革命"

史前期的玉文化发生发展呈现出多元向一体的进化过程。把 8 000 年前肇始于今内蒙古赤峰地区的兴隆洼文化玉器视为东亚玉文化的开端，把随后的玉文化发展看成一个玉教信仰从小到大、从点到面的传教和扩散过程，大约在 4 000 年前完成其对史前中国的较全面覆盖。进入文明时代以后，在距今 3 000 多年的商周之际发生了东亚玉文化史上类似于"新教革命"的大变革：西周最高统治者的注意力，从四面八方得来的地方性杂色玉料或玉器（如夷玉、越玉、赤刀等），逐渐转向从西域输送来的新疆昆仑山和田玉，尤其是和田玉中的白玉，其神圣价值后来居上，凌驾在以往所有的多元玉料之上，形成和田白玉独尊的新神话（围绕昆仑山和西王母）和新教义，其直接结果是东周时期形成的"白璧无瑕"中国式完美理想，以及儒家"君子温润如玉"的人格理想，可见这种玉教的新教革命对后世中国文化的影响巨大而深远，甚至直接决定当代玉器生产的资源供给模式和羊脂白玉位于价格金字塔顶端的特有文化现象。

周朝的天子用来和亲与结盟各地方族群的物质纽带，首屈一指就是玉石，其次是黄金等贵金属，再次是马匹和丝绸。《穆天子传》所反映的历史真实性，如果说和西周的情况有所出入，那么大致对应着东周的情形。周穆王到河套地区用玉璧拜祭河神，再到昆仑山晋见西王母，用的还是玉璧、玉圭。这位周朝统治者一路上所持有、所奉送出的玉礼器，为什么在几千公里的范围内是通用的？玉礼器的统一性，何以覆盖面如此广大？原来有一种相对统一的信念借助于信仰的传播力而支配着中原国家的意识形态，那就是昆仑玉山西王母的神话，该神话的意识形态作用突出三点：其一，神圣地点——西方昆仑山；其二，神圣物质——玉的独尊性来源，即昆仑山和田玉；其三，将神圣性、不死性与美玉三要素合为一体的人格化形象——西王母女神。如果将周代的意识形态建构视为华夏核心价值观的初步定型，那么与西王母相关的神话突出表现的白玉崇拜、白玉独尊的思想观念，在其中一定发挥着至关重要的奠基性作用。

从东周到秦汉魏晋，数百年时间里出现的西王母来到中原王朝献白环的各种叙事，是其很好的例证。《竹书纪年》"帝舜有虞氏"条云：

> 九年，西王母来朝。
> 西王母来朝，献白环玉玦。

清代学者徐文靖撰《竹书统笺》，对这两条记载所做的笺释，主要是大量排比相关素材，展现对西王母主动与中原王朝交往的这个献宝事件的多种叙事版本。兹列举如下：

> 笺按：《地理志》："金城临羌县西北至塞外，有西王母石室、仙海，盐池西有须抵池，有弱水、昆仑山祠。"《大戴记》曰："舜以天德嗣尧，西王母献其白琯。"《世本》曰："舜时西王母献白环及佩。"《雒书灵准听》曰："舜受终，西王母献益地图。"欧阳询曰："西王母得益地之图来献。"
>
> 笺按：《瑞应图》曰："黄帝时西王母献白环，舜时又献之。"《晋志》曰："舜时西王母献朝华之琯，以玉为之。及汉章帝时，零陵文学奚景于泠道舜祠下得白玉琯一枚。"咸以为舜时西王母所献云，意是时王母以玉琯献舜，舜或赐象，鼻亭去泠道不远，故于舜祠下得此。

以上徐氏《竹书统笺》引述的文献多种，内容大同小异，差异的是所献宝物：白环玉玦、白琯、益地图、白环、朝华之琯、玉琯。他未能引述的资料，还可加上两条：其一是应劭《风俗通义·声音》"管"条下之"白玉琯"。其二是《汉书·律历志》注云"西王母献舜白玉，以玉为琯也"。

把所有这些文献集中起来，计有《竹书纪年》《大戴记》《世本》《雒书灵准听》《瑞应图》《晋书·礼乐志》《风俗通义》《汉书·律历志》，总共有八种不同的西王母献宝记述，其中指玉者七条，指地图者一条；指玉的七条中，讲到白玉或白玉器者六条。其中最早著录的《竹书纪年》是战国时期成书，较晚的部分到了魏晋南北朝时期。由此可知西王母献白玉（器）是古代流传最广的说法，数百年来早已深入人心。《后汉书·马融列传》云："纳僬侥之珍羽，受王母之白环。"西王母与白玉环，几乎成为远古圣王年代的珍贵瑞兆之文化记忆。杜甫在《洗兵马》诗中歌颂道："不知何国致白环，复道诸山得银瓮。"宋人王应麟《困学纪闻·评文》亦云："函封远致，不知何国之白环；璓刻孔章，咸曰宁王之大宝。"如果了解到西玉东输的持续数千年运动中，有大量新疆特产优质白玉成为华夏王权和社会等级建构的顶级物质资源，就不会再怀疑西王母神话中潜含着的历史真实性内涵。从屈原《楚辞·九歌·湘夫人》所唱到的"白玉兮为镇，疏石兰兮为芳"，到曹雪芹描绘贾府之富贵，用"白玉为堂金作马"，白玉崇拜主题已经借助于文学想象和修辞，弥漫到本土文化传统的方方面面。带着白玉崇拜的主题，反思对《红楼梦》影响巨大的古书《山海经》，不难看出，叙事者介绍的 140 座产玉之山，特别要提示每一座山出产的玉是否为白玉，这样的提示在《山海经》里出现 17 次之多，难道会是偶然的吗？

《山海经》的各地物产叙事，首先要记述有没有玉，其次要说明有没有白玉。这究竟出于什么原因呢？也就是说，玉和白玉，是分开来作为不同类别的圣物来陈述的。同样成书于战国时期的《穆天子传》，也有提示玉之颜色的案例：卷二叙说穆天子在昆仑山观黄帝之宫，并用隆重的牺牲祭祀昆仑山后，继续北行，留宿在一个出产珍珠的地方"珠泽"，在水边垂钓，说出"珠泽之数方三十里"一句话。紧接着发生的事件是：

乃献白玉，□只。

文本中的这一叙事似有脱落，缺乏主语，只有谓语和宾语，不明确是谁献给谁白玉，其数量单位是只，表示数量的字却遗失了。今刊的郭璞注与清人洪颐煊校本加注云："《事物纪原》三引作'珠泽之人，献白玉石'。"补足了叙事的主语，可知是昆仑山一带的珠泽当地人向穆天子献上白玉石原料。这和上文提及的情况基本相符：昆仑山及周边地区是上等白玉的主要出产地。稍有不同的是，《山海经》认为黄帝所在地为峚山，距离昆仑丘有一千多里；《穆天子传》则认为黄帝之宫就在昆仑山上。把世界上最珍贵的白玉资源和黄帝、西王母等神话人物联系起来，表明白玉崇拜的玉教新教革命已经完成，西周以来统治阶层使用和田玉的情况有增无减，这就给白玉信仰的形成和普及找到现实的物质原型。

关于西周玉器生产所用玉料的材质问题，目前虽然还在探索之中，但是已经有初步的定论，足资研究者参考。如新近出版的中国社会科学院考古研究所编《中国考古学·两周卷》的判断：

> 从出土情况看，各地出土玉器的种类、质量的好坏与有关遗迹的规格
> 有密切关系。在张家坡西周墓地，较大的墓葬所出的玉器不仅数量较多，
> 而且玉质较好，制作较精。如 M157、M170 两座井叔墓出土的随葬玉器，
> 真玉分别占 88% 和 89%，这种情形也许是他们身份、地位的一种表示。

> 关于西周玉器的产地，现在还无法作全面说明，据对张家坡墓地出
> 土玉器检测，这里的玉器多为透闪石软玉，其来源不限于一地，可能来
> 自多个产地。上村岭 M2009 出土的 724 件（组）虽可分为白玉、青玉、
> 青白玉、黄玉、碧玉等类，但鉴定发现，大部分为新疆和田玉。

西周玉器多用新疆和田玉的鉴定发现，是极为重要的新材料，其中的白
玉和青白玉是标志玉教革命的特殊物质，在史前期漫长的玉文化发展中较为
罕见。（图 2）从新疆今和田到中原地区的里程三四千公里，用《管子》的话

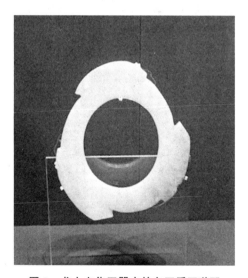

图 2　龙山文化玉器中的白玉质玉璇玑

摄于上海博物馆。

说是"七千八百里"，其距离之遥古今大致相当。这条道路正是 1877 年被德
国人李希霍芬命名为"丝绸之路"的文化通道。西玉东输的当代再发现，将
给过去无法想象的历史难题找出解答的线索，也对"丝绸之路"的西方式命
名提出质疑或补充。为此，笔者和《丝绸之路》杂志策划了 2014 年夏甘肃省

玉帛之路文化考察团，驱车行走河西地区，历时 15 天，总行程 4 300 公里。考察团在临近新疆的甘肃瓜州北部大头山，探查到一座长达 25 公里的山，盛产乳白色的透闪石玉。（图 3）从玉石采样分析报告看，摩氏硬度为 6，其他

图 3   玉帛之路文化考察团在瓜州大头山采集的白玉标本

主要指标都接近新疆和田玉。唯有玉料的白颜色上有明显差异，和田白玉一般色发青，瓜州大头山的白玉色发褐黄。这就说明我国西部高原出产白玉的地点是多元的，而不是一元的，古今有多少未知的玉矿储藏，至今还是谜。《山海经》记述的 16 座产白玉之山或水，不可能是书生在书斋里凭空想象出来的，应有其实际考察或采样的依据。

商周两代的统治者是怎样获得西域的优质玉石资源的？目前的推测是，商代统治者通过西部的羌人和北方的鬼方之人等的中介贸易作用，间接得到昆仑山之玉。而周穆王西征见西王母的神话叙事，表明周人在借助西域少数民族的贸易作用之外，还有类似张骞的"凿空"西域边疆行为。这是"化干戈为玉帛"这一华夏核心价值理念得以在东周时期流行的关键。

关于上古中原核心区域与周边族群的拱卫格局，以及周人的对外关系，许倬云先生有如下陈述："归纳这一大群以音译为名字的族群，则又可归为

祝融集团的包括己、董、彭、秃、妘、曹、斟、芈八姓，徐偃集团的嬴、偃、盈诸姓，夏人后代的姒、己、弋诸姓，及南方的吴越，北方的戎狄。凡此都在古代中国核心地区之外围。核心地区的族群，可称为中原族群；外围的族群则可称为边缘族群。中原族群的文化系统相当第一章的仰韶—龙山系。边缘族群文化系统则祝融集团地区约略相当于屈家岭文化群；徐偃集团地区约略相当于大汶口文化以下的东方沿海文化圈；夏人后代的姒、己诸姓所在，约略相当于第二章的光社文化一系列，在中原龙山文化圈以北的文化；戎狄所在，属草原文化；吴越文化所在，则为长江下游河姆渡以至良渚的文化系列。周人对边缘族群的地区，可能因为文化距离较大，不可能采取完全与其在殷商地区相同的文化融合政策。大体上，周人仍是对土著文化及土著族群以融合为主，而控制与对抗只在融合不易时始为之。"如今通过优质玉石资源为中原统治者独家占有的现象，不难理解周人与西部民族的交往与融合之物质纽带。生活在周代的河西走廊一带的民族并不尊崇玉教伦理，玉石资源作为"化干戈"的筹码，有效化解着"控制与对抗"的冲突局面，使得中原王朝与西域各族形成长期的互通有无和互惠互利格局。

这是本文通过西玉东输文化现象的再发现，结合华夏文明形成期的核心物质需求与核心价值形成，揭示玉教传统的白玉崇拜之教义革命，并由此找出的华夏国家从多元到一体的一个方面原因。

"和而不同"新义*

——一个传统观念的莱维纳斯式解读

伍晓明

> 鸣鹤在阴,其子和之。
>
> 我有好爵,吾与尔靡之。
>
> ——《易·中孚》

"和"对于我们来说是一个非常宝贵的概念。"和"已为我们形成了一系列美好的字眼:和谐,和睦,和好,和平,和美。我们当然可以说,在像"和谐"这样的双音词中,"和"与"谐"乃是近义词。但"和谐"也必然是此"和"彼之"谐"或我"和"他者之"谐"。同样,"和睦"也必然是此"和"彼之"睦","和好"也必然是此"和"彼之"和而好之",亦即,重新和/合在一起,并重归于好。而对于我们这个世界如此重要也如此必需的"和平",也显然一定是此共同体、此民族、此文化、此宗教、此国家"和"彼共同体、彼民族、彼文化、彼宗教、彼国家之"平":平—静,平—安,也就是说,彼"和"此之间没有紧张,没有仇恨,没有冲突,没有战争。因此,"和平"也是"平"之"和",也就是说,此平"和"彼平之"和",或众平之"并育而不相害""并行而不相悖"(《礼记·中庸》)。因此,和谐实乃由和而生之谐,和睦实乃由和而生之睦,和好实乃由和而生之好,而和平亦乃由和而生之平。有了如此由和而生之谐、睦、好、平,则即可能有整个世界之和美,而此"和美",作为真正的和与美,当然也必定是由"和"而生之

*　原载《跨文化对话》,第 26 辑,277~290 页,北京,三联书店,2010。

"美"：美好，美妙，美满，完美。而这种情况在某种意义上也许就可以用《礼记·礼运》之"大同"来描述：世界之大同。这似乎当然是我们的理想，或是我们的欲望。

因此，我们的理想或欲望——对于和谐、和睦、和好、和平、和美的追求——在某种意义上或某种程度上是由和而生的。由和而生，也就是说，以和为其条件，以和为其可能。若以更哲学化的语言来表达，这也就是说，以和为其可能性的条件。但"以和为其可能性的条件"意味着，没有和即不可能有和谐、和睦、和好、和平、和美，但有和却不必定有和谐、和睦、和好、和平、和美。为什么会是这样呢？这难道不是与我们对这些概念的通常理解相违吗？然而，我们在经验上都知道，此"和"彼始终都有可能未必谐、未必睦、未必好、未必平。此"和"彼，我"和"他人或他者，一个民族、宗教、文化、国家"和"另一个民族、宗教、文化、国家，始终都有可能不谐、不睦、不好、不平。而且，恰恰就是因为有了这个将彼此、人我或天下诸事诸物互相联系起来的"和"，这个使此"和"彼或（他）人"和"（自）我连在一起的"和"，才有可能生出种种"不—和"。正因为此彼或人我或不同民族、宗教、文化、国家已经在"和"之中——在其提供的可能性之中——来到一起，直面而对，相互暴露，才有可能发生嫌隙、猜忌、伤害、对抗、冲突、战争。因此，让我们在此提醒自己，那些似乎表达着我们当下的社会理想或欲望的概念——和谐、和睦、和好、和平、和美等，它们所蕴含的那个"和"在意义上其实并非全然清白无瑕。

当然，尽管如此，我们仍然需要首先相信此"和"，亦即，需要保持我们对于此"和"之信，某种最基本的信，否则我们就甚至不再能开口说话，亦即，开口"和"他人说话，开口"和"他人说："我想'和'你说……"无论我想和他人说的实际上究竟是什么，甚至于哪怕只是："我想'和'你说，我不想再'和'你说话了！"或者，"我再也不想'和'你说话了！"然而，也恰恰是因为"和"在意义上的这一暧昧或义之两可，我们需要思和，我们应该思和。而此"思和"，此"和之思"，恰恰即由于所思者的意义上的暧昧或义之两可，也必将发出复合的声音，或具有双重甚至多重的意义。思和，或和之思，即对于和之思考，对于和之思念。思念：因为我们已经失去了和，或尚未得到和——和谐、和睦、和好、和平、和美之和。思考：正因为和似乎许诺了我们如此和美的前景而又给我们产生了仍然缺乏和美的现实，

　　所以我们应该思考和，那似乎既使我们所希望之诸和——和谐、和睦、和好、和平、和美——成为可能又使其成为不可能的和。

　　让我们为此而重新倾听自己的语言。而我们前面在说"'和谐'必为此'和'彼之'谐'"等之时，其实就已经是有意在让此"和"以某种不同的方式而为我们重新听到了。

　　在我们现代汉语中，"和"也许是我们最熟悉的，因而也是最不起眼的词之一。唯其如此，此"和"其实已经成为我们日用而不知者，或日用而不思者，但我们因似乎过于熟悉而不知亦不思的"和"乃是那个为我们起"连—系"作用的"和"。作为现代汉语中的连词，"和"的任务是将言说之中的某一个此连接于某一个彼。一旦在这一用法上使用"和"，我们就是欲表明，所言及之二者（或数者）已经在某种意义上或以某种方式来到一起或被带到一起了，因而其间已经有了某种联系。但联系所蕴含的乃是差别，无差别即不可能有联系，或者说，无分即无和/合。因此，我们的连词"和"之所以能将不同者连在一起，亦即，和之所以是**可能的**，即在于已然有分（《庄子·齐物论》曰："其分也，成也。"），或已然有别，或已然有异。和必为诸有分有别有异者之和。所以，在语言中，在我们的现代汉语中，"和"作为连词，作为连接一个"此"于一个"彼"者，其实同时也是分离、区别及差异的某种隐含标志。"和"本身即涌现于其所隐含地标志出来的分离、区别及差异之中。没有分离、区别、差异即无所谓和，也不可能有任何和。

　　隐含地标志着分离、区别、差异的"和"本身也被分离、区别和差异所标志。这就是说，分离、区别、差异必然自始即已被铭刻在"和"之中，或"和"本身先天地就已经带上了"不和"的烙印。然而，在将诸"不和"者联系在一起之时，在创造诸"不和"者之间的"和"的同时，"和"又倾向于悄悄地掩盖或抹去其自身之中那先天的不和的痕迹。被"和"带到一起者已经"同"在一处，是以我们在汉语中亦可以说：此"同"彼……或我"同"他……而这个与连词"和"有关的"同"之所以可以代替和，当然并非仅仅是汉语中的一个偶然。"和"与"同"在概念上即关系密切。和始终在产生着某种同，所以"此'和'彼"这一表述才可以很容易地与"此'同'彼"这一表述互换，而"此'同'彼"则可以很容易地就转向"彼此（之）'同'"，亦即，彼此之间同一而无别。我们的日常客套话"彼此彼此"不是就已经隐含了这个"彼此之同（而无别）"吗？而一旦被"和"连在一起的双方或各方可以声言 "彼此彼此", 亦即, 宣布彼此或相互之间没有差别, 没有分歧, 并相互 "认同", "认" 对方为 "同" 于自己或 "认" 自己为 "同" 于对方, 那么我们就离 "同"——**某种**同, 某种始终倾向将那些为 "和" 所连者 "同而为一" 之 "同", 某种 "同一 (之) 体", 某种 "大同", 甚至某种至大无外的 "同"——不远了。因此, "和", 在我们上述所讨论的意义上, 与 "同"——至少是某种同, **某种**意义上的同——的距离或许并非如某些试图区别 "和" 与 "同" 的人所想象的那么远。

当然, "同" 这一概念在意义上也并非与自身完全同一, 是以我们上面才谨慎地用了一个 "某种" 来限制我们所说的同。言同必及异, 而此异则不仅意味着一同与他同之异, 而且也意味着此同与自身之异, 或此同自身之内的异。无异其实即无所谓同, 即不可能有任何同。若套一句庄子的话说, 那就是, 既已为同矣, 且得有言乎? ("既已为一矣, 且得有言乎?") 故同其实与异密不可分。但同却经常被想象为与异无关者, 或是完全排除异者, 或是完全消融异者。此容后再论。

现在让我们再回到和之上。"和" 既然至少可能会在我们刚才所讨论的意义上导致某种同, 那么这个必然涌现于分离、区别及差异之中的和就似乎同时又是对于分离、区别及差异的某种弥合、某种补偿, 因为和似乎可以拉近彼此, 缩小甚至消除差距。而既然 "和" 有此大功, 它 (或我们) 即很容易胜利地宣布它 (自己) 已经克服了或超越了分离、区别及差异。然而, 如果 "和" 本身即已必然地蕴含着 "不和" 或分、别、离、异, 如果其本身即已然以分、别、离、异为其可能性的条件, 那么这个 "和" 相对于那使其成为可能的分、别、离、异或 "不和" 而言, 又将意味着什么呢? "和" 真能结束分、别、离、异吗? 而一旦分、别、离、异真的终结了, "和" 还能有存身之地吗? 分、别、离、异之终结——如果这是可能的话——不因而也必然是 "和" 之终结吗? 因此, 我们是否也可以说, 使 "和" 成为可能者同时也必然是那使 "和" 成为不可能者? "和" 是否只是在分、别、离、异之内所产生的, 因而本质上即始终不可能在分、别、离、异之内被满足的某种 "欲望"? 但如此一来, 我们所理想所追求的和——和谐、和睦、和好、和平、和美——还有希望吗? 是否最终只能有这样一种 "和", 即一种既结束分别、离、异又结束自身之存在的和? 而这也就是说, 一种**不可能**的和? "和" 是否到头来必然只能同时是分、别、离、异之终结及其自身之终结？

　　"和"这一概念的经典出处之一是《国语·郑语》，其中周太史伯阳（史伯），在为郑桓公论周之兴衰这一政治语境中，即相对于同这一概念而讨论了和。① 我们知道，史伯论和与同之异时将和的意义规定为"以他平他"，但他却没有为同下一明确定义，而只是相对于"和实生物"而说"同则不继"；又说："若以同裨同，尽乃弃矣。"据此，其所言之和乃不同之物之相济或互补，而其所言之同则似乎至少也有三义：具有自身同一性的单一个别之物本身为一同，彼此相同而无别的物之间的关系为同，而合众（不同或相同之）物所成的某种具有自我同一性的整体本身亦为一同。诸相同无别之物相互之间当然亦有间或有别，而此间或此别亦非不重要。但此别在史伯的语境中乃量之别。因此，相同之物的"同"——同而无别，同而为一——只能扩大或增加那**本来就是一**"**同**"者之量，而不能改善或变化其质，而此"本来即为一同者"在史伯的语境中乃"天下"或周王朝。因此，史伯这里的着眼点及最终目的仍然是某种同或某一同，而这里之所以需要和乃是因为，和才是被理解为可以真正"裨同"者。正是在这一意义上，史伯可以说，如果仅仅以同来辅助（"裨"）同，亦即，如果没有不同或异质之物加入进来，那么这样形成的同就终有无以为继之日。一个完全自我封闭、自我同一之同——假使这样的同真是可能的话——即因此而失之为同，停止为同，亦即自己消灭自己。

　　因此，从任一特定之同本身的角度看，即使只是为了其自身的利益，为了其能继续作为一同而存在，也必须至少在某种程度上求异。"求异"乃"存同"之所必需。个人作为一同——单独之同，一"小同"——即已必须求异以存其同：呼吸饮食即已是极其基本但也是极其重要的求异以存同。而史伯所言者，则是国或"天下"作为一同，作为一"大同"，作为一如今所谓之政治、经济、文化上的"共同体"（community），应该如何去求存其同。在史伯这里，或在先秦的政治语境中，此大同或共同体（中之一切）乃**同于一主宰**——王："故先王以土与金、木、水、火杂，以成百物。是以和五味以调口，刚四支（肢）以卫体，和六律以聪耳，正七体以役心，平八索

---

　　① 郑桓公，名友，周宣王之弟，初封于郑。周幽王时在周室任司徒，公元前806—前771年在位。

以成人，建九纪以立纯德，和十数以训百体。……夫如是，和之至也。"但是这个终极之和其实乃是"同内之和"，亦即，某一特定之同内部的和，其自身之和，或其自身之和于自身。此乃**诸异之同**，亦即，各个互不相同者之被同于一（大）同之内，并为了此（大）同之最大利益而相和或相同，而此相和或相同则可能需要其中的**诸个体**之为了此（共）同（体）之最大利益而受到约束或限制。所以，此才是**诸异之同**，而非**诸同之异**。此同之成就要求某种"主宰"，或一个高高在上的同一或统一意志，这个意志在清醒之时深知同之不可裨同，并懂得如何"以不同裨同"。

然而，我们这里也很容易感觉到，这样一种"同"出于其本性即已有成为至大无外者的倾向：通过合/和异入同，小同欲成为大同，而大同则欲成为至大无外之同。但对于至大无外之同的追求却也已经就是向着其自身之终结的运动。从理论上说，至大无外之同——假使这样的同真能被成就的话——将不会在其自身之外留下任何异。而一旦异彻底消失，消失进至大无外之同，此同即已不再为同了。而若从经验层面看，我们其实也早已从历史中学到，那被相信为能够成就此同的主宰意志可能会变得软弱昏聩，沉湎或迷失于既得既成之同，并因此而消灭此同，或使此同被消灭，而只留下四散之异，去等待另一个欲同求同的强大意志将之再次同一起来。① 而我们现在需要提出的问题——因为历史已经将此问题提给我们，提给我们自己，提给中国文化——则是，当至大无外之同已经被揭示为一必然不可能被满足的欲望之时，当一同必然要遭遇另一同，另一异于此同但却与此同一样同于其自身而异于他同之同的时候，或者，当此同遭遇其他不仅欲保持自身之同，而且甚至还要同一他者之同的时候，会发生什么？再换言之，当每一个同都不仅欲自身之同，欲同于自身，而且欲令他者同于己，亦即，仍蔽于上述同之实相而欲成为一至大无外之同的时候，将会发生什么？这里，具有统一或同一力量的主宰已经不可能存在了。那么，**诸同于**

---

① 我们这里所具体地想到的事例是中国历史，尽管此一论述意在普遍，但在史伯为郑桓公论周之兴衰这样的语境中，这样的联想应该是可以原谅的。史伯对周之兴衰的论述已经在某种程度上描述了历史上朝代兴衰的一个模式："先王"或开基立朝者孜孜求异以存既得之同，"今王"或即位守成者则往往取同而去和或去异，终至于让既得之同因此而失之。（此处所述之语皆为史伯语，见邬国义等撰：《国语译注》，488页，上海，上海古籍出版社，1994。）

自身而异于他者之同又将如何真正地相和呢？难道和将仍然只会是冲突与战争的暂时结果，而此结果又仍将只会不断导致"各不相同"之同的形成消散吗？

　　我们上述讨论实际上也已经是在涉及当今文化研究者所熟悉并关心的所谓"认'同'"问题。在这样的文化语境中，和——文化之间的和谐——的问题与同——每一文化的自我认同——的问题之密切相关不仅表现在其他诸方面，而且至少也表现在下述方面：一方面，不同文化面对着如何保持相互之间的和谐这一问题，而另一方面，每一文化又都面临着如何保持各自之认同这一问题。而当今所谓文化认同问题又经常只是那些担心丧失自身文化之同的文化，在一个更强大的同——欲"同众文化而为一"之同——的力量面前，想要尽力保持其自身之文化同一性或自身之文化认同的问题。文化上的自我认同，在这一意义上，于是就意味着：有意保持和坚守一同之异于另一同，或保持和坚守此同之异于彼同，或保持和坚守**诸同之异**。而这也就是说，有意保持和坚守诸同——也就是说，各个互不相同的自我同一者——相互之间的差异。然而，如果一个同——一个自我同一的文化——"完完全全"同于自身，那么此同就会是一个无法真正向外或向异开放者，因为其所做的一切，包括"聘后于异姓，求财于有方"（史伯语），都将只会是对于自身之同的促进。如果是这样的话，此同又将如何向另一个同——另一个也必然具有某种自我同一性的文化——真正敞开自己，并在自己家里款待"真正"的异，或"真正"的他者，而并不追求去化此"异"或此"他"为同呢？① 而这也就是要问，在个别文化的自我认同"和"不同文化的相互差异这二者之间，是否也能有真正的和？还是文化自我认同的内在逻辑必然要么导致文化之间的无法妥协的永恒冲突，要么导致一个不停地兼并性的认同运动，亦即，一个走向那不可能的至大无外之同的运动？

　　至大无外之同，如其可能实现的话，将会结束一切异。但一个至大无外

---

　　① 关于此问题的深入讨论，读者或可参见拙文《"存在"于语境之上——"存在"的翻译与翻译的存在》，见乐黛云、李比雄主编：《跨文化对话》，第 16 辑，65～83 页，上海，上海文化出版社，2004。此文经修改后构成拙著《有（与）存在：通过"存在"而重读中国传统之"形而上"者》（北京，北京大学出版社，2005）的作为导论的第一章，读者或可参较。

之同也必然会使任何和皆成为不必要及不可能。而既然此同乃是某种和——"和诸异而为一同"之和——的结果，我们于是就回到了前面提出的问题：是否最终只能有这样一种"和"，即一种既结束分、别、离、异又结束自身之和？而这也就是说，一种**不可能**的和？"和"是否到头来必然只能是分、别、离、异之终结以及其自身之终结？我们是否还有可能去想象并思考另一种和，一种"不同"的"和"，一种不追求去"同一"他者或去"同一"差异的和？如果置于所谓"文明冲突"或"文化和谐"这些问题的语境之中，我们的问题即可以归结为，在一个不可能或不再可能有一个高高在上的主宰来"和众异而为一同"的世界上，和，真正的和，伦理意义上的和，而非任何自觉或不自觉地屈服于任何霸力强权之下的同，是否还有可能？或换言之，在不可能存在着单一的、绝对的求同力量的多元经济、政治、社会、种族、宗教、思想、文化环境中，我们将如何希望及如何追求"和而不同"？这里，在我们的语言中，"和"的另一意义，也许是其更原始的意义，或者可以为我们提供某种希望。一同与另一同之和，我与他之和，自我与他者之和，不同种族、不同文化、不同宗教之间的和，一种没有任何高高在上的第三者进行主宰或为之中介的和，首先只能是我之和于他者。但此"和"现在乃是我们必须以果决的声调——现代汉语之第四声——而非商榷的声调——现代汉语之第二声——所说出来的"和"。此和乃是应和之和，或"相应"意义上的和。而恰即在此意义上，我们将回到和之"本义"。[1] 和首先乃我对他者之应：对

---

[1] 在《说文解字》中，"和"被写为"咊"，解为"相应"，而其字形则被描写为"从'口'，'禾'声"。据此，"和"乃形声字，其从"口"则表示此字与言以及由此而引申之声音或音声有关。《说文解字》对"和"字的解释虽然已是汉代学者对此字之义的理解，但似仍可接受为对"和"字的正确解释。深入的语义分析及哲学分析当可表明，"和"之其他诸义皆由此义而来。声求其应，音求其应，言求其应，而应者即为和，无应即无任何和。就此而言，任何应首先皆已为和，亦即为最原始的、最根本的和。但此和同时又会在具体语境中根据特定价值标准而被判断是否为"真正"的和。如果是，那么就会有相应者之间的和谐之和，而如果否，那么此即会被认为不和或失和，尽管此不和或失和也已经以那最原始最根本的和为其条件。作为应或相应之和，首先乃对于所应之声、之音、之言的原始回答，而此回答则已经是许诺。故"和"又可训"答"（见《列子·周穆王》"西王母为王谣，王和之"张湛注），训"许"（见《后汉书·徐登传》"船人不和之"李贤注）。此二训皆见宗福邦、陈世铙、萧海波主编：《故训汇纂》，337～339页，北京，商务印书馆，2003。

他者做出回应，无条件地应于他者。而我对他者的这一原始应和已经就是在向他者做出回答，在为他者做出应承，亦即做出承担，负起责任。这里，和不再是或尚不是"求同"，亦即不是求他者之同于自己或求自己之同于他者，而是"存异"，亦即存那必然异于自己者——他者——之异。而这也就是说，和，作为我对他者的无条件之应，乃是真正尊重他者为他者。而既然我们已经隐含地提到了孔子著名的"君子和而不同"之说，以下就让我们通过对此说的重新分析来说明我们以上欲回到汉语的"和"之源头的尝试。

对于"君子和而不同，小人同而不和"，以前诸解释似仍多有未达之处，故其中之"和"与"同"似仍未得确解。① 今人有引晏子以释此和、同之异者，虽可备一说，但仍未达此二概念之基本意义结构。② 晏子之论和同，以

---

① 例如，何晏注此语曰："君子心和，然其所见各异，故曰不同。小人所嗜好者同，然各争利，故曰不和。"（何晏注，邢昺疏：《论语注疏》，见阮元重刻：《十三经注疏》，2508 页第 2 栏，上海古籍出版社影印世界书局缩印阮刻本，上海，上海古籍出版社，1997）朱熹注此语则曰："和者，无乖戾之心；同者，有阿比之意。"又引尹氏曰："君子尚义，故有不同。小人尚利，安得而和？"（李申：《〈四书集注〉全译》，921 页，成都，巴蜀书社，2002）程树德《论语集释》引陈天祥《四书辨疑》曰："只以无乖戾之心为和，恐亦未尽。"但陈氏本人亦仅以晏子的君可臣否、君否臣可之说发明孔子之意。（参见程树德撰：《论语集释》，936 页，北京，中华书局，1990）

② 如杨伯峻《论语译注》（北京，中华书局，1980）第 142 页即如此。晏子之论和同见《春秋左传》昭公二十年所记其"君可臣否，君否臣可"之说（《十三经注疏》，2093～2094 页。《晏子春秋》亦有此文，收入其"外篇重而异者第七"，见岳麓书社横排本《诸子集成》，第 5 册，203 页）。此亦为和、同之有异论的经典出处之一。这里，晏子答齐侯"和与同异乎"之问曰："异。和如羹焉，水火醯醢盐梅以烹鱼肉，燀之以薪。宰夫和之，齐之以味，济其不及，以泄其过。君子食之，以平其心。君臣亦然。君所谓可，而有否焉。臣献其否，以成其可。君所谓否，而有可焉。臣献其可，以去其否。是以政平而不干，民无争心。故诗曰：'亦有和羹，既戒且平。鬷假无言，时靡有争。'先王之济五味，和五声也，以平其心，以成其政也。声亦如味。……若以水济水，谁能食之？若琴瑟之专壹，谁能听之？同之不可也如是。"此仍是在君臣相济以成善政这一层面阐明和、同之异，而此和之着眼点或目的，就像在史伯那里一样，仍为一同，所以此同亦须一主宰来成就：烹和羹者为"宰夫"，作和乐者为"太师"，成平政者为先王。和羹、和乐、平政皆仅为"诸异之（被）同（于一同）"，而非"诸同之（相互有）异"。

及此前史伯之论和同，表明此二概念在春秋时代已经得到一定程度的专题性思考。而此思考，如我们前面已经讨论的，基本是在政治语境中进行的。孔子在此之贡献，乃是在于他将此概括并上升为某种具有指导意义的格言。当然由于《论语》一书的编纂方式，我们已经无从确定孔子是在何种特定语境中说出这些具有普遍意义的话的。但既然其已经以格言的形式传承下来，我们就应该待之以相应的阐释方式，因为格言是思想在具体事例及具体语境中进行普遍化的产物，是具有普遍性的思想。这就允许而且也要求我们对之做出纯粹理论性的阐释。那么，所谓"和而不同"及与之相对的"同而不和"究竟意味着什么呢？让我们还是回到和之本义。

和首先乃是应：应和，回应。只要有人在此，我即须"应"之，对其在场做出我的"反应"，向他表示我已经看见了他，告诉他我并没有忽视他的存在，向他表示我之恭与敬、尊与重等等。即使我的实际"反应"也许可能只是要向此他者表示我之厌烦甚至憎恶，我之希望他不要妨我视听而尽快离开，即使我只是以某种眼神或姿态、某种"嗤之以鼻"来表示我对他者的这些敌意，我也仍然还是正在一个非常根本的意义上回应于此他者，而且已经就在以我的这种否定性的回应而在"尊"他人之为他人了。此一最原始、最基本的应即是我与他人之最基本、最原始的和。而此和**既**为我之"和于他人"——我之应于他人，**亦**为我之"和他人"——我之"和"他碰面，我之"和"他发生关系，或，再简而言之，我之"和"他。因为，一旦我应于他者，我就已经"和"他发生关系了，我就已经"和"他在一起了。这一关系——由现代汉语的连词"和"所表示（此即"和"何以最终可以演变或发展为现代汉语之连词的原因）的这一关系——就已经蕴含在"和"之作为"应"，作为我对他者之应这一意义之中。因为，这个作为应之和既表示着距离与差异，亦即，我与他人之间那不可消除的距离与差异，但同时亦表示着接近与关系；亦即，我已经以我之应和而让他者接近我，并使我关系于他者。这样，那"我'和'他"之和，那意味着我与他人之接近并面对面之和，就在一个最基本的意义上作为一个原始事件而发生了。没有那作为我对他者之应的和，就没有那意味着我与他者之接近与关系的和。后一和基于前一和，或者说，和谐之和基于应和之和。

然而，为我们产生"我'和'他"或"我他之和"的"和"却并不将

"我'和'他"同而为一，是以"和而不同"。但和而不同乃是因为和，真正的和，就其本质而言即不可能绝对地同。当然，这也就是说，不可能在"无差别的同一"——假使此种同一真的是可能的话——这一意义上，而不是在"同（必）为异之同"这一意义上同。① 无差别的同一乃是绝对的同。但有绝对的同就没有真正的和，而有真正的和即不可能有绝对的同。因为，和，作为应和，意味着，这里有另一个声音，其他的声音，他者的声音。没有这另一个声音，就不可能有应有和。而没有应和，就会是史伯所谓的"声一无听"。"声一无听"在史伯论和的语境中说的是音乐，但却亦可以被用以形容言说。"声一"，声音的单一，毫无回应的无聊，自言自语的单调乏味，直至自己被自己的声音所淹没而不再能听到自己的声音，直至自己与自己之声同一而无别。直至有另一个声音做出应和，并要求应和。其实，每一个声音都是作为应与和，对于另一个声音，对于他者的应与和，而出现的。他者已然在此，他者要求我之应和。我之应则应于他者之应，我之和则和于他者之和。而我也只能去应于他者，去和于他者，而不可能去同于他者，更不可能去使他者同于我，因为我之应或和本身即已表明了他者与我之不同而有别，或他与我之间的不可消除的距离。和，作为应于他者，作为我对他者之回应或应和，乃是我穿过我他之间那不可压缩更不可消除的距离而对他者做出反应，做出应承，亦即，做出承担，负起责任。因此，和才"不同"，才不是"求同"，不是求他者之同于自己或求自己之同于他者，而是"存异"，存必然异于自己者——他者——之异。这也就是说，尊重他者之为他者，而无论此他者在"现实"中之身份或地位是什么。而且，也只有在不求同而却存异之中方能有真正的和，此声和于彼声之和，对他者之声做出应和之和。故君子"和而不同"。

君子，或人之作为人，本质上其实就只可能"和"，而不可能"同"，即使其始终都有可能欲同而求同。因为同从根本上说将会意味着自我和他者的

---

① 如果同被理解为异之同，亦即，诸异之同在而相异，则古典汉语中同与和之间的意义联系就好理解了。此即何以和时而被区别于同，时而又与同互文见义。《国语·周语中》之"和同可观"即为一例。即使是在和与同此二概念的经典出处（locus classicus）之一，即《国语·郑语》中，在和被区别于同之后，亦有一因惑读者而仍有待解读的"务和同也"语。有关同为异之同的一种从不同角度出发的讨论，读者或可参见拙著《有（与）存在：通过"存在"而重读中国传统之"形而上"者》，尤见第59～60、191～193、241 页。

无声与沉默。而欲同并求同——欲求我之同于他者或他者之同于我——之所以也有可能，亦即，此种欲求之所以有可能产生，乃是因为人始终有可能将自己从其对他人的原始之应和中抽回到自身之中，并从而**或者**欲膨胀自己而成为一个同化一切他者的绝对之我，**或者**欲压缩自己而化入一个绝对的他，并由此而陷一切声音于无声。但如此一来，人就在一个非常根本的意义上变成"小人"而非"大人"，变成一个从根本上就不再能发声或能言之人了。是即为小人之"同而不和"。而小人之同而不和从根本上只能如此是因为，这里被追求的同——若其真能被实现的话——已经使任何和，亦即任何应和之声，任何"和声"，都成为不可能。不仅"小人"如此，作为"小人"的专制者与独裁者亦"同而不和"：只强求同，而不容许和。但同而不和的结果是：无论是"小人"的同而不和，还是统治者的同而不和，都将既消灭和，也消灭同，亦即，消灭真正的同。因为真正的同，真正**能够存在**的同，只能是诸异之同在而不同，亦即，是诸异之同在而相异，并恰因此相异而相和之同。

在上述讨论中再来看孔子的"君子和而不同，小人同而不和"之说，我们可以说，和即必然不同，同即必然无和。而只要我和，只要我对他者做出最原始、最基本的应和，即使是某种无言无声的应和（而我其实始终都已经以某种方式对他者做出应和了），就已经有了不同，因为这里已经出现了另一个声音。这样即使我之和最终只是对他者（之言）在实际上的赞同与肯定，这里的局面也仍然是和而不同。而所谓"同而不和"，如果究至其极，则必然只能是绝对的不应不和。因为，即令最纯粹的"唯唯诺诺"——假使这是可能的话，当其被唯唯诺诺者说出之时，也会立即打破那理想的、其实从来也不可能真正存在的绝对的同（此即何以求同之专制者既需要又憎恶唯唯诺诺者的原因之一）。因为，绝对的同，如庄子所说的那绝对的一、本质上是不容许任何言的。① 因此，"和而不同"描述的是我与他者之关系的真相

---

① 庄子清楚地知道有关绝对的"一"的吊诡或悖论：绝对的一不容言，而有言即已无绝对的一，但此一若不能进入言中亦不能存在。故庄子在描述了那理想的、绝对的一或同一，那"天地与我并生，而万物与我为一"的理想状态之后，即继之以修辞性的反问："既已为一矣，且得有言乎？既已谓之一矣，且得无言乎？"于是我们发现自己被置于不言不成，而言亦不成的两难处境之中，是即庄子所谓"吊诡"。但这里的问题并非是要我们于此二者之间择一，而是要我们持守于此处境之中。不能言而又不得不言即是人作为言者的"责任"。我们不能说出但又必须说出与言不相容之一。而

或"本质"，而"同而不和"描述的则是某种欲望，是要同于他者或让他者同于自己的欲望。而此欲望之所以是可能的，或之所以会产生处理，却恰恰就是因为始终已经有和，有那最根本、最原始的和，亦即，无论如何，我其实都已经对他者做出了最原始、最根本的应和。坚持此和，坚持此和之所加于我之上者，即是坚持我对他人之应承，即是坚持我对他人的无可推卸的责任，亦即是坚持我与他人之最深刻的"和"。放弃此和，就是有意无意地走向那既消灭他者亦消灭自己之（绝对的）同。因此，通过对于此根本性之和的坚持，我们就有希望经由此和——经由我对他者的无条件之应——而走向一个真正的"和而不同"之"和"，而这一真正的"和"现在在某种意义上也可以被称为"同"，"和同"之"同"。因为真正的同，唯一可能的同，必然蕴含和，必然就是和。真正的"同"必然只能是一个"和而不同"，这也就是说真正的同——真正的"大同"——乃是各个互不相同或相互有别者，亦即各个"小同"之间的"和而不同"，乃是每一"小同"之不同于自身，以及其向他者之开放，那以对他者做出无条件的应和为其根本形式的开放。而正是这样的开放才将有可能为我们成就一个真正的同，一个不会走向"化诸异而为一同"的同，一个能够真正保持异之为异的同。于是，我们就将能够重新追回中国传统的一个理想——"大同"的理想。但是这一"大同"，在被如此解释出来之后，将不再会是那使一切都（被）同于某一主宰之同，而是诸异——一切具有自我同一性或自我认同之异——的无主而相和，亦即，是诸异之互相开放，相互应和，而其应即已为承，承诺与承担之承。诸异即因其相互应而相互承，亦即，相互对他者做出应承，做出承诺，做出承

这也就是说，**一必然只能以不一为一**。一之与自身相分离乃是一之成为一的必要条件。同理，从根本上说，同亦必然只能以不同为同。而此即任何自我认同（无论是个人的还是集体性的）之实相或真理：绝对的同——假使这是可能的话——必然即因其绝对而停止为同。因此，所谓自我认同，真正的自我认同，乃是保持自身为异于自身者。只有能够保持此与自身之异，方才有"认同"——"认"自身为"同"于自身者——的可能。就此而言，"真正"的同乃那始终不可能实现其自身为绝对同一者。也只有如此，同方有可能向——向他者——真正开放。而这也就是说，真正的同乃异之和，或，异之"和而不（绝对的）同"。这样，和与同即不再处于二元对立的关系之中了。而我们亦将有可能说，中国传统所理想的大同境界，即应为如此"和而不同"之同（此详见于正文下文）。其中，保持着与自身之异的诸同一者以其对他者之应和而向他者敞开自己，并为他者负责。

担，负起责任。而这也就是说，让他者作为他者而与之"相和/和"。和即将如此而为我们应承一同，许诺一同，亦即，一个真正的同，或一个"诸异之同在而相和"。而由是我们即可能有古人已经将之连言的"和同"，有一个诸异之间的真正"可观"的"和同"。①

让我们保持对此和与此同之思。让此思同时成为对于和与同的思考与思念。让此思考与思念成为对于未来而将来之和与同的一种召唤。

① 我们此处是在影射《国语·周语中》之语，其已于前面提及。此语出自周定王之论何以待晋侯之使不用全烝："服物昭庸，采饰显明，文章比象，周旋序顺，容貌有崇，威仪有则，五味实气，五色精心，五声昭德，五义纪宜，饮食可飨，和同可观，财用可嘉，则顺而德建。古之善礼者将焉用全烝？"（邬国义等撰：《国语译注》，52页）此处"和"与"同"之连用，表明和与同被认为意义相近或相同。邢昺亦以"和同"疏解《尔雅·释诂下》之"谐、辑、协，和也。关关、噰噰，音声和也。勰、燮，和也"中之诸"和"字："和，谓和同。"王冰则以"同和"注《素问·上古天真论》之"和于阴阳"中之"和"字："和，谓同和。"（俱为《故训汇纂》引，338页）

跨文化研究方法论

跨文化宣言[*]

［意大利］ 阿尔曼多·尼兹 （Armando Gnisci）

"跨文化行动"（transculturaction）要求尝试和推进一些跨文化行动的批判性实践，以期产生一种新的共同体宇宙观。这种"跨文化行动"必须通过多种形式的创造性行动来实现，并通过人与人之间、性别与代际之间、不同文化之间、人类与非人类之间、所有生命以及我们共同居住的星球与宇宙之间的良性互动来实现——这两方面都是我们的任务。

我们相信，而且不仅是我们相信，在我们所生活的西欧和欧盟，"多元文化主义"（multiculturalism）和"文化间性"（interculturality）这两个概念词语必须彻底修正。"多元文化主义"正经历着一场显而易见的政治危机，而"文化间性"也像一条摇摇欲坠的小船陷入了生死攸关的地中海危机的动荡之中。我们认为，德国总理安格拉·默克尔最近有关这次政治危机的大肆声明代表了混乱而固执的欧洲中心观的最新影响，这种中心观幻想一种普天之下欧洲人一元化的政治。正如我们所看到的，这也是欧洲人未能完成自身的去殖民化过程的结果，欧洲人曾经是、现在仍然是殖民者和主人。对欧洲人提出去殖民化这一要求的是 20 世纪两位伟大的知识分子：一位是法国人萨特（Jean-Paul Sartre），另一位是来自马提尼克群岛的弗朗茨·法农（Frantz Fanon）。

"多元文化主义"和"文化间性"这两个概念词语已经被我们头脑的并

---

* 原载《跨文化对话》，第 29 辑，15～22 页，北京，三联书店，2012。张锦译。该文是尼兹 2011 年 5 月 16 日于罗马发表的演说。本文主要参照英文译文译出。

不彻底的去殖民化所糟蹋，我们的头脑仍然是殖民主义的。这两个词语最初是指那些被我们现代世界的征服者-殖民者所粗暴践踏的文明，后来经过重新调整，它们又用来"欢迎"那些来到欧洲的非洲人和亚洲人。这主要发生在那些被我们蹂躏的民族的不彻底的、失败的去殖民化过程之后，但也尤其回应了近年来"全世界受苦的人"纷纷涌入欧亚大陆已经拥挤不堪的半岛尾部的狭窄区域的大迁徙运动。例如意大利现有 6 000 万居民，要想追求幸福，我们就需要减少一半人口，其中包括与我们共同生存发展的百分之二十的移民。这样我们就可以清除覆盖在这片"美丽土地"（Bel Paese）上的一切：街道和田野上的垃圾、水泥和石棉水泥，政治生活中的腐败和谎言，也可以清除作为欧盟中犯罪活动最严重的国家的不幸。犯罪活动是唯一一种与公民社会同时发展，并使公民社会变得有名无实的社会形态。

今天，欧洲人发现他们是自己家园里的种族主义者。民主国家中的这种新种族主义正表明了强制推行的多元文化主义政治和抽象的文化间性的失败——这种抽象的文化间性至多可以被称作一种仁慈的良好愿望。

我们认为，无论是在原殖民地还是在欧洲本土，这些社会改造模式的危机都暴露了潜藏于欧洲人头脑中的前帝国主义列强的由来已久的殖民主义企图，例如法国实行的同化政策，英国和德国实行的种族融合政策，以及意大利所采取的更为混乱的种族融合的做法。我们必须承认，在我们欧洲人和那些移居欧洲的众多人群之间的文化关系，其核心是扭曲的、不公正的。事实上，这些移民来到这里并不是要征服我们，或者殖民我们，而是要和我们一起**在欧洲**，即在一个有待共同建设的新的跨文化共同体中，寻求一种更公正、更健康的生活。

与此相反，我们却继续无视这种关于共同发展的"平庸"设想，认为它可能含有潜在的威胁。事实上，如果进一步思考下去，我们会意识到，**只有**这些移民才**真正**有能力渴求一个"公正和实在的乌托邦"，只有他们才是健全人类的肩负者和未来的肩负者。但这一发现不应导致身份恐慌和种族主义愤怒，而应引导欧洲人在与其他民族相互分享的基础上，建立一种更为广阔的生活视野，就像意大利南方的一些小镇所尝试的那样。那是一个没有子午线的南方，那是一片没有时光的土地，因为它从未有过属于它的时光。那是一个饱受贫穷、移民和犯罪摧残的地区。卡拉布里亚地区的居民请求那些仿佛被遇难的乘船抛到爱奥尼亚海岸上的外来移民留下来和他们一起在该地区的巴多拉图（Badolato）、里亚切（Riace）、洛尼亚（Caulonia）等小镇上生活，为了相互给予希望，希望能够一起重新过上一种不同的生活，为了过上更美好的日子。

2010 年，德国导演维姆·文德斯（Wim Wenders）就这一现象拍摄了一部故事性纪录片《迁徙》。这一现象不只在于欢迎外来人，而在于邀请外来人与自己一起共同劳作，相互给予重新生活的希望。

然而，那些高居要位的欧洲人，那些统治着我们的生活、其他人的生活以及未来生活的人，他们只会维护现代文明的特权。这种现代文明是靠暴力和篡权而建立起来的，是公务繁多、永远发号施令的文明。欧洲的那些政府机构甚至无法保证外来移民获得哪怕是一点点配得上所谓的"开明的中产阶级"文明的待遇，甚至也无法保证给予他们一种哪怕是"肮脏的政治"（正如巴尼的女儿对巴尼所说的那样），一种勉强能够预知和解决各种困难和冲突、治安法规和种族主义、慈善活动和社会团结等问题的政策。这样的结果就是，我们既无法设想一个共同的未来，也无法同那些渴望有一个跨文化社会的人们（即使他们不知道跨文化社会是什么）一起，为建设一个跨文化的社会做准备。

"跨文化行动"（作为一个文化人类学概念和一个普通名词，尽管它有一个很考究的词源：transculturacion 与 transculturaçāo）是在美洲新大陆中部的安的列斯群岛和新大陆的南部产生和繁荣起来的。这里的国家本来并不贫穷，却因欧洲和北美殖民者的抢掠而变得贫穷和荒芜，但它们没有向殖民者屈服。正如费尔南多·欧提兹（Fernando Ortiz）、奥斯瓦尔多·德·安德拉德（Oswaldo de Andrade）、艾梅·塞泽尔（Aimé Césaire）、弗朗茨·法农（Frantz Fanon）、爱德华·格里桑（Edouard Glissant）、沃尔特·米诺罗（Walter Mignolo）、罗伯托·费尔南德斯·莱特曼（Roberto Fernández Retamar）、爱德多·伽里诺（Edourdo Galeano）、司令官马科斯（Sub-commandant Marcos）、莱昂纳多·博夫（Leonardo Boff）以及许多其他的殖民反抗者告诉我们的那样，"跨文化行动"有助于我们重新认识各自文化的历史，有助于我们与其他文化杂交，有助于生成全新的、无法预料的"克里奥尔"（creole）①文化形式。跨文化的思想与实践提示我们，这一切不是通过暴力和命令，而是发生在互惠交换中，或如爱德华·格里桑所说，发生在无法预见的变化过程中。为了努力回应拉丁美洲的思想，我们欧洲人要采取的立场应该是一种渴望与那些未来世界的健全的肩负者一起行动的立场。

我们通过三种运动来确认和构建"跨文化行动"的观念和计划，这三种运动不是前后接续的，而是同时进行和共同演进的：去殖民化运动、克里奥尔化运动和成为世界共同体的运动，这三者全都基于互利互惠。因为，正如伊壁鸠鲁学派的哲学家加大拉的菲拉德谟（Philodemo de Gadara）所说，我们只能相互拯救。只有这样，我们才能以和平的，但也是彻底的方式，用"互为存在"和"休戚相关"的新**诗学**来取代"存在"、"同一性"和"普遍性"这些由"欧洲旧体制"留下的形而上学标记。这些哲学范畴后来变成了意识形态范畴，变成了被滥用的、陈腐的和虚假的词汇。我们认为，这些范畴今天仍然带有欧洲中心主义宇宙观的那些迷信思想的强大标记。这种欧洲中心主义的宇宙观（通过巧言辞令）仍然统治着所有的政治决策和欧洲的大部分民众，尽管其消亡的过程已经开始。

"跨文化行动"的内涵是"行动"和"一起做事"。从跨文化的宇宙观中得出的"行动"和"一起做事"的观点有助于我们欧洲人对自己进行去殖民化、克里奥尔化，也有助于我们形成世界共同体。在这方面要做的第一步就是清算和抛弃现代欧洲中心主义思想的僵化的内核，即自以为我们是高举优越文明之火炬的民族，做什么都可以只靠我们自己。对于吉卜林（Kipling）写于1898年的那首颂诗《白人的负担》，我们将用奥斯瓦尔多·德·安德拉德写于1928年的《食人宣言》中的食人者箴言来反驳："在葡萄牙人发现巴西之前，巴西人已经发现了幸福。"我们应该学会教育我们自己，学会和那些移民以及那些正在被我们的"探索发现"置于灭绝之路上的世界上的所有文化一起挽救我们自己。这一切绝不意味着放弃欧洲人身份或者逃避我们的

---

①　"克里奥尔"（creole）源自葡萄牙语，主要用来指称美洲的欧洲移民的后代。当然，这个词汇也被用于指称"克里奥尔化"的语言，特别是加勒比地区的各种语言（那里的语言经常是法语、西班牙语、葡萄牙语、被贩卖到美洲的非洲奴隶所说的语言以及已经消亡的本土语言的混合语）。根据爱德华·格里桑所言，多亏了全球的移民过程和跨文化的语言交织，今天我们才能进行世界文化的"克里奥尔化"运动。

历史责任，而是证明我们决定对自己进行再教育，以便能够清楚地认识到 21 世纪给我们提供了在欧洲再造一个"新大陆"的无与伦比的机遇。

我们认为，在这一过程发生之前，或者如果没有这一过程，现代性就永远不会完成。这正像欧洲之所以成为欧洲，是因为曾与来自斯堪的纳维亚的哥特人、来自大草原的马尔扎人以及来自阿拉伯和非洲的摩尔人打交道。

"跨文化行动"是正确地（如蒙田所说"恰当地"）认识和理解我们这个时代的移民现象和社会现象的一种方式，也是提议和建设个人幸福与社团幸福的新章程的方式。通过"在健全的人类中共存"和"创造性地共同进化"的观点，我们想要进行一些探索，想要尝试对知识、对学校的培养方式、对社区实践进行一次重新修正，我们想要尝试一些共享的创造性活动的模式，正如普里莫·莱维（Primo Levi）这位欧洲疯狂暴行受害者的目击者之一所写的那样，现在不做，更待何时？

何谓"跨文化态度"*

[法] 陈力川

一、我们今天的文化处境

讨论跨文化对话这个题目，有必要首先审视一下我们今天的文化处境，特别是各种文化在全球化的背景下暴露出来的局限性，它们所提倡的生活方式遇到的考验，文化的分解与分裂造成文化从同质性向异质性的转变，以及文化多样性不仅呈现于不同文化之间，而且带有个性化和主观化的色彩，当然最重要的还是各种文化面对同样的挑战：建立全球伦理，履行全球责任。

1. 文化全球化与文化的局限性

在全球化——包括文化全球化——的过程中，每一种文化的理想和追求已经远远超出产生这种文化的地域。文化全球化伴随着各种文化的竞争和冲突。每个文化提倡的生活方式是否健康？是否值得全球人向往？是否合乎人类的尊严？是否利于人类的续存和发展？这些问题需要广泛参与的社会对话来探讨。在这一过程中，文化间对话应当走出文化交流和传播的模式，进入真正的跨文化对话阶段，对话者不仅应当表达本文化的理想和优秀的东西，也要指出本文化的缺陷和局限，尤其是本民族文化在理解其他文化的价值和信仰方面的局限性，有时甚至不惜触犯众怒，指出国人的某些偏见，维护他者的文化权利。就像 1861 年雨果在流亡期间给法军上尉巴特勒回信，将英

---

* 原载《跨文化对话》，第 24 辑，62～66 页，南京，江苏人民出版社，2009。

法联军火烧和洗劫圆明园比作昔日英国人埃尔金劫掠希腊帕提侬神庙，谴责"文明的欧洲"对"野蛮的中国"犯下的罪行。这种超然的立场虽使其一时为陶醉于英法联军胜利"荣典"的同胞视为民族叛徒，却为崇尚文化的法兰西和英吉利人民赢得千古殊荣。

2. 文化分解与文化分裂

当人们谈论中西对话的时候，通常预设了具有主体性的中国文化和西方文化的存在，就像人们说西方世界和阿拉伯世界对话的时候，也预设了作为主体的西方世界和阿拉伯世界的存在，然而我们知道实际上情况要复杂得多。无论是在东方还是在西方，今天的社会都正在经历文化分解和文化分裂的过程。有些现象，用不同文化的矛盾和冲突来描述，不如用同一种文化内部的矛盾和冲突来描述更符合实际。例如一个社会的民主化问题就不是简单的本国文化与西方文化的冲突，而更多的是在全球化的过程中一种文化内部分化和冲突的结果。文化从来不是铁板一块，更不是一成不变的东西，相异性也可以表现在一种文化的内部。

3. 文化的同质性与异质性

今天各种特定的文化都程度不同地经历了从同质性向异质性的转变，它们之间的界限变得越来越模糊，至少是不那么清晰了，出现一种你中有我、我中有你的情形。不同文化的因素相互交融，就像牛奶和咖啡一旦合到一起就无法分开一样，例如在中国现当代文化中就有许多西方文化的因素：共和国的建制，法治国家的观念，复合型的市场经济，大学的学科、学制、学位的设立，科学技术的现代化，等等。又如在欧洲文化中可以看到许多伊斯兰教文化的因素，阿拉伯世界对于欧洲来说远不是一个陌生的世界，在西班牙的安达卢西亚，法国的马赛，德国的不来梅，人们甚至觉得伊斯兰教文化是欧洲的一部分，说伊斯兰教的传统与犹太-基督教的传统一样，也是欧洲文明的来源，至少欧洲的历史与伊斯兰教文化是不可分割的。有人甚至认为欧洲文化和阿拉伯文化同属于一种文明。

4. 文化多样性的个性化和主观化

今天世界各国都有一些人并非按照他们所处的文化传统或主流文化的方式生活，无论在身份认同上还是在行为方式上，他们都已经综合了多种文化的因素，甚至要求按符合自己确定的原则而生活的权利，这些人通常被视为另类人或边缘人。在当今世界，文化多样性不仅体现在群体性上，还可以打上个体性和主观性的烙印，换句话说，个性化和主观化成为文化多样性的特征之一。这一点似乎并没有引起联合国教科文组织《世界文化多样性宣言》起草者的足够重视，这个宣言对文化的定义虽然很宽泛，但似乎只强调了文化的社会性和群体性："应把文化视为某个社会或某个社会群体特有的精神与物质、智力与情感方面的不同特点之总和；除了文学和艺术外，文化还包括生活方式、共处的方式、价值观体系以及传统和信仰。"

5. 全球伦理与全球责任

文化不是单纯的智力活动，离不开社会关切和社会实践。今天，无论是东方文明还是西方文明，无论是南半球国家还是北半球国家，都面临共同的挑战：贫富差距扩大，生态环境恶化，气候变暖，自然资源——特别是能源危机，金融危机，发展模式的不可持续性，恐怖活动，等等，人类离建立一个合理的社会和掌握集体命运还很遥远，不同文化的社会都有义务建立一个"全球伦理"。保罗·尼特（Paul F. Knitter）提出应将"全球责任"（Global Responsibility）作为宗教间和跨文化对话的基础。[1]

二、"跨文化态度"的思想资源

"跨文化态度"是我从三个欧洲人的论述中引申出来的概念。这三个欧洲人是康德、柏格森和雷蒙·潘尼卡（Raimon Panikkar）。说他们是三个欧洲人也不尽然，因为雷蒙·潘尼卡有一半印度血统。

1. 康德：思考他者相异性的三个原则

根据德国学者桑德库勒（Hans Jörg Sandkühler）的研究，康德提出的思考他者相异性的三个原则，一是独立思考，二是站在他者的位置上思考，三是不违背自己的真实思想。在康德看来，这是一个世界公民应有的思想和行为方式。[2]

---

[1] See Paul F. Knitter, *One Earth*, *Many Religions*：*Multifaith Dialogue and Global Responsibility*, Maryknoll, NY：Orbis Books, 1995.

[2] See Hans Jörg Sandkühler, "Monde Arabe & Monde Occidental：Un Dialogue Philosophique par une Approche Transculturelle," *Journée de la Philosophie à L'UNESCO*, Paris, 20 November 2003.

2. 柏格森："精神的礼貌"

在哲学上受康德影响的柏格森在《论礼貌》一文中表达了与康德类似的思想，他说"精神的礼貌"（la politique de l'esprit）是一种"放弃的能力"："如有必要，放弃长期养成的习惯，甚至是与生俱来，后天又得以发展的禀性；设身处地，关心他人，思考他人的想法，总而言之，体验他人的生活，忘记自己。这就是精神的礼貌，一种精神的柔性。一个完美的人……能够了解他人的观点，但不一定同意其观点；他可以理解一切，但不一定原谅一切。"①

3. 雷蒙·潘尼卡："对话的对话"

印度—西班牙哲学家雷蒙·潘尼卡提出的"对话的对话"（dialogical dialogue）要求对话者首先"忠实于自己的传统"②，其次要有理解另一种传统的深切愿望，信任与你对话的人，甚至预先设想他是有道理的。对话者应当始终牢记："他者带来的不是对我的想法的批评，而是他自己的经验的见证。"③ "对话鼓励双方穿越他者的传统，然后再回到自己的传统，将对方经验的见证纳入自己的视野，使自己的眼界更开阔。"④ 这不仅可以使每个人按照他者对自己的理解而理解他者，而且能增进每个传统对自身的理解。

三、"跨文化态度"的基本要素

从康德的"思考他者相异性的三个原则"、柏格森的"精神的礼貌"和雷蒙·潘尼卡的"对话的对话"中，我们可以引申出"跨文化态度"的三个基本要素：一是不带偏见地思考。用康德的话说是"独立思考"，用柏格森的话说是"如有必要，放弃长期养成的习惯，甚至是与生俱来，后天又得以发展的禀性"。二是分享他者的经验，进入他者的象征世界。具体做法就是康德和柏格森都谈到的"设身处地"，想他人之所想，雷蒙·潘尼卡所说的

---

① Henri Bergson，*La politesse*，Rivages poche，2008，p. 23.

② Raimon Panikkar，*The Unknown Christ of Hinduism*，2nd rev. ed. Maryknoll，NY：Orbis Books，1981，p. 35.

③④ Raimon Panikkar，*Myth，Faith and Hermeneutics*，New York：Paulist Press，1979，p. 244.

"信任与你对话的人，甚至预先设想他是有道理的"。三是一种文化需要通过其他文化来理解自己。对话者在穿越了他者的传统后，"再回到自己的传统，将对方经验的见证纳入自己的视野，使自己的眼界更开阔"。因此理解他者不意味着赞同和原谅，而是为了更好地理解自身的文化。

四、结束语：从文化间到跨文化

如果说文化间对话是从自己的文化出发与其他异质文化的对话，文化间性主要指文化的相对性，那么跨文化对话可以说是一种超文化对话，跨文化性具有某种超越性。在这个意义上，跨文化对话实质上是一种哲学对话，因为哲学关心的终极问题不是文化问题，而是人和真理的问题，哲学本身就是对文化的超越。例如同样为了表达"诸行无常"的思想，古希腊哲学家赫拉克利特说"人不能两次踏入同一条河流"，孔子对颜回说"回也见新，交臂非故"。同样为了表达"生死转换"的思想，赫拉克利特说过"生者死，死者生"，庄子说过"方生方死，方死方生"。

我们还可以提出这样一个问题：超越文化仅仅是一种思辨的需要，还是有某种道德意义？换句话说，是否存在超越文化的共同伦理基础？如果回答是肯定的，可以说跨文化对话的性质是超越文化的局限，或克服文化上的障碍，达到在文化之上存在的某种更高的价值或境界。我们可以将这个目标称为一种普遍性的伦理。

如果说，文化间对话的目的是增进文化的相互理解，消除不理解，或尊重不理解的话，跨文化对话有比这更重要的任务：在跨文化对话中，对文化的尊重不能局限于承认另一个文化的存在，就像法律要求我们每个人尊重他人的存在一样。跨文化对话使我们在与另一种文化的接触中意识到自身文化的缺陷，而这一缺陷可能正是你与之对话的另一种文化弥足珍贵的东西。

尼采问过这样一个问题："我们这些好的欧洲人，是什么使我们有别于那些国家主义者？"他的回答是："超越欧洲思想。"[1]

我们或许可以这样说："跨文化态度"是超越民族文化的一种精神演练。

---

① 　Jean-Pierre Faye, *L'Europe une*, Gallimard, 1992, pp. 233-234.

我之汉学研究的方法论问题[*]

我之汉学研究的方法论问题[*]

［法］汪德迈

  去年以来，法国汉学研究多少受到了一起争论的影响。争论涉及中国文化和欧洲文化之间的差异问题。自从欧洲思想家开始对中国问题提出疑问时起，即自从启蒙时期起，耶稣会传教士就从远东向西方发回了众多的报道，于是中国被介绍为一种相异性，在西方人眼中，这是一种人们能够想象的最为绝对的相异性。毫无疑问，一些所谓的原始民族至少与欧洲人相异甚大，不过由于它们没有文字，其文化就缺少可比的文化深度。而中国由于具有一种数千年历史的文字，其文化的发展便与西方形成了深不可测的差异。然而，最近有一篇颇具挑衅性的抨击文章对这种差异做了否定，以便在这种否定的基础上构建一种总体的批评，对弗朗索瓦·于连的整体作品进行批判，而后者的作品主张，应该从中国异托邦的角度出发，重新审视中国思想，也就是说将中国看作这样一个地方，在那里，其思想方法与西方的思想方法绝对不同。[①] 抨击文章的作者从相反的观点出发提出异议，后来又有一小批争论爱好者应声附和。他们认为，既然人类确确实实在

---

  * 原载《跨文化对话》，第 23 辑，209～214 页，南京，江苏人民出版社，2008。张新木译。脚注中"［　］"内的部分为译者所加。

  ① 这篇抨击文章名为《驳于连》（Contre François Jullien，巴黎，阿里亚出版社，2006），作者为让·弗朗索瓦·毕来德（Jean François Billeter）。"异托邦"的概念出自米歇尔·福柯，是他在 1967 年的一次讲座"其他的空间"中提出来的。在探讨乌托邦概念的模式时，福柯用"异托邦"一词特指绝对相异性的空间（正如乌托邦特指绝对理想性的空间一样）。

哪里都一样，那么在一种文化和另一种文化之间就不可能有异托邦现象，而西方人眼中的中国相异性不过是启蒙时期哲学家人为制造的一个神话，以便满足其事业的需要。他说在这个前提下，要认识中国的文化，不应该从寻找产生中国文化的思想特色出发，而应该从突出共同的文化背景出发，即突出中国思想家和西方思想家共同拥有的文化背景，因为中国人和西方人都是人。然后，在这个共同背景的基础上，将清晰地凸现出两种文化各自的特色。

这种对理解一种文化的表达法，即从所有文化的共同点出发去理解的方法，完全出自一种谬误推理。所有文化能够具有的共同点，实际上也正是造成问题的地方。从一种文化到另一种文化，首先引人注目的和引起疑问的东西就是对比，只有针对对比提出疑问，才能让人们以分析的方法去追溯共同的文化背景，并从这个共同背景出发去解释产生差异的起源。当然，先决条件是提出的问题应处在确切的层面上。显而易见，中国人和西方人一样，有两只胳膊两条腿，也像西方人一样需要吃饭和睡觉，他们也有生有死，但这丝毫无助于认识中国。从人类学层面上进一步看，我们看到，所有人种在所有地方都经历着类似的经验，但这也帮不了多少忙。我们需要理解的，就是这些人种以不同的方法各自建设着这些经验。只有在这些建设的层面上，我们的研究才能确切可靠，才能一下子爆发出标示异托邦的各种对比。我们所质疑的抨击文章的作者，他确实准确地指出了这一点，即庄子并没有将其哲学建立在渊博的抽象上，而是建立在人的普通经验上，不管他属于哪一个文化，他都能创造这种经验。如轻而易举地完成一种无法相比的动作就是这种经验，这种活动通过一种精心控制着的实践得以完成，如魏惠王时的庖丁解牛①，或齐桓公时的轮扁斫轮。但是，无论是西方人还是中国人，在每个人以同样的方式感受事物之外，即能够像行家里手那样轻松地骑自行车②，重要的是庄子从中得出的哲学，这种哲学是中国所特有的哲学，对一个西方人来说，它并不是自然而然的哲学。在精心控制的活动所体现的轻松经验中，庄子得出了**真人**的理想典型。这种真人包含了

---

① 见《庄子》第三章第一节，2~11页。[此为法文译本出处。]
② 这是让·弗朗索瓦·毕来德自己所列举的例子。参见《关于庄子之课程》，56页，巴黎，阿里亚出版社，2002。

生活的意义，即让生活像艺术那样，朝着事物自然的方向自行发展，让生活在融合的认同中通过任何存在的原则去升华自身的生存。① 正是在这一层面上，产生了庄子的人道主义问题，它与西方的人道主义形成鲜明的对比。西方人道主义则相反，它在活动中尽量发挥人的创造性，在人的身上尽量强调人的个性。要在蒙田和克莱斯特的思考中找到某个不寻常的笔触②，即与中国思想相去不远的地方，这纯粹是一种智力游戏，并不能掩盖下列问题，即同一个**道**字，在庄子那里既表示事物的运转又表示真人之路，在任何情况下都没有"神圣"之意；而在蒙田和克莱斯特那里，同一个词**创造者**却同时应用于**上帝**和伟大事业的**人类活动家**，在任何情况下都没有"事物的运转"之义。

就我而言，我越是想理解中国思想的精髓——其特色总是让我着迷，我越是为中国和西方文化之间的对比而倍感惊讶。但是我并不从道教这条线上，而是从另一条线上即儒教的线上努力寻找中西文化分歧的原因。道教的宗旨是通过摆脱所有对社会的介入而实现**真人**的理想，而儒教则相反，儒家主要关注的是社会秩序。在这一方面，我似乎觉得，中国社会秩序和西方社会秩序之间的鲜明对比，除去其他因素外，主要应该来自两种对行为进行规范的不同机制：中国是礼仪机制，而西方是法律机制。当然，在中国古代社会中也存在过法律，但是它只起着辅助的作用，就像礼仪在欧洲各社会中起着辅助作用一样；此外在中国，法律的功能更趋向于一种次要的地位，因为法律的编纂仅仅只以刑法的形式存在，这从哲学角度看是一种最坏的选择。那么分歧从哪里开始，使得中国文化朝着礼治方向演变，而西方文化朝着法治方向发展呢？我所捍卫的论点是，如果这个分歧是绝对的，那是因为它产

---

① 这是让·弗朗索瓦·毕来德特地向某种经验借鉴的哲学，即他称之为"高级活动制度"的经验，但是谁也不相信这一点，即这种经验与产生西方思想的东西之间没有极大的差异。

② 参见让·弗朗索瓦·毕来德：《关于庄子之课程》，56、62页。这部小巧的著作提供了一些很棒的翻译课程，但对道教思想特性的肤浅认识却没有多大价值。他借口（骗人地）说，从道教中应该能找到这个点或那个点，能够找到准确翻译汉语的法语词汇。问题是法语词汇的多义性和庄子文章中的汉语多义性绝对不是一回事，而面对一对一逐字逐句的翻译，法国读者可能会被这种多义的绝对差异弄得晕头转向，这就造成勉为其难的处理方法，即在翻译中尽量保留一部分导向标识，也就是一些没有翻译的汉语词汇，甚至对这些词进行大量的注释，"道"这个词就是一个例子。

生得非常早，早到历史变迁的最初时期，这在原始宗教的某些做法中可见一斑。总之，我支持这个观点，即在西方，宗教通过向法律注入尊敬神灵的束缚性力量而缔造了法律，而在中国，宗教却被其占卜仪式掏走了许多实质内容，因而消隐在礼仪的后面。法律这个词，在古希腊罗马时代应发源于宗教，从拉丁语指义的词源来看就明确反映了这一点：jus（法）从词源角度意味着 sarment（誓言），它以最佳法律行为来指称宣誓者的行为，而宣誓者将自己放在神圣权力的控制之下。在中国则相反，神圣受到由占卜仪式发现的事物理性的排挤，从而失去了其存在的理由，只剩下宗教仪式这个基础，所以，中国礼仪就产生于这种情况。而宗教仪式后来也只以个人的形式保留下来，而且其超验维度也各有千秋。但这种权力的丧失远远超越宗教的领域，可以被推论到所有的社会行为上，作为社会行为的规约机制。这个机制已经失去了宗教信仰的动力，它怎么能够发挥作用呢？通过另一个动力，即社会压力的动力，通过汉语意义中的"面子"进行运作。《淮南子》第二十章说："民无廉耻，不可治也。非修礼义，廉耻不立。民不知礼义，法弗能正也；非崇善废丑，不向礼义。"

让我们回到占卜仪式发现的事物理性上来，我把它称之为**占卜理性**。在我看来，中国思想和西方思想的分歧最初产生于这一点，即它区别于**神学理性**，后者是西方思想的杠杆；而**占卜理性**则曾经是中国文化的杠杆。重点**在于理性**，即构建认识发展的逻辑。一方面，它是通过神圣法则解释世界的一种理性化逻辑，即知识的进步在发现科学法则的过程中渐渐吸收的逻辑；而另一方面，它是一种以同样方式运转的逻辑，是根据从占卜实践中总结出的法则，通过中国历史中无处不在的哲学思考归纳出来的逻辑。只需想想中国思想在各个时期予以《易经》的特别重视就会明白这一点。

如果说占卜在中国文化中占据了重要的位置，那是因为从史前起，占卜就是追求完美的目标，而追求完美又将占卜实践提高到近乎科学的高度。在殷代，龟卜的复杂技术已经令人难以置信：龟甲的使用在实验中显然引发了对占卜手段的细化，如微缩世界的想法（乌龟有一个圆形的背甲，象征着天空，而平平的腹甲则是大地，还有无限的寿命等，这些都让乌龟成为整个时空的微缩模型）；通过组合的凿钻小洞使占卜缝隙（坼）规范化，这又完美地将占卜的符号规范化，形成了筮占。我确实这么想，与神话的历史相反，筮占不会先于龟占，它应该是从龟占衍生出来的。因为我似乎觉得，正是对龟甲上产生的占卜缝隙（坼）进行规范化，将占卜符号的类型压缩到六种或七种经典形式，人们才产生这种想法，即要想进行数字式的抽签，只需对这些符号进行编号，而不必通过占卜来产生这些符号。这样就产生了一种模仿龟卜的原始龟卜术，后来经过不断改进，通过数字占卜的系统化，终于形成了《易经》中六十四卦的组合。

古代中国在占卜方面惊人发展的原因，就是中国社会是一个没有僧侣的社会。在殷代，占卜仪式的主祭实际上就是国王自己，然后到了周朝，才开始在所有的贵族家族中发展祭祖仪式，由每个家族的族长主持祭祖仪式。没有专职的神父，祭奠仪式的负责人没有经过专门的祭司培训，他们借助占卜仪式以保证自己按合适的日子行事。在殷代众多的神谕铭文中，即我们通过考古发掘并保存至今的铭文中，各种与礼拜仪式相关的文物是最为丰富的。在古代中国，担任礼拜仪式组织者角色的就是那些占卜者，而在其他地方，这个角色则归属于神父。他们并没有对神的启示进行解释，而是精心地记录数据，渐渐建立对占卜结果的分析，这种分析引导他们构建一种占卜理性的典型宇宙学，而不是一种神学。在这种由占卜者建立起来的宇宙学的帮助下，其最古老科学成就的例子就是在殷代末确定了回归年的时间长度，即365天。他们建立了一种定期祭祀的周期，即第一年360天，第二年365天，第三年370天，周而复始。[①]

占卜者的科学无疑是通过文字的发明才能达到高度水平的。确实，中国文字出现时以占卜铭文为最初形式，时间约为殷代初期。文字应是占卜者的一种发明，这一点我认为不容置疑，其理由如下。许多陶器上的图案、石窟壁画的装饰都可追溯到中国的新石器时代，许多作家从中看不到文字的符号，所以没有把握，因为这些图案还缺少**书写**文字的特征，而不仅仅是缺少**图画**的特征：这些符号还没有像语言符号那样互相结合。在占卜铭文之前，还没有任何语言的分节式范例。将符号结合成词汇这种想法是从哪里来的呢？我认为，这种想法来自上面提到的规范化，即将占卜缝隙（坼）规范为用凿洞确定的经典形式，刻在占卜仪式中使用的龟甲上，即**凿钻**小洞，这是数字占卜的最复杂的形式。确实，这些形式（卜、├、┼、ㅏ等）结合了精确的意

---

① 参见陈梦家：《殷墟卜辞综述》，386～399 页，北京，科学出版社，1956。

义（吉、大吉、小吉、不吉等），它们已经是一些准语言文字了，让后人可以系统地创造其他的文字（有可能从陶器上看到的图案中得到启发），以便合成最初的图形话语：占卜铭文（甲骨文）。

我还要补充下列几点看法：

（1）用这种方法发明的东西不是一种简单的文字，即**表示话语的图形符号体系意义**上的文字，而是一种文言语言，即**互相结合成图形符号体系意义**上的文字，正如有声话语的词汇所表示的那样，但其表示方式更为独立。即使这种图形语言必定与当时占卜者说的语言非常接近，即接近当时的口头汉语。

（2）这种图形语言经历了大约五百年，只限于占卜者使用，而这些占卜者渐渐变成了史录者；正是通过他们，文字根据六书方法得到系统地改进，通过占卜理性变成理性化的表意文字。

（3）这种理性化又将中国表意文字提升到更为完美的层次，使人们觉得永远没有必要将其转换为拼音文字。这与苏美尔文字和古埃及文字发生的情形完全不同。

（4）为满足在表意文字基础上组合一种更为大众化话语的需要，这种文字的佛教使用者在唐代转换了纯图形语言的图形，把它们作为书写的文字，用来表达口头语言的白话书面语。

当然，只有在文学这个发达文化的基石上，中国与西方文化传统之间的对比才显得最为深刻。在公元前最后五百年中，中国文学从纯粹的史官占卜者所记录的资料和图形文字形式中开始逐步得到解放，在得到佛教徒的口头语言嫁接后，中国文学仍然不知道还存在一些文学体裁，即西方所具有的开创性体裁：史诗、悲剧、话剧等。相反，中国文学继承了一种真正揭示事物意义的权力，即与古老的并产生了图形语言的占卜工具相连的权力。陆机写道："伊兹文之为用，固众理之所因。恢万里而无阂，通亿载而为津。"[①] 因此，在中国社会中，文人享受的地位和影响力，是社会中任何其他的知识分子都无法比拟的。然后，作为书写语言的掌握者，他也只能通过书面语进行表达，而不能通过口头语。中国历史上没有雄辩家。在中国的任何城市从来

---

① 参见《文选》，XVII，陆士衡《文赋》。

没有过集会广场，这与中国古典文化中缺乏民主的胚芽不能说没有关系。相反在中国，到处都是显眼的汉语文字；如果说中国文人不是雄辩家，他永远是一位书法家。说到底，中国民主的最初胚芽，即非西方风格的民主，是否就是从"大字报"开始的呢？

然而，在全球化的今天，谈论文化相异性是否还有意义？该问题召唤着两个答案，因为要区分，我称之为**忍受的文化**和**选择的文化**。就忍受的文化而言，即大众传媒使用最新的信息技术，以史无前例的威力向全球传播的文化，全球化确实正在处处消除着相异性。说真的，这有什么关系呢？忍受的文化仅仅是由文化中最为粗俗的要素沉积而成的文化，它只有重力，没有任何其他的活力，只有商品化人为地输送给它某种活力。真正的文化活力只能处于选择的文化层面上，即那些竭尽全力挣脱忍受的文化的人所创造的文化，他们自己去寻根溯源，在文化生产中寻找令他们感兴趣的东西。在这个层面上，全球化丝毫没有废除异托邦，它只是促使异托邦进一步内化，通过为每个人扩充手段，使他能够自行培养对其他文化的认识。从这里起，开始发展一种多元文化，这才是积极的全球化所具有的人道主义意义。这种全球化在远东地区已经较为发达，在那里，西方文化中不再有任何东西被人忽视，而在西方，中国化国家的文化继续被人们大量地忽视。仅举一个例子，即书法的例子，中国文化将书法摆在美术的第一位。我似乎觉得，在大量吸收了中国艺术家的经验后，在中国艺术家吸收西方抽象画时所经历的经验后，今日的创作发现了许多新的形式，使中国文字的古典艺术分崩离析，但这却丝毫没有使其艺术西化。看看下列艺术家的作品，诸如邱振中、王冬龄、朱青生或宫秀芬等，我们深信，异托邦的概念丝毫没有失去其确切性。

是多元现代性还是现代性的多元发展*

[美] 杜维明　乐黛云

　　为了纪念《跨文化对话》创刊十周年，同时也作为下一个十年的开端，北京大学的乐黛云对哈佛大学的杜维明进行了一次有关现代性及其未来发展的访谈和对话，主要围绕"现代性本身是多元的，还是现代性就是现代性，只是在不同地区有不同发展？"也就是说："现代性是否有其核心价值？只有具备这一核心价值的才能称为现代性？这一核心价值又是什么？"

　　乐：在《跨文化对话》这本刊物里，讨论得最多的问题之一，就是现代性。我们在 2008 年的南京会议上也讨论过，但没有一致的结论，仍然存在着疑问：现代性是一个复数概念，可以有多种不同的现代性呢，还是一个单数概念，只有一个现代性，而可以用不同的方式加以表述和发展？现代性是一个统一的概念呢，还是它本身就是多元的？换句话说，现代性有没有质的规定性，有没有它的核心价值，若有，这个核心价值是什么？如果不承载这样的核心价值，是不是就不成其为现代性？另一种说法是现代性本身就是多种多样的，欧洲的现代性与美国的现代性尚且不同，亚洲的现代性与非洲的现代性就更不同了！我们在南京跟法国人探讨过这个问题，并未得到明确的结论。我们特别希望在《跨文化对话》这个刊物中能不断深入，真正把"对话"的特色突显出来。发达国家和发展中国家的"对话"在现代性这个问题

　　* 原载《跨文化对话》，第 26 辑，3～32 页，北京，三联书店，2010。对话时间：2008 年 10 月 5 日。录音整理：陈戎女、张思齐。2009 年 6 月经杜维明教授审阅。

上能够怎样展开？这是我们目前常常思考的问题。在这方面，特别想听听你的意见，你考虑得已经很久了。

杜：还是在考虑的过程中。

乐：当然了。我们都是在考虑的过程中，如果有了结论，问题就结束了。好，对这些问题我准备听你的高见。

一、现代性讨论的历史回顾

杜：这个问题很好，而且我深有感触。美国人文科学院的机关报，叫*Daedalus*，好几年以前，出过一个专号叫《多元现代性》（*Multiplemodernities*），这个现代性是复数，是多元的。这主要是我和在比较文化学上有影响力的艾森斯塔特（Shmuel Eisenstadt）共同发起的，我们努力了好几年才初步形成了新的思路。十年前曾经由 *Daedalus* 报社在斯德哥尔摩主持过一次关于"多元现代性"的讨论。讨论后决定不出版论文集，因为大家有分歧，很难形成一个真正有逻辑性的讨论。然后又过了两三年，在英国剑桥有个小型的协调会比较成功，正好是在戴安娜王妃出事时，我印象很深。然后在耶路撒冷又开了一个会，辩论的一个大问题就是：现代性真正地进入多元倾向，还是现代性内部非常丰富，具有各种不同的面相，不管哪一个面相都属于同一个现代性？我的立场是多元现代性，现代性已经到了一个可以多元的时期了。艾森斯塔特就坚持，现代性内部非常丰富，有多种体现方式。这就是在会上辩论的两种不同的议题。他的议题，如果做"同情的了解"，即现代性是从西方"一根而发"，开始于启蒙运动，经过工业革命、科学技术的发展、都市化，慢慢形成一个以西方为主导的、所谓西化的现代化的过程。

到了 20 世纪 60 年代，美国的一批学者，包括社会学家帕森斯（Talcott Parsons），提出不应说"西化"，因为"西化"是一个地理名词，要用时间的模式，就是现代化。现代性虽然地理上从西方开始，但是它散布全球，成为不同阶段的现代化。后来受到经济学的影响，叫作经济发展的不同阶段（stages of economic development）：有高度发展的，有低度发展的，有不发展的。联合国觉得"不发展"这个观念对这些国家不公平，所以后来改成发展中的社会（developing society）。实际上都是同一种思路，即认为现代性是一种线性的思路。后来罗斯托（Walt Rostow）提出一共有五个不同的阶段，其中一个非常重要的阶段是起飞（take off）阶段，起飞以后才能发展。日本、亚洲四小龙都经过起飞的阶段。现代化有不同阶段的观点对西方影响太大了，一直到现在。我觉得大半的中国学者也多多少少受其影响，自觉不自觉地接受了这样的观点，就是现代化有不同的过程，我们还在努力要现代化，我们什么时候才能"赶英超美"，与这样的认识有关。艾森斯塔特比较坚持这样的观点，但是他认为以前的错误只是从经济谈现代性，但现代性还有政治、文化、制度、意识形态、精神文明的问题。现代化的出现本身就是一个复杂的、内部充满矛盾的现象，所以**要重新了解启蒙所发展的现代性**。现在对现代性的认识太丰富了，有各种不同的倾向，但是都和西方启蒙以来发展的现代性有关。另外更重要的是像你刚才提到的，它应有一些最本质的东西，否则就不是所谓的现代性。

二、在西方现代性之外是否还有其他的现代性

多年前我曾在日本参加过一个会议，会议主题是"在西方现代主义之外是否还有别的可能？"（Is there an Alternative to Western Modernism?）因为日本的发展有一些不同资源，有一段时间日本的经济直接威胁到美国的经济，我的同事兼好友傅高义（Ezra F. Vogel）曾以《日本第一》为书名。那个会议之后日本学者就讨论，他们是否发展了一种与西方不同的现代性，甚至还提出"儒教文化圈"的问题。开过那个会后，我回去和影响很大的杰出社会学家贝尔（Daniel Bell）探讨（是老的那个 Bell，现在大概八十岁了，不是现在在清华大学任教的同名 Daniel Bell），他说，当然有无数可能，至少有多种可能，但他下面一句话最重要：任何一种可能都会失败。意思是只有西方的现代性才是成功的现代性。贝尔当时想的是两个可能，后来几乎是回应了亨廷顿的观点。对西方现代性批评得最厉害的就是伊斯兰世界，这是燃眉之急，是文明冲突的问题；其次是"中国威胁论"，就是受儒家传统影响的世界如何进入现代化。这两个世界的问题在他们那里严格讲都是现代性问题。他们认为伊斯兰教是宗教激进主义，儒家是权威主义，特别是以李光耀的新加坡为代表，表面上是强调有不同的价值——亚洲价值，其实主要是为权威主义，为不符合现代性，为不符合民主、自由、人权的价值找借口。在他们看来，最后只剩下一种现代性，那就是西方的现代性。

艾森斯塔特基本上接受了这种观点，他举过一个例子：美国麦卡锡时代反共，当时纽约一个警察抓共产党，不管是属于列宁派还是毛派，都不放过。他抓到一个女士，女士抗议说我是反共的（anti-Communist）。警察说：我不管你是属于什么共产党（I don't care what kind of communist you are），反共也是共产党。所以说，你可以反现代性，可以说得天花乱坠，什么后现代、后殖民主义、反现代性，但不管怎样，还是西方现代的组成部分，还是西方现代性的折射。我认为这是很有说服力的说法。彼得·伯格（Peter Berger）说过，如果要宣扬现代性，说现代性是好的，一个词就可以反证它——Auschwitz，就是奥斯威辛集中营。集中营很残忍，也是和现代性有关。现代性不仅有自由、科学，也有殖民、暴力，它是多元多样的。

乐：集中营也是现代性的一部分吗？

杜：当然。整个西方现代发展出来的最极端的个人主义、最极端的集体主义，以及纯粹属于资本主义、纯粹属于社会主义，都是启蒙发展起来的，几乎没有例外，市场经济、民主政治、市民社会，或者反市场经济、反民主政治、反市民社会，都是从西方启蒙主义发展出来的现代性的内容。比如从制度上来说，大学肯定已经不同于以前的书院。还有现代官僚系统、军事组织、跨国公司、大企业，还有各种不同的社会组织，都是从西方借鉴来的。再严格地说，中国学术界用的种种术语比如"宗教""哲学""经济""政治"（有的是从日本翻译过来的），还有很多自然科学、社会科学的名词，都是来自西方。比如"社会学"，严复翻译成"群学"，因为人生活在群体中，译得很好。但日本人翻译成"社会学"，由梁启超带入中国后，"群学"就不再使用了。值得注意的是，日本翻译的这些名词都有深厚的中国传统的因素，如社会——中国有"社"有"会"，政治——儒家所谓"政者正也"，经济——中国有经世济用之学，等等。

三、现代性与传统文化形式：东亚现代性

我当时的观点，与艾森斯塔特有冲突，甚至影响到我们合作几十年建立起来的友情本身。我认为现阶段的**现代性本身，可拥有不同的文化形式**。这里有两个预设。一是，现代性中的传统问题。我编了一本书《东亚现代性中的儒家传统》（*Confucian Traditions in East Asian Modernity*），把儒家传统

多元化，各种各样儒家传统存在于东亚现代性之中，东亚现代性受到了儒家传统正面或负面的影响。以前我们有种观念叫"传统社会的消失"，只要现代性出现了，传统社会就消失了。传统多半是阻碍现代性发展的绊脚石，你拿开它，现代化就实现了，传统就成为过去。总之传统和现代性成为不相容的两个观点。现在有了另一种思路也是我的思路，就是**任何现代性都不同**，比如法国突出革命，英国突出渐进，美国则是市民社会非常蓬勃。所以，塑造现代性跟传统文化有很大关系。东亚（如日本）现代性就要受东亚传统文化的影响。传统一方面是制约，另一方面是塑造。如果你接受这个观念，那么第二个观念就是，现代化的过程中可以拥有不同的文化形式。如果我们去日本，日常生活的感受与在欧美是不同的，这个事实代表存在着多元现代性。但对第二个观念的反击是值得注意的，在现代性中确实有一些核心价值、基本制度。如果没有民主、市场、法制、人权、自由，能说是现代性吗？所以，我基本同意这个说法，这是一些核心的普世价值。即使说有不同的文化形式，但每一个文化形式都要满足现代性中不可消解的因素。任何文化的现代性（如儒家的现代性）若不满足现代性中不可消解的因素，就要受到质疑乃至扬弃。

但是还有一个问题，世界上确实出现了一个非西方而现代化成功了的地区，这就是东亚。将来是否会有南亚、东南亚的特殊现代性，现在还不知道。东亚现代化的出现，先是日本，后是亚洲四小龙，成为 20 世纪 80 年代辩论的大问题。当时人们认为是经济发展的动力从大西洋转移到了太平洋，太平洋代表了发展的新时代（new age），就是 21 世纪是太平洋的世纪，亚太的世纪。这个观点提出以后，有一批学者（包括中国学者，特别是台湾地区的学者）提出，一种新的现代化的动力出现了。彼得·伯格有这个观点，另一个很重要的香港学者金耀基也提出亚太现代性的问题，他们将它称为"关系资本主义"，因为这个资本主义是从"关系"（relation）来的。有人甚至讲这就是儒家资本主义，讨论非常激烈。1997 年金融危机爆发以前，他们把儒家和西方的新教伦理相提并论，认为儒家就是新教伦理在东亚的体现，他们比较多从正面来看"关系资本主义"。如果说西方的资本主义靠新教伦理发展资本主义精神，那东亚的经济动力则和儒家伦理有关，因为他们工作比较勤奋，注重教育、团队精神。而金融危机之后，对"关系资本主义"转而主要从负面看，它成为一种"裙带关系"，非常不健康，没有公共性，没有法制，没有现代性，最主要的是官商勾结，许多我们现在看到的大问题，都和儒家传统有关。所以说，儒家作为正面因素促使东亚发展，同时也是使东亚经济崩溃的一个原因。最关键的例子是，韩国在金融危机中的经济缩水比例非常大，有人说韩国要十几二十年才能恢复，但没想到韩国在很短的时间内就恢复了，靠什么呢？靠共度国难的精神。连家庭妇女都捐出了自己的首饰。这种团队精神在其他社会中是看不到的。这种爱国精神也深受儒家的影响。所以，文化与经济间的关系虽然不是因果关系，但确有复杂的关系。通过日本和韩国的例子，如果我们不说由于儒家与东亚的发展有密切关系，结果造成经济的动力从西方、大西洋转到太平洋，假如我们不采取这种"非此即彼"的说法（如季羡林先生的"十年河东十年河西"的说法），那我觉得可以采取另一种说法，也是我的观点，那就是**整个现代化和现代性是从西方的经验一根而发的观念受到了质疑**。应该承认还有一种不同的现代性出现，那就是东亚的现代性。

乐：那东亚现代性是从东亚本身生发出来的吗？

杜：当然不是，是受到西方影响。现在讲全球化，如果说全球化是现代化更进一步的发展，那现代化是西化的更进一步发展，所以只要和现代化有关系，绝对受到西方影响，不可能找到一个现代化的过程不受西方影响。

乐：既然从本土生发出来的现代性是没有的，能不能说东亚现代性仅是西方现代性的一个分支？它具有和西方现代性同样的核心价值，只不过具有不同的途径和表现形式？

杜：这是一个发生学的理由（genetic reason）。但是不是从西方发生出来，它的结构就一定如此？以前我有个很荒谬的讲法，包括五种生产方式，一直说是历史的铁律，这个铁律是西方的经验所塑造的，所以，就像艾森斯塔特讲的，不管哪种现代性都不仅是"一根而发"，并且是结构趋同的现代性。这就把发生学的理由和结构的理由连在一起了。假若不经过西方这一段，那我们就不可能进入资本主义，我们还是在封建社会。但受到西方影响之后，西方的烙印未必塑造了唯一的现代性。

乐：我们明代也有资本主义的萌芽啊？

杜：但并不能与现代西方的启蒙相提并论。明代的启蒙，按照西方的标准只能说是萌芽。我们只有商业资本主义，没有工业资本主义。所以说，我们没有进入资本主义阶段。这种观念是非常根深蒂固的。我现在提出另外一种模式：**现代化的发生受到西方影响，但各地涌现出来的结构与西方的并不相同**。如果有这样一种可能性，是不是说，将来南亚、东南亚、拉美乃至伊斯兰世界、非洲，都慢慢会发展出自己的现代化，它们在发生学上受西方的影响，但在结构形态上不能完全用西方的那一套理论来理解。

四、"复数的"多元现代性

在 *Daedalus* 的另一期，有一两篇文章很重要，讲美国的现代性。论文是欧洲学者写的，他们坚持不能从西欧的概念来理解美国的现代性。美国的现代性就是一个"突破"（break），变化非常大。因为美国市民社会的力量特别大，这是托克维尔从美国社会，特别是从选举文化中看出来的。欧洲（尤其是法国）公务员太多，公务员一罢工，全国就瘫痪了。而美国社会的力量不尽在公务员，政府只是众多社会力中的一种，除政府之外还有媒体、企业、学术界等方面，这与法国、德国甚至英国都不一样。所以美国的现代性有独一无二的特点。美国绝对是从西欧经验来的，它没有自发的现代性，但它发展了一种不同的现代化，反而在很大程度上影响了欧洲乃至世界。美国的现代化模式就和欧洲模式不同。这也可以结合我们现在讲的"大国兴起"的问题来讲：各种大国、地区兴起，西欧、美国、东亚……我们可以从中看出各种现代性的优劣。再讲得平实一点，东亚的经验证明了西欧和美国的经验只是现代性表现形式的一部分，还有很多其他的可能性。但是艾森斯塔特那时不肯接受这样的观点。当时我和他辩论，有两个主题，一个是"有很多面向的现代性"，另一个题目是"多元现代性"。多元现代性把现代性变成复数，表示虽然有很多内在关系，但体现的形式是不同的。

乐：关键的问题是：不同的现代性，是不是有不同的核心价值？是不是其质的规定性也不同？

杜：不同。多元现代性有很多含义，非常复杂。比如，民主绝对是现代性的体现，但是不是有不同形式的民主？资本主义的发展、市场经济是不是也有不同的形式？人权包括政治权、经济权，也许在不同的社会，其侧重和优先也不同。其实核心价值和非核心价值，在不同的区域也有不同的凸显或置换，其间必然有不同，所以在这个基础上才需要对话。不然，就成了等着接受西化或欧化的影响。接受其影响就是现代，不接受就不是现代。印度有个学者阿席斯·南地（Ashis Nandi），很受西方学术界重视。他说每次去美国剑桥市的哈佛大学，尽管哈佛大学的学者对他很好，但他都觉得心里不舒服。为什么？他说，当和他们平起平坐时，他们总下意识地给他一种印象——你们的现代是我们遥远的过去，而我们的现代是你们遥远的未来。

乐：（笑）我有时也有这种感觉。

杜：我认为这种观点并不符合事实。阿席斯·南地说，不要忘记，印度是个精神文明的输出大国，中国也曾受其影响。福山（Fukuyama）那时提出"历史终结"的论断，他的历史终结论只讲一个模式，那就是以美国为代表的模式。亨廷顿提出文明冲突，认为不是只有一种模式，对西方模式最大的批判，来自伊斯兰世界和中国。中国就代表了东亚。可是福山和亨廷顿两人基本上都接受了这样一种观点：西方和西方之外（West and the Rest）是不同的世界，西方有些核心价值，是人类文明发展必不可缺的价值。如果西方的这套价值不能发展，而受到伊斯兰教和儒家的质疑，那就是人类的灾难。他们既不能接受宗教激进主义，也不能接受儒家的权威主义或专制主义，他们一定要把西方这一套推出去。我对亨廷顿说，我不赞成你的西方和西方之外的观点。他回答，我不是真正要讲这个，所以他后来有一些改变，甚至对文明冲突的看法也有改变。

乐：是有改变，比如他的新书《我们是谁》。

杜：对，《我们是谁》回到了美国的认同问题。亨廷顿后来接受这样一种看法：假如文明有冲突，对话就成为必然。他与福山最大的不同是：福山没有对话。福山的那套思路发展下去就是布什打伊拉克，干涉伊朗、朝鲜的理由——在布什看来，它们阻碍了人类文明的发展。其实是为了美国的利益，正是"霸道假仁义以行"。亨廷顿比较多元，但也还是冷战的心态，他所关心的是用什么方法，使欧美的基督教文明占据主导地位。哈佛大学的另一个教授约瑟夫·奈（Joseph Nye）提出 soft power——"软实力"，其实软实力的提法我也不太赞成，因为它是策略性的。美国要影响世界，只靠经济、军事不够，还得有文化输出。但这样的文化不是一种内在价值，而是一种宰制或影响全球的策略。

乐：中国现在也讲"软实力"，你认为也是要宰制全世界吗？

杜：中国的情况更复杂。中国从国内生产总值看已经是世界第三，将来还要进入第二、第一，要大概五十年，估计没问题。但现在人均排名还在世界一百名以外，中国人现在还是穷，大国有大国的问题。另外经过 100 年以上的屈辱，中国人民再站起来有非常强烈的民族自尊，这是好的，但狭隘的民族情绪很不健康，而且民族自大乃至带有侵略性的民族主义也会出现，非常危险。更重要的是，中国现阶段经济的成功主要靠农民和产业工人，而在美国农业人口占的比例很低，产业人口也降得很厉害，不到 20%，它主要靠服务业，靠观念和高科技，特别是信息和传播技术。中国在这方面，劳动者非常苦，得到的利润非常少，大半利润被跨国公司等拿去了。现在的国际局势对中国走这条路是否能走出来有密切关系，国际局势有变化就很难说。

五、经济现代化与文化学术的宰制

乐：回到刚才讲的多元性问题，约瑟夫·奈这些人还是认同多元吗？

杜：他们当然都接受现代化基本是一个模式，就是西方的模式。因为模式中的内在矛盾很多，其间各种不同的因素都在起作用，但他们认为不管怎样起作用，都是西方的。他们有两个理由，一个是经济现代化。这一点，西方的宰制是不用质疑的，包括日本已经陷入经济低迷十几年二十年了。另外一个是文化和学术的宰制，他们叫 faculty culture——"教授俱乐部文化"，渗透到全世界。不管你属于哪一种理论，几乎都是西方的理论，至少是从西方发展起来的理论，后殖民、后结构也罢，不管哪个领域。如历史的年鉴学派的影响，文学上德里达、福柯这些人的影响如日中天（德里达在哲学上的影响倒不大），哲学上影响极大的是哈贝马斯、罗尔斯（John Rawls）、查尔斯·泰勒（Charles Taylor），不管讲什么社群主义、自由主义、后殖民主义、女性主义、生态环保，都是从西方发展出来的基本理论，我们跟在后面。哈佛燕京学社以前有个意愿，我叫它"具有全球意义的地方知识"。事实上，大半具有全球意义的地方知识也都是出自西方。在 21 世纪，是不是有一些具有全球意义的地方知识可以出自东亚？出自中国？尽管现在还看不出来，还不明显，但情况已有些改变，这个改变当然和认同问题有密切关系。所以亨廷顿后来又回到美国的认同问题——who are we，特别关心美国的语言。我们一般认为英文将来会宰制世界。但在美国，西班牙语对英语形成了很大的冲击，说西班牙语的人在加利福尼亚占到 50% 以上，在德克萨斯、新墨西哥也有很大比例。我觉得**多元现代性的基本问题是认同**。

乐：那你同意现代性都由西方"一根而发"，只是在不同的地方形成不同的形态的观点吗？就像从同一个根长出来不同的枝子，是这样吗？不同的枝子就比如中国的现代性、日本的现代性、印度的现代性，是这个意思吗？

杜：如果这样理解就是艾森斯塔特他们所说的所谓"一根而发"嘛。我不太同意这种发生学的观点。因为这是一个有机的观念，所有的发展都和那个"根"有机地联系在一起。我有一个与此不同的**"复杂体系"**（complex system）的观念，我认为这个"根"的本身就不是一元的，有好多根。我们问这样一个问题：西方发展出的核心价值（先不谈制度），不仅有市场经济、民主政治、市民社会，还有自由、民主、平等、人权、人的尊严、理智等，这些价值来自西方，从法国大革命开始。我们问，如果都让它们充分体现，到处都注重自由、民主、人权、法治这些普世价值，能不能将人类和平地带到 21 世纪？我认为不行。原因是什么？西方考虑这些问题，源自西方的政治哲学——大体上就是处理个人和社会的关系。现在一般考虑自由和平等的矛盾，团结和效率的矛盾。社会主义特别注重团结和平等，资本主义特别注重自由和效率。中国改革开放以后，逐渐由团结、平等向自由、效率走，一走就发生了很多矛盾和冲突，如贫富不均。和谐社会的提出就是解决因为自由和效率而出现的问题，如三农问题。这些讨论忽略了人类碰到的两个大问题：一是人和自然的关系，二是人的精神性、终极关怀。西方的启蒙主义是世俗的人文主义（secular humanism），培根他们所讲的科学主义在某种程度上是对自然的宰制，所以一定是人类中心。现在甚至好多神学家坚持基督教是人类中心主义。离开人类中心，就没有基督教，因为人是依照上帝形象塑造出来的，上帝让人来宰制世界的一切。他们现在尽量把"宰制"重新解释：宰制是为了维护世界秩序，是为了给自然界的动物、植物提供发展的空间，有很多解释。但这在《圣经·创世记》里面非常清楚。这个问题怎么解决？另外，人与人之间的关系，除了自由以外，有没有正义的问题？你看罗尔斯讲的正义论，在西方很重要。在伊斯兰世界，你要问哪一种价值最重要，多半提出的是 justice——"正义"。他们对西方强烈地反感，也是因为正义。因为西方对他们一直是掠夺蚕食的。以色列和巴勒斯坦的冲突就很明显，你以色列把我们的土地拿走，把我们的人赶走，赔偿不赔偿？完全没有，这里面有责任的问题。以色列发展得再好，却对巴勒斯坦没有责任。美国的跨国公司即使垮了，领导人也能拿到上千万、上亿的赔偿。现在又要美国的政府用人民的共同资源来救济，这太不公平了，他们没有责任观念。再说，他们处理人与人之间的关系也没有"相让"（civility）的观念。我相信更重要的是，西方哲学界平常讲理性，不强调同情、慈悲的观念。这些价值是不是也要加进现代性中去，如果放进去，那么西方原来的发展模式就要受到质疑。

乐：那么，他们现在提出"第二次启蒙"，是不是和这个问题有关系？

杜：当然有关系。中国讲"新启蒙"（后来王元化放弃了），李泽厚讲"救亡压倒启蒙"，都是一样的。当时西方的启蒙没有深入地进入中国社会，所以中国没办法转变。更深层的问题是，不管是保守还是启蒙，都认为如果西方的启蒙价值在中国不生根，就无法完成启蒙。这我完全接受。但不要忘了，生根后也还有大问题，我们反观西方，发现这些大问题也是他们的问题。这样说来，我们的贡献一方面在于同情的了解，另一方面在于批判的反思，在批判的认识上开出新的论域。

将来如果印度出现现代性的话，它绝对是一个不同的形式。梁漱溟在1923年提到世界上三大重要的文明观念——西方的进取，中国的中和，印度的舍离。如果从西方经济社会的发展来看，"舍离"没有积极的价值。假如不消费，内销不行，经济就不能增长。从印度的角度看，经济的不发展，不表示社会的崩溃。经济发展到一定阶段，要有自律。甚至像日本，十几年来经济低迷，但日本社会是非常安定和富足的，人们没有惶惶不可终日，幸福指数还是比较高的，他们没有觉得生活要更上一层楼才能满足。美国则不同，它的问题还不在市场。美国每个人都是支出超过收入，很多家庭有几张信用卡，储蓄已经低于零以下，每个人都是彻底的消费者，没有储蓄只有欠款。政府的欠款更不要说了。美国是另外一套模式，他们信奉只有消费才能刺激经济。这套模式看来走不下去了。这套模式可以用来治疗美国的环保。美国平常都是蓝天白云，感觉中国的污染很严重，你不知道的是，其实它的污染是对大气层的污染，看不到，但会带来整个气候的变化。长期以来全世界70%的污染来自美国。现在有变化，中国成为世界上最大的污染物排放国。这个问题值得进一步考虑。

六、文化可以对现代性加以塑形

乐：所以，虽然现代性在相互影响，但还是有不同的模式和不同的质的规定性？

杜：对，这是个非常重要的大问题。以前说经济基础决定意识形态，意识形态对经济基础有反作用。韦伯不这样简单地看，他认为一个社会的价值取向可以决定这个社会的经济动力往什么地方走。为什么中国经济发展一下子就很快，其实我觉得这并不只是因为制度改变了而已。中国人是精力充沛的，非常有活力 energize 。"文革"时，人们比现在更努力，只不过力量用在了政治斗争、改造人的方面，力量非常大。现在把那种力量转用在了经济发展上，世界其他地方很少有这么大的能量。例如菲律宾，我 1954 年还是中学生时作为童子军第一次从中国台湾到菲律宾，马尼拉就繁荣到不能想象。我们当时在台湾坐三轮车，日本还没有从二战中恢复，都是很穷的，菲律宾那时就有计程车、高楼大厦和各种不同的资源。当时我们想，如果中国台湾能像菲律宾的马尼拉这样，我们就心满意足了。没想到 60 年代菲律宾就慢慢没落，到现在是第三四流国家了。这个地方的原住民不工作，只等着树上掉水果就可以生活，很难带动起来发展经济。中国就不一样，中国的农民很有创业精神，他们不是 peasant，而是 farmer，只要政府给他们一点发展的空间，所以中国能够在这么短的时间把经济发展起来。还有一段很残忍的历史，19 世纪中国福建、广东地区有很多苦力被"卖猪仔"到美国，生活很惨，一无所有，赤裸裸。但没多久他们就能攒钱，就可以给家里汇钱，然后把兄弟姐妹也带过去。这种力量不可小瞧，这与它的传统民族文化价值有深刻的关系。

乐：既然现代性有不同的模式，那么，它不仅在西方能发生，在东方也能发生吗？

杜：几乎都是在西方发生的。但是要注意到，文化在塑造现代性。韦伯分析过，西方社会占主导的是工业资本，中国社会占主导的是商业资本。宋代起，商业资本开始繁荣，后来徽商、晋商开展的绝对是国际贸易。直到鸦片战争前夕，中国经济都能占到世界经济总量的 17%（和现在美国的程度一样）。中国和英国的贸易全部是顺差，中国很多东西英国都要，如茶、丝、农业品，而中国对英国却什么都不要，结果英国大量白银外流，所以才用鸦片来解决问题。英国的大政治家格莱斯顿（William Gladstone）说鸦片合法化是大英帝国最黑暗的一章，最羞耻的一章，但他们还是接受了。为什么清朝那么大的经济力量，在那么短的时间内整个崩溃？韦伯说，中国要想由商业资本发展成西方的工业资本，没有可能。为什么？因为中国没有清教伦理。清教伦理是一种特殊的精神素质，清教徒创造、积累财富是为了荣耀上帝，他们在凡俗世界之上，有足够的能力改变世界。韦伯在这里也有个奇怪的悖论，一方面是强烈的命定论，如加尔文所认为的，教徒能不能上天国，完全是命定，没有选择；但另一方面，在社会层面，上帝的"选民"勤奋工作，不堕落、不喝酒，生活俭朴，能够创造很多财富来荣耀上帝，表明他是"被选"的。基于"选民论"，清教徒有能否被选上的压力，所以非常勤奋努力，而生活上非常俭朴，原因就是"延迟享受"（delay gratification），就是说真正的满足和他工作中的距离越拉越长。他们甚至终其一生都在努力、奋斗，积累财富。攒钱以后就再投资再发展，越做越大。

乐：中国的地主也非常勤奋，也想方设法攒钱的。我们土改时候从地主家抄出的布都是几千匹、几万匹的。他们也是攒在那里不用。

杜：但是中国的地主商业资本不断的积累没有变成发展工业革命的经济动力，另外它后面没有基督教那种超越的观念。儒家所代表的是社会的和谐。中国人追求的最高理想是几世同堂的温暖安定（如唐朝的九世同堂），他们的钱不是不花，也可以给外面的人救济。但是地主资本的积累很有限，要发展新的科学、新的技术，像"浮士德精神"那样强力地发展资本主义就不可能。韦伯在一百年以前就是这样考虑这个问题的。但是其他非精神的因素，如人口、政治权力、社会结构也必须列入考虑。

乐：中国不可能自发地形成资本主义，原因是什么？

杜：中国是商业资本主义，没有西方通过清教伦理发展出来的那种资本主义精神，按韦伯的说法，这与其说是一种意识形态（ideology），不如说是一种氛围（ethos）。中国商业资本主义的价值不在上帝观念那里。韦伯讲过一句话（不过我必须指出，我虽然一再提到韦伯，但他只是一家之言，不少论断已过时，甚至被证伪），他说如果中国能模仿西方的资本主义模式，一定能够成功。

乐：他讲过这样的话？

杜：他讲过。但他下面这句话出了毛病，他说在日本绝无可能。现在看来，他判断错了。另外，他不了解所谓的中国商业资本主义转化成西方工业资本主义的潜力确实是有的，就是我前面讲的，群众中的强大动力，这个一旦调动起来，是很厉害的。但是，现在有个观念与以前完全不同，就是真正发展现代企业工业的受儒家影响深入而全面，没有例外，比如曾国藩、左宗棠、康（有为）、梁（启超）等，都是儒家式的知识分子。

乐：还有盛宣怀。他不属儒家吧？

杜：这些人都深受儒家文化、四书五经影响。日本也是，明治维新以后，儒家的力量其实更大。以前认为明治维新就是西化，把德川幕府发展而来的那一套儒家的意识形态都给抛弃了。事实上明治维新是把儒家的一种价值观推翻，又建立起另一种儒家价值观——"忠"的观念出现了，而且为了日本的发展，全国同舟共济，把积极的力量调动起来，非常明显。真正的教育得到普及，"圣谕"的影响即是明显的例子，整个学校念的都是忠、义。小学和中学都被要求宣读明治天皇的"圣谕"。一个中学老师宣读"圣谕"时念错两次，就自杀了，因为他自认为不能这样对待"圣谕"。

乐：这就是日本精神，还有他们的武士道。

杜：武士道的精神就是讲"忠"。我们知道日本的福泽谕吉宣称"脱亚入欧"。哈佛燕京学社的阿尔伯特·克雷格（Albert Craig）经过二十年的努力，他的有关福泽谕吉的书就要出了，他这本书有很多精彩的地方。他说福泽谕吉有强烈的个人主义，像西方，但他的个人主义的目的是为了富强，忠君爱国。福泽谕吉的中国国学底子也非常好，据他自己说，他把《左传》读了十三遍。克雷格说福泽谕吉爱吹牛，但读《左传》三五遍还是可能的。今天我们哪一个教授能够念这么多遍《左传》？

乐：那你认为中国的现代性，商业资本转化为工业资本，是儒家起了很大的作用？

杜：不，中国照原来那个模式，商业资本是不可能转化为工业资本的。这也是韦伯的论断。

乐：你的观点呢？

杜：韦伯讲的是一百年前的事情，从宋以后，经过明清，中国根本就没发展出工业资本主义。现在人们在研究，从利玛窦开始和中国沟通起，儒家对17、18世纪欧洲的启蒙到底有多大的影响，包括伏尔泰、莱布尼茨、法国的重农学派（魁奈的书房里总是摆着孔子像）。现在我们越看这个问题，越是深沉。以前这个叫"中国风尚""中国热"，在维也纳的申布隆宫，到处是中国的壁画啦、瓷器啦，但学术界对儒家在启蒙思想家中引起广泛的关注这一现象，没有深入的研究。现在人们发现思想哲学上中国对欧洲的影响也很大。还有个有趣的说法。所谓"苏格兰的启蒙"是从亚当·斯密（Adam Smith）和大卫·休谟（David Hume）开始的。经济学之父亚当·斯密真正重要的作品不是《国富论》，而是《道德情操论》（*Moral Sentiments*），他的墓碑上写着"这里埋葬的是《道德情操论》的作者"，所以他标榜"道德情操"，大卫·休谟讲人与人之间基本的关系是"同情"。他们的这些主张和中国有没有关系尚不清楚。有些人讲一定有关系，这个影响的关系是通过法国的伏尔泰、百科全书派。亚当·斯密曾到过法国，受到法国的影响，那么他受到什么样的法国影响？德国的莱布尼茨看到中国的朱熹讲"理"的观念非常高兴，感觉到有契合点。还有在启蒙时期反基督教、反神权的氛围下，西方学者思考，为什么中国没有上帝观念，上百万人口的大都会，还秩序井然，这对他们有很大冲击。

乐：对。我们就出了《伏尔泰与中国》《莱布尼茨与中国》等一系列书。再回到刚才的问题，你是主张多元现代性？

七、现代性源于西方，但不一定都是同一个根

杜：可以这样说，从发生学讲都是受西方影响，甚至可以说所有现代性都有西方这个种子。但那是一百年前的事情。在不同的社会中，经过模仿，又有了新的种子，发展出了不同的形态，不是说都是同一个根。

乐：那古希腊文化到西欧的发展也差不多是这样，可以这样比吗？

杜：可以这么比。但古希腊的文化太过久远，中间又经过中世纪，与后来的西方文化差别太大了。再回来，一百年以来中国拼命地西化，但现在看来一些很深厚的文化传统——我把它叫作"心灵的积习"（habits of the heart，这是托克维尔的观点）——其实一直在起作用。日本就很明显，日本在国际化的过程中，绝对没有消除地方化，国际化和地方化同时进行。日本的成功就在于国际化和传统文化的配合。而中国的"中学为体、西学为用"后来一塌糊涂，站不住了。日本叫"和魂洋才"，是成功的。日本的职业性

很强，它是一个岛国、小国，有危机感。19 世纪后期，他们组团到国外考察，回国后写了本书叫《工业一览》，到德国学什么，到法国学什么，到美国学什么，与日本后来的发展息息相关。

日本还有个不太为人所知的重要人物叫涩泽荣一，他毫无疑问是日本的企业之父（银行、造船、钢铁、运输），他写了本书叫《〈论语〉与算盘》，是个真正的儒商。他在晚年专注《论语》，写了很有创意的心得，出版了好几大册。他说一生的基本指导原则就是"见利思义"，"利"和"义"不是冲突的，"义"可以是"大利"，"义"包括"利"，但"利"一般不可能包括"义"，它们是不同层次的。涩泽荣一的精神和日本深厚的传统——明德堂，以儒家基本伦理专门训练商人，是一致的。日本关西大学的陶德明教授花了很多时间，下了很大功夫，对精英文化如何传到民间，做了很多例证，一直到现在。有一次我到日本参加学术会议，日本的当代大儒冈田武彦让我早到几天，跟四百个企业家谈《大学》，谈得非常好，后来我知道不少日本的企业家每周六都要接受儒家的传统身教。以前三菱的董事长就出自诸桥辙次的汉学世家，他的家族三代编《大汉和字典》，他戏称自己是败家子，从商了。三菱长期支持东洋文库，有三分之一都是它资助的。大家一直不了解三菱和东洋文库的关系，认为是风马牛不相及。这种大企业的做法在中国很难想象。

乐：中国的精英与大众是有距离的。上层的东西如何渗透到下层去，这是一个很大的问题。

杜：我协助浙江大学创办了"儒商与东亚文明"研究中心。

乐：那我们来总结一下你的看法：是不是可以说，现代性是它的质的规定性的，是从西方这个种子发出来的，到了其他国家与该国的本土文化结合后，出现了与原来不同的新的现代性。但它还是与根有关的，不可能自发地出现。

杜：可以这样说，现代性的内容是非常丰富的，有多种可能性。一般我们提到现代性就说欧美现代性，其实现代性从欧洲到美国，已经有了断裂和不同。美国现代性有美国文化的根，当然会受欧洲影响，但它的根是很扎实的，二战后又反过来影响欧洲。

乐：它的根是哪来的呢？美国是个移民国家啊。

杜：美国本土文化的根原来是原住民文化，但是今天看来残破不堪，即使还有，生命力也受到很大的扭曲。英国人移民到美国后发展出美国式清教徒文化，又促使了美国资本主义的发展，和欧洲有所不同。从全球化到地方化，让我们来观察日本。日本的本土根源很深厚。丸山真男说，日本有一个"基调"，音乐上就是后面的定音鼓。艾森斯塔特做过有趣的研究，日本是一种原住民文明，为什么能消化两个轴心文明——印度佛教和中国儒家，而且当前还在积极地面对西方的挑战，靠的就是深层的"在地文化"。

乐："在地文化"是否就是"本土文化"？

杜："在地"是在此时此地。它此时此地面对西方文化向它们学习，但是它又深深地扎根在它自己。日本现代化的根不仅是移植，就在现时现地，它的根还可以再发。哈佛燕京学社的第二任社长赖世和教授（Edwin O. Reischauer）是个日本专家，在1974年他就反对"日本特殊论"。他认为日本文化必须摆在中国文化的大背景下来看。新加坡、日本、韩国、中国台湾的发展，也都不能脱离中国文化的大背景。东亚文化圈有深层的价值理念。所以，针对东亚现代化的例子，以前说是西方的动力传到东方，现在看来是错的。金融危机以后日本经济低迷，但凭借着这些传统文化价值，它又起来了。一个大的文明中有很多复杂冲突的地方，比如这个地区认为强势政府是必要和健康的，强势政府虽然专制，但也可以通过专制调动起力量，应对其他类型的政府无法解决的状况。但专制及权威政治又和自由、人权有很大的冲突及矛盾。

美国的政治以地方政治为主轴（all politics is local）。最近的金融救市，美国众议院就是不通过，为什么？因为美国是pork barrel（"议员为选民所争取得到的地方建设经费"）。美国没有"天下"的观念，达到国家利益就很高了。我问过沃尔特·蒙代尔（Walter Mondale，美国前副总统），美国能不能超越国家利益。他说，国家利益就很好了，表示美国很多地方只有州的利益乃至地方利益。美国是这样，怎么理解东亚？东亚的出现，表示西方现代性的一根而发一方面是正确的，其他现代性都受到西方影响；但另一方面，**其他现代性也有自己的根，既一根而发，又在地生根**。更重要的是，假如东南亚再发展，在受西方影响的同时，也不可避免地会受到东亚的影响，以东亚作为一种参照。东南亚发展后，又成为南亚的参照。它们与西方的关系，就越来越不那么明显了。

八、西方现代化是种子还是媒介（trigger）

杜：彼得·伯格说过，面对西方的挑战，有四种回应：一种是绝对抗拒，就是伊斯兰世界的态度；一种是全盘接受，这是中国五四以后的模式；一种是兼有前两种，比如中国的东南部，以及北京、上海、广州等城市；最后也是最好的一种是融合（fusion），这个非常难，日本是做得比较好的例子。转一个话题，未来中国的发展，二十多年来我一再提出，也应该借鉴印度的文化，因为印度、东南亚正在兴起。那么中国现在就不应只把西方的经验作为唯一的参照，面要更宽，根才能更深。西方的种子可以落地生根，但更深刻的基础不是西方的，生根成功不成功，得看和本土的土壤结合得好不好。我甚至觉得西方的现代性不是种子，是英文的 trigger（"媒介"或"引发"）。

乐：到底是种子还是媒介，这是很不同的。

杜：我不觉得是种子，"媒介"的意思是西方现代性来了以后其他文化模仿，模仿成功不成功看你本身文化深厚不深厚。中国的问题是，精英知识分子的选择和民间深厚的文化是脱节的。"心灵的积习"在民间是起作用的，而精英文化把传统文化的根切了，强烈地排斥，那么接受的西方文化一定也是肤浅的。对自己文化的复杂传统体系有一个鉴别（也有评判），才同样能够鉴别西方。对自己的传统粗暴，对西方的接受也必然肤浅。"拿来主义"并不能把西方的文化都拿来，科学背后的理性、自由，都是深层的思想传统。例如自由、人权变成科学、民主，明显是工具化，对西方深层的价值没有理解。在这样的情况下，拿不过来，也无法排拒，或者排拒掉的恰恰是最好的东西，另一方面封建遗毒却泛滥成灾。西方的思想进不来，而所谓的"欧风美雨"的习俗却泛滥成灾。

这样的情况，到了 20 世纪 90 年代才有了自觉，但还在初级阶段，还很肤浅。所以舒衡哲（Vera Schwarcz，比李泽厚更早）就提出来，我们要再启蒙，启蒙的真精神根本没进到中国。李泽厚说，救亡压倒启蒙，因为我们强烈的爱国主义，使西方的启蒙没有办法进来。我的观点是，救亡的唯一途径就是启蒙，启蒙是西方的种子，不是中国的根，在中国成长不起来，和日本的经验大不相同。20 世纪 80 年代王元化讲"新启蒙"，又要重来一次，后来他变了。真正学贯中西的，例如五四时期的"学衡派"，被当时最先进的知识分子（包括胡适）认为是保守。《学衡》的汤用彤绝对学贯中西，吴宓、梅光迪等受白璧德（Irving Babbitt）的人文主义的影响。白璧德的人文精神，今天来看有先进的一面，他对孔子很尊重。德国一战后没落，张君劢从德国回来后提"人生观"这样的大问题，却一下子被丁文江、吴稚晖这样的"科学主义"打得落花流水。胡适提过一个让人惊讶的观点，中国的倒霉没落是因为印度佛教，我们汉唐多强大，佛教来了以后就不行了。佛教在中国发展八百多年，要把它摧残掉。这怎么行呢？他们当时是二十多岁的年轻人，年纪大的都不作声。所以当时的领军人物，都是极端西化。

保守、自由、激进都是政治术语。Daniel Bell 就说，我在经济上是社会主义，注重分配和弱势群体；政治上是自由主义，尊重人权和言论自由；文化上是保守主义，是虔诚的犹太教徒。保守不应被看作一个消极负面的概念。西方的好多学者，激进之后都有所回归，德里达晚年回归犹太教，查尔斯·泰勒回归天主教。再激进的西方学者，他们的谱系性非常强，搞哲学没有读过柏拉图、笛卡儿、黑格尔、康德的著作，都是不可能的。而中国现在的教育，传统文化缺失得厉害。香港城市大学的现任校长，一位杰出的科学家，曾问他的研究生，你听说过朱熹吗？学生回答说不知道朱熹，但知道朱德。他又问，你知道理学吗？回答说不知道理学，但知道物理学。他很惊讶，又问了一个年轻的专家，也是一样的回答。这就是现在的大学教育，特别是理工科，根本没读过文史哲的基本教材。研究西方（譬如美国文学）的研究生，中国的东西都不接触，古代汉语也不学。这在西方不可能，它那个哲学谱系，德里达再解构，学者对西方传统的哲学谱系也耳熟能详。我们现在大家都不注重主流，主流的基本功还没有掌握，就去关心边缘。还是举哲学的例子，现在中国哲学的研究，研究孔子的非常多，研究孟子的很少，董仲舒则主要被批判，研究朱熹的有，研究王阳明的很少，刘宗周大家不知道他是谁。不管研究也好，批判也好，起码对塑造儒家传统文化的这些人的东西要熟悉，要通读一遍。

九、生长出新的"质的规定性"

乐：我再提一下刚才的问题，这个现代性不管是不是种子，但它是从西方来的，是不是到了中国和日本以后发生了质变，变成了另外一种东西？

杜：你这种说法可以说还是"欧美中心论"，这个我不接受。种子没有土壤就会死掉，中国就是一个明显的例子。我说**西方文化是"媒介"（trigger），意思就是，它可以调动起你的传统文化，也可以摧残其中的一些因素。**比如当代儒家三代的发展，第一代熊十力、梁漱溟、张君劢、冯友兰、贺麟、马一浮等，真正是儒家的西化，他们没有一个人反对科学、民主、自由、人权。熊十力甚至说过："家庭为万恶之渊薮。"现在看来是太偏激了，比巴金的《家》《春》《秋》要批评得彻底多。当时他们认为不经过西方思想的改造，儒家思想就站不起来，儒家要么经历一个创造的转化，要么彻底解构后再重构。1949 年以后的第二代，徐复观、牟宗三、唐君毅、钱穆、方东美等人，都在台港，他们面对的是中西方文化能不能融汇，儒家代表的人文精神和西方现代价值能不能配合的问题。所以牟宗三一生要开出民主，开出科学。徐复观说，我是一个儒家的自由主义者，或自由主义的儒家。钱穆比较特别，他发掘传统文化的精华，基本上对西化的问题比较隔。方东美根本就是学习古希腊哲学。唐君毅对黑格尔非常熟悉，他的问题是能不能融汇。他们（除了唐君毅）都有一个强烈的反基督教的倾向，觉得这是西方文化的缺陷。唐君毅是例外，在新儒家的大师大德中，他是一位学问渊博、感情丰富、牺牲精神彻底的高人。

我自己不是基督徒，但是基督教神学的受惠者，从基督教神学那里，我看到了儒家精神性、宗教性不足的那方面。所以说，复杂的文化现象里面有复杂的可能性，有的可能性碰到西方后，一些阴暗面被暴露出来了。另外一些可能性，例如以前我们不太注重的"民本"思想，经过西方思想的激发，大为发展起来了。即使这样，我也在考虑，复杂文化体中的种种联系都是有机的，所谓"取其精华，去其糟粕"并不那么简单，甚至不能付诸实施，有时去不掉，例如"三纲"。《白虎通义》是这样讲"三纲"（君为臣纲、父为子纲、夫为妇纲）的：君为臣纲，多半是说臣怎样向君上谏；父为子纲，多半是说子怎样对父；夫为妇纲，多半是说妻怎样批评夫。所以，当时的考虑都是双轨双向的。君对臣爱，臣对君忠。君如果不像君，就失去做君的资格。

回到你的问题，不是西方的种子在不同的土壤中扎根，而是作为一种"媒介"，使当地不同的文化起了积极或消极的作用。费正清（J. K. Fairbank）有

"冲击—反应"的观念，柯文（Paul Cohen）就讲"中国中心论"，但矫枉过正，所以他现在改成以人类福祉作为中心。假如西方的这个媒介使得其他文化的资源有所转化，有新的根的发芽，那么下一个问题就是，面对人类生存的大问题，这些新的转变是不是能够提出积极的观点。因为西方文化是母体，所以西方的一些核心价值就变成普世价值，但以前的缺失是把东方的普世价值变成了亚洲价值。"仁"难道只是亚洲概念吗？西方不讲"仁"吗？不可能。所以现在要把西方的核心价值扩大，甚至加以批评。例如"法"是很好很重要的观念，但"法"变成法令制章，父子兄弟之间的大事小事都要用法律来解决，这个和中国寻求法庭之外的和解，在某些个案中，哪个更可取？还有，讲人权主要集中在政治权，然而家财万贯的人对一无所有的人却没有一点责任。然而在另外一些地方，越有钱有势的人，就越应该对社会负责。中国汶川大地震中所表现出来的精神，就让全世界为之震撼。反过来，三鹿造成的恶劣效应，十个奥运会也抵消不了。诚信何在？虽然说中国的现代性有自己的特殊性，可是"中国特色社会主义"这个理想如何实现是一大挑战，目前我们对这一课题的反思很不够。儒家文化和马克思主义哲学之间的关系也是值得深思的大问题。

乐：那这样说来，你认为中国受到西方的刺激也好影响也好，生长出了我们自己的现代性，有自己的质的规定性，比如"仁"啊，法制之外的东西啊……

杜：对，还有制度问题，社会阶层问题，人与人、人与自然、人心与天道的关系问题，等等。现在只有东亚这一个例子，有两种说法，一种是西方的动力被东亚取代，"十年河东十年河西"，我完全不赞同这种话说法。东亚的例子表示，可以从一到二，就可以从二到三，有多元化倾向。根据多元化预期，下一步崛起的也许是东南亚。东南亚起来凭借的就不是儒家文化了，而是佛教和伊斯兰文化。东南亚也是个复杂体系，例如印尼就是伊斯兰文化和爪哇原住民文化互动的结果。另外最近由于西方的压力，印尼有一小部分独立了，是天主教文化。亨廷顿在他的八个文化体系里，完全忽视了非洲。南非也是资源非常丰富，生物、文化、语言、地质有多样性，是超过加拿大的。非洲得不到发展，人类的文明不可能进入一个新阶段。非洲是我们人类大家庭的弱势群体，也是人类文明发源的母体。现在的"千年计划"（Millennial Project）把世界贫穷的那一半都去掉了，根本不会成功。

当然这种预见性也有反证。巴西曾有十年飞速的发展，后来就不行了。中国发展五十年是有可能的，但这个过程中有很多难题：诚信、法治、强势政府主控、部分地方官商勾结。和印度相比，印度有过五十年的民主，非政府组织和媒体的力量非常大，不可能出现"黑窑"的问题。另外，印度的中产阶级超过 2 亿，里面有上千万人基本都使用纯熟的英文（虽然有口音），这样有利于与国际化接轨。而且印度和它的传统文化的根没有断，精神文明深厚。中国的发展和印度的不发展有密切关系，因为甘地夫人走的是社会主义路线。中国改革开放后的一段时间，印度不发展，而现在印度在发展，拉美各国也在发展。日本对中国正面的评价原来高到 60％～70％，"毒饺子"事件后 75％对中国评价不佳。韩国把中国的十几种奶粉和很多食物都撤了。我们中国文化讲"和而不同"，和的对立面就是"同"，和的必要条件就是"异"，但现在的"和谐"还是强调"同"。市场经济是发展的必要条件，但当市场经济渗透到社会的各个领域，使社会成为"市场社会"（market society，社会的每个领域都被市场侵袭）的时候，社会的凝聚力就要出问题。这是我们必须要引起注意的。如果我们的经济还能发展五十年，知识经济的发展条件在哪里？法律制度能完善吗？诚信能重建吗？如果中国的道路走不通，日本又低迷，儒家文化圈就又是失败的例子。西方这个唯一的模式的说服力能维持吗？即使我相信印度一定可以走出来，那也不是我们这一生可以看到的。

乐：有这样悲观吗？

杜：我现在有个研究计划，就是反思儒家对西方发展的启蒙。一方面西方的启蒙现在在中国还是表面的，所以我认同五四时期对西方学习的心愿。另一方面，中国也有足够的资源对西方进行批判性认识。这个课题分三个部分。第一部分回顾中国 17 世纪（由中国学者做）和西方 18 世纪（由西方学者做）文化交流的成果，研究前现代的多元。第二部分是从五四到现代，启蒙心态（既不是启蒙运动也不是启蒙理想）对中国的影响，现代最明显的折射就是科学主义，例如如何看待中医，中医是伪科学吗？第三部分则要考虑儒学下一步的发展问题。

十、现代性与马克思主义中国化

乐：还有一个问题想请教您。这次在上海的会议（第二届上海论坛）上有个争论讲文化的源和流。有人提出，马克思主义中国化不应作为我们文化的主流，中国文化吸收马克思主义和其他因素的新发展，才是我们将来文化的主流。这涉及是以中国文化为源，还是以马克思主义（虽然是中国化了）为源的问题，毕竟马克思主义是移植来的。那么在 21 世纪，我们应该采取什么态度？想听听您的看法。

杜：我要做几点辨析。第一，马克思主义作为一个强势的意识形态进入中国，有重要的思想土壤，即五四时期的精英强烈的爱国主义和反传统思想的结合。一方面他们强烈地反帝，也就是反对以英、法、德、美为代表的西方列强对中国的掠夺，另一方面反封建，也就是反对传统文化。五四时期充斥着各种各样的思想，如自由主义、无政府主义、德国理想主义、马克思主义。但 1917 年俄国十月革命成功后中国的主要思想家都迅速地认同了马克思主义。一方面，马克思主义代表了西方的一种前沿思想、先进思想，另一方面，它又是真正反资本主义的，所以它在中国的影响力愈来愈大，1949 年后成为主流，它也确实使中国在实践上取得了成功。知识分子多半也认同这一大趋势，认同不彻底的还感到内疚。

儒家的基本精神是从"不忍"到"忍"，革命精神则是从"忍"到"不忍"，这不是法家，是充分政治化的儒家。法家只要不犯法就可以，而政治化的儒家一定要考虑到你的态度、信仰、意识形态，甚至下意识做的梦。在充分政治化、意识形态化、被利用的儒家（这是儒家的异化）和道德理想化的儒家这两种力量斗争的氛围下，知识分子的选择变得很复杂。可以看看郭沫若、冯友兰的例子。

新儒家的传统（姑且用"新儒家"，我并不赞成这一标识），从五四到1949 年是第一代，1949 年到 1979 年是第二代，现在第三代继承发展下来。共产党的思想由毛泽东发端，其实从邓小平以来，已经有变化：以前是"斗争哲学"，现在讲和谐；以前讲平等，现在是"一部分人先富起来"。现在要转到第二代很困难。"马克思主义的中国化不应作为我们文化的主流"的观点，关键是儒家和马克思主义对话的问题。我不愿走蒋庆的那种路，把儒家当作国教。而对话可以发展出另外一种力量——自由主义。自由主义、儒家和马克思主义应该有三方对话。我们希望从事马克思主义研究的学者，能够对中国的文化有深层的理解，而且应该再往前走，不是只走到左翼，要走到新马，走到哈贝马斯、詹明信（Fredric Jameson），这样才能看到马克思主义丰富中国文化的可能性（不一定永远是主流）。源和流的问题并不是非此即彼。方克立提出"中学西体"之外再加上"马克思"，用心良苦。如果儒家真正变成"游魂"，它在中国文化史中的积极作用能被取代吗？儒家一枝独秀的观念我坚决反对，但开发儒家主流思潮、人物、核心价值，则应是学术知识界和文化界的共同关切。

十一、新的计划

乐：我非常赞赏你刚才提到的，分为三个部分的宏伟规划：（1）从回顾中国 17 世纪和西方 18 世纪文化交流的成果开始，研究前现代性的多元；（2）深入研究启蒙心态对中国的影响；（3）考虑儒学下一步的发展。

我们也在协助人民出版社策划几个大的项目。第一个是探讨怎样使西方的思想中国化，真正成为中国自己的东西，如佛教传入中国，被改造为中国的禅宗。举例来说，怎样将西方的符号学与中国《易经》中的"象"思维等一套符号思想结合起来，发展出中国自己的符号学；如何以西方的诠释学理论来梳理总结中国的典籍和诠释传统，造就中国自己的诠释学。第二个是做当代汉学家的研究，也就是企图总结 20 世纪这一百年以来对中国的研究，比如费正清、史华兹（Benjamin Schwartz）、宇文所安（Stephen Owen）、安乐哲等，目的是对当代西方人对中国的认识有一个全面了解。第三个项目很大，想总结一下中国文化在西方的流布和传播。比如《庄子》，西方有哪些译本、研究，西方人是怎么看的，对他们的文化有什么影响，每一本都分导言、代表性著作选段以及详细的索引。目的是搜集资料，为后来的研究者开路，很想听听你的意见。

杜：关于这个计划，第一方面我不太熟悉。第二方面台湾已经有很多学者在做经典诠释，可以与他们合作，在他们的基础上前进。第三最好不要用"汉学"这个词，可以用"中国学"之类的。因为费正清他们还不够资格做汉学家。汉学来自于法国，起初做的人大多是贵族，有些汉学家是怀着一种猎奇心理，不突出思想。但17世纪以来，西方汉学家人才辈出，胡适、陈寅恪、汤用彤、周一良及业师杨联陞都是西方汉学的受惠者和贡献者。而且汉学的研究内容五花八门，用"中国学"更符合目前的情况。我觉得你应该把重点放在安乐哲、郝大维、舒衡哲、罗思文（Henry Rosemont）上，甚至放在专攻前现代的学人身上，比如艾尔曼（Benjamin A. Elman），沟口雄三与他合作后，在中国的影响很大。而费正清研究的人太多了，他开创了几个研究方向，但有点离谱。第三个项目，我希望你们能考虑的方面是，中国的文化在西方的哪些领域已经算是扎下根了。我们这一代与西方学者，大部分是朋友，可以进行真正平等的对话，不能照着他们定好的"议程"（agenda）去讲。第一、二个项目一定强调要有对话关系。

乐：非常感谢你能用这样长的时间和我进行如此深入的谈话。我自己深有"听君一席话，胜读十年书"之感。但我们讨论的，确实是一个十分复杂、至今众说纷纭的题目。今天你的谈话开启了许多思考的新平台，对促进今后的讨论无疑极有启发。

思想史研究：方法、目的与地位*

[法] 让-保尔·罗赛 (Jean-Paul Rosaye)

一、问题的境况与设想

在 2004 年发表的一篇文章①中，我试图指出若干个研究方向，以便更好地探讨思想史的目的、方法与其可能的地位。本文将进一步深化当初的思考，更准确地综合思想史这个学科所涵盖的焦点问题。同时将对我前一篇论文的观点做适当校正，既有内容方面的调整，以便能进一步加厚历史的基础，又有研究方法上的调整，以使已经初具轮廓的研究方法更为可靠。

本文主要包括四个部分：第一部分试图说明思想史那反常的可怜地位，尤其是在法国；第二部分则围绕客观性概念展开讨论，试图说明思想史在何等程度上是一个完全适应的学科，即它与现代（及后现代）人文科学研究的方法现状完全相适应；第三部分分析了 20 世纪试图对思想史进行形式化的两次尝试，以此说明思想史已经确定了大部分它所选择的概念，还说明了它的运作方式；第四部分提供了若干个研究方法实例。

当今的研究似乎采纳了一些新的研究目的，认可了学科穿插的新方式；

---

* 原载《跨文化对话》，第 25 辑，275～287 页。张新木译。

① 让-保尔·罗赛：《思想史的地位与方法》，载《文明史：目的、焦点与方法》（《巴别塔》，第 9 期），95～102 页，土伦—瓦尔南部大学文学与人文学院，2004。

而思想史，基于其多学科的属性，自然会处于这一运动的顶峰，并显示出与其预先假设和先前成果最为适应的特征。然而我们很奇怪地看到，法国在科学研究的组织方面没有给予思想史以足够的位置，在各语言系科的所谓"文明史"研究中仅占很边缘的地位。在法国大学里，还没有任何学院、俱乐部或学术团体充当法国思想史传统的代理人，尽管这一学术用语已经被人们普遍接受，也常常被用来指定一个特定的学科，指定一个与历史和哲学联系非常松散的学科。与盎格鲁－撒克逊国家思想史的地位相比，我们这种非机构化的地位显得非常特别，在这些国家，思想史不仅得到普遍认可，而且取得了众多的研究成果，其中《思想史学报》(*The Journal of the History of I-deas*) 便是著名的传播刊物。

法国的这种特异性是一反常态的，这种地位的真正缺失似乎主要应该归咎于米歇尔·福柯的批评，福柯在他的《知识考古学》① 里对思想史做了如下评论，其实这也是从官方机构借来的观点（其来源可追溯到 19 世纪末，那时的人文科学正在寻找自己的特色和特性），该观点认为，一个插进历史与哲学之间、夹在心理学与社会学之间的学科，就不配拥有真正的地位。然而当我们细细考察福柯对思想史进行的批评时，发现这种想法中隐藏着丰富的教导：这是边缘事件的历史，因此也是边缘的历史；是不入流的科学，因此既不是科学，也不是哲学和文学；是一切过渡物的领域，只能停留在被认可的学科实体的边缘。然而正是由于上述原因，思想史似乎更加不可或缺，因为西方世界从 19 世纪初就经历了价值体系的革命。我们仍然在穿越一个过渡时期，从古老的认识体系价值的倾倒起直到我们当代，我们仍然无法建立起新的价值体系，建立真正稳固的价值体系，而且这个过渡时期充满了各种阐释和思想流派，需要一个学科对此进行统计与解释。

米歇尔·塞尔（Michael Serres）在 20 世纪 90 年代②初指出，我们正处在一个摆脱了铁板一块的伟大思潮的时代，如马克思主义、弗洛伊德学说、

---

① 米歇尔·福柯：《知识考古学》，"考古学与思想史"一章，177～183 页，巴黎，伽利玛出版社，人文科学文库，1969。

② 米歇尔·塞尔：《澄清：与布鲁诺·拉杜尔的谈话》，巴黎，弗朗索瓦·布兰出版社，1992。

拉康学说等。其知识恐怖主义在这方面强加了一种模式，使许多创造性的和真正的思考被排斥在外，其借口是这些思考属于异端邪说。然而这些伟大思想体系的垮台直接导致了人文科学的危机（没有人说这是慢性的），如今没有人试问这些科学是否客观，考虑它们是否还有用。

科学的客观性问题显然是个中心问题。它似乎围绕着某个观点在打转，即真正的科学活动应根据某种"偶然过程"而进行，贯穿着一系列的延伸研究和再次创新，正如德勒兹（Gilles Deleuze）和瓜塔里（Félix Guattari）所写的那样①，科学活动由于它的阐释基础，应该能够被后人校正和修改。事实上，可以将思想史纳入这个前景，并考虑到其研究步骤完全适合阐释学的思考，而这些思考在评判客观性的方法中将逐步占据主导地位。"阐释学转变"的问题非常重要，能让我们更好地理解这一点，即把自然科学当作理解科学的结构形式怎么会遭遇失败，因为在连续质疑针对世界的解释模式和描述模式的过程中，人们并没有认识到阐释的操作价值。通过这个"阐释学转变"，理解活动建立在阐释的基础之上，必须拥有这个阐释的时刻才能保证客观性的某种形式。这种反常情况仅仅是表面现象，因为我们可以认为，当阐释符合某种"偶然过程"时，即当阐释通过延伸研究和对阐释的不断校正来进行操作时，历史方面的阐释才能成为客观的研究，对一个物体、一个作家、一个事件的阐释才具有客观性。

> 历史的客观性必须通过一系列的不断校正来实现，要对某个过去进行重新阐释，通过这种方法去排除那种一家之说的阐释，首先要将历史的阐释本质摆放到正确的位置上，使之远离独家思想的占有行为。不过，要达到此目的，阐释的时刻必须得到认可，应把它当作历史学家任务中的一个核心阶段。②

---

① 杰尔·德勒兹和费里克斯·瓜塔里（Gilles Deleuze & Félix Guattari）《哲学是什么》（巴黎，子夜出版社，1991）第 94 页："偶然过程的想法排除了解释，将描述变成了推断，就像任意性那样，它抓住偶然性去单调地证明，说什么都没有发生，说所建立的意义和出现的问题都有其价值，因为它们都与其社会语境有关。偶然过程邀请我们'跟踪'这个语境，每个后续活动既是延伸研究又是再次创新。是同一个偶然过程的偶然重新开始，是在新资料基础上的重新开始。"

② 让—保尔·罗赛：《思想史的地位与方法》，载《文明史：目的、焦点与方法》（《巴别塔》，第 9 期），105 页。

如今，发现意识的不同机制，揭示其中的规律性，推断理解这种校正运作的规律，已经成为认知学派研究的目的之一。然而与其转向这些校正活动，倒不如追寻保罗·利科（Paul Ricoeur）对这些历史方面的校正所做的分析，他的分析会让我们更好地理解思想史在处理校正中所扮演的关键角色。① 根据利科的观点，这些校正建立在对时间的操作上，要通过想象对时间进行重新解读，校正的真实性既来自它们的相关性，也来自于它们的校正方式，这些校正方式包括超能指的（sur-signifiantes）再次把握，以便将意义赋给它们指向的物体。②

意义的不断变化，一系列的校正，形成了众多的亲缘关系、思想潮流的连接。西尔维·莫诺德在他给皮埃尔·维图（Pierre Vitoux）《英国思想史》一书所作的前言中，把这种连接看作思想史的特殊对象。③ 思想史学家的任务就是要研究这些对意义的校正，而且值得一提的是，这一点只有在一种主导阐释的危机语境中才能被人理解，也可以说在一种"阐释冲突"的语境中。然而怎样才能描述其目的性呢？思想史是否表达了一种绝对的相对论呢？这些思想是否拥有到达真理的抱负？人们是否可以认为，思想史更像是一种区别性相对论，以区别在时间或认知技巧中相近的思想与思想体系？更有甚之，鉴于思想史也可以进行意义的校正，人们是否能够要求其方法也能服从于可能的再次阐释，按科学的范例去赞同"偶然过程"的状况，以保证历史的客观性？这就是为什么有必要转向作者，转向那些竭力将思想史理论化的作者，我们有必要列举两个例子，这两个例子几乎概括了一个世纪内盎格鲁－撒克逊国家中有关这个问题的思考，以便展现下列观点，即形成一种方法的诸多困难，这绝对不是赞同福柯所推崇的关于思想史方法论的不确定思想，而是让我们更有益地了解我们思想应该前进的方向。

我们自然应该从回顾阿瑟·O. 洛夫乔伊（Arthur O. Lovejoy）④ 开始，

① 保罗·利科：《历史学中的客观性与主观性》，见《历史与真理》，巴黎，瑟伊出版社，1955。

② 参见保罗·利科：《事件与意义》，见《实用的道理》（《展望中的事件》，第2期，1991），51～52页。

③ 参见皮埃尔·维图：《英国思想史》，5页，巴黎，科兰出版社，1965。

④ 阿瑟·O. 洛夫乔伊：《引言：思想史》，见《伟大的存在链：一种思想的研究》，纽约，哈尔伯·托切布克出版社，1936。

他为在美国建立思想史做出了巨大贡献，1923 年，他在约翰·霍普金斯大学创建了"思想史俱乐部"。对他来说，思想史就是一种追寻，一种对思想的探索，西方文明通过这些思想逐步确立了自己的角色，确定了自身的命运。他非常关注西方的思想运动，竭力创建一种历史综合观，以便找到一种思维的传统，一种基础思想（unit-idea）之后的意义，这种思想通过复杂的演变，逐步结合并自行区分为各种思维模式、各种信仰、各种知识流派，即历史学家应该描述并分析的对象。在这里我们与传统的思想不期而遇，即有一个原始的意义，有对这个意义的持续侵蚀，还要经过一系列不断的处理和校正。不过，洛夫乔伊似乎被一种概念主导着，这就是必须揭示存在一种可理解天地的真理，这就是为什么我们不可能从他的方法中看到与另一活动相近的地方，这种活动建立在"偶然过程"的基础之上，也就是说保证了一种客观性的形式，它能接受自己轨迹错误的可能性，也接受一种表面驳斥的可能性。

20 世纪 90 年代末，马克·贝维尔（Mark Bevir）写了一本书，试图找到"思想史的逻辑"。① 对他来说，思想史是绝对相对论（antifoundationalism）和绝对决定论（foundationalism）之间的第三条道路，他将思想史定义为一种"根据历史视角对诸多文化生成的意义进行的研究"，这再次与原先的观点不谋而合，即思想史关注阐释的校正。他还认为，他的逻辑应该具有规范价值，能够通过一种概念的语法将这些阐释分门别类，使用一种人们称之为形式模式化的方法，这种方法以它科学的品质去保障一种反驳的可能性，或一种波普尔意义上做假的可能性。但是，如果说贝维尔做出了阐释学的转折，尤其强调人们可以恢复人类本性的思想，可以建立一门"人类学认识科学"（epistemological anthropology），他似乎更像是要为思想史找到一个地位，而不是开创一种以概念语法为中心的规范性方法。

与这两位作家所构建的思想的观照，可以使我们得出某些结论，能够为思想史确立一个地位，有可能找到一种方法，以满足我们所介绍的客观性的主要标准。只有这样，我们才能将思想史描述为一种"价值学扭曲的征兆"，

———

① 参见马克·贝维尔：《思想史逻辑》，剑桥，C. U. P.，1999。贝维尔自认为是一位"现代唯心论者"，承认在他的研究中受到英国唯心论者的影响，从格林（T. H. Green）到科林伍德（Collingwood），包括布拉德雷（Bradley）。

以强调这样一个事实，即思想史作为一门学科在人文科学中逐步建立，它与19世纪的价值革命相伴而生。因此，思想史在其逻辑上具有很明显的现代性，我们也可以说，它很好地体现了西方文明的知识境况，即身陷于一个过去的教条与一个即将到来的新教条之间。我们可以将这种思想史称作一个"语境体系"，一个借用雅克·布维雷斯（Jacques Bouveresse）的说法①，这样既可以指出它根植于一个决定性语境的特征，也可以推断它至少必须部分地接受一种做法，即通过形式化去描述它所研究的诸多对象。正是基于这个原因，我们必须转向那些思考过模式思想的当代思潮，转向关于复杂性的哲学，转向构建主义的认识论和其他系统思想的假设，以便找到研究的思路。

我们可以在米奥阿拉·默古尔－沙赫特（Mioara Mugur-Schächter）的普及性论著②中找到许多这类要素，他在量子力学中的成果得到世界的公认，这些要素能够在当今物理科学解释现实的方法和人文科学所拥有的、为达到相同结果的经典手段之间建立起某些巧合点。米奥阿拉·默古尔－沙赫特试图跨越分隔人文科学和自然科学的鸿沟，在其文章中提出了一些建议，以打破科学、哲学、认识论和历史学之间的界线，最终为建立一种真正的穿插学科而奋斗。

一切从对现实进行模式化开始。对米奥阿拉·默古尔－沙赫特来说，借助模式化对微观体系的组建将有助于对现实的理解，因为所有对微观体系进行的试验，为验证其价值而进行的试验，都证明错误的余地非常之小，可以说几乎不存在。他关于模式化机制的想法让人想起哲学家考虑过的方法，即应该追溯到事物的基础关系，以抓住事物的本质；他那接近现象学的研究步骤也让人想起诗人们的"溯源性回归"③，或相当于这个想法，即有一个被推向前方的抽象模式。再说，这些模式具有一种启发价值，这就指出了它们做

---

①　雅克·布维雷斯：《类比的奇迹与眩晕》，26页，巴黎，行动理由出版社，1999。

②　米奥阿拉·默古尔－沙赫特：《量子力学课程：走向形式认识论》，见《辩论》，第94期（1997年3、4月合刊）。另见该作者《相对化设想的普通方法之雏形》，瑟里西研讨会；《为一种方法而论证（围绕埃德加·莫兰）》，巴黎，瑟伊出版社，1990。另有《客观性、相对性、相对论》，见《向让－路易·勒莫瓦致敬的混合——位于系统性与复杂性之间，在行进中……》，巴黎，法国大学出版社，1999。

③　勒内·夏尔：《溯源性回归》，巴黎，伽利玛出版社，1996。

假的倾向性，即事先迫使它们去争取"偶然过程"那潜在的客观性条件。因此，这就有可能在米奥阿拉·默古尔－沙赫特所设想的模式化和马克斯·韦伯的理想型方法论之间建立一种类比，以便推出一种具体的研究思想史的方法。

二、思想史中模式化的延伸

帕斯卡尔·努维尔（Pascal Nouvel）写了一篇名为《模式与隐喻》的文章，发表在一本讨论模式问题的书①中，他提出了一些问题，可以作为讨论思想史方法问题的补充。

（1）是否存在一些非科学的模式？因为模式化通常被理解为一种典型的科学活动，因此它排斥了所有不科学的东西。

（2）能给模式设想怎样的角色？在针对一个对象的研究中它是否起着决定性的作用？它包括了一种综合或者一种假设？

（3）它能采取怎样的形式？各种模式（纯科学的、应用科学的或人文科学的）的应用领域是否对模式的形式产生某种影响？

（4）是否存在一种典型的程序？是否存在一种构建模式的惯用仪式？

从普通的角度和认识论的角度来看，一种通用的方法可应用于所有的对象，即使存在一些与所研究对象相关的变体亦然，也就是说，方法仍然是相同的，但是对象的条件将影响模式的形式。假设在硬科学与人文科学之间存在一个桥梁，这是对模式间可能存在差别现象所做的可能的回应。默古尔－沙赫特在这个特定情况下所做的建议，还有前面所陈述的建议，似乎都表明这一点，即量子力学中某个模式构建的不同阶段可以用韦伯的概念（理想类型，可理解性）来进行解释。

模式是一个工具，它可以让人们找到一个更好的解释，去解释一个事件，一个研究中的对象，这样就可能引导模式获取不同的形式。例如保罗·利科在《活生生的隐喻》② 中区分出模式的三种主要类型：**比例型模式**，它会缩小或扩大一个对象；**类比型模式**，它会以另一对象的特征来表现一个对象；**理论型模式**，它以一种全新的阐述来表示一个对象。不过，这三类模式

---

① 帕斯卡尔·努维尔：《对模式概念的调查》，巴黎，法国大学出版社，2002。

② 保罗·利科：《活生生的隐喻》，302 页，巴黎，瑟伊出版社，1975。

可以与阐释的操作相对应，因此，比例型模式可以调整针对对象的视角，类比型模式可以观察对象的变化，而理论型模式则在实验性观照前对对象进行形式化。

至于模式与隐喻之间的区别，如果我们承认模式的阐释学维度，那么这个问题就不复存在。帕斯卡尔·努维尔在模式与隐喻之间进行了区别，从中推断出科学与非科学之间的根本区别。因此，建立模式（科学式的构建和研究）不是移植一个模式（隐喻性操作）。但是移植一个模式意味着给出一种对对象的阅读，并且把这个阅读当作对象本身，这就是以最佳方式进行修辞工作，以最差方式从事意识形态工作，这并不适合于科学工作。不过，如果我们不把模式看作一种人类的构建，即阐释的卓越构建，那么模式与隐喻之间的问题就不再存在。正如我们在前面所观察到的那样，只有将任何人类构建的阐释学维度纳入其中，才能给模式化工作赋予一种"科学的"价值。

此外，模式应该简便易懂，它没有必要被迫表现对象的所有方面和所有形式。正如帕斯卡尔·努维尔所写的那样，他通过对现实的风格化，继续着一种忽视的策略：模式立足于风格化的体制下，位于构建体制中，服从理解的策略，这些做法使模式成为一种方法聚合体，集中在人们称之为理论启发的悖论周围。这个悖论就是，一个理论越是冒着错误的危险，其发现与构建知识的潜能就越大。因此，**模式是一个担当风险的理论**，它在虚假的积极角色上做文章，通过一种大约的途径使真实出现。除去它的启发价值外，模式还有一个空想的价值，根据韦伯理想类型的方法，模式不能够与现实相对应：对利科来说，模式不属于证据的逻辑，而属于发现的逻辑。模式**有意识地简化了现实**，建议了一种知识性构建，这种构建加强甚至简化了现实的某些方面，同时又保持着一个合适建议的整体。

我们应该清楚这一点，即模式永远都是一个出发点……模式的宗旨就是要面对一系列的偶然事件，面对具体的经历，这说到底是一回事，即面对新的阐释。因此在思想史中，模式化是一个必要的启发阶段，以便对我们所研究的对象有一个清楚的认识，这个对象是个概念也好，是个事实或事件也好，是个传统或甚至一位作者也好，目的是要使它们真相大白，即使这种寻求真相的操作仍然处在渐近的前景中亦然。

通过一种模式化，给出一些解释对象的粗浅线条，这也是让我们走向一种集体的工作，其中思想史家的角色是至关重要的，原因是这种工作会让多个专家的专业进行互助，以便更好地协调这些专家，给他们提供一道从事某个共同项目的机会。

三、"思想史"对象研究的延伸

在我们关于思想史地位及其方法的文章中，我们强调了如下事实，即法国的情况与美国和英国的情况很不相同。关注盎格鲁—撒克逊研究者在思想史方面所写的文章是很重要的，以便更好地理解思想史，尤其是作为一种"价值学扭曲的征兆"。

我们可以看到许多英文著作谈及思想史、其历史与 20 世纪的发展状况（尤其是在美国），以及思想史的深层根源，还有它在 19 世纪的诞生，这是价值革命的前兆和反映。提供一个小小的书目①，它可以让我们见证这一点，思想史在英吉利海峡那边，在大西洋那边，被当作很严肃的研究。它也给我们暗示了一种必要性，即要弄清思想史和其他形式的史学研究的区别在哪里，其主要原因是它的演变过程恰好遇到了众多的方法论争论。

如果说思想史在洛夫乔伊的推动下于 1923 年在美国建立，即在我们下文中看到的情况下建立，其起源则要追溯到一个世纪前，那是在法国，当库辛（Victor Cousin）受命重新组织法国大革命后的哲学教学之时。这便是唐

---

① 普莱斯顿·金：《超越问题的思考：论思想史》，伦敦，弗兰克·卡斯出版社，2000；乔治·博厄斯（George Boas）：《思想的历史》，纽约，查尔斯·斯克拉伯纳之子出版社，1963；普莱斯顿·金（Preston King）：《思想史：方法导论》，伦敦，克劳姆·海尔姆出版社，1983；唐纳德·凯利：《思想史：经典与变种》，纽约，罗切斯特大学出版社，1994；唐纳德·凯利：《思想的下坡路：知识历史的历史》，阿什盖特出版社，2002；玛丽娅娜·克琳·霍洛威兹（Maryanne Cline Horowitz）：《新版思想史词典》，6卷，纽约，斯克拉伯纳之子出版社，2005。《思想史学报》中发表的若干文章：艾伦·梅吉尔（Allan Megill）：《一体化与思想史》，载《思想史学报》，第 66 卷第 2 期，2005年 4 月，179～187 页；唐纳德·凯利：《总体时代的知识历史》，载《思想史学报》，第 66 卷第 2 期，2005 年 4 月，155～167 页；唐纳德·凯利：《折中主义与思想史》，载《思想史学报》，第 62 卷第 4 期，2001 年 10 月，577～592 页；安托尼·格瑞夫敦（Anthony Grafton）：《思想史：戒律与实践，1950—2000 年及以后》，载《思想史学报》，第 67 卷第 1 期，2006 年 1 月，1～32 页。

纳德·凯利（Donald R. Kelley）研究的结果，他在 2001 年《思想史学报》中发表了一篇文章，其中谈到这些研究，并且在他的著作《思想的下坡路：知识历史的历史》（2002 年）中进行了拓展。据凯利所说，库辛当时就试图在折中哲学的基础上建立一门"思想史"，这种哲学将成为法国进行哲学研究的正式方法，至少在 19 世纪初期的若干时期内是这样。他的**折中主义**，我们主要能在他 1828 年出版的《巴黎大学哲学史教程》中找到，这种观点被设想为一种协调体制，它建立在从各种现有哲学体系中选择出来的要素的基础上，以补偿他认为的哲学中缺陷的东西。凯利认为这更像是一种拿来主义，因为库辛非常了解亚历山大的哲学家，后者已经试图在古希腊哲学文本的基础上组建一种体系，设法调解柏拉图与亚里士多德的哲学纷争，选取了他们认为更有意义的内容。

在凯利看来，现代折中主义，即归结为库辛所说的折中主义，其第一个阶段的顶峰位于 19 世纪的诸多哲学史中，在这个阶段中，"思想史"的说法开始面世。我们可以将思想史的飞跃归因于这一时期史学编撰的转折，我们看到这时的思想史建立在对教条哲学的拒绝之上，这并不奇怪，它采取了哲学史中的批判历史原则，这个原则既不是历史的，也不是哲学的，也不是哲学史的，更不是百科全书的，而是一个批评体系，这个体系由对真理的准科学的关注控制着，正是这个真理使思想史区别于其他大型的教条构建。这是古老与现代的融合，是建立在思想谱系之上的思想史，因此，思想史也就变成了质疑某个学派权威的表达方式，它支持一种观点，认为若干个世纪中延续不断的观点与信仰只是提供了真理的某些碎片。因此我们可以说，思想史就是一个价值学扭曲的征兆，一个正在形成的新的正统的矢量，它与亚历山大学派一样，所做的努力催生了一种新柏拉图主义，是在普罗提诺（Plotinos）的推动下产生的一种真正的稳固的新哲学。

库辛的**折中主义**也受到 19 世纪初"东方复兴"的深深影响，凯利认为，东方思想加强了这个折中主义的理想化维度，**在法国大革命后被扰乱的西方文明中竭力寻找一种意义**。

西方在 18 世纪末对东方表现出一种巨大的热情，简而言之，就从印欧研究的初期开始。研究过这种突然迷恋的学者都谈到了"东方复兴"，以暗示文艺复兴那样的时期，那时西方转而向古代寻找复兴的源泉。而 18 世纪末则见证了一种新的探索，即通过东方的中介发展一种新型的探索。① "东方复兴"就处于这个时刻，远东的文明得到更为广泛的了解，整个亚洲大陆向欧洲的意识打开了大门，而在这个时刻，欧洲正处于政治、经济和社会动乱之中。然而这种"东方复兴"仅仅持续了很短的时间，而这种结合了折中主义并消化在其中的探索，不久后便偏转了方向，思想史在 19 世纪末便迷失在对文明和文化的普通思考中。到了 20 世纪初，它在法国变成了一种完全散了架的事业，一种由唯心论占主导地位的事业。总而言之，思想史逐步脱离了折中主义领域，偏离了对真理的系统探索和渐进式探索，成了一种文化史研究，人们试图将思想与社会语境或科学背景等联系起来。该研究的唯心论和理想性方面在法国被搁置到后一层面，思想史成了历史学、哲学、心理学和社会学之间相互斗争的最大输家。而这些学科却竭力让自己机构化，以各自的特色迈进教学与研究的大门。

在美国，多亏了洛夫乔伊，思想史走出了哲学史研究的阴影。当洛夫乔伊和博厄斯于 1923 年在约翰·霍普金斯大学创建"思想史俱乐部"时，得到了许多资深学者的大力支持，如尼尔斯·波尔、埃里克·奥厄巴赫、列奥·斯皮泽、还有亚历山大·考伊雷②，众多研究者的资源共享和合作研究的想法是基本的初衷，然而该团体的活动所偏向的**基础思想**的概念，却反映了面向理想主义概念的某种回归形式，这就解释了下列事实，即从洛夫乔伊到贝维尔，我们看到了关于思想史的众多争论，既涉及概念的逻辑，也涉及它本该研究的对象的性质。于是便出现了一个学科万花筒，如知识历史学、文化历史学、观念历史学、社会历史学、文化研究等在它的轨迹中应运而生。③ 呼吁面向一个更为广泛的语境就显得非常合乎逻辑，因为我们看到，始源（éons）式的**基础思想**是一些不朽的真理，它们勾勒出某个意义的轮廓，某个超验性真理的轮廓。此外，我们还感觉到，洛夫乔伊想通过思想史重新找到这个意义，这也是这个意义已经解体的信号。因此，重要的是要将思想

---

① 关于这个问题，主要参见罗杰·保尔-德罗瓦（Roger Pol-Droit）的《忘记印度，哲学健忘症》（巴黎，瑟伊出版社，1989、2004）和《虚无的崇拜》（巴黎，瑟伊出版社，2004）。

② 参见乔治·博厄斯：《思想的历史》。

③ 参见艾伦·梅吉尔：《一体化与思想史》，载《思想史学报》，第 66 卷第 2 期，2005 年 4 月，179～187 页。

史的机构化定义为一种扭曲征兆。在洛夫乔伊之后，列奥·斯皮泽又做了思考，他认为洛夫乔伊使思想失去了人性，并呼吁对思想进行进一步的语境化，这时的思想史已经朝着更为清晰的历史性方向发展。① 因此，就像它在19世纪的法国演变的情况那样，思想史所关注的是西方文明这个观念，这个观念最终成为它要论证的最重要的主题之一，还由于这个领域的研究介入了教学活动，使它在盎格鲁—撒克逊国家得以真正机构化②，当我们想到该学科的多学科性质后，这就毫不奇怪了：

> 思想史以一种跨学科的领域开始，这个领域由历史学提供，但由哲学统治着，哲学接受"思想"甚至"基础思想"，把它当作流通货币，穿越时间和空间，在语言与传统、教堂与邪教、阶级与民族、本地人与其他人之间行事。③

我们不再讨论"内部知识"（intellectualist-internalist）方法与"外部语境"（contextualist-externalist）方法之间的辩证历史观问题，不再讨论美国在**语言学转折**向人文科学引入阐释学计划之前相互对抗着的那些方法，因为这个问题在我们提供的参考书目中已经充分论述过了。我们也不再评价普莱斯顿·金的立场，在他看来，任何历史都是思想史的一种形式④，这种观点正好朝着思想史特别化的方向发展，这也正是我们想得出的结论。

四、关于思想史的结论

认识是一个值得经历的人类探险，而思想史，由于它能让我们对抗认识

----

① 参见安托尼·格瑞夫敦：《思想史：戒律与实践，1950—2000年及以后》，载《思想史学报》，第67卷第1期，2006年1月，1～32页；另参见唐纳德·凯利：《思想史：经典与变种》。

② 参见杰尔伯特·阿拉迪斯（Gilbert Allardyce）：《西方文明进程之沉浮》，载《美国历史学杂志》，第87期，1982年，629～725页。

③ 唐纳德·凯利：《总体时代的知识历史》，载《思想史学报》，第66卷第2期，2005年4月，155页。

④ "我的研究建立在这个假设上，即所有的历史从广义上讲，都是思想史的一种形式，而初始问题就是要辨别思想的不同类型，即每个人的历史可能面对的思想类型。"（普莱斯顿·金：《超越问题的思考：论思想史》，1页）

中严格的简化论，不去简化社会学、经济学、心理学或政治学的认识，它似乎正好适合我们去迎接挑战，去更好地理解反常的境况。

如果说思想史在盎格鲁—撒克逊语境中仍然是一门重要的学科，在当今法国，这也是一门必要的和很有用的学科：必须回到米歇尔·福柯的立场上，在不同概念中首先恢复作者的概念，把作者当作一个确切的对象。这里倒不是要激发一种本体论研究，而是要突出一种方法论，走出米歇尔·德·塞托（Michel de Certeau）所说的"历史编纂式断裂"，这种断裂让历史学研究在哲学难题的争论圈套中苦苦挣扎，在客观性和主观性之间进退维谷。[①]这也不是要质疑史学家的分析性批评，因为这种批评在知识研究中是最根本的东西；我们的想法主要是强调思想史的经验维度和中立维度，因为研究思想的史学家，他把自己当作诠释家或思想的阐释者，其最终目的是要摆脱意识形态的束缚，摆脱任何形式的简化论。

思想史占据着一个根本的调解人位置。它为一个有用和必需的重建而工作，要重建作者和主题的认识，既不能坚持绝对的怀疑主义，也不能崇尚相对主义。然而必须限定它的场域，或至少要弄清它的轮廓。

即使思想史会把某些哲学思想作为它的对象，它也不会是哲学，因为它的首要目的不是以终极方式宣告思想的真理，它也并不完全自行纳入理性的范畴，因为它的研究方法要求某种"修补工作"。另外，虽然它融入了一种思想的历史维度，但是它却比哲学史更加广泛，因为它的目的并不局限于哲学思想的范围（即使哲学不是一个封闭的世界，思想史也会向更多的对象开放，其中就有这些不确定的对象，还有福柯[②]所说的没有确定好的边缘

---

① 关于这个问题，请参阅下列著作：皮埃尔·诺拉和雅克·勒高夫（Pierre Nora & Jacques Le Goff）：《书写历史》第一卷，《新问题》，巴黎，伽利玛出版社，富利奥历史丛书，1986（尤其是米歇尔·德·塞托的文章《历史的操作》，还有保尔·维纳的《概念化历史》）；米歇尔·德·塞托：《历史的写作》，巴黎，伽利玛出版社，富利奥历史丛书，2002；保尔·维纳（Paul Veyne）：《怎样书写历史》，巴黎，伽利玛出版社，富利奥历史丛书，1997；安托瓦纳·普洛斯特（Antoine Prost）：《历史学十二课》，巴黎，瑟伊出版社，观点—历史丛书，1997；杰拉尔·努瓦利埃（Gérard Noiriel）：《历史学的"危机"》，巴黎，贝兰出版社，1996；居伊·布尔德和埃尔维·马丁（Guy Bourdé & Hervé Martin）：《历史学派》，巴黎，瑟伊出版社，观点—历史丛书，1997。

② 参见米歇尔·福柯：《知识考古学》，"考古学与思想史"一章，177～183页，特别是第179页。

地带)。

思想史也不是观念的历史，因为它仅仅定时地关注集体的无意识，因为它强调纯粹的知识性，突出个体创造中的知识勇气；相反，它却更接近于文化的历史，正如米歇尔·沃维尔（Michel Vovelle）、德尼·德·卢日蒙（Denis de Rougemont）、雷米·布拉格（Rémi Brague）或阿尔封斯·杜普隆（Alphonse Dupront）① 所做的工作那样。此外还要看到有趣的一点，即雅克·加雷（Jacques Carré）呼吁在法国大学的英语系中大力开展文化史的教学与研究，提出一种"对文学和文明史的回应，甚至对翻译研究的回应"②。

米歇尔·沃维尔在这个场合使用了一些模式（例如关于中世纪死亡的两个模式，或者启蒙运动以来关于死亡的宗教话语和艺术话语之间的分离思想——文艺复兴和宗教改革时期这种离婚式的分离），然而他嘱咐我们要十分小心地运用模式化方法（也就是说这些模式不能够完全反映所研究对象的复杂性，如死亡模式就是这样），这与我们关于思想史模式化的分析异曲同工。

另一个例子：雷米·布拉格及他的罗马模式。布拉格回顾了希腊模式、欧洲的犹太模式和罗马模式，告知了一种操作性概念（知识的马尔斯雍学说），准备着他的"欧洲"对象，使用了关于欧洲的鲜明而又唐突的论点，以便引起对这一问题的争论。③

正如我们所指出的那样，思想史方法建立在一种"修补工作"之上，是积极意义上的修补，而不是费耶阿本德（Paul Feyerabend）④ 所理解的贬值意义。它满足于提供一种经验的地图学，其目的就是要展现一个对象的运转

---

① 米歇尔·沃维尔：《死亡与西方，1300 年至今日》，巴黎，伽利玛出版社，1983；德尼·德·卢日蒙：《爱情与西方》，巴黎，普隆出版社，10 /18 丛书，1972；雷米·布拉格：《欧洲，罗马的道路》，巴黎，伽利玛出版社，"富利奥文丛"，1992；阿尔封斯·杜普隆：《十字军东征的神话》，全 4 卷，巴黎，伽利玛出版社，"历史文库"，1997。

② 雅克·加雷：《英国学领域与文化史》，载《文明史：目的、焦点与方法》（《巴别塔》，第 9 期），128 页。

③ 雷米·布拉格曾经写过一篇文章，总结了他在历史研究中使用的方法和他对哲学的展望：《罗马的道路》，载《历史杂志》，第 71 期，2001 年 7—9 月，第 63~66 页。

④ 保尔·费耶阿本德：《驳方法：认识的无政府理论概述》，巴黎，瑟伊出版社，观点丛书，1979。

模式，其逻辑也是双方向的逻辑，因为它的启发维度使得它能够进行渐进的校正。因此它不是一门一次到位的科学，而是处于不断适应中的一个体系，因为它的认识过程还未完成，那些占据它的对象还很不稳定，这些对象与卡尔·波普尔（Karl Popper）所说的世界相对应：抽象事物、各种问题、众多理论、论证和其他概念，总之，是"人类精神进行生产的世界"①。

我们所理解的思想史并不是要重建一种主体的哲学，因为认识是一个客观的过程，也由于有世界这个现实，思想史更加关注人类的探险，而不是关注某个人或某个作者；并不是将作者当作本体论的对象，而是展示还存在一些人类的动因，这些动因能让我们一起抵抗主观臆断，并且自我体现在作者身上和作品中。思想史将关注理念的对象，关注反常理的对象，这种反常理的对象有可能是作者（从广义上讲，也可以是学派或思想流派），也可能是非作者、有争议的对象、意识形态的焦点问题。思想史是理解当今世界的根本，就诸多思想那占主导地位的角色而言便是如此，而且它们今天仍然担当着这个角色。最后，正如我们在法国和盎格鲁－撒克逊国家所看到的那样，思想史告诉我们，它总是朝着打开文明前景的方向发展：在这个东西方对话已经成为"全球化"世界的客观条件之时，思想史将应召成为研究和思考的主要轴心。

----

① 卡尔·波普尔：《未解决的世界：非决定论的辩护词》，95 页，巴黎，海尔曼出版社，1984。

存在着击破西方线性发展模式的某种契机*

[法] 李比雄 (Alain Le Pichon)

我从赵汀阳教授那里收到了一份长达八十页的文件，其中不仅有对西方当今帝国概念的批评，还包括一个强有力的语境分析，对象是那种出现在全球化进程中、与这种帝国概念相对应的政治语境；此外，这份文件还对"天下"这一中国概念进行了详细的表述和阐释。

他的论文开篇就写道："我们所谓的世界，现在仍然是一个非世界。"从这个前提出发，通过借用霍布斯关于混沌的观念来刻画这个主要是由于西方这几个世纪以来在世界上的主宰地位而造成的"非世界"，赵汀阳实际上提出的是一个双重的挑战：

（1）通过对"帝国"以及其他（从哲学、历史上来说的）相关概念的批判性分析，用西方哲学自己的语言对西方关于"世界秩序"的观念和概念提出了质疑。

（2）认为我们现在事实上正处于人类之大写的历史（Human History）的开端处，而我们当今的任务，就是发明一个尚未到来的、真实的、实在的世界秩序。

同时，为了完成这个任务，按照巴黎的欧洲国际跨文化研究院的互惠知识元方法论，赵汀阳转向了中国哲学的进路，把这一进路看成灵感的渊源：他选择了"天下"这个概念，并把这个概念看成一种（世界秩序的）模式。

于是，在我看来，这里就出现了第三个挑战。这个挑战不仅与一个中心

* 原载《跨文化对话》，第 27 辑，21～28 页，北京，三联书店，2011。陆丁译。

性的提问相呼应，而且位于跨文化研究院的认识论争论的核心：如何去协调不同的知识、历史以及相关的"语言（和概念）游戏"模式，如何去对待这些不同的模式？按照维特根斯坦的观点，这些模式是与不同的文化语境以及经验关联在一起的。

这就是我（至少是我）接收他的论文的方式：把它看成是一个消息（message），一个由我们的中国同事传递过来的消息，而它所考察和考验的，也恰恰是我们在跨文化研究院中试图提出和回答的那个问题。也就是说，相互之间以一种互惠知识的方式达成一种相互理解；更具体地说，就是在我们这些个体的人类存在者之间，在我们各自的文化中，带着我们各自语言的特性（威廉·冯·洪堡）；在这些语言各自的历史性语境中，在它们各自的时间感和历史中，在它们各自对于历史理解以及政治经验中，作为历史性的和政治性的人达成一种理解；以及，最后，在我们与人类整体以及世界的整个共同历史的关系中，达成一种理解。

对于我们"西方"这一边来说，这个关于相对时间和相对历史的问题，实际上就等同于这样一个问题：我们能否脱离那种目的论的时间，能否脱离黑格尔式的历史愿景，而去考虑一种新的、开放的时间经验和历史经验。而这样的一个问题，在我看来，也正是今日哲学领域中的主要问题，同时，毫无疑问地，也正是跨文化研究院的互惠知识进路中的主要问题。

那么，如果说，一方面，这种目的论的、线性的历史模式已经（或者人们都认为已经）因为西方在军事和政治方面的霸权的扩张而延伸至整个世界，而另一方面，西方的霸权，就其在文化—政治方面的宰制地位而言，又看起来已经属于过去，那么，我们今日的处境又到底为何呢？事实上，在此处境之下，我们应该做的是去考虑这样一个问题：从这种文化和哲学观点来看，是否存在着任何一种机会来为大写之时间和大写之历史开放出某种替换性的进路，撕破那种线性的逻辑。换句话说，我们应该做的，就是考虑这样一个问题：西方在文化和哲学上的宰制地位，是否也应该和它在军事以及经济—政治方面的宰制地位一样，被看作某种已经归属于过去的东西。

最后，在这个新的处境中，我们应该考虑的问题是：对于一个新的政治来说，对于什么才是最后这一个问题来说，存在着一系列的相关问题：所谓新政治秩序的替代性模式，是否意味着非西方的哲学、政治模式以及概念的苏醒？还有，从国际这一层面上来看，这些模式是否是普遍有意义的，是否是普遍可操作的？另外，在寻找新世界秩序和发明相对可行的政治概念的过程中，能否把它们看成是具有生产力的、可以对这一过程起到滋养作用的概念？它们与那些具有弹性的西方模式之间是否兼容？或者，是否可通约？

而这，正是赵汀阳的关于"帝国"的工作在我心目中最大的兴趣和价值所在：在中国的天下观点之下对过去和此处——西方的帝国史——的重新思考和阅读，而这种重新思考和阅读同时也就是对未来的打开和发明，因为它引领我们并且迫使我们脱离历史的那条唯一的道路，它迫使我们对大写之历史加以发明。事实上，这不仅仅是一种哲学行动，同时也是一种政治行动。

在跨文化研究院中，我们是从人类学领域中开始我们的互惠知识试验的，而在这个试验中我们所强调的是两个方面：（1）某种维特根斯坦意义上的视觉"游戏"（鸭/兔效应）或者胡塞尔意义上的几何学"游戏"；（2）符号学游戏，它开放出了某种认识论争论。

按照这种批判性的进路——事实上，是按照选择了帝国概念作为讨论主题的赵汀阳和王铭铭对这一进路所做的发展，跨文化研究院在互惠知识方面进入了一条新的道路，打开了一个新的篇章，即通过一种不同的时间和历史经验，一种身处不同文化时间和历史经验去对大写之历史做一思考，并进而在政治模式的问题上进行工作。

在这个意义上，赵汀阳确实给出了一个正确的观察：从国际的层面上看，如果说在艺术、审美问题上，或者，在社会行为比如饮食、消费或其他跟口味相关的习惯上（也就是说，在这些文化项目上），东西方之间的讨论是开放的，那么在政治和社会问题上，情况就完全不是这样。而正是从这一观察出发，他强调了在政治哲学领域中展开关于政治概念的争论的重要性。事实上，这样的一种争论的开展，可以说是我们在互惠知识中所必须面对的一种挑战。而他确实是这么做的——这就是他关于帝国概念的工作。

事实上，这一关于历史的哲学进路，作为这一争论的产物，作为一种必需的后果，也是对西方的那种线性的、目的的历史经验（或现象）提出的一种真正的挑战。

从这个观点在今日西方的两种主要演进——基督教目的论和哲学以及政治马克思主义目的论——看的话，我们就会发现我们自己正身处一种颇为离奇的境遇。因为，不管是因为宗教实践和信仰的普遍失落，还是因为苏联解体、东欧剧变，按说这两种目的论都应该是受到了严重的削弱才对。这样一来，对于那些非西方的文化、历史体系或者观点，特别是中国的体系和观点，我们本来可以期望会有一种更好的、更为开放的态度去关注它们，或者，至少是以一种更少抗拒或者偏见的态度去关注它们。

可事实上，我们不得不承认，与三百年前——当时欧洲的知识分子因为耶稣会士的工作而发现了中国文明——相比，我们在这方面并没有取得任何进步。或者，不如说，与当时相比我们甚至还有所不如。比如，现在的西方知识分子对于中国文明——特别是中国的政治哲学——的关注还比不上莱布尼茨。我认为，就本文的目的来说，重新审视一下莱布尼茨为他的书信论文选《中国近事》（*Novissima Sinica*）所作的序言，以及《论中国人的自然神学》中写到的东西是非常必要的。

在我看来，莱布尼茨的那些关于中国和欧洲的政治哲学之间关系的观点，以及他在这两种政治哲学中所认知到的那种平衡，对于我们的这次争论是非常重要的，也值得我在下面以大量的篇幅来引用。事实上，众所周知，在莱布尼茨的这些写作于三百年之前（从 1697 年到 1710 年）的著作中，有大量的段落直到今天仍然是讨论的热点。

他为《中国近事》所写的序言，是如此开始的："我相信，因为神恩的某种特别的意志，就全人类而言，能够由文化和艺术所给出的最高修饰，看起来，在今天是汇聚于我们大陆的两端：欧洲和中国。而中国，作为东方的欧洲，正装点着这片土地的另一端。"

在以这种庄严的语调清晰地设定了他的这一研究具有的历史、地缘政治和人类学的视角之后，他说出了他的核心论点："中华帝国，这个从幅员上可以与整个文明欧洲相提并论，而且在人口数量上甚至超出的文明，在很多其他方面也可以与我们平起平坐，甚至，在这种相互比较中，这种文明会成为胜利者。"

在莱布尼茨的眼中，欧洲人在"沉思和思辨"方面为胜，而且这主要是指数学以及"对形式，特别是与质料相分离的形式进行思辨"的艺术。不仅如此，他还补充说："他们在军事艺术方面也不及我们，这并非因为他们忽视了这门艺术，而是因为他们自己的一种执念：对于任何一种可能给予人类之间的野蛮行为以滋养的东西，他们都持有一种抗拒的心态，而且，他们就像是要用一种甚至比基督自身的原则还要更严格的原则来挑战我们一样（而我们中的某些人，因为他们误解了基督的这些原则，因而拘泥于这些原则的文字），他们对于战争这一观念本身都采取了一种拒斥的态度。事实上，如果他们是独自存在于这个世界上的话，那么这种观点确实可以称得上明智，但是，军事艺术这种东西，却是那种即使是善人也必须予以实行的恶的艺术，因为非此不能阻止恶人攫取到权力。所以，在这方面，我们是要高于他们的。"

在做了这样一些思考之后，莱布尼茨说出了他的主要观点："不过，谁能相信，在这个世界上，有这样一个民族，在文治的原则（civility principles）上超过了我们——尽管我们相信自己在精致的举止和习俗方面具有最多的经验。而且，无论如何，自从我们对于中国人开始有了更多的了解之后，这就正是我们必须要对中国人加以关注的方面。这也就是为什么，如果说我们在技术和思辨科学方面站在全世界的最高处的话，他们却无疑拥有最好的实践哲学（对于我们而言，这是几乎令人羞愧的），我指的是与生活有关、与死者相关的伦理规则和政治规则。"

事实上，在莱布尼茨的上述思考中，有四个主要的关注点：宗教方面的关切，形而上学的关切，伦理和政治的关切，科学方面的关切。

我们在这里所关心的是第三点。在我看来，莱布尼茨在这方面的论证对于我们自己的目的来说是至关重要的。

在那些"伦理规则和政治规则"中，莱布尼茨明显把重点放在了文治方面的规则（rules of civility）上："对于那些在中国统治着一切的规则，它们的美怎么说都不过分。与任何一个国家中任何一种律法所能达到的相比，这种美已经达到了最高点；这些规则的目的，就是让公共生活以及公民之间的相互关系保持在一种平和的（peaceful）状态中，从而使得人民相互之间的伤害降低到最少。无疑，人类所能遭遇到的最大痛苦是来源于人类自身，来源于他们之间的相互关系。不幸的是，人对人是狼这话确实说出了实情，而正是因为我们身上有着这样一种不可索解的疯狂（事实上，不仅是我们，也许所有的人身上都有这种疯狂），我们，所有人，除了要经受自然带给我们的如此众多的伤害之外，还要自己在自己身上再加上种种磨难——就好像那些来自外部的磨难对于我们来说还不够似的。而如果说，对于这样的一种恶，理性还有能力去做些什么，有能力为我们减轻一些由它而来的苦难的话，那么，中国人无疑是找到了关于生活的最好的规则，远超同辈，这些规则对于他们那个巨大的共同体所起到的作用，已经超过了我们的宗教社团为其各自的团体所做的事情。"

　　然后，根据耶稣会士、使团和旅行者的报告，莱布尼茨继续向我们描述了在中国实行的那些完美的文治规则：尊敬父母和老人，身份平等的人之间的相互责任，以及最大限度地去遵行一种礼貌的、谦恭的行为方式——而这种在人际关系中对个人感情的极端控制，甚至在乡间和穷人那里也存在着。"你几乎看不见仇恨、愤怒或任何一种感情。"然后，莱布尼茨还补充说道："当我们这边的人还无法保持某种相互之间的尊重，当我们之间的关系还无法保持在一种受规则调整的状态下的时候——事实上，（在我们的文化中，）人和人一旦相熟，很快就变得毫无保留，然后就会在一种令人愉悦的自由无忌中变得越来越熟，随之而来的就是伤人的轻蔑言辞，勃发的怒气，以及最后是相互间的争吵——在中国人那里，和我们这边的情况正好相反，邻里之间，甚至在家里，家族成员之间，也会遵循着礼貌所设立的间隔屏障，比如无论何时何地你（至少）看上去都要表现出一种和善的面貌来⋯⋯而且，哪怕对于中国人来说，尽管他们至少直到现在都还不知道真正的德性，可是，无论如何，他们却已经能够让恶的果实变得不那么严苛和苦涩，而且，虽然他们没能将原罪连根拔除，但他们却已经证明了，至少在很大程度上，我们是可以缩减恶之果的蔓延的。"

　　在那段时间里，莱布尼茨反复地强调着对于欧洲人而言睁开双眼、吸收关于中国人的政治经验和知识的急迫性。在《中国近事》的序言中，他非常严肃地警告他们："我得说，在这里，在我们的家乡，在这样一种因为不断增长的腐败堕落而导致的处境中，中国应该向我们派出他们的使团，教导我们如何应用和实践自然神学，就像我们向他们派出我们的使团来教导他们启示神学那样——在我看来，这实在是一件必须马上实行的事情。"在另外一个地方也就是他写给（汉诺威）选帝侯夫人索菲亚的信中，他又用同样的话重复了这一警告。

　　这就是三百年前莱布尼茨的看法，他所提出的挑战以及他的执着所在。而三百年后，我们仍然需要正视同样的挑战。

　　当然，对于我这种以莱布尼茨为参照的做法，可能会有两种反对意见。一种是认为莱布尼茨关于中国的知识并非他亲历而得，他主要是依赖于耶稣会士的报道，所以只是一种二手的知识，而且这些报道，和莱布尼茨本人一样，都是为了某种护教性的目的而服务的。但是，莱布尼茨的文本是清楚的，事实上他一直都在澄清他与种种神学和政治争论之间的区别。而且，很明显，在他的分析中，重心并不是宗教方面的关切，相反，他是把他分析的重心放在了（他认为的）中国政治思考的核心上，即他——首先是在（中国的）家庭关系中，其次是在（中国人的）行为规则中——所看到的那些文治规则。而在这方面，耶稣会士的报道的真实性或者准确性是无可置疑的。事实上，我们还可以对莱布尼茨的观点做一点补充：即使在今天，虽然在西方的教条体系中，"人权"已经替换了莱布尼茨所说的基督教义和神学，但是，至少，我们对于中国的偏见仍然未见任何改善……

第二种可能的反对意见是，三百年过去了，情况已经不同。不错，这一点确实是真的。中国人确实不一样了，而且这种变化主要还是因为西方给予他们的影响。更准确地说，要对他们的这种变化负责的，是西方发明的两种主要的意识形态和政治进程，以及与这两个进程相应的两种（社会）模式，也就是马克思主义模式下的政治制度与经济制度。但是，尽管中国文化中的法家传统（Legist tradition）可能会与上述这些西方模式发生冲突，但却不能成为阻碍我们尝试着去倾听——带着和莱布尼茨一样的兴趣和客观态度去倾听——中国文化和哲学遗产的理由。

而赵汀阳之选择"帝国"这个概念来作为他的研究对象，恰恰清楚地表明了这样一种挑战的存在，同时也清楚地向我们强调了这种挑战的重要性。事实上作为对互惠知识原则的一种完成，以及作为这种原则的一个后果，这一挑战表明了以下几点：

其他的、有别于西方的历史经验和历史逻辑产生了不同的政治模式，而这些模式自身同时又是激活历史的不同方法，用本雅明的话来说，它们对应着"不同层面上的历史性的时间性（historical temporality）"。

存在着另外一种对西方模式进行分析的方法（就本文而言，这指的就是赵汀阳所做的中国进路下的"帝国"概念），而依照这些不同层面上的历史性意义上的时间性，这种分析将会产生出某种能够击破西方线性的、"黑格尔式的"逻辑的成果。

另外，既然我们的世界是一个仍然需要"成为世界"的"非世界"，那么在这里我们也就会发现一个契机，这个契机让我们能够去考虑不同的历史模式以及进行某种"世界建设"的工作。

多重现代性：跨文化视角*

黄　平

在社会学的传统里，自马克思、涂尔干、韦伯以来——如果不是更早的话——对现代性的反思，一直都在进行，到今天也远远没有完成，就如现代性本身也远远没有完成一样，而且，这个"没有完成"，并不只是哈贝马斯意义上的。

而在中国，对现代性的反思其实是姗姗来迟的，因为在很长时间里，我们主要是把中国的现代性问题看作一个如何追赶（catching-up）问题，因而对于现代性本身即使有反思，也无非主要是怎样避免走弯路的问题，却比较少从现代性本身的内在张力去考虑如何超越一元（例如西方的）或一纬（例如制度的）的现代性的问题。

如今，谈到现代性的多元（多样、多重、多纬），已经不是什么新话题。最近过世的艾森斯塔特，在他的晚年对这个问题有过非常精辟的论述，我们今天讨论多重现代性，无论如何应该记住他的贡献，并在他的研究和论述基础上往前走、往深走。①

艾森斯塔特不同意他多年的朋友和同事亨廷顿关于文明冲突的假说，艾氏认为，冷战结束后，与其说我们将迎来一个文明冲突的时代，不如说随着现代性的扩展和深化，将会不可避免地遭遇现代性的冲突，因为现代性本身包含着多重性。

长话短说，现代性，不只是哈贝马斯所谓的"未完成的工程"（unfinished

---

* 原载《跨文化对话》，第 28 辑，14～17 页。

① *Daedalus*，vol. 1，winter，2000.

project），更是一个开放的过程（open program）。现代性，不只要从制度的角度加以认识，也要从文化的角度加以阐释，甚至还要从性别的角度、族群的角度、生态的角度等去加以理解。现代性，不只是时间概念，也是空间概念；不只是西方（欧美）的，也是非西方的；其中，不只有如今正在日益被人意识到——包括以欣赏的眼光和以怀疑、警惕乃至敌视的眼光意识到——的亚洲（日本、中国、印度等）的现代性，也有非洲的、拉美的现代性，甚至还有中东的乃至伊斯兰世界的现代性。

所以，现代性，不只是多元的（即多纬度的 multiple），也是多样的（即复数的 modernities）。在此意义上，"后现代"绝不只是时间意义上的"现代性之后"，中国乃至亚洲或非西方的现代性，也绝不只是如何在形式和数量上追赶（西方），更不只是（西方的）"具有普遍意义的现代性"之下的特殊个案乃至例外。

拿中国——虽然，绝不只是中国——来说，经过近现代以来的剧烈社会动荡和变革，中国已经在实践的层面对西方的现代性提出了另类的可能。中国作为一个有如此漫长的历史延续、如此丰厚的文化沉淀，又有如此广阔的地域、如此众多的人口，特别又经历过几十年的革命洗礼和建设探索，最近这 30 年的改革和发展，已经对 300 年来似乎由西方主导的现代性提出了冲击，而且，这个冲击，并不只是在"（西方）普遍 vs（中国）特殊"的知识框架下产生的地区性展开或区域性现象，也不只是在一般意义上说现代性还应该包含着（除了经济以外）政治、社会、文化和生态的维度，或者，在"现代性"前面是否还应该也带有"中国特色"之类的前缀、修饰？

我自己在近 20 年来的中国农村社区建设或重建的研究过程中，提出过一个"大胆"的问题：像中国这样一个经济—社会—历史—文化—地理综合体，为什么一定要用西方式的现代化这种方式来组织？这种组织方式再"成功"（如果把所有的殖民、掠夺、侵略、战争和对生态的破坏都忽略不计的话!），也就是在很有限的人群和很有限的地域里搞了三五百年，但是，人类社会有文字的历史已经几千年了，各种文明形态并没有完全按照这个模式走下来，有的是消失了，但是有的还在生生不息地变化着、发展着，延续了上千年甚至更长。它们的历史要悠久得多，覆盖的地域要广得多，涉及的人群要多得多，它们的道路和"模式"要多得多，其所能够提供的解释也应该丰富得多。这也才符合**任何科学最基本的假设：任何一种东西，如果它所覆盖**

的地域越广，跨越的时间越长，涉及的对象越多，那么，很可能，它所包含的普遍性就越大。[①]

如果这个类似科学的句子的逻辑是成立的，那么，关于中国（以及广大的非西方世界）是否也能有自己的发展道路（和"模式"）？这些道路（和"模式"）是否仅仅具有自己的特殊性，本来就根本不是问题。或者说，对于西方的道路和"模式"的反思，本来也不是什么问题。

上面之所以说是"很可能"，绝不是谦虚，而是因为，即使是很小的地域和很短的时间，也未必就一定不能滋生出后来被证明具有普遍性的东西，比如小如古代雅典者，后来被我们熟知并崇奉的"自由"和"平等"的理念，就是从这里孕育出来的。这个当然也得看后来怎样发展了，并不一定都能如此"个性中有共性"，多数情况往往正好相反，无非过眼烟云而已，早就被人遗忘了。当然最具有反讽意味的——也最值得深思的——是，如今世界上经济、科技、教育、军事最强大的国家，一方面坚持自己是个"例外"（American exceptionalism），另一方面却坚信自己代表了普世的准则，因此是全世界的当然领袖。

中国的现代性，或者说，中国的发展道路，其背后最大的意义之一，是它所依据的，并不只是西方意义上的作为单一个人的"自我"（individual self，这是西方现代性最核心的概念！），而是不断由近及远、由我及他、由少及多的自我化过程，其边界从来是不确定的，或者，更准确地说，是不固定的。出发点就不只是作为个人的我，而也可以是包括着这个我的家、族、群、团、队、社、村，更可以是勾连着这些我、家、族、群、团、队、社、村的关系、网络。其最大的特点，借费孝通的概念，就是某种"差序格局"（这个概念至今没有一个恰当的英文对应词！），而我自己所理解的中国式的自我，是一个不断伸延并拓展的过程（an incremental expansion of selves）。这大概是我们理解并阐释中国道路（或者，所谓"中国模式"）的关键，也是中国式现代性之所以能提供另类可能的关键。

举个例子来说，如果只是以古希腊原子论为基础的个人为出发点或者"基本分析单位"，或者，仅仅由单个个人出发去算计投入—产出、效益—成

[①] 参见黄平：《重建社区公共性》，载《中国经济》，2010年3月号，110～125页。

本，中国的江南早就应该破产不知多少次了，怎么可能在所谓农业生产不断过密化（agricultural involution）的条件下还能孕育出"上有天堂下有苏杭"这样的东西来？后来，又怎么可能在 20 世纪 70 年代江南一带率先搞出了乡村企业和后来的个体工商业？如今，怎么可能中国的江南居然是发展最强劲的城市乡村一体化地带？小到江南，大到中国，如果按照单一个人为出发点的认识论、方法论，很难解释过去的历史，也很难解释今天的现实，还很难预测今后的发展。如果一定要解释，也就基本是"历史如此黑暗、今天仍然专制、未来必然倒塌"这类自我安慰性质的老调陈辞。

回到多重现代性上来看，如果在艾森斯塔特之后，我们不需要再论现代性究竟是不是多纬多样的，那么，自艾柯（Umberto Eco）等以来，现代性就更需要不断超越自己，跨越原有的文化屏障，不管自己原有的文化多么丰富、多么令自己骄傲、多么令他人羡慕。

所以，跨文化不只是地理或空间意义上跨越各种阻隔的交流和对话（cross-cultural dialogues），尽管这一点 1945 年联合国教科文组织一成立就提倡却至今还做得太少太少；跨文化，更是对现有的文化的超越（trans-cultural），无论其多么伟大，因为，自己的文化越是伟大，反而越难超越，越容易对自我文化感觉优越、对他人文化产生歧视。但是，如果现代性本身是多纬多样多重的，就不得不意识到，跨出自己文化的屏障，才能看到这些"多"，并从这些"多"（但不是杂！）中看到未来的开放性，以及——甚至是更重要的——各个地区和民族的人们在多元一体、和而不同的情境下自己不断创造自己的历史的可能性和人类走向和谐、正义和审美的正当性。

古典新读何为*

刘小枫

　　近十年来，我们试图将"经典与解释"确立为汉语学界的一种学术样式，并逐渐从对西学经典的解释推进到对中国经典的解释。有识者皆能看出，这一学术样式并非我们的创新，而是古已有之，因为中国和西方的学术传统自古便在"经典"与"解释"之间展开：孔子整理故书，删定六经，开出新气象；诸子在三代经典的织体中立言；汉魏以迄清季，历代文士在六经织体中立言，其间虽六经地位有浮沉，内容有更迭，但中国学术终究没有脱离经—解格局，"经"的地位一脉相承，并未中断。古代有志气的学人"耻以文士得名，期以述者自命"（《旧唐书·刘知幾传》），以诠解经典而非个人创作为最高理想，即便看起来像是个人创作，其实也怀着解经说经孤诣——太史公作史，不就意在"绍明世，正《易传》，继《春秋》，本《诗》《书》《礼》《乐》之际"吗？中国古学的精髓端在于历代经师、睿哲对六经的注解，倘若看不到自家的这一传统，必然会看不清中国学问的问题，热闹过好一阵的中国有无"哲学"的争论，原因之一就在于这种蔽暗。

　　或有人问，恢复一种故有学问传统，在已经后现代的当下还有意义吗？我们不是早已脱离任何经典，从"零度写作"开始走向"个体"和"存在"了吗？暂且不说六经已非"经"，做一个不依赖任何经典、独立存在的思想个体，如此后现代式选择岂不更好？德里达这样的大师如此认为，还可以理解，若我等中等之才的学人们全都如此认为，就大可悲了。如此选择基于一

　　* 原载《跨文化对话》，第 27 辑，197～200 页。

个极成问题的预设：我们的心智胜于古人的心智，我们的境界比古人的更高，我们的眼界比古人看得更远，所以我们只需依靠自己的心智，无须古人的经典。康德、德里达一类高人可以这样自负，我们跟着他们这样，就是不要命的自负了。康德在《什么是启蒙》中尝言：启蒙就是勇敢运用自己的理智，抛开他人的引导。这是康德对自己的启蒙，如果我们把这视为对我们的启蒙，我们就错把自己当成了康德，或以为自己可以学成康德。若研读一下西方古典作品，我们都会发现，现代人普遍追求个体自由是西方现代哲学的发明，在中国和西方的古典学问中，追求个体自由都是极少数高人（比如恩培多克勒或庄子）的事情，而非多数中才之辈（比如我们读书人）的。让所有中才之辈也模仿极少数高人追求个人自由，是现代启蒙的误导，结果是让我等中才之辈被现代性绳索困缚，践行个人自由无异于被牢牢困缚在第二洞穴中。

读书人当跟从经典，这一原则之所以亘古不移，关键在于人性有高低之分：高妙之人亘古稀罕，绝大多数读书人不过中才之辈。对于我等中才之辈来说，受古代高人束缚恰是一种福分。在阅读和解释的过程中学习经典的伟大，我等中才之辈才能获得心性的提升——这才是古典意义上的自由。经典作品带我们看到更高更美的东西，若是我们只固守于自己的浅薄，便注定无法到达那至美之境：我们始终不能忘记，我们没有康德或德里达那样的天分和高智。说到底，"经典与解释"不仅是一种学问样式，更是我等中才之辈的生活方式，即在心性上自觉接受古代经典的引导。古代经典冲和温厚，把什么样的生活最好、什么样的政制最好一类根本问题隐含在寓意的叙说中，让我等中才之辈得以触及，进而学会以成就共同体的高尚生活的方式成就自己的美好生活。因此，只要人性仍有才性之分，"经典与解释"的重大意义就不会消解。

重开"经典与解释"这一学问方向，还与中国当下的文明命运休戚相关。由汉迄清，经学传统绵延不绝，其间虽有所谓儒释之争、汉宋之争，却始终不离六经要旨；与此相应，近两千年来，中国政制和中国人的生活方式始终保持极高恒定性，体现出不息的生命力，即便受到外来文明冲击，最终也能内化于无形。经典是政制和生活方式的根基，只要根基稳靠，政制和生活方式的大厦必定岿然不动；根基一旦摇动，政制和生活方式必然随之涣散。晚清以降，中国学人面对的便是这种政教制度的大变局。西方现代文明以坚船利炮侵入中国古典文明，对中国传统经典、政制、生活方式的正当性构成全面冲击。如何回应西方现代文明的冲击，成为晚清以来几代优秀学人最关心的问题。面对西方文明的强势入侵，中国文明的出路在哪里？对此中国学人曾有两种态度：要么放弃中国经典奠定的政教体制，被西方的自由、民主启蒙，接受全盘同化；要么持守住自家文明传统，从中国经典中探寻化解西方现代启蒙的药方。由于救亡图存的需要，现代启蒙的主张压倒了持守自家文明传统的主张，自由、民主启蒙成了"最好的"出路——这就是我们所承接的五四新文化传统的遗产。沿着这条路奋勇往前，走到今天，我们终于开始意识到，这条道路很可能是可怕的歧途。

由于我们一开始遭遇的是西方现代文明，我们一直且迄今仍然把西方现代文明当作西方文明的整体，以为西方唯有德、赛两先生，根本不知还有西方古典文明。这种已经近乎学界常识的观念，恰恰是西方现代历史主义教育的结果：历史在发展进步，因此，现代自然胜于古代，古典文明不过是文明史上的童稚阶段。在唯现代西方马首是瞻的同时，我们欣然接受了这一历史主义的哲学假定。从这一假定来看待自家的古典文明，我们必定会认为，中国的古典文明也不过是文明史上的童稚阶段，不具有亘古不移的意义，只能沦为"国故"。由于一味追随西方现代主义，缺少对作为现代西方标志的技术理性和自由、民主的深度反思，我们甚至没有意识到自己已经跟随西方现代主义步入道德困境的深渊。中才之辈是文明制度的基础，一旦这一阶层被败坏，文明制度一定被败坏。我等中才之辈盲目追随西方现代主义，必然把我们的文明传统拖进西方的中才之辈搅起的现代性旋涡。因此，在当下要持守住中国文明传统，必须从理解西方现代性问题入手，并由此反观古典西方与现代西方的巨大差异。有了如此洞识，我们或许才能摸到回归自家经典的道路——"回归"不是随便说说就能做到的，它要求我们首先破除现代意识加给我们的各种先见。

认识不清西方文明的全貌以及西方现代性的根源，也就无法正确看待中国古典文明的意义，更无法看清中国文明未来的走向。因此，虽然我们百年来都在认识西方，但眼下最迫切的任务仍然是重新认识西方，即重新认识我们非常陌生的西方古典文明：古希腊罗马文明、犹太文明、基督教文明、伊斯兰文明。当然，正如西方的一些学人在现代性问题的反思下返归古典传统，我们重新认识西方古典文明，也不可避免地要涉及现代性问题，因为西方文明经历了从古典到现代的断裂，在古今对照中，我们才能看到西方古典文明的原貌以及现代文明的变异。换言之，认识西方古典文明的过程也是我们的自我认识的过程，既能帮助我们廓除自己自觉或不自觉地接受的现代主义意识，也能帮助我们认识中国文明从古典到现代的断裂，并学会重新珍视中国古典文明传统。

如何才能认识西方古典文明？按照如今的文教体制和文史哲的学科划分，我们无从进入西方的古典文明。现代的学科划分是现代主义的发明，以现代的学科门类划分去探究古典文明，无异于以现代手术刀肢解古典文明。古典学问不隶属于任何一个现代的学科专业，因为古典学问的基础是历代圣贤写下的经典作品，既然是"经"，便不是普通的专业书本，而是为政制和生活方式奠立纲纪的"法"。因此，认识西方古典文明，只能通过悉心阅读、解释、注疏西方经典，由此深入到西方古典学问的脉络，探究西方政制与生活方式的沿革。如此种种，最终是为了更稳妥地返归中国古典文明，看清处在古典与现代断裂处的中国文明应当何去何从。说到底，把"经典与解释"确立为一种学问样式，绝非所谓复古，毋宁说，如此学问蕴含着的是对文明的关怀和抱负。

全球化过程中的跨文化与跨主体关照[*]

[法] 李比雄

　　1987 年，意大利博洛尼亚大学建校九百年之际，艾柯主持的跨文化学院邀请广东中山大学人文学院加入"转换人类学"（Anthropologie alternative）研究计划。时任中山大学副校长的历史学家胡修为在接受邀请时说："经过如此漫长的等待，我们终于等来了这个机会。""这个机会"是指中国学者赴欧洲进行田野调查，以不同的世界观与欧洲学者进行交流碰撞的机会。

　　跨文化研究的网络就这样建立起来，二十五年来，其宗旨即致力于逐渐转变认识世界的角度及其表征模式，这一角度和模式统治着通常被称为"人的科学"（不太理想的称呼）的领域；致力于日益更新这个领域所参照的概念与方法。这就是要努力把中国与欧洲文化自身的基本概念、方法甚至认识论模式分别纳入视野之中，并在语义学的多样性中通过它们来观察"当下"。

　　原则简单，实践困难。在这片转换与交互人类学的田野，首先参与其中的是几位非洲学者，之后是一群中国学者。

　　此人类学的预设，从更广泛的意义上说即相互认知的预设，也是一个多样性的预设。这里，我们已接近全球化论争核心问题的第一个悖论：全球化使得跨文化的考察成为可能，因为全球化使我们走近那些在"远观"中被忽略的多样性的细节，艾柯曾谈到过这种"远观"，然而同时，全球化也趋向于减少和消除这些多样性的细节。后一方面是全球化的首要危险，早在 20 世

　　* 原载《跨文化对话》，第 28 辑，25～28 页。程小牧译。脚注中"[　]"内的部分为译者所加。

纪初，醉心于中国文化的诗人谢阁兰就已经指出："多样性的减损，这是人类大地的重大危机。"

尽管人类学家列维-斯特劳斯对能否保持多样性持悲观态度，但他还是抱有希望。然而，如果设想多样性能够保持并且永远保持下去，这不是也包含着混乱和不和谐的危险吗？从今以后，如何在共同的视野中确认、维系我们各自的价值传统与文化模式并使之产生有益的结果？如果这样一种设立在新的方法论或元方法论基础上的考察是可能的，借助它来重新应对全球化的挑战和制约，并对历史进行充满活力的重新解读，我们能够创造性地面对未来，并创建一种新的社会模式吗？

在这种视野的关照下，我们的论坛汇集了优秀的学者和思想家①，包括科学家和其他学科的专家，他们从各自学科出发进行的分析研究是不可替代的。论坛只是想指出在跨文化研究的共同道路上，我们遇到的一些潜在的障碍，它们可能危及我们在这场论争中获取的观点，论坛也想虚心倡导那种有益的试探性的态度，这样的态度本身能够使跨文化的研究道路变得平坦。

我试图讲清楚这些潜在的障碍，借助我们自身朴素的经验，以及西方历史上各个不同的作者曾经做出的种种分析，比如希罗多德、莱布尼茨、拉·封丹、尼采、胡塞尔、维特根斯坦和本雅明等等。在我看来，这些分析证明了在确立跨文化的视野之前或同时，必须在观察者之间建立一种跨主体的关系，这种关系是根植于个体与历史语境之中的。

第一部分主要回顾了历史学家希罗多德及寓言家、道德家拉·封丹的观察思考，还有莱布尼茨论述的范畴与概念（参考他的一篇谈中国的"自然神论"的文章及他对"万有归神说"[apokatastasis panton]的更为抽象的研究），以及维特根斯坦（他说，眼睛看不到它自己）从另一个角度即语言哲学的角度，试图证明的文化及主体的种种隔阂与限制，这些限制必须通过相互认知去克服。

第二部分特别考察了尼采（他的"批判史"及"价值互估"[trans-valorisation]概念）、胡塞尔《笛卡儿沉思》中的"交互主体性"[inter-subjectivité]概念），试图勾画出超越"交互主体性"与"交互文化性"[int

---

[① 2010年10月，欧洲国际跨文化研究院在欧盟支持下举办了欧中高层文化论坛，讨论了全球化与文化多元化当时存在的问题。]

er-culturalité〕，代之以"跨主体性"与"跨文化性"，并将两者相结合的元方法论的轮廓。此方法论蕴含着个体及其社会文化语境。

第三部分，最有雄心壮志也最具乌托邦意味，试图将上述思考与本雅明的历史哲学观联系起来，在不同的"历史时间性"中，呼唤我们借助"一种历史的审美模式……引入并行的、片段的、间歇的历时性，简言之即共时性"，从而走出欧洲历史的"目的论时间"。

在这种共时性中，跨主体性与跨文化性或许可以交汇起来，超越西方文化的历史优越感，通过相互认知的积极作用，为处于危机中的西方文化打开另一种救赎的可能性，我们或许可以称之为"沃尔帕吉斯①的诱惑"，就像歌德评论门德尔松的《沃尔帕吉斯之夜》所说的：传统价值与模式的解体固然很好，却也绝望、病态、别无他途，在它们曾经辉煌的年代，那些自感被历史"抛弃"的文明只能屈从于它们。

今天的中国无疑可以成为一个实验室，从它自身发展的活力和历史的经验教训中获得灵感，能够创立新的设想和新的思想模式。

协调合作，在这场概念革命中建立新的批评框架，这是中国和欧洲双方共同的利益所在。

这些元方法论的预设并不想构建一个理论，而只是想应用于调查研究。在尚不确定的第一阶段，它们既不确保跨文化方法所能重建的东西，也不确保能达到在这个论题中我们曾有过的交流程度，特别是与黄平和赵汀阳这样的跨文化的中国朋友所有过的交流。这样的交流理应更多。希望这些元方法在前人思考的基础之上，通过选择一个共同的批评范式，能够在未来为目前仍然非常主观的研究提供真正的跨文化与跨主体的意义与形式。

---

① 也称五朔节，凯尔特民族的节日，人们称 4 月 30 日的晚上为五朔节前夜，即沃尔帕吉斯夜，据说在这个晚上，生命和春天的力量将战胜死亡和冬天。

深化启蒙 *

——从方法论的个体主义到方法论的关系主义

赵汀阳

人类根据未经证明的观念去创作制度和规则，进而决定人类命运，这是人类最大的冒险。可以说，人文知识是关于人类命运的知识。自然世界的创世可以由科学或神学去解释，但文明世界的创世却尚未完成，因此不可能有定论。文明是一个开放的概念，也许永远无法证明何种生活方式是最好的，但有一点可以肯定：人类的冲突乃是人祸。

人类深陷于自我制造的各种冲突中，从军事战争到经济战争，从资源争夺到社会斗争，从国际冲突到文化对峙。如何克服冲突形成合作，这是人类一直未能解决的最大问题。现代的哲学、经济学、政治学、社会学和博弈论已经对冲突问题有着足够清楚的认识，可是——我想追问的是——为什么还是无望解决冲突问题？我愿意相信苏格拉底是对的：无人自愿犯错。可是为什么人们仍然错误地选择了冲突？合理的解释是，现代知识存在着严重的方法论缺陷。

现代政治的最大成功是个人权利，而最大错误是把自私合法化。冲突并非因为自私而是因为贪婪，贪婪就是所谓利益最大化。自私是自然天成，贪婪却是文化造就。现代个体主义承认自私的自然性，这没有问题，但把自私合理化，却制造了一个错误的文化事实。被确认为正当的自私必定膨胀为贪婪，因为理性化的自私反而是非理性的。人类的贪婪已经威胁到自然资源、社会安定和世界和平。贪婪几乎解释了人类的全部悲剧。

---

* 原载《跨文化对话》，第 28 辑，18～22 页。

现代社会科学广泛使用的"方法论的个体主义"是大有疑问的（我指的是从霍布斯、洛克、康德到韦伯、海耶克、罗尔斯以及当代大多数经济学家、政治学家所使用的方法家族），虽多受批评而未被替代，因为尚无更好的方法论。经济学家和政治学家已经仔细解释了各种困境，诸如囚徒困境、搭便车、公地悲剧和反公地悲剧、不稳定的权力均衡、靠不住的霸权、适得其反的制裁、遏制或干涉、无计可施的国际无政府状态和文明冲突等等。可是，如果对问题的清楚认识无法推出对问题的有效解决，那又有什么用？显然，认识问题不一定能够解决问题，描述的方法论不等于求解的方法论。求解问题的方法论之薄弱和不可靠正是现代社会科学的缺陷，它使社会科学具有一种反讽性质：问题都清楚，就是没办法。

问题在于，当一切利益和价值以个人为准，排他利益至上，就在逻辑上拒绝了解决冲突问题的可能性。种种困局令人烦恼的共同点是：个体理性很难导致集体理性。更坦率一些，应该说，个体理性的结果往往是集体非理性。我们有理由疑心，个体主义游戏本身是错的，因为人们玩得越精明，情况就越糟，各种精妙的个体主义策略都只能使人们在集体非理性的陷阱中越陷越深。根本原因在于个体主义思维是单边主义的，由单边主义视野所规定的个人理性一心追求排他利益的最大化，可是因此必定导致他者不合作，所以总是事与愿违。这是个体主义的宿命或逻辑。

问题总是源于起点。霍布斯以人人冲突的自然状态作为起点，这使得从冲突到合作的进化成为一个类似"无中生有"的难题。从霍布斯到罗尔斯的种种令人赞叹的解法都弱于自私的力量而无法阻止冲突卷土重来。荀子对初始状态有不同理解。荀子相信，个人无法独力生存，因此，初始状态必定是社会合作状态，然后，分配不公才导致了冲突。这是个荀子悖论：合作是每个人之所需，可也是形成冲突的原因。霍布斯的冲突是无解的，因为自私的人性不可改变；而荀子的冲突是可解的，因为关系可以改变。最重要的是，荀子发现了希望所在：即使在冲突的环境中，也至少存在一种最低限度的不可还原的合作，这才是合作得以进化的坚强基因。就是说，合作不可能无中生有，而只能由少到多。可以想象，有合作基因的社会科学比以冲突为基因的社会科学更能促进合作。

我想讨论一种由儒家思想发展出来的"方法论的关系主义"，或许有助于求解冲突问题。方法论的关系主义以关系作为基本单位去分析人类行为和价值观，思考重心不在个体而在关系，但并非否定个体利益，而是优先确保关系安全和关系利益，以便更好保证各自利益，优先考虑关系的最优可能性以求开拓更大的可能利益和幸福。方法论的关系主义与其说是一种伦理主张，还不如说是另一种更为合理、更有远见的理性计算方法。孔子相信利益与道德之间存在着某种结合点。假如孔子听说了"存在推不出价值"的休谟理论，他会同意，但他可能会补充说，价值能够推出最好的存在。在此意义上，方法论的关系主义就是试图发现一种更好的存在方式。首先是要建立一个更合理的理性概念，以中间人视野的关系理性去代替单边主义的个人理性。

我想通过一个"普遍模仿测试"游戏来说明关系理性的重要性。假定人人都追求排他利益最大化。每个人都会模仿别人更成功的策略，于是，任何能占他人便宜的策略都将很快失去优势。当人们用尽并互相学会所有的博弈高招时，就会出现"集体黔驴技穷"的策略对称均衡。问题是，被普遍模仿的最得力策略有可能人人得益也可能人人受损。我们的检验标准是"无报应性"：如果一个策略被普遍模仿而形成作法自毙的反身报应，它就是经不起普遍模仿的失败策略，或者说，如果一个策略被普遍模仿而自取其祸，就被证明是坏策略。

显然，只有关系理性策略不会作法自毙并使各方满意，因此经得起普遍模仿检验。可以这样解释：关系理性优先考虑的是最优相互关系而不是最优单边策略，这意味着优先考虑的是互相伤害最小化然后才是排他利益最大化，这才是最强的风险规避。只有在互相伤害最小化的条件下，自身利益才更为可靠。关系安全（互相伤害最小化）和关系利益（互助和协作）是每个人的可及利益的限度和必要条件。追求排他利益最大化的单边主义无法解决冲突问题，也就永远处于风险之中，难免自取其祸，这反而不是真正理性的选择。即使求助于公平规则，个人主义也仍然不可能增进幸福。可以考虑"分蛋糕"的老故事。按照个人理性最优分法是"我切你挑"，这是最公平的。可是从关系理性来看，公平是不够的，情义更重要，更好的分法把较大的分给更迫切需要或更应该照顾的人。这种处理方式在合理的利益分配之外还创造了合情的人心交换，因此更可能成为和平和合作的可靠基础。无论在风险规避上还是在长期回报上，关系理性都比个人理性更为理性。

不过现代个体主义已经制度化而积重难返，它有两个方面迎合了人们的贪婪：一是创作了政治上的独立个人并且划定了种种似是而非的"个人政治边界"，以人权为名推卸人义而使人们互相疏远，为保卫权利而神经过敏；二是对排他利益最大化进行无理的合法化，而排他利益最大化本身就是侵略性的，因此增加并深化了本无必要的敌意和冲突。回归失去的美德并不现实，但发展一种害处最小的理性思维来替换个体主义却是可能的。与"强者无敌"的现代信条相反，孟子"仁者无敌"观点可能是对的，其秘密在于，仁者更安全，不是因为打败了一切敌人，而是因为他没有敌人。我相信，关系主义是对理性更深刻的理解，冲突最小化是利益最大化的必要条件。

方法论的关系主义试图以更为审慎的眼界去寻找更为合情合理的解法，以克服多元世界和多元文化社会的精神和利益冲突。只有以关系为准才能更好地定义和解释普遍价值和理性选择。关系主义的基础是共在存在论，它不同于一般存在论。有关存在的一切难题，无论冲突与合作、战争与和平，还是幸福与不幸，都只能在共处之中去解决。所以我愿意说，共在先于存在，更好的关系创造更好的存在。由此可以理解为什么儒家首先追问的是最优关系。

在建构现代的意义上，启蒙早已结束，但康德希望"摆脱人类自陷其中的不成熟状态"的启蒙目标却尚未完成。如果理性不能创造和谐，而相反加深了敌意理性，就仍然有缺陷；如果理性增强了互相伤害，却不能增进互相信任和幸福，理性就仍然可疑；如果人以理性之名而选择了作法自毙的行为，就仍然不成熟。因此我们需要深化启蒙。个人理性制造问题，交往理性谈论问题，而关系理性将解决问题。于是，深度启蒙需要以关系理性去改进理性的概念，去建立为共在而不仅仅为存在着想的理性。人类既需要"敢于求知"，也需要"乐意分享"。可以说，深度启蒙试图以理性的理由去复兴被现代所贬值的根本价值：真、善、美、正义、和谐。如果改变不了世界，就先改变世界观，而世界将因此而改变。

作为区域史的东亚文化交流史[*]
——问题意识与研究主题

黄俊杰

  历史学家从搜集史料到撰写史著的研究过程中，最常思考的问题之一就是：历史研究的范围与视野是否应以国家、地区或世界为主？扣紧这个问题来看，"国别史"（national history）从 1789 年法国大革命以后就成为历史研究的主流，通贯整个 19 世纪，一直到 20 世纪（尤其是 20 世纪上半叶），各国的历史学家多半以国家（尤其是自己的国家）作为研究单位，"国别史"研究是 20 世纪史学研究的主要潮流，以国族论述作为主题，以政治的或文化的民族主义作为价值论的基础。[①] 以 20 世纪中国史学研究为例，钱穆（宾四，1895—1990）的《国史大纲》就是一部最具代表性的"国别史"的经典著作。[②] 但是正如巴勒克拉夫（Geoffrey Barraclough，1908—1984）在 1979

---

* 原载《跨文化对话》，第 28 辑，161～182 页。

  ① 欧洲科学基金会（European Science Foundation）资助以 Chris Lorenz 及 Stefan Berger 等人为首的团队，在 2003 年至 2008 年执行一项大型研究计划："Representations of the Past: The Writing of National Histories in Nineteenth and Twentieth Century Europe"（NHIST, www. uni-leipzig. de/zhsesf）。这项以研究 19、20 世纪欧洲的国别史写作为目标的研究计划成果，将于 2010 年在阿姆斯特丹举行的 International Congress of Historical Sciences 的 "Religion, Nation, Europe and Empire: Historians and Spatial Identities" 圆桌讨论会上发表，随后将由 Palgrave MacMillan 出版公司出版 6 卷本丛书及 10 本专著。

  ② 参见黄俊杰：《钱宾四史学中的"国史"观：内涵、方法与意义》，载《台大历史学报》，第 26 期，2002，1～37；Chun-chieh Huang, "Historical Thinking as a Form

年所说，第二次世界大战结束之后，各国史学家对二战以前盛行的民族主义史学逐渐感到厌恶，欧洲史学家普遍认为民族主义史学是引起第二次世界大战的思想根源之一。①在这样的思想氛围之中，"国别史"研究的合理性逐渐受到质疑。虽然亚洲各国在近百年来由于经历被侵略、被殖民的历史苦难，使得亚洲史学界的"国别史"研究仍然居于主流②，但战后日本对1945年以前，以国族论述、爱国情操为意识形态的历史研究与历史教育，的确有所反省。战后日本历史学基本上可说是从民族主义史学走向以人民为中心的史学研究。③

相对于20世纪盛行的"国别史"研究而言，"全球史"（global history）研究从21世纪开始受到许多史学家的重视。最近伊格斯（Georg G. Iggers）与王晴佳回顾20世纪90年代至今历史学研究的趋势，就指出五个新动向④：（1）文化转向与语言转向蔚为"新文化史"；（2）女性史与性别史的壮大；（3）在后现代主义的批评之下，历史研究与社会科学再度结合；（4）结合后殖民主义的对"国别史"的批判；（5）世界史、全球史与全球化历史研究的

---

of New Humanism for the Twentieth-century China：Qian Mu's View of History," paper presented at International Conference on "New Orientationsim Historiography：Regional History and Global History"，Shanghai，East China Normal University，3-5，November，2007.

① See Geoffrey Barraclough，*Main Trends in History* ，New York and London：Holmes & Meier Publishers，Inc.，1979，p. 149. 关于20世纪史学研究的回顾，可参Georg G. Iggers，*Historiography in the Twentieth Century：From Scientific Objectivity to the Postmodern Challenge with a New Epilogue* ，Middletown，C. T.：Wesleyan University Press，2005；"The Historians and the World of the Twentieth Century," *Daedalus：Proceedings of the American Academy of Arts and Sciences* 100：1（Spring 1971，Boston）。

② 最近关于亚洲史学界的整体回顾，参考 Masayuki Sato（佐藤正幸），"East Asian Historiography and Historical Thought," in Neil J. Smelser and Paul B. Baltes eds. *International Encyclopedia of Social & Behavioral Sciences* ，New York：Elsevier，2001，pp. 6776—6782。

③ 参见［日］远山茂树：《战后の历史学と历史意识》，东京，岩波书店，1968。

④ See Georg G. Iggers and Q. Edward Wang，"The Globalization of History and Historiography：Characteristics and Challenges，from the 1990s to the Present," paper presented at International Conference on "New Orientations in Historiography：Regional History and Global History".

兴起。在 20 世纪 90 年代以降的史学潮流中，"全球史"研究的崛起是一个值得重视的新趋势。这个"全球史"研究的趋势，最近也获得许多学者的热烈讨论。在重视"全球史"研究的同时，怀特（Hayden White）指出，所谓"全球史"视野中的"全球性事件"（global event）是一种全球视野中之崭新的"事件"，它可能会瓦解作为近代西方科学研究领域的历史学中的"时间""空间""因果关系"等既有概念。① 安克司密特（Frank Ankersmit）从所谓"cosmopolitical"观点质疑"世界史"写作常重视人以外的因素（如瘟疫）对人类历史的影响，可能沦为一种"非人文化的历史"（dehumanized history）。② 托塔若洛（Edoardo Tortarolo）也检讨"世界史"写作的过去、现在与未来，指出"世界史"写作在其意识形态基础以及研究的合法性上均面临挑战。③ 虽然如此，"全球史"的新视野仍将持续挑战当前史学研究的"主流论述"（master narratives），成为未来不可忽视的研究动向。④

在 20 世纪盛行的"国别史"与新兴的"全球史"研究之间，以东亚、西欧或北美等不同地理区域作为研究范围的"区域史"（regional history）研究，是一个值得认真考虑的史学研究新领域。本文写作主旨在于分析作为"区域史"研究领域的东亚文化交流史之方法论基础，提出东亚文化交流史研究的问题意识，并建议若干可能的研究主题。

作为一个史学研究的领域，所谓"区域史"可以区分为两种不同的类型：第一种"区域史"介于"国别史"与"地方史"（local history）之间；

---

① See Hayden White, "Topics for Discussion of Global History," paper presented at International Conference on "New Orientations in Historiography: Regional History and Global History".

② See Frank Ankersmit, "What Is Wrong with World History from a Cosmopolitical Point of View?" paper presented at International Conference on "New Orientations in Historiography: Regional History and Global History".

③ See Edoardo Tortarolo, "Universal/World History: Its Past, Present and Future," paper presented at International Conference on "New Orientations in Historiography: Regional History and Global History".

④ 即将于 2010 年举行的 International Congress of Historical Sciences，就有一项专题讨论会 "Global History-An Inter-Regional Dialogue"，由 Chris Lorenz, Dominic Sachsenmaier, Sven Beckert 等人主持。

第二种 "区域史" 则介于 "国别史" 与 "全球史" 之间。① 前者是国家之内不同区域的历史，如中国台湾南部史、华南史等；后者则是跨国界的区域的历史，如东亚史、西欧史等。本文所说的 "区域史"，指第二义的 "区域史"而言。

一、方法论的思考

1. 作为 "接触空间" 的东亚

在讨论东亚文化交流史的研究方法论问题之前，我们必须先整体性地说明东亚这个地理区域的特质。"东亚" 这个区域包括中国、朝鲜半岛、日本、中南半岛等地，这个地区的气候、温度等 "风土" 有其特殊性，是 20 世纪日本哲学家和辻哲郎（1889—1960）所区分的三种 "风土" 类型（季风型、沙漠型、牧场型）当中的 "季风型" 地域，有其特殊的"人文风土"。生长于 "季风型" 地区的人，一方面感情纤细而丰富，另一方面又习于忍辱负重，历史感较为强烈。② 和辻哲郎的学说虽然不免有地理决定论的疑虑，但是，东亚这个地理区域确实有其气候与环境的共同性。

"东亚" 这个区域是各国家、各民族、各文化的 "接触空间"（contact-zone）③，两千年来在不对等的支配与臣服关系之下，进行各种交流活动。在 20 世纪以前，支配东亚的是中华帝国；20 世纪上半叶，日本帝国是东亚强权，给被侵略国人民带来被侵略、被殖民的苦难与血泪；二战结束后，20 世纪下半叶，美国成为东亚的新霸权，在东亚建立冷战的新秩序。进入 21 世纪以后，中国的崛起则使东亚的政经秩序再次面临重组。

在 "东亚" 这个接触空间里，中华帝国广土众民、历史悠久，不仅在历

---

① 这两种 "区域史" 的定义，参见 Allan Megill, "Regional History and the Future of Historical Writing," paper presented at International Conference on "New Orientations in Historiography: Regional History and Global History"。

② 参见 ［日］ 和辻哲郎：《风土：人间学的考察》，东京，岩波书店，1935。

③ 所谓 "接触空间"，指不同文化遭遇、冲突或斗争的社会空间。参看 Mary L. Pratt, *Imperial Eyes: Travel Writing and Transculturation*, London: Routledge, 2000, p. 6。

史上对朝鲜半岛、日本、越南等地发挥政治、经济、文化的影响力，而且在相当程度上扮演东亚区域的"中心"之角色。从东亚周边国家的立场看来，中国作为汉字文化、儒学、中医等东亚文化共同要素的发源地，确实是一个巨大的"不可避的他者"。①

正因为中国在东亚这个地域扮演关键性的角色，所以使东亚文化交流史的研究更具复杂性与挑战性。东亚历史上的"中国"，与其说是一个（现代史意义下的）"国家"，毋宁说是一个超"国家"的政治、社会、文化共同体。因此，在东亚文化交流史研究中，中国与朝鲜半岛或日本的交流活动，与其说是中朝交流或中日交流活动，不如说是江浙地区与日本的交流，或是山东半岛与朝鲜半岛的交流，更具有历史的实体性。

2. "区域史"研究的新视野：从"结果"到"过程"的转换

在上文的基础上，我们进而讨论东亚文化交流史研究的方法论问题。作为"区域史"的东亚文化交流史研究，第一个值得讨论的方法论课题就是：我们可以将过去聚焦于文化交流活动之"结果"的研究，转向聚焦于文化交流活动的"过程"的研究，从而进行某种东亚文化交流史研究的"典范转移"。

为了阐明上述方法论的思考，我们可以以 1970 年起、集日本史学界之力所出版的"岩波讲座世界历史"丛书为例，加以讨论。② 这套丛书共包括 31 卷，视野广阔，气吞万里。编辑委员会在整套丛书序言中，首先批评明治时期（1868—1912）以降日本史学界所谓"世界史"仅是"西洋史"的同义语而已。③ 昭和时期（1926—1989）由于马克思主义的影响，史学界的历史

---

① 参见［日］子安宣邦：《汉字论：不可避の他者》，东京，岩波书店，2003。子安宣邦强调，汉字是东亚各国之"不可避的他者"。

② 二战后日本史学界提倡"世界史"视野不遗余力，从二战结束至1970年的25年间，日本所出版以"世界历史"为名的丛书，就多达14种。（参见高明士：《战后日本的中国史研究》，48页注1，台北，明文书局，1996年修订版）"岩波讲座世界历史"共31卷，最具代表性，1970—1971年初版发行，1974—1975年就第2次印刷。

③ 我要补充指出，启蒙式的西洋史研究，发展到明治晚期及大正初期就已结束。19世纪末叶，东京帝国大学文学部史学科逐渐奠立基础，人才渐出。1877年，德国史学家利斯（Ludwig Riess，1861—1928）到东大讲学，开风气之先，接着坪井九马三（1858—1936）亦于1891年留欧归日，出任东大讲师。自明治三十年（1897）以降，东大史学科在西洋史领域上造就了不少人才，坂口昂（1872—1928）、村川坚固

意识产生重大变化，新的"世界史"理论应运而生，对西欧中心主义的史观批判不遗余力。但是，太平洋战争以日本的"世界史的使命"作为合理化的基础，却使得日本所谓"世界史的使命"随着二战结束而走入历史。战后的"世界史"问题在于研究与教育的乖离，这套丛书有心于既批判又摄取继承各种"世界史"理论，以日本国民主体的问题意识为基础，在具体的研究成果之上撰写"世界史"，所以这套丛书的编委会将"世界史"从古至今分成八个历史世界：（1）古代近东世界；（2）地中海世界；（3）东亚历史世界；（4）东亚世界；（5）内陆亚洲世界；（6）西亚世界；（7）中古欧洲世界；（8）近代世界。①

　　"岩波讲座世界历史"丛书虽然宣称"世界史"的视野，但是各卷各章的论述基本上仍是在"国别史"的架构中进行。我们以该丛书第4卷、古代4《东亚世界的形成》第1册为例，进一步讨论这套丛书的问题。本册共包括十二章，各章题目如下：

　　（1）黄河文明之形成；

　　（2）殷周国家之构造；

　　（3）古典之形成；

　　（4）春秋战国时代之社会与国家；

　　（5）诸子百家论；

　　（6）皇帝支配之成立；

　　（7）汉王朝之支配机构；

　　（8）均输、平准与盐铁专卖；

　　（9）儒教之成立；

　　（10）王莽政权之出现；

(1875—1946)、内田银藏（1872—1919）等皆为其中之佼佼者。京都大学亦于 1906 年设立文学院，1907 年由出身东大的坂口昂出任西洋史教席。坂口昂及其同事原胜郎（1871—1924）共同开创了京大的西洋史研究学风。1889 年 11 月 1 日，东大客座教授利斯的学生辈创立了《史学会杂志》（后易名为《史学杂志》），其初期编辑方针多受利斯之引导。坂口昂则于 1908 年在京大发起"史学研究会"，并于 1916 年创办《史林》杂志，鼓励学者以世界史的视野来研究中西历史。（［日］酒井三郎：《日本西洋史学发达史》，东京，吉川弘文馆，1969）

　　①　参见"岩波讲座世界历史"1，古代1，"序言"，1～9 页。

(11) 后汉王朝与豪族；

(12) 汉帝国与周边诸民族。

以上共十二章的篇幅，所论述的内容完全是中国史视野中的历史事件、思想或人物，所以，如果将本册标题《东亚世界的形成》，改为《中华世界的形成》亦无不可。

"岩波讲座世界历史"这套丛书的内容，显示至少两个问题：

第一，这套丛书各册是各章机械式地组成的"马赛克"（mosaic），而不是有机整体的泼墨山水画，所以，各册的论述因为是在"国别史"而不是在"世界史"脉络中进行，所以难免产生欧洲思想史家赫克斯特（Jack H. Hexter，1910—1996）所谓的历史研究中的"隧道效应"（tunnel effect）。① 例如《东亚世界的形成》这一册各章论述的主题，在中国史脉络中确有其重要性，但是，放在世界史的格局中，其重要性与历史意义当有不同的定位。

第二，由于从世界史脉络中"去脉络化"（de-contextualization），因而形成各章论述注重文化发展的"结果"远过于"过程"。例如《东亚世界的形成》书中各章，述及殷周国家的构造、汉王朝的支配机构、均输、平准与盐铁专卖等项目，均讨论这些政治制度或经济措施之发展完成的形态，只有西嶋定生（1919—1998）所撰的第六章"皇帝支配之成立"，涉及中国的皇帝制及与东亚世界的形成之关系。

从以上论述的基础出发，我们就可以看到将东亚文化交流史的研究方法从重视"结果"转向重视"过程"的重大意义。从"结果"到"过程"的研究方法的转换，可以带动以下三个新的研究方向：

(1) 从结构观点向发展观点移动

注重"结果"的文化史研究，多半倾向于静态研究，着力于分析文化中的结构性的共同要素。例如西嶋定生为"岩波讲座世界历史"第 4 卷《东亚世界的形成》第 1 册一书撰写"总说"，就指出作为历史文明圈的东亚世界

---

① See Jack H. Hexter, *Reappraisals in History*, Evanston, Ill.：Northwestern University Press，1961，pp. 194-195；David H. Fischer, *Historians' Fallacies：Towards a Logic of Historical Thought*, New York：Harper Colophon Books，1970，pp. 142-144.

有四大指标：（1）汉字文化；（2）儒教；（3）律令制；（4）佛教。① 西嶋定生所提出的这四大指标，基本上是从结构的观点来看东亚历史世界的共性。但是如果我们聚焦于东亚文化史的动态过程，就会特别注意到汉字文化、儒教、律令制、佛教四大指标在中、日、朝鲜半岛之发展，以及"在地化"或"风土化"之现象及其所开展的不同内涵。

（2）从"中心"向"边缘"移动

以上所说的从"结构"到"过程"的移动，将引导史学工作者的眼光从"中心"移向"边缘"。

如果仅从东亚文化发展的"结果"着眼，那么，我们就会如同西嶋定生那样，以汉字、儒教、律令、佛教作为东亚文化四大指标，因为这四大要素是东亚文化发展最成熟的"表现"（manifestation）。因此，西嶋定生会接着说，历史上的东亚世界是近代以前的世界历史上诸多并存的历史世界之一，是"自律的、完结的历史的世界"②。但是，晚近的研究文献已经告诉我们：自远古以来，各民族之间早已进行跨文化的交流。旧世界的东方与西方在公元前 2000 年至公元前 1000 年之间，在冶金技术上早有交流，从而为"丝绸之路"奠基。③ 我们可以说，历史上的东亚，从来就不是"自律的""完结的"历史世界。

西嶋定生的学说在方法论上其实建立在一种假设之上，认为：在东亚各国具体而特殊的交流关系之上，存在着某一个抽象而普遍的"中心"，这个"中心"具足了文化要素，而在"边缘"地域逐渐"展开"（unfolding）。这种文化交流史观，无意中将所有的"边缘"地域的文化之形成与发展，都当作趋向于或远离于"中心"的发展历程。这种东亚文化史观，潜藏着某种"文化一元论"（cultural monism）与"政治一元论"（political monism），强调"中心"与"边缘"之间存在着"从属原则"（principle of subordination），而不是"并立原则"（principle of coordination）。④

---

① 关于西嶋定生的学说，参见高明士：《战后日本的中国史研究》，40、70～72 页。

② 参见"岩波讲座世界历史"4，古代4，7 页。

③ See Victor H. Mair ed. *Contact and Exchange in the Ancient World* ，Honolulu：University of Hawaii Press，2006.

④ "从属原则"与"并立原则"系牟宗三（1909—1995）先生所创名词。（参见牟宗三：《中国文化的省察：牟宗三讲演录》，68 页，台北，联经出版事业公司，1983）

　　但是，一旦我们采取从"过程"，而不是从"结果"来观察东亚文化交流史，我们的眼光就从"中心"移往"边缘"①，看到了在东亚地区的各个文化交往互动的过程之中，每一个地域的人的"自我"（self）与"他者"（others，或译"异己"）的互动、冲突、重塑、转化或融合。因此，东亚文化的共同命题或价值理念，就不是抽离于东亚各国之上的唯一"中心"或具有宰制性的单一核心价值。相反，东亚文化的共同命题，只能在各国的具体互动过程之中形成，而东亚文化交流史也就可以被视为东亚各国建构各自的文化主体性的过程。正如陈慧宏最近介绍比利时学者钟鸣旦（Nicolas Standaert）的学说时所说：

　　　　在交往互动的"过程"（process）及沟通中，多元观点的交错或共现（multiplicity），是研究者应该注意的视角，而非只专注单一的主体（subject），如传教士或中国人，或客体（object），如基督宗教或西方文化。②

　　这里所说的从"结果"向"过程"的转换，所导致的从"中心"向"边缘"的移动，就可以更清楚地看到东亚文化的多元多样性，各地区文化既有其共性（如西嶋定生所说），又有其殊性。

　　（3）从文本到氛围

　　我们将东亚文化交流史研究的重心从"结果"转向"过程"之后，研究对象也会从"文本"（text）转向"氛围"，或至少"文本"与"氛围"或"环境"并重。我们以东亚文化交流史上的经典诠释与政治权力的互动关系为例加以分析。

　　在 20 世纪以前的东亚各国历史上，知识分子都熟读儒家经典，他们在东亚王权高涨的现实情境之中解读并引用经典文本，使儒家经典在东亚的历史进程中与政治权力构成复杂的关系。我最近爬梳东亚儒者批注《论语》与《孟子》等经典的资料、明代（1368—1644）科举考试试题、德川时代（1600—1868）日本宫廷进讲官讲《孟子》时所批注之"御读禁忌"

----

　　①　当然，这并不是说在历史上作为"中心"的中国不重要。事实上，中国作为"不可避的他者"，仍对东亚各国产生极大影响力。

　　②　陈慧宏：《"文化相遇的方法论"——评析中欧文化交流研究的新视野》，载《台大历史学报》，第 40 期，2007 年，239～278 页，引文见第 253 页。

数据，以及中国汉代（公元前 206 B. C.—公元 220）与唐代（618—907）君臣对话中所引用的经典资料，探讨这个问题，发现东亚儒家经典诠释者身兼儒者与官员之双重身份，所以他们的经典诠释事业与政治权力关系密切。约言之，两者之关系有三：第一，经典诠释与政治权力有其不可分割性；第二，两者之间有其竞争性；第三，诠释者致力于在两者之间维持平衡性。①

如果采取传统的文化史研究观点，这个问题的研究当会聚焦在经典文本之上，分析各国精英思想人物如何解释文本。但是，如果采取新文化史的研究观点，我们就会同时注意到经典文本被各国学者解读时的时代环境与氛围，也会注意文本如何影响或改变氛围等问题。如果说聚焦于文本的分析是一种"入乎其内"的研究途径，我们不妨说后者是一种"出乎其外"的研究途径，两者可以相辅相成，庶几内外兼观，探骊得珠。

3. "区域史"与"国别史"、"全球史"的关系

作为"区域史"的东亚文化交流史研究的第二个方法论问题是："区域史"与"国别史"、"全球史"的关系如何？

首先，这个问题可以引导我们思考"区域史"这个研究范畴的本质。我认为，作为"区域史"的东亚文化交流史，并不是一个不占空间、不占时间的抽象的概念架构。相反，它是一个在具体而特殊的时间与空间交错互动之下的领域。在这个文化交流史领域里，固然充满了各国人民的忧苦与血泪、儒家知识分子在现实政治环境中的挫折，我们也看到了各国使节交流络绎于途，商贾越境往来以互通有无，各国知识分子从各自国家的脉络出发重新解释各种经典文本，并在各自的著作中与他国的学者隔空对话，成为未面心友或异代知音。因此，所谓"区域史"概念正是出现于各国"国别史"的互动关系之中，而不是在各国"国别史"之上的一个抽象范畴。

---

① 参见黄俊杰：《论东亚儒家经典诠释与政治权力之关系——以〈论语〉〈孟子〉为例》，载《台大历史学报》，第 40 期，2007 年，1～18 页；Chun-chieh Huang, "On the Relationship between Interpretations of the Confucian Classics and Political Power in East Asia: An Inquiry Focusing upon the Analects and Mencius," *Medieval History Journal: Journal of the Association for the Study of Medieval History* 11: 1 (2008, New Delhi), pp. 101, 122.

其次，所谓"全球史"与"区域史"也是互倚而立之两个研究范畴。最近国际史学界所提倡的所谓"全球史"这个研究领域，就其以全球作为研究之视野这一点来看，其实与第二次世界大战之后所谓"世界史"（world history）并无根本的差异。早在战后初期的 1953 年就有《世界史学报》（*Journal of World History*）创刊，从 1963 年起亦有"人类史"丛书之出版。① 二战后的"世界史"著作，均强调历史研究必须聚焦于具有世界性意义之各地区的特殊的历史事件。② 各国或各地区的具体历史人物或事件，被放在全球的脉络或背景中加以衡量。在这种意义之下，我们可以说："区域史"就是构成"全球史"的一部分之地域性经验。如果将各区域人民之具体而特殊的历史经验抽离，则所谓"全球史"就成为空洞而缺乏具体内容的抽象概念。在这个作为"部分"的"区域史"构成作为"整体"的"全球史"的意义上，我们可以进一步说：所谓"全球史"可以被理解为"跨区域史"。

4. "区域史"研究中的"脉络性转向"问题

第三个方法论课题就是作为"区域史"研究中的"脉络性转向"（contextual turn）问题。这个方法论问题之关键在于：在东亚文化交流史上，所有包括典籍、价值理念等的所谓"文化产品"③，都是具体而特殊的文化脉络下的产物，均有其特定之时间性与空间性，因此，在东亚文化交流史上，任何文化产品（尤其是经典文本）之传播到异邦，必然要经过程度不等的"脉

---

① See International Commission for a History of the Scientific and Cultural Development of Mankind, *History of Mankind: Cultural and Scientific Development*, New York: Harper & Row, 1963.

② See L. S. Stavrianos, *The World to 1500: A Global History*, Englewood Cliffs, N. J.: Prentice-Hall, 1975, pp. 4-5.

③ 用夏提埃（Roger Chartier）的名词，参见 Roger Chartier, trans. Lydia G. Cochrane, *On the Edge of the Cliff: History, Language, and Practices*, Baltimore: Johns Hopkins University Press, 1997. 夏提埃的所谓"文化产品"研究，强调的不是书籍或文本的制作或流通，或"读者"身份、阅读内容以及阅读地点之类的社会史问题，而是着重于读者在特殊的文化运作之下，如何理解自身社会中的观念、信仰、文本或书籍之类的问题。参见 [法] 夏提埃著，杨尹瑄译：《"新文化史"存在吗?》，载《东亚文明研究学刊》（台湾），第 5 卷第 1 期，2008，199～214 页。我的同事秦曼仪教授与我讨论夏提埃的"文化产品"概念，我获益良多，谨表谢意。

络性转向"，才能在当地落地生根。16 世纪朝鲜朱子学大师李滉（退溪，1502—1571）穷半生之力编《朱子书节要》（成书于 1556 年），就强调中朝时地不同，必须将朱子（晦庵，1130—1200）的著作加以"损约"①，才能适合朝鲜儒者的阅读。李退溪所谓"损约"，虽然原意是指删节而言，但也包括本文所谓的"脉络性转向"。我最近曾以日本德川时代（1600—1868）儒者的《论语》解释为例说明，所谓"脉络性转向"是指：将原生于中国文化脉络的诸多儒学经典中的概念或价值观，置于日本文化或思想家之思想体系的脉络之中，进行新的解释。这种跨文化的脉络性转换工作，在东亚世界的政治秩序（尤其是华夷秩序）与政治思想（尤其是君臣关系）两个不同层次的脉络中进行，也激发诸多跨文化的经典诠释问题。②

东亚文化交流史中，"文化产品"儒家经典之经历"脉络性转向"，最具关键性的人物是儒家学者，而儒者在中、日、朝三国社会之中，却各有不同之角色与功能。中国的儒者自宋代以后，在社会及政治上发挥重要作用，经科举考试后在朝为官成为士大夫，退休后则在地方上成为乡绅。朝鲜时代（1392—1910）儒家知识阶层逐渐壮大成为世袭的"两班"阶级，而德川日本的所谓"儒者"，则是社会上的一般知识分子，并不分享政治权力。③ 这种"脉络性转向"最具代表性的个案，就是中国经典习见的"中国"词称。在中国文化脉络中，经典中的"中国"一词兼指"文化认同"与"政治认同"，两者融贯为一。但是，当德川日本儒者研读中国经典，遭遇"中国"一词时，就引起他们自身的"政治身份认同"与"文化身份认同"的剧烈拉锯。因为"中国"对日本儒者而言，既是他们的精神的、文化的故乡，又是他们的政治的、现实的异国，所以他们常将"中国"一词解释为指日本而言，主张日本得孔子

---

① 李滉：《朱子书节要序》，见《陶山全书》3，卷 59，259 页，汉城，退溪学研究院，1988。

② 参见黄俊杰：《德川日本〈论语〉诠释史论》，43 页，台北，台大出版中心，2007 年修订新版。

③ See Hiroshi Watabade, "Jusha, Literati and Yangban: Confucianists in Japan, China and Korea," in Tadao Umesao, Catherine C. Lewis and Yasuyuki Kurita eds. *Japanese Civilization in Modern World V: Culturedness* , Osaka: National Museum of Ethnology, 1990, pp. 13-30；[日] 渡边浩：《儒者・读书人・两班——儒学的"教养人"的存在形态》，见《东アヅアの王权と思想》，115～141 页，东京，东京大学出版会，1997。

之道，所以才配称为"中国"。而"中国"一词，在近代台湾则又一分为二，或指"文化中国"，或指"政治中国"。① 诸如此类的"脉络性转向"，确实是东亚文化交流史研究中的重要现象，涉及诸多研究方法论课题，有待进一步发掘。

一旦我们从"脉络性转向"这个角度来看东亚文化交流史，就比较能够对东亚文化交流史进行一种已故人类学家吉尔兹（Clifford Geertz, 1926—2006）所谓的"深厚叙述"（thick description）。② 虽然早在 20 世纪 80 年代，史学界就开始注意文化史问题③，但是我想强调的是所谓"文化史"，尤其是"文化交流史"研究的对象，不应停留在具体的人、事、地、物的交流事迹的考证与厘定，而应将这些人、事、地、物都视为寻求意义的"事件"，诚如吉尔兹所说："人是悬挂在自己所编织的意义之网上的动物，而文化就是那张〈意义之〉网……文化研究……就是一种寻求意义的解释性的学问。"④ 文化交流史研究正

---

① 参见 Chun-chieh Huang, "The Idea of 'Zhongguo' and Its Transformation in Early Modern Japan and Contemporary Taiwan," 载《汉文学研究》（日本），第 2 号，2007，398~408 页；黄俊杰：《论中国经典中"中国"概念的涵义及其在近世日本与现代台湾的转化》，载《东亚文明研究学刊》（台湾），第 3 卷第 2 期，2006，91~100 页。

② Clifford Geertz, *The Interpretation of Cultures*, New York: Basic Books, Inc., 1973, pp. 3-32. 吉尔兹的所谓"深厚叙述"将文化视为象征与意义的系统，也激起许多学者的批评。较早的评论，见 Aletta Biersack, "Local Knowledge, Local History: Geertz and Beyond," in Lynn Hunt ed. *The New Cultural History*, Berkeley: University of California Press, 1989, pp. 72-96。夏提埃批评吉尔兹的学说，认为吉尔兹所强调的文化系统的"意义"说，并不能包括社会实体，参考 Jonathan Dewald, "Roger Chartier and the Fate of Cultural History," *French Historical Studies* 21: 2 (Spring 1998, Baton Rouge), pp. 211-240，尤其是 p. 223 及 p. 225。有的学者则批判吉尔兹将"文化系统"与"社会系统"分得太清楚，颇有将人类行为过度抽象化之嫌，参考 William H. Sewell, Jr. "The Concept (s) of Culture," in Victoria E. Bonnell and Lynn Hunt eds. *Beyond the Cultural Turn*, Berkeley: University of California Press, 1999。也有人指出，吉尔兹的立场与一些后现代主义者，如福柯（Michael Foucault, 1926—1984）及德里达（Jacques Derrida, 1930—2004）非常接近，参考 Joyee Appleby, Lynn Hunt and Margaret Jacob, *Telling the Truth about History*, New York: W. W. Norton & Company, 1994, p. 219。承蒙陈慧宏教授提示上引论文，谨申谢意。

③ See Georg G. Iggers, *New Directions in European Historiography*, Middletown, C. T.: Wesleyan University Press, 1984, p. 200.

④ Clifford Geertz, *The Interpretation of Cultures*, p. 5.

是因为它深入"意义之网",并将各国间的交流活动视为寻求意义的活动,才取得它的高度、厚度与深度。

二、问题意识

现在,我们可以讨论作为"区域史"的东亚文化交流史研究的问题意识。我想建议以下两项问题意识:

1. 东亚文化交流史中"自我"与"他者"的互动

本文第二部分提出:将东亚文化史研究的焦点从过去的研究之注重交流的"结果",转移到交流的"过程"。经过这个研究焦点的转换,我们就更能注意到东亚文化交流互动的过程中,各国人民的"自我"(self)与"他者"(others)的互动、张力与融合的复杂问题。

关于"自我"与"他者"的问题,近年来有若干研究论著出版。当代古希腊哲学研究名家索拉比(Richard Sorabji)在 2006 年的新书中,首先就指出"自我"的本质虽难以探究,但每一个人都有透过"自我"来与世界取得联络的需求,心理学实验中已一再证明这种需求。"自我"的意义并不明确,但对于"自我"的指涉却是一种含义广泛的活动,因此索拉比主张,"自我"是一种"体现",是就人和世界的关系而言的"体现"。[1] "自我"这个概念在西方思想史脉络中常与"自主"(autonomy)或"权利"(rights)等概念相结合,因此一般比较伦理学家常强调儒家哲学中的"自我"和西方的"自我"观念并不相容。信广来最近探索中西思想中"人观"的适用情境,并特别分析儒家思想中的"心""志""气"等概念,主张西方所谓的"自主""权利"未必不见容于儒家,只是中国思想中的"人"观更加强调人类的社会性格。[2] 从东亚文化交流史的脉络来看,我认为所谓"自

---

[1]　See Richard Sorabji,"The Self: Is There Such A Thing?" in Richard Sorabji, *Self: Ancient and Modern Insights About Individuality*,*Life and Death*,Chicago: The University of Chicago Press,2006,pp. 17–31.

[2]　See Kwong-loi Shun(信广来),"Conception of the Person in Early Confucian Thought," in Kwong-loi Shun andDavid B. Wong eds. *Confucian Ethics: A Comparative Study of Self*,*Autonomy*,*and Community*,Cambridge: Cambridge University Press,2004,pp. 183–199.

我”与“他者”在具体历史经验中实包括“自我”与“他者”存在之各种面向（如政治的、社会的、文化的、性别的“自我”与“他者”），尤聚焦于“文化身份认同”（cultural identity）与“政治身份认同”（political identity），其中尤其以“文化的自我”最具关键性，我已另文探讨①，此处不再赘及。

我们从“自我”与“他者”的互动这个问题意识出发，就可以扣紧东亚文化交流史中“自我”与“他者”之“文化身份认同”与“政治身份认同”在社会文化背景语境中之冲突、协调及其迈向融合之过程，并论证其理论之意涵。在东亚文化交流史中，“自我”的觉醒与建构，恒在与“他者”的互动之中完成。东晋郭璞（景纯，276—324）注《山海经》，序云：“世之所谓异者，未知其所以异。世之所谓不异，未知其所以不异。何者？物不自异，待我而后异。异果在我，非物异也。”② 明末黄宗羲（梨洲先生，字太冲，号南雷，1610—1695）说：“盈天地间无所谓万物，万物皆因我而名。如父便是吾之父……”③ 这两段话都强调“自我”的建构是认识“他者”的前提，完全符合东亚文化交流史的经验事实。举例言之，在朝鲜时代（1392—1911）约五百年之间的中朝文化交流史中，朝鲜来华人士对中华文化与思想均有所评论，反映朝鲜人士对中国社会、政治及思想之观察，显示在中朝文化交流史中“自我”与“他者”的互动，也显示了朝鲜人士的“自我”的觉醒是他们对华认识的前提。在许多状况中，与“他者”的接触与交流，也常常是唤醒“自我”的重要因素。当20世纪初年日本汉学家内藤湖南（1866—1934）、吉川幸次郎（1904—1980）、青木正儿（1887—1964）与宇野哲人（1875—1974）等人来中国参学旅游时，他们作为日本人的“政治自我”与“文化自我”，在中国政治与文化的对照之下，都经历了从潜藏到

---

① 参见黄俊杰：《中日文化交流史中“自我”与“他者”的互动：类型及其涵义》，载《东亚文明研究学刊》（台湾），第 4 卷第 2 期，2007，85～105 页；黄俊杰：《中日文化交流史に见られる“自我”と“他者”——相互作用の4 种の类型とその含意》，载《东アジア文化环流》，第 1 编第 1 号，2007 年，116 页。

② （晋）郭璞注：《山海经》，见《四部丛刊》初编，1a，台北，台湾商务印书馆，1965。

③《黄宗羲全集》，第 1 册，《孟子师说》卷 7，“万物皆备章”，149 页. 杭州，浙江古籍出版社，1985。

外显的觉醒过程。① 例如当时极端尊崇孔子的东京帝国大学中国哲学教授宇野哲人，在 1906 年游八达岭长城时，甚至在长城上大唱日本国歌《君之代》，就是一个极具代表性的个案。②

在东亚文化交流史上，"自我"与"他者"的互动，尤其是"自我"对"他者"的"再现"（representation），或甚至描述某种"想象的地理"（imaginative geographies)③，主要见之于东亚各国人士的游记、笔谈录或地方志对异地的描写之中。举例言之，1895 年割台前后，中国知识分子或官员曾来台湾旅游，如池志徵（1853—1937）撰《全台游记》（1891 年至 1894 年游台），施景琛（1873—1955）撰《鲲瀛日记》（1912 年 2 月 27 日至 3 月 17 日游台），张遵旭撰《台湾游记》（1916 年 4 月 3 日至 20 日游台)④，均从中国人观点对当时的台湾有第一手的描述。

"自我"对"他者"的观察或描述，有时是有计划的官方派遣行动，如隋唐时代日本的遣隋使、遣唐使，明清时代朝鲜的燕行使、通信使等；有时是因天候变化而意外地漂流到异国，例如清道光六年（1826），日本船"越前宝力丸"漂流到上海，中国人撰写《赠倭国难民诗》；日本人也曾漂流到广东，而对广州港有所描述。⑤ 清代澎湖进士蔡廷兰（1801—1859）在道光

① 参见黄俊杰：《20 世纪初期日本汉学家眼中的文化中国与现实中国》，见《东亚儒学史的新视野》，265～312 页，台北，台大出版中心，2004；该文日文译文由［日］森冈ゆかり译，见杨儒宾、张宝三编：《日本汉学研究初探》，329～378 页，东京，勉诚出版，2002。

② 参见［日］宇野哲人：《支那文明记》，东京，大东馆，1912，收入［日］小岛晋治编：《幕末明治中国见闻录集成》，东京，ゆまに书房，1997，中译本见张学锋译：《中国文明记》，北京，光明日报出版社，1999。宇野哲人唱日本国歌一事，见中译本第 60 页。关于宇野哲人游华一事之讨论，另参见 Joshua A. Fogel, "Confucian Pilgrim: Uno Tetsuto's Travels in China, 1906," in Joshua A. Fogel, *The Cultural Dimension of Sino-Japanese Relations: Essays on the Nineteenth and Twentieth Centuries*, New York: M. E. Sharp, 1995, pp. 95–117.

③ See D. Clayton, "Critical Imperial and Colonial Geographies," in K. Anderson et. al. eds. *Handbook of Cultural Geography*, London: Sage Publications, 2003, pp. 354–368.

④ 以上三书均已收入"台湾文献丛刊"第 89 种，台北，台湾银行经济研究室，1960。

⑤ 参见［日］松浦章：《江户时代唐船による日中文化交流》，310～344 页，京都，思文阁，2007。

十五年（1835）从澎湖赴台湾途中，遇风漂流至越南广义，次年由陆路回福建后撰写《海南杂著》。① 上述这些有意或无意而留下的史料，都是我们研究东亚文化交流史中"自我"对"他者"的"再现"的重要数据。

2. 东亚文化交流与权力结构的互动

东亚文化交流史研究的第二个问题意识是：在东亚各国间的文化交流活动中，政治权力发挥何种作用？这个问题不仅是东亚文化史的根本问题，而且也带领我们思考中华帝国作为东亚各国之"不可避的他者"的角色。

中国史上帝国的规模，自秦以后就日趋成熟，以皇帝制度为中心所建立的一套政治秩序，对文化传播与知识建构均产生毛细孔般的渗透作用。甘怀真在 2004 年所著《皇权、礼仪与经典诠释》② 书中，就环绕着儒家学说、"儒教国家"与皇帝制度之复杂关系而有所论述。中国这一套政治秩序展开一种具有东亚文化特色的天下观③，并影响整个东亚地区的王权理论④。东亚文化交流史正是在上述权力结构网络中展开。

循着这个问题意识，我们可以探讨很多问题，例如：

（1）东亚历史上，政治秩序的"中心"之政治权力更迭（如 1644 年大明帝国灭亡）之后，文化交流活动出现何种变化？对各国（如朝鲜）国内政治、思想与文化造成何种影响？⑤

（2）正如松浦章所说，中日文化交流史可分三阶段：第一阶段，日本被整编入明代册封体制，以室町幕府第三代将军足利义满（1358—1408，

---

① 蔡廷兰：《海南杂著》，"台湾文献丛刊"，第 42 种。蔡廷兰略传，见（清）林豪：《澎湖厅志》卷 14，《艺文下》，"台湾文献丛刊"，第 164 种。最近有关蔡廷兰的研究，参见陈益源：《蔡廷兰及其〈海南杂著〉》，台北，里仁书局，2006。

② 甘怀真：《皇权、礼仪与经典诠释：中国古代政治史研究》，台北，台大出版中心，2004。

③ 参见甘怀真：《重新思考东亚王权与世界权——以"天下"与"中国"为关键词》，见其《东亚历史上的天下与中国概念》，1～51 页，台北，台大出版中心，2007；《"天下"观念的再检讨》，见吴展良编：《东亚近世世界观的形成》，85～109 页，台北，台大出版中心，2007。

④ 参见甘怀真：《天下国家：东亚王权论》，台北，三民书局（出版中）。

⑤ 关于 17—19 世纪，朝鲜的尊周尊华、思念明朝的思想之研究，参见孙卫国：《大明旗号与小中华意识——朝鲜王朝尊周思明问题研究（1637—1800）》，北京，商务印书馆，2007。

1368—1394 年在位）为"日本国王"，向明朝朝贡，开始勘合贸易之时期。第二阶段，日本在宁波争朝贡先后，明朝下令停止朝贡，并将日本置于册封体制之外，中日开始进行对等贸易的时期。第三阶段，江户幕府第三代将军德川家光（1604—1651，1623—1651 年在位）在宽永年间（1624—1644）颁"锁国令"，限定中国商人与日本通航仅在长崎一地，两国关系进入以长崎通商为中心的时期。① 在上述中日两国权力互动的过程，文化交流受到权力结构影响的广度与深度如何？

以上仅就管见所及，提议两个可能的问题意识作为东亚文化交流史研究的出发点。

三、研究主题

最后，在本文第二部分与第三部分论述的基础上，我们提出以下三个东亚文化交流史研究的主题：

1. 人物的交流："媒介人物"及其对"他者"的观察

东亚文化交流史上，各国人士络绎于途，密切往来，不仅日本的遣隋使、遣唐使可以上溯 1 400 年前，朝鲜官员与知识分子也奉使来华，朝日之间也有使节来往，都留下大量的史料，值得深入研究。

东亚文化交流圈的人物，正是杨联陞（1914—1990）所谓"媒介人物"（professional intermediate agents），杨先生说：

> 这个名词的广义，可以包括好几种人物，例如经济上的媒介人物，有商人、企业家、掮客，纤手（例如"拉房纤儿的"）、买办，以及佣工介绍者（例如"开老妈儿店的"）等等；社会方面的媒介人物，有媒人，合二姓之好，有门房，就是传达处的听差等等，法律方面有律师，外交方面有各种使节。还有宗教方面的媒介，如传教士、牧师、祭司、巫师等；文化方面的媒介人物，如教师、翻译同传译（通事，也属于外交方面）之类。②

---

① 参见［日］松浦章：《江户时代唐船による日中文化交流》，3 页。
② 杨联陞：《中国文化的媒介人物》，见《史学通论》，243～250 页，台北，大陆杂志社，1960，引文见第 244 页。

"媒介人物"是东亚文化交流史研究的首要对象,因为这种"媒介人物"不仅是东亚各国政治、经济活动的主力,也是各国社会与文化价值理念的重要载体。东亚文化交流首先表现为人物的交流。

就中朝文化交流史研究而言,可以运用的基本史料是林基中所编《燕行录全集》(首尔,东国大学校出版部,2001),共100册,收录朝鲜时代五百余年间来华访问之朝鲜人士之笔谈录、奉使录、朝天录及旅行札记等,史料价值极高,可以反映当时朝鲜人之中国意象,亦可部分地窥探中国朱子学与阳明学在朝鲜思想界之接受与批评。在朝日交流史上,朝鲜派赴日本的使节留下大量海游录、扶桑录、海槎录之类笔记。壬辰倭乱(1592—1598)以后,也有一些被俘到日本的朝鲜人留下见闻资料,在1914年由朝鲜古书刊行会汇编成为《海行总载》出版。①《海行总载》的资料所呈现的朝鲜人的日本观,正可以与日本人的朝鲜观②互作比较。

2. 物品(尤其是书籍)的交流

第二个研究主题是东亚文化交流圈中物品的交流,尤其是书籍的交流,更是具有东亚文化特色的现象。据现代学者估计:远在9世纪,中国文献典籍之输入日本就有1 568种。至19世纪初年,中文书籍据应有百分之七八十传入日本③,其中中国重要经典如《论语》《孟子》等书东传日本之后,均对日本思想家造成极大冲击,影响深远④。反之,失传于中国而为日本所保存的中国典籍,也回传到中国。例如梁代皇侃(488—545)所撰《论语义疏》,自著录于南宋尤袤(延之,1127—1194)的《遂初堂书目》后,即亡佚于中国,后由根本武夷(1699—1764)在足利学校发现、校刻,再回传中国,作为"浙江巡抚采进本"而被收在《四库全书》之中,并收录于

---

① 参见 [韩] 民族文化推进会编:《海行总载》,首尔,民族文化文库刊行会,1986。现已上网:http://www.minchu.or.kr。

② 罗丽馨最近的研究指出,19世纪以前,日本人的朝鲜观是多元的,如蔑视朝鲜、征讨朝鲜、尊敬朝鲜等,但以蔑视朝鲜的心理最值得注意。(参见罗丽馨:《十九世纪以前日本人的朝鲜观》,载《台大历史学报》,第38期,2008,159~218页)

③ 参见严绍璗编撰:《日本藏宋人文集善本钩沉》,1~2页,杭州,杭州大学出版社,1996;[日] 大庭修著,戚印平等译:《江户时代中国典籍流播日本之研究》,杭州,杭州大学出版社,1998。

④ 参见黄俊杰:《德川日本〈论语〉诠释史论》;张昆将:《日本德川时代古学派的王道政治论:以伊藤仁斋、荻生徂徕为中心》,台北,台大出版中心,2004。

鲍廷博（以文，1728—1814）校的"知不足斋丛书"，始广为中国学界所熟知。

再看朝日之间的文化交流史实，日本在1395年至1443年之间，每年派遣使者至朝鲜，皆请求《大藏经》《大般若经》《法华经》等佛教经典。[①] 凡此，皆反映中日朝三国文化关系之密切。所以，王勇就提议，相对于"丝绸之路"而言，东亚另有一条可称为"书籍之路"的文化交流路线。[②]

3. 思想的交流

以上所说的人物的交流与物品（尤其是书籍）的交流，都涉及思想的交流，这是东亚文化交流史研究的第三个主题。这个主题之下的相关研究问题甚多，均与上文所说中国作为东亚各国之"不可避的他者"有关，以下两个议题尤具探讨之价值。

（1）中国思想对日、朝地区的冲击

中国思想与东亚周边国家的地域特性，常有巨大落差，例如孟子的"汤武放伐论"与德川时代日本政治体制就格格不入，所以当《孟子》这部书传入日本后，就引起徂徕学派思想家之挞伐，也激起古义学派与程朱学派学者起而为孟子辩护。[③] 包括孟子思想在内的中国思想东传日、朝之后，因与异域之政治特性与思想风土不合，而激起思想的浪花，确实值得研究。

（2）东亚文化交流中所出现的"自我认同"问题

在东亚各国密切的文化交流关系中，巨大的"不可避的他者"中国，常常激起周边地域的"自我认同"问题。举例言之，18世纪日本的藤贞干（1732—1797）与国学派思想家本居宣长（1730—1801）关于日本文化的起源的辩论，就是一个重要的例子。藤贞干认为，日本的皇统、语言、姓氏等文化要素皆来自朝鲜，而辰韩则是秦的亡人。藤贞干的"日本文化外来说"，

---

① 参见［韩］姜周镇：《〈海行总载〉解题》，见《海行总载》，第1辑，128页。关于东亚文化交流经典诠释，最新的研究成果有：关西大学アジア文化交涉研究センタ编：《东アジア文化交流と经典诠释》，大阪，关西大学アジア文化交涉研究センタ，2009；徐兴庆编：《东亚文化交流与经典诠释》，台北，台大出版中心，2008。

② 参见王勇：《中日"书籍之路"研究》，北京，北京图书馆出版社，2003。

③ 参见张崑将：《日本德川时代古学派之王道政治论》，第5章，219～286页。

引起了本居宣长的强力批驳，直斥之为狂人。① 这场日本思想史上所谓"韩之问题"的辩论，处处有着巨大的中国的投影。这是东亚文化交流史研究的重要现象。

当然，在将近 1500 年的东亚文化交流史上，可以进行研究的主题不止于以上所谈的物品的交流、人物的交流与思想的交流而已，其他如政治制度的交流，如中国王权对东亚周边国家的影响以及宗教信仰的交流，如中国观音信仰东传，等等，都是值得研究的课题。

四、结论

21 世纪全球化趋势的加速发展，一方面造成了社会学家贝克（Ulrich Beck）所谓的"解民族化"与"解疆域化"的效应②，但另一方面也进一步加强了全球各地的相互连接性（interconnectedness）③。这些新发展，对于 20 世纪盛行的"国别史"研究造成巨大的冲击。但是，正如全球化时代的经济活动中，"民族国家"（national state）仍展现其坚韧的主导力量一样④，传统的"国别史"研究在全球化时代仍不可偏废⑤，因为每一个人首先是国家的公民，然后才是"地球村"的居民。本文基于上述认识，提议推动作为"区域史"的东亚文化交流史研究，既整合"国别史"研究的业绩，扩大历史研究的视野，又为未来"全球史"视野的拓展奠基。

---

① 参见 [日] 藤贞幹：《冲口发》，[日] 本居宣长：《钳狂人》，均见 [日] 鹫尾顺敬编：《日本思想斗争史料》，227～312 页，东京，名著刊行会，1970；[日] 子安宣邦：《方法としての江户》，16～26 页，东京，ぺりかん社，2000。

② [德] 贝克：《全球化危机》，孙治本译，90～91 页，台北，台湾商务印书馆，1999。

③ See Anthony Gidden, *Beyond Left and Right：The Future of Radical Politics*, Cambridge：Polity Press，1994，pp. 4-5.

④ See Peter F. Drucker, "The Global Economy and the Nation State," *Foreign Affairs* 76：5, pp. 159-171.

⑤ 甚至最近仍有讨论"国别史"的新著出版，参见 Stefan Berger, Mark Donovan and Kevin Passmore eds. *Writing National Histories：Western Europe since 1800*, London, Routledge, 1999；Stefan Berger, ed. *Writing the Nation：A Global Perspective*, Basingstoke：Palgrave Macmillan, 2007.

本文第一部分第二小节建议，作为"区域史"的东亚文化交流史研究，在方法论上可以从注意文化交流的"结果"，转向聚焦于文化交流之"过程"，从而引入东亚文化交流史研究的动态观点，使研究重心从"中心"移向"边缘"，从"文本"转向"文本"解释的氛围或环境。

本文第二部分提议两项问题意识作为进行研究的出发点：第一是东亚文化交流过程中，"自我"与"他者"的互动及其张力；第二是东亚文化交流活动与各国之间，以及各国国内的权力结构之关系。从这两项问题意识出发，本文第三部分提议在诸多研究主题之中，可以研究东亚各国人物（尤其是"媒介人物"）的交流、物品（尤其是书籍）的交流以及思想的交流。

随着亚洲（尤其是东亚）在21世纪的兴起，以及"全球化"的加速发展，东亚人文社会科学界开始从20世纪"国家中心主义"的研究格局，逐渐转向以东亚为研究的视野。举例言之，日本东京大学原有的"中国哲学"讲座，就更名为"东亚思想文化学"讲座；日本各大学获得日本文部科学省资助的卓越研究中心（COE）计划，也大多以东亚为视野。韩国政府所推动的"二十一世纪韩国头脑"卓越计划（简称BK21）及后续"人文韩国"（HK）研究计划，在人文学科方面的计划也多以东亚为研究范围。中国台湾自2000年开始所推动的两梯次卓越研究计划，也都是以广义的东亚文化范围为研究领域，如"东亚儒学""东亚民主""华人心理学"等计划，均在不同领域与程度上说明了21世纪东亚人文社会学术研究的新取向。

余英时最近回顾近百年来中国与日本史学界之受到西方模式（尤其是实证主义与马克思主义）的支配，指出国际史学研究出现"新文化史转向"，寄望于中国史学工作者重访亚洲的传统文化，提出适用于研究中国历史经验的研究概念与方法，但不是自外于包括西方在内的世界其他地区历史经验的理论与实践。余先生认为，每一个社会与民族之所以值得研究，不仅是因为作为世界史的一部分，更是因为它们自身所具有的内在价值。[①] 本文所论述的作为"区域史"的东亚文化交流史研究，正是回归并重访亚洲文化传统的重要工作！

---

① Ying-shih Yu, "Clio's New Cultural Turn and the Rediscovery of Tradition in Asia," *Dao: A Journal of Comparative Philosophy* 6：1，March 2007，Binghamton，pp. 39-51.

寻找新的思维起点*

[法] 弗朗索瓦·于连（François Jullien）　　钱林森

　　弗朗索瓦·于连（1951— ），巴黎第七大学教授、葛兰言研究中心主任、法国当代思想研究所所长，专事汉文化世界和欧洲哲学研究，是当代法国学界风格独异、声名正隆的思想家、汉学家，深受本刊的关注，为广大中国读者所熟悉。早在《跨文化对话》创刊号（1998 年 10月），我们就刊发了他与他的同胞、人类学家李比雄（Alain Le Pichon）的对谈——《更新文化人类学研究方法，重估中国文化传统对人的认识》。接着，第 5 辑（2001 年 1 月）发表了他为本刊撰写的专论《为什么西方人研究哲学不能绕过中国?》，第 2 辑（1999 年 6 月）、第 14 辑（2004 年 4 月）、第 19 辑（2006 年 8 月）刊载了中国学者对其主要论作的评介，第 17 辑（2005 年 4 月）中法文化年专号特辟于连专栏，刊发了法国学界研究于连的系列。《跨文化对话》的读者，通过这些文章的阅读，对这位 "特异" 的思想家之独特的学术旨趣和探索成果，已略知一二。

　　作为思想家的于连，其学术风貌的特异性，不仅表现在他独有的探索视角和路径，也体现在他过人的学术胆识和不同寻常的创发力上。近十余年来，他几乎每年都有新作问世，不断地将东西方跨文化研究推向哲学的深度，不论是对西方哲学传统方法的更新，还是对欧洲固有汉学模式的超越，都在巴黎汉学界和思想界产生着振聋发聩的作用，自然引

* 原载《跨文化对话》，第 22 辑，220～235 页。

起本刊同人和广大读者的极大关注。早在 1994 年秋，他的代表作《迂回与进入》杀青，正待刊行面世之际，我们便在巴黎他的办公室和寓所，开始与他进行首次正式的交流和晤谈。随后，他每有新作问世，都题签相赠。2004 年 4、5 月间，我们又在他办公室、在他讲座现场多次晤面交谈，内容所及，涉及他以汉学为方法的、漫长的探索历程，以及他在这不同凡响的探索过程中所取得的成功，所遭遇的困惑、非议和应对的策略。发表在这里的文字，便是我们十余年来在巴黎对于连数次跟踪访谈后，陆续整理而成的。初稿曾于 2007 年 4 月上旬邮寄给于连教授过目，5 月 28 日，于连先生通过其助手妲妮艾尔·桑素西（Danièle Sansoucy）发来电邮，同意刊发这个对话，并发来他的近照，在此表示感谢。张弛博士曾两次陪同访谈，唐玉清博士为对话初稿的整理付出了很多宝贵时间，在此一并表示谢忱。

钱林森，2007 年 6 月 16 日，南京大学

钱林森（以下简称"钱"）：于连教授，我们相识于 20 世纪 80 年代初期的巴黎，第一次相见是在您的寓所。那时，您从中国归来不久，正在巴黎第八大学创办《远东远西》（*Extrême-Orient Extrême-Occident*）杂志。您是巴黎高等师范学院年轻的才俊之士，又刚从中国留学回来，且有鲁迅研究著述问世，这是吸引我首次拜访您的主要根由。距那次相见已经差不多二十个年头，如今您已成了巴黎学界的名流，我们的交谈能否以您早年在中国的求学经历开始？

弗朗索瓦·于连（以下简称"于连"）：好的。我 1972 年进入巴黎高等师范学院，专攻古希腊哲学。1974 年踏上中国国土，1975 年先去北京语言学院学习中文，再去上海学习古文。当时正值中国"文化大革命"的后期，我在中国的学习好像根据的是广播的节奏。早上 6 点半，他们播放政治信息和广播体操。从 8 点到中午，我们要上课，主要是阅读报纸和听磁带。接着是去公共食堂吃饭，午睡。下午的时间都用来复习和预习。晚上 6 点洗澡，半个小时以后吃晚饭。就好像在医院里，很多我想要学的东西都被拒绝了。但是，我确实在那段时间里体会到了真实的中国。

钱：70 年代，中国的"文化大革命"在法国知识界激起了强烈的反响，尤其是在巴黎高等师范学院。而那个时候你正好是那里的学生，没有受到影

响吗？

于连：在法国，对中国"文化大革命"有很大的误解。我们回过头去看，那种迷恋并不是某种热情。当我 1972 年进入巴黎高师的时候，拉康和阿尔都塞的时代正在过去，我们开始了一个真空期。我在上面说过，我和中国的第一次接触是在 1974 年。那个时候，学校很流行组织到中国的意识形态的旅行，在罗兰·巴特和"如是派"（Tel Quel）去过那里几个月后，我也去了。1976 年毛泽东去世之后就再也没有这样的旅行了。之后就是商务和旅游性质的旅行了。

钱：您在结束"中国之旅"后，又回到巴黎准备关于鲁迅的博士论文，并于 1979 年就出版了您的首部著作：《鲁迅，写作与革命》（*Lu Xun, Écriture et révolution*）。80 年代初，我们在巴黎首次相聚时，您曾以这部著作相赠，我读过后留下了深刻印象。您在本书里提出回归鲁迅文本的研究方法，不仅廓清了"四人帮"在鲁迅研究中所散布的极左的意识形态迷雾，还鲁迅以真实面貌，而且我们从中可看出您的一种新的思想正在形成。为此我曾翻译过您其中一篇文章《作家鲁迅：1925 年展望，形象的象征主义与暴露的象征主义》（"Lu Xun Ecrivain：perspectives de l'année 1925 symbolisme figurateur et symbolisme dénoncialisme"）在中国发表，引起了不少鲁迅研究者的兴趣。

于连：鲁迅在毛泽东时期是唯一一个被认为"可靠"的当代作家。我想考察的是：一种革命的写作是如何形成的？阅读鲁迅必须考虑到这样一种交错，即他在日本求学期间受到的欧洲文化的影响（从心理分析到象征主义）和他经由传统所采用的文人表达方式（尤其是他那种非直接批评）。鲁迅的创作风格被修饰美化和被赋予了某种色彩。在他那个时代的政治环境里，他不能把他所思考的都表达出来，而只能使用一种曲折的、非直接的语言技巧，也就是说假装赞同敌手的意见，结果就是滑向荒诞的境地。鲁迅对官方事物，对儒家的正统形式也是不信任的。

钱：1994 年秋，您的大作《迂回与进入》（*Le Détour et l'accès. Stratégies du sens en Chine, en Crèce*, 1995）刊行之前，我有幸读到它的打印稿，并在您的办公室有过交流。以前，中国思想对于欧洲人来说，主要是通过葛兰言和谢和耐概括综述进入的，即在认识的过程中把它当作整体文化的一个要素。自从这部别开生面的著作问世后，您给出了另外一种进入方式，即迂回进入的方式，不是通过整体而是经由部分或者说是片断。有人把您这样的研究称为微观哲学或者是比较哲学。在二十多年的研究中，您出版了近 20 部书，这些著作都说明了您的研究方法，即比照中国思想来分析欧洲哲学的基础。角度非常多样化：有从美学的角度的，比如说《淡之颂》(*Eloge de la fadeur*，1991)；有从修辞学角度的，比如说《迂回与进入》；有从道德角度的，比如说《道德奠基》(*Fonder la morale. Dialogue de Mencius avec un philosophe des Lumières*，1995)；还有的是从中国哲学的不朽之作展开的。我的问题是，当初，您作为一个年轻的古希腊文化学者，是如何在中国重新找到头绪的？

　　于连：在教师资格考试之后，我要做的博士论文与亚里士多德有关。这个课题很多人已经做过了，但是，我有足够的时间去做。然而对我而言，最迫切的是设计一种"思考的立场"，形成一种差异和间距，于是，我选择了在中国和欧洲之间思考，断然地和我们的思想传统决裂了。这是个策略，为的是在哲学上重新找到方法、手段。经过这个迂回，为的是回到欧洲哲学上来，追问它隐匿的部分。换句话来说，我学习中文是为了更好地阅读古希腊文本，进而结束那种自以为是的虚假的熟知状态。我一直在努力寻找一个"异质"的立场或角度，也就是福柯的《词与物》(*Les mots et Les Choses*，1966) 里提到过的"异域"，它促使我得以从远景来看成为自身根基的思维传统。因为，我们从外面看到的和从内部观察到的是不一样的：在里面，我们看到的是分裂，以及每种哲学是如何向它的前辈说"不"的；而从外面，我们首先看到的是融贯一致的效果，具体地说，是一种始终存在的默契的呼应。

　　钱：我们可以把这个选择理解为您对中国有一种特殊的热情吗？

　　于连：对中国感兴趣并不是要避开欧洲，也不是简单地受到了异国情调和神秘色彩的诱惑，那是一个思辨的结果：一方面这种文化空间与我们相距很远，这个远不仅是从地理上来说的，语言上也是这样，即在印欧语系之外，还有历史，西方人直到 19 世纪下半期才真正到达了那里。另外，这种文明是最古老的文明之一，没有中断过，也没有很重要的语言变革，没有大的革命欲望（甚至在政治上也是如此，至少到现在为止是这样的）。它还有最遥远的、最最扎根于自身的传统。语言与语言的差异就不仅是语汇、语句等方面的不同，它们还是思维方式、价值方式、精神方式等的差异。欧洲文明不断地在古希腊与基督教两大源头之间摇摆，中国却传播了自己的话语。

钱：那为什么不是印度呢？

于连：印度处在我们形而上学经验的尽头，但是，中国却比这更远。我们和印度分享共同的印欧语。另外，阿拉伯世界和希伯来世界是另一个语言区域，我们与它们保持了一种近乎连续的历史联系。至少从某方面来说，是阿拉伯世界给我们传输了希腊文化。我要做的是找到一个可以真正和古希腊齐肩面对的文化，一种我们可以从中读到思想的别样产生的原初思考，那么就只剩下中国了。杜梅齐尔（Dumezil）和邦维尼斯特（Benvéniste）的研究很好地说明了我们可以连续地从古希腊到达印度。对他们著作的阅读在我的这个选择中起到了决定性的作用。

钱：那您选择中国作为研究对象的时候，对它的了解有多少呢？

于连：我时常想起帕斯卡尔在《思想录》中的话："你们说，中国是模糊难懂的。""但是，可以找到一线光亮，你们去找吧。"通过我们在中国文本中体会到的晦涩，事实上确实有一线光明逐渐清晰。帕斯卡尔找到了本质，即这种"无法限定"的东西所蕴含的理论的丰富性。因为他提出的著名的格言——"摩西和中国，哪个更为可信？"帕斯卡尔成为最早在中国问题上坚持异反力量的人之一。事实上在古代，欧洲生活在一种今日已经遗忘的精神的剧烈震动中，也就是说，发现了中国及其与欧洲理性之间的交流碰撞。当欧洲人出发去征服这个新世界的时候，他们发现了一个虚空的世界，或者说自己被抽空了：在没有反抗的情况下，他们改变或者说杀了这些"老实的野蛮人"，这些人没有任何信仰。然而随后，他们自身被转化了，即向着东方，向着中国。这次，传教士发现了一个"充实"的世界。我们在他们的笔下读到："广东比巴黎还要大。"尽管这个世界抵抗着他们，并且显示出了一种自我坚定。这些传教士必须穿着中式服装，学习文人的语言，掌握古文经典。蒙田就曾经对存在于我们之外的另一种文明表现出惊讶，我们不了解这种文明，但是它可能更好，也更明智。之后，17、18世纪的欧洲哲学家发现在中国存在一种极为重要的异质性，正因为这点，他们无法与之对话。中国有一个脱离了他们认知的历史范围，于是，人们开始设想这种失调和紊乱。孟德斯鸠在《论法的精神》中预言了"一件可悲的事情"：基督教精神不可能进入这一系统中！而对莱布尼茨来说，中国人好像是"另一个星球的人"，在他们身上可以学到的东西比在古希腊和拉丁语世界中学到的更多。

钱：您在前人研究的基础上发展了自己的研究体系。请您具体阐述一下您在这样的研究中所要解决的根本问题，也就是我们通常说的哲学"赌注"是什么？

于连：首先，改变思维的环境。哲学一直在寻找自己的"他者"，但是，在哪里才能找到这一"他者"的可能性条件？我所要依靠的不仅仅是中国思想和我们的思想是如此不同，而且是两者在发源期就存在的互逆的漠视，这一点长期存在着。另外，更为根本的一点，就是通过迂回的策略，试图阐明欧洲思想中隐含的基础和暗藏的一致性，正是这种一致性在不断的革命之上构建了欧洲思想本身。向中国所做的后退使我可以去探索欧洲的根基。

这样做存在两个大的危险：一方面，简单的普遍性会认为两边的思想都是可以马上互相应和对答；另一方面，相对主义会得出这样的结论——每一方都在自己的立场上思考自己。这样就出现了我研究的第三个"赌注"。在我看来，这是最本质的，但是别人可能会以为比起哲学来说它更具有意识形态的色彩：在反抗由全球化促生的知识标准化的时候，在杂交混成的英语中产生了最平庸、最使人厌倦的思想。我要证明的是我们只能通过差别来思考，与欧洲人文科学的传播以及其中包含的种类相比较，中国形成了被阐述的最大的文化差别，或者说，中国这个"异域"提供了一种面对面的可能性，就像毛主席说的那样：必须要用两条腿走路。一条是欧洲的，另一条是中国的。同时，这样的对话是以逻各斯为前提的。也就是说，对话是建立在一致性的基础上的，要求开辟通向共同的可理解性的道路。这也说明了我不相信构成了异国情调基础的神秘主义。

简单地说来，就是要避免将思想标准化和平面化，要重建差异，要在某种距离之上研究思想。

钱：在具体的研究中，您提出了"圣人无意"概念，具体解释为："圣人不持有任何观念，不为任何观念所局囿。""圣人"与"哲学家"的关系，即"智慧"与"哲学"的关系首先是中西方的不同之处。而对于中国思想中的"过程"概念的思考和对于"化"的强调似乎构成了您整个体系的立足点。

于连：我使用中国思想这个术语，是为了表达的方便，也为了不让读者感到局促为难。为了进入中国思想，首先应该在过程和调节，在"道"和生命力的层面上理解现实。中国人认为一切都处在过程中，在演变之中，而这种变化是有它的融贯一致性的。它并不是一种关心"变成什么"的思想，或者说中国是没有本体论的。那是一种智慧，是一种策略，重要的是要看到调节的一致性产生了对事物过程的控制。

与我们所认为的不同，孔子并不是中国思想的出发点。正如他自己所说的那样，他什么都没有创造，只是传达了一种对于世界的看法，这是宇宙观意义上的，也是社会的。它表明了事物的发展在展开中的融贯一致性，也就是控制协调。我们在《诗经》中可以找到它最初的表现，这些诗表现出了对世界和谐一致的看法，即人被礼节体制转化行为的方式与被事物调节的过程在逻辑上是一致的。

我们常说有论争就有了哲学。中国在公元前 4 世纪就有了推理和辩驳的概念程序，这可以在思想内部形成一种对抗。所以，认为中国处在一个前哲学时期是错误的，而我们往往对此深信不疑，包括德勒兹在内。

真理这一推动欧洲哲学的概念并不是中国哲学思考的关键点，它所追求的是一种思维上的"无拘束"，即向一切可能性开放。而中国思想中没有真理是在思想保持变动的意义上来说的。我在《美中不足：恶还是否定》（*L'ombre au tableau*，*Du mal ou du négatif*，2004）一书中详细说明了中国对"固定"这一概念（即过程中的"阻塞"）思考得很少。没有疏通的时候，不好的东西就会进入，这也是"道"所包含的意思。

中国并没有围绕着选择、诱惑、违抗等发展其道德思想。在欧洲、印度和伊斯兰传统中都将"恶"理论化、系统化了。为什么唯独中国没有发展这一系统呢？这就促使我将"恶"的哲学（将它驱逐）和否定哲学（包含它）并列起来看，为的是区分意义（好像我们说"生命的意义"那样的意义）的逻辑和融贯一致逻辑，后者也是中国所特有的。

对于过程的思考并不是将世界两分化，那是柏拉图和亚里士多德的传统。中国不思考存在，思考的是过程，作为中国思想根基之一的《易经》就是让我们了解到了转变过程中融贯一致的永恒性。因此，没有深奥的玄学，没有本体论，甚至没有关于变化趋向的思考，只有"化"。

从哲学上来说，尼采解释道，哲学只不过是展开包含在语言中的多种可能性。我举个例子，我们学中文的时候，学到的第一个句子是："Shi shenme dongxi?"意思是："这个东西是什么？"但是，也可以解释为："东西是什么？"就是说，我们是在单一的、孤立的方式中学得一个"东西"，而中国人却是以联系的角度来看的。学习中文的第一课不就已经在它自身产生了众多的思想可能性了吗？

钱：您也正是在这样的基础上认为中国是从实用性的角度来定义"欲"，而不是像西方那样从空，从缺损来定义的。佛教在中国传播开来以后，我们在宋朝的"新儒学"那里看到了禁欲的思想。在那之前，并没有产生欧洲那样的禁欲苦修。中国思想始终强调在互逆的基调上演进，就是一种疏导的作用。

于连：首先我们注意到在佛教传入中国以前，"欲"并没有被当作不好的东西，也没有将之从自身驱逐的概念，比如说阴阳互逆的说法就反映了这个现实。中国在这方面的独特性是试图引导调节欲望。因为地理上的缘故，中国发展了很多关于控制水流的隐喻，从这方面，也可以看出问题不是在于取消欲望，而是引导它流向正确的方向。另外，"中庸"的原则让他们和欧洲一样舍弃欲望的过度增长，而且儒家还提出了规矩礼仪的概念，也就是说，人可以追随自己的欲望，但同时，这个欲望不能违反了法则。

佛教成功地在中国传播了一种对现实的根本性怀疑以及认为欲望是不好的观点。但是，它错误地传播了"空"的观念。在这之前，中国存在"空"的想法，但是与佛教的不一样。那不是关于死或不死的空，而是一种实用性的空，比如说，杯子的空使它能被倒满水，从而也具有了自己的使用价值。这个本质的观点与我们的想法产生了持续的差异。在苏格拉底看来，欲望始自空缺或缺乏，在空和满足之间从没有建立起稳定的联系，因为满足又会产生新的空缺，它要求得到新的满足……

钱：您说过革命对于中国思想来说是陌生的，难道不是欧洲人把它传入中国的吗？难道也是这种"化"的调节控制在起作用吗？

于连：从传统上来讲，中国思想没有考量过"政治"。孔子认为道德是君主和人民两极间的影响。君主贤明的时候，人民就好；君主不仁道的话，人民也就不好。只有两种可能的替换：好的君主和不好的君主。法家要将权力变成服从的机器。道家不思考政治，崇尚回归自然。所以，中国思考道德或者权力，但一点都没有政治构架，唯一的政治形式就是礼制。

19世纪末，中国在自己的历史中第一次受到了侵害，那是来自欧洲的侵害，确切地说表现为一种科学和技术上的先进性。诚然，在这之前，它也曾经被蒙古人和满人征服过，但是这样的征服并没有在文化层面上产生影响。

到了第二代或者第三代的时候，被同化吸收的是这些入侵者，他们希望自己被汉化。但是这次不一样，鸦片战争，被迫开放港口，还有不平等条约，曾经自以为拥有优秀文化的中国发现自己已经落后了，即使从文化本身来看也是如此。它发现在那些侵略者身上有一种自己迄今都未发展的思想，而这种思想在西方已经到了顶峰，而且从来就没有达到完全的世俗化，这就是进步或者是发展本身。因为在中国人看来世界是持续变化的，但是没有一个趋向（向着上帝之城，向着人的天堂，等等）。于是，它借用了以最激进的形式显现出来的进步概念，即布尔什维克主义。而且布尔什维克主义看起来在与它政治结构和社会结构相似的邻国似乎已经取得了胜利。想要知道中国人在追随这样的模式时有什么样的忧虑以及这种仿效导致的最初的失败，看看马尔罗的《人的境遇》就知道了。毛泽东走过的路说明，那只不过是个榜样，并不能直接应用到中国自身。

钱：您的这一番话让我们想起您编订的一本梁漱溟的书，就是 2000 年出版的、罗慎仪从中文翻译成法文的《东西方文化及其哲学》。是什么样的动机促使您编订了这本书？

于连：我是因为这本书的现实性。20 世纪 20 年代，中国发现自己正面临一个残酷的选择：是在一个被英美化的世界里接受自身精神的衰落，还是通过觉醒和发扬其思想独有的严密性获得重生，但是又要避免落入狭隘的民族主义中。在中国思想与欧洲哲学范畴交锋之后，重新发掘其内在的丰富性是今天的一个重要的概念。但是，有能力完成这个任务的中国知识分子并不在中国本土。他们在巴黎，在这里他们可以有希望获得诺贝尔文学奖；或者是在美国的大学里，在那里，他们可以获得更多的报酬。

钱：2000 年，您还出版了《论本质或赤裸》（*De l'essence ou du nu*）一书，分析了"裸"在中国艺术中的缺失。"裸"几乎成为西方艺术的主导图像，而且也产生了它的哲学依据，正如您在书中讲道："欧洲艺术附着裸体，有如它的哲学依附于真实。裸体被当成艺术教育的组织者，有如逻辑是哲学的组织者一样。"而当您放眼东方的时候，发现唯有中国是真正没有裸体艺术传统的民族，那么在您看来，这代表了中国思想中的一个重要方面吗？

于连：确切地来说，这个例外不是无关紧要的，而是具有揭示功能的。因为在中国艺术异常长久和丰富的传统中，"裸"的缺失表明了一种不可能性，而这又迂回地彰显了"裸"在欧洲可能性的条件，我把它作为关于美的思考的基础，进而成为艺术教育中的基本。和中国产生的这种差异说明了形式的另外一种概念，暗指对身体不同的接近，即解剖学意义上的还是能量层面上的，也是模型化和示意化之间的对立，分别将艺术转向"美"或者是"精神"。在欧洲"裸"的背后，是对自我，对本质的抽象追问，简单来说就是本体论。

钱：在您随后推出的《时间，一种生命哲学的要素》（*Du temps*：*éléments d'une philosophie du vivre*，2001）一书中，一边是中国的道家思想和《易经》，另一边是欧洲的亚里士多德、斯多葛学派、海德格尔等。更重要的是您从某些方面阐明了海德格尔哲学和中国思想之间的共通之处。欧洲哲学从来就没有停止过对时间的思索，但是，对于时间抽象的表现始终产生着矛盾和疑难。时间逃跑了，但是，它去了哪里？过去不是，将来也不是，而现在，它又化为了难以抓住的瞬间。看起来这个问题限制了思想的发展。您建议我们通过中国思想中对于时间的看法来完成另一次"迂回和进入"。这本书是比较哲学研究的成功之作，也是采用同样的研究方法吗？

于连：是的，这本书确实是我从另一个方面或者说另一个角度进行的同样的研究。这次对哲学的重新追问是在它的一个主要概念——时间上展开的。因为，中国的思想体系里面没有对时间的思考，他们的考察对象是时刻（首先将它构想成季节性的时刻）以及过程的持续期限。没有思考时间是因为他们并没有像亚里士多德那样从物理学的角度来考察身体的运动，也没有像普罗提诺和奥古斯丁那样将它看作与暂时相对的一个永恒的所在。中文本身没有动词变位，也就是说它并没有把将来、现在和过去对立起来。除此以外，中国思想还考察了欧洲哲学中所没有的"时机"和"无拘束"。中国让我们学到了恰到好处的机会主义。中国的圣人强调与时刻协调地存在，再落实到内在性上，这样才能宣扬"无为"。这样的智慧并不是像我们的哲学那样建立在主体与客体关系的基础上的。"无拘束"是从中国人认为的呼吸重要性的思考中得来的。因为呼吸完全是片刻的和现时的，不在前也不在后，它来回的节奏构成了一个过程，而也是通过它才完成了内外最本质的交流。事实上，欧洲这么多的哲学体系，不管是相互承继、相互批判的还是彼此相反的，都是在寻找一个新的出发点。我想要在哲学的另一个可能的起点上构筑起一种"呼吸的哲学"。

钱：2004 年出版的《经与纬：规则、虚构和中国文本的秩序》（*La*

*Chaîne et la trame，Du canonique，de l'imaginaire et de l'ordre du texte en
Chine*）收集了您 1984 年到 1988 年间发表在《远东远西》杂志上的文章。书
中很好地解释了中国是一种文本文明，也就是说那不是由话语构成的文明。

于连：中国文化致力于文本的构成组织方式，这一点在中国思想家和中
国诗人那里意义深远。在这本书里，我思考了（儒家的）正统文本和在它之
外或者是以偏离正统的方式发展起来的文本之间的关系。这样，中文文本就
有了交错，也就是笔直的、标准规范的经线和奇特的、想象虚构的纬线。

中国思想首先有一个承载它的语言，即一种由表意文字所组成的语言。
理解中国思想，那是与中文文本不可分的。这一点很重要，口头的东西在中
国的地位和在古希腊的就不一样。因为在中国，祭司、演说家等并没有什么
优先权，也就是说演说布道和话语没有占上风。中文书写的作用不是像在古
希腊那样要记下口头的东西。它另外有其本质性的教化功能，使礼教纲常的
运用合法化。

钱：正是在这个意义上才体现出了翻译的重要性。在中国古代思想中，
那些最关键的术语往往又是最难以翻译的，翻译会抹杀这些概念术语所隐含
的东西，也就是把它们都简单化了。黑格尔曾经在他的《历史哲学》中说孔
子的思想在经过翻译之后就大大流失了它的权威性，而他的切身经历也说明
了这一点。他对中国非官方的道家的研究对西方哲学界产生了很大的影响。
他对道家的兴趣应当归功于法国汉学家雷慕沙（A. Rémusat，1788—1832）。
1826 年黑格尔访问巴黎时，曾聆听了雷氏在法兰西学院的讲演。雷慕沙对
《老子》的翻译和阐释，直接影响了黑格尔对老子和道家的认识，因为在雷
慕沙那里，黑格尔认识到了一个跟耶稣会传教士所展示给他的具有不同内涵
的道家。那么您认为西方人应该如何利用翻译，怎样阅读中文？

于连：翻译是不够的，因为这项工作必须要把意义的可能性都落实在我
们自己的术语中来。于是就会有一些曲解、自以为是和调节。困难在于使中
国思想的协调一致性进入我们的范畴之中，同时又不让它变质。就我自己来
说，我认为只有在近乎可以背诵或者说熟记于心的时候才有可能真正了解中
文文本，这是古代文人的学习方法。领会吸收和沉淀明晰的工作只在纯粹的
哲学研究之前。因此，为了在文本提供的和没有提供的信息中去追问它，我
们应该一方面让自己汉化，另一方面又要抵制这种同化。

钱：也就是说要从其本原和文化背景上来理解术语。比如在《事物的倾

向》（*La Propension des choses，Pour une histoire de l'efficacité en Chine*，1992）一书中，您系统地阐述了 shih 的含义、历史和它在中国文化中所占有的独特的地位。此书主要有三个部分，第一部分主要借助《孙子兵法》表明，shih 本来是战国时期的一个军事策略术语；第二部分讲它在文学和艺术中的运用；第三部分是它的历史概念。您这样从文化内部的多种角度和不同的实践经验全面阐述，避免了对于概念本身抽象研究的局限性，进而才能在更高的层次上来看翻译。

于连：是的。比如说，我倾向于把"法家"翻译成"关于专制独裁的思想（家）"而不是法学家。纯粹地来说，他们谈论的不是法，而是一种标准，奖励与惩罚的标准。

对现在的中国来说，存在的危险是大规模地借用欧洲的理论词汇，诸如主体、客体、美学、逻辑等。借用这样的欧洲分类法转述出来的传统思想难以辨认，是一种歪曲。而且直接用欧洲术语转述出来的中国思想失去了它原有的魅力，也构成了欧洲人阅读的障碍。在世界化的语境中，这样的无法辨认会让中国思想陷入一种难以描述的危险境地。另一方面，他们也会认为受欧洲影响的那些概念并不能完全阐述中国文化的独特性，也就是说会在相反方向上引起文化民族主义。现在的人们好像总是在这两者之间摇摆不定。当然，两者是相互作用的。

钱：您说过，您是想在一个外在的立场观念中找到一个欧洲思维的对立面，但是又不想成为人类学家，只想当个哲学家。但无论是从哲学方面来看，还是从人类学方面来说，欧洲与中国的关系并不能够被完全勾勒出来。所以您才选择在中国思想中一点一点地编织一个成问题的网络。然而，在您开辟的如此广阔的领域里，好像只有您一个人，是不是有一种孤独？这也让人想起您的前辈葛兰言，后世的汉学家中有人认为他的论证在社会学界十分流行但在汉学界则有点冒险，原因可能是论证过程中缺少必要的史料或考古证据，还有人得出与他完全相反的结论。

于连：某些工作在孤独中才能获得提高。但是，不管怎么样，2000 年的时候，我在巴黎第七大学创立了葛兰言研究中心，目的就是促进这种被汉化的世界和欧洲之间的理论上的面对面。

确实，我没有从汉学家，或者更为广义地说是从东方学家那里得到强有力的支持，因为他们经常满足于自身的博学，或者是陷入普遍推广之中。

他们一点都不会考虑构建一个研究者的对象，更何况，他们拒绝思考的冒险。在他们的探索中，东方学在意的首先是背景情况，这种弥漫在主线周围的周边性是无休止的，而且它也对概念表示怀疑。

哲学方面呢，坦白地说，它并不去诘问该它去诘问的东西，因为它并不像我们认为的那样无拘束地自问，而是根据自身的理由或者说是前理由来发问。我并没有充分地怀疑一些我从中国方面看过来的时候观察到的东西。在我们探询的东西内部存在着这样的问题，即我们是从什么开始这样的探询的，以及哪些是我们不能询问的，也就是哲学依靠的是什么。借助于对中国的迂回，我想要回溯到这些哲学暗含的层面中。

有人说我这样的研究有滑向"次哲学"的危险。"次哲学"在今天越来越普遍，忽视或者疏远哲学的批评研究和概念性研究，为的就是沉入关于"空"的次概念话语中，这样的工作比起理论上的努力来说更接近于简单的道德化。此外，我还听说过"准哲学"，它在哲学体系设计之前，构成了普通的、一般的、与本质相区别的资源。就像某种从来没有完全连贯起来的东西，它从自己的源头汲取，但是又与之脱离，让自己显得独特。这是一种全新的哲学。不过，通过对中国智慧的迂回，我试图让这种"准哲学"走出哲学给它的阴影，将它带到思考和概念的光明中来。

钱：您的研究方法和成果在法国学术界引起了很大的争议，有人甚至认为您的很多说法都是没有依据的自我推断，大大小小的报章杂志不断刊登来自各方面的批评或者是赞誉。其中您与汉学家毕来德（Jean François Billeter，1939—　）的论战构成了主音。2006 年，他在巴黎出版了《驳于连》（*Contre François Jullien*）一书，取得了很大的成功。他指责您把中国文化放在一个和欧洲文化不可调和的位置上了。在他看来，您从您自己想要的角度来看中国，主观夸大了中国文化的异质性。这是中华帝国力量在意识形态上的构筑，也就是那些代表中央力量的文人名士加给传教士的印象。从那以后，这个"神话"就一直影响着汉学研究和欧洲人对于中国的认识。在莱布尼茨、伏尔泰、葛兰言、谢阁兰等人之后，您重新拾起这个神话，想要让这一传统继续下去，但是它掩盖了中国思想的真正本源。他说您利用了中国哲学的神秘色彩以及对翻译的滥用，也没有看清楚自己描述的中国思想是处在什么具体的历史背景之中。而在把内在性思维放到中心位置的时候，没有注意到中国的内在性思维是天生与帝国秩序相关联的，它在自动解决终极问题的时候创造了一个封闭的世界。正是忽略了这一点，您的研究中才会把内在性作为中国思想的本质，从而形成了中国思想与西方思想的差异与对等。

其实，你们两方的争论由来已久。早在您出版《过程还是创造：中国文人思想介绍》（*Procès ou création. Une introduction à la pensée des lettrés chinois*，1989）一书之后，毕来德就在《中国研究》（1990 年春季号）上发表了近 20 页的《如何阅读王夫之？》（"Comment Lire Wang Fuzhi?"）一文，措词严厉，从汉学、哲学和比较三个方面指责您在理解王夫之和阐释其思想时的误读与矛盾之处，甚至对此书的注释体例都提出了异议。在同年同杂志的秋季号上，马上刊出了您的长篇反驳——《阅读还是影射：如何（以另一种方式）阅读王夫之？》（"Lecture ou Projection：Comment lire［autrement］Wang Fuzhi?"），语气同样强硬。

于连：首先，我主张理解别人与自己的差异并且尊重这种差异，而不是通过证明相似性来理解他者文明。其次，我并不想责备毕来德曲解了我对王夫之和中国思想的阐释，但他断然地认为自己的理解是唯一正确的，这却是我不能同意的；我也无意批评他否定我构建比较研究的方法，但是，他是用他自己认为唯一可能的比较提出对我的质疑的。这样的独断论只能是让研究走向荒芜，而不是引起更多的思考。他使我们对王夫之，对中国思想的理解走向了丰富性的反面，也妨碍了比较研究。

钱：另一位著名的法国汉学家巴斯蒂女士，在接受中国学者的采访时曾经谈到您与她治学方式的不同。她说："于连非常聪明，文章也写得非常好……他利用中国古代文学与希腊古代思想比较，推出了不少新思路。他是用思想、理念做文章，和我们用材料做文章不一样。他的研究自有他的价值。如果有人可以创造一些新思路，这是很好的事。"同样，对于我们本土研究者来说也是好事。迷在当局的人往往是有了既定的思维模式或称之为惯性，尽管旁观者未必了解得更为透彻，毕竟也是提供了一个新的视点。

于连：我的工作确实是一些常常需要重新开始的实验。写完一本书，我又会想到从另一头来尝试不一样的书。这么多的角度，不仅书与书是这样的关系，同一本书的不同章节也是这样。我是按照网状的方式来推理的，在中国和欧洲之间布下我的网，去捕捉一些他们还没有思考过的东西。至于说到对中国文本的阅读有没有改变了我自身，这不是我感兴趣的。因为确切地来说，我已经有点从欧洲惯常的对于个体和主体的思考中出来了。我所感兴趣的是精神历险的角度：重新去研究我们继承的思想的各个层面，掌握控制它们并越过思考的偶然性。从根本上来说，我在中国寻找的，是重新找到一种理论的创始，为的是再次推动思想的发展。

钱：最后，现在中国和法国的交流越来越多，就文化方面来说，在中法文化年以后，中国的文学和电影在法国激起了新的迷恋。您对此有什么看法或是忠告？

于连：中国电影传达了很多信息，尤其是一种过程逻辑、间接写作，也就是说"含蓄"。这一点与欧洲传统上的渐进、情节扭结、结局的模式不一样。文化交流多表现了中国向其他国家开放的良好意愿，而对于其他国家来说，在认识上要避免两种态度："哦，他们和我们是一样的。"（简单的普遍主义。）"哦，他们和我们是多么不一样啊。"（懒惰的相对主义。）中国思想远远要比这复杂得多。

暂时看来，东方与西方是"面对面"的：中餐馆和西餐馆邻近，而西医诊所的旁边就有中医诊所……那么在大规模的全球化运动中，我们会看到传统文化、中国智慧的消失吗？不管怎么样，中国已经重新意识到了自己的力量，它为自己过去的富饶而自豪。因此，它也不会轻易地倒在全球化的规范之下。但是，还是需要一种批评的研究，要从远景来实行这样的研究。

文化相异性个案研究的多重空间*

[法] 金丝燕

当今对现当代中国文学交流史研究，主要存在两种解释模式：冲击-反应和接受-选择。冲击-反应还是接受-选择，这个问题涉及人文学科一些研究领域，属比较文学范畴。跨文化研究是一门新学科，其思路可以用"文化异托邦"的命题提出，即对文化的相异性进行研究。

相异性研究提出了忍受文化还是选择文化的研究视角。法国学者汪德迈先生近期提出要在研究中区分"**忍受的文化**"和"**选择的文化**"。① 忍受的文化由文化交流比较直接相碰的要素沉积而成，研究者重视的是被他者冲击而产生的反应。忍受的文化的特征是重力大于活力，受者需要借助给与者的力量"得到"活力。而文化的真正活力只能在选择的文化这一层面能够捕捉到。选择的文化是那些竭尽全力挣脱忍受的文化的人所创造的文化，他们自己去寻根溯源，在文化产生和生产中寻找令他们感兴趣的东西。在这个层面上，接受研究领域里关于异托邦的研究有意义。关于忍受的文化/选择的文化论题的研究涉及反应理论或期待视野理论两个不同的研究范畴。

文学交流史的研究涉及内部批评-文本，外部批评-历史性、环境、泛文本，总体研究-影响、平行、接受（反应、期待视野）多种批评方法。外部批评和总体研究比较容易与中国古典批评的期待视野相合。内部批评在解释中

---

　　* 原载《跨文化对话》，第 26 辑，241～247 页。
　　① 参见汪德迈：《笔者研究中国"异托邦"的方法论原则》，张新木译，载《跨文化对话》，第 23 辑。

国文本方面需要做出特殊的努力。言特殊性，是因为文本批评的构成要素文字在字母形体与汉字形体上的根本区别导致批评方法的根基彻底不同。引进从字母形体的根基中生长出来的理论并直接施用于以汉字为形体的文本，除了投入试验的唐突勇气和革命性之外，别无其他意义。这种硬性嫁接下产生的无根之果类似转基因作物，感染力强，但自身不能产生繁衍的种子。

以字母形体出现的西方文本批评理论起源于其古代《圣经》阐释传统，即在文本的本义与表面文字语义之间造成裂变，以使本义显露出来。形象原型说是这一阐释学传统的极致。文本本身是一个工具，神启借用的工具。神启不可能属于文本的编撰者，后者只是前者的符号，而且是前者永远词不达意的拙劣符号。阐释的价值和意义就在于如何通过拆解文字而企及文字后面的意志。这种文字/文本/作者的三层互文解构关系充分体现在德里达的文本阅读中。在德里达的批评里，能指和所指（词义）之间的联系被打破或完全消失，这是 19 世纪马拉美（Mallarmé）诗论的一次生动的实践，也是建立在阐释学、诗学与修辞学基础上的传统批评的一种新尝试。在 19 世纪以前很长的历史时期内，阐释学、诗学和修辞学是西方教育的三大支柱。19 世纪的发明之一是学科的极度细化，以及阐释学与修辞学在教育中的消失，三大支柱之一的诗学也逐渐失去往昔的地位。但在西方文本批评中它们始终若隐若现地活跃着。

建立在占卜功能和儒家经典基础上的中国书写语言，是以文字本体为特性的启示性文字，通过书写和注疏把本义与文字紧密结合起来，由此产生的中国阐释学注重文字本体。作者力图释出书写语言本身的力量，尽量使表意文字揭示事物隐秘性和启示功能。正是中国文字与占卜一脉相承的关系，创造出中国独特的语义学。① 由于西方文字的神启功能和中国表意文字的微言大义的使命，西方与中国的文学批评的根基完全不同。破解性诠释和注释性训诂形同陌路。前者在字外寻找寓意的超验性，后者从语义学的角度去解析文字。中国文本/文字/作者之间建立了一种对话，一种以词义无限伸延而非破解为特征的互文性。

因此，在引进以破解文字为特性的西方文学批评理论去分析以词义无限

---

① 参见汪德迈先生的文章《占卜与占卜的理性主义》("Divination et rationalisme divinatoire")，publié dans *Le mythe ：pratiques，récits，théories-volume 3 ：Voyances et divination*，sous la direction de Bertrand Méheust et al.，Economica，Paris，2004，pp. 23-40。

伸延为特性的中国文本时，出现术语龙飞凤舞而不知如何所云的现象就不奇怪了。如何不被批评理论的术语和历史现象所诱惑而直接深入探讨文化的相异性是跨文化研究的任务。我们到了跨越比较的时代。

跨越比较，意味着我们把研究的重点放到思考文化的互动性上。我们不用以高速火车的速度引进国外的理论，国外也没有路，研究相当年轻。而在跨文化研究上，建立新学科的思路来自中国。1998 年由乐黛云教授主编的《跨文化对话》杂志和十年后在南京大学召开的跨文化对话十周年纪念国际讨论会上金丝燕提出的跨文化新学科建设，证实中国学者根据中国的经验，开始梳理中国跨文化研究的历史和方法。中国学者在该学科的建设上具有相当自觉的文化使命感。他们清醒地看到，文化思想被殖民，其危险远远大于经济和军事被殖民。而一个文化的生命力，植根于它与世界的平等对话和互动之中。中国的学者和世界其他国家的学者一样，其存在的价值，不需要被他者认可，但需要思想和对话。在当今的世界，单一的、置身于图书馆深处的独立工作者的研究已经远远不够了。跨文化研究学科建设中的中国经验对于中国人文学科在今天的世界布局是重要的。

如何从跨文化研究的视角研究文化的相异性与案例？

人寻找自我保护的本能使他在与他者相遇时寻找相同性。然而向他者寻求相同性是危险的，它强化了自我的扩张和排斥性，是文化冲突的根源。跨文化研究则从文化的相异性出发，探究不同文化对他者的期待视野。该学科的研究方法之一是建立期待视野史料学。期待视野研究属于接受研究范畴。

期待视野史料学是一种案例研究。以法国巴黎第四大学 2004 年推出一项研究计划为例。该计划题目为《法国外国文学翻译史》。负责人是比较文学教授伊夫-谢夫莱尔和皮埃尔-马松先生，参加人员有四十余位，我负责中国文学在法国这一块的工作，按照该计划要求，分成 17、18、19、20 世纪四大时间段，各时间段约请专家和博士生参加。比如 19 世纪这一段，一共有几项团队研究工作。

一是接受研究：（1）1815—1914 年这 100 年间法国对外国文学的接受。（2）19 世纪在何种意义上体现了"比较的世纪"？其间与这一主题有关的重要文学事件的收集。（3）欧洲文学概念的起源。（4）有关科学主义书籍和论文的收集。（5）外国文学在中等教育中的情形。（6）翻译、出版情形。（7）翻译理论的形成和发展情况。

二是编写法国外国文学翻译史书目，包括 19 世纪编写和出版的最早的书目收集评述工作，翻译文学出版物，包括杂志、报纸、评论文章、外国文学史专著、外国语言教学课本等。

三是对 19 世纪的出版系列（见表 1）和翻译理论做摸底工作。

表 1 　　　　　　　　　　　法国出版界外国文学丛书初表

出版社	外国文学丛书
夏邦极（Charpentier）	夏邦极书库
	古希腊—法语丛书
	拉丁—法语丛书
	德语丛书
	意大利—西班牙—葡萄牙语丛书
	英语丛书
	哲学丛书
	基督教—《古兰经》丛书
博专（Beaujouan）	法语与外国名著
阿歇特（Hachette）	外国著名小说书库（共出版 150 部）
巴列艾（Baillière）	国际科学书库
	哲学史丛书
德拉育（Delarue）	法国与外国文学杰作
布里（Bry）	外国文学名著
	国际经典
加涅（Garnier）	法国与外国名著丛书
乐坊（Lefranc）	新哲学书库
思多科（Stock）	宇宙小说
皮瓦（Privat）	西班牙书库
乐麦（Lemaire）	拉丁书库（1819—1838 年出版 144 卷）
盘古（Panckouke）	拉丁—法语书库（1827—1864 年出版 178 卷）
布雄（Buchon）	文学众神庙（1835—1889 年出版 139 卷）
帝舵（Didot）	希腊—法语书库（1837—1873 年出版 58 卷）
尼萨（Nisard）	拉丁—法语书库（1839—1849 年出版 27 卷）
国际书店（Librairie internat）	各国民族史诗丛书
麦叟能（Maisonneuve）	东方书库（印度、波斯、埃及、中国名著）
图书公司（Sociétébibliography）	世界名著
吉阿 & 比耶（Giard & Brières）	国际社会书库
	国际社会学书库
施莱榭（Schleicher）	国际社会学书库
	国际科学书库

为了摸清 19 世纪初期法国对国外作品的接受情形，19 世纪工作小组的重点之一是对该世纪初期的翻译论著、序跋、广告、注释等以编年的方式进行梳理，1808 年到 1914 年有关翻译的论著初步情况如表 2。

表 2　　　　　　　　1808—1914 年有关翻译的论著初表

年份	作者	论著
1808	Ferry de Saint-Constant	《翻译基本原理——法译拉丁语艺术》（*Rudiments de la traduction ou l'Art de traduire de latin en français*），vol. 1（vol. 2，1811）
1812	Marie-Claude-Frédéric Vaultier	《论翻译》（*De la traduction*）［thèse］
	Jean-Joseph Dussault	CR de la trad. de Salluste parGerlache, JDD, 13 déc.
1813	Charles Loyson	《翻译古代诗人之方法》（*De la manière de traduire les poètes anciens*）［thèse］
1814	Albertine Necker de Saussure	《施莱格〈文学戏剧教程〉序》（"Préface à tr. de A. W. Schlegel, *Cours de littérature dramatique*"），Paris-Genève, Paschoud
1816	G. de Staël	《论翻译的精神》（"De l'esprit des traductions"），*Esprit des journaux français et étrangers*，327-338
1819	Defauconpret	《论摩根夫人翻译》（"Lettre à propos de sa tr. de Lady Morgan"），*Florence Macarthy*，JDD
1822	P. -L. Courier	《埃罗多特新译介绍》（"Prospectus d'une traduction nouvelle d'Hérodote, contenant un fragment du livre troisième et la préface du traducteur"）
1823	Alfred Stapfer	《歌德〈浮士德〉译者的话》（"Avertissement du traducteur à : Goethe, *Faust. Tragéie. Œuvres dramatiques*"）Louis de Saint-Aulaire, Remarque sur : Goethe, *Faust*（*Théâtre allemand*，dans*Chefs d'Œuvres des théâtres étrangers*）
1828	Anne Bignan	《论翻译与模仿》（"Des traductions et de l'imitation"），*Mercure de France au dix-neuvième siècle*

续前表

年份	作者	论著
1836	F. -R. de Chateaubriand	《〈失乐园〉译本注》（"Remarques à trad. du *Paradis perdu*"）
	F. -R. de Chateaubriand	《〈英国文学论〉序》（"Avertissement à *Essai sur la littérature anglaise*"）
1838	Sanson de Pongerville	《〈失乐园〉译本注》（"Avant-propos à trad. du *Paradis perdu*"）
1842	Joël Cherbuliez	《论〈神曲〉翻译》（"CR de trad. de *Divine Comédie* [en vers] par E. Aroux"），*Revue critique des livres nouveaux*，nov.
1846	Émile Egger	《论译荷马》（*article sur trad. d'Homère*）
1847	É. Littré	《荷马诗与法国古诗》（"La poésie homérique et l'ancienne poésie française. [⋯]"），*RDM*
1848	Baudelaire	《论爱伦坡〈思想的自由〉译本的神奇启示》（"remarques sur tr. de *Révélation magnétique* de Poe"），*La Liberté de penser*（juillet）
1856	Justin Verniolles	《论高等教育中的重要练习——翻译》（*Essai sur la traduction considérée comme le principal exercice des classes supérieures*），Paris，É. Giraud，XII-322
1857	É. Littré	《翻译的不同方式》（"Différents modes de traduction"），*Journal des Débats*（11，13，17 janv.）
1858	Justin Verniolles	《翻译教程》（*Manuel de la traduction, ou Cours théorique et pratique de la version grecque et latine* [⋯]），Paris，É. Giraud，VIII-243
1864	Jean de Dieu	《弥尔顿〈失乐园〉序》
1873	François-Victor Hugo	《〈哈姆雷特〉译本序》（"préface à trad. de *Hamlet*"）
1886	Alphonse Pagès	《如何译莎士比亚?》（"Comment faut-il traduire Shakespeare ?"），*Revue d'Art dramatique*，3，197-202 [à propos d'une traduction d'*Othello* en alex. non rimés]

续前表

年份	作者	论著
1889	Justin Verniolles	《论翻译——古代作家教程教师手册》（*Essai sur la traduction*，*ou Manuel des professeurs pour l'explication des auteurs anciens*），Delagrave，VIII-295（2e éd.）
1891—1892	Justin Bellanger	《法国翻译史》（"Histoire de la traduction en France［auteurs grecs et latins］"），dans：*Revue de la Société des études historiques*（réédité en vol. 1903 ?）
1903	Justin Bellanger	《法国古希腊—拉丁作家翻译史》（*Histoire de la traduction en France［auteurs grecs et latins］*），Paris
1910	Ernst Dick	《夏多布里昂的〈失乐园〉翻译》（"La Traduction du *Paradis perdu* de Chateaubriand"），*RHLF*，750-767
1911	Victor Giraud	《论夏多布里昂译弥尔顿》（"Sur Chateaubriand traducteur de Milton"），*RHLF*，158-159
1913	Ferdinand Baldensperger	《作为译者的夏多布里昂》（"Á propos de Chateaubriand traducteur"），*RHLF*，428-429

　　接受研究中，史料收集工作是长期艰巨的工作，必须有研究团队的协作，如中国当代学者对早期中国新文学期待视野的研究。以目录、编年为轴，从翻译、批评、引介三个层面开始，把接受者期待视野的文化地质、底层梳理清楚，通常需要几十年的时间。

　　但这一工作仅仅是开展跨文化研究的前提。建立期待视野史料学要跨越历史与地理的界限。学问上对某一知识的陈述是需要的，可以让人尽快进入综合性理解和分析层面。但陈述不是目的，更不会是终身的追求。智性与灵魂都不需要别人陈述，更不可能重复。任何重复和陈述的努力都是对思想的掩盖或阉割。大学研究教育不需要培养有虔诚心的逐流鱼群。培养学生做他者思想的完美的陈述，学生会被定格为小鱼，尽管他们的身体长成巨型。那么，培养研究生，究竟培养什么呢？是后代还是继承人，还是接班人，还是终身侍奉身边的侍从？历史留给我们的思想家与创造者，他们的影子和他们的生命一起走了。他们的生命痕迹以作品的形式存在下来，像大海中的孤岛。孤岛是没有接班的岛屿的。我们后者如果走陈述的道路，那不过是水流，接近岛屿而后被其他水流从岛屿的身边挤走。苏格拉底、耶稣、释迦牟尼、孔子没有培养接班人，马拉美、德里达没有培养接班人，他们的生命为人类历史展现出一个个思想的平台。我们要培养的是什么呢？一块生长思想的土地，如果这还可能的话。那不是一件容易的事情。

跨文化研究者必须以期待视野史料为出发点，思考为什么中国对西方的接受是这样进行的？中国 20 世纪 20 年代的期待视野为什么是这样的？在中西第二次相遇中什么因素起着促进或反向的作用？这些问题将我们导入对文化相异性的研究，跨文化研究的平台于是展开。批评既然是思想的一部分，那就没有限制可言。纵向-本文化与至少一种另一文化的历时性角度、横向-本文化与至少一种另一文化的共时性角度是研究可以依据的平台。文化身份在这样的对比和冲撞中逐渐显现。我们不是要认同文化身份，也不是要寻找文化身份，文化身份不是一个身份证件，它是一个活动的、难以圈定边界的进行时。

因此，重要的区域就是一个字"间"，即德里达说的差延（或译成"延异"）。如何捕捉多层面的差延，延续之，细密、深入地分析之，借此建立各个差异的批评空间，才是研究者要关注的。接受研究中的期待视野是一个纵横向的研究方法。纵横向的平台是研究者可以借助的落脚点，其参照系直接与知识面的深广有关。

从跨文化交际理论角度探究阿拉伯企业文化特点*

王博君　妮　莎

　　企业文化指在一定社会与历史条件下，通过企业管理与经营活动形成的具有企业特色的物质与精神形态，其所蕴含的行为准则与价值观等被该企业成员认可。作为社会文化的一个有机组成部分，企业文化是现代意识与民族文化在企业内部的综合表现与反映，其发展与变迁离不开社会文化。企业文化的概念包含社会文化环境、价值观、文化观念、企业制度、企业精神、行为准则、道德规范、企业产品等，其中企业文化的核心主要体现为企业价值观。

　　企业的经营管理理念由企业文化所决定。当一家企业确定其企业经营管理理念时，就必须对企业文化的影响力予以考量。由于东西方文化存在差异，在企业经营管理上从理念到执行都存在着明显不同。受到社会文化影响，西方国家企业推崇个人奋斗与个人价值的实现，并在企业管理中采用理性管理的方式，如订立复杂周密的企业管理制度与组织机构等。而另一方面，东方国家的企业文化则偏向于人性化的管理方式，如强调集体观念与员工忠诚等。东西方社会文化的不同催生出了两种不同的企业经营管理理念。

　　阿拉伯国家当前主要采用混合经济体制，其企业分为国有企业、私有企业、合资企业等，企业的文化和经营管理模式因其模式的不同而不同，但由于阿拉伯企业都具有相同的社会历史背景、社会文化、地理环境，特别是受到伊斯兰教的深刻影响，因此阿拉伯企业文化都普遍具有伊斯兰文化属性。

---

　　* 原载《跨文化对话》，第36辑，47～57页。

本文通过综述主要跨文化交际理论成果，分析总结了伊斯兰社会文化影响下阿拉伯企业文化的特点。

一、涉及阿拉伯企业文化的主要跨文化交际理论成果综述

1. 霍夫斯塔德（Geert Hofstede）五大文化维度理论

五大文化维度理论是跨文化交际理论中最具影响力的一个理论，它由荷兰管理学者霍夫斯塔德提出。① 该理论是通过在 20 世纪 70 年代，针对国际商业机器公司（IBM）分布在 40 个国家和地区的员工（大部分为工程师）进行文化价值观调查，从而对由此获得的 116 000 个问卷数据进行因子分析与聚类分析得出，并得出了阿拉伯企业管理特征的数据。（见表 1）

表 1　　　　霍夫斯塔德的国家文化模型中阿拉伯企业文化特点数据

		权力距离	个体主义与集体主义	男性化与女性化	不确定性规避	长期导向与短期导向
阿拉伯国家		89	52	58	51	—
英语国家	澳大利亚	25	98	72	32	48
	加拿大	28	93	57	24	19
	英国	21	96	84	12	27
	美国	30	100	74	21	35
远东	中国	89	39	54	54	100
	新加坡	77	26	49	49	69
拉美	阿根廷	35	59	63	78	—
	哥伦比亚	70	9	80	64	—
	墨西哥	92	42	91	68	—
	委内瑞拉	92	8	96	61	—

说明：0 至 100 分，由低到高表示。

资料来源：Geert Hofstede, *Culture's Consequence: International Differences in Work-Related Values*, Newbury Park, CA: McGraw-Hill Ltd., 1980, p. 430.

Geert Hofstede, *Software of the Mind: Surviving in a Multicultural World*, London: McGraw-Hill Ltd. 1991, p. 230.

霍夫斯塔德是最早总结阿拉伯企业文化特点的学者之一，其五大文化维

---

① 参见徐晓萍：《跨文化管理》，32 页，北京，清华大学出版社，2011。

度理论为研究人员及学者提供了跨文化比较的工具。五大文化维度理论关注点在于国家社会文化差异与其差异对本国企业与企业管理者行为带来的影响。其五大文化维度的分类研究涉及了社会与个人之间的关系、社会是否公平、个人主义与集体主义、注重事业或生活等维度，并对处理社会文化冲突等问题提出了相关建议。基于五大文化维度理论，可以将阿拉伯企业文化概括为如下：

（1）权力距离维度

权力距离是指一个社会对组织机构中权力分配不平等的情况所能接受的程度，即权力观念。阿拉伯国家具有很高的权力距离指数。这样的社会显著特征表现为将财富、权力、地位、能力合而为一，并且这一特征由于文化而得到了强化。权力以家族、朋友关系、使用权力的能力、神权为基础建立。

（2）个体主义与集体主义维度

这一文化维度所涉及的社会基本问题是个人与他人之间关系的紧密度，即集体观念。根据霍夫斯塔德的理论，阿拉伯社会在这一维度中处在中间位置。

（3）男性化与女性化维度

这一文化维度所涉及的社会基本问题是社会整体追求物质还是强调人际和谐，表现为在社会中男性与女性的地位与分工，即性别观念。阿拉伯社会偏向于男性化社会，其国内性别地位与分工存在明显区分，多数阿拉伯国家中女性的工作仅限于家庭中。

（4）不确定性规避维度

这一文化维度是指社会中人们对于事务不确定性的容忍程度，即风险观念。面对西方文化入侵所产生的不确定性，阿拉伯人不害怕全球化带来的西方文化，同时也不愿意被西方文化所同化。总体来看，阿拉伯国家适度规避不确定性，并且强调血缘关系与家族的重要性。由于深刻的伊斯兰教信仰，阿拉伯人信奉真主是宇宙的唯一主宰，并且认为人类只能被动地接受与适应自然，无法改造自然。因此，这种特点便导致阿拉伯人不依赖于个人的能力与科技创造，而是更多依靠真主安拉的意志。

（5）长期导向与短期导向维度

这一文化维度是指社会整体着眼于当前利益还是放眼于长远利益，即时间观念。霍夫斯塔德的研究中并没有对阿拉伯社会时间观得出结论。

2. 强皮纳斯（Trompenaars）的文化架构理论

在对 50 个国家超过 15 000 名员工进行调研后，荷兰跨文化管理学者强皮纳斯提出了文化架构理论，模仿霍夫斯塔德的五大文化维度理论，强皮纳斯使用了七个维度来诠释其理论。（见表 2）每一个维度表示一个方面的社会价值观，并且在这一价值观中存在两个极端对立面，但是一个国家的文化极少会出现这样的极端情况，一般会处于一种中间的状态，并向某一极端状态倾斜。基于强皮纳斯的文化架构理论，可以将阿拉伯企业文化概括为如下：

表 2　　　　　强皮纳斯的文化架构理论中阿拉伯企业文化特点

	阿拉伯企业	中国企业	美国企业
普遍主义与特殊主义维度	特殊主义	中庸	普遍主义
个人主义与集体主义维度	强集体主义	集体主义	个人主义
情绪内敛与情绪外露维度	强情绪外露	中庸	微情绪外露
关系特定与关系弥散维度	强关系弥散	强关系弥散	关系特定
注重个人成就与注重社会等级维度	强注重社会等级	注重社会等级	强注重个人成就
次序时间观与同序时间观维度	强同序时间观	同序时间观	次序时间观
顺从自然与改造自然维度	强顺从自然	强顺从自然	微改造自然

资料来源：F. Trompenaars, *Riding the Waves of Culture*, London：Nicholas Brealey Publishing Ltd. 1993.

（1）普遍主义与特殊主义维度

从管理学的角度来说，普遍主义认为一种好的企业管理模式是适用于全世界的；而特殊主义则更为重视在特定情况下采取特殊企业管理方式，很少考虑到总体的社会规范。而对于阿拉伯企业来说，其在重视企业管理现代化的同时还坚持维护传统价值观念。由此来说，虽然阿拉伯企业制定了复杂的规章，但其企业的内部员工从上到下并不按照其规章执行工作；虽然企业内部将业绩作为人员聘用与晋升的参考依据，但是社会关系网却是实际上的依据标准。

（2）个人主义与集体主义维度

该维度与霍夫斯塔德五大维度理论中的个人主义与集体主义维度相一致。

（3）情绪内敛与情绪外露维度

情绪内敛的文化强调藏而不露、谨言慎行，而情绪外露的文化则偏向爱憎分明、喜怒形于色、袒露情感。阿拉伯人情感较为丰富，属于情绪外露型文化。在企业进行产品或形象推广时，阿拉伯企业偏向于使用精致的词语来进行描绘，并变换音调，通过手势与表情的辅助达到增强说服力的效果。

（4）关系特定与关系弥散维度

该维度可以很好地反映不同文化中个体在人际交往方式上的差别。对于企业文化来说，关系特定的文化表现为工作事务与其他事务存在明显分界线，不可混淆；而关系弥散的文化则表现为工作与生活等方面相互融合，在商业谈判中表现在会谈前半部分往往谈及工作之外的话题，而在会谈最后阶段才正式进入主要议题。阿拉伯企业在进行商业活动中往往是双方首先建立彼此之间的联系，在双方友好关系的基础上达成交易，而就事论事的做法并不被阿拉伯企业所采用，因此阿拉伯企业文化属于关系弥散型。

（5）注重个人成就与注重社会等级维度

对于注重个人成就的文化，在其文化中个体的社会地位以及对该人的评价是根据其最近所取得的业绩决定的。而对于注重社会等级的文化，个体的社会地位与他人对该个体的评价由该人的血缘关系、年龄、性别、教育背景、社会关系等因素决定。在阿拉伯企业中，企业的管理决策由公司高层决定，并且专制的管理模式占主导地位。下属必须尊重、服从上级的指令，在阿拉伯企业中职务、资历比能力更为重要。

（6）次序时间观与同序时间观维度

这一维度表现在看待时间的不同方式。对于时间次序与同序的问题，阿拉伯企业偏于传统，属于过去主导型。在商务约会中阿拉伯人约定的往往是一个模糊的时间，他们可能会在约会中迟到很久，由于约会的人在同一时间还有其他工作，因此等待的阿拉伯人并不因此而懊恼，反而认为约会的人晚到方便了其处理其他突发事件。与西方企业相比，阿拉伯企业在时间上更加灵活，企业中可以同时召开多个会议，而会议议题却无任何关联。

（7）顺从自然与改造自然维度

该维度旨在说明社会文化中对于环境的态度。顺从自然的文化认为自然环境是无法被战胜的，人们只能顺从自然而无法去改造它；改造自然的文化认为影响人生活的主要问题来源于人自身，因此其价值观与行为动机从自身产生。阿拉伯企业的管理属于顺从自然的文化。根据强皮纳斯的研究，在向阿拉伯人提问"是否值得尝试改造自然（如天气）"时，调查结果显示仅有9％的埃及人和巴林人、11％的阿曼人、18％的科威特人选择"值得"。① 其原因在于阿拉伯社会的价值观念表现为部落化、遵循传统，并以社会为中心。

二、根据主要跨文化交际理论成果对阿拉伯企业文化特点的总结与归纳

上述跨文化交际理论虽然对基于伊斯兰社会文化的阿拉伯企业文化特点做出了不同程度的描述，但是鉴于其所进行比较的文化维度不同，因此分析得出的结论会有所不同。

但从总体上来看，伊斯兰教深刻地影响了阿拉伯社会文化，前文所述的从跨文化交际理论所得出的结论与阿拉伯社会中深刻的伊斯兰教信仰是分不开的。对于传统的阿拉伯企业，伊斯兰思想是它们的经营哲学，并且其认为阿拉伯企业文化是建立在现代商业理念与伊斯兰理念基础上而形成的。阿拉伯国家中私企占比很高，而受到部落会议与家族会议影响，大部分阿拉伯私有企业都采用家族管理模式。这些家族企业的特殊主义文化情结体现尤为明显，即依赖于传统习俗来保证企业的发展，而并不倚重法律法规与内部规章制度。这样使得阿拉伯企业形成了集权式宗族管理的特点，企业的运作更像一个关系弥散的大家庭，企业中的员工是具有不同辈分的家庭成员，企业中领导层则负责处理家庭成员的纠纷。对于阿拉伯企业文化特点具体分析如下：

1. 企业发展战略

受到伊斯兰文化影响，阿拉伯人在工作与生活中表现出很强的顺从自然

---

① See F. Trompenaars, *Riding the Waves of Culture*, p. 11.

态度，并没有过多通过自身能力改造自然的意识。因此，在经济上就表现为利用石油、天然气、矿产等资源出口作为阿拉伯国家经济支柱，科技实力非常薄弱，没有形成完整的工业体系。阿拉伯国家过于重视石油产业的发展，而忽视了其他产业，进而使得许多阿拉伯企业无法实现多元化经营。虽然石油产业的快速发展使得部分阿拉伯国家成为石油富国，但这种单一化的企业发展战略也带来了诸多风险。在意识到了这一问题后，阿拉伯企业也开始了从一元化到多元化发展战略的转型：起于单一专业化发展，发展于多元化发展。由于近30年来经济全球化的展开，国际市场的竞争日趋激烈，阿拉伯企业也顺应全球化的潮流实施国际化战略，积极主动参与国际商品与技术交流。

2. 企业组织框架

根据霍夫斯塔德的权力距离维度理论，阿拉伯国家有很高的权力距离指数。阿拉伯企业对于这一理论则表现在，大部分阿拉伯企业采用家族管理模式，在企业组织结构上往往呈现金字塔模式。虽然金字塔架构管理模式内部信息沟通方便，便于统一管理，但是其缺点也尤为明显，即企业权力过度集中。企业的重大决策往往由公司总裁一人做出，而且上层向员工下达的信息多为命令，员工对公司决策的话语权很低，而且公司管理者往往将企业视为自己的大家庭。这种"家庭"管理模式使得企业内部产生普遍存在的权威，进而造成企业决策者的决策失误无法被其他员工指正。同时，在私营企业内部，烦琐的上下级汇报制度与各个部门之间由于维护自身利益而相互隐瞒信息的行为相互纠缠，进而造成办公效率低下与重要信息交流缺失。

3. 企业人力资源

西方企业中的人力资源管理普遍强调制度约束的重要性，而阿拉伯企业由于受到伊斯兰宗教文化的深刻影响，阿拉伯人可以接受差距很大的权力距离，阿拉伯企业中往往采用个人的影响力来从上至下进行人力资源管理。阿拉伯企业虽然制定了周密的规章制度用于人力资源管理，但是公司上下并不倾向于严格遵守上述规定，而是注重采用施加人性化的管理方式，以此将上下级之间的工作关系提升至友情关系，并为员工提供一定权限以发挥其自身创造力，从而营造出和谐宽松的工作环境以保持员工对企业的忠诚，并激发员工的个人创造力，从这一方面来说则又体现了强皮纳斯对阿拉伯国家属于关系弥散型文化与特殊主义文化的评价。

阿拉伯企业在人力资源管理方面主要体现了宽容的特点，其强调通过公关途径协调公司内部人力关系。这样的做法旨在打造一种员工忠诚于企业的家庭式企业文化。因此，阿拉伯企业内部员工具有较高忠诚度。企业内部管理也注重员工的奉献，而不注重个人工作业绩。在企业内部人员的任免与选拔方面，人力资源部门往往并不注重个人能力，而更多地倚重资历、经验、社会关系，从这点来说也反映了强皮纳斯对阿拉伯企业强集体主义文化的理论。

4. 企业财务

在特殊主义的文化背景下，阿拉伯企业普遍缺少现代化的财务管理制度，而仍基于传统的财务管理方式将财务管理建立在诚信基础上，从而使得理性因素与感性因素纠缠在一起，因此使得其财务管理无法适应激烈的国际竞争环境。虽然人性化的财务管理制度在一定程度上使得企业的"家庭"氛围更浓，但现代化市场经济的快速发展使得这一关系弥散型文化财务管理模式的种种问题逐渐凸显。随着大批学习了西方先进企业管理经验的留学生归国与经济全球化的日益深入，阿拉伯企业在与西方企业的深入合作中逐渐学习并采用了更为高效的财务管理模式，从而使得立足传统、具有现代管理意识的阿拉伯企业出现，为阿拉伯经济的发展注入了新的血液。

5. 企业形象

阿拉伯企业管理者普遍认为商场上的竞争核心表现为企业形象的竞争，在他们看来，打造企业品牌形象比一时获利更为重要，在这点上则体现出了情绪外露文化的特征。在进行企业形象宣传时，阿拉伯企业偏向于使用精致的词语来对企业形象与产品进行描述。从事企业管理的阿拉伯家族将企业的形象与知名度视为生命，并且在企业发展过程中逐渐意识到须以"诚信、豁达、努力、自律、涵养"等作为价值规范来支撑企业品牌形象。

在伊斯兰社会文化的深刻影响下，阿拉伯企业追求声望与利润的兼得，对某些企业管理者来说，企业的形象比商业利润更为重要。在企业获得利润后，部分资金又会转而投入企业品牌形象的建设中，以此来发展企业。而在企业形象建设中，诚信则被视为阿拉伯企业所奉行的一个基本宗旨。《古兰经》强调："信道的人们啊！你们要敬畏真主，要和诚实的人在一起。"① 伊斯兰教教义给现代阿拉伯企业传递的文化信息即体现在通过诚信来提供优质

---

① 《古兰经》，马坚译，第9章第119节，1981。

产品与服务，从而树立诚信的企业形象。

阿拉伯企业在公共关系方面，则体现了强皮纳斯的特殊主义理论，即企业在管理与发展上注重拓宽社会关系网来保证企业自身在竞争中存活与发展，阿拉伯知名企业往往将其自身利益与国内王室、贵族和政府连接在一起，以此增强企业竞争实力，并谋求互利共荣。而这类企业一旦失去了权力的支持，那么企业在经营中将陷入困境。因此，如何与王室、贵族和政府维持良好的关系就成为阿拉伯企业在公共关系工作上的首要问题。

一国企业的文化在很大程度上受到该国传统文化的影响，因而不同的国家、民族、历史在其发展过程中产生了不同的社会文化，社会文化进而决定了该国企业文化的核心内容。阿拉伯企业文化正是在发展了 1 400 多年的伊斯兰教文化与阿拉伯民族文化基础上形成的，其企业文化中的民族特殊性体现得极为明显。（见表 3）

表 3　　根据霍夫斯塔特的国家文化模型与强皮纳斯的文化架构理论对阿拉伯企业文化特点的总结与归纳

伊斯兰社会文化影响下的阿拉伯企业文化	高权力距离指数（霍夫斯塔特理论）	企业组织结构呈现金字塔模式
		企业从上至下进行人力资源管理
	特殊主义（强皮纳斯理论）	企业制定了严密规章但并不严格执行，而是依赖于传统习俗进行企业管理
		在企业发展与人力资源管理方面，企业注重社会关系
		财务管理建立在诚信基础上，从而使得理性因素与感性因素纠缠在一起
	强集体主义（强皮纳斯理论）	企业内部管理也注重员工的团队奉献，而不注重个人工作业绩
	强情绪外露（强皮纳斯理论）	非常注重企业品牌形象
		在企业进行产品或形象推广时，阿拉伯企业偏向于使用精致的词语来进行描绘
	强关系弥散（强皮纳斯理论）	企业人力资源管理具有"家庭"氛围
		企业财务资源管理具有"家庭"氛围
	强注重社会等级（强皮纳斯理论）	企业的管理决策由公司高层决定，下属必须尊重、服从上级的指令
	强同序时间观（强皮纳斯理论）	在阿拉伯企业中职务、资历比能力更为重要
		阿拉伯企业在时间上更加灵活
	强顺从自然（强皮纳斯理论）	在商务约会中阿拉伯人约定的往往是一个模糊的时间
		阿拉伯企业发展模式单一，主要以资源出口为经济支柱

　　与西方国家知名企业相比，阿拉伯企业的内部管理依然沿用传统的经营模式，其企业文化与现代经营管理理念存在差距。阿拉伯国家的经济模式为地租型经济，即通过出口资源来获得利润支撑经济发展，这一模式并非按照正常市场规律发展而来。因此，相对滞后的企业文化与依赖资源出口而暴富两者之间产生了明显对比。在经济全球化浪潮的影响下，阿拉伯企业也通过对其本民族传统文化与西方文化进行比较开始了企业文化模式上的转型，在阿拉伯伊斯兰文化的基础上学习外国先进企业文化优点，并致力于寻找阿拉伯伊斯兰文化与现代企业管理模式之间的契合点，以期振兴阿拉伯经济。

文化比较：方法与阅读

当前中西文化交流与会通的一种可能趋势[*]

汤一介

一、当前我们处在一个什么样的时代?

当前我们所处的时代,从全世界说,是自18世纪以来第一次启蒙运动开始的资本主义现代社会向第二次"启蒙"的后现代社会转型;从我们中国说,是处在全球化背景下实现伟大的民族复兴的关键时刻。这个时代对人类社会来说是走向新时代的一次难得的机遇。我们知道,西方资本主义自18世纪启蒙运动以来已有近三百年的历史,这近三百年的历史也是西方取得辉煌的现代化的历史。但到现在,现代化社会的矛盾日益显露,出现了许多深层的难以克服的问题。康德提出的"要敢于用理性"作为启蒙运动的口号,但是理性现在发生了问题。本来理性包含着两个相互联系的方面:工具理性和价值理性,它们对人类社会的发展有着极大的推动作用,然而现在的情况是科学万能的工具理性一枝独秀,而具有人文精神的价值理性被边缘化了。这样使一切都变成了工具,不仅人对人是一种工具,而且人把自然界也变成了可以任意利用的工具。当前对自然界的无节制开发和破坏、自然资源的浪费、臭氧层变薄、海洋毒化、环境污染、生态平衡失调,严重地损害了人和自然界的正常和谐关系,威胁着人类自身生存的条件。1997年12月在日本京都通过了一份限制大气污染的《京都议定书》,但一些发达的资本主义国家

---

* 原载《跨文化对话》,第29辑,23~34页。

设置了种种障碍，近日加拿大又宣布退出《京都议定书》。这说明，启蒙运动提出的理性已被西方国家的某些主政者变成非理性的功利化工具。自由经济（自由的市场经济）曾使工业化以来人类社会的财富极大增长，人们在物质生活上受益巨大。但不可讳言，自由经济发展到现在却使贫富两极（包括国家与国家、民族与民族以及同一国家内部的各阶层）分化日益严重。如果自由经济不受到一定程度的有效监督和控制，将会像贪婪的猛兽一样不受约束地发展，定会引起经济危机和社会混乱。2008 年首先发生在美国的金融危机还没有过去，2011 年接着在欧洲又发生了欧债危机，真是在劫难逃。美国耶鲁大学教授保罗·肯尼迪说："自由主义使人们免于市场经济之前时代的束缚，也使人们承受着金融和社会灾难的危机。"① 启蒙运动的另一口号个性解放，这本来是针对宗教的迷信和世俗的蒙昧，使人认识到自我的力量，以便使自由的创造力得到充分发挥，但是个性解放发展到今天也异化成对他人宰制的工具，特别是帝国主义依仗他们的霸权，强行把他们的价值观加给其他国家和民族，推动"普遍主义"。资本主义现代社会的畸形发展，导致人们追求的不再是理性，而是权力欲望的放纵和对金钱的崇拜，因而使各个人群都生活在矛盾与痛苦之中：老百姓在艰难的生活条件下为谋生而苦苦挣扎，知识分子面对社会种种乱象却无能为力而日夜受到良心的谴责，政治家（政客）为得不到人们的信任而自我欺骗，企业家因各种相互矛盾的制度与规则而千方百计地想对策。各阶层、各人群希望得到的幸福生活似乎遥遥无期，大家都不快活。这不是哪个人的问题，而是人类社会一次重大转型时期的不可避免的阵痛。为此，我们每个人都应义不容辞地担当起促进新社会早日到来的责任。

二、20 世纪 90 年代两种思潮在中国的兴起

20 世纪 90 年代在中国思想文化界出现了两股反对一元化的思潮。一股是来自西方消解现代性的后现代主义。后现代主义在 20 世纪 80 年代初已经进入中国，但在那时没有什么影响，而到 90 年代突然被中国学术界关注了。

---

① 保罗·肯尼迪：《资本主义形成会有所改变》，载《参考消息》，2009 年 3 月 16 日。

另一股是追求复兴中国传统文化的"国学热"思潮。其实，在 80 年代中国学术思想界已经提出应重视中国的传统文化，但并未形成热潮，90 年代"国学在燕园悄然兴起"而渐渐形成热潮。这两股思潮的兴起，说明了什么问题？

为了挽救人类社会，消除现代性带来的负面影响，因而 20 世纪 60 年代在西方有消解现代性的后现代主义思潮的出现。初期的后代主义是解构性的后现代主义，它是针对现代社会发展过程中所产生的缺陷提出的，他们所做的是对现代性的解构，反对一元化，主张多元化，要求粉碎一切权威，使现代性的权威性和宰制性黯然失色，但是解构性的后现代主义却并未提出新的建设性主张，也没有策划一个新时代。

在 20 世纪末，将进入 21 世纪之初，以过程哲学（process philosophy）为基础的建构性后现代主义第一次提出将启蒙（即 18 世纪的启蒙运动）的积极因素与后现代主义整合起来，召唤第二次启蒙。例如，怀德海的过程哲学认为，不应把人看成一切的中心，而应把人和自然视为密切联系的生命共同体。过程哲学主要代表人小约翰·柯布说："建构性后现代主义对解构性后现代主义的立场持批判态度……我们明确地把生态主义引入后现代主义中，后现代是人与人、人与自然和谐共处的时代。这个时代将保留现代性中某些积极性的东西，超越其二元论、人类中心主义、男权主义，以建构一个所有生命共同福祉（for the common good）都得到重视和关心的后现代社会。"他们还提出，如果说第一次启蒙的口号是"解放自我"，那么第二次启蒙的口号是"关心他者""尊重差异"（指进入后现代社会）。他们认为，当用自身的自由专权削弱共同体的时候，其结果一定会削弱其自身的自由。因此，必须拒绝抽象的自由观，走向有责任的深度自由，要把责任和义务观念引入自由中，揭示出"自由"与义务的内在联系。目前建构性后现代主义在西方仅仅是一股涓涓细流，影响很小，但却被为了民族的复兴的一批中国学者所关注。

雅斯贝尔斯在《历史的起源与目标》中说："人类一直靠轴心期所产生、思考和创造的一切而生存。每一次新的飞跃都回顾这一时期，并被它重新燃起火焰。自那以后，情况就是这样。轴心期潜力的苏醒和对轴心期潜力的回忆，或曰复兴，总是提供了精神力量。对这一开端的复归是中国、印度和西方不断发生的事情。"① 在 20 世纪 90 年代，即将进入 21 世纪之际，由于中华民族正处在伟大的民族复兴的过程之中，民族的复兴必须由民族文化的复兴来支撑，因此，"国学热"的出现是必然的。我认为正是一百多年西方文化的冲击，使我国学术界得到一个对自身传统文化自我反省的机会。我们逐渐知道，在我们的传统文化中应该发扬什么和应该抛弃什么以及应该吸收什么。因此，在长达一百多年中，我们中国学术界一直在努力吸收和消化西学，这为国学从传统走向现代奠定了基础。新的国学必须是能为中华民族在当代得以复兴、能为当今人类社会和平与发展的前景提供有意义的精神力量的国学。它将是使我国全面实现现代化，而又可以避免陷入当前西方社会的困境的国学。也就是说，新的国学应该是"反本开新"的国学。"反本"才能"开新"，"反本"更重要是为了"开新"。"反本"要求我们对国学的真精神有深刻的领悟，坚持自我文化的主体性。"开新"要求我们全面系统地了解当前人类社会所面临的亟待解决的新问题。"反本"和"开新"是不可分割的，只有深入发掘国学的真精神，我们才可能适时地开拓国学发展的新局面；只有敢于面对当前人类社会存在的新问题，我们才能使国学的真精神得以发扬和更新，使国学在 21 世纪的"反本开新"中重新燃起火焰，以贡献于人类社会。

这两股新的思潮在中国兴起，它们的发展前景如何？对中国社会和人类社会能否起决定性的积极作用？为此，我们必须全面考察这两股思潮能否有结合的可能性。

三、中国传统文化在中华民族伟大复兴的历史新时期，在面对全球化的态势下，必将对人类社会做出划时代的新贡献

中华民族正处在民族的伟大复兴的过程之中，民族的复兴必须由民族文化传统的复兴来支撑。但是在全球化的时代，中华民族的传统文化复兴不仅要面对自身社会的问题，而且要面对当前世界存在的问题，这就要求我们在发展中华民族传统文化的同时，必须注意到它既是民族的，又是世界的。因

---

① 雅斯贝尔斯：《历史的起源与目标》，魏楚雄等译，14 页，北京，华夏出版社，1999。

此，我们须要认真地考察国学与后现代思潮在哪些方面可以相结合，而对解决当前人类社会做出积极的贡献。

1. 人与自然是一生命共同体与天人合一理论

建构性后现代主义的代表人物柯布说："今天我们认识到人是自然界的一部分，我们生活在生态共同体中。"这个思想是从哪里来的呢？虽然直接来自怀德海，但它无疑是和中国的天人合一理论有着密切的关系。天人合一是中国传统思想的核心价值理念之一，它和在西方长期流行的天人二分理论是两种不同的思维模式。1992 年世界 1 575 名科学家发表了一份《世界科学家对人类的警告》，在开头有这样一句话："人类和自然正走上一条相互抵触的道路。"自然界为什么惨遭破坏？这不能不说与在西方长期有着影响的天人二分的思维模式有着密切的关系。① 与西方这种思维定式不同的天人合一思维方式可以说正为解决自然界惨遭破坏提供了可行的思路。我们可以看到，早在 2 500 多年前的孔子提出既要"知天"又要"畏天"的思想。"知天"是要求人们认识自然界，以便使人们可以自觉地利用自然界为人类社会谋福祉；"畏天"是要求人们对自然界有所敬畏，认识天的神圣性，要自觉地尽到保护自然的责任。朱熹对天人合一思想的解释说："天即人，人即天。人之始生，得于天也；既生此人，则天又在人矣。"意思是说，在天把人产生之后，天和人就存在着一种相即不离的内在关系，因而天的道理就要由人来彰显，人对天就有了不可推卸的责任。我们可以看到，在解决人与天（自然界）的关系上，中国传统哲学和建构性后现代主义走着相同的道路。所以正如法国大儒汪德迈说："曾经给世界完美的人权思想的西方人文主义面对近代社会已降的挑战，迄今无法给出一个正确答案。那么，为什么不思考一下儒家思想可能指引世界的道路，例如'天人合一'提出的尊重自然的思想、'远神近人'所倡导的拒绝宗教的完整主义以及'四海之内皆兄弟'的博爱精神呢？可能还应该使儒教精神在当今世界诸多问题的清晰追问中重新认识。"为什么汪德迈把西方的人权思想和中国的"天人合一""远神近人"

---

① 罗素《西方哲学史》（马元德译，北京，商务印书馆，1988）下册第 91 页中说："笛卡儿的哲学……它完成了，或者说极近乎完成了自柏拉图开端而主要因为宗教上的理由经由基督教哲学发展起来的精神、物质二元论。……笛卡儿体系提出来精神界和物质界两个平行而彼此独立的世界，研究其中之一能够不牵涉另外一个。"

"四海之内皆兄弟"联系起来考虑？我们知道，人权对人类来说无疑非常重要，这是由于人的自由权利是不应被剥夺的，社会发展只能靠思想自由、言论自由、信仰自由、迁徙自由等来实现。但是如何保障人权，往往受到外在的力量干扰，甚至剥夺，无论中外都有这种情况。某些思想家或政客把人的权利无限扩大，以至于把人的权利扩大至可以去无序地破坏自然界。因此，汪德迈认为人对自然界的权利应该受到限制，这样就应该从中国的天人合一思想中取得有意义的思想资源。在西方，由于基督教认为上帝已经把世界完整地创造了，似乎人再无能为力了。汪德迈则认为虽然上帝把世界完整地创造好了，剩下的事就是人的问题，要人来做主了。正如法国文学家安德烈·纪德所说："神出主意，人做主意。"中国儒家所说的"四海之内皆兄弟"是和中国传统思想的天下观相联系的，它认为，人类最高的理想是天下大同（协和万邦），《大学》说修身、齐家、治国、平天下，因此任何民族和国家要考虑的不仅是自己的国家（治国），而且最终要考虑天下太平（即全人类的共同利益），这应是人权中的应有之义。这就是说，西方的人权思想应可以在其他民族思想文化传统（如中国的文化传统）中找到某些补充和丰富其原有价值的思想因素，以便人类社会走向更加合理之路。

2. 建构性后现代主义的第二次启蒙与儒家的仁学理论

建构性后现代主义提出，如果说第一次启蒙的口号是"解放个人"，那么第二次启蒙的口号则是"关心他者""尊重差异"。"关心他者"的思想如果用中国儒家思想来表述，那就是"仁者爱人"。仁爱是孔子儒家学说的核心价值。儒家提倡的仁爱虽是从亲亲（爱自己的亲人）出发，如孔子所说："仁者，人也，亲亲为大。"仁爱之心是人本身所具有的，爱自己的亲人是仁爱精神的出发点和基础。但是孔子认为，仁爱不能只停留在爱自己的亲人上面，要推己及人，"老吾老以及人之老，幼吾幼以及人之幼"。孟子也说："亲亲而仁民，仁民而爱物。"从爱自己的亲人出发，必须推广到对老百姓的仁爱，由爱护他人才会对一切事物都有爱心。这样的思想又可以和建构性后现代主义关心他者接轨。建构性后现代主义认为其哲学是在保留现代性某些积极的东西（主要是西方思想家依据理性提出的极有价值的自由、民主、人权等理想性思想）的基础上"以建构一个所有生命共同体福祉都得到重视和关心的后现代世界"，这正是对关心他者的更为全面的表述。因为，人类社会的发展中，其文化要不断积累，总是在传承中创新。因此，后现代社会必须保留现代性社会的自由、民主、人权等中的积极因素，这样"建构一个所有生命共同体福祉都得到重视和关心的后现代世界"的意义才得以充分显现。建构性后现代主义提出的尊重差异，正是儒家思想所主张的"道并行而不相悖"的另一种表述。不同的思想文化传统往往是各有其特点而不相同，但这种不同可以说对人类社会都有一定的意义，并不是要相互排斥的。例如肯定西方近代提出的民主思想在特定的社会条件下的积极意义，并不要否定中国思想文化传统中的民本思想在特定的社会条件下也具有某种积极意义，更不应否定中国传统文化中的"己所不欲，勿施于人"对人类社会的普遍价值。只有承认在不同思想文化传统中都有其对人类社会积极贡献的部分，这样在不同国家和民族之间才可以共存、共荣。吸收和消化不同文化传统中的优长以达到会通是人类文化发展的必由之路，正如罗素所说："不同文明之间的交流，过去已经多次证明是人类文明发展的里程碑。"① 我们应该看到，同为人类，就有着共同要解决的问题。如何解决人类所面对的共同问题，道路可能不同，方法可能有异，但目标往往是殊途同归的。所以尊重他者和"道并行而不相悖"有同等的价值。

3. 如何定义人与中国传统文化中礼的人权观

人权观念对现代社会说是非常重要的，但如何使人权观念真正对建设健康、合理的社会起积极作用，是应该在不同的思想文化传统中进行深入讨论的。美国著名哲学家安乐哲、郝大维写了一本书叫作《通过孔子而思》，这本书中有以下一段话："我们要做的不止是研究中国传统，更要设法使之成为丰富和改造我们自己的一种文化资源。儒家从社会角度来定义人，这是否可用来修正和加强西方的自由主义模式？在一个以礼建构的社会中，我们能否发现可以利用的资源，以帮助我们可以更好地理解我们的根基不足却富有价值的人权观念？"这段话大体上讨论了以下三个问题：第一，西方不应仅仅研究中国思想文化，而且应用中国思想文化来"丰富和改造"西方的思想文化；第二，要理解中国传统文化是"从社会角度来定义人"的意义；第三，中国的礼文化中包含着极富有价值的人权观念的可资利用的因素。我认

---

① 罗素：《中西文化之比较》，见《一个自由人的崇拜》，18～27 页，长春，时代文艺出版社，1988。译文稍有改动。张载在《正蒙·太和》中说："有象斯有对，对必反其为；有反斯有仇，仇必和而解。"

为，安乐哲提出的三个问题正是为了对治西方哲学的根基不足而发的。正是近现代社会特别重视人的自由权利（第一次启蒙后的历史），才使得人类社会有了长足的发展。这是因为人的自由权利是一种巨大的创造力。但是，个人的自由权利和某一国家和民族自由权利的滥用，在一定情况下对其他人的自由权利或者其他国家和民族的自由权利将构成威胁和遏制，甚至侵犯。中国传统文化中的"从社会角度来定义人"，意思是说，"不是从孤立的个人的角度来定义人"，因为人一出生就是在各种关系中生活和成长，这颇有点像马克思在《关于费尔巴哈的提纲》中说的："人的本质不是单个人所固有的抽象物，在其现实性上，它是一切社会关系的总和。"① 那么，如何处理这种种复杂的人的社会关系呢？在中国古代社会特别注意用礼来处理人在社会中的种种关系。礼虽然是观念形态的东西，但它带有对人的行为有着约束性的意义。《论语·学而》中说："礼之用，和为贵。"礼的作用最重要之点就在于促使社会和谐，这就是说中国传统文化中的礼是一种带有对社会规范性的力量。《礼记·坊记》中说"君子礼以坊德，刑以坊淫"，君子制礼是为了防止败坏社会的道德规范，制刑（刑法）是为了防止祸乱社会秩序。汉贾谊《陈政事疏》中说："夫礼者禁于将然之前，而法者禁于已然之后，是故法之所用易见，而礼之所为生难知也。"可见，在中国传统中，对礼是特别重视的。这是因为中国儒家认为，在人与人之间应有一种相互对应的关系，如《礼记·礼运》中说："何谓人义？父慈，子孝，兄良，弟弟，夫义，妇听，长惠，幼顺，君仁，臣忠，十者谓之人义。"这是说，对什么是人与人之间的道义关系，儒家学说认为在人与人之间应有一个权利和义务（责任）相对应的关系，不应只有单方面的权利而不需承担相对应的义务。中国的礼正是为协调社会关系的权利和义务所设。因此，我认为中国前现代社会是不是可以称为礼法合治的社会，这当然是一种儒家的理想。从这里，我们可以设想，在确立人权公约的同时是否应有一责任公约，以便使得权利和责任之间得到平衡。这也就是安乐哲他们所说礼对西方颇有价值的人权观念可以起着丰富和改造的作用。从这里，甚至可以看到责任公约或许会对人权公约起着保护和提升的作用。小约翰·柯布说："中国传统思想对建构性的后现代主义非常

---

① 《马克思恩格斯选集》，2版，第1卷，56页，北京，人民出版社，1995。

有吸引力，但我们不能简单地回到它。它需要通过认真对待科学和已经发生的变革的社会来更新自己。前现代传统要对后现代有所裨益，就必须吸收启蒙运动的积极方面，比如对个体权利的关注和尊重。"柯布的这段话对我们研究中国思想文化应该说是颇有意义。作为前现代的中国传统文化是需要认真吸收启蒙运动以来现代社会的一切积极成果，如自由、民主、人权等对个体权利的关注和尊重的思想，我们决不能企图排斥自由、民主、人权等极富有价值的思想，这样前现代的中国传统文化才能和建构性后现代主义结成联盟，从而推进现代社会向后现代社会的转型。

我们已经注意到，中国一些学者和西方建构性后现代主义的学者之间不仅有了广泛的接触，而且开始了良好的合作。建构性后现代主义的代表人物已经注意到中国传统文化对建构性后现代主义颇有吸引力，并已从中吸取营养；同样中国的一些学者也已经注意到建构性后现代主义对当前人类社会走出困境的现实意义，并认真地关注着该学说的发展。已经发生广泛影响的国学热和建构性后现代主义这两股思潮的有机结合如果能在中国社会中深入开展，并得到新的发展，也许中国可以比较顺利地完成第一次启蒙的任务，实现现代化，而且会较快地进入以第二次启蒙为标志的后现代社会。如果真能如此，当前中华民族文化的复兴所取得的成果，在人类社会发展史上将是意义重大的。

方法与阅读*
——弗朗索瓦·于连与阐释中国哲学

[德] 顾　彬 (Wolfgang Kubin)

在有些学者看来，中国哲学思想并非真正的哲学，但如果把它看作哲学的话，那么它不是异常简单就是难以被人理解。① 像这样的观点人们不仅在欧洲，而且在中国也会听到。这里，我不想探讨的问题是：在这样的情况下，我们听到的仅仅是观点的表达还是看到了事实真相。相反，我更希望研究复杂的阅读技巧这个难题——我们如何阅读一篇对我们保持缄默的（中文）文章？众所周知，按照现代阐释学的观点，一部与我们没有对话的作品是一部毫无价值的作品。② 但是，我们却又知道，一些我们今天还不喜欢的东西明天却能够赢得我们的全部好感。这是怎么回事呢？在这种情况下，在我们生命的这两种行为之间我们又有怎样的经历？

---

* 原载《跨文化对话》，第 29 辑，168～176 页。文心译。

作者原注：对于一些重要的认识，我要感谢上海华东师范大学的文字学家臧克和法兰克福大学的宗教学学者沃尔夫冈·甘特克 (Wolfgang Gantke)。

① See Günther Debon (君特·德博)，"Schwierigkeiten beimVerständnis chinesischer Philosophie,"（《理解中国哲学的困难》）in *So der Westen wie der Osten. 13 Kapitel zur Dichtung，Kunst und Philosophie in Deutschland und China*（《东西同一——德中文学、艺术、哲学 13 讲》），Heidelberg：Guderjahn，1996，pp. 43-48.

② See Hans Georg Gadamer (伽达默尔)，*Die Aktualität des Schönen. Kunst als Spiel，Symbol und Fest*（《美的现实性——作为游戏、象征和节日的艺术》），Stuttgart：Reclam，1977. 这里，总是一再涉及一部艺术作品隐藏意义的揭示，以便它与我们的互动。

请允许我以自己为例并且重提往事。由于我早年对黑格尔作品的阅读
(1968)，由于我在明斯特的第一位中文老师（1969）以及"文化大革命"期间
在北京的学习（1974—1975），我对孔子丝毫不感兴趣。我觉得他过于无聊、过
于乏味，和我喜爱的古希腊哲学相比，他的思想根本就不是哲学。

但是如今，当谈到西方现代性某些特定的畸形现象时，我却为何并不反
感阅读《论语》，而且还多次引用甚至赞同这位大师的言论呢？① 这与当年的
一次经历有关。1999 年 5 月，由于我从事了大量关于中国美学的研究，我弄
到了弗朗索瓦·于连（François Jullien）《淡之颂——论中国的思想和美学》
(Éloge de la fadeur. À partir de la pensée et de l'esthétique de la Chine，
1991) 一书的德语译本。② 这本书或多或少以细致地阅读《论语》中一个不
起眼的段落开始。③ 为了避免可能给读者造成哲学简单粗浅的印象，作者
指出了中国文化精髓的真正特征——那些核心的内容乍看起来微不足道，
但却是至关重要的。凡是希望将《论语》中那些黑格尔所谓的陈词滥调提
升到极其严肃的箴言的人，都需要首先研究中国的文化精神，这种精神对
自身的阐释与我们的文化精神截然不同，即通过摆脱可见的和已成形的事
物的方式。④

一、哲学与死亡

中国人有充足的理由害怕一切成形的事物，因为它们会将中国人禁锢到
一些具体的事物上。⑤ 作为成形的事物，我仅仅按照自身的塑造为他人所认

---

① 我在这里受到了 Romano Guardini（罗曼诺·古瓦尔迪尼）*Das Ende der
Neuzeit. Ein Versuch zur Orientierung* […]（《近代的终结——导向的尝试……》）的影
响。Mainz/Paderborn，Grünewald/Schöningh. 3. Auflage der Werkausgabe，1995.

② *Über das Fade - eine Eloge. Zu Denken und Ästhetik in China. Aus dem
Französischen von Andreas Hiepko und Joachim Kurtz*，Berlin，Merve，1999.

③ Ibid.，pp. 13-23.

④ Ibid.，pp. 55-64.

⑤ See François Jullien（弗朗索瓦·于连），*Das große Bild hat keine Form oder
Vom Nicht - Objekt durch Malerei. Essay zur Desontologisierung*（《大象无形或绘画的
非客体——论反本体化》），Aus dem Französischen vom Markus Sedlaczek. München：
Fink，2005.

识——具有一些具体的特征，但同时并非所有可能的选择。因为时尚允许人尤其依照个性设计自我，所以它在西方发挥着如此重要的作用。那些没有成形的事物被限制在自身及其潜能上，而不能被感知为特殊的事物。很多事物都能够存在于外表，但一切（可能）却更多地在自身内部。按照黑格尔的观点，人在自己身上（客观性）也一定拥有他对于自身的意义（主观性），也就是说，他在外部必须要实现他在自己内心深处感受到的东西，以便消除存在的分裂状态。① 因此，1816 年，在我们这位德国哲学家的思想中，自我实现便成为一个新的词语和一个新的纲领！② 这一纲领有别于中国人的"修身"设想。这对于儒家学说来讲如此举足轻重的两个字——可以被翻译成"保养好个人的身体"③——具有一个宗教的起源，它原本意为在流水中荡涤邪恶。孔子把它的含义世俗化了，变成了培养个性的基础。按照经典作品《大学》的观点，只有通过把荡涤身体的行为置于天下国家和家庭构成的关联中人才会成为一个独立的个体。④ 这样一种宇宙论的设想在多大程度上从个人那里剥夺了西方观点中属于个体性的东西，这一点从后来宋代的一句口号中清晰可见："存天理，灭人欲。"这句话比孔子曾经要求人要"克己复礼"更进了一步。

在上述所有情况下，我得到的并非我个人的无法被混淆的形象，而是存在的形象，是所有的人和一切事物的形象。由此，我并不能格外与众不同，但却在自己内心中承载了世界的根基，因为我是作为普遍之物成为世界的根基的。因此天、地和人能够被想象成一体，想象成内心世界的"三才"。

---

① 黑格尔在 *Phänomenologie des Geistes*（《精神现象学》）(1807) 和 *Wissenschaft der Logik*（《逻辑学》，1812，1816）当中一再谈及"对于自身"（für sich）和"在自己身上"（an sich）的问题。存在的这样一种两重性在中国哲学中是没有的。

② 参见 Joachim Ritter（约阿希姆·里特尔等）et al. ed. *Historisches Wörterbuch der Philosophie*《哲学史词典》，Bd. 9.（第 9 卷），Darmstadt：Wissenschaftliche Buchgesellschaft，1995，第 555 至 560 栏。

③ See Ulrich Unger（乌尔里希·翁格尔），*Grundbegriffe der altchinesischen Philosophie. Ein Wörterbuch der klassischen Periode*（《中国古典哲学的基本概念——一本古典时期的词典》），Darmstadt：Wissenschaftliche Buchgesellschaft，2000，p. 9.

④ See Ralf Moritz（拉尔夫·莫里茨），*Das Große Lernen*（《大学》），Stuttgart：Reclam，2003，pp. 7-9.

　　由此也可以解释早期中国哲学的少言寡语。语句构成一篇文章，也把它局限在了少数可能性上。太多的语句仅仅使一种说法显得清楚，但实际上却并不明晰，就像为了能够将一个词语朗读出来，我们在《旧约》的希伯来文中必须把元音连同辅音一起考虑一样，我们在孔子那里也不得不在有限的文字中间添加延续的思想并以此将寥寥只言片语提升到哲学和雄辩的高度。例如《论语》第四章第八段：

　　　　孔子曰："朝闻道，夕死可矣。"

这句话什么意思？令我们耳熟能详的是苏格拉底口中关于哲学思考是认识死亡过程的伟大箴言。为什么我们不能间接地通过他来理解这位中国哲人呢？因为从欧洲人的角度出发，我们会提出这样的问题——那个朝闻道之人为什么不能中午就死去呢？如果人中午才闻道，是不是晚上就可以死掉？那些晚上才闻道的人该怎么办呢？他们有权利马上去死还是必须要等到第二天清晨？谁这样提问并且以提问的形式填充了一句精炼的格言，谁就真正陷入了哲学思考。就像在此前苏格拉底的思想中一样，死亡变成了思考的对象。

　　于连在《论语》的另一个同样与死亡有关的著名段落里再次强调了这种对一句简短说法的补充①：

　　　　叶公问孔子于子路，子路不对。子曰："女奚不曰：'其为人也，发愤忘食，乐以忘忧，不知老之将至云尔。'"

子路的沉默不语很典型，因为对老师说三道四无疑只会确定他的特殊性，并由此证明他的个体性。孔子本人似乎并不知晓这样一个困难。他赋予了自身以双重的形象，这双重的形象清楚地表明他认为什么重要、什么不重要。于是，发愤与忘食、欢乐与忧愁、知识和年龄形成了鲜明的对照。圣人在什么地方表现出特别的热情，他在什么事情上自得其乐，这些并没有告诉我们。和常见的情况一样，这里，动词后面常常缺少宾语。只是最后一个动词"知"字让我们看到了一个对象——"老之将至"。由于这个动词前有否定词，所以，自我刻画性格的内容便似乎导致了一种圣人

---

　　① See François Jullien, *Über das Fade － eine Eloge. Zu Denken und Ästhetik in China. Aus dem Französischen von Andreas Hiepko und Joachim Kurtz*, pp. 18-22.

泰然自若的态度。无论是年老还是死亡，任何事情都无法阻挡他（对于知识）的寻求。这种寻求只会在他毫无畏惧面对死亡来临时才宣告结束。

这里，我们研究的是无论在中国还是在欧洲哲学中都发挥了重要作用的一种修习的现象，但是，两者之间的平行比较迄今为止却并没有被人格外关注。

二、修习与快乐

《论语》的开篇是三句脍炙人口的名言，这里首先令我们感兴趣的是第一句：

> 子曰："学而时习之，不亦说乎？"

三个动词在这里非常重要——"学""习""说"。而它们之间又有何关联呢？它们的这个排列顺序是偶然现象，还是如我所认为的那样，在它们之间存在着一种必然的联系？我认为，我们只能通过"取道"欧洲的方法来回答这个问题并且认识到：被表述出来的动词并不是言说者随意挑选的，而是按照逻辑关系层层递进，并且无论是过去还是今天，都讲出了一些关于人的生存条件的内容。

"学"在古代汉语里原本意味着模仿，比如模仿一位正在朗诵的老师。因此在有指导的情况下大声朗读在今天的中国仍然非常有用和重要，到处都会遇到为了高声背诵聚到一起的人群。于是，"学"构建起了一个团体，首先是有老师的团体，继而是有学生的团体。这里，我们能够很容易地引入马丁·布贝尔（Martin Buber）或者伽达默尔的理论，这些理论使个性的塑造以各自的方式依赖于一种对立面。① 个人恰恰是通过其他的人的声音认识自身的。这种对立面可能是一个神、一位师长，也可能是父母中的一位或者一个伙伴。无论如何，人们只能在这个团体之中寻找到幸福。因此，即使在孔子看来，成为人群中的一员也变得如此重要。

---

① See Martin Buber, *Das dialogische Prinzip* （《对话式原理》），Gerlingen：Schneider 8. Auflage，1997.

　　类似这样的情况我已经多次把它们作为中国 "取道" 欧洲的现象加以讨论, "和谐"① 或者 "敬畏"② 这样的概念也是如此。因此, 所有这一切今天在这里都不是我要探讨的主题。相反, 我希望在许可的范围内再次以 "取道" 欧洲的方式更深刻地解释中国的问题。我要讨论的是我们通常在所有维度里也许都无法理解的修习与快乐的关系问题。

　　无论是过去还是现在, 尽管 "修习" 一词 (拉丁文是 exercitatio, 英语是 exercise, 法语是 exercice, 德语是 übung) 随着现代性在西方的大行其道几乎还找不到替代者, 但是, 它却拥有一段 (悠久的) 历史, 这段历史将古代、中世纪、近代和当代彼此联系在一起, 在中国也是如此。③ 由于词汇的使用在拉丁文、德语、英语和法语中各不相同, 所以, 这里更多地会探讨哲学和神学的方面, 而非词源学的问题。

　　在古希腊, 修习提供了掌握诸神的才能的机会。因为美德原本并非人的事情, 但是通过修习本领, 比如智慧就能够成为人的第二个天性。修习概念的这个宗教基础后来在中世纪和近代也能够观察到——修习在希腊语的意义上被理解为 "苦行", 在效仿耶稣和模仿诸神的条件下提供了借助精神的修炼向上帝攀升的机会。它接受一种更高层次的、在神学意义上正确的认识。就是说, 修习是一个完满生命的前提条件。这也正是奥托·弗里德里希·伯尔诺夫 (Otto Friedrich Bollnow) 的基本思想, 他在其 (阐释学) 哲学中专门著书讨论修习的问题。④ 对于解释儒家学说, 他之所以不仅在形式上而且在内容上都可以被考虑的原因在于他与日本

---

　　①　See Wolfgang Kubin（顾彬）, "Harmony and Society: Some Deliberations about Confucius and his Utopia," （《和谐与社会——关于孔子及其乌托邦的一些思考》） forthcoming.

　　②　See Wolfgang Kubin （顾彬）, "Respect only yourself? What Confucian Awe could Mean for Today,"（《只尊重你自己? ——儒家思想的敬畏对于今天可能意味着什么》）forthcoming.

　　③　对此可比较 Joachim Ritter （约阿希姆·里特尔） et al. ed. *Historisches Wörterbuch der Philosophie* （《哲学史词典》）, Bd. 9 （第 9 卷）, 第 78 至 83 栏。

　　④　See Otto Friedrich Bollnow （奥托·弗里德里希·伯尔诺夫）, *Vom Geist des übens. Eine Rückbesinnung auf elementare didaktische Erfahrungen* （《修习的精神——基本教学经验的反思》）, Freiburg: Herder, 1978.

及韩国在精神层面和事实上的接触。① 他在其旅途中见识的"习以为常的修习"无非就是除了儒家学说之外后来连道家和佛教也宣传的修习活动。我们只需要想到孟子关于牛山的著名的比喻就足够了。孔子的这位重要的思想传人谈到了养气的必要性，以便保持作为美德前提条件的"活力"。(《孟子·告子上》) 或者我们会想到道家哲学家庄子讲述的庖丁，他通过练习其刀功顺利地将一头牛肢解。(《庄子·养生主》) 由佛教我们知道了著名的关于打扫地面是通向顿悟的途径的故事，这在韩国的儒家学说的理论和实践中都作为"小学"，即年轻门徒的入门课程流传了下来。

让我们回到孔子和他的言辞上来。我们似乎还没有搞清楚的是，为什么"习"会带来快乐。当今的时代会强调这种观点的反面。这是有道理的，比如我们看看足球运动，每天的训练对于那些职业球员来说，与其说是乐事，毋宁说是折磨。

中国汉字"习"的词源是这样的：在甲骨和青铜器具上面能够找到一个和今天的常见字相似的汉字——今天的简体字"习"和1949年以前通用的繁体字"習"。就形象而言，我们在繁体字的上半部分里看到了一束羽毛，而在下半部分里看到了一只展翅待飞的鸟。最迟到战国时代"习"字就具有了"学习"的含义——"通过模仿练习"，这一含义一直保持到了今天。

最近，德国哲学家彼德·斯洛特代耶克 (Peter Sloterdijk) 的著作向人们展示了经常被现代性贬低为无所作为的修习其实并非保守的"东方人"或

① 关于伯尔诺夫在日本问题上的渊源和对其关于修习设想的解释可参看 Ursula Boelhauve (乌尔苏拉·布尔豪夫), "*Vom Geist des Übens*. Ansätze zu einer eudämonistischen Ethik bei Otto Friedrich Bollnow aus philosophisch—anthropologischer Sicht," (《〈修习的精神〉——奥托·弗里德里希·伯尔诺夫幸福论伦理的哲学—人类学视角初探》) in Friedrich Kümmel (弗里德里希·库莫尔) ed. *Otto Friedrich Bollnow. Rezeption und Forschungsperspektiven* (《奥托·弗里德里希·伯尔诺夫——接受与研究视角》), Hechingen: Vardan, 2010, pp. 225-282. 关于修习、冷静和敬畏的关系可参看 Salvatore Giammusso (萨尔瓦托尔·吉亚穆索), "Hermeneutik als meditative Philosophie. Zum Begriff der Gelassenheit bei O. F. Bollnow," (《作为默想哲学的阐释学——O. F. 伯尔诺夫关于"冷静"的概念》) *Deutsche Zeitschrift für Philosophie* (《德国哲学》), 2010 (58), pp. 31-49。

者西方"隐士"的专利。① 尽管他没有特别引用，但他却重复着伯尔诺夫关于人是一种做重复动作的生物的论点，就是说修习，即始终练习相同的东西，以便取得自己的身份。即使在这里，日常生活也被理解为修习的日常生活，即修习被理解为司空见惯的事情。

将伯尔诺夫与古代、中世纪、西方的近代以及东亚传统联系在一起的东西是其将修习看作一种宗教活动的观点。他追溯了德语 üben 的词源并且指出了其在农业和宗教庆祝当中的起源。对于拉丁文和印地语他也做了类似的工作。② 词源学词典证明他是正确的——所有的"修习"都具有宗教色彩，与之相伴的是舞蹈和仪式。我们能将这些内容用在上述孔子的言论上吗？

这里，我们遇到了一个特殊的困难，因为无论是否在学术上，无论是否在中国，一个传统的观点根深蒂固——孔子与一切宗教毫不相干。这里，我只能针对多数人的意见谨慎地指出，我曾经试图将《论语》中的宗教内容用作理解圣人的关键。③ 因此，必定依然有待证明的命题是：即使是汉字"习"原本也出自宗教领域。我的猜测的第一个证明可以在这样的事实中找到：修习在禅宗中至关重要，这也就具有了宗教色彩。也许以后能够展现出来，无论是学习还是修身在孔子那里都具有一个共同的隐蔽的客体，即在祖庙里守灵和由此产生的仪式。

借助伯尔诺夫的思想，是什么帮助我们理解儒家学说上述名言中快乐是修习的结果？对于我们德国的哲学家来说，修习是成为人的过程的一部分，而且是从小到老。只有通过修习，人才成为真正的人，人才感觉没有虚度此

---

① See Peter Sloterdijk（彼德·斯洛特代耶克），*Du musst dein Lebenändern. Über Anthropotechnik*（《你必须改变你的生活——论人体工程系》），Frankfurt am Main：Suhrkamp，2009. 关于修习主题可参看第 14 页（定义）以及第 287、309、501、639~651 页。Peter Sloterdijk（彼德·斯洛特代耶克），*Scheintod im Denken. Von Philosophie und Wissenschaft als übung*（《思考中的假死——论作为修习的哲学和科学》），Berlin：Suhrkamp，2010，esp. pp. 15-21，24-59.

② See Otto Friedrich Bollnow（奥托·弗里德里希·伯尔诺夫），*Vom Geist des übens. Eine Rückbesinnung auf elementare didaktische Erfahrungen*（《修习的精神——基本教学经验的反思》），pp. 23-25.

③ See Wolfgang Kubin（顾彬），"Niemand，der mich kennt. Konfuzius und der Himmel，"（《没有人认识我——孔子与天》）*minima sinica*（《袖珍汉学》），2009（2），pp. 15-23.

生。修习构成了他最内在的核心并将他引向最高的完善。他各种才能的发挥和向文明生物的转变自然而然地汇聚成了一种内在的自由。镇定和轻松、喜悦和快乐是理所当然的结果，以至于第三句名言顺理成章地不期而至：

> 人不知而不愠，不亦君子乎？

谁学习并且延续了传统，谁就适合为人服务，但是，这个人却会被蒙蔽而无法选贤任能，就像孔子一样从来都没有担任过一个令他心满意足的职务。然而，一个通过每日修习已经找到自我的人为了达到自身的尽善尽美却无须任何权贵的帮助。这正是为什么来自远方的朋友能够加深已经被感受到的快乐的原因（第二句）：

> 有朋自远方来，不亦乐乎？

人们可能要问，为什么朋友会来自远方？他们可能听说了修习的正确方式，希望参与其中，以便借助大师的帮助和示范为自己重新定位。

在取道欧洲——本来是取道希腊——将中国哲学变成了一场精神盛宴方面，弗朗索瓦·于连功不可没。他向人们展现出，阅读中国哲学家的著作一再要求我们将未曾言说的内容补充进去。我们补充进去的是我们的理解，为此有时取道欧洲也是有益的。

把文本变成自己的

——恰当阅读中国哲学之反思*

[美] 安乐哲

Proper（本身的、正确的、固有的、特有的、正当的、适当的、恰当的、严格意义上的，等等）这个词源自拉丁词 proprius——物为己有（物为己用）。因此 proper 跟 appropriate（适当的）、property（所有权）等词同源。孟子把我们恰当阅读的书称作"尚友"（friends in history）。在本篇论文里，我将考察他这个说法蕴含的是什么意思。

在古代中国，从首部经典《易经》以来，一直有这样一个预先假定：知识是在杜威所谓"变易事物的相互作用"——"发生与转化"的遍在过程之中被发现的。中国宇宙论赞同一个假设，也就是怀德海所总结的"本体论原则"——有限事物在本体论上的相等观，按照这个观念，一切有限事物都是实在的事物——我们也可以称之为"多元论的实在论"①。这个本体论原则是对一切事物之实在性的确认，正如它是由它的构成物之间的和谐关系所构成的，无论是每一个事物，还是每一种事物，或者是如经验本身一样未经整合的事物整体，都是如此。在《中庸》中，我们读到："天地之道，可一言而尽也。其为物不贰，则其生物不测。"②

这样的一个万物不二的世界是 kosmoi 而不是 kosmos③，构成这个世界的

---

* 原载《跨文化对话》，第 22 辑，16～29 页。王柏华译，温海明校。脚注中"[ ]"内的部分为译者所加。

① A. N. Whitehead, *Adventures of Ideas*, New York: Macmillan, 1933, p. 356. 《庄子·齐物论》里直接提到了这个假设。

② 《中庸》26。

[③ Cosmos 的希腊语词源即 kosmoi, kosmos 是其复数形式。]

的秩序是多元的，而且整体也不受制于万物中的任何一个事物。在这个多元不一的世界（pluriverse）里没有"上帝"（God）的位置。秩序是"万物"或"万有"之间的偶然关系所随机发生的和谐，跟上帝最接近的事物是精神性，它得自于一个由生命激发的繁荣的共同体生活。既然没有把意义的终极源头设定为"多后面的一"（One-behind-the-many），那么就不存在单一秩序的世界即"universe"（沿着一个特定方向）①，只存在生生不息的和谐，其中，生命的特性是由不停息的共同创生（co-creating）的个别达成的。

《中庸》第二十五章清楚表达了这个彻底处在情境中的共同创造过程：

> 诚者，自成也，而道自道也。诚者，物之终始，不诚无物。是故君子诚之为贵。诚者，非成己而已也，所以成物也。成己，仁也；成物，知也。性之德也，合外内之道也，故时措之宜也。

在这个世界里，事物由它们相互制约的关系构成，于是，意义总是有情境的，而不是"无中生有"（ex nihilo）地来自于一个单一的外在源头——某种上帝观或自然法或柏拉图式的观念。意义是"依其情境"（in situ）地来自不断深入的关系的培养，我们把它称作"语境化的艺术"（ars contextualis）。

因此，正如怀德海和杜威一样，中国古代宇宙论也赞同所谓"唯一的生就是情境共生"这个中心思想。在怀德海和杜威的激发之下，我们持续反思这样一个事实，在古代中国关于宇宙秩序的假定中不存在任何超验主义，这样的反思会使我们在哲学上获得一笔重大的意外收获。秩序永远具有偶然性，这是中国一个普遍深入的假定，它可以告诉我们一个更基本的问题：为什么中国哲学在这个特别的历史时刻可以有益地参与到西方哲学的叙事之中。也就是说，在中国古代的世界观中有一种对宇宙的复杂精微的过程式的思维方式，它可以加入到哲学学科（至今仍然是一个欧洲中心论的学科）正在进行的对超验主义的内在批评之中。简单地说，自有历史记载以来，中国传统一直致力于各种形式的过程哲学，既然目前人们对怀德海，特别是对美国实用主义兴趣正浓，这种新近出现的在我们自己的哲学文化中成熟起来的

[① pluriverse 与 universe 刚好相对。根据《美国传统词典》，universe 的拉丁词源是 universus，此词是由表示"一"的 unus 和表示"沿着某一特定的方向"的 versus 构成的。Universus 的字面意思因此就是"沿着一个特定方向"。]

西方版的过程哲学，自然可以有益地从中国传统中吸取实质性内容并寻求批评。

在这篇文章中，我想以阅读孔子《论语》的具体而持续的"过程"为启发，来支持我的观点：孔子的确是一个过程哲学家。我的论点是：《论语》不仅在承续性的阅读中被不断地重构并成为共同文本，而且事实上它被每个时代和文化场所中的每个读者（包括我们自己）不断地更新作者（reauthored）并重新授权（reauthorized）。我将论证，这种对《论语》的过程式的理解突出了情境中的个别性、关联性、暂时性以及生成性的不确定性的中心地位，它们是支撑儒家宇宙论的持久的决定性特征。怀德海和杜威相信，正是这些文化资产受到了哲学谬误的威胁，他们二人分别称之为"错置具体性谬误（fallacy of misplaced concreteness）"和"这一个哲学谬误（the philosophical fallacy）"。①

情境中的个别性、关联性、暂时性以及生成性的不确定性是以不同方式阅读《论语》的证据。让我们思考一下在持续被阅读的过程中，该文本的"逻辑"或"一致性"是如何被重新发现、如何被扩充的。我们可以看一下《论语》被译成英文的历史，早期的韦利（Arthur Waley）认为："显然……不同的篇章日期不同，其来源也十分不同。"②而在最近的译文中，斯林格兰德（Edward Slingerland）说："当代学者都没有疑义地认为，它是一个来自不同时期的多少有些类型不一的材料的汇编。"③韦利和斯林格兰德接下来引用一些可资利用的历史上的学术和注疏资料，它们提供了必要的语境以得出他们所认可的一个一致的、集中的和可信赖的文本阅读，它能最好地复原作者的想法。在韦利看来：

> 思想产生于一种环境。理想地说，《论语》这类书的译者应当提供早

［① 一个东西本身有其特性：它不是这个，也不是那个，它就是它。它有自身的特性，但是，如果把它放错了地方，那么它的特性就被误解了，它呈现给我们的具体性也就与它的特性无关了。换句话说，它本来没有这个特性，但因为它被放错了地方，我们却觉得它有这个特性，这就是"错置具体性谬误"。"这一个哲学谬误"指断言万物无不是"这一个"（the）的实在论的哲学思想。］

② Arthur Waley, *The Analects of Confucius*, New York: Vintage Books, 1989, p. 21.

③ Edward Slingerland, *Confucius Analects with Selections from Traditional Commentaries*, Indianapolis: Hackett, 2003, xiv.

期中国社会的全面分析，包括运作在它内部的过程，也包括它所反映的外部力量。①

斯林格兰德也表达了类似看法："我们对春秋战国晚期的用语、社会、历史和思想的认识应当限定各种可能的文本解释的范围。"②

韦利和斯林格兰德都是不错的学者，他们提供必要的历史学术，以便读者特别是说英语的读者能够把《论语》看作一个在合理的范围内确定了的人工制品。还有一些译者也比我更加自信地认为，审慎的历史研究能够为我们提供资源，使这一项确立文本语境的任务（一直是临时的和不完全的）得以提升到一个透明的水平，从而超出韦利或斯林格兰德愿意论断的程度。如果说韦利和斯林格兰德这样的学者继续挖掘历史，希望以此来认清《论语》的真面目，那么白牧之（E. Bruce Brooks）和白妙子（Taeko Brooks）则把繁重的装备带到考古学中，以复原他们所谓的"原始《论语》"。《庄子》中有一节叙述了北海之帝和南海之帝用心良苦，想给混沌帝以恰当的秩序，这个故事的一个当代版本重演于白牧之和白妙子的译文，他们试图通过大胆拆卸和重新组织整个文本结构，来征服他们所认定的真正的混沌，即《论语》——异质性，普遍的篡改，分裂的和冲突的观点，后世对孔子的暗中讽刺和攻击，无望复原的讹误段落，等等。③

为想象《庄子》关于混沌帝之死的著名叙述，白牧之和白妙子的著作提醒我们注意这样一个事实：考虑到古代中国的宇宙论背景，最好积极地、生成性地把混沌译为"Lord Spontaneity"（混沌帝），而不是"Lord Chaos"（混乱帝）。在《论语》所假设的宇宙论里，混沌是整体的不确定性，它容许单一的个别和新生事物的自动出现，使所有的秩序成蜂窝状结构。把一个过分确定的秩序强加到混沌身上，很可能会威胁到持续进行的自我结构的过程

---

① Arthur Waley, *The Analects of Confucius*, p. 13.

② Edward Slingerland, *Confucius Analects with Selections from Traditional Commentaries*, xiv. 斯林格兰德也承认："这一套假定无论如何不是我们阅读这个文本的唯一视角。"

③ 《庄子》中的这个故事，复述如下："南海之帝为儵，北海之帝为忽，中央之帝为浑沌。儵与忽时相与遇于浑沌之地，浑沌待之甚善。儵与忽谋报浑沌之德，曰：'人皆有七窍以视听食息，此独无有，尝试凿之。'日凿一窍，七日而浑沌死。"（《庄子》21.7.33）。

以及从中出现的新生意义。正是"混沌帝"跟儵、忽二帝所接受的秩序之间相互协同，才使世界开放包容；而正是儵、忽二帝试图把他们自己的秩序强加给"混沌帝"，才扼杀了对方的生命，而且还必然招致自杀。若用于《论语》，多少有些确定的"文本"和读者自己的经验的不确定性之间的接合点正是生活的源泉，它使我们的生命有滋有味地变化无常，而且在某种程度上难以预料。

如果过度推行任何给定的设计——对文本的任何一种单一的解释，就等于在千百种候选秩序中选定了一种，并把这一种可能的理解凌驾于其他各种可能的理解之上。儵、忽二帝的过度做法就好比是把未整合的、允许开放性解释的《论语》变成了一个单一秩序的世界，这样一来，他们既损害了文本也损害了读者。说来说去，我们必须追随怀德海的思路，因为担心《论语》的多元决定或许会付出代价，结果让"穿透感"——生活本身的特殊能力——遭受威胁，甚或迷失"在完整知识的确定性之中"。

毫无疑问，复原《论语》的逻辑和一致性的一个必要因素是提供尽可能多的历史语境。在我和罗思文最近出版的《论语》译本中，我们聚焦于文本解释的语境的某些哲学维度，主要是宇宙论和语言维度，以便确立我们所认定的对文本解释的适当限制，这样一来，我们也加入到其他一些学者正在尝试的这项工作之中。然而，我们在澄清《论语》的宇宙论的过程性和双关语的开放性的同时，也论证了这个观点：这个文本既然采用了自己的语汇，就应该把它当作疑难（aporetic）①，一个处在过程之中的作品，一个没有结尾的故事。② 也就是说，这种解释必须比古希腊的美学感受力更胜一筹，怀德海严厉地批评后者忽视了具体的细节和抽象的、"客观的"意义上的一致性这两者之间的必要平衡。必须为不同的读者解读文本时展开的逻辑留下空间。一方面是历史学术所建立的确定性，另一方面是个别的创造性解释的不确定性，两者必须保持平衡。在《淡之颂》（*In Praise of Blandness*）一书中，作者

　　〔①　这是解构论者使用的术语，aporetic 的字面意义是没有路径，走投无路，思维被困，前路受阻，将我们困在某种对立乃至矛盾的情景中；其意义并不是消极性的，而是积极性的，它能激发我们思考尚不可思考或未被思考，甚至不可能的东西。一般译为"疑难"。〕

　　②　See Roger T. Ames and Jr. Henry Rosemont，*The Analects of Confucius：A Philosophical Translation*，New York：Ballantine，1998.

于连试图克服不确定性的负面联想意义，并恢复包孕性的暧昧的价值，它是门，新奇的事物和开创性的前进就是经过这道门出现的，它还是无尽的变形的源泉。在于连看来，无边界的和未限制的平淡——在这里即是对文本的尚未确定的、永远新鲜的解读——的另一个名字是"盈满"，充满无穷尽的可能性。

杜威也劝诫我们使用历史中的人工制品——这里即是《论语》——作为向前生活的工具：

> 想象性地复原过往的事物对于成功地侵占未来是必不可少的，然而，它的地位仍然是工具的地位。忽视其重要性标明一个行动者是没有修养的；然而，把过去孤立起来，为过去而停留在过去，并美其名曰"知识"，则是以忆旧来替代有效的思想。①

正如杜威一再坚持的，过程哲学的语境主义（contextualism）——而我们认为《论语》是过程哲学——需要"肥硕的"而不是"单薄的"语境。如果我们不打算把儒家仅仅理解为经院哲学或好古癖，那么，就必须考虑第二个或许甚至是更重大的历史和哲学语境。我们必须关注其读者的生活和时代，把它们作为意义不断新生的源泉。《论语》不仅是一个历史上的人工制品，更是一个道德教育的活的文本，读者与这个文本是一种不断生长的关系，其中，读者是回应者。对《论语》严肃而负责任的阅读就是协同式的阅读，它要求读者做出共同创造性的回应。读者通过整合他对各个章节和各个观点的有机联想来生发出他自己的解释，读者一旦透彻理解了《论语》，他的生命也会因为它而发生剧变。倪培民（Ni Peimin）在他的讨论儒家的著作中十分恰当地强调了他所谓的"功夫"或"工夫"的重要性，他概括《中庸》的特点如下：

> 可是，它仍然是典型的儒家的，原因在于它的根本目标不是要描述世界是什么或世界如何，而是去**指导**人们如何过生活……因此，可以完全原原本本地把儒家的教养说成儒家功夫——应当做出什么样的努力，怎样努力，通过这些努力一个人能够获得什么能力，以及这些能力的功

---

① John Dewey, *The Essential Dewey*. Volume 1. Edited by Larry Hickman and Thomas Alexander. Bloomington, IN.：Indiana University Press, 1998, p. 50.

用是什么。①

按照倪培民的说法，《论语》的特定目标是指导读者完成这项成为完人（仁）的任务，这个说法无疑是正确的。它以培养"孝"为基本价值，以"孝"为滋生繁荣的人类共同体的源泉："君子务本，本立而道生。孝弟也者，其为仁之本与！"②

这是一项事关重大的儒家任务——把人的精力或工夫主要引导到把自我教养成为家庭中的有效一员，既而把那些家庭情感扩展到整个共同体之中，关于这项任务，《论语》明确描述道："弟子入则孝，出则弟，谨而信，泛爱众，而亲仁。行有余力，则以学文。"③

但是"孝"并不意味着自我放弃。相反，它要求每个人都完成独特的自己。孔子有六次被人提问，要他说明"仁"这个模糊的字是什么意思，而他六次的回答都迥然有别，每一次都是随其对话者的性情来回答的。成为独特的自己这项任务是不能复制的，子曰："当仁，不让于师。"④

前述的韦利和斯林格兰德已经提出，就其本质而言，《论语》是两方面的结合，一方面是孔子自己的话——不过经过了他人的回忆和解释，另一方面是一代代类型各异的参与者一边重构着孔子的教导，一边思索着孔子可能是什么意思。从一开始，孔子和他的儒家思想就一直处在建构之中。经过随后的若干世纪，《论语》的每一段后面都汇集了大量注疏，它是每一次阅读所附带的解释性占用所积累的历史。《论语》的文本是有孔隙的、变化多端的，在一个持续变化的语境中，随着读者和注疏者穿越若干个世纪彼此批评性地交接在一起，它被同时和同等地（pari passu）重构着。

剑桥的修辞学家理查兹（I. A. Richards）认真研读了儒家的另一部重要经典《孟子》，他的思考一度澄清了我们的问题，也使我们的问题更加复杂化了。理查兹对以下观点表达了严重的疑虑：可以依据对一部作品所做的历史、理论和概念层面的分析，以获得文本的完整意义，进而解决他所看重

① Ni, Peimin, "Reading Zhongyong as A Gongfu Instruction: Comments on Focusing the Familiar," *Dao: A Journal of Comparative Philosophy*, 2004, Ⅲ. 2: xxx.

② 《论语》1.2。

③ 《论语》1.6。

④ 《论语》15.36。

的翻译问题。他恢复了文本的情感作用，试图借此平衡整体的和谐与个别读者的感受：

> 这不仅关系到不可通约的概念，而且还关系到概念和根本不是概念的项目之间的对比。如果意识到这一点，问题似乎就变得更加严重了。文字意义大多至少包含以下四项：（1）意图或目的；（2）情感或对被说事物的态度；（3）语气或对受话方的态度；（4）意义或被说的事物即所指。如果我们同意这个看法，并且认定"概念"仅指上述四项功能中的第四项，我们就会频繁地怀疑我们对某一段落的处理更多地关系到前三项，而不是第四项……遇到一个棘手的暧昧不明的概念，翻译不得不把意图、情感、语气混合起来，使之相对达意。思想活动一旦牵涉到暧昧的概念，可能会有一种经过分析就被摧毁了的力量和一致性。①

理查兹试图把文本的意图和感受力纳入到一般意义上的比较研究和对这些儒家经典的阅读之中，文本中更具认知性的概念与理论的层面总是受到这两个力量的浸染。确实，与其说是文本的认知维度，还不如说是主体的感受性使这个文本在个体读者的自我教养中发挥了启发作用。理查兹特别警醒到一个危险：用我们自己的先入之见覆盖式地重写文本，把一个与它自己的内容没有多少关系甚至根本没有关系的结构强加于它。我想我们这里还需要进一步反思，这个危险在重新解释时是无法避免的，甚至是我们所希求的。当然，我们所谓文本的"言语表达效果"（perlocutionary）——文本引起效果的力量，它会改变读者的感情，会造成一种情绪来打动甚至激发读者——是其一致性的组成部分。毕竟，文本自称其目的不仅在于教导读者，而且要"教化"他们——让他们从"小人"成长为"君子"。不过这里有一个要点：在这项教化工程中，读者不仅必须心甘情愿而且必须协同配合——我们不仅不是被动的读者，反而是一个创造性的角色。通过《论语》来思考我们的方式与对它的具体感受密不可分，而其中感动永远是一种个别的主观的情感方式。

那么，除了宣布这个明显事实，这篇文章还做了什么？儒家传统的最优秀的解释者难道没有充分意识到儒家经典的这种持续进行中的人格化和重构

---

① I. A. Richards, *Mencius on the Mind：Experiments in Multiple Definition*, London：Kegan Paul, Trench, Trubner& Co., Ltd., 1932, pp. 87-88.

性吗？在我看来，确实没有。我想以加德纳（Daniel Gardner）的一部颇受赞誉的著作《朱熹：学习做圣人》（*Chu Hsi：Learning to Be A Sage*）为代表来谈谈这个问题。众所周知，这项研究的一大优点是把自我教化这个中心恢复为朱熹的全套哲学的根基。然而，问题在于，加德纳把什么作为自我教化中的那个"自我"的最终功能呢？自我教化在什么程度上是一项创造性的任务，能够给一个活的传统增添意义呢？

为概括朱熹所倡导的"读书之正法"，加德纳引用朱熹一再强调的"虚心"说：他警告读者不要把不加节制的情绪和欲望带入文本，不要把自己预想的观点带入文本的意义之中。用朱熹自己的话说：

> 读书有个法，只是刷刮净了那心后去看。……看书，不可将自己见硬参入去。须是除了自己所见，看他册子上古人意思如何。①

朱熹似乎不鼓励对文本的自由阅读，不过，他同时强调读者必须努力让文本成为自己的：

> 大抵观书先须熟读，使其言皆若出于吾之口；继以精思，使其意皆若出于吾之心，然后可以有所得尔。②

朱熹坚决认为我们不能把意义强加给文本并"揠苗助长"；同时，对作品的理解必须是文本和个别读者之间的一种持续配合，每一个个别都有一致性，它是独一无二的，它是文本意义的一个要素：

> 读书，须要切己体验。不可只作文字看，又不可助长。……读书，不可只专就纸上求理义，须反求自家身上推究。③

朱熹一再重申一致性（"理"）既是一般的，也是个体的和个别的，两者同等重要，而加德纳把新儒家方案（即宋明理学）看作一种常见的客观唯心主义：不论我们作为独特个体的身份如何，我们都努力在其中发现同样的超验真理，我们与这个文本的意义之间的"关系"是完全被动的：

> 朱熹的"读书法"特别重视个体在阅读过程中的自主性；可是，我

---

① 《朱子语类》卷第十一，《学五·读书法下》。
② 《朱子语类》卷第十，《学四·读书法上》。
③ 《朱子语类》卷第十一，《学五·读书法下》。

们必须看到，这个过程中的自主性在最后的理解中无论如何没有转化为主观性。因为按照朱熹的看法，文本中的真理对每个读者来说都是相同的。它是一个客观真理，是在很久以前由崇高的圣人首先表达出来的。①

怀德海用友情作为例证来说明这种关系是内在的、构成性的和生成性的。朋友的性格特点是被授予的，是在我们所谓友情的连接中生长出来的，友情的这种创造性是情境中的共同创造性。《孟子》中有一段话描述了学者如何寻求有价值的朋友，这段话具有深刻的启示意义，有助于我们思考《论语》这样的书怎样成为我们的"尚友"：

> 以友天下之善士为未足，又尚论古之人。颂其诗，读其书，不知其人，可乎？是以论其世也。是尚友也。②

这里的关键点在于，朋友（即一乡一国之"善士"）的性格特点和书（书给他们提供了"尚友"）的性格特点，同样都是在连接中即在他们的友情之中生长起来的。

通行本《论语》的开篇一段话不断被引用，以证明儒家文化遭遇到外来者占用的不确定状态："有朋自远方来，不亦乐乎？"这里"朋"的意思是"门下"，即同一老师的学生，它最初很可能指孔子的许多追随者，他们来自他自己的家乡鲁国之外的不同地方。这是一个磨损殆尽的陈词滥调，我们可以借用怀德海的以下思考给它赋予一种不同的价值：最伟大的艺术来自一种奇妙的平衡，当一个有机成分在达成效果的整体性中最充分地敞开自己之时，这种平衡就达成了。从《论语》自身的视角来看，"有朋自远方来"或许可以被推断为一个委婉的说法，需要接受挑战和革新的不确定性，即怀德海所描述的能够威胁到一个活的文本的生死存亡的那种"压制性的和谐"，也就是任何保守性的正统通过维护单一僵化的阅读而窒息新鲜阅读。

我们也许用不着声明退溪、茶山、徂徕和波士顿儒家学派是已建立起来的儒家正统，我们可以尝试在其他不同的文化和哲学时代的语境中重构它们，并激赏它们带给《论语》和其他儒家文本的深刻转化以及令人兴奋的活力。

---

① Daniel K. Gardner, *Chu Hsi: Learning to Be A Sage*, Berkeley: California University Press, 1990, pp. 55-56.

② 《孟子》5B8。

在本文的最后几页，还得谈谈最后一个相当自然的问题：我们试图超越早期那些对中国文本的文化简化式的阅读，那么，难道我们事实上不是在用一种西方哲学式的阅读来替换另一种西方哲学式的阅读吗？难道我们把中国传统从不加批判的笛卡儿式阅读和精明算计的基督教式的阅读中拯救出来，只是为了用我们自己的实用主义、过程学说对它加以覆盖式的重写吗？

遇到原创文本的未整合的丰富性，作为解释者，我们永远是特定地点和时间中的人。这样的一种交接本身就含有无法避免的文化简化论的程序。我们草率地建立起来的解释性策略和拱形理论①——"哲学的"或其他什么理论——一旦用于文化和文本翻译实践，就无法避免地把具体的细节置于相当大的危险之中。弗洛斯特（Robert Frost）说"诗就是在翻译中遗失了的东西"，我想，作为艺术家，他相当恰当地关注到这个事实：翻译是一项特殊的文学事业，充其量译得跟原文不同，而且十有八九译得不及原文。

的确，为了在翻译中竭尽所能，最要紧的是全心接受海德格尔的"解构"（Destruktion），我们要通过"磨光"核心术语，来尽力复原情境中的原始意义。从考古学意义上看，这个复原过程是"保守的"，它要复原尽可能多的语境化的细节，而且，它也是"基本的"，我们要在中国文化的土壤中追溯其根源意义。尽管我们确实存在解释上的局限，但我们必须借助想象，尽我们力量之所及，让一个属于另外一种文化叙述的文本展现出它的诗歌——其自身的细节和个别的非中介的、无指涉的无底性。话虽这么说，可是，这种决然投身于复原文本的客观特异性的工作是否已经足够？尽可能多地抓住原始意义的努力是不是可以停止了甚至是应当停止呢？

在翻译和文化解释中是否真的存在纯粹这回事儿？想到博尔赫斯的《弗莱斯，他的记忆》②，首先要提出这样一个疑问：我们是否真的能够"思考"

［① 这里所谓的"拱形理论"（overarching theories），大概可以根据拱形建筑的特点，理解为"贯穿性的"或"横跨性的"理论。］

［② 博尔赫斯的小说《弗莱斯，他的记忆》讲述一个叫弗莱斯的人，其记忆力跟常人不同，对他来说任何东西的每一时刻对他来说都是不一样的，因为他能记住每一时刻的每一个细节，他能感觉到自己牙齿在变酥，墙在开裂，云在敞开，树在生长，所以每天他看镜子的时候都会惊奇地看着自己身上的每一样自己不认识的东西，对他来说，没有过去，没有现在，没有多余的，只有一个一个发生在不同时候、有着不同形态的东西。］

个别? ① 还有，若想逃离我们自身存在的事实性，天真单纯地阅读那些文本，完全不带我们自己的文化假定，这究竟在多大限度内以及在什么程度上是可能的呢？在文化的解释这项工程中，或许我们需要解释学的开放性，而不是寻求不可能的客观性。培根的蚂蚁专注文本的特殊性，无望地迷失在措辞和意义的无穷细节之中；培根的蜘蛛则总是编织着语境化的一般性的精细之网，而精明的解释者则是培根的蜜蜂，它走中庸之路。也就是说，除了专注于文本的特殊性之外，我们还需要伽达默尔式解释学的敏感性，从留意我们自身的前见开始，通过持续的、必然的视阈融合，同时关注文本细节和一般性诠释。

首先，我们必须以一种可触可感的方式容许我们自己的兴趣和价值观引导我们的选择，并使我们能够看到只有我们能看到的东西。梭罗（Henry Thoreau）思考了人获取经验中的新知识的协同性：

> 人只接受他准备接受的东西，无论是物理的、知识的还是道德的……我们只听见和理解我们既已知道了一半的东西……因此，每个人在听、读、观、旅之中，终生都在踏着自己的足迹。他的观察构成了一个链条，他绝不观察那些跟他既已观察到的其他链环绝对不相连接的现象和事实。②

事实上，完全可以说，以此类推，"智慧"是通过建立和聚合一种我们的所知和我们的愿知之间的真正生成性的关联模式而形成的。这样的关联是所谓"生成性的"，因为它们增加意义，而且，一旦我们能够在我们的生活情境中把这些有意义的关联做有效的优化，我们实际上就获得了智慧本身。

用另一种方式来说，蒲柏（Alexander Pope）在《论人》一诗中说："我们何来理性，除了来自我们的所知？"如果许可我们把这个问题用于我们目前的任务，我们或许可以承认，我们只能通过唤起我们的已知来知道未知。这意味着跨文化理解必须以类似的方式进行，让每个传统在自己的资源中发现一套词汇，使它能够以永远不完美的方式重述传统中的哲学的和文化的有

---

① 博尔赫斯在故事里介绍了一个记忆力完全的人物，他能记住他一天中的每一个细节，因此他需要整整24小时来回忆一天的24小时。这种完全记忆根本想象不到古希腊人的抽象，它排除了对自身经验做出超越细节之上的反思和深思的可能性。

② 《日记》13.77。

用财产，那是它愿意更好地去理解的传统。

当然，并非一切类比都是完全对等的，正如我们从对中国哲学的体验中所了解到的，选择不当的对比可能是曲解和文化屈尊的持续源头。对中国哲学的笨手笨脚的、强加式的阅读，无论它是"基督教的""海德格尔的"，还是（是的，甚至是）"实用主义的"或"怀德海的"，都不是一次而是两次地背叛了读者，因为它在对比中既曲解了中国传统，也曲解了西方的类似传统。尽管如此，我们别无选择，只能认同生成性的类比，通过努力和想象，经历充分的时间，对它加以某些限定和提炼，使之能够把文化意义上的新观点引入到我们自己的世界，以丰富我们自己的思维和生活方式。

我们需要类比式地重述，切成碎片，一件一件地来做，而不是整个地做。回到上文的话题，在《中庸》中，人类被赞美为天地的共同创造者，我们在怀德海那里也发现了可类比之处，他不断重申"创造性"是重要的人类价值。同时，我们应该留意到当怀德海召回上帝的原始性及其支撑的永恒客体（Eternal Objects）时，亚里士多德形而上学的长长阴影明确地限制了怀德海思想中的这一维度对古代中国过程宇宙论的密切相关性。

再者，类比在联想和对比两方面都可以是生成性的，我们可以从这两方面学到很多东西。亚里士多德的目的论和他方法上对逻辑的依赖这一点或许与中国哲学构成了对照，然而，他在提升一种不断聚合的实践智慧之时，事实上拒绝了柏拉图的抽象，在这方面他与古代儒家道德哲学的核心问题——投身于良好的心智习惯的教养——确实发生了生成性的共鸣。在这项文化翻译的工程中，我们必须小心地采集和挑选出类比之处，但这项工作是必须做的。

在解释学的循环中再转一个圈，这一类类比性的探索和占用无论如何不是消极的。用前文弗洛斯特的话说，"在翻译中发现"的东西当然也是诗歌。就算我们再努力，我们也无法避免在某种程度上"修饰"我们的解释以及"转换"文本。然而与此同时，不是这样就是那样，我们一边把文本变为我们自己的，一边也很可能把文本变大了。"欣赏"文本不仅意味着认识到它的广博和复杂，也意味着创造性地回应它，并在这个回应的过程中，融入我们自己的价值观，以进一步"欣赏"它。例如阿瑟·韦利，他作为唐诗和能剧的译者，跻身于那些赫赫有名的人物如艾略特（T. S. Eliot）、伍尔芙（Virginia Woolf）、斯特莱切（Lytton Strachey）、弗莱（Roger Fry）和罗素

（Bertrand Russell）之间，成为布卢姆斯伯里团体（Bloomsbury Group）的一位杰出的文学大家，因为他具备那种能力，把前现代的亚洲文化解释给全世界的受众，并把这种新的艺术提升到全球的地位上。

的确，由于庞德（Ezra Pound）以及我们的阅读和"翻译"，《中庸》变得更有意义了。这个过程本身是回归性的，它加强了创造性总是关联的这个前提。庞德独树一帜地融通中国诗歌，开启了自由体诗歌的道路，促成了我们当代西方诗歌的欣赏趣味，反过来，正是西方自由体诗歌后来又激发了中国新一代诗人的灵感。正如中国诗人的灵感是被西方人占用中国诗歌后激发出来的，通过更好地解读《中庸》，我们也可以用不同的视角在更敞亮的视阈中审视我们的怀德海和我们的亚里士多德。这个解释循环就这样周而复始。

参考文献：

Ames，Roger T. and David L，Hall（2001）. *Focusing the Familiar：A Translation and Philosophical Interpretation of the Zhongyong*. Honolulu：University of Hawaii Press.

Ames，Roger T. and Henry Rosemont，Jr.（1998）. *The Analects of Confucius：A Philosophical Translation*. New York：Ballantine.

Dennett，Daniel C.（1995）. *Darwin's Dangerous Idea：Evolution and the Meanings of Life*. New York：Simon and Shuster.

Dewey，John（1998）. *The Essential Dewey*. Volume 1. Edited by Larry Hickman and Thomas Alexander. Bloomington，IN：Indiana University Press.

—— （1976-1983）. *Middle Works*，1899-1924. 15 vols. Edited by Jo Ann Boydston，Carbondale，Ill.：Southern Illinois University.

—— （1969-1972）. *Early Works*，*1892-1998*. 5 vols. Edited by Jo Ann Boydston，Carbondale，Ill.：Southern Illinois University.

Gardner，Daniel K.（1990）. *Chu Hsi：Learning to Be a Sage*. Berkeley：California University Press.

Hall，David L.（1973）. *The Civilization of Experience：A Whitehéadian Theory of Culture*. New York：Fordham University Press.

Hall，David L. and Roger T. Ames（1998）. *Thinking from the Han：Self*,

Truth, and Transcendence in Chinese and Western Culture. Albany: State University of New York Press.

—— (1987). *Thinking Through Confucius*. Albany: State University of New York Press.

James, William (2000). *Pragmatism and Other Writings*. New York: Penguin.

Jullien, Franccois (2004). *In Praise of Blandness: Proceeding from Chinese Thought and Aesthetics*. New York: Zone Books.

Ni, Peimin (2004). "Reading Zhongyong as a Gongfu Instruction: Comments on Focusing the Familiar." *Dao: A Journal of Comparative Philosophy* Ⅲ.

Price, Lucien (1954). *Dialogues of Alfred North Whitehead as Recorded by Lucien Price*. Boston: Little, Brown, and Company.

Richards, I. A. (1932). *Mencius on the Mind: Experiments in Multiple Definition*. London: Kegan Paul, Trench, Trubner & Co., Ltd.

Rosemont, Henry, Jr. (1991). *A Chinese Mirror: Moral Reflections on Political Economy and Society*. La Salle, Ill.: Open Court.

Slingerland, Edward (2003). *Confucius Analects with Selections from Traditional Commentaries*. Indianapolis: Hackett.

Tiles, J. E. Tiles (1988). *Dewey*. The Arguments of the Philosophers Series. London: Routledge.

Waley, Arthur (1989). *The Analects of Confucius*. New York: Vintage Books.

Whitehead, A. N. (1979). *Process and Reality: An Essay in Cosmology*. Donald Sherbourne corrected edition. New York: Free Press.

—— (1938). *Modes of Thought*. New York: Macmillan.

—— (1933). *Adventures of Ideas*. New York: Macmillan.

Zhu Xi 朱熹 (1986). *Zhuzi yulei*《朱子语类》. Ed. Li Jingde. Peking: Zhonghua shuju.

人生著述，省略不去又结束不了[*]
——写在《欧洲形成中的亚洲》中译本出版之后

周 宁

一

译著《欧洲形成中的亚洲》（北京，人民出版社，2013 年 3 月）出版的时候，我没有感到丝毫满足或兴奋，而是一种莫名的忧伤，继之而起的是沮丧，这种沮丧久久无法排遣，逐渐使我对生命与事业有了灰暗的印象。望着那 3 卷 9 册 5 500 页的巨著，我甚至感到绝望。因为我知道，即使是如此巨大的篇幅、如此艰巨的工作，拉赫（Donald F. Lach）和他的助手似乎也只完成了他最初计划的一半，甚至不到一半。我一时无法摆脱这种想法，但想得越深越久，又发现那种绝望感竟不知不觉地消退了。在学术的历史上，没有任何一个人可以像上帝那样在七天之内创造世界。任何一个个人，只是学术史上的一个环节，在特定的时间做一件具体的事，尽职尽责，然后便释然离去。就像那些修建大教堂的人，他们世世代代修筑一座教堂，充满期望与感激，在闭上自己的双眼之前，谁也没有见到它完工。

《欧洲形成中的亚洲》从发愿、研究、写作到出版，历时半个世纪，拉赫在第一卷前言中说，他这项研究的念头萌生于 20 世纪 40 年代初，当时他在西弗吉尼亚大学读书，注意到所修课程大多是讲西方文化对世界现代化的影响，很少有人关注历史上亚洲如何影响欧洲的问题。从那个时候开始，拉

　　＊ 原载《跨文化对话》，第 32 辑，94～101 页，北京，三联书店，2014。

赫就立志研究亚洲对现代欧洲的影响，25 年后，《欧洲形成中的亚洲》第一卷出版，50 多年后，才出到第三卷，此时，拉赫已经是近八十岁的老人了。

60 年前读大学时的一个学术念头——研究亚洲文化对现代欧洲的影响，竟耗去了他将近一生的年华与精力。《欧洲形成中的亚洲》第一卷于 1965 年由芝加哥大学出版的时候，人们似乎并没有预见到它将成为一部"巨著"。第二卷分三册分别出版于 1970、1977 年。到 1993 年，第三卷分四册出版。此时《欧洲形成中的亚洲》已经成就 3 卷 9 册的皇皇巨著：第一卷《发现的世纪》，共两册；第二卷《奇迹的世纪》包括：第一册《视觉艺术》，第二册《文学艺术》，第三册《学术研究》；第三卷《发展的世纪》包括：第一册《贸易、传教、文献》，第二册《南亚》，第三册《东南亚》，第四册《东亚》。

《欧洲形成中的亚洲》的书名暗示了全书的主题，即现代欧洲形成中亚洲的作用，尤其是文化方面的作用。拉赫关注的是观念史或文化史方面的问题。他的研究分两个层面：一是欧洲的亚洲知识状况，包括这些知识实际获得与传播的方式以及知识的具体内容；二是这些亚洲知识给欧洲文化带来的影响，包括对文学艺术、科学技术、观念制度的影响。当然，拉赫最初的研究用意不仅在描述"欧洲的亚洲知识"上，更重要的意义还在于证明一个被史学界忽略的事实：亚洲文化曾经启发欧洲的现代文明，并从思想、制度、艺术与技术上塑造了现代欧洲。

从整体上看，《欧洲形成中的亚洲》的研究框架是这样的：拉赫首先在系统的时空框架上全面考察了欧洲现代化早期亚洲知识的成长。在时间上，这种知识上的增长从中世纪晚期或蒙元世纪的大旅行开始，一直到启蒙运动前，也就是从地理大发现到文化大发现；在空间上，这种知识的拓展从南亚开始，逐步向东南亚、东亚推进，即首先是印度，然后是马来半岛、中南半岛，最后是日本与中国。在积累知识的基础上，拉赫试图将研究深入到社会文化实践层面上，具体考察亚洲对欧洲现代文化的影响。他的研究思路纵横交错，第一卷考察了 16 世纪亚洲知识在欧洲的传播过程与方式，第二卷分别从视觉艺术与工艺、文学与社会知识、科学技术与学术研究等方面，探讨欧洲的亚洲知识的积累与亚洲文化对欧洲的影响。第三卷沿着西方贸易与传教势力的推进，分别描述欧洲对亚洲不同区域——南亚、东南亚、东亚的知识状况。拉赫还计划写第四卷，具体分析亚洲不同区域国家"对欧洲艺术、科学、思想、制度、经济和社会实践的影响"。

　　拉赫探讨欧洲发现亚洲的过程，关注的不是地理大发现对亚洲的影响，而是发现亚洲对欧洲现代文化本身的影响；他探讨欧洲发现亚洲的文化方式，关注的不是地理大发现与资本主义扩张对欧洲经济政治制度方面的影响，而是观念与知识方面的影响。拉赫思考的是观念史或文化史方面的问题，在他最初的研究动机中，似乎具有某种"反写""欧洲中心论"的倾向。在世界现代化历史上，不仅欧洲促进、引导了亚洲的现代化，亚洲也曾促发、推动欧洲的现代化。

　　发端于古老欧亚大陆的近 500 年现代化运动，彻底改变了人类的命运，是世界历史上少有的辉煌时代。面对这个大时代，不论探讨欧洲对亚洲的影响，还是探讨亚洲对欧洲的影响，都具有重要意义。而《欧洲形成中的亚洲》的学术价值在于，它试图以丰富的史料证明在世界现代化历史早期，亚洲文明对欧洲的崛起做出了巨大贡献，这贡献不仅表现在物质与技术上，还表现在制度与观念上。美国康奈尔大学历史系教授弗朗西斯·罗宾逊（Francis Robinson）在评价这套书时说："伟大的历史主题呼唤着伟大的著作。吉本的《罗马帝国衰亡史》、汤因比的《历史研究》、李约瑟的《中国科学技术史》，都是足以匹配并与它们所记述研究的那个伟大时代争辉的巨著。拉赫的《欧洲形成中的亚洲》也属于这类巨著。它不仅改变了人们的历史观念，也为新的历史观念提供了丰富的史料与思想素材。"①

二

　　拉赫在芝加哥大学历史系任教，生逢其时又躬逢其盛。写作《欧洲形成中的亚洲》的那些年，正值芝加哥大学的第二个"黄金时代"。1958 年诺贝尔生理学或医学奖获得者毕都（George W. Beadle）、曾任美国司法部长的李维（Edward H. Levi）相继出任校长（1961—1968、1968—1974），著名历史学家、《西方的兴起》的作者麦克尼尔（William H. Mcneill）任历史系主任，布尔斯廷（Daniel Boorstin）等著名学者云集芝加哥大学，《欧洲形成中的亚洲》第一卷两册出版那年，即 1965 年，华裔历史学家何炳棣、杨联陞也

---

　　① Francis Robinson, "*Asia in the Making of Europe*, Book Review," *History Today*, No. 30 (1996), June.

相继受聘芝加哥大学历史系。拉赫正是在这样一种学术环境中从事自己的研究，条件优越、学养深厚、视野远大、工作艰辛。

能将自己的一生投入到一项有意义的事业中，可谓幸福完满。当年兰克因为卓越的历史学研究，获得了普鲁士贵族身份。在家族徽章上，刻着他的座右铭："labor ipse voluptas."（工作即快乐。）当年吉本写作《罗马帝国衰亡史》，成十四卷，耗时二十余载，著作最后完成时，吉本说他感觉自己是一个被判了终身监禁的囚犯，终于获释了。然而，生命可有"可承受之重"，却不可有"不可承受之轻"，1794 年，《罗马帝国衰亡史》完成 6 年以后，吉本就去世了。生命是需要事业支撑的，1993 年，拉赫出齐了《欧洲形成中的亚洲》3 卷 9 册，7 年以后辞世。

历史学界常能创造这样一些奇迹般的巨著，如吉本的《罗马帝国衰亡史》、兰克的《世界史》、威尔·杜兰的《世界文明史》、汤因比的《历史研究》、李约瑟的《中国科学技术史》等，这些人将一生的心血注投到一项事业上，不问得失成败。有时候他们做成什么并不那么诱人，反倒是他们如何做，更耐人寻味。人应该有一个超越现世生命的宏大计划，这样可以克服短暂生命造成的虚无感；人生时间与精力有限，坚持做一件事，才会有所成就；而个人的成就，不过是超越个人生命的宏大事业的一个环节，这样人生才有天地广阔、时间悠久的感觉，个人站在历史的队列中，只图获得一种永恒感。

《欧洲形成中的亚洲》从观念史的角度入手，研究欧洲的亚洲知识以及亚洲知识对现代欧洲的影响，试图改变西方历史学与社会理论中流行的"欧洲中心论"偏见，其学术价值主要体现在：（1）它开启并构成 20 世纪后半叶批判"欧洲中心论"的历史与社会理论，并为这种理论思潮提供了丰富的史料与思想资源；（2）在以社会经济史为主要领域的批判"欧洲中心论"的学术思潮中，拉赫开辟了文化史或观念史领域，从欧洲的亚洲知识状况与文化影响方面"反写""欧洲中心论"。

拉赫关注西方扩张在知识上的意义，从史识上看，《欧洲形成中的亚洲》在历史观念上的贡献主要表现在两个方面：（1）在一般欧洲中心主义世界现代化历史叙事中，地理大发现与欧洲扩张的意义主要在欧洲对亚洲的影响；但在这部著作中，欧洲在亚洲的探险与征服，意义不在欧洲如何影响或冲击亚洲，而在亚洲对欧洲的反向影响或冲击。（2）一般世界史或欧洲扩张史强调的多是经济、军事、政治与宗教的扩张，很少关注世界知识的扩展与文化的启蒙；这部著作关注的是欧洲人现代知识与观念的成长，尤其是西方现代性精神结构中亚洲的意义。首先，在观念层面，丰富的亚洲知识不仅使现代欧洲认识了世界，也认识了自我；其次，在实践层面，亚洲文化在器物、制度、观念上为欧洲现代文化的建设提供了可供选择的模式。

《欧洲形成中的亚洲》开创了一项艰巨而又意义非凡的事业，并为这项事业奠定了坚实宽广的基础。迄今为止，还没有任何人在对现代欧洲形成中亚洲知识的状况与亚洲对欧洲现代文化的影响的研究上，达到拉赫的广度与深度。拉赫做了大量的史料收集、整理、阅读、解释的工作，他通晓十几种语言，查阅了西欧主要国家的图书馆、档案馆的相关资料，游历了从北大西洋到南太平洋的许多国家，仔细阅读了相关资料并进行了系统的梳理分析，他所完成的《欧洲形成中的亚洲》具有百科全书式的博学，几乎成为相关研究的史料库。

《欧洲形成中的亚洲》开辟了一个深广的研究领域，启发了多层面多方向的相关研究。在研究的观念与方法上，拉赫继承了兰克开启的史学传统，重视原始资料的收集和考辨。拉赫还借鉴同时代风行的年鉴学派开辟的"新史学"，努力突破传统的政治史格局，侧重社会经济文化分析，将研究扩展到人类活动的整体历史层面上；借助跨学科研究方法，进行文化史或观念史的研究。但拉赫在观念与艺术本身的研究上，并未达到思想史或哲学史的深度与高度，也没有对思想或观念本身的意义及其变革的社会生活与文化语境进行深入细致的分析，这不能不说是一种遗憾。坦率地说，拉赫的贡献在"史实"不在"史识"，而仅此"史实"，已颇为不易。客观地说，《欧洲形成中的亚洲》的学术意义，在于它并没有提出一个前卫的学术观点或创立一个学派，而是完成了艰巨的史料梳理并开创性地提供了相关论题的全景式历史叙事。

《欧洲形成中的亚洲》是一项耗尽个人生命、为整个学科奠基的事业。《欧洲形成中的亚洲》3卷9册的出版持续了近30年，研究则持续了近60年——从20世纪40年代拉赫在西弗吉尼亚大学读书到2000年、2001年拉赫与克雷（Edwin J. Van Kley）先后辞世。1993年第三卷出版后，克雷继续写作第四卷，按照拉赫最初的规划，《欧洲形成中的亚洲》3卷9册只完成了他预计研究内容的一半。第一卷导言介绍《欧洲形成中的亚洲》研究的历史时段为1500年到1800年三个世纪，计划每个世纪用两卷的篇幅，一卷讨论欧洲的亚洲知识状况，一卷探讨亚洲的知识对于欧洲的制度、艺术、工艺和观念的影响。从目前出版的著作看，第一、二卷研究 16 世纪两个层面的内容，第三卷只研究了 17 世纪第一层面的内容，在第三卷第一册前言中，拉赫许诺将出版第四卷，具体分析亚洲不同区域国家"对欧洲艺术、科学、思想、制度、经济和社会实践的影响"。

《欧洲形成中的亚洲》实际上没有写完。历史远比人们想象得复杂。《欧洲形成中的亚洲》内容越来越庞杂，篇幅越来越浩大，研究工作也越来越艰巨，原来拉赫一人独自担当的研究写作任务，从第三卷起，由拉赫与克雷分担。克雷是拉赫在芝加哥大学的学生，后来到加尔文学院历史系任教。原计划的 3 卷 6 册显然不能容纳研究的成果，到第三卷四册出版，《欧洲形成中的亚洲》已经成书 9 册，超出拉赫最初的规划，但在内容上只完成了拉赫最初规划的一半。拉赫原计划用六卷的篇幅研究 16—18 三个世纪亚洲文化对欧洲的影响，结果用了 9 册的篇幅，也才写到 17 世纪末，不仅 18 世纪的内容未及论述，而且 17 世纪亚洲文化对欧洲艺术、科学、思想、制度、经济和社会实践影响的研究也没有展开。如果第四卷如愿完成，这套书的规模可能超过原计划至少一倍，但内容只完成一半。规划中 17 世纪至少一半的内容没有涉及，即使完成第四卷，也还没有进入 18 世纪。

20 年过去了，第四卷杳无音讯。拉赫先生已于 2000 年谢世，两年以后，2002 年克雷先生也去世了。2001 年我去美国，准备去芝加哥大学拜访拉赫先生，朋友告诉我他老人家刚在一年前去世了，我希望下次去美国的时候，有机会拜访加尔文学院克雷的故旧，从他们那里获得第四卷的消息。克雷教授的第四卷究竟完成了多少？或者，著作就像人生一样，总在不该结束的地方、没有准备好的状态下，仓促了结，然后就无声无息了。卑微的个人，你短暂的一生，究竟可以做成什么？唯一能安慰我们的是，或许，在这个世界上，此时此刻，有人继续拉赫与克雷的事业，也许已经开始，也许即将完成？

宏大的事业已经超出凡人生命所能及，这不能不说是一种遗憾。但同时这种学术精神与功德也令人无比感动。在不朽的事业中寻求永生，学术是一条艰辛但安全的道路。我们通过小心翼翼的翻译，得以靠近这条道路，观看大师们庄严地走过，祈望他们智慧与尊严的荣光，多少可能折射到我们身上，照亮我们尘埃中的生命，给我们生活与工作以信心。

真正的学术是一项神圣而不朽的事业。

文化迁变的概念*

[法] 米歇尔·艾斯巴涅（Michel Espagne）

    任何一个文化客体从一个背景进入到另一个背景，必然导致其意义的转变，以及产生一种语义再化（résémantisation）的动力。而这一切，我们只有通过考虑其转移的历史载体才能充分认识到。因此，尽管文化迁变的研究发展自某些特定的领域，我们仍然可以说，该研究与绝大多数的人文研究相关。抛开这个极简主义式的定义，便可以规避掉由术语本身暗含的一些错误线索。迁变，并不是输送（transporter）。迁变，更多地意味着变形（métamorphoser）。"迁变"这一术语，在任何情况下都不能简化为那个没有很好界定且极为平常的文化交流（échanges culturelles）问题。"迁变"，它不是指文化产物（biens culturels）的流通，而更多的指对文化产物的重新诠释。

    文化迁变的概念是从 19 世纪德国的德法关系的研究背景中发展而来。①

---

  * 原载《跨文化对话》，第 36 辑，10～21 页。解静译。脚注中的"［　］"内的部分为译者所加。

  ① See Michel Espagne et Michael Werner（textes réunis et présentés par），*Transferts. Les relations interculturelles dans l'espace franco-allemand（xviiie-xixe siècles）*，Paris：Éditions Recherche sur les Civilisations，1988；Michel Espagne，*Les Transferts culturels franco-allemands*，Paris：PUF，1999，http：//geschichte-transnational. clio-online. net/transnat. asp.

  ［与"transfert culturel"概念有着密切关系的概念史与跨民族研究起源于德国，并且也正如文中作者所指出的那样，"transfert culturel"本就发展自 19 世纪德国的德法关系研究。所以，我们有理由相信法国的"transfert culturel"一词应该源自德语的"Kulturtransfer"一词。德语"Kulturtransfer"一词的法语译法有两种，一为"transition culturelle"，一为"transfert culturel"，法国学界多采用第二种法语译法。中国学界

所以，在人文科学的发展中，德国作为参照，有着结构性的地位。从不断地通过阐明法国哲学与黑格尔（Hegel）及谢林（Schelling）的关系来构建法国哲学框架的库辛（Victor Cousin）开始，到奏响了第二帝国盛会的雅克·奥芬巴赫（Jacques Offenbach），德国成为法国精神生活的组成部分。实证主义与圣西门主义也未能免于一场带有罗曼语研究特点或者古代科学研究特点的渗透。①

要进入这个参照，一方面需要意识到，德国文化区域所发生的改组要比对这个文化区域的客观认知更为重要，另一方面需要探索迁移（translation）的载体。当专注于定义新生意义的阐释型的研究与关于两国之间转移的所有载体的历史社会学调查相遇时，文化迁变便开始存在。我们可以在圣西门主义那里找到对黑格尔的一种认知迹象的同时，也能观察到这些迹象所产生的全然独特的重构，以及密切关注到那些频繁出现的普鲁士的大学，正是通过它们知识元素得以传播。关于文化迁变的研究必须假设我们可以将一个文化对象归为己有，并且能使它从其构成的原型中解放出来，也即是说一种搬移（transposition），即便它与文化对象的原型相去甚远，也与其原型具有同等的正当性。因此，在人文社科领域，"比较"作为向不同区域开放的附加原则失去了它的意义，而应当由对杂交（métissage）与混合（hybridité）形式②的观察所代替。从文化迁变的范畴来思考，也导致"比较"的恰当性变得相对化。实际上，后者为了记录它们的相似之处与不同之处，趋向于一种

在翻译法语"transfert culturel"时，多译为"文化交流"或"文化迁移"。德语"Kulturtransfer"一词，若中文直译应为"文化迁移"，而中国学界在翻译该词时又多译为"文化交流"。但鉴于此处本文作者已在第一段中明确指出不应该将文化的"迁变"（transfert）简化为文化的"交流"（échange）。也正如作者所强调的，"transfert"不是"输送"（transporter），更多的是一种"变形"（métamorphose）。而这种"变形"必然是建立在文化的迁移之上的。所以，译者在这里将"transfert culturel"译为"文化迁变"，意在以"迁"言"迁移"，以"变"言"变形"。]

① 正是在圣西门主义者里面我们找到了黑格尔的首批法国学生。19世纪的法国对古代德国科学的参考，通过约瑟夫·丹尼尔·吉尼奥（Joseph Daniel Guigniaut）（1825—1851）翻译克鲁泽尔（Creuzer）的"象征"的伟大壮举便可辨认出来。

["象征"可能指代克鲁泽尔所著的《古代民众的象征与神话》一书。]

② 应该从"混杂"的角度去理解与两个文化本体相遇有关的语义再化，因为两个文化整体本身就是早前相遇与语义再化的结果。See Jean-Loup Amselle（让·卢普·安塞尔），*Branchements. Anthropologie de l'universalité des cultures*（《分流，文化普遍性的人类学》），Paris：Flammarion, 2001.

整体的对立化，但却一点也没有考虑到做比较的观察者为了让二者对立而进行的收集，实际上投射了自己的范畴体系，也制造了一些由他简化的对立，而通常他自己就属于对立二者当中的一方。建立于印欧语系的比较语法之上的比较主义尤其具有局限性。通过比较历史着手研究欧洲以外的疆土似乎尤为棘手，一般而言就是通过疆土、文化或者文学发生关系来进行研究，但这种情况下它们之间一种根本的质的不同已被悄然地预设。

同样，影响范畴，词源学足以呈现它的不可思议的维度，它必须被一种可从历史上确认的接触以及由这些接触所引起的适应与再诠释的批评方法所替代。同样应该做的是避免传播中真实性的概念，或者避免传播中原初概念对复制概念的优越性。我们知道，谢林的弟子克劳泽（Krause）引到了西班牙社会一个思想流派——克劳泽主义的产生，这个被弃置在德国哲学以外的主义，实际建立在对（谢林的）文本的粗略认知之上。现实仍然是，这个附带地标志着谢林的形而上学向政治思想的纪律性的转变的自由思想形式，与促使它生成的动因（谢林的思想）是同样正当的。我们不考量克劳泽主义对谢林的忠诚程度，我们也不评判荷尔德林（Hölderlin）对索福克勒斯（Sophoclēs）所做的那些颠倒文本段落的翻译的精确程度。至少，在一个传统被引入与重建之前，对它的认知可以是非常简短的。

所有可能从一个国家、民族、语言或者宗教的空间到另一个空间去的社会群体都能够成为文化迁变的载体。运输商品的商人同样也传递了象征或者知识。翻译者，一个外国文化区域的专家教师，因政治、经济或者宗教原因流亡并移居他国的人，回复订单的艺术家，以及外国雇佣兵，都构成了文化迁变的载体，也应该考虑到他们作为不同的媒介所起到的作用。不过，我们同样可以很好地回想起那些建立在诸如书籍或艺术品等物品流通之上的迁变。图书馆史、外国收藏品创建史、出版品传播史、翻译史与收藏史及艺术品跨民族国家（transnational）①市场史一样，都属于文化迁变研究的一部分。

［①　"transnational"，其拉丁词源为"trans"（跨越，超越）与"natio"（部族）。现在"nation"一词已经演化为"国家""民族"之义。并且，在大多数情况下，在欧洲语境里面讲"民族"就暗含"国家"的意思。因为现代欧洲对国家的定义便是建立在一个统一的民族的认知上的。但是，中国这个多民族融合的国家显然不符合这种认知。所以译者选择将"transnational"译为"跨民族国家"。］

当我们从人媒介进入到书籍或者档案媒介，文化迁变的问题便会遇到"记忆"的问题。事实上，图书馆或者档案馆趋向于固化同一性（identité），因为它们的管理模式常常需要我们为之建立历史。它们通常遵循一种合理的原则被组建。这一原则与群体（大多数时候是国家或者民族）的同一性表现相一致。对文化迁变变得谨慎，就意味着至少以一种可能的方式去审查，通过研究那些常常被边缘化的引入元素，去审查图书馆和档案馆的集体记忆结构。毕竟，一个外来记忆元素的流动绝不会是偶然。当我们要在输入方（contexte d'accueil）的记忆层里寻找外来元素时，通常会遇到这个背景下千头万绪的记忆信息。这就应该区分尚且无用的累加记忆（mémoire accumulé）与有效记忆（mémoire effective）。

一个文化的迁变从来不是只发生在两个语言、两个国家或者两种文化区域之间的，这里几乎总会涉及第三者。所以，我们必须把文化迁变更多地当作是多极的、多个语言区域之间复杂的相互作用。如果我们忽略掉启蒙运动的英国根源以及它在俄国的延伸部分，就会使法国启蒙运动进入德国变成一个狭窄的现象。着手凯特琳二世时期的俄国文化，就要理解沙皇俄国、德国女皇时期的文化，她对法国的兴趣，以及她透过法国文学的滤镜所看到的一个意大利，这几者之间的相互作用。不过，如果说确认那些众多文化空间的相遇地点很容易的话，这些地点我们可以用一种新逻辑主义的观点去把它们看作"全球化的门户"（portail de globalisation），我们也仅仅能对那些数量有限的术语的相遇进行描述。而要呈现一种交汇的全貌仍然是不可行的。

即使当我们着手于两个文化区域之间的迁变时，无论如何我们都不能把其中任何一个视作是同质的和原初的——它们当中的任何一个都是之前"迁移"（déplacement）的结果，都有一段持续的混合的（hybridation）历史。当我们试图描述德法之间的文化迁变时，很应该记住，无论是法国还是德国，都不是实体（essence）。它们作为整体（entité）还是具有争议的，一种描述的必要性迫使我们假设一个短暂时间内存在着一个系统，这个系统将会对德国或者法国、古希腊文化或者拉丁文化进行洗礼。但我们立刻就会努力证明这些整体是铸就在"引入"（importation）之上的，对于法国而言是德国，对于拉丁文化而言是古希腊文化，或者对于经院哲学而言是阿拉伯国家，对于中国佛家而言是印度，等等。文化迁变研究揭示出文化区域的层叠交错（imbrication）。所以说，文化区域只是一种临时样态（configuration provisoire)，但对于理解文化流通现象还是有必要的。

人文科学通常与受限于特定语言空间的民族叙事相一致。它们在引入与引入所伴随的重组的基础上制造同一性。有系统地重审这些同一性的构建，为文化迁变研究提供了广阔的调查田野，其范围将可能是人文科学的跨民族国家史。

即使是哲学，和数学一样，也追求一种原则的普世性。在面对承载概念的语言时，哲学也追求一种概念的独立性。哲学在 19 世纪的发展显然带有德国的印记——法兰西第三共和国世俗的意识形态的形成也有赖于一种革新的康德主义。无论是夏威容（Ravaisson）的谢林还是科耶夫（Kojève）的黑格尔，自然都与他们所依靠诠释的本原不一致。更有意义的是，确定他们的诠释中添加了什么，但尤其要观察的是意欲创建一种民族国家公民道德的知识传统建立于引入的参照的基础上。如果对胡塞尔的引入不是先于那些在其基础上所转化的其他形式的流传，现象学将可能变得难以理解。此外，在这一点上，法国哲学并不是唯一的。盖鲁（Martial Guéroult）早已揭示费希特（Fichte）对法国革命的主张和对他那个时代在法国所谈论的政治立场的选取。当代法国哲学有重要意义的边缘部分，用英文讲就是"一种心灵哲学"，很大程度上产生于奥地利哲学的英文翻译。毫无疑问，这一边缘部分的倾向与构建一种同一性符合一样的纲要。这种同一性，想要通过一个以引进文化为参照的系统来实现它的普世化。此外，这个系统的核心概念里有很大一部分被忽视了语言学上的锚固（ancrage linguistique）。

在艺术史上，有一种迁变模式被服务于德国阐释学在意大利的应用，也被服务于对前期年代层在后期年代层当中的组成部分的研究（历时性的迁变，比如文艺复兴里的中世纪）。当海因里希·沃尔夫林（Heinrich Wölfflin）将其艺术史的基本概念应用于意大利时，他仅仅只是将德国心理学范畴搬到了另一个地方。① 当卡尔·贾斯蒂（Carl Justi）把类似于狄尔泰（Wilhelm Dilthey）诠释学的范畴应用到委拉斯开兹（Velázquez）的艺术上，或者他那个时代的委拉斯开兹现象上时，也没有太大的不同。② 当安东·斯

---

① See Heinrich Wölfflin, *Kunstgeschichtliche Grundbegriffe*, Munich: Bruckmann, 1915.

② See Carl Justi, *Diego Velazquez und sein Jahrhundert*, Bonn: Cohen, 1903.

普林格（Anton Springer）在德国中世纪艺术当中，观察到根据新背景的需要而被重新诠释的古代的痕迹时，他仅仅分析了文化的迁变，而他的这些观察被在佛罗伦萨旅居期间的阿比·瓦尔堡（Aby Warburg）读到后当作范例。①

作为科学的人类学非常注重文化之间的关系，注重它们之间的接触以及赋予文化活力的相互渗透的形式。尤其值得注意的是，美国人类学的奠基者之一的博厄斯，就是从明登（Minden）移居到美国的德国人。在美国，他将格林兄弟（Frères Grimm）民间童话收集的考察模式应用到对西海岸的印第安人的研究，特别是对夸夸嘉夸族（Kwakiutl）②的研究当中。重要的是收集印第安语的故事，并且，在进行分析确认它们所揭示的印第安社会之前，便将其记录下来。这尚属首次。当博厄斯研究民族之间的相互影响（contamination）时，他力求观察那些可认出的历史性接触，以证实那些系统的复现（récurrence systémique）与那些结构上的同源。他并不试图做比较，但是力求观察层叠交错的发生，并且追踪那些相互影响。不仅仅博厄斯的生平与学术历程是一个值得注意的文化迁变的案例，他所发展出来的方法也尤为适用于此种现象。博厄斯以一种清晰的方式，让人类学文化迁变的观念变得更为具体。他的作品在这一视角下的细致分析之所以让人信服，那是因为他的众多亲近弟子都是来自欧洲日耳曼地区的移民，并且他们都参与了一个大规模的外来知识向美国的转移。总体而言，根据博厄斯所传递的观念，语言是一个文化的主要标签。这一观念承自威廉·洪堡，并且通过海曼·施泰因塔尔（Heymann Steinthal）和某些斯拉夫学生所起的媒介作用，我们可以在整个欧洲尤其是俄国追踪到它的踪迹。在那里，这一观念成为人类学与语言学形式主义基石的一部分。当列维-斯特劳斯（尤其是雅各布森［Jakobson］将他与博厄斯联系在一起）来到美洲，遇见博厄斯，人类学上基本迁变的两种形式交汇了。

文学上，强调翻译（尽管在书店里大量存在，也总被认为是一个外来的，有些周边的元素），强调文学传统之间的衔接手法，强调每个文化所构建

---

① Anton Springer, *Bilder Aus Der Neueren Kunstgeschichte*, Bonn：A. Marcus，1867.

［② 北美西北部太平洋沿岸的原住民族。］

的外来圣殿（尤金-梅尔基奥尔·德·沃格于埃［Eugène-Melchior de Vogüé］认为，托尔斯泰即使没有成为法国作家，至少成为法国外国文学圣殿里的核心作家），强调那些用非母语写作的作家（从用德语写作的土耳其裔作家费希顿·赞莫格路［Feridun Zaimoglou］到用法语写作的俄裔作家安德烈·马金尼［Andrei Makine］，再到用英语写作的索马里作家努鲁丁·法拉赫［Nuruddin Farah］）。从这一角度看，文学史可以通过不局限于民族国家元素的交替连续性的视角被重新审视。斯特凡·乔治（Stefan George）深受其所翻译的马拉美（Mallarmé）的启发，荷尔德林深受卢梭（Rousseau）的启发，所以在德国的抒情诗史当中，我们不应该试图重构那些不将这些外来传入考虑在内的演变关系。安德烈·舍尼埃（André Chénier）与席勒（Schiller）对于同一时期的俄国文学也是一个道理。这样一来，整个文学史必须重新写。

关于民族国家的（或者范围更大一点的）文学文化的认知，一般被邻近的文化区域的科学所限定，比如德国的罗曼语语文学或者法国的斯拉夫语语文学。这些科学产生于被研究的文学的空间与观察者自己的视野二者之间的折中。除此以外，这些科学还可以成为引入的对象。如果我们认为，比如说德国的罗曼语语文学（就像弗里德里希·克里斯蒂安·迭斯［Friedrich Christian Diez］所体现的那样）的方法是将罗曼文化视为整体，其标志性的语文学对象的理解方式明显借自德国传统，那么，加斯东·帕里（Gaston Paris）将其引入法国，且优先应用于法国中世纪研究，这样一来就与研究对象本身——罗马尼亚（Romania）的重新诠释相呼应了。

因为文学史见证了文化的迁变，所以从文化迁变的视角审查文学史是极具意义的。同样重要的是，在所有的欧洲国家，文学史都成为民族国家的构成中不可或缺的一部分。从《罗兰之歌》（Chanson de Roland）一直到《伊戈尔远征记》（Dit du prince Igor），没有一个欧洲民族国家可以离开奠基文本而存在，这个奠基文本我们同样可以在那些遥远的空间当中找到（例如《金云翘》［Histoire de Kieu］之于越南文学，《豹皮骑士》［Le Chevalier à la peau de panthère］之于格鲁吉亚，吉尔伽美什史诗［épopée de Gilgamesh］之于古代）。不过，很明显的是，这些部分常常与外来的引入有关。爱沙尼亚史诗，克列茨瓦尔德（Kreutzvald）所作的《卡列维波埃格》（Kalevipoeg），便是后赫尔德时代（post-herdérienne）的德国传统下培养出来的语文学家之手笔。这些，我们同样可以在芬兰大型史诗、隆洛特（Lönnrot）的《卡勒瓦拉》（*Kalevala*）当中感受到。在弗里德里希·奥古斯特·沃尔夫（Friedrich August Wolf）对荷马史诗的解读当中存有的莪相（Ossian）诗歌的残篇，其实是一个民族的成果。从莪相和赫尔德（Herder）开始，缔造民族的作品模式被整个欧洲所接受。从文化迁变的角度对文学史的回顾，能让那些被认为是奠定了民族国家文学的原型的流传更为突显。

其实，某些人文科学一上来就会超出民族国家的界限。东方学（Orientalisme）就是例子，能够从19世纪初发展起来，就像《亚洲学报》（*Journal asiatique*）这本期刊能够被看成是德、法对于近东尤其是阿拉伯、土耳其与波斯的文化文学的探索的核心刊物。这个新学科的中心人物，西尔维斯特·德·萨西（Silvestre de Sacy），在亚洲研究方面算是"德国的大师"（praeceptor Germaniae），因为在19世纪前半叶，大多数东方研究教席的主持者都是他的学生。在法国与德国发生的一切，我们可以很轻松地再加上英国、意大利和俄国。这些国家不再试图创建隔离东方的科学，它们试图拥有一个共同的认知，这一共同认知建立在对两方面的妥协之上，一方面是他们研究对象自身的复杂性与多样性，另一方面是他们自身的概念框架。

关于文化迁变的研究是跨国家民族文化史学的一部分，但它不能仅仅局限在就现代欧洲民族国家空间之间层叠交错形势的分析。它能够很好地找到其他的应用的场地。为了成为远东权力的标志，中国的皇廷使用了基督教传教士所传入的欧洲数学，这完全符合一个文化迁变的现象，正如普鲁士人在明治时期日本的社会改革中所起到的作用一样。我们习惯于将罗马帝国或者古希腊世界看作同质的整体，古代如此，到现代仍然如此。但是，考古学很早以前便已经观察到了混杂的现象，它所寻找的是埃及与希腊之间、美索不达米亚数学与希腊数学之间诸多难以勾勒的转移。视野的转化，会引导我们将古代看作适应于环地中海文化的元素的一连串的重新占有的背景。在现今土耳其的海岸上，那些曾经的古希腊城市住满了卡利亚人（Cariens）、吕基亚人（Lyciens）以及适应了当地文化的吕底亚人（Lydiens）。而安纳托利亚（Anatolie）的赫梯古国城市（Villes hittites）的那些考古遗迹，足以证明外来的美索不达米亚殖民的存在。不过，层叠交错并不是只有唯一的意义。古代文化与其周边居民的相遇也会使新的文化实体得以出现，从希腊-伊朗-佛教文化的巴克特里亚或者索格底亚那（la Bactriane ou la Sogdiane gréco-irano-bouddhiques）① 到罗曼高卢文化皆是如此。

现代欧洲的自我认知所基于的社会的早期历史是迁变的结果，这让重新审问欧洲的统治地位变得合理。马丁·贝尔纳（Martin Bernal）的《黑色雅典娜》（*Black Athena*）的假说使谢克·安塔·迪奥普（Cheikh Anta Diop）关于黑色埃及的作品（《黑人民族与文化》[*Nations nègres et culture*]，1954）更为可信，后者旨在指出，在非殖民化的早期，古代非洲的文化遗产就存在于欧洲文明的中心。所以，文化迁变的问题可以包含一部分后殖民的研究方式。但它并不仅仅停留于此。当一位中世纪文化研究者阐明由大师埃克哈特（maître Eckhart）所代表的德国神话，其智力理论实际上是借自阿威罗伊（Averroès）②，以及阐明了古希腊哲学绕道伊斯兰思想成为古希腊研究的经典课题的时候③，这些都不是后殖民的问题，而是概念体系的流传问题。这些概念根据输入方的背景而改变了它们的意义④。

文化迁变的史学研究使中心的观念变得尤为相对化。非常清楚的是，历史一旦超越了民族国家或者文化区域的界限（为了融入那些更大的同心圆，历史是发散的），它就会将它所属的文化区域自身作为参照的中心。在 18 世纪最后的三分之一⑤，当全球通史开始在哥廷根大学被撰写时，当阿拉伯半

---

① 中亚某些已经灭绝的语言（粟特语、吐火罗语）几乎只能通过其他语言的翻译资料才被证实。

② See Kurt Flasch, *D'Averroès à Maître Eckhart. Les sources arabes de la 《mystique》 allemande*, Paris：Vrin, 2008.

③ Philippe Büttgen, Alain de Libera, Marwan Rashed, Irène Rosier-Catach éd. *Les Grecs，les Arabes et nous. Enquête sur l'islamophobie savante*, Paris，Fayard, 2009.

④ 加尔西拉索·德·拉·维加（Garcilaso de la Vega）为了描绘他原初的文化而使用柏拉图主义的方法，从而导致了一个双重投射：柏拉图主义范畴对印加民族历史的投射，为了坚定柏拉图主义原型的印加的例子的投射。See Carmen Bernand, *Un Inca platonicien. Garcilaso de la Vega*, Paris：Fayard, 2005.

⑤ See Luigi Marino, *Praeceptores Germaniae：Göttingen 1770-1820*, Göttingen, Vandenhoeck & Ruprecht, 1995；Hans-Erich Bödeker, Philippe Büttgen et Michel Espagne éd. *Göttingen vers 1800. L'Europe des sciences de l'homme*, Paris：Le Cerf, 2010.

岛、印度或者中国都被这场人类历史的总体扫测纳入其中时，我们认为欧洲是中心，并且认为周边文化以进入历史的方式融进一个整体，这个整体的中心有着清楚的界定——欧洲的。我们不禁要想，所谓"通史"（Global History），其自身就是以盎格鲁－撒克逊人（Anglo-Saxon）为中心而构建的。在历史进程里，其他的中心也可能存在。我们想到了中华帝国，想到了中国皇帝们在地图绘制上的苛求——中国必须呈现在已知世界的正中。我们想到了凯末尔主义（Kémaliste）的土耳其，它习惯于将安那托利亚（Anatolie）绘制在世界地图的中心，它自身便在土耳其世界的正中，它到阿尔及利亚一侧的距离与它到中亚一侧的距离相等。① 对中心的重新审视，是关于文化迁变的研究的一个基础部分。

视野中心的根本的相对性，导致了总体（global）与个别（particulier）的相遇。每一个特殊个体必须有一个通向总体的路径。下面是这种相遇容易发生的地方：城市中心、大学、图书馆，这些我们认为是"总体性门户"（portails sur la globalité）。研究这些地方（关于这些地点，我们避免给出一份限定的名单），显然构成了文化迁变研究中的重要目标。我们可以想一个地方，比如哥廷根图书馆，这是日耳曼国家的主要图书馆，也是 18 世纪以来第一个收集法语、英语、意大利语和德语科学文献，用来培养一种人类的普世科学的教学中心。而用另一种方式，我们可以想起那些汇聚了众多民族的城市，比如维尔纽斯/维尔纳/维尔诺（Vilnius/Wilna/Wilno），一座同时拥有犹太、德国、波兰、立陶宛、卡拉派（Karaïte）和俄罗斯等众多文化的城市，它是犹太文化的传播地，也是波兰以及立陶宛的民族文学的发生地。这些"总体性门户"将文化迁变与地点的范畴结合了起来。

一次文化的迁变有时就是一次翻译。只需要看看任意一个语言里的一本小说的版本与它在另一个语言里的翻译，观察一下占有封面四分之一的附带介绍、插画、尺寸、那些系列的背景效果甚至排版，便知道一个翻译在任何情况下都不是一个对等物。当它只是简单地从原型里获取灵感而不去说明的时候，就如同某些拉丁作家从古希腊原型里获取灵感那样，它更不是对等的。卢克莱修（Lucretius）绝不是德谟克里特（Dēmocritos）的对等物。翻

---

① See Étienne Copeaux, *Une vision turque du monde à travers les cartes de 1931 à nos jours*，Paris：CNRS Éditions，2000.

译让一个事实更为显然，概念根植于语义的背景当中，与翻译有关的语义背景的转移体现了意义的一次新的构建。但翻译同样也属于历史社会学或者书籍史的研究范畴时，这些领域的研究明显依赖于与文化迁变有关的研究。翻译者的群体传记学（étude prosopographique）的研究将我们引向对语言获取模式的探问，以及对选择搬移（transposer）书籍的标准的探问。重要的是分析出版社的策略，分析它们的运作模式以及翻译作品所遇到的反响。从七十士译本（traduction des Septante）到 19 世纪康德（Kant）的早期翻译，费尽周折才有了德文文本，以及弗里德里希·戈特洛布·伯恩（Friedrich Gottlieb Born）晦涩的拉丁文版本与温琴佐·曼托瓦尼（Vincenzo Mantova-ni）的意大利语版本。对翻译现象的非语言学的分析是文化迁变研究的主轴之一。

通过连接对个别（particulier）以及对普遍（universel）的描述，这个研究提供了一个理解全球史或者说至少大的跨民族国家的大体轮廓的途径。对于整体的观察应该从具体情况甚至是独特性出发。观察两个文本层与两个变体的更替的语文学家或者遗传学家所做的细致严谨的工作，往往伴随着与修正着关于概念的"环球航行"（circumnavigation）的思考。任何一个地球的平面球形图都不可以简略地绘制江河与海岸。正是语言的多样性能够推断出翻译的语义转移。文化迁变研究更多的是一个进展中的理论，而不是学说的一次尝试，它将成为人文社会科学的一种新视点。

钱锺书与布雷蒙[*]
——"纯诗"理论的中国解读

秦海鹰

瓦莱里（Paul Valery）的"纯诗"理论不仅是法国现代诗论的一个重要组成部分，而且还通过梁宗岱等人的推介，间接地影响了中国新诗理论的发展。但我们知道，在法国本土，"纯诗"概念由瓦莱里提出后，曾得到布雷蒙神甫（l'abbé Henri Bremond）出人意料的阐发。这位对诗歌问题有着浓厚兴趣的天主教神学家、耶稣会士、法兰西学院院士，在1925年于法兰西学院所做的一次题为《纯诗》的公开演讲中，提出了诗歌不受理性控制、诗歌与祈祷相通的观点，进而引发了法国文学史上著名的"纯诗之争"。在这场争论中，瓦莱里、克罗岱尔等诗人分别陈述了各自对"纯诗"概念的理解，表明了他们与布雷蒙神甫的分歧或共鸣。布雷蒙神甫则通过一系列文章进一步澄清了自己的立场，更加明确地构建了他的神秘主义"纯诗"理论。[①] 这些论战性文章和《纯诗》演讲稿一起于次年出版成书，书名为《纯诗》。布雷蒙在演讲稿中指出，"纯诗"源于神性，诉诸人的心灵，属于一种超越理性的认识方式："任何一首诗所特有的诗性都来自某种神秘现实的光临、照耀、改造和统一作用，我们把这种神秘现实叫作'纯诗'。"[②] 纯诗作为一种不可言表的神秘现实，不是诗本身，而是一首诗中除去了"观念、情感、形

* 原载《跨文化对话》，第27辑，405～412页。

① 关于布雷蒙的神秘主义"纯诗"理论以及"纯诗之争"中的各种观点，笔者将在其他文章中专门讨论。

② Henri Bremond, *La poésie pure*, *avec un débat sur la poésie par Robert de Souza*, Paris：Bernard Grasset, 1926, p. 16.

象"等各种不纯的因素之后剩下的那个可以独立于意义而存在的核心。对于诗中不纯的部分,可以用理性的方式来解释其意义;而对于纯诗部分,则无须理性介入即可直接感受其神妙。纯诗之美不可言传,纯诗之秘无法定义,一切都只能在"凝神默想的魔力"所唤起的宁静状态中去体悟,而这种体悟所触及的正是我们最隐秘、最根本的存在,是人的心灵与一种超自然的现实相契合的那个部分;这样的诗歌体验接近于灵修者在默观祈祷中获得的那种与上帝合一的神秘体验,所以他演讲的最后结论是:"所有艺术,而每一种艺术则凭借自己特有的魔力——词语、音符、色彩、线条——都渴望趋近祈祷。"① 演讲后不久,他又出版了《祈祷与诗》一书,着重论证和阐发了"诗歌趋近祈祷"这个命题,试图证明诗歌灵感与神秘体验之间存在着表现形式上的相似性和心理机制上的共通性。

布雷蒙的"纯诗"理论因其浓厚的宗教色彩而一直未受到法国诗歌界的足够重视,其影响远远小于瓦莱里。法国文学史通常将其视为"纯诗"运动的一个插曲,褒贬不一。著名批评家莱蒙认为布雷蒙"使诗歌屈尊于基督教神秘"②;法国最通行的博尔达斯版文学史教材仅在介绍瓦莱里的"纯诗"理论时顺带提到布雷蒙的"过度阐释";法国诗人评论家茹埃在为《通用大百科全书》撰写的"纯诗"词条中指出,布雷蒙否定了对诗歌进行研究和解释的必要性和可能性,这很难让崇尚多元阅读的 20 世纪批评家所接受③。不过也有研究者看到,布雷蒙强调读者体验,倡导同情批评,这在一定程度上预告了后来的现象学批评和精神分析批评。④

布雷蒙在中国的知名度也远低于瓦莱里。20 世纪中国诗歌界谈论"纯诗"时,似未提到他的名字,梁宗岱在关于"纯诗"的文章中也未提到。在

---

① Henri Bremond, *La poésie pure*, *avec un débat sur la poésie par Robert de Souza*, p. 27.

② Marcel Raymond, *De Baudelaire au surréalisme*, Corti, 1985, p. 119.

③ See Jacques Jouet, "Poésie pure," *Encyclopaedia Universalis*.

④ See Clément Moisan, *Henri Bremond et la poésie pure*, Paris, Minard, 1967, p. 198. 如果说布雷蒙被认为具有现象学批评的雏形,那么无独有偶,国内郭宏安在《读钱一得》一文中,以钱锺书对布雷蒙的评论为例,看到了钱锺书本人的类似于现象学批评的旨趣。(参见郭宏安:《波德莱尔诗论及其他》,上海,同济大学出版社,2006)

整个 20 世纪，中国学者中大约只有钱锺书对"法国神甫白瑞蒙（即布雷蒙）"的著作给予了充分关注，并在《谈艺录》第八八则"白瑞蒙论诗与严沧浪《诗话》"及《附说二十二》"神秘经验"中①，以凝练的文言体专门评说了《诗醇》（即《纯诗》）和《祈祷与诗》两本书的内容，称前者为"撷华之书"，总结了法国象征主义关于诗歌"不涉理路"、重在音乐的一贯主张，"陈义甚高，持论甚辨"，"一时耳目为之更新"；称后者为"探本之书"，表达了诗歌与"神秘境界"相通的观点："神秘、诗秘，其揆一也。艺之极致，必归道原，上诉真宰，而与造物者游；声诗也而通于宗教矣。"他不仅赞同布雷蒙的观点，而且遗憾他"考镜源流，殊未详核"，因此又大量援引了东西方经典文献加以补充和"申说"。

就西方而言，钱锺书认为布雷蒙只提到英国浪漫派，但他的诗歌神秘观其实更接近于德国浪漫派，例如诺瓦利斯在《碎金集》中说："诗之感通于神秘之感，皆精微秘密，洞鉴深隐，知不可知者，见不可见者，觉不可觉者。如宗教之能通神格天，发而为先知预言也。""真诗人必不失僧侣心，真僧侣亦必有诗人心。此非《祈祷与诗》之一言以蔽乎？"而德国浪漫派诗论的源头则可以上溯到主张"绝圣弃智"的"西方神秘主义之大宗师""彼土之庄子"普罗提诺。在中国方面，钱锺书把布雷蒙的"纯诗"理论与"严仪卿以来神韵派"做了平行比较。"白瑞蒙以诗秘与神秘并举"，正如同严羽的"以禅喻诗"；布雷蒙说纯诗不能用理性话语来分析，正如同严羽的"诗有别趣，非关理也"；布雷蒙用神秘灵感比附诗歌灵感，正如同严羽的"禅道惟在妙悟，诗道亦在妙悟"。

钱锺书尤其对布雷蒙在《祈祷与诗》一书中提出的"二我之说"颇为看重，也援引了东西方宗教和哲学中大量类似的说法详加"推演"。他选用汉语的"神"和"心"来区分布雷蒙所说的"深层的我"（moi 或 le moi profond）和"表层的我"（je 或 le moi de surface），将两者分别阐释为"正遍之真我"和"偏执之假我"，或"我在"之我和"我执"之我，前者为"真实"，后者如"皮毛"。他又用"妙明之神"和"智巧之心"来分别翻译和阐

---

① 参见《谈艺录》（修订本），268～290 页，北京，中华书局，1984。以下来自《谈艺录》的引文均出自该版本，不再一一标注页码。此书提到布雷蒙的章节还有第六则"神韵"之《附说八》（42～44 页）及《补订一》（365 页）。

释克罗岱尔著名寓言中的"阿尼玛"（anima）和"阿尼姆斯"（animus）①，即用"神"来指称具有神秘维度的"心灵"（âme），用"心"来指称具有智性维度的"精神"（esprit）②。在此基础上他对《祈祷与诗》第 10 章和第 12 章的内容做了如下概括："克罗岱尔谓人性天中，有妙明之神（anima ou l'âme），有智巧之心（animus ou l'esprit）；诗者，神之事，非心之事，故落笔神来之际（inspiration），有我（moi）在而无我（je）执，皮毛落尽，洞见真实，与学道者寂而有感、感而遂通之境界无以异（un état mystique）。"这样古色古香的中文表述使我们对布雷蒙和克罗岱尔诗论中的某些概念和观点有了一种更加"心"领"神"会的感觉，同时又反过来借助西文，对"心"和"神"这些具有复杂语义的汉语词汇有了更趋明确的理解。仅从此例我们即可看出，钱锺书对西方思想的中文表述本身就已经具有了会通的作用，也就是说，其"东学西学，心理攸同"的阐释观不仅在他的论述内容中得到论证，而且通过他的言说方式直接呈现了出来。

布雷蒙认为诗人或灵修者可以借助灵感体验，摆脱"表层的我"，进入"深层的我"，钱锺书用带有佛教色彩的词汇将此观点表述为"破遣我相"或"破我"："白瑞蒙谓作诗神来之候，破遣我相，与神秘经验相同。"同时指出"破我之说"不仅是"东西神秘宗之常言"，而且这样的神秘经验其实是人类共同的平常经验，即"悟"的经验，即陆桴亭所说"凡体验有得处，皆是悟"，因此"神秘经验，初不神秘，而亦不必为宗教家言"，"除妄得真，寂而忽照，此即神来之候。艺术家之会心，科学家之物格，哲学家之悟道，道家之因虚生白，佛家之因定发慧，莫不由此"，"诸凡心注情属，凝神忘我，涣然彻然，愿尝志毕，皆此境也"。各家"别立名目"，其实说的都是相同的经验。我们看到，钱锺书用一种超越宗教的态度来审视以"灵感""迷狂"

---

① 《谈艺录·附说八·补订一》提到克罗岱尔"阿尼姆斯和阿尼玛的寓言"，并简述如下："白瑞蒙区别 animus 与 anima，同时法国诗人克罗岱尔亦撰寓言，谓'心'为夫而'神'为妇，同室而不相得；夫智辩自雄，薄妇之未尝学问，实不如妇之默识灵悟也。"

② 《谈艺录》第六则"神韵"之《附说八》（42～44 页）专门讨论了中文的神/心、布雷蒙《祈祷与诗》中所论之 anima/animus、法文 ame/esprit、德文 seele/geiste、英文 soul/mind 的对译关系，"所谓 soul 若 anima，其词其意，即中土所谓神也"，并提供了中西不同哲学体系中的相应术语。

"妙悟"为表现形式的神秘经验，这一方面使他区别于布雷蒙的基督教立场，因为布雷蒙所说的"神"指的是超自然的唯一上帝，在这个意义上他确实如钱锺书所说"于神秘境界，未能如桴亭之看作平常"，但另一方面，这种超越宗教的态度其实也暗合了布雷蒙本人的泛神秘主义的异端倾向，因为在布雷蒙看来，"神秘经验"是一个比"宗教经验"更重要、更根本的概念，它可以包括一切世俗形态的神秘经验。

　　钱锺书不仅用大量中西例证支持和补充了布雷蒙关于"诗秘"通于"神秘"的观点，同时也注意到了布雷蒙关于"诗秘"有别于"神秘"的观点。由于布雷蒙大部分时间都在论证"诗歌趋近祈祷"这个命题，很容易让人以为他把诗和祈祷混为一谈，这是他在"纯诗之争"中遭到诗歌界和宗教界两方面责难和误解的原因之一。但他其实主要是在心理机制上讨论诗歌体验与神秘体验的相通性，并未将两者完全等量齐观。《祈祷与诗》最后四章重点讨论的便是诗人与神秘体验者的根本区别。《谈艺录》中的相关阐释也大多受到这四章的启发，并有所扩展。

　　布雷蒙认为，诗人是言说者，神秘体验者则是沉默者，言说既不是其目的，也不是其手段，因为神秘经验不需要言说，也无法言说："就诗人这个词的准确含义而言，诗人是声音，否则他什么也不是。""越是诗人，就越感到需要交流自己的体验，就越容易通过词语的魔法变化把自己的部分体验从他的内心传到我们的内心；越是神秘体验者，就越不感到需要交流，就越觉得这种交流是不可能的，即使他试图这样做。""诗人越是贴近诗人这个概念本身，就越远离神秘体验者这个概念本身。"① 这是因为，诗人的语言劳作恰恰妨碍了他对终极目标——上帝——的把握，使得已经具有神秘体验"雏形"的诗歌体验最终不能成为最高形式的神秘认识。所以在布雷蒙看来，诗人是"半个圣人"，是"一个转瞬即逝的或未成功的神秘体验者"②，诗歌仅仅是"趋近"于祈祷，并不等于祈祷："诗歌只要还是诗歌，就不可能成为祈祷；如果诗歌真的成了祈祷，它就不再是诗歌。"③ 布雷蒙进一步做解释，诗人之所以不能成为完全的神秘体验者，还在于他缺少"神秘恩宠"，而诗

---

① 　Henri Bremond, *Prière et poésie*, Paris：Bernard Grasset，1926，p. 209.

② 　Ibid.，p. 208.

③ 　Ibid.，p. 89，no. 1.

人若想获得神秘恩宠，就必须遁出尘世，封闭感官和智力，进入修会，把自己完全献身给上帝，成为真正的祈祷者，也就是不再做诗人。

不过，布雷蒙最终也承认，诗人虽然不是完全的祈祷者，但他在普通人和神秘体验者之间起着不可替代的中介作用。这种作用在于，真正伟大的诗歌作品能够借助语言的魔力，在读者那里引发某种适合于默观祈祷的精神状态："这些诗篇越是具有诗的完美，就越不是祈祷，但它们越不是祈祷，就越能引人祈祷。"① 在全书的结尾，他不仅没有把诗人的缺陷看作否定诗歌存在的理由，反而通过一个美丽的悖论重新回到了捍卫诗歌的立场，并从"我们"信徒的角度感谢诗人的存在："在真正的诗人那里，诗歌体验趋近于祈祷，但未达到祈祷，而在我们这里，多亏了诗人，诗歌体验毫不费力地达到了祈祷。这就是诗歌奇特的悖论性质：一种本身不祈祷，却能引人祈祷的祈祷。"② 也就是说，布雷蒙最终是在阅读的层面上论证了"诗歌趋近祈祷"的命题。

对于布雷蒙的这些观点，钱锺书以简洁的文言体做了解释性的翻译或提炼，并附上了法文原文和出处。比如上面已经提到的、由笔者直译过来的布雷蒙的引文"诗人只是一个转瞬即逝的或未成功的神秘体验者"，在《谈艺录》中被译作"诗人之于神秘，特有间未达（mystique évanescent ou manqué），见 p. 208"（270 页），或被转述为："故白瑞蒙谓诗秘为未具足之神秘"（282 页）；再比如上面刚提到的关于诗歌"本身不祈祷，却能引人祈祷"的大段引文，在《谈艺录》中被浓缩为："读者奇文欣赏，心境亦遂与祈祷相通云。见 p. 218：'Chez le parfait poète lui-même, l'expérience poétique tend à rejoindre, mais ne rejoint pas la prière ; chez nous, elle la rejoint sans peine, grace au poète. Etrange et paradoxale nature de la poésie : une prière qui ne prie pas et qui fait prier.'"（282 页）

关于诗人为什么是"未具足"的神秘体验者，钱锺书的解释也基本沿袭了布雷蒙的思路，从言说和修炼两方面加以说明，但正如上面的许多例子所显示的那样，钱锺书对布雷蒙思想的转述本身就已经具有了会通的作用，他通过选用一些文化蕴含明显的中文词汇，让西方话语悄然"化入"了东方话

---

① Henri Bremond, *Prière et poésie*, p. 219.

② Ibid., p. 218.

语。在语言问题上，他也像布雷蒙那样，用言说和沉默来区分诗人和神秘体验者，但他的表述方式使得基督教灵修者的"默观祈祷"通向了佛教参禅者的"静坐默照"；在精神修炼方面，他也把诗歌灵感和神秘灵感相比附，但他的遣词造句使得西方的"灵感"通向了东方的"悟"。他首先区分了世俗形态的"悟"和宗教形态的"悟"，前者属于"顺世间学问之神秘经验"，后者属于"出世间宗教之神秘经验"；继而指出，前者停留在"有我无我，在我非我"的境界，后者则增加了"无我乃是有我，非我而是真我"的境界；前者以有所见为悟，后者"以无所见为悟"；并且"出世宗教注重虚静，面壁绝缘"，讲求"调息制感，定入三昧"，而"顺世学问，不事三昧心齐"，"真能凝神忘我者，却不多见"；顺世者"与人生融贯一气，不弃言说"，出世者则"隔离现世人生"，不著言说；"诗之神境，'不尽于言'而亦'不外于言'，禅之悟境，'语言道断'，斯其异也'"。也就是说，他虽然是在评论布雷蒙的基督教神秘主义诗论，但他最终是在佛教思想的语境中解释了"诗秘"与"神秘"的区别。

"诗秘"与"神秘"既相通又相异的观点在《谈艺录》其他章节（如第六则"神韵"和第二八则"妙悟与参禅"）中还有更详尽的论述。这些论述主要涉及对《沧浪诗话》的评价，并不涉及布雷蒙，但却为我们提供了继续解读西方"纯诗"理论的丰富资源，也让我们看到了两位中西学者之间的可比性。在这些章节中，钱锺书仍然像布雷蒙一样，在灵感（悟性）问题上把诗人与修行者联系起来——"学道学诗，非悟不进"，又在语言问题上把两者区别开来："了悟以后，禅可不著言说，诗必托诸文字。"他不仅指出"诗之神韵之异于禅机"，更对诗歌本身的"理路"与"神韵"、"说"与"不说"的辩证关系做了极为精到的阐发，对于纠正布雷蒙本人的偏颇或消除人们对他所说的"纯诗不必言之有物"的误解有诸多启发。如果我们把"神韵"与"理路"的关系对应于"anima"和"animus"的关系，或对应于诗之"纯"和"不纯"的关系，我们就可以更全面地理解布雷蒙的"纯诗"概念："无神韵，非好诗；而只讲有神韵，恐并不能成诗"；"若诗自是文字之妙，非言无以寓言外之意"，"夫神韵不尽理路言诠，与神韵无须理路言诠，二语迥殊，不可混为一谈"。这就是说，诗中那部分超越理性的、不可见的"纯诗"（"神韵"）并不能独立存在，而是要依托可供视听的语言材料和可供理性分析的语言意义才能被传导出来："字句章法，文之浅者也，然神气体势皆由之而见";"调有弦外之余音,语有言表之余味,则神韵盎然出焉"。"纯诗"
固然以沉默为其逻辑结果,"神韵"固然不可言传,但"纯诗"或"神韵"
并非来自于完全沉默,正如司空图所谓"不著一字,尽得风流"的"含蓄",
只是"不多著、不更著也",并不等于"不留一字,全白真无"。①

　　整体看来,钱锺书对布雷蒙的评价和"利用率"明显高于法国评论界。
东方特有的神秘主义思想背景以及学贯中西的个人学养使他比理性传统悠久
的法国本土学者更容易理解和接受布雷蒙的观点。布雷蒙把诗与神秘相提并
论的做法曾遭到理性主义者的激烈反驳,甚至也未得到他所推崇的"纯诗"
理论家瓦莱里的认同,而钱锺书不仅称布雷蒙"立说甚精",而且从古今中
外的各派神秘学说或非神秘学说中为他找到了更多的支持,以期证明"人共
此心,心均此理,用心之处万殊,而用心之途则一"的人类大同性。如果回
到"纯诗之争"的历史语境中,这种以"儒、道、释、法"互为参证来解读
布雷蒙的独特方式,可能比布雷蒙当年对瓦莱里的神学解读更能令人"耳目
为之一新"。

---

① 详见《谈艺录》第六则"神韵"(40~44 页)、第二八则"妙悟与参禅"(98~
101 页)及其《补订一》(412~415 页)。

西方概念史引言*

[法] 让-保尔·罗赛

借 2003 年 11 月 7 日《西方的意义》研讨会在阿尔图瓦大学召开之际，本引言首先想要建立一个西方概念的模式。其主要目的有两个：为研讨会辩论的开幕提供思考的基础，而且尤其要通过回顾对西方概念的伟大的经典表述，更好地凸显出它们的价值，为这一概念提供一个启发性的模式。

"西方"一词的含义总是很难理解，尤其是要去定义它是否覆盖了某个地理区域、某个政治特性、某个经济事实，或是一个形而上学的计划的时候。此外，所有对这一个词的定义、词源学的研究和现象学的探索工作都碰上了许多障碍，而且，如果我们不侵犯被"欧洲""罗马文化""文明""文化""现代性""进步""科学"等词所占据的语义学和价值学的领地，就试图给"西方"指定一席之地，所有的工作则立即会走向另一尴尬局面。

事实上，今天，我们看到了所有这些术语在使用上的混乱。无视传统也好，无意也好，过时的用法和错误比比皆是。无论是谁，如果想理解西方概念在某些特定的时代或在某些特殊的作家那里的具体含义，就必须辨别出这些词的所指，可能也要辨别出它们所效力的意识形态。此外，我们会发现，这类研究也许会在无意中让人相信卡尔·波普尔非决定论的、构成主义的论文，根据他的论文，西方不能总结为单独的一个概念、单独的一个系统或是

---

　　* 原载《跨文化对话》，第 17 辑，2~10 页，上海，上海三联书店，2005。周小珊译。

唯一的宗教。①

最近几十年来，对西方的理解越来越困难，尤其在始于 1989 年柏林墙的倒塌，又因 2001 年 9 月世贸中心的恐怖活动而加剧的世界秩序动荡不安的背景之下。1989 年以来出版的大量探讨西方概念的书籍都证实，这种混乱使得有必要让现行的辩论和问题的焦点明朗化。

首先，有必要很快地对致力于世界新秩序的评论做一个综合论述。这一点尤其可以通过介绍两个极端的观点和一个中间的观点来进行，这些观点谴责西方和审理"世界化"案件，这两个术语被认为紧密连在一起。

我们了解福山（Fukuyama）的历史的终结②，他借用了黑格尔的关于历史以自由原则的凯旋而结束的论文，以便在资本主义的胜利中看到西方模式宣告的世界化的编年史。

相反，伊曼纽尔·托德（Emmanuel Todd）的最后一本书③论述了美帝国的衰退，提醒随着轮到新兴国家（尤其是印度，中国在更小程度上）经历不可抗拒的发展，西方在地球上倒退了。

最后，艾瑞克·霍布斯鲍姆（Eric Hobsbawm）④ 的观点把经济世界化和政治世界化分离开来，占据了中间立场（但显然并非中立），解释说这种对立所导致的紧张极有可能变成 21 世纪西方的焦点。

然而，如果要使西方成为争论的焦点，我们就不能忽视塞缪尔·亨廷顿（Samuel Huntington）⑤ 的观点，他在《文明的冲突》一书中看到 1989 年后分

① 参见卡尔·波普尔：《西方相信什么？》，见《寻找一个更美好的世界：三十年演讲与文论》，伦敦，劳特利奇出版社，1996。

② 弗朗西斯·福山：《历史的终结和最后一个人》，伦敦，企鹅丛书，1992。法文译本：德尼-阿尔芒·卡纳尔，巴黎，弗拉马里翁出版社，1992。

③ 伊曼纽尔·托德：《帝国之后：关于美国体制的解体》，巴黎，伽利玛出版社，2002。

④ 艾瑞克·霍布斯鲍姆：《新世纪：与安东尼奥·波利托的对话》，由阿兰·加麦隆译自意大利语，伦敦，利特尔&布朗出版社，1999。法文译本：《21 世纪的焦点/艾瑞克·霍布斯鲍姆：与安东尼奥·波利托的对话》，由莉迪亚·查伊德译自英文，布鲁塞尔，Complexe 出版社，2000。

⑤ 塞缪尔·亨廷顿：《文明的冲突与世界秩序的重建》，纽约，Simon & Chuster 出版社，1996。法文译本：《文明的冲突》，由让-吕克·菲德尔、吉娜维也芙·儒伯兰、巴特里斯·朱尔朗、让-雅克·贝杜索译自英文，巴黎，O. Jacob 出版社，1997。

裂成七八个文明的一个多极世界。亨廷顿尤其主张，唯有借力于基督教的西方，才能建立起深刻的统一，他思考了其社会民主、多党制、议会制等世俗化的方面，也思考了建立起如商业扩张、工艺先进等霸权的标志产品。

不过，亨廷顿把美国和欧洲集中到西方，与伊斯兰文明、中国文明或俄罗斯东正教文明相对立，我们最近也谈到第二次伊拉克战争以来西方的分裂和两个"西方"（真正的美国的西方和欧洲的"后西方"①）的诞生。这是一个有趣的共同点，因为西方分裂的概念是伊曼纽尔·托德思想或罗伯特·卡冈（Robert Kagan）思想（《天堂与权力：世界新秩序中的美国和欧洲》，*Of Paradise and Power：America and Europe in the New World Order*）的一个循环的主题。更糟糕的是，这也关系到身为法国人的我们，人们指责第一总理让-皮埃尔·拉法兰想要一场"真正的文明的变革"。② 我们由此想到，我们是否要继续做欧洲人？几年以后，欧洲又会在哪里？然而，为了缓和现今这些抱怨的影响，我们首先满足于看到，自新教改革以来，欧洲统一体的衰退或萎靡的主题重复而频繁。西方/世界化（即西方领土扩张、学说扩张），西方的基督教基础和西方的世俗化，分裂和衰退，事实上是西方思想的老一套。

思想史的创立者之一，阿瑟·O. 洛夫乔伊认为思想史学家的使命，就是对西方思想运动感兴趣。然而，要追寻它的痕迹，要追溯到这一运动的精华，首先得思考通过"西方"应想到些什么。因此，我们应该借助一种经过模式化的方法③，这种方法是学院的学术理论思想的可靠的保障，它好在对党派之争没有用处，同样又能了解到意识形态在这一领域肆虐。

在思想史里，模式化是一个必要的启发性的阶段，以使我们对所关心的对象有一个清晰的概念，不管这个对象是一个概念、一个事实/事件、一个传统，甚至是一个作者（我们将会注意到"西方"可以与这四个方向取得一

---

① 参见《世界进入一个新世纪》，载《世界报》，2003 年 4 月 24 日。同时参见罗伯特·卡冈：《天堂与权力：世界新秩序中的美国和欧洲》，纽约，克诺夫出版集团，2003，在"美国外交"网站上能查阅到美国外交部发表的文章（http：//www. unc. edu/depts/diplomat/）。

② 参见《没有政治出路？不，政治回归》，载《世界报》，2003 年 6 月 2 日。

③ 要从理论上辩护概念史的方法论，参见我的文章《概念史该采用什么样的身份和方法》，载《文明史：目的、焦点与方法》（《巴别塔》，第 9 期），95～121 页。

致）。模式应该简单，不一定要显示出对象的所有方面和所有形式的特征。正如帕斯卡尔·努维尔在《对模式概念的调查》一书中所写的那样，模式通过仿效现实的风格，采取忽略策略。① 面对有可能在理解偶然性和其在现实中的进程遇到的复杂性，模式有意简化现实，提出了一个精神构建，突出了，甚至是夸张地讽刺了它的某些方面，同时保持了整体的合理建议。思想上最好能明白，模式向来只是一个起点……它注定要面对各种各样的情况，面对具体的经验，或者，归根结底，面对新的阐释。

模式化回到构造，甚至像保罗·利科②在马克斯·布莱克（Max Black）之后认为的那样，回到制造隐喻，阐释现实；但是，如果我们把一个模式的构造看作是一个建构，给出那些已经存在的，并在某一刻负责表现物体的众多阐释的智慧，那么模式化比单一地阐释隐喻更好。为了重新从《活的隐喻》第七次研究的第四章出发，我将要提出的西方概念的模式，从它试图给出"西方"这一对象的细节，强调其运作原理上来讲，它是一个阶梯式的模式，同时从它提议的"再描述"，也是对惯用的阐释的更正，即轮到它来介绍一个新的阐释这一点来说，它也是一个理论模式。再一次有必要强调模式的启发性的、空想的价值：它是一种空想，它不能与现实吻合，正如保罗·利科描述的那样，它不属于证据的逻辑，而属于发现的逻辑。

对学校课本的定义可以作为第一个模式。

欧洲诞生于 395 年，狄奥多西（Théodose）把罗马帝国一分为二。至于西方文明，则形成于 5—8 世纪，但是它的基础建立于整个古代。西方的空间在 16 世纪前一直保留在欧洲，尔后一个海外西方在美洲成长起来。同时，西方文明迅速发展，通过与外界的频繁接触丰富起来。几乎不再扩大的西方，如今试图获得更有力的统一，但是它长期享有的优势消失了——大部分都消失了，因为世界上的其他地区向它学习后，"夺走"了它的秘密。③

---

① 参见帕斯卡尔·努维尔：《模式与隐语》，见《对模式概念的调查》，巴黎，法国大学出版社，2002。

② 保罗·利科：《活的隐喻》，巴黎，瑟伊出版社，1975。

③ 参见安图瓦纳·布尼法西奥：《历史，最后的学年》，巴黎，阿歇特出版社，1966，140 页。

这个关于西方世界及其文明一章的选段产生于 1966 年。我们立即注意到最后一句话与现在介绍的焦点问题存在着差距，意味着阐释真正地随着时间而变化，意味着对这些阐释的更正显然有规律地进行。继这段简短的概述之后，这本书开始思考西方的概念（相对于东方所代表的地理实质，它已经存在于帝国时代之前的古希腊和古罗马人的思想里），尔后又思考了西方文明的起源（西方文明因此先于西方概念）。这个模式尤其因为后来资料丰富而显得有意思，然而它过于表面化，以至于我们无法判断西方概念所固有的困难和原则。因此，这个词的词源没有得到研究，欧洲和西方之间的关系显得模糊，至于文化的参照，则遭到了回避，以利于"文明"一词做时间上有误的中心调整。众所周知，这个词很迟才出现在特殊的情况下，作为与文化对立的象征。因此有必要提出一个关于西方概念的更完善的模式，这个概念恰恰出自于前面提到的四个词汇之间的关系：西方、欧洲、文化和文明。我将要构建的三个主要概念如下：

（a）西方概念通过对启蒙时代的继承，在西方文明概念中形成。

（b）西方概念理解为欧洲的意义。

（c）西方概念只能通过消除西方权力内在与外在的障碍来得到确认。

正如我们刚才看到的那样，"西方"是对罗马帝国在 395 年狄奥多西死后分配给洪诺留斯（Honorius）的领土的称呼。罗马帝国的扩张使集权管理变得非常困难，帝国由狄奥多西的两个儿子分治，于是洪诺留斯统治西罗马帝国，而他的兄弟阿卡狄乌斯（Arcadius）统治东罗马帝国。由于罗马帝国不再是同一个完整的帝国，习惯上就把它看作两个部分。

今天，在我们看来，欧洲比西方显得更狭隘，从地理上来说，罗马时代的欧洲比西方更宽广，因为它同时包括西罗马帝国，也就是位于太阳落山位置的欧洲西部的土地以及日耳曼。

但是，如果要解释西方神奇的领土扩张的原因（今天，"西方"一词通常既指欧洲国家，也指美国、新西兰以及澳大利亚，即所有西方化的国家，有时日本也包括在内），那么就有必要弄清楚，欧洲与西方的名称背后，隐藏着领土的、政治的、形而上学的不同现实。

476 年西罗马帝国灭亡之后，欧洲的名称，首先与加洛林家族一起拥有了政治特性，但与此同时，由于基督徒恢复了帝国的概念，西方拥有了另一个规模的全新的特性：首先是在 800 年，查理曼（Charlemagne）成为新的基督教帝王的时候，基督教的欧洲和基督教的西方准备登场，尔后是在 962 年，奥托一世（Othon le Grand）建立神圣日耳曼帝国，实现了旧的西罗马帝国和旧的日耳曼之间的综合。

西方的这一另外的规模并不是严格的领土扩张，查理曼在成为大帝的时候，负责保卫圣地，正是通过这个职责，以及这个投向西方的目光，西方将逐步确立它的地位、它的角色以及它的身份，尤其是 1078 年土耳其人攻占耶路撒冷的时候。

正是在十字军东征的时候，产生了西方的精神范畴，政治欧洲的概念退到了第二位。

第一次召集十字军东征是 1095 年，在法国的克雷蒙，法语里"西方"一词诞生于 1120 年（25 年之后），成为某种可能的意识形态控制的征兆，通过与要征服的东方的对比，描绘出基督教的欧洲形而上学的轮廓。

当然，并不是基督徒们创造了"西方"一词，因为它是从拉丁语派生出来的，最早在拉丁语里的使用（occidens 和 occidentalis），可以追溯到西塞罗（Cicéron）和老普林尼（Pline l'Ancien）。

不过，基督徒们为"西方"一词提供了重要的内容，而且由此产生的概念化使得人们能够用它阅读过去，并因此组成古代文化的政治、宗教、文化特性，让基督教欧洲复兴古罗马帝国的愿望合法化。

我们因此要指出重要的两点：首先，这使西方成了一个根本的意识形态的基督教概念（也就是说，从一开始就建立于错误的假设）。但是，我们也能够设想加洛林的欧洲的范围由神圣日耳曼帝国重新设定。欧洲/西方政治对立的想法只能够使查理五世（Charles Quint）之后消失的十字军东征的思想和西方的思想在形而上学的一致性重新出现。

于是我们理解为什么德国反革命者和亲日耳曼主义者将神圣日耳曼帝国与包括法国、英国、北美在内的西方相对立，通过这种对立，神圣日耳曼帝国在与西方"文明"相对照的一种文化里得到认可。

文化/文明的对比诞生于 18 世纪，得益于几乎同一时期"文明"一词在法国与英国的发明。（关于英国，这一发明在北美文明的背景下产生，以至于使人有充分的理由思考，事实上文明并不在于调解帝国主义、全球主义或延续十字军东征思想?）

"文明"一词①所表述的思想是集体性的，同时也是一种历史进程。人类通过这一进程，走出了野蛮。人类的文明时代形成于 18 世纪，在此后的各历史时期中，它成为表述自然与文化的对峙，或者说自然与社会不同状态的概念。自"文明"一词最初投入使用起，它还有另外一层含义，就是表明"礼仪"一词从原来仅仅指示一种状态，到被赋予社会价值，已经有了越来越多的文化含义。

与"西方"一词一样，"文明"一词是意识形态的，表现在它也建议重新阅读过去，尤其是要以基督教的视角保持历史的忧患，但要用乐观的观念而非发展的神学来代替它。

第一个关键概念：自启蒙时代起出现于西方文明概念中的西方概念将是永恒的。

但是这个概念，也导致了两个层叠的问题：

如果欧洲/西方的对立在中世纪就因西方概念形而上学的一致而得到了解决，那么有必要思考什么是西方概念的历史、意识形态、形而上学基础。

同时，随着这种一致的终结，该从以损害西方概念来体现"西方文明"概念和欧洲概念的价值中得出什么结论？

尽管有野蛮的入侵（也许也正是因为这种野蛮入侵），由古希腊人和古罗马人完成的地中海世界的统一，以及它作为西方文化中心的确立，由于基督教而得以延长，由古希腊到欧洲的文化证人的过渡通过中世纪的基督教世界和晚古时期的媒介而得以实现。

事实上，自以为是后黑暗光明的人文主义复兴作品的重要性应该被减弱；也就是亨利－伊雷内·马鲁（Henri-Irénée Marrou）② 的论文反对文艺复兴的人文主义者和 18 世纪的新古典主义者所强调的"罗马衰退"的概念。（如爱德华·吉本［Edward Gibbon］通过把"衰退"从 5 世纪延伸到 1453

---

① 安图瓦纳·布尼法西奥：《历史，最后的学年》，140 页。艾米勒·邦弗尼斯特：《文明对词汇史的贡献》，见《普通语言学问题》，巴黎，伽利玛出版社，Tel 文集，1966，336～345 页。

② 安图瓦纳·布尼法西奥：《历史，最后的学年》，140 页。亨利－伊雷内·马鲁：《罗马的衰退或迟到的古代文明？3 至 6 世纪》，巴黎，瑟伊出版社，"观点－历史"丛书，1977。

年来"削弱"它。①)

我们甚至能够像马鲁那样认为文艺复兴的人文主义者和新古典主义者造成了西方概念的含糊，因为把中世纪拖进两个伟大文化时期之间蒙昧而无用的巨大黑洞以隐瞒中世纪重要性的做法，也模糊了西方与罗马天主教之间的关系。

因此，我们理解重新评价中世纪浪漫主义的动机，以及奥斯瓦尔德·施宾格勒（Oswald Spengler）所给予的狭隘的西方概念，即充满了"日耳曼"天主教的，进入18世纪衰退时期之前的，还没有变成"西方文明"的圣帝国。

对许多人来说，西方的"概念计划"②，它的"含义"，也就是指它的清晰易懂和最终目的，随米兰敕令诞生于313年。米兰敕令指出了宗教宽恕的原则，使基督教堂得以获取新的结构。

君士坦丁以保护者和主人的姿态优待了基督教，正是因为他，基督教成为意识形态，使帝王变成了神恩惠的君主。有趣的是，但丁认为，正是由于君士坦丁，教皇窃取了暂时的权力。他把君士坦丁建造另一个更靠近帝国东边境线的首都的愿望，看作是一个把罗马留给教皇的决定。（《地狱》，XIX，115～117页）

基督西方的建立，不仅汇聚了福音书形而上学的、信奉普救说的启示，也汇聚了基督西方的帝国主义野心，也就是十字军东征。

阿尔封斯·杜普隆在他关于十字军东征神话的论文里解释十字军东征如何，且为何是西方"存在"使命最纯正的表现与表达。

对于十字军东征，我们通常理解为是为了基督坟墓的解放而向圣地的一次行进，而这个词后来才出现，似乎是为了强调它作为神话的价值，也是为了表明它在西方的集体意识里的召唤得到延长。正是存在于西方概念和集体

---

① 安图瓦纳·布尼法西奥：《历史，最后的学年》，140页。爱德华·吉本：《罗马帝国衰亡史》（D. M. Low 所做的节本），伦敦，Chatto and Windus 出版社，1960（1776—1788）。

② 安图瓦纳·布尼法西奥：《历史，最后的学年》，140页。关于西方的"计划"，参见阿丽耶特·德格拉斯的文章《东方—西方：遗忘史》，见 Catherine David & Jean-Philippe de Tonnac：《寻找意义的西方》，巴黎，Maisonneuve et Larose，1996，89～94页。

意识里的这个力量想法，命令我们把西方的"概念计划"介绍成一种起源于基督教的意识形态，哪怕其他的阐释，只要它们基于同样的原则，也能够得到认证：

> 只要上帝存在的授名是强制的，就有十字军东征的力量……所有的基督教徒、教会人员的现实，使他们（贵族）觉得，这块上帝的土地上，处处都是撒拉逊人，因此必须不停地扩大。这块土地在不在中心没有关系。但是对这块土地的信仰能在边境上、在边境圣战中看得到。这就是他们肉体的视觉。他们也知道，他们就只能这样，不会有更高的视觉。神职人员或神秘家可以有不同的表象，或是有别的通感。他们眼中的十字军东征大业就是这样的：拯救基督的土地，所有土地间的领地，或是所有的土地。①

于是欧洲在空间上固定了下来，还欠时间一个政治特性的发展，西方的概念躲避时间与空间。西方与欧洲之间存在着一个联系，与我们在意义和它连续的、世俗的反复，它的历史更新之间挤出来的东西有着同样的性质。

第二个关键概念：西方是欧洲的意义。

从严格的历史角度来看，这个意义是基督教和天主教的，因为西方如它被感受过的那样，根据各种可能，受到了天主教的影响，这就解释了为什么西方一体化断裂的概念从宗教改革起得到了发展。

于是定义西方特征的，既是一个政治意愿，也是一个建立一个意义的宗教意愿。这就设定了对意义的追寻，和把这个意义强制性地规定给它自身和别人。

意义的追寻与强迫牵涉到了一个传道精神状态。要"保持"边境，边境的扩张是必需的，就像要限制阐释场（必然是异端的），《圣经》正典就必须教条地固定下来。我们也能够在经院哲学建立中，在源自于学院的索姆精神和《百科全书》精神中发现一个形而上学的统一体，但是有必要把它们当作生活的跋涉。

西方的历史具有天主教和罗马意义，它内在的逻辑也在同室操戈和殖民斗争中得以实现；不可避免的政治衰弱到了终点，它的意义改变的重组就出

---

① 阿尔封斯·杜普隆：《十字军东征的神话》，209 页，巴黎，伽利玛出版社，"历史文库"，4 卷，1997。如要了解十字军东征的"形而上学"的细节，参见第 3 卷。

现了。于是，杜普隆注意到，十字军东征的想法在始于现代世界物质统一的空间探寻中"幸存"了下来，强调堂吉诃德（现代性的象征，如同他的第二个我格利弗［Gulliver］）在文学中象征着对无用的斗争和对失去的统一①的怀念。这有助于理解西方的偏向，十字军东征的神话总是处在中心，但是残存的，被剥夺了形而上学的本质。

第三个关键概念：西方意义的追寻只能理解为使这一意义得到认可的意愿，它只有通过削除内外障碍来得到证明。

如果"十字军东征的意义表现在东西方间的统一的使命里"②，耶路撒冷今天就不会是东西方融合以重组一个形而上学的本质的传统主题，西方从此不再需要东方去完成它对意义的追寻，去形而上学地收集它的阴影部分。西方真正的、绝对的实质，就是在目的论概念里化解，而不是在一个排遣所有纯形而上学价值的社会的政治独裁的概念里变得贫乏。

今天，像意识形态一样贫乏而不确定的西方，被唤去在世俗化的、误入歧途的基督教的宗教旗帜下，在自由主义和功利主义政策的控制下，继续它的普遍主义和帝国主义的进程。变成西方文明的西方因此是自由主义和资本主义的摇篮：西方文明使欧洲的框架显露出来，它现在孕育着典范与价值（"自由"和"民主"——用的是它们自由主义和资本主义的词义，技能，企业精神，等等），其意识形态的分量，即使曾与反殖民主义一起受到质疑，从"世界化"以来显得越来越沉重。西方文明的泛滥证明了它与普遍主义和扩张主义模式，以及显示其特征的十字军东征精神之间的嫡亲关系。

在米提尼亚战争和第一次东西方冲突中失去的统一形象被基督教所代替。但是这个基督教只是以变形、破坏的方式形而上学地继承了对同样具有代表人物的东方的再征服（如圣-琼·佩斯［St-John Perse］在他的《疾病发展期》［"Anabase"］中表述的那样，在亚历山大的身上能找到追溯形而上学的统一的想法）。作为例子，我们会发现，我们所猜测的自由主义意识形态背后的"自由"的概念，在西方的历史中有着深刻的反响，但是参照这个自由的概念的政治身份的概念只能用来掩盖东西方之间形而上学的

①　参见阿尔封斯·杜普隆：《十字军东征的神话》，1518 页。
②　同上书，1521 页。

对立。

有别于东方的西方的形而上学的政治身份的概念，建立在反对暴政的基础之上，是古老而传统的。它曾经很受欢迎，而且继续受欢迎。西方将是一个建立在与东方的独裁政治相对的自由基础上的政治得以施展的地方（反对波斯人的古希腊民主，反拜占庭人的十字军，反对土耳其人的现代派，甚至更近的反对伊斯兰保守主义的西方价值）。

因此，西方"珍爱的自由"（它的战马，也许也是特洛伊木马）只是逐渐消失的追求形而上学的贫乏的替代物。今天，对西方的概念，我们只留下了对世界的功利的经济统治的追求。

伽达默尔认为是科学建立了西方的文化统一[①]，然而，《牛顿的衣冠冢》让人同时回想起科学家的作品和死亡，象征了牛顿以来科学变化的含糊，介于科学的形而上学概念的垂死和科学实验必然的发展之间：既然这是一个衣冠冢，牛顿的躯体不在这个关注人的精神和作品的建筑物里面。

伽达默尔还认为，18 世纪以来，我们从纳入西方文化传统的科学过渡到了一个断裂的状态，可以说是给了它灵魂。也许它与西方不会有什么变化：它也经历了意义断裂，可以说，这个断裂已经是它的特征不可缺少的部分……

在这种想法里，可以有趣地发现，对评论作者波普尔来说，最能象征西方信仰的东西，是无名战士纪念碑。[②] 他显然从中看到了对一个普通人的信仰，但是他似乎没有察觉到在这个形象背后，同样也呈现出使人为之停留片刻的对死亡，对灭绝的迷恋。

西方能不能被看作一个形象？在这篇论文结束之际，我觉得西方是一个幻影，是一个最终没有被具体化的概念，因为它始终没有固定自己的范畴，是一直处于构思状态的某种幻想。因此，西方将会是意识形态的建构，为此，为了保证在思想上和行动上尽可能接近这一建构，我详细地提供了一个模式，我在此简要地回顾一下三个要点：

（a）西方的概念通过对启蒙时代的继承在西方文明的概念中形成。

（b）西方的概念理解为欧洲的"意义"。

---

① 参见伽达默尔：《欧洲的遗产》，巴黎，Rivages poche 出版社，2003。

② 参见卡尔·波普尔：《西方相信什么？》，见《寻找一个更美好的世界：三十年演讲与文论》，222 页。

（c）西方的概念只能通过消除它力量的内在和外在的障碍得到确认。

为了生效，这个模式必须能够接受以我们今天对立的不同意识形态为依据的更新。我们注意到在约翰·丰特（John Fonte）对罗伯特·卡冈的《天堂与权力：世界新秩序中的美国和欧洲》一书的评论中，对西方精神处在当今的、后现代的、后民主的、处于建设状态的欧洲，并认为欧洲只能在美国的民主精神中才能真正地被辨认出来的想法重新提出了讨论。

从某种意义上来说，两个"西方"为西方的精神而战。一个是由自由民主国家组成的、对美国势力友好的西方，另一个是由大西洋两岸国家组成的、企图限制美国权力（而且，在美国和欧洲都暗中限制民主）的后民族"进步"联盟。①

然而，他的论据使西方与区域更新之间的关系的概念生效，同时，他清楚地确立西方建立于对力量和霸权的真正的欲望，选用武力冲突或意识形态对抗："它打败了现行的反民主、非西方的敌人，这场争斗将成为物质之战。之后，它将继续面对来自于强大的后自由民主力量的一种意识形态、形而上学的挑战。这种力量起源于西方，但又被詹姆士·克斯（James Kurth）称作'后西方'。"②

作为结束语，我想提一下终结的问题，或者更确切地说，是衰退的问题。衰退是否处于西方机构的中心？为了给西方概念定位而把这个模式分成三个命题来介绍，不能回避它的衰退问题。把几个世纪的悲剧推入深渊，西方的意义又回到了它的词源：落日会不会是西方象征性的深处？西方对力量的欲望难道没有背叛对统一断裂的担忧和保存经验的愿望？或者，有没有可能用有点黑格尔学说的逻辑，证实衰退将是西方开始它的历史进程的消极时刻。

---

① 参见约翰·丰特：《天堂》，载《国家评论》，第 6 期 55 卷，2003 年 4 月，5 页。有趣的是，丰特使用了"west"和"occident"两个词：难道不是提示"west"可以表达为"西文文明"，即西方概念的区域化？

② 约翰·丰特：《西方内部的意识形态斗争》，http://www.unc.edu/depts/diplomat/archives_roll/2002_04-06/fonte_ideological/fonte_ideological.html。

德里达、福柯、利科与书写之爱[*]
——为举办研讨会而初步构思的研讨方案

[法] 贝尔舒 (Marie-Josèphe Berchoud)

在欧洲语言中，"书写"（écriture, writing, schrift, escritura, scrittura)[①]一词源自印欧语词根"sker"或者日耳曼语词根"wrt"。两者的意思都是"切割、划开、剥去表层"，因此，它们都表示一种作用于材料表面的行为，行为的对象在过去是某种能够产生阻力的支撑物（黏土书版、石书版、羊皮纸）。在现代法语中，"书写"一词既可以表示"文字书写"（"文字书写"一词从18世纪开始出现于法语中，表示写字的肢体行为），也可以表示文学意义上的"写作"，即"用语言创作一部作品"。因此，法文中的"书写"一词具有两重面孔：一重是关于始终处于当下状态的书写、刻写文字的行为，另一重则与作品创作这样的活动有关，以过去、长期延续和回忆为基础。

但是，如果我们并不或者并不仅仅将书写出来的作品视为既成之物，视为同它们的作者（以及任何一位专注的读者）分离开来的表述，而是从表述的经过这一角度来看待它们，那么，存在于书写的身体与灵魂——或许可以这么说——之间的这种两重性也就不再那么明显了。作

＊原载《跨文化对话》，第17辑，20～28页。张晓明译。本文在翻译过程中参考了《书写与差异》《词与物》两部著作的中译本（《书写与差异》，张宁译，北京，三联书店，2001；《词与物》，莫伟民译，上海，上海三联书店，2001），谨向两位译者表示感谢！另外，脚注中"[ ]"内的部分为译者所加。
　[①　括弧中分别为"书写"一词（名词）的法文、英文、德文、西班牙文和意大利文。]

者借助于书写所做的一切在回归书写行为这一本原的同时变得一目了然。

这正是我想通过雅克·德里达——联系米歇尔·福柯——的例子，然后是利科的例子首先表明的一点。我仅仅选取了这几位作者作品中的一些片段，我认为它们代表了各自作者通常的观点，对读者而言很能说明问题，是进行更详细的研讨的前提。

其次，我想提醒读者注意我们得以将上述几位作者联系起来的前提：除了对语言与书写行为的关注外，还有一种对书写的必要的爱，只是每个人对这种爱的具化方式有所不同。这种爱或许是（这是我的假设）源自西方思想两千多年来一直加以区分的众多观念的汇集：一方面是肢体的行为，另一方面是书写的创作；或者换一种与之类似但却不能替代它的说法：一边是作为特定主体的个人，另一边是作为其文化——人类的多重旋律中所含各种声音的一种——整体含义阐释者的人类。这似乎可以说明所有伟大的作者是如何（或许还有为什么）能够既具有普遍意义，同时又具有特殊性的。

一、书写的身体与灵魂：（重新）实现的统一，重新阐释的法则（福柯与德里达、利科）

作者的书写通过他们的作品反映出来。无论是对作者而言还是对他的读者而言，作品都是必不可少的。"疯癫，就是作品的缺失。"福柯在他的博士论文（1961 年以《古典时期的疯癫史》为名出版）中如此写道。其传记作者迪迪埃·埃里蓬①指出，福柯在博士论文答辩时为了论证这一观点颇费周折，但正因如此，他才不同意将之从自己的文本中删除。他的这一文本既像是一种创作，又像是一种说—写行为，一种无法，或许也无须得到全面论证的行为，因为这是一种"当下的"行为，一种活的行为，我们无须证明其生命力。

德里达在《书写与差异》（1967）一书中对福柯所做的研究重新进行了

---

① 迪迪埃·埃里蓬：《米歇尔·福柯，1926—1984》，巴黎，弗拉玛里翁出版社，1989。

思考。在"我思与疯癫史"① 这一章的第一页——在注释一中，德里达提到了他本人对于书写的思考：他将非常脆弱地写下来的东西（即他的这一文本，来源于一次报告）与"活泼生动的言谈"进行了对比，尤其是当前者放弃"风格之资源和谎言"时。同样，他也提到，福柯想研究的是"疯癫本身在其最鲜活的状态中，在其受到知识的任何一种捕捉前"的历史。

疯癫在福柯看来亦即"作品的缺失"。换言之，按照德里达的解读，疯癫是整理秩序行为的缺失，是危险的无序状态，是"无语言系统的词"或者"无说话主体"（他引用了福柯的说法），是"自言自语的，既无说话主体又无说话对象的语言的固执咕哝，它自我积压，扼制在喉头上，尚未完全构成就已分崩离析，然后无声无息地回到它从未出发的沉默原点"（德里达对福柯的又一处引用）。的确如此，但是福柯本人却将这种"固执咕哝"与"无语言系统的词"联系起来，以形成一个具有意义的整体——一部作品。

实际上，德里达解释道："治疯癫本身的历史因而是治沉默的历史。"治沉默的历史，需要借助"一种有组织的语言，一种方案，一种秩序，一种语句，一种句法，一种'作品'"，也就是"一种对与疯癫相对立的行为的重复"。这种重复或许带有扭曲性，它被加以解释与重新表达，并与其他的已知事实相联系。

这正是福柯致力于解决的一个核心难题（德里达谓之"断语"）。其解决方式便是在我们所说的能指与所指，即语言的形式与其意义之间不断地支吾言辞，像一个心甘情愿的跛足者那样摇摆不定地行进。自索绪尔以来，语言学家将能指与所指结合起来以便更好地分析它们的组合。这种组合建立在符号相对于其表示的意义具有随意性这一原则上，因此，在各种语言中，同一现实事物可以由不同的词来表示。福柯通过其支吾言辞、摇摆不定的书写向我们展示了这一难以解决的核心问题——他使我们意识到它的存在。单是这种支吾言辞、摇摆不定的书写便能够同时表示理性与疯癫、个体的人与整体之意。福柯的这种书写在德里达看来是一种"说好话"，也是一种"善于言"，因此，正确的书写也是漂亮的书写，是对其所包含信息的合理、精确的书写。因此，当福柯找到他所寻找的东西时，便用一种流畅的语句将其表

---

① "我思"一词原文"cogito"是希腊文"我思考"的意思。这个词让人想起笛卡儿的名言："我思故我在"（拉丁文为 cogito ergo sum）。

达出来，或是对一个绝妙的文本片断进行阐释。

对此，德里达在我们加以研究的"我思与疯癫史"这一章的末尾给予了确认：这种"更多地被写出而非被说出"的要有所言的意愿，是"所有普遍意愿的深度"。它不是沉默的对立面而是"沉默的条件"，处于"意义之路与无意义之路"的交界点。在一部作品、一种范畴或者一种载体内，还是要能够对读者有所言。

作为回应，我们想到了福柯在继《古典时期的疯癫史》之后所写的《词与物》这部著作中的内容。他在这部著作的前言中说明，南美作家博尔赫斯关于"中国某部百科全书"的一段文字是这本书的诞生地。根据这部中国百科全书的记载，"动物可以划分为：（1）属皇帝所有的；（2）有芳香气味的；（3）被驯服的；（4）乳猪；（5）鳗螈；（6）传说中的；（7）自由活动的狗；（8）包括在目前分类中的；（9）行为举止像发疯一般的；（10）数不清的；（11）用骆驼毛制成的非常精致的毛笔画出来的；（12）等等；（13）刚刚打破水罐的；（14）远看像苍蝇的"。福柯认为，这样的一种列举让我们领会到的是我们西方思想的限度："我们完全不可能那样思考。"

不过，别忘了还有书写。书写创立了一种范畴，在这种范畴内，最为混杂的事物也可以相互产生联系，而理性并不会因此受到损毁；至于人类，只要这一物种是存在于地球之上，也就不会长久地对此感到忧虑。

上文说到的那一系列事物——我们不知道福柯是否引述了全部——包括了很多动物以及通过书面展示的形式将它们汇集在一起后的使用方法。这种书面展示形式的汇集借助了书写行为——正确地写，合理地写，因此是一种漂亮的书写行为，使用的工具是"用骆驼毛制成的非常精致的毛笔"；创造，就是书写。

稍后，在这部著作的"言语"一章中，福柯指出，西方的语言在中世纪时是对此前事物的不断诠释，到了古典时期，它变成了一种对其自身作用的批评和研究；但是，"如果语言是一门自发的科学，一门对其自身而言晦涩难懂和笨拙的科学，那么，反过来，语言因认识而趋于完善。而认识倘若不在它们的词中留下自身的痕迹，就不能积淀于其中，就像是认识内容的空洞场所一般"。因此，能指本身或许便包含了对所指的强烈的记忆。

这就提出了合理正确解读的问题与合理正确书写文字/写作的问题。这一问题是由利科提出的：相对于处于过去状态的作品的语言与书写，思考的人如何定位自身？利科对阐释提出了疑问，他对哲学家的思想进行重新阐释，尤其对弗洛伊德有兴趣，著有《论阐释》①一书。由此我们可以看出，西方的书写与积淀于其中的内容，与意义，与历史——各种历史之间并不是可以长久分离开来的。因此，思考者、构建知识者如果想免除错误，达到完善，也应该正确地书写。他应当敢于借助书写行为并在书写行为中，通过书写本身（过程与结果），重新置身于标志着西方进入历史时间和理性化思维的各种分离与停顿的汇集处。在这种历史时间中，先人不再具有神话色彩，也不再无条件地受到尊崇，而是被纳入历史，并因此而可能受到怀疑以便有所进步，实现创新。

不过，在这一点上还需要明确指出的是：在教义式宗教②（诞生于中东的三种"一神教"）主导的西方，书写一方面是命名，长久地命名，以及列举和使存在；其作为同上帝最早在《创世记》中确定的一样，也是一种关于创造的叙事。另一方面，书写是确定一种法则以反对另一种法则，至少也是对法则进行重新表述。福柯厌恶自己原来的名字（保尔），将其改成了"米歇尔"（他的传记作者迪迪埃·埃里蓬披露了这一事实），而德里达知道自己有一个在出生证明上没有写出的隐名（埃利），这两者之间难道不是一种奇特的巧合吗？福柯本应成为名医世家的后继者，却对医学的权力提出了质疑；德里达在理性知识领域无人不知，可正如他的兄弟勒内在科比·迪克与阿米·泽云·科夫曼拍摄的电影《德里达》（2004）中所说的那样，他的家族中没有任何人曾经涉足过这一领域。

他们两人作为哲学家，也作为作者，本来是可以通过构建他们的身份、地位与重新表述先人的法则（按照父权社会中与父系一脉相承的原则）来创造他们的书写的。相反，同样对语言与书写予以关注的利科使用的却是其出生时的名字。或许由此我们可以看到与书写之间的一种略为不同的关系，这种关系不但以深思熟虑和为人接纳的标准、道德上的忧虑为标志，同时也带有向他者开放的印记。

---

① 巴黎，瑟伊出版社，1965。

［② 此处"教义式宗教"原文为 religions du LIVRE。其中"LIVRE"一词大写，多表示一种宗教中被教徒视为最具权威性的教义阐释文本或者最高行为准则的经书，如基督教的《圣经》、伊斯兰教的《古兰经》等。故译为"教义式宗教"。］

在结束第一部分内容时，我们认为对书写的关注对于试图构建知识的人而言是一种方法上的必需。但是仅有这种关注是不够的，除此之外，还要有书写、重新表述和另行确定先人所定事物的欲望甚或是需要。不管怎样，这都是一种我希望能够深入研究的假设。

但是，还有另一个问题，在我们的作者通过书写建立与重新阐释处于过去状态的作品这一行为中，对书写的关注可以在哪些方面，并且通过什么样的形式被进一步视为对书写的爱呢？

二、叙事、历史、诠释：（重新）表现的创造与法则（利科、福柯和德里达）

《圣经》告诉我们，叙事从一开始便存在：关于创造的叙事，关于人类集体中的堕落、恶的突然出现以及苦难的叙事。叙事使列举出来的事物相互协调，它讲述一段历史，即人类的历史。叙事的力量在于它在指出我们的起源的同时将我们纳入了历史时间之中；它承担了打开西方思想臂膀的任务，一支臂膀伸向明天，伸向天空，伸向前景，另一支挖掘生者与死者所在的大地，直到奥林匹斯山上、火神赫菲斯托斯的冥府中以及其他回忆之地的神话洞穴内。

利科参与了德里达与福柯的这一公开对话：他将叙事与时间联系起来，以完全独到的方式分析了什么是叙事。而德里达与福柯，虽然他们有时也会以叙事为基础展开研究，但两人的方法则互不相同：简单地说，德里达解构了除文字之外的概念与文本，福柯则是重塑了某种演变的历史。因此，我们可以看出，福柯与利科之间是有相似性的，而德里达则坚决地停留在其对于书写的兴趣上。① 是不是由此可以认为他对叙事不感兴趣呢？或许还不能这么说，只能算是侧重点有所不同。在最近那部关于他的电影（参见上文）中，德里达说他非常喜欢叙事，但他"无法，根本无法书写叙事"，对此他似乎有所遗憾。福柯与利科从未说过这样的话，不过他们对于叙事的兴趣似乎是确凿无疑的。

---

① 德里达在 2004 年的一次采访中说："刚开始的时候，尽管我由于职业的缘故成了'哲学家'，但对我而言最重要的还是文学的书写。什么是书写？我这样问自己。在人们书写时有哪些事情发生？"（《人道报》，2004 年 1 月 28 日）

比如，福柯对一个年轻的弑母者和一名两性畸形患者各自生活的叙事进行了探究、重构与复述①，以便更好地予以分析。相反，德里达却与叙事保持着距离，无论是对于他本身的故事还是对于涉及他人的叙事。似乎他用以衡量事物的标准不是时间，而可能是过程、事件、闻所未闻之事、出乎意料之事。至于利科，正如大家所知，无论是关于虚构叙事还是关于非虚构叙事，他都著述颇丰（《时间与叙事》，三卷本，1983—1985）。

在此需要指出的是，上述三位作者的作品整体是包含在我们这个时代的社会现实之中的，因为利科与德里达在 20 世纪 50 年代末 60 年代初的时候曾经共同指导过一次哲学研讨班，两人都认识福柯，德里达甚至还师从过福柯一段时间。利科是三人中最年长的：他生于 1913 年，比福柯大十三岁，比德里达大十七岁。他的地位仅次于萨特，但他没有加入存在主义阵营，对于与他同一时代的结构主义，他也保持着一定的距离，这一点同福柯与德里达两人使这一思想倾向得以延续和为之重新定位的做法完全相反。利科推动了一种"主体目的论"的发展（《阐释的矛盾》，1969），而不是像福柯那样发展出一种考古学，由此，他替人类将一种自愿选择的生存目的与它们的根源联系了起来。

那么，书写与叙事是如何存在于这样一个思想体系中的呢？

在关于弗洛伊德的专著《论阐释》② 中，利科将语言作为自己哲学思考的对象："语言首先是，而且在绝大部分情况下是被扭曲的：它想说的与它说出来的是不同的事物，它具有双重意义，模棱两可。因此，梦与其相似之物便包含在表现为复杂意义所在之处的语言领域中，或者说，借助于一种即时的意义，另一种意义既得以表现，又得以隐匿；我们将这一双重意义领域称作象征……"（16 页）这是否意味着利科在使用语言，尤其是在使用书写时小心谨慎，无爱可言呢？并非如此。

在《阐释的矛盾》中，利科重新思考了笛卡儿的"我思"（参见上文"福柯与德里达"部分）并解释道：我思"并不是一种绝对存在；它属于一种时

---

① 米歇尔·福柯：《我，皮埃尔·里维埃，割断了母亲、姐姐与兄弟的喉咙……》，巴黎，伽利玛出版社；米歇尔·福柯：《埃居琳娜·巴班，绰号亚历克西娜·B》，巴黎，伽利玛出版社。

② 巴黎，瑟伊出版社，1965。

期，作为表象和情境的'世界'的一种时期"（227 页）。在我们这个时代，主体应当将源自笛卡儿的"我在"（je suis）与利科补充的"我是谁"（qui suis-je）结合起来。那么，"我是谁"这一概念如何形成呢？这就需要牵涉到叙事。

在对阐释进行过思考后，利科先后在《活的隐喻》（1975）和《时间与叙事》（1983）两部著作中集中精力对时间与叙事进行了探讨。他通过"情节构筑"——对亚里士多德在《诗学》中提出的"虚构"（muthos）这一概念的翻译——将时间与叙事联系起来。这样，人类的时间就成为由"情节构筑"，也就是在开始与结束之间安排叙事这一事实导致的演变的范畴。时间由此而成为思想的范畴：无论是在人类历史中，还是在虚构的叙事中，或是在对过去的真实状况进行探究—重构与对（过去的）真实与虚构之间的界限进行划定这两者相互交替的过程中，叙事无处不在。

我在此想强调一点，因为我们很快就会发现，它能够对利科同福柯、德里达两人之间的差异与相似之处做出解释：在早期的研究中，利科便将对叙事的书写同主体通过象征与隐喻手段针对自己的行为、自己可能的罪行进行说明或者在通常情况下进行解释的需要联系在了一起。他借此同福柯关于罪犯自传的某些研究（上文已经提到了这些研究）产生了联系。在《论阐释》一书中，利科在谈到"恶行的招供"时指出："不存在直接的招供话语，而恶行——无论是承受的恶行还是犯下的恶行——在被承认时总是借助于从日常经验领域借用来的间接表达，它们的突出特点是通过类比的方法借指另一种经验，我们暂时将这种经验称作对圣境的体验。因此，在招供的古老形式中，污渍——人们要去除、清洗与抹擦掉的污渍——这一意象便通过类比借指不纯洁，如同罪人之存在于圣境之中。"（22 页）他接着指出："就某事说某事，这便是'阐释'这个词完整而强烈的意义。"（31 页）因此，叙事包含了比它本身更多的内容：不是将一些人或者人物角色经历过的事件简单地连接起来，而已经是一种阐释、一种意义和一种说明。

在此，我们要指出，以上所说的这一点，即在叙事中对自身罪行做出解释的需要，并不仅仅涉及某些罪犯或者不正常的性格（参见福柯关于一名弑母者、一名两性畸形患者的论著）：最近有一位历史学家在《罪犯生活录》①

---

① 菲利普·阿蒂埃，巴黎，阿尔班·米歇尔出版社，2000。

（*Le livre des vies coupables*）一书中研究了 19 世纪末 20 世纪初这一时期被判刑的罪犯的叙事并揭示出同样的道理。我之所以明确地指出这一时期，是因为现在情况是否依然如此并不能想当然地肯定。更可能的情况是，相关罪犯觉得自己的故事被某个小说家剥夺了，后者渴望讲述另一个故事以体现自身的价值。（关于这一点，可以参照罪犯里夏尔·罗曼的例子：他伪装了二十年，然后杀了全家。他的生平经历变成了小说《对抗者》和同名电影……）

我们由此看出利科为何将叙事视为时间、人性与意志三者相互联系的场所以及包括他在内的人类的存在之所。他借助阐释学与叙事对书写表现出的明确而热情的关注正是来源于作为"情节构筑"的支撑、意义的组织与存在的证明的阐释学。对书写的爱便是对书写带来的各种可能性的爱，包括说明的可能性、联系的可能性、恰当/正当的可能性、美的可能性。因此，利科说（《时间与叙事》卷二的最后一句话），如果能够"令人们将某物当作文本的世界来思考，同时期待着它的补充——实现文学作品意义完整所不可缺少的读者的生活世界"，那他便在解决构建其所有研究"前景"（horizon）的问题方面迈出了一步。

利科也能够主动地尝试叙事，不过他面向的是广大读者，而且仅仅是从其哲学家的职业以及相关方面着手，正如他的"知识自传"（1995 年以《完成的思考：知识自传》为名出版）所表明的那样。

相反，在福柯看来，书写之爱确切地说可以理解为对思维方式与各种规制形成过程中遗留下来的痕迹的一种关注，他通过某种句法使思维方式与各种规制相互联系起来，并借助一种语句对它们做出最终阐释。除此之外还有通过合理的方式以及美学手段体现他的价值的欲望，即便很可能恰好在不久的将来，"人们便能恰当地打赌：人将被抹去，如同大海边沙地上的一张脸"（《词与物》的最后一句美丽的句子）。

我顺便（为了启发读者）在此假定，鉴于米哈伊尔·巴赫金与诗人路易·阿拉贡所做的研究①，文本的开头与结尾有着特别具有意指性的力量。

---

① 米哈伊尔·巴赫金：《美学与小说理论》，莫斯科，1975；法译本，巴黎，伽利玛出版社，1978。"一部作品的开头与结尾是一种活动的开始与结束；由我来开始，由我来结束。"（法译本第 76 页）路易·阿拉贡：《开场白或我从未学过写作》，日内瓦，斯吉拉出版社，1969。

我们在德里达的文本中也注意到了这种力量以及它同语言的联系："我要谈谈一个字母。如果严格按照字母表的顺序，那我要说的就是第一个字母……在'différence'（差异）一词的书写中，曾经显得有必要在各处插入我所要说的字母'a'。"（在关于"延异"的讲座上的开场白。）① 自《书写与差异》②问世以来，这种延/异（diff/errance）对德里达而言就成了一种真正的"流延"（errance），一种对于书写（行为与作品）方式的未尽的寻觅。这部著作的结句，对一个作者，可能就是他——作者的名字与他的名字仅有一字之差（德里达/德里萨）③——的诗体作品片断（作家埃德蒙·雅毕斯在他的《问题书》中引述的正是这一片断）所做的评注可以证明这一点：

> 打开《问题书》的第三部分，就开始了关于"距离与重点"之歌：
> 明天就是我们双手的影子与反省性。
>
> 雷布·德里萨

以上论述了我们的三位作者在他们对于书写的必要的爱的联系中是如何定位自身的。德里达关注的是字母，福柯关注的是语句，而利科关注的则是叙事。这是三种不同类型的行为，从最具身体性的向最具精神性的过渡：对德里达而言，是对每一个字母的雕写、刻画与改正；对福柯而言，是拆散每一个语句之中的联系并对它们进行重新构建；对利科而言，则是在分析性的阅读后对叙事进行汇报与说明。这至少是我希望通过研讨班的形式予以深入研究的一种假设。

---

① 雅克·德里达、米歇尔·福柯、罗兰·巴特等：《整体理论》，巴黎，瑟伊出版社，1968。

② 雅克·德里达，巴黎，瑟伊出版社，1967。请注意：我们注意到字母"a"在德里达的心中具有一种特殊的地位：作为他的姓（父系的姓）的最后一个字母，"a"也被他用来颠覆文字的书写，代替字母"e"，以便给一个词添加补充意义；比如"différanoe"（普通词形为"différenoe"）、"paranthèse"（普通词形为"parenthèse"）——可以参照《丧钟》Ⅱ（巴黎，德诺埃尔/贡蒂埃出版社，1981）第205页中的举例。

［③ 此处译文为通顺起见，对原文表述做略做修改。原文直译应作"作者的名字与他的名字仅相差一个字母"，因为"德里达"的法文"Derrida"与"德里萨"的法文"Dérissa"的主要差别即在于前者的第二个"d"被替换成了后者的两个"s"。］

三、结论：书写之爱与翻译

通过上文中形成的这种对比，我们可以发现，实际上，三位作者同书写——深入地讲也就是同翻译，即同他者——之间都有着各自特殊的联系。为了简化读者的思想并使其获得启发，我们认为德里达是从写字与字母这一层面来看待书写之爱的；福柯是从语句以及他通过考古学的方法使之活跃起来的语句间重新构建的联系这一层面来看待这种爱的；利科则是从存在于时间之中的叙事的话语，亦即他通过诠释，还有翻译使之活跃起来的话语这个层面来看待他的书写之爱的。

在利科看来，真正的翻译工作是致力于不可译事物的翻译，也就是需要译者"构造类似事物"[①] 的翻译。利科以汉学家弗朗索瓦·于连为例：于连在《论时间》[②] 一书中指出，中文里没有动词的时态，因此也就没有从亚里士多德到康德建立起来的时间的概念，他谈到了中文里 "用以替代时间的事物"："季节、时节、植物的根叶、泉水与涨潮。中文借此而构造出一些类似之物。"按照利科的解释，中文对这些类似之物的构造是 "自上而下"的："译者并不是从词语到句子，到文本到文化整体，而是循着相反的方向：对一种文化的精神进行广泛的解读并受其影响的译者自文本而下，走向句子和词语。"

我希望作为一种美好的工作与体现出书写之幸福的翻译活动长存，因为我了解并欣赏它所具有的奥妙！

[①] 利科：《关于翻译》，巴黎，巴亚尔出版社，2004，63 页，然后是第 64 页和 65 页中关于汉法互译的内容，最后还有第 56 页。

[②] 巴黎，格拉塞和法斯盖尔出版社，2001。

建议，或关于弗洛伊德与鲁迅的假想对话*

[法] 弗朗索瓦·于连

一

按照惯例，今晚，我们首先要相互致意。因此，我先向在座的诸位表示问候，同时向大家简要地讲述一下我对中国的借鉴情况，以及我所说的中国思想与精神分析，更广义地讲，是与欧洲思想**不相干**（indifférence）的含义。然后，我将试着从两个方面对上述问题进行探讨——倘若这样说不为过的话。不是，尤其不是进行中国思想与精神分析的对比，而是一方面试图探究中国思想中抵制精神分析的成分，另一方面试图——仍然借助于这一探究过程——找到中国思想中反过来能够对精神分析实践的某些方面与时刻，甚或是理解精神分析实践所需要的某些条件进行阐释的成分。

那么，我首先回到我的老话题：对我而言，中国主要是提供了一个理论契机（commodité théorique）。借助这个契机，我将欧洲思想拉向远方，同时为其找到了一个外在点（point d'extériorité），也得以相隔一定距离来评价我自己的思想。我之所以继那么多人之后，有一天"抵达"了中国，绝不是受

* 原载《跨文化对话》，第 17 辑，139～152 页。法国人马尔谢斯（Thierry Marchaise）整理，张晓明、方琳琳译。本文译者在翻译某些涉及弗洛伊德精神分析言论的内容时，参考了周泉、严泽胜、赵海强三位学者翻译的《精神分析导论讲演》（弗洛伊德著，北京，国际文化出版公司，2000）一书，在此表示感谢。另外，脚注中"[ ]"内的部分为译者所加。

了距离（异国情调）的诱惑，而仅仅是因为中国在我眼前显现出一些具有**根本外在性**（extériorité）的前提，它们使中国具有了唯一性：一方面是语言的"根本"外在性，因为中国正是借此脱离印欧语系的；另一方面是历史的"根本"外在性，因为中国与阿拉伯世界或者希伯来世界不同，它在没有西方参照的情况下已经发展了如此之久。中国使我们隐约觉得它是我们唯一的选择。而能够解释这种唯一性的，最终在于它提供给我们一个与我们本身的思想世界在阐述、注释与文本化方面同样发达的思想世界。这一点，帕斯卡尔以他的名言做了绝妙的概括：两者之中哪一个更为'可信'呢，"摩西①还是中国"？

因此，正如你们所见，我从中国获得的借鉴是启发性的——并不真正具有系统性（其中不明晰之处太多了），而是具有**策略性**。对此，我们可以这样粗略地阐述一下。我经历着无休止的迂回（我不停地阅读中文），以便体验思想在异域中漂流的感觉：当它与欧洲哲学论点割裂开来的时候，当它与以句法为特征的语言以及这些语言所运用的结构分离的时候，也就是说，与所有构建欧洲思想可能性的基本因素分离的时候，它会发生哪些变化呢？但是，我从一开始就在等待着这种迂回的反作用：探究那些隐含的偏见和被隐藏的欧洲理性的选择，并借此从中国这一异域出发，确切地把握我们**在思想上未曾涉及的领域**。

人们——甚至包括汉学家——通常会说：中国是"如此地不同"。显然，人们这么说是因为他们从欧洲遥望中国的时候，总是将其视为远方的海市蜃楼。但是，在我看来，这种情况下感觉到的差异在某种程度上是虚假的，至少，它们不是本来就存在的。因为要形成差异，就要有一个共同的范畴，然后围绕这一范畴，甚或是在这一范畴之内比较——对照**东方与西方**。不过，确切地说，要建立这样一种对照关系以进行比较是不可能的。原因很简单，因为中国和我们（属于欧洲的"我们"）不是书写在历史的同一页上：福柯将此明确地称作中国的"异位性"（仅仅因为它的"地点"在"别处"），与众所周知的中国乌托邦幻想相对立。这种"异位性"正是中国**漠视**的根源——所有汉学家对此都有所体验：中国的文本最初是不"关注"我们的。它们并不面向我们。我们非但不是它们寻求借鉴的对象，甚至连它们的隐性

①　摩西，《圣经》人物，以色列先知，犹太人的古代领袖。

视阈也未能进入。而这，在我看来，应该说正是我们作为中国文本的读者所总是面对而又从未真正克服的难题，即我们接触到的总是一些与我们的理论期待和习惯思维不直接相符的逻辑联系这一事实。这也就是我希望在此予以探讨的"不相干"，更确切地说，探讨的方式是将这种"不相干"与精神分析联系起来。因为事实上，汉学家在开始研究时总是要和这样的一种"不相干"打交道。因此，除了接下来按照那些由中国著名的文本构成的逻辑联系和那些旨在对它们进行阐释的注释，局部地、耐心地、有条不紊地进行研究外，我找不到其他的办法。这样做是为了逐渐地尝试使这些逻辑联系外在化，也就是说将它们与我们自己提出的问题进行比较。

那我们就像帕斯卡尔在谈论中国时最终所说的那样："把见证放在桌面上。"你们放你们的，我放我的……就我而言，在我从事汉学研究的初期，我就开始从一种本身属于历史的角度接触到了中国对于精神分析的漠视（indifférence）。当时我正在研究鲁迅，中国的文人文化孕育了这位20世纪初的重要作家，他甚至可以算是最后一代中国文人中的一分子，但他却和这最后一代的中国文人决裂开来，转而学习西方（通过西医和日语）。当时，我对他写的一篇名叫《补天》①的故事特别感兴趣。他明确表示写这篇故事时参考了弗洛伊德的思想。②因为事实上，最初的时候，中国对精神分析的确产生过一定的兴趣：这是面向新事物（中国当时多么需要新事物），甚至是有些时髦的事物的开放。这种开放从19世纪20年代就已开始，远远早于马克思主义在中国的确立。但是很快——我将鲁迅视为这种演变的某种历史标记——这种兴趣就减弱了，进而甚至转变为一种不信任：仿佛精神分析充其量不过是一个陷阱，多多少少与修辞术有关，有了它可能会使他人在理解上遇到障碍并做出错误判断……简而言之，精神分析没能成功地渗入中国思想，两者之间的对话很早就失败了。

中国的精神分析随着历史的发展消失在一种漠视之中。不过，依我之见，

[① 收入《故事新编》。]

② 由于鲁迅的例子值得进行深入的特别是单独的研究，为了不混淆历史和理论范畴，我们认为最好在此打断一下弗朗索瓦·于连的话题（其专著《鲁迅，写作与革命》对这一话题有详细的论述），以便另外构建一组资料。这天的诸多发言都参考了这组资料中的内容。

这种漠视反映出的一种理论上的不相干却是值得我们着手进行探讨的。试想，倘若鲁迅和弗洛伊德这两个同时代的人分别学习对方的语言，并且真正地进行对话，他们得冲破多大的阻力！而与此同时，他们从中获得的（相互的）理论启发又会有多少啊！我希望对他们二人都进行研究，以便为中国当代精神分析可能出现的局面提供一个背景，或者说得更准确一些，提供一个"原始场景"。蒂埃里·马尔谢斯在今天演讲一开始的时候就已指出，中国对基督教的信仰程度是何其之低，可是在我们的耶稣会士抵达中国的一千年前，中国就已经向佛教开放了。由此我们完全可以看出中国思想中既有一些**可能的**理论渗入点，也有一些"理论渗透"行不通的地方。那么就精神分析而言，情形如何呢？为什么会出现这样的情形呢？

二

我们能做的仅仅是着手进行"探究"，因为差异存在于何处不是瞬间就能弄清的，而且我们无法根据差异找到其确切的起源。既然没有任何必经的突破口和任何**给定的**方向，那么该从哪儿入手呢？何不试试从"尽言"（tout dire）这一问题开始？精神分析将这种必须说出一切的要求作为其操作规则。大家回想一下"鼠人"①和他面对弗洛伊德提出的苛刻要求时表现出的犹豫："不要强迫我说出一切……"当然，除了这样的一条规则外，还有一应与之相辅相成的东西——各种与之不可分割的文化产物和理论产物：认为言说可以有所呈现，是一种表露；言语化行为可以使人获得意识（即便精神分析的目的显然不在于此，而且精神分析首先通过移情作用进行）；即说话者在言说过程中使他人获得意识，而使他人进入意识阶段可以让说话者呈现自身，尤其是呈现其症候。这里完全是一个连贯的指令网络。网络中的指令反映了"应当言说"（"值得言说"）这一伟大的古希腊思想，因为言说是有效的，因为人们是通过言说来行事的，甚至因为人的本质就存在于话语**内部**（拉康的"话语人"［pariêtre］概念）。可是，作为熟悉中国古代思想的汉学家，我们从中感受到的首先是一种对于言说的犹豫：这种制约中国古代思想，同时又

［① 在弗洛伊德所做的几个著名的精神分析案例中，"鼠人"案例是其中之一。］

作为其基础的**无可奉告**直到对前者进行革新时还依然发挥着作用。但这种无可奉告和没有可能言说并无太大关系——后者是指无法言说，在欧洲，我们对此有很好的了解，即禁言——它实际上是指这无须言说，言说甚至会（对内在逻辑）有所遮蔽。大家只要回想一下孔子的话："予欲无言……"接着又说："四时行焉，百物生焉。天何言哉？"（《论语》第 17 章第 19 条）既没有上天的启示，也没有圣人的训言。因为**还有什么可说的呢**？庄子对此也是有所强调的：人言则不明，不言则明（"不言而喻"）。①人们一开始言说，逻辑联系反被随意地破坏了，甚至由于这一影响，逻辑联系所具有的**为人默认的**和谐也消失了。这样一来，困难被集结了起来，阻碍得到了凸现，于是产生了"问题"——对哲学而言，这可是令其着迷和为之欣喜若狂的事情。

就智慧而言，它旨在使所有问题**解体**（而不是解决所有问题）。这就是为什么圣人说话时总是采用一种他可以确保其任意演变的含糊其词的话语；他"若即若离"地说，"旁敲侧击"地言说——这就是我所说的"隐喻的距离"（la distance allusive）。孔子的"微妙"言语（**微言**）仅仅是开始言说，具有始动性和激励性。简言之，它不是以训言形式呈现的，也不形成言论，它避免造成某种晦涩。**若即若离地言说，旁敲侧击地**言说。在《迂回与进入》（第 14 章）中，我运用了一些中国的评注。它们对上述这种规则做了非常明确的解释："目注彼处，手写此处，等等。"这样一来，话语由于克制自身（对问题实质的）**涉及**而更加含蓄。更准确地说，当"目注此处"时，"却不便写，却去远远处发来，迤逦写到将至处，便且住"。随后再一次尽可能地远离，以便重又出发，回归主题。这样一种曲折的策略，其目的何在呢？就在于永远不要"明确地表露"言说的对象而要通过迂回来让他人明白，于是，话语就显得不够精准、松弛散漫、"摇摆不定"。

造成差异并导致这种漠视的另一点在于精神分析，正如欧洲知识传统所主张的那样，对"意义"尤为关注。在神经官能症的影响下，一切都有待阐

[① 庄子的这一观点，原文表述为："dès qu'on dit, on ne comprend plus；on comprend *sans dire*（cela *va* sans dire）."括弧内的"cela *va* sans dire"为法文中具有熟语性质的短语，汉语通常译作"不言而喻"。其中单独设为斜体的"va"一词在法文中表示"可以"之意，故可对应于汉语"不言而喻"中表示"明白、理解"之意的"喻"一字。]

释，换句话说，也就是要在症候中理解"冲动的信息"。简单地概括就是：意义—信息—阐释（sens-message-interprétation）。与此相比，我认为中国思想较少倾向于使意义凸现，它更多的是在澄清逻辑联系，即中国著名的"理"。不是意义，而是逻辑-联系①：理解就是要将所有的逻辑"联系在一起"。在我们打磨玉石的时候，玉石内部的纹理便更加清晰地显露出来。在我看来，中国思想家面对事物时采取的方法正是如此，而不是"赋予意义"（不赋予意义便有沦为谬误之虞——这完全是欧洲人夸张的说法）。至于中国的圣人，他们则致力于让逻辑联系透过变化，顺应情境地显现出来。著名的《易经》——大家都知道它对中国文明的奠基作用——起到的就是这样的作用。书中既无启示也无叙述，而是通过对图形的运用，通过各种线条的交替搭配，使人们所遇情境内部的逻辑联系显现出来。同样，在中国的伦理道德著作中，道德意识也是不言说的，其中没有内心的"声音"。

再有一点，也即上述几点的结果。在中国，对文本进行注释的目的并非真正在于**阐释**。我在中国几乎没有见过经典注释学和阐释学。在对文本的表述（formule）进行说明以便人们能够更好地理解（"体味"）它们时，绝大多数情况下并不是通过阐释意义，而是通过使意义多样化。而理解它们则是指人们可以对它们进行说明，**变换**它们的形式，并不是对它们进行阐释。更广义地讲，我觉得中国对谜不感兴趣，比方说，它对征兆之"谜"就没有兴趣。然而，面对斯芬克斯的提问，古希腊文化却沉浸在猜谜的巨大乐趣中。此外——我只能是更加粗略地列举一些相关内容，我在中国也没有发现人们对翻译的兴趣。一个非常简单的原因就是，中国以往身处汉文字的世界中（尽管在中国通过梵文接触佛教时，翻译活动延续过好几个世纪，但是这种翻译是由一些并不地道的中国人以过渡的形式完成的，几乎没有形成对汉语的干扰点）。然而欧洲是语言混杂的，它需要翻译；它的各种文化语言（langues de culture）之间不断地进行相互研究——起初是在拉丁文与希腊文之间展开。大家再看看弗洛伊德的观点：外显的梦仅仅是"一种被歪曲的、被删节的和被误解的翻译（übersetzung）"。

［① 此句中之所以将"逻辑联系"一词写作"逻辑-联系"，乃在于原文将"cohérence"一词写作"co-hérence"。斜体前缀"co"在法文中有"共同、联合"之意，故以"逻辑-联系"这一表述对应之。］

接下来（之所以说**接下来**，是因为除了按照前面所说的方向继续探索外，我别无选择——而方向明确后，我们便要开始阐述了），还有一个所有汉学家都不停地围着转的核心问题。之所以这样说，是因为只要是汉学家，就会有问题需要"围着转"，原因在于中国思想是一种**不可阐释**的思想：我无法按照一、二、三、四……这样的方式来分析中国思想。我记得我的第一个出版商在读了我的第一部著作后对我说："它让我头晕……"我当时无言以对，不过事后，我告诉自己：让他头晕的可能并不是我，而是中国思想，因为它的确不是以系统的方式深入发展的，而是通过挖掘和不断的演变形成的。不过，这里要说的"核心问题"是指主体形象在主体综合（具有先验性）与协调各种能力的作用中缺失——或者更确切地说，根本没有建立问题。（虽然弗洛伊德明确规范地使用**主体作用**这一概念的频率与其使用其他哲学方法的频率一样少，但主体作用却是贯穿其全部理论并支持其一系列实践活动的不可或缺的预断［préjugé］。）从某种意义上说，这就是一切问题的核心，汉学家就是不停地围着它转。中国没有"灵魂"（âme）的概念，因此也就不会有真正意义上的"肉体"概念。所有的人都赞同下面这一源自《斐多篇》①并从一开始就无人质疑的成见（préjugé）：苏格拉底说，"灵魂"是绝对存在的，由此人们才展开讨论，以弄清"灵魂"是否不灭……在中国，人们用来翻译"âme"的是一个双字词，我们可以在他们对"psychanalyse"一词最常用的译法——"精神分析"中找到这个词："精神"。其中"精"的意思是"精炼""提取精华"（"精"也是可以作动词用的），"神"的意思是"精神维度"。经过明晰化与提炼后，"精神维度"在外部情境中与本我中不断推动着世界的变化。古代汉语中倒是有"心"这个词，汉学家习惯于将其译为"coeur-esprit"（心—思），这种译法本身便表明这个词难译。但是这个概念并没有灵魂的意思，它的道德色彩超过了心理学色彩，而且没有形而上的基础，所以中国人说"净"心，"专"心，把心"集中起来"，因为对中国人而言，重要的与其说是被视为关键环节的意识的定义，还不如说是意识的获取过程（道德，即"思"，在孟子看来，意为懂得，"意识到"。参见《道德奠基》，第7章；《圣人无意》，第6章）。

———————————

［① 《柏拉图对话录》之一。记叙了哲人苏格拉底因坚持信念而英勇就义的当日，与其门徒就生与死问题展开的议论，主要谈的是灵魂。］

更广义地讲，如果说中国古代思想中存在着一条戒律，那就是摆脱一切"主观性"，因为主观性恰恰被视作一种**偏狭**（partialité）。这样做是为了更好地与世界保持一致，为了能够与各种过程的演变配合默契并对之"了然于胸"。这就是我在《圣人无意》开篇不久（第 2 章）便开始讨论的孔子《论语》中那些格言的意思：圣人"毋意，毋必，毋固，毋我"。这里的"毋我"不是心理学意义的，而是指我避开任何的立场，以免将"我"阻塞在自身发展的某个阶段和面对事物形成的某种偏见中。比如，孔子在提出"克己复礼"这一思想时便是以这样的一个"我"为参照的，但是这个"我"不是作为主体之关键而构成的。至于道家，他们则更坚决主张将这一主体之我（moi-sujet）置于附属地位。我尤其想到了《庄子》（第 4 章）中一段讲授"心斋"（参见《大象无形》，第 11 章）的话。什么是"心斋"呢？就是不再"听之以耳"，而是"听之以心"；**继而**"无听之以心"，而是"听之以气"。到了用气来听的阶段——超越了以贴合事物（adéquation）的方式进行的心智之听——人们就自然地让自己变得"虚空"起来，"虚而待物者也"。于是，再也没有东西构成障碍，再也没有东西造成阻塞，孔门弟子颜回很好地理解了这一点。这样一来，如果我达到了这个境界，则"未始有回也"。

困难——在我们沉浸于中国思想中并试图对那些多亏诸位才在我们面前出现的有关精神分析的问题进行对比时——依然是建立一种面对面的关系（我一开始所说的"不相干"正是产生于这样的关系中）。对"能指"问题而言尤其如此。"能指"问题涉及的不仅仅是精神分析，我们都知道它在欧洲思想中是如何受到研究的——这种研究至少从斯多葛学派开始。中国除了最早的一些关于词语与其指示功能（"名"与"实"）关系的基本概述外，并没有形成一套关于语言符号的理论；如果说中国有符号思想的话，那么它是按照中国思想的两类矩阵范畴（catégorie matricielle）构建起来的：一方面是"里面"与"外面"（"内"与"外"）的范畴，另一方面是"上方"与"下方"（两种过程："一上"／"一下"）的范畴。实际上，中国是有"兆"这个概念的，意为已经开始的演变的肇端，比如《老子》（二十章）中这样说道："众人熙熙，若享太牢，若春登台。我独泊兮，其未兆，如婴儿之未孩。""兆"是占卜这一传统中所用的术语，意为被掷入火中的龟甲或骨头表面出现的裂纹，人们根据它们得出关于未来事件的预兆性指示，并据此决定如何行事。另外一个可能的概念就是"征"，意为将内在事实明显表露在外的标志。在行为中凸现其美德的圣人就是这样的"征",或者更笼统地说,奠定中国人整体性格(caractérologie chinoise)基础的人的各种特点就是这样的"征"。(刘勰:《文心雕龙》,第2章;或刘劭:《人物志》,第1章;《经纱与纬纱》,第1章;《淡之颂》,第6章)

最后一点,或者确切地说是这段开场白的结语:中国思想中,在"堕落"问题上使精神分析倍感兴趣的内容有哪些?——面对堕落,主体是如何不断地自我解释的?或者简单地说,事物在某些方面是如何出现缺失的?因为首先,中国思想对于原罪一类故事的表现少于其对于创世(la Création)思想的运用,只有某些记载零零散散地保留了下来,其中包括一位以头撞击不周山的古代首领——鲁迅正是以这些记载为参考构思了我在开始时提到的那个故事《补天》的。天在一边摇摆,地在另一边摇摆——简而言之,中国的地貌形成了,但是,人们对"原罪"本身并没有表现出任何忧虑。直到20世纪初,才由鲁迅——而且据他所说,还是受到了弗洛伊德的启发——试图将这种"原罪"讲述出来。也没有出现像《圣经》中所说的那样大的洪水,或者确切地说洪水是有的,因为江河泛滥,但这种泛滥并没有确切的起源,因此并不涉及罪恶,人们仅仅是求助于耐心的努力来"补天"。古代中国人说到堕落时,最多是指欲望膨胀之下本善的遗失,或是由于暴力激化与派别斗争而导致的政治世界中"某些规则的舍弃"(孟子),或是由于话语的分割与观点的破裂导致"道"这一和谐资源(Fonds harmonieux)被"掩盖"(庄子)。但是从这些方面来看,并不存在任何可能导致人性堕落的缺陷。

同时,我(仍然)要指出细微的差别所在:我在此说到"中国思想"时,脑中想到的都是对传统具有奠基作用的文本。如果我们关注的是中国的文学尤其是小说的话,情况可能就有所不同了。我尤其想到了《红楼梦》,因为其中必然反映出某些缺失与堕落。之所以如此,是因为中国当然也存在着对抗文化(contre-culture):与"中原"相对立且更具萨满①色彩的南方便

[① "萨满"系其满—通古斯语的音译,原意为"因兴奋而狂舞的人",后成为萨满教巫师的通称,其在民族内的职责多与敬神祭神有关。故"具有萨满色彩"意为"与巫术文化相关"。作者在《圣人无意》中指出:"中国人通过与别人不同的路,也去和天神相会过。……中国也曾在巫师的形象和巫师的天地中汲取,比如公元前3世纪的屈原,尤其是他的《离骚》。"(109页,闫素伟译,北京,商务印书馆,2004)]

具有这种对抗文化（屈原的《离骚》）；还有李贺，他在 9 世纪初将中国诗歌别具一格地引向了一种对世界空虚的神话补偿，并造就了在恣意的想象中熔词铸句的艺术和不和谐艺术。（《经纱与纬纱》，第 2 章）但是恰好——我们或许要对此进行更细致的分析——中国存在着古典语言与文人文本将知识和（官僚）权力最紧密地联系在一起的现象，因此，必须去估量这一现象所掩饰、所压抑的——更确切地说——所**遏制**的东西；在强行规定的"大和谐"的支配下，这种现象只有在意见出现分歧时和在**口头**语言中才会暴露其缺陷。

三

由此，我很快地进入第二部分内容：反过来看，文人思想中有哪些是对精神分析实践有所启发的呢？或者说至少能对我的疑惑做出解释的呢（我不是分析家，甚至连"分析者"也没做过）？我们再回到中国话语所特有的隐喻价值（la valeur allusive）上，我正是从此出发来探究文人思想与精神分析实践之间的差异的，从某种意义上说，它对精神分析中的隐喻手段（l'art de l'allusion）不也是有所启发的吗？因为可以确定的是，在无意识状况下说话的分析对象完全被视作在对事物进行隐喻。换句话说，既然分析对象在自身的抗拒下想到的——按照弗洛伊德所说——"从来不是抑制对象本身，而仅仅是在隐喻方式下（nach Art einer Anspielung）与抑制对象类似的事物"，那么，是哪一种非常特殊的隐喻性（allusivité）将分析对象"引向"（与性相关的）事物（la Chose）的呢？弗洛伊德不是通过那些作为研究对象的隐喻方式本身——研究的目的是为了"破解它们各自之谜"——来强调"自由言说"（se laisser dire）的重要性的吗？在我看来，具有隐喻色彩的中国思想反映的正是类似的情况。而且，研究范畴在中国极其宽广，因此我只选择《庄子》（第 2 章）中的一句表述作为我的研究对象："无谓有谓，有谓无谓。"用这一表述来说明什么是隐喻的距离（虽然是距离，**但**具有隐喻性）再好不过了。这句话中只用到三个汉字，它们被两两颠倒，我们应该整体把握这两个（一对）对立的分句。无确切所谓时，实际上有谓，即某些东西我们并不一定想把它们说出来，但它们却出现在话语中；而有谓时，也就是说当我们愿意说并以为在说时，却从来不能完整地将**其**说出，所谓在某些地方消失了。

（《大象无形》，第 7 章）

　　大家也一定记得《庄子》另一章（第 27 章）中对话语的分类（《迂回与进入》，第 13 章）："寓言"是经过改变的话语，需要借他人之口来实现自身的形象化；"重言"是长者所说的话语，通常具有权威性；除此之外，庄子还将在事先并不指定方向的情况下朝四方随意"流溢"的话语称作"卮言"，就像一只杯子在盛满水的情况下倾斜过来，任水流出杯外。不过，这些不断流溢却不愿具体言明的话语，这些——按照中文的说法——"即兴"（au gré）散布流传的话语，却能够不断地深入变化的本质；唯有它们可以"尽"言，这正是因为它们流溢的方式是**即兴的**。显然，庄子最感兴趣的是这第三类话语。大家都可以看出它在哪些方面能够为精神分析话语中涉及的隐喻性带来启发——至少我建议大家接受这些启发：这是一种不断变换、随意流溢的话语，但却因此能够始终反映本质，甚至揭示出那些永远无法彻底表述出来的内容。

　　由此，我们再来回顾一下我在前面说过的内容：中国思想中没有形成关于意义的问题体系。因为在我看来——仍然是从言说的角度讲——中国反过来对于在审查之下如何限制言说意愿进行很大程度上的理论化是重要的。其原因在于，如果我们想全面地弄清弗洛伊德所说的"审查手段"是什么意思，我们就必须借助于中国。我们都记得弗洛伊德是如何借用"审查"的政治概念来分析仅仅满足于"隐喻"以"避免清楚地说出真实内容"的梦的效果（travail du rêve）的："审查越严格，伪装就越完善，使读者捕获真正意义的方法就越巧妙。"不过，如果说政治审查在某个国家一直——至少从封建时代开始——发挥着重要作用，那这个国家就是中国：中国不但能够将政治审查导致的不能言变为一种技巧，而且能够构建出相应的理论。

　　因为中国的第一个诗歌评论文本"大序"①（距今两千年）如此理解诗歌的功能：借助诗歌语言间接和隐喻的特性，我提出了相当多的建议以便对方（王）能够听见我的声音，但还没有多到甘冒杀头之险的地步。引语如下："主

―――――――――

　　〔①　指《毛诗序》中的"大序"部分。现存《毛诗序》有"大序""小序"之分，列在各诗之前，解释各篇主题的为"小序"；在首篇《关雎》的"小序"之后，有大段文字概论全部诗篇的，为"大序"。〕

文而谲谏，言之者无罪，闻之者足以戒，故曰风。"（郑玄，参见《隐喻的价值》，第 3 章）诗歌话语是一种经过柔和处理的表达，无须多言便可有所谏，其意象是用来使直言情境下过于危险的意义变得模糊。不过重要的是，在中国，人们能够将其作为阅读技巧以及——从更本质的角度说——写作技巧的一种总体而系统的准则。

在中国，编年史《春秋》被视为肩负道德使命的奠基性文本之一，甚至被认为是孔子为改造世界而作的文本，然而它却令西方的第一批读者大为惊讶甚至是失望。因为在阅读这部编年史的时候，他们所能找到的仅仅是只具表述性的纯史实叙述，没有任何内容体现出一种评价，更别说能够被视作一种批判了，以至于欧洲人刚开始还以为另有一个名为《春秋》的文本……事实上，在封建时代初期的中国注疏家眼里，说出来的事物从不会不偏不倚；所有被提及的内容，即便是最无关紧要的——尤其是最无关紧要的——都包含着可能被精心掩饰起来的批判或者颂扬意图（当然，主要是批判意图）。说一件事情——即便是看上去最不偏不倚、最无关紧要的事情——就是让它从沉默中凸现出来，对它的重要性发表见解，而这已经是在对它进行强调了。你所说的一切从来不会不偏不倚，它们总会被怀疑包含着一种不动声色地伪装在中立之下的意图。因此，这部编年史中提到的所有内容都可以被怀疑为系统性地含有一种隐藏的批判。通过下面这个例子，我们就可以进一步地看出这一点："其言败何？大之也。其日何？大之也。其地何？大之也。"对于文本中的每一个字，都要觉察出其中可能隐藏的内容，因此，在一种不断反复的阅读中，注疏家们不停地让这样的一种限制重新凸现出来，其唯一的原因就在于言说便已是强调。（参见《迂回与进入》，第 5 章）①

我还要从另一个完全不同的角度谈几点。我觉得它们与我所认为的精神分析者所关注的东西虽然不完全一致，但在某些方面却可以达成默契，即产生共鸣。我们回到这样一个事实上来：对中国人而言，即便是在道德方面，除了阻滞（blocage）和固恋（fixation）外其实并无其他的恶（mal）。精神分析是如何反复谈论容易导致麻痹心理（psychisme de paralysie）的致病性

---

① 弗朗索瓦·于连参考了弗洛伊德在其《精神分析导论讲演》一书中对汉语的利用，延伸了对于隐喻价值的思考。

固恋的呢？它认为，某些满足方式或者某些对象类别与关系类别由于主体无法从中脱离而变得有害于主体，但人们却多少可以通过伪装来保持对它们的迷恋。我们发现，这一观点在中国思想中是最不受研究者关注的，因为中国人在理解其最常说的"不好"一词时既不会从构建主体之我（moi-sujet）的角度想到自由意志、选择、欲望、违抗这些方面，也不会牵扯到意义问题，他们想到的是演变，是意为**通畅状态**（viabilité）的"道"——因此是从纯功能的角度，依据的也只是过程的逻辑——和由于"不通"而引起麻痹的"滞"（我将其直译为"困境"和"阻碍"）。特别自宋代以来，在 11—12 世纪间，伴随着文人思想的形式化一同出现的最具含蓄意味的意象之一，就是道德感的丧失，仿佛就像肢体末端一旦与整个躯体失去联系立刻就会变得僵硬（"不仁"）一样。同样，"不仁"（non-humanité）①也就是这种麻痹，它阻碍了人与人之间的相互作用，而确保每个生命处于通畅不断地变化却正来自这种相互作用。在这样的引导下，中国将恶视为一种纯粹的无变化现象或者说固恋现象。（参见《道德奠基》，第 8 章）

正如我在最近一部著作（《美中不足：论恶与否》）中所力图说明的，在这方面，最有可能缩小精神分析与中国思想之间差异的，是摆脱阻滞，（使自己）重新面向**变化**的指令。因此，另一个或许可以沟通两者并与精神分析所关注的对象产生共鸣的概念便是我们通常所理解的"无约束性"（disponibilité）。我在使用这个概念的时候常常有所犹豫，因为首先，它在我们的思想中缺乏理论上的周密性（周密性可以反映出"内在性"［intériorité］——纪德用语，参见《论时间》，第 6 章）。然而，我们却每天都在使用它："放松点！"（意为："禅一会儿！"）但我们却并没有真正地思考过它，因为它既不是一个道德概念，也不是一个心理概念，而在西方，我们是通过道德和心理学来建立关于主体的巨大理论支架的。不过我觉得"无拘

［①　此段文字中两处"不仁"的原文并不相同，前者为（les extrémités des membres qui deviennent）"gourdes"，意为"僵硬的"；后者为"non-humanite"，意为"不仁慈"。不同的原文却有相同的译文，其原因可参照作者在《道德奠基》（宋刚译，北京，北京大学出版社，2002）一书的第六章（76～77 页）中所做的解释："中国人以人的身体来把握仁之特性，也颇能说明问题：在中医理论当中，同样的这个'仁'字，从负面意义上讲来，不仁，便往往是指人的四肢末端（像手、脚）失去了感觉。"］

束性"这个概念在精神分析领域有着两方面的含义：既可以作为分析者"散漫的注意力"，也可以作为对分析主体的召唤，促使他们摆脱自身的——按中国人的说法——"偏转—固恋"（braquage-fixation），重新（为自己）开启一些可能性，（重新）发现自身的"流畅性"。

我对"无拘束性"的重视，一方面表现为对这一共同概念中所包含的共同经验的信赖，另一方面则在于使这个词中"dis"所表示的"开放"意义（对应于"多种多样"［divers］一词的前缀"di"所表示的"多"的含义）和"bllis"所表示的"留有无穷无尽的可能性"意义显现出来。弗朗索瓦·鲁斯唐（François Roustang）在提出"心态"（disposition）这一相近概念时，便就"催眠"问题以一种在我看来与精神分析略有不同的方式参考了"无拘束性"这个概念；另外，他在某些方面也通过参考我的部分著作借用了中国思想。其实，在中国，"无拘束性"涉及的正是一种基本的思考，无论是儒家还是道家，都对其进行了不断的深入探讨。我也尝试过以各种方式对其进行研究。刚才我为大家引述了孔子的话，他所说的"毋意，毋必，毋固，毋我"劝人摆脱任何偏执，以适应世界的变化，（使自身）保持在进化中。与那些相互之间观点对立的圣人的类型不同，孔子对他自己做了这样的评价："无可无不可"（《论语》第18章第8条）。孔圣人在现实于两种极端间演变的过程中，无论变化多大，都能毫无例外顺应之——他由此而成为完人。他还说："君子之于天下，无适也，无莫也"，而要跟从形势的需要。（《论语》第4章第10条）因此，中国人所谓的"中庸"并不是指程度上的一半、"适中"（不要过度之类的意思），而是要保持能以同样的方式来面对两种极端，对此**一如**对彼。**中**之所在（*mi-lieu*）正位于这样的"平等"中。（参见《圣人无意》，第3章）

道家方面，庄子针对他所说的"成心"发展了相应的批判。"成心"既为"成"，因此也是固定的，原因在于它由（特定的）观点构成并由此陷入片面性之中。这种片面性使我们失去了"万物变化"或者说"道"的整体性。理论上，如果我"消除"了那些分割现实并使现实与其自身对立的是非分辨，我"也就消除了这一消除行为"，结果，我在"不分辨是非"状态下受到的制约会少于我在"分辨是非"状态下受到的制约，由此我重新获得面向所有立场的"枢轴"所需要的无拘束性。但是我们不要忘记，无拘束性首先涉及的是整个人，它是行为性的，而且庄子告诉我们它与呼吸有着本质

上的联系："真人之息以踵，众人之息以喉。"（参见《论时间》，第 6 章）然
而诸位很清楚，在欧洲，我们没有思考过呼吸，正如我们对于或许可以称作
思想"健康"的这一概念——思想"健康"的说法还有待推敲——也没有思
考过一样，然而正是它使无拘束性成为全神贯注之源。弗洛伊德告诉我们，
分析者"全神贯注地，但毫不费力地"（in Sammlung, aber ohne Anstren-
gung）倾听。或许应该重新解读《庄子》和中国所有的技艺类论著，包括关
于绘画艺术或写作艺术的论著，以便理解——无须通过心理学的方式——
"毫无费力"是如何**允许**做到全神贯注的。（参见《大象无形》，第 11 章）

　　以最笼统的方式来讲，精神分析，或者说至少是我所理解的精神分析，
不是通过一种暗中的位移，将自身从欧洲哲学传统以及——更确切地说——
欧洲最基本的本体论中分离出来了吗？或许正是这一点使中国用作思维方式
的那些与众不同的隐藏的成见和模糊的选择——那些与众不同的"习惯"
（plis）——具有了价值。举个例子，在中国思想尤其是道家思想中，"无"，
绝对不是指"不存在"。相反，任何"有"都是借助于现实化，在自身个体
化的过程中来源于"无"的——正如任何"有"总是要回归于"无"那样。
"无"绝对不是虚无，而是**未被现实化**，反映的是变化的潜在资源（fonds la-
tent）。这一点不正和精神分析中隐梦（latent）与显梦（patent）之间的关系
以及弗洛伊德提出的任何既定心理虽然会被掩饰但却决不会因此而消失的基
本观点在某些方面相通吗？"有"（不过，对于"口误"和"症候"而言，情
况是否有所不同呢？）始终只是在不断的但却注定要隐匿的变化中表现出来
的一种显露状态，因为在这方面，最重要的事实是中国在思考时使用的总是
具有过程意味的术语。《易经》中，每个六边图形仅仅代表变化的一个阶段，
图中六根外在的线条反映了六根潜在的线条，后者是这个图形暗含的**另一种**
意思，并可以使之变换面貌。

　　如果我们要借用中国特有的概念，那就是它告诉我们的与"能力投入"
和"运行"相关的那些。按照道家的最清晰的表述，即为"德"与"道"：
处于运行状态下的"能力"和来源于此的"通途"（voie）；或者按照宋代思
想界的主要术语——"体"和"用"："本质"（être constitutif）和"功用"
（fonctionnement），两者彼此不可分割，因为要想很好地理解关于变化的思
想，就必须明白独立于其功用的本质是不存在的。"天"之本身作为中国思
想中的绝对存在者，其唯一本质即为世界上的所有运行。它只作为**世界的进**

程而"存在"。因此，单独而言，"天"不具有"本质"性："无体不用，无用非其体。"（王夫之，参见《从外部思考》，第 6 章第 3 节）总之，在中国，"天"可能只是一种借助其自身调节产生的不断"变化"来实现"发展"的资源，这或许正是中国思想与精神分析最主要的契合点：精神分析退出了我们的本体论，而中国与后者拉近了距离。

问题产生了，这种内心的松动（解固［défixation］，或者按照弗洛伊德所说，"一点点地断开连接"）是否必须通过话语活动这一前提来实现呢？将呼吸与沉思联系起来——或者更进一步——使人感受到从呼吸到沉思、从沉思到呼吸的连续经过的这类实践活动被人们极不贴切地称作中国武术，它们使我们想到通过气功与内部能量的形象化来实现这种内部的松动，这么做是否也行得通呢？如果用比较原始的意象来回答上述问题，那就是在太极拳和阿拉伯语诗集二者中选其一。从某种意义上说，这是"摩西还是中国"这一问题的现代版本……大家知道，帕斯卡尔亲手划去了"摩西还是中国"这个问题，因为它具有冒险性。至于我提出的在太极拳和阿拉伯语诗集二者中选其一，则是"摩西还是中国"这一问题在当代非神学化世界中的深化，我觉得它同样过于冒险以至于某一天——或许就是明天？——我也要将它划去。

四

虽然如此，但我还是要果断地——按照计划——进入最后一部分内容，谈一谈我们相聚在此的意义。首先，就汉学研究而言——需要澄清的是，我根本不能作为这一领域的代表，但我会继续在这一领域中进行研究：面向诸位带来的各种外部问题开放自身是有益的，因为身为汉学家，随着研究过程中年龄的增长，总会面临被"中国化"的危险。中国在使他者**中国化**方面的力量是异常强大的。作为汉学家，必须对此予以抵制，以免完全受制于它的那些在默示中运作和相互间具有默契的逻辑联系——当然，正是它们充当着我们的"职业"对象，但它们也会使我们忘却起初的疑问。最好是两方面兼顾，因为在我看来，汉学家所必须满足的双重要求，一方面是能够像中国人那样阅读中文，也就是说能够理解中文的注释；另一方面又能够将中文的这些意义运用到它们未能考虑到的方面。既要文人传统不断构建出的这些逻辑联系，体验它们的含蓄性，又要抵制它们对人的同化作用，脱离它们总是试图封闭起来的那些方面，并且敢于由此挑衅累积起来的"明证"。

对精神分析而言——假如我可以幻想一下——我觉得这种意义是相互的，甚至可以说是双重的。首先，因为我觉得精神分析在历史上——甚至可以说是历史性地——一直被引导着走出其文化圈，接触其他文化。和伊斯兰文化的接触已经过，但我觉得伊斯兰文化还是通过亚伯拉罕和"我们"联系在一起的。和中国之间的差异则完全不同，这一点我在开始时已经指明。正是这种差异的根本性使我们在中国领会了他类的根源性话语。事实上，欧洲思想不停地摇摆于它的两个源头之间：一边是古希腊源头，另一边是希伯来源头；一边是逻各斯，另一边是神的启示；一边是雅典，另一边是耶路撒冷。19 世纪的整个欧洲哲学界——黑格尔、尼采、克尔凯郭尔等——一直自认处于这种摇摆不定的状况中并为此而紧张，但也正是这种紧张为其带来了灵感。对 20 世纪伟大的解构主义（海德格尔、德里达等）而言，情况依然如此。我们很清楚，当解构主义在某些方面必须同古希腊的形而上学保持距离时，它便重新将希伯来思想当作了依托。通过使人领会他类的"根源性话语"，中国使精神分析受到了一种强大的文化间性的考验。这种文化间性能够促使精神分析回归自身，这便是第二重意义所在：让其重新审视自身，以便对其依据进行思索，甚至是从其依据的**内部**展开思索。比思考更重要的问题，是想到思考；借助中国的外在性是一种迂回的策略（众多迂回策略中的一种），在我看来，精神分析对这种迂回策略的需要或许是无法改变的，尽管它在实践上与之并无关联。

最后，请允许我提出这样谨慎，或者说带有放弃意味的观点：与我演讲的题目相反，明天是不会有对话的。因为我们无法让精神分析的话语与中国的话语完全吻合。我听到了大家的异议……但是今晚，请允许我为我的话题做一辩解。大家完全可以想象，作为汉学家，我参与这样一种冒险并和诸位一样拖累自己，这是件铤而走险的事情。但是这种危险，我想先面对它，而不是绕过去。因为你们大概没有意识到你们的问题对于中国话语的逻辑联系具有多大的干扰，在某些方面甚至可以算是一种侵犯。这些问题使我想到每一种话语实际上都是多么习惯于对自己言说——**自言自语**；它们起源于某种自明性（auto-évidence）和再现这种自明性的程度是多么深：它们将之作为理解与默契的资源。以此为基础，它们**接下来**才能适用于论辩。这种资源是来自他处的另一种话语所无法渗入的，两者会有所碰撞，但却不会相遇。此外，我们并非实力相当。你们拥有的——尤其是在拉康看来——是一种游戏般的、灵活的概念性语言（langue conceptuelle），总是面向缺陷和谜，不停地自我暴露自我反思——与之相对的是一种格言化的语言（langue formulaire），即文人语言，极难使其受到干扰。

但是，一些令人满足甚至是欣喜的东西或许正存在于这种从一开始便无交流的极端境况中——对汉学家而言，这是一种令人**极端**不快的境况，首先是因为汉学家在他于其中所领会的事物中无法辨识自我。就我个人而言，如果说这一点（在我的"职业"中）妨碍了我，那么（从哲学角度讲）它对我并无妨碍，甚至还具有激励作用，因为我从希腊出发时之所以选择借道中国，正是为了寻找这样的一种不快——从某种意义上说，你们使我求助的也正是它……

以上便是我的问候。

我与中国当代文学*

[法] 杜特莱 (Noël Dutrait)

    2004年3月我应法国文化部之邀赴法访学期间,正值第24届巴黎图书沙龙开幕之际。此次巴黎图书沙龙,中国新闻出版总署首次组团参展。作为在巴黎的中国文化年庆典的组成部分,法国文化部还同时邀请了阵容强大的中国作家代表团前来与读者见面、对话,这就为本届图书沙龙增添了新的景观,吸引了法国读书界更多的人前来观赏。3月18日晚,我有幸应邀参加巴黎图书沙龙开幕式,在人群如潮的中国图书展厅,与阔别十余年之久的老友、中国当代文学著名翻译家、普罗旺斯大学中文系主任杜特莱教授重逢。此后数天,在图书沙龙中国文学圆桌会议、中国作家与读者面对面座谈会或中国当代文学专题讨论会上,我曾与他多次相见,却没有时间交谈。6月8日,在我访学临近结束即将离法回国之时,杜特莱教授从埃克斯赶来巴黎,专门到大学城与我晤面、交流,我们从此次图书沙龙中国当代作家与法国读者直面对话说起,谈到他译的阿城、高行健、苏童、莫言等中国作家作品,谈及他的译介研究中国文学的经验和体会,谈到近十余年来法国汉学界介绍中国当代文学所取得的成就,内容十分丰富。此后我据手记整理成几个问题寄给他,杜特莱先生在百忙中做了回答,现翻译整理如下。杜先生的法文回答由刘阳协助译出,在此表示谢忱。

白丁:十年后,能在巴黎中国文化年见到你,真是非常高兴。你是法国

---

*　原载《跨文化对话》,第17辑,196~201页。

汉学界研究中国当代文学的著名翻译家和批评家，成果累累。我在十多年结识你之前，就读到过你的第一本译述——中国现当代作家报告文学选《生命，也在这里呼吸》(*Ici la vie respire aussi et autres textes de littérature de reportages*)，内收朱自清、夏衍、曹白、黄钢、徐迟、魏巍等名家的作品。我认为，您这部译作，无论从中法文学交流的角度，还是从你个人的学术道路来看，都是一部标志性的作品。从中法文学交流史看，在它之前，法国还没有出过一部较为系统地介绍中国报告文学的书；从你个人来说，它是你研究和翻译中国当代文学的第一部作品。我们知道，你的大学博士论文选题是中国报告文学，而导师则是研究中国古典文化的前辈专家汪德迈先生。我的第一个问题是，你研究中国现当代文学，为什么要选择报告文学作为切入点呢？汪德迈教授建议你研究报告文学是出于什么考虑呢？是因为"它是反映中国社会生活的晴雨表"吗？你对中国报告文学这一独特的文学体裁，究竟如何认识、理解和界定的呢？

杜特莱：1974年，我去看望汪德迈教授，请他帮我选择一个硕士论文题目。我对他说我喜欢写有关当代中国文学的论文。他就告诉我有一种文学样式叫报告文学，并建议我在这方面进行研究。于是我发现，报告文学在中国是一种已经存在很久的文学样式。这种文学样式和中国历史、现实结合得非常紧密，也许和中国传统的笔记文体有关联。我想，阅读这一文类的作品无疑能使我更好地理解当时尚未改革开放的中国的现实。而事实上，我开头发现的一些著作只是宣传工具，与中国的现实并无关系。在深入研究这一主题的时候，我发现，报告文学在中国用于宣传当时流行的政治观点，后来，我出版了报告文学选，书名叫《生命，也在这里呼吸》，旨在表明：这种文学样式的本质是什么？作家们（比如30年代的夏衍）是如何运用的？后来，我更喜欢研究小说作品，那时，在中国文坛出现了阿城和韩少功这样的作家。

白丁：你由研究中国报告文学入手，翻译介绍阿城的小说《三王》(即《棋王》《树王》《孩子王》)而在法国汉学界一举成名。你的译作《三王》一版再版，引起法国文坛的高度重视，据说，著名作家克罗德·鲁阿(Claud Roy)对阿城和你的译作给予了很高的评价，是吗？阿城是中国新时期独树一帜的小说家，他以笔记小说在20世纪80年代中国文坛名重一时。你很喜欢阿城这种风格的小说，并为此发表专文，论析阿城小说的写作特点。我感到，你喜欢阿城与你研究、喜爱中国散文和报告文学有关，对吗？在你看来，阿城小说到底有哪些有别于其他中国小说家的特点？

杜特莱：在阿城作品中特别让我喜欢的，是他描写知识青年所处环境的方式，不是对凄惨命运的叹息，而是在日常生活中寻找一点人性和幸福。幽默在阿城小说中也是特别重要的因素。这一切在中国文坛已经消失多年了。我翻译研究阿城的小说，是因为我喜欢他的作品，这当然跟我研究中国散文和报告文学有关。如你所说，阿城是当代中国小说家中独树一帜的作家，他的代表作《棋王》《树王》《孩子王》是风格独具的笔记小说的典范。这种小说的风格特点，在阿城1991年3月给我本人的信中说得很明确："……在写笔记小说的当代作家中，我偏爱汪曾祺。说实话，汪曾祺是忠实于笔记小说的唯一作家。这种文类大概同时具有诗、散文、随笔和小说的特征。可以通过它把我们的许多遗产传之后世，同时可以在描写中超前进行各种各样的实验，例如句子的节奏、句调、结构、视角等等。我喜欢西方音乐，我记得，正是一边听着贝多芬的最后弦乐四重奏的某些乐章时，我突然领悟到我的一些随笔应该如何写。"我在别处曾指出过①，阿城的这封来信是一份宣言，无疑是向西方证实，他不采纳传奇故事形式写小说，而喜欢写散文的方式，即笔记体写小说，这一特点与阿城的美学追求相吻合，如中国批评家所正确指明的，阿城在中国当代文学思潮中，附属于中国文化传统，犹如中国水墨画，与张辛欣、刘心武、张贤亮等那样紧密依附西方传统的作家形成对照。阿城的代表作《三王》法文版在法国出版，得到了包括权威的批评家克罗德·鲁阿等人在内的法国学界的高度赞赏。

白丁：奠定你作为中国当代文学翻译家地位并取得社会声誉和轰动效应的，无疑是你对高行健《灵山》《一个人的圣经》的翻译和介绍。《灵山》和《一个人的圣经》是高行健小说创作中最有影响、最具特色的两部作品，你为翻译这两部作品倾注了巨大激情，耗去了很多精力。我记得1993年在普罗旺斯大学执教时，《灵山》法译尚未全部竣工，在艾克斯市政府大礼堂的一次学术会议上，你让人朗诵了你译的《灵山》片段，受到了全体与会者的

---

　　① 指杜特莱先生发表的文章《不可能存在的小说：阿城小说的写作技巧》（"Le roman impossible, techniques d'écriture dans les nouvelles et rêcits d'A Cheng," in *Littératures d'Extrême-Orient au Xxe siecle*, Arles：éditions Philippe Paquier, 1993, pp.145－157），中文译者刘阳，见《中国文化研究》，1994年冬之卷，132~136页。

热烈欢迎。1995 年，长达 670 页的《灵山》法文本在法国出版，后来，2000 年又再版。我认为你的《灵山》法文本在欧洲广泛传播，对法国乃至西方读者、对瑞典皇家学院进一步了解高行健的文学价值具有重要的推动作用，对作家本人后来荣膺诺贝尔文学奖也有直接的影响。对此你有何看法？你能给我们谈谈译介高行健的情况，以及他在法国乃至西方的传播与影响吗？

杜特莱：1978 年，我认识了高行健，当时他正跟随巴金率领的中国作家代表团到法国访问。他是法语专业毕业的，因此他在这个代表团中当翻译。我们相处甚好。以后他一有作品出版就寄给我。开始时，将他的小说和戏剧作品翻译成法语的是一个朋友保尔·蓬塞（Paul Poncet），后来保尔·蓬塞突然故世。1990 年高行健在中国台湾出版了《灵山》，我提议由我来翻译成法语。一读到开头几页，我就被它的独创性和风格感动了。书中有自叙者环境的细腻描写、哲学沉思，并且加进了历史或人种学提示、民歌、古老传说、诗性文本等。我在中国当代文学中还没有读到如此之多的东西。我在翻译这部作品的三年中一直觉得他的这部作品极具开创性，肯定会获得巨大成功。这部小说自从法文版问世以来，受到了热烈的欢迎。在全国文体用品联营（FNAC）销售连锁店里，成了当年的最佳图书之一，舆论界好评如潮，《快报》周刊有一篇题目为《请读一读高行健!》，还有其他报刊的报道。当《一个人的圣经》于 2000 年（诺贝尔文学奖公布前几个月）出版时，大型日报《世界报》用整整一版介绍高行健及其作品。当然诺贝尔文学奖的公布更使得法国读者纷纷阅读高行健。人们常说高行健在诺贝尔文学奖公布前是一个不知名的作家，这并不是很准确的。从 20 世纪 90 年代初开始，他的戏剧和小说都在西方取得了成功，他的戏剧曾在欧洲、美国和中国台湾上演过。

白丁：人们通常将阿城、高行健等这样长期侨居海外的作家，视为"流亡"作家，他们在接受相关访谈时，也表示了对这一称谓的认同。你作为他们的译者，对此有何评论和认识？你选择阿城、高行健这样的"流亡"作家，当然不是政治层面的，而是文学层面的选择。你与他们过从甚密，多次邀请他们到法国南方座谈、举办讲座、与读者见面，产生了广泛影响。你喜欢他们不同的文学风格，并在不同的场合对他们的作品进行了比较研究，在你看来这两位作家不同的风格和美学追求究竟体现在哪里？

杜特莱：从 1985 年起，我决定翻译阿城的作品，当时他还在中国生活，后来才去了美国。接着我开始翻译高行健的作品，当时他已经来到巴黎。当然，是他们作品的质量激励我与他们建立了联系并且翻译他们的作品。我差不多翻译了阿城的全部作品，因为他很久以来再没有发表小说。将这两位作家比较一下，阿城更多地描写了日常生活中的人，揭示生活的丰富和荒诞，而高行健具有既涉及历史又涉及哲学的更广泛的沉思。

　　白丁：我看到，真正使你在法国汉学界获得声誉的，似乎是对莫言作品的翻译，你所译他的《酒国》获得了法兰西 2000 年优秀外国文学翻译奖，你所译他的另一部小说《丰乳肥臀》，在巴黎一下子就卖出了 8 000 册，而莫言的新作《四十一炮》在中国刚刚出版，著名的瑟伊出版社抢先购买了版权，约请你来主译。3 月巴黎书市你主持的莫言与读者见面，盛况空前，"莫言热"似乎在法国汉学界和读书界悄然兴起。据说，你曾访问过莫言的故乡——山东高密县，莫言也多次来法国访问，法国的"莫言热"、中国当代文学热，与你的积极参与和贡献分不开的，中国学者和广大青年读者很想了解这方面的情况，你能谈谈吗？为什么法国人这么喜欢莫言的小说呢？

　　杜特莱：莫言《红高粱家族》于 1988 年部分地翻译出来，在南方文献出版社（Actes Sud）出版。因此，莫言不是一个无名的人，尤其因为电影《红高粱》已经在法国取得了很大的成功。后来，莫言的好几部小说（《天堂蒜薹之歌》《十三步》）被不同的翻译家译成法语。当我和夫人黎丽雅讷·杜特莱（Liliane Dutrait）为瑟伊出版社翻译《酒国》时，这部小说为文学评论家所注意，他们对此书有很好的评价。此外，有劳尔·巴塔庸翻译奖（le prix de traduction Laure Bataillon）奖励给作家和翻译家。正是有了《丰乳肥臀》这部书，莫言才真正地在法国成了大名，许多评论家说他在法国图书展上抢了风头。实际上我认为这部小说感动读者和评论家的是它的深度、它的丰富、它的幽默、它的幻想，还有他通过山东一个家族的生活对中国现实所做的历史的深刻的分析。

　　白丁：当然，你翻译介绍的中国当代作家，不只是上述的阿城、高行健、莫言，在我的印象里，你好像还介绍过王蒙、韩少功、苏童等著名小说家的作品，也同样产生了不小的影响，是吧？

　　杜特莱：我还是和黎丽雅讷·杜特莱一起翻译了韩少功的《爸爸爸》和苏童的《米》。韩少功的作品（由安妮·居里安［Annie Curien］翻译）开始在法国为人们所熟知。苏童的作品也是这样。

白丁：你翻译出版了如此众多不同风格的中国当代作家作品，取得了令人瞩目的成功，我向你祝贺！你作为拥有众多声誉（法兰西骑士勋章和金棕榈勋章获得者）的优秀翻译家，一定积累了丰富的经验，能否给我们介绍介绍你在译介过程中如何来处理不同风格的作品，从而贴近原作精神的？

杜特莱：翻译家的巨大困难实际上在于他应该尊重作家的风格，避免以自己的风格来替代作家。为此只有一个办法，尽可能坚持原文，而不试图"依据翻译"，但也要遵循母语的要求，并且用纯正的法语写作。所以，我承担着汉语到法语的过渡，同时尽力不遗漏什么。黎丽雅讷承担着法语到汉语的过渡，注意使译著风格不受指责。

白丁：在你诸多著名的中国当代文学翻译作品中，我们注意到你夫人黎丽雅讷·杜特莱的名字，我在巴黎访学期间，不少法国读书界朋友提醒我，在估量你之翻译中国文学成就时，切不可忽视你夫人的作用。请问，你从何时开始与你夫人合作翻译中国当代文学的？以什么方式合作？因为黎丽雅讷·杜特莱女士并不懂中文，是不是她在你草译的文字上进行润色、加工，如同著名翻译家李志华先生翻译《红楼梦》时，他夫人雅歌（Jacqueline Alézaïs）女士所做的那样？

杜特莱：事实上，我从开始翻译以来，一直把译文给黎丽雅讷看，她在出版之前重读一遍。我们从翻译《灵山》起决定共同署名出版，因为它们成为真正的"四手联奏"的工作的成果。我们的工作以这样的方式进行的：我的翻译形成第一次迸发，我仔细阅读中文文本，然后交给黎丽雅讷。她接着读，提出很多建议，以便改进法语译文的风格。随后，我们一起讨论。当译文定稿时，我们按中法文文本同时大声朗读，以便消除译本的最后错误。与您所说的相反，黎丽雅讷懂中文，因为她毕业于波尔多第三大学中文系。有时，她要我随便读什么中文句子，以便找到译本的节奏或类似的乐感。

白丁：近10余年来，法国译介、研究中国当代文学取得了异乎寻常的发展，这是我在3月参观第24届巴黎图书沙龙、走访一些汉学界朋友后，留下的强烈印象。法国汉学这方面的拓展，一方面得益于中法文化和文学交流日益发展的时代潮流的推动，另一方面也与像你这样的翻译家之努力和贡献分不开。你能告诉我，近10余年来法国汉学界在译介、研究中国当代文学方面所取得的成就、特点和总体评估吗？

　　杜特莱：十多年来，好些翻译家致力于翻译现当代中国文学。可以举出·安妮·居里安（Annie Curien）、尚塔尔·陈－安德罗（Chantal Chen-Andro）、伊莎贝尔·拉布（Isabelle Rabut）、安吉尔·皮诺（Angel Pinot）、西尔维亚·让蒂（Sylvie Gentil）、埃马努埃尔·佩什纳（Emmanuel Péchenart）等等。其他学过中文、住在法国的人也将一些书译成法语，不过不是很经常。也应该注意到，法国出版家努力出版中国文学，常常是一些小出版社发现中国优秀作家的存在，比如黎明出版社、菲利普·皮基埃出版社、中国蓝出版社。大出版社也开始出版一些中国作家的作品，比如瑟伊出版社、伽利玛出版社、阿尔班·米歇尔出版社等等。最后，大家可以发现，翻译工作越来越被大学研究圈所公认，因为一些译者甚至以此为论题，从文学和语言学角度撰写博士论文。

　　白丁：在法国当代中国文学研究者中，你是集翻译、研究和教学于一身的教授、学者型的翻译家。你不但长期从事中国现当代文学的教学工作，培养人才，而且还成立专门的研究机构，举办过多次专门的学术会议，接待过一批又一批中国作家来访，为中法文学深入交流做出了重大的贡献。为了迎接中法文化交流的新高潮，在未来的 10 年中你有什么新的翻译和研究计划？

　　杜特莱：在大学研究计划方面，我很高兴地看到法国教育部支持我的计划，组织一个"中国文学和翻译"研究组，将组织同行聚会、学术研讨会和专题讨论会，发展对中国古典文学著作的翻译和研究。

　　至于我要进行的研究，我和我的几个正在写硕士论文的学生一起翻译了莫言的小说《我的师傅越来越幽默》，将于 2005 年 3 月由瑟伊出版社出版。我与黎丽雅讷一起翻译了莫言的最新小说《四十一炮》。我也在修订我的小书，也就是由菲利普·皮基埃出版社出版的《当代中国文学简介》。

　　最后，在 2005 年 1 月，我将在普罗旺斯大学组织一次大型国际学术研讨会——"2000 年诺贝尔文学奖得主高行健的小说和戏剧作品"，在 7 月举行一星期的汉语翻译培训，这将是翻译家、翻译初学者、教师和学生的聚会。

打开思想的疆界*
——我与法国文学翻译

许　钧

一、苦恋

我爱翻译，是基于对法国文学的爱。我去过法国，学过法国文学，我被"她"彻底征服了。"她"那么富于魅力，那么光彩照人，正如法国一句俗语所说，"她"是一位"令人无法抵挡的"美女。我深深地爱上了"她"，并热切地想把我心中的"恋人"介绍给中国读者，让大家一睹"她"的风采。

也许我的这种爱是自私的。记得有一位法国作家说过："翻译是将与自己的恋人酷似的女子奉献给他人。"不管怎么说，是自己心目中的恋人也罢，是与"她"长得一模一样的女子也罢，也终归是一种奉献。我的心是诚的，当我将倾注着我赤诚的爱的译作呈现在中国读者的面前的时候，我感到幸福，也感到负疚，感到害怕；我总是带着一种负罪感，担心由于自己的无能、失误与笨拙，表现不出我恋人的气质与风采，得不到中国读者的青睐；更担心由于情趣的低下，鉴别力的缺乏，不慎把一位丑陋、淫荡的女子介绍给他人，有伤风化。但我没有忘记，当钱林森教授与我合作翻译的法国文坛新秀亨利·古龙日的杰作《永别了，疯妈妈》受到中国广大读者的普遍赞誉，《人民日报》《外国文学研究》《当代外国文学》《新华日报》相继发表评

---

* 原载《跨文化对话》，第 17 辑，248～251 页。

介文章，不少读者给我们来信倾吐他们对这部作品的爱时，我的负疚感、恐惧感一时烟消云散，陶醉在这种难以言表的幸福之中。这种幸福，往往交织着自豪。当你心爱的人得到交口称赞，受到喜爱的时候，你心中难道不会升腾起一种自豪感吗？

我尝过"初恋"失败的痛苦。说来不怕见笑，我这人没有什么才气，更没有灵气，只是由于迷上法国文学，凭着自己满腔的热情去执着追求。不过，我还算有几分自知之明，并不敢高攀，经过慎重考虑，选择了第一位对象：法国当代作家西默农的《黄狗》。没想到有人捷足先登，当我在希望与追求中度过了几个月，准备让自己的"情人"亮相的时候，我在北京火车站的售书亭偶然发现"她"早已被他人相中，被介绍给中国读者了。空空单相思一场，近百个日日夜夜的心血化为乌有，我感到一种难述的苦涩。苦归苦，我还是解脱了，因为我从失败中倒产生了几分自信：我的眼力还不错。

我在法兰西当代文苑中不懈地寻觅，我爱上了勒·克莱齐奥的《沙漠的女儿》，又恋上了博达尔的《安娜·玛丽》，梦中又在特丽奥莱的《月神园》中遨游。爱是幸福的，也是痛苦的。就说《沙漠的女儿》吧，"她"外貌并无惊人之美，更无娇媚之处，却不乏新小说的某种古怪。时空的跳跃，词语的怪奇，初次见面时，我非但没有一见钟情，感情上没有激起一丝涟漪，反而感到陌生，不理解，当时险些与"她"分手。可初次相见时，"她"的古怪中似乎蕴含着某种新颖，我好奇地打量着"她"，凝望着"她"，渐渐地，那跳跃的时空中呈现出一个荒凉与繁华、贫乏与豪富兼而有之、对比鲜明、寓意深刻的世界，那怪奇的词语创造出一幅色彩缤纷、变幻无穷的图像，处处透溢出一种超凡脱俗的美。"她"理应受到，也确实得到了广大中国读者的喜爱。我庆幸没有抛弃"她"，要不，我会后悔一辈子的，而这种悔恨岂不也会造成痛苦？

我忘不了导师陈宗宝先生所译的一句话："只有倾注了自己的爱，才可能有力量去打动他人的心。"不谦虚地说，我是努力了。既然我爱上了，我总是设法要无愧于自己的恋人。我时时在告诫自己，切勿玩弄感情，把连自己都不爱的作品推销给他人；我也经常提醒自己，不要以自己的草率、疏忽或主观，破坏了自己恋人的形象，把一部大师的优秀作品糟蹋成连一个普通读者都不屑一顾的下脚料；我更在心中默默地发誓：一定要汲取养分、完善自己，为自己的恋人争光。正是怀着这种良好的愿望，我在1987年应约参加了 20 世纪最伟大的作家之一普鲁斯特的长篇巨著《追忆似水年华》的翻译。

二、创造

回想初学翻译那些阵子，兴趣浓，劲头足，胆子大，想得天真，少有顾忌，匆匆挑选一部自己较为喜爱的书，便抱着词典，"从容"操刀，速度之快捷，心底之坦然，是涉足译坛近二十年后的我所远远不及的。

洋洋四十万言的处女译作《永别了，疯妈妈》问世后，意外地得到了一片赞誉，着实有过一阵子兴奋与陶醉，冷静之后，仔细端详着这位经我手而脱胎换骨的新生儿，怀着一股子好奇心，又对着"她"在故国的模样细细比较，愈看心中愈是不安：说像又不像，说不像又像，相似处犹感平乏，不似处倒显魅力，个中的原因未去深究，只是感到满腹委屈，白费了自己对那位异邦之女的一片忠贞，心中不是滋味。

后来，慢慢译多了，读研究生时又专攻"翻译理论"，虽然翻译的兴趣不减，但脑子复杂多了，当初操笔时的那种"从容不迫"的感觉也消失了，并渐渐地悟出了一些道理。翻译，岂能只凭一片忠诚？况且涉及翻译的因素之多往往使你束手无策，不知忠诚于谁为好。忠其形，求貌之相似，可其神韵呢，气势呢？文学精品往往刻意寻求意在言外的效果，翻译时稍不小心，就容易得其形而忘其神，成为真正忤逆不道的"叛逆"。可是，既要忠其形，又要得其神，谈何容易啊！法国文学巨匠普鲁斯特那部称之为"不可移植"的巨著的译名，曾煞费了编辑、译家与专家们多少苦心，但《追忆似水年华》这个得之不易的译名仍无法使每个人都满意。我有幸参加了译林出版社组织领导的这部巨著的翻译，花费了近三百个日日夜夜，才勉勉强强地完成了所承译的二十余万字的初稿，其间所经受的痛苦、恐惧，往往使我心力交瘁，尤其那一种唯恐背叛原著的负罪感，使我负载着一个异常沉重的十字架，作品中那长达数十行的"意识流"连环句式，那声、色、味一应跃然纸上的形象笔触，那妙不可言的隐喻双关，还有那或细腻、或粗犷、或高雅的生花妙笔，岂得凭兴趣、凭忠诚率而操笔所能传达？亦步亦趋地求文字对应，为两种语言特有的规律与魅力所不容，往往导致貌合神离；洒脱大胆地弃其形，求其神，又担心"创造"出一个貌离神散的畸形儿；更甭谈还要不辱使命，追求作品"形式因素美学价值"的再现，"文化因素"的移植，"文学形象"的再创造和"语用意义"的传达……这般复杂，这般艰辛，这般痛苦，是当初涉足译坛时所料不及的。如今才朦朦胧胧地意识到"忠诚"与"叛逆"似乎构成了翻译的双重性格，愚笨的"忠诚"可能会导向"叛逆"，而巧妙的"叛逆"可能会显出"忠诚"，这也许就是"相似处犹显平乏，不似处倒见魅力"的翻译辩证法吧。这一双重性格如何把握，结局悲惨还是圆满，取决于译者的创造力，而要创造，就不能不要求译者的自我修炼与完善。

三、开拓思想的疆界

1995 年 8 月，赴北京参加"亚洲翻译家论坛"，抽暇拜访了好友郭宏安先生，与他一起畅谈翻译。他问我，跟翻译打了这么多年的交道，感觉如何。我说很苦，也很幸福，如果有来生，还是选择翻译。

确实，我对翻译有一种难以割舍的感情，此情之诚，似乎感动了上帝，在我人生的重大转折时期，我如愿以偿，进了南京大学，得以继续和翻译打交道。这些年来，我不仅做翻译，而且还教翻译、研究翻译，三位一体，于我真可谓"至福"。

翻译于我，不仅仅是一种爱好、一种兴趣，而且是我生命的一部分。由于有了翻译，我从来没有过被命运之神忽略的悲哀，更没有过常人在商品社会里无所适从的茫然。我爱翻译，并以我执着、赤诚的爱，去影响我的学生、我的朋友，让更多的人献身于这一旨在人类交流和沟通的神圣事业。教翻译，首先教做人，翻译求真，以诚为本。钱锺书先生说，翻译最高的境界是"化境"。我想"化"与"讹"，只有一个偏旁之差，求"化境"，不能太功利，太随心所欲，不然，"化"不成，反倒有"讹"之嫌。做翻译和做人一样，能保持本色最好，原汁原味，不矫不饰，以真、诚求真美。

为求真美，我把更多的精力投向了对翻译的探索。翻译是人类交流史上最古老、最复杂的文化现象。它的本质是什么？翻译是艺术，还是科学？翻译是再创造，可再创造的基础何在，再创造的度如何确定？评判翻译好坏的标准是什么？这一个个在圈外人看来根本不成问题的问题，恰为翻译理论提供了生存的基础。应该说，我对翻译的认识是在不断加深的。1997 年，法兰西共和国总理若斯潘来华访问，在访沪期间，邀请中方各界人士数十名在法国人设计的上海大剧院会面。记得在会上，我曾针对若斯潘总理在演讲中所强调的"文化价值"问题，向他发问："文化与语言密切相关，面对世界的'英语化'和全球经济的'一体化'，法国政府何以维护法语的地位，又何以发扬光大法兰西文化？"他没有直接回答我的问题，而是做了一个原则性的思考：一个民族语言的丧失，就意味着这个民族文明的终结。任何一个维护民族文化价值的国家都不会听任自己的语言被英语所取代。而对世界来说，经济可以全球化，甚至货币也可以一体化，但文化则要鼓励多元化。他认为，正是本着文化多元化的精神，法兰西文化在尊重其他民族文化的同时，使自身得到了不断地发展与丰富。若斯潘的这番回答，尤其他对文化多元化原则的阐发，引发了我日后对文化问题，尤其是对翻译问题的不少思考。若从政治的角度看，法国鼓励全球文化的多样性，推崇文化多元价值观，也许是对抗美国经济霸权的一种策略。但以历史的眼光来看，法兰西对文化价值的推崇，对文学艺术的追求，对实现文化多样性的努力，是以其深厚的民族传统为基础的。不然，很难想象法兰西民族会有其绵延千年、昌盛不衰、为世界瞩目的灿烂文化，更难以想象近代以来，西方思想、文化领域的诸多思潮与流派大都会发轫于法国。基于对翻译有着自己明确的理解和认识，我主编了冠以"法兰西书库"之名的开放性译丛，表明了我对文化多元价值观的一种认同，也是多元文化精神的一种直接体现，目的在于让广大中国读者能听到法兰西思想的不同声音，看到法兰西文化的不同侧面，欣赏到法兰西文学艺术的不同风采。

如今，在我看来，从源头上讲，翻译所起的最为本质的作用之一，便是基于交际的人类心灵的沟通。翻译因人类的交际需要而生，在克服阻碍交流的语言差异的同时，翻译为交流打开了通道。多亏翻译，人类社会从相互阻隔走向相互交往，从封闭走向开放，从狭隘走向开阔。阿弗雷德·波拉德在论述《圣经》翻译的重要意义时说过一段不乏诗意而又极为深刻的话："翻译如同打开窗户，让阳光照射进来；翻译如同砸碎硬壳，让我们享用果仁；翻译如同拉开帷幕，让我们能窥见最神圣的殿堂；翻译如同揭开井盖，让我们能汲取甘泉。"波拉德的这段话虽然是针对《圣经》翻译而论的，但从中我们不难领会到，翻译给人类社会带来的，既有精神之光芒，又有物质之果实。借助翻译，人类社会不断交流其创造的文明成果，互通有无，彼此促进。应该说，没有旨在沟通人类心灵的跨文化交际活动，即我们所说的翻译活动，人类社会便不可能有今天的发展。感谢法国，感谢法国文学翻译，让我拓展了思想的疆界，领悟到了翻译的真谛。

我的学术生涯[*]

[瑞典] 马悦然 （Göran Malmqvist）

  我非常高兴有机会到北京大学来做一场演讲。我今天这场演讲的主题也许会让在座的许多人感到新奇。但是，当我思考我在北京大学该讲什么时，我忽然警觉到我是属于另一个学术时代，是在截然不同的环境中训练出来的学者。我那个学术时代在汉学这个领域内快要消失了。我是六十年前开始学中文的。这六十年内，汉学各领域发生了许多巨大的变化。研究的目的没有改变，研究的目的总是寻找真理，可是六十年前的研究条件和方法比现代的条件和方法差得远。六十年前没有复印机，没有多少引得和索引，没有电脑，没有电脑数据库，没有像《中文大辞典》《汉语大辞典》和著名日本学者诸桥辙次编撰的《大汉和辞典》那么大的辞典。

  客观评价的能力是一个学者不能不具备的。我愿意谈我自己的学术生涯的另一个原因，是我相信一个学者能够全然无私且客观地看待自己的作品，且判断他的著作中什么是优秀的，什么是可以的，什么是微不足道的。

一、追随高本汉

  在 20 世纪 40 年代中期，我在瑞典乌普萨拉大学主修古典语文。当时我的人生目标是当个高中的拉丁文和希腊文的老师。我利用闲暇的时间阅读中

---

  * 原载《跨文化对话》，第 21 辑，212～220 页，南京，江苏人民出版社，2007。

国哲学的著作，特别是道家经典《道德经》和《庄子》的译文。当我读《道德经》的英文、法文和德文三种译本的时候，发现那三种译本的区别非常大。到了1946年的春天，我鼓起勇气给著名的汉学家高本汉打个电话问我是否能去拜访他。他亲切地答应了。几天之后，我见到了他。我向他请教究竟哪一种《道德经》的译本是最好的，他回答说："那些译本都一样糟糕。只有一种《道德经》的译本是好的，那就是我自己译的。"于是他借给我他那时还没有出版的译本。一个星期之后我把译本还给高本汉时，他就问我为什么不干脆直接学中文。我当下就决定这么做。1946年秋天，我告别了乌普萨拉大学，到斯德哥尔摩去跟高本汉学中文。

　　我很清楚地记得我跟高本汉教授上的头一堂课。同学不多，一共只有六个人。高本汉给每一名学生分发一部《十三经注疏·左传》文本。我那时只知道古汉语是一种单音节的语言，而且每一个单音节是由一个独特的符号来标识。当高本汉念到文章的一个段落时，我就计算他念了多少音节，然后就在文本同样数目的方块字下画个小记号。不久之后，我就注意到，某些特定的字常常出现在我画的记号之前。慢慢地，高本汉对文本的语法结构的解说，对字形的分析，以及对文本的历史和文化背景的阐述对我们这些学生而言，比任何古汉语教科书所能给我们的多得多。对高本汉来说，中国历史上的近代时期是从后汉开始的。他在讲课当中所选的文本多半是先秦作品。偶尔他也会讲授一些南北朝及唐宋时代的诗和文章。当我们询问为什么不让我们读些更近代的文本时，高本汉选择了晚明小说《好逑传》。自然地，高本汉也教授我们他在拟构中古与上古汉语时所使用的方法。这使得我们学生对古代汉语音韵的理论能力远远地超过我们对现代汉语口语的实际使用能力。当我1948年夏天头一次到中国的时候，我甚至连一句中国话都说不出来，然而我却能比较轻易地阅读经典作品，我也能决定我所认识的汉字属于《诗经》的哪一韵类。

　　当我们学生向高本汉请教如何在研究上有所进步时，他对我们所提出的忠告是："读书！读书！再读书！"我后来也把这个忠告提供给我自己的学生。要获得对文本的"感悟"，唯一的方法就是不断地读。在开始的时候，进度当然会很慢，而且你必须在辞典里翻查许多字。但是不久之后，你就会抓到对文本的结构、韵律及风格的感觉。

二、方言调查

1948 年，高本汉的五个学生获得了洛克菲勒基金会的奖学金到中国去进行研究。高本汉决定叫我到四川去调查方言。他自己二十岁的时候，在辛亥革命头一年，就曾经到山西太原去调查中国北方的很多方言。他那时没有机会到四川去，所以愿意我到那儿去搞方言调查。

我从小喜欢语音学和方言学。十几岁的时候，我家由瑞典中部搬到瑞典南部靠海的一个小镇。离那小镇几十里路有三个乡村，两个在北边，一个在南边。我早发现那三个乡村的村民讲同样的方言，而那方言跟我住的那小镇的方言有很多不同的地方。我常常骑自行车到那些乡村去记录方言。我每次回到我的故乡，都会很高兴发现"乡音无改"。

我的老师高本汉十几岁的时候也记录了他家乡的方言。他的记录发表在一个科学性的刊物上。

也许有人会问："一个二十几岁的瑞典人为什么到中国去调查方言？"这个问题非常容易回答。要是高本汉九十五年前没有调查过中国方言，我们现在很可能不会知道中古和上古汉语的音系到底怎么样。高本汉用比较语言学的方法研究他所调查的三十三种方言。他同时研究宋朝的一部韵书《广韵》，它采用了"反切"标音的方法。《广韵》的前身是成书于 601 年的《切韵》。《切韵》早已失传了。20 世纪 40 年代一位中国音韵学家在北京琉璃厂发现了一部完整的《切韵》的唐朝写本。通过对《广韵》的反切的研究，高本汉会决定中国隋末唐初的文人普通话里有多少不同的音节。通过他的比较方言学，高本汉拟构了中古汉语的发音。

我在四川待的那两年——1948 年到 1950 年，主要调查了重庆、成都、乐山和峨眉四种方言。我相信你们听一个重庆人或者一个成都人讲话，你完全听得懂，可是乐山话和峨眉话你们不一定听得懂。那两种方言的音系跟以成都话为标准的四川普通话的音系大不同。主要的区别是重庆话和成都话有六个母音和四种声调，而乐山话和峨眉话有五个母音和五个声调。那两种方言保留原来的所谓入声。我不愿意详细地给你们解释这些方言的区别，我只想让你们听一听乐山话怎么样。我头一次到乐山的时候，听一个妈妈在街上大声找她的儿子："ngoli dl dai ladl？"（我的儿在哪里？）

我 1949 年在峨眉山山脚的报国寺住了八个月。一天夜里因为睡不着到山门内的院子去抽旱烟。我忽然发现一个我不认识的和尚从庙里往山门那儿走来。那人走近了，我发现不是和尚，是个尼姑！我猜她是离报国寺不远的一座尼庵的尼姑。那时报国寺有五十几个和尚，只有方丈和当家睡自己的屋子。那尼姑肯定是报国寺的当家的爱人。你该知道，报国寺的墙壁很薄，窗户也用纸代替玻璃，你在屋里讲话，睡在隔壁的人都听得很清楚。我忽然想，汉语是个利用声调的语言。那你悄不出声地说话，声带不振动，就不会有声调的区别。你悄不出声说话的时候，有什么东西来代替声调呢？我考虑了很久，才找着了这个问题的解释。中国方言的声调，有的是上升的，有的是下降的，有的是先下降而后上升的，有的是既不下降又不上升的，那就是平的。你说出一个音节时，所用的气流有的是渐强的，有的是渐弱的，有的是先减弱而后加强的，有的是既不减弱而又不加强的。这两种表现是有相互关联的。上升调与加强的气流，下降调与减弱的气流是有相互关联的。所有有声调的语言都出现这个现象。我认为这个发现是荣耀标志（a feather in my hat）。

我在方言学方面的另一个贡献是我不但研究过四川方言的语音系统，我也研究过四川普通话的语法。一般的研究方言的著作专门集中在语音系统方面。我研究四川方言语法的著作可以算是个拓荒的工作。

对方言的知识也会帮助你更深入地欣赏文学作品。我相信你们都读过巴金的《家》《春》《秋》，我也相信你们没有发现作者在这三部曲里利用了两种不同的语法层次：叙述的部分用当时的普通话，可是在对话里用的是成都方言。再说郭沫若先生的诗集《女神》，用普通话念，你就完全忽略了原文的韵律和语调。郭沫若是乐山人，虽然在北京住了好几十年，他还保留他故乡的方言。

好，就不再谈方言学吧。我 1950 年冬天从中国回来，先用我的四川方言资料考一个博士学位，以后在乌普萨拉大学讲了一年的中文。1953 年到1955 年我在伦敦大学亚非学院当了中文讲师。我那时主要致力于一般语言学的研究，尤其是集中在美国结构主义的学派。

在 1956 年至 1958 年间，我在北京担任瑞典驻华大使馆文化参赞。从学术方面来看，那三年的时间没有什么收获，但是我那时有机会跟一些中国的作家和文人见面。

三、《公羊传》和《穀梁传》的研究

1959 年我被任命为澳洲国立大学中文系的高级讲师，两年后被任命为教授和中文系系主任。我那时才有机会回到汉学研究工作。

自从 1958 年底离开北京，一直到 1979 年春天再返中国，我算是中华人民共和国不受欢迎的人物。部分原因是我发表了几篇批评中共农业政策的文章，部分原因是我岳父 1957 年被打成右派，二十二年之后才获平反。在那二十二年间，我当然没有机会搞田野调查工作。除了继续整理我的方言资料，我也写了几篇关于上古汉语和汉代汉语音韵学的文章。

从我开始学中文起，我就对《左传》特别感兴趣。《左传》是《春秋》三传之一，另外两传是《公羊传》与《穀梁传》。其实，《左传》与《春秋》原来没有任何关系。《春秋》是记录鲁国从公元前 722 年到公元前 481 年非常简略而简直没有文学价值的史书。《左传》是一部文学价值很高的记录了春秋诸国从公元前 722 年到公元前 464 年的史书。在汉代，《左传》被列为《春秋》传。

古代的学者都认为《春秋》是孔子所作。他们也认为孔子用很特殊的写法来表示所谓褒贬（praise and blame）。《公羊传》和《穀梁传》皆致力于确认及解释《春秋》的作者用来表达褒贬的术语和书法。两传都使用问答体的表达方式，两传也都采取严格公式化的文风以及很特殊的语法，此外，这两传也都运用特定词语来表示高度专门的意义。这些文本的特征使得它们非常容易被误解。

今天很少有学者会接受《春秋》所提供的这套褒贬理论，但我们得记住汉代只有极少数的学者才不会相信这套学说。《公羊传》和《穀梁传》在汉代以来的知识生活里曾经扮演了极为重要的角色。对《公羊传》与《穀梁传》两个学派之间的相互冲突的理论做彻底的认识无疑是理解汉代思想的必要条件。

我用好几年的工夫把这两传的主要部分译成英文，并且对这两部书的特征做了比较详细的研究。

当我致力于《公羊传》与《穀梁传》的时候，我也研究《春秋繁露》，对整个文本加了比较详细的注解并译成英文。按照传统的看法，这部书是西

汉学者董仲舒（前179—前104）所作。我对这部书的研究让我相信文本的一小部分才是汉代的作品，主要部分可能是南北朝后期的伪作。值得注意的是，编《春秋繁露》的人依据了东汉班固的《白虎通》和东汉何休的《公羊传解诂》。《春秋繁露》中也有一些与时代不符之处。

四、对"嫌"字的解释

《公羊传》隐公元年中有这样的记录："（经）藤侯卒。（传）何以不名？微国也。微国则其称侯何？不嫌也。《春秋》贵贱不嫌同号，美恶不嫌同辞。"

美国汉学家肯尼迪（George Kennedy）在其《诠释〈春秋〉》（"Interpretation of the *Chunqiu*"）一文中曾把这段记录译成英文："The marquis of Teng died. Why is the personal name not given? Because the state was small. If it was a small state, why is he called Marquis? To avoid discrimination. The *Chunqiu* has no objection to applying the same title to high and low alike, or the same term to good and bad alike."

而在《中国大历史学家司马迁》（*Ssu ma Ch'ien, Grand Historian of China*）一书中，汉学家瓦特森（Burton Watson）曾把这段记录这样译成英文："The marquis of Teng died. Why does it not record his name? Because Teng is a minor state. If it is a minor state, then why does it call him 'Marquis'? There is no objection to this. In the cases of both noble and lowly the Annals does not object to using the same terminology."（87页）

为了确定此段记录中"嫌"字的意义，我查了所有出现在"十三经"、《墨子》、《管子》、《吕氏春秋》、《淮南子》、《春秋繁露》、《论衡》、《白虎通》和《汉书》中的"嫌"字。我检查的结果让我确信"嫌"字的意义是"deceptive resemblance giving rise to uncertainty as to the correct identification; to be so deceptively similar as to give rise to uncertainty with regard to the correct identification"（相似得使人误解或者怀疑一件事物的真相）。

这个例子表明你要确定一个字的意义不能只靠辞典。我自己认为我的文章《论先秦与汉代文本中"嫌"字的意义》①是我在语义方面比较重要的贡献。

五、关于汉语表达情态方式的研究

每一种语言有不同的方式表达情态（modality）。在很多语言中某一种方式能表达两种不同的情态。让我先举几个英语的例子。

"He may come tomorrow."这个句子可能有两个意思。要是我们不知道这句话是在哪种情况下讲的，我们没法决定其意义是"他可以明天来"或者"他也许（可能）明天来"。要是我们把主语改成第二人称代词，句子的意义很明确："You may come tomorrow."即："你可以明天来。"

情态有两种：表达必须性的情态（modality of obligation）和表达可能性的情态（epistemic modality）。英语的情态动词 might，may，could，can，should，ought to，would，will，must 都可以用来表达这两种情态。英语用不同的方法消除两可的解释。有的动词和形容词好像本身就能消除两可的解释："You must know it!"可能有两种解释，可是"You must learn it!"只能译成"这你必须学习！""You must be quiet!"中的 must 表达必须性的情态，可是"You must be mad!"表达可能性的情态。

英语动词的时态（tense）也常常具有区别两种情态的作用。"He must have come today."只能译成："他可能（肯定）是今天到的。""He must be considering this problem."只能译成："他肯定在考虑这个问题。"

在我的文章《关于古代汉语表达情态的几种方式》②中，我曾详细地讨论《左传》中"其"字的不同作用和意义，指出"其"字既能表达必须性的情态，又能表达可能性的情态。我也指出哪些语词或者句型能起区别两种情态的作用。我在这儿只举几个例子："君其立之""君其朝焉""吾其从王"，这些例子表达必须性的情态；"不及百年，此其戎乎？""其九月十月之交乎？""其天所启也？"，以上几个例子表达可能性的情态。

---

① "On the meaning of the morpheme 嫌 in Pre-Han and Han Texts"，见《"中央研究院"历史语言研究所集刊》，第 39 本，1969。

② 载《中国语文》，1982 年第 2 期，109～118 页。

我翻译《西游记》的时候，当然注意到文本中的语法和意义的特点。我发现这部小说里的"可"字跟古代汉语"其"字一样会起表达两种情态的作用。这个题目我在我的论文《论〈西游记〉中的必要性情态和表达可能性的情态》①中论述过。我在这儿只举几个例子：

> "兄弟，不可违了师命！"
>
> "徒弟，不可伤他性命！"
>
> "你可快下天宫！"
>
> "你再不可无礼了！"
>
> "可请我么？"
>
> "你可认得你丈夫么？"
>
> "你可记得么？"
>
> "可曾捉得妖怪？"

六、作为翻译家的汉学家

在欧美及其他地方仍有些心眼狭窄的汉学家不把翻译当回事看，他们坚持一个学者应该全心全意地投入到研究工作上，不应该浪费时间翻译文学作品。捷克著名的汉学家普实克（Jaroslav Prusek）教授曾强烈地辩驳道，同时致力于文学研究与翻译能对彼此有利。他在 1970 年出版的《中国历史与文学》（*Chinese History and Literature*）一书的序言中曾写道："作为一个通则，一部作品的翻译会让我对作者及作品产生更深层的兴趣，并且会提出某些会让我去寻求解答的问题。我同样也发现，你把一部外文的作品翻出来，而且对其美学结构和风格具有亲密的感悟之后，你才能讲出比较有内涵的东西。"

普实克教授致力于翻译工作不只是想要对文学作品做更深入的研究而已，他更强调中国文学，不论是用文言、早期白话文还是用现代白话文所写就的，都是世界文学的一部分。我十分确信普实克教授也会同意我的观点：

---

① "On the modalities of obligation and epistemic necessity in the *Xiyouji*"，见《"中央研究院"第二届国际汉学会议文集》，505～518 页，台北，1989。

对一个精通汉语的学者而言，花些时间在翻译上是他应尽的义务，因为这可以使他的同胞们有机会欣赏学者自己所爱好的文学杰作。这样做，翻译家就可以一面为他的祖国，一面为中国提供有价值的贡献。然而不幸的是，仍然有许多学术单位中的人拒绝让翻译作品当作任职或晋升的主要资格作品。还有，翻译工作照例报酬很低，从而许多学者不能花太多宝贵时间和精力在其中。

我早在1947年偶然开始把中国文学作品译成我的母语。我记得我所翻译的头两篇是陶渊明的《桃花源记》和欧阳修的《秋声赋》。我1965年就任斯德哥尔摩大学教授以后，才开始大量地翻译中国上古、中古、近代和当代文学作品。要是按照书本算的话，可能达到四十几本吧，要是算个别诗和短篇的话，很可能达到好几百。我翻译的范围比较广泛：《诗经》的《国风》《楚辞》的《九歌》，汉朝的五言诗与乐府，南北朝的诗、文章与清谈，唐宋时代的诗词与文章，佛教语录，明清小说（包括《水浒传》与《西游记》）。现代与当代作家的作品译得最多的是沈从文、高行健和李锐。我对当代中国大陆与台湾的现代与当代的诗歌很感兴趣。20世纪80年代初的朦胧诗人的作品译得比较多，也大量翻译了台湾诗人的作品，如纪弦、洛夫、痖弦、余光中、商禽、罗门、罗青、杨牧及夏宇等的。

我相信每一位翻译家有他自己的翻译方法。我的方法非常简单：我开始翻译以前，把作品读了又读，要好几次。我读到我能听到作者的声音，听到他的呼吸，听到他语言的节奏，工作就完了，只有把译文写下来。我不知道听众中有没有搞翻译的人，要是有的话，我愿意劝他们试一试我这个方法。

据我看，一位翻译家是有两个主人的奴隶：一个主人是他的读者，另一个主人是他所翻译的文本的作者。他一定得对得起那两个主人。一位翻译家所面对的是一篇文本。他的义务是把那篇文本尽可能好地译成另外一种语言，一般来说是他自己的母语。他什么都不能加，什么也不能删掉。原文的作者是一个创造者，可是翻译家不该创造，他只是一个非常熟练的匠人。那匠人的工作是非常重要的，他建筑的桥梁，是两种文化之间的桥梁。

七、中国现代文学的介绍

1979年我加入了一个规模很大的国际性的计划，那计划的目的是编四本

书，把中国从 1900 年到 1949 年的文学作品介绍给西方的读者。总题目是
《1900—1949 年中国文学导读》（*A Selective Guide to Chinese Literature 1900-1949*）。那四本书要介绍 100 本小说、100 本短篇小说集、100 本诗集和
100 本戏剧集。我这可怜的人被选作那个计划的总编辑。来自欧洲十一个国
家及澳洲、加拿大、美国以及中国大陆、香港、台湾等国家和地区的超过百
名学者参与了这个计划。这个编辑工作使我在整个 80 年代用掉了大部分的
零散时间。

这个计划的成果后来出版于 1988 年至 1990 年，由荷兰莱顿大学出版。
我有时候怀疑这个计划的成果是否抵得过投掷在其中的时间和精力。但是每
当我陷入怀疑时，就想到许多中国作家因为他们没有完全被遗忘，以及他们
的著作在西方世界获得承认而感到极大的欣慰。此外我也坚信来自世界各国
的参与这个计划的年轻汉学家都因与老一辈的学者合作而受益很多。

八、对自我的评价

在这场演讲中我试着尽可能地用真诚的方式来将我自己呈现给各位。如
果要我简要地对自己的学术特色做一番评估的话，我会说我是一个博而不精
的人（Jack-of-all-trades）。我的著作曾在许多不同的领域发表，包括方言学、
语音学、历史音韵学、现代汉语语法、早期白话语法、古代汉语语法、唐诗
宋词的格律、语义学，尤其是上古与中古汉语表达情态的方式。我对我研究
中的某些成果还感到颇为满意，这包括我对汉语四声在"细语"（whispered
speech）中的表现所做的研究，还有我的《公羊传》和《穀梁传》的研究，
我对汉语表达情态的研究，以及对个别字的意义和作用的研究。其他都属于
老生常谈，是微不足道的。

如果我当初能有选择，不把兴趣分散在这么广泛的领域，那么我就有可
能完成《左传》的译注以及全面的关于《左传》的语法研究。但往事已矣，
也没有后悔的必要！

哈瑞·马丁松与中国文化[*]

[瑞典] 万 之

　　哈瑞·马丁松（Harry Martinson，1904—1978）是瑞典文化界公认的继奥古斯特·斯特林堡（J. A. Strindberg）之后最有影响的作家之一。1974 年他和另一位瑞典作家艾温德·约翰松（Eyvind Johnson）分享诺贝尔文学奖。瑞典文学院的颁奖词称赞他的写作是"捕捉了露珠，映射出宇宙"。"露珠"一词形象说明他对微观世界的兴趣，而"宇宙"一词反映他对宏观世界的思考，两者结合表现了他对自然的关注。

哈瑞·马丁松

来源：瑞典文学院官网。

---

　　[*] 原载《跨文化对话》，第 21 辑，248～259 页。

近年来，马丁松在世界文学和瑞典文学中的地位越来越引起人们的重视。① 一方面，这是因为他写作的题材广泛涉及 20 世纪以来人类面对的许多重大国际问题，在很多方面可以说他是个预言家，预见了很多"全球化"的现代社会的问题。拉森就指出："马丁松的写作如镜子映照出 20 世纪的重大问题。这些问题包括社会不公和专制，包括战争与和平，包括商业文化与汽车文化，包括核武器与环境破坏。"② 另一方面，世界各国翻译马丁松的作品日渐增多，例如日本最近出版了他的长诗《阿尼阿拉号》（*Aniara*，1956）日语版。这对促进他的作品和思想研究也有推动作用。不过，因为马丁松是本土色彩非常强、非常民族化的作家，他的文学语言有典型的地方色彩和风景，有非常难翻译的瑞典地方语言特点，也许这是他在其他语言和文化中影响依然有限的一个原因，如拉森所说，"他在国外还是相对来说无人知晓"③。

因此，与其他著名瑞典作家如奥古斯特·斯特林堡、塞尔玛·拉格洛芙（Selma Lagerlöf）、阿斯特丽德·林格伦（Astrid Lidgren）等相比，马丁松在中国确实也是"相对来说无人知晓"。他的作品，据我所知，还没有一本完整的翻译著作出版。1997 年，我曾经翻译过他的代表作《荨麻开花》（*Nässlorna blomma*，1935）片段，发表在当年的《当代外国文学》上，这大概是他的作品首次被介绍到中国。2004 年瑞典庆祝马丁松百年诞辰，举行了一系列活动，包括皇家剧院上演其唯一一部剧作《魏国三刀》（*Tre knivar fråan Wei*，1964），我曾经为参加演出的中国编舞人员翻译过剧本，但也还没有在中国找到出版者。中国文学界对马丁松的了解之短浅确实令人汗颜。

相对而言，马丁松对中国文化包括哲学、绘画与历史等多方面却显示了浓厚兴趣。就他对中国文化的热情和中国人对他的冷漠而言，彼冷此热，显得尤其不平衡。他对中国绘画方面的兴趣则和他本人除了写作也从事绘画有关，其钢笔线描艺术的空灵颇得中国山水画之神。拉什·拜里耶

---

① 艾斯普马克（Kjell Espmark）：《大师哈瑞·马丁松》（*Harry Martinson Mästaren*），178 页，Norsteds，2005。

②③ 拉森（Ulf Larsson）：《哈瑞·马丁松：捕捉露珠反映宇宙》（"Harry Martinson: Catching the Dewdrop, Reflecting the Cosmos"），瑞典文学院（Swedish Academy）网页，2004 年 6 月 4 日发布。

伦（Lars Berglund）就曾在瑞典报刊撰文指出"马丁松和中国哲学与艺术有非常活跃的关系"①。马丁松还认为中国的道家哲学和阴阳学说是当代人类处理其与自然关系问题的较好解决方案。他在其论文集《陀螺》（*Gyro*，1985）中就提出了这种观点。中国哲学也很明显地影响了他的著名长诗《阿尼阿拉号》的创作。剧本《魏国三刀》显示出他对中国历史的了解，并利用中国历史事件作为故事情节，和当时利用中国题材创作剧本的布莱希特（Brecht）不谋而合，不同的是，马丁松采用的又是古希腊悲剧的三一律结构。

本文试图分析马丁松这样一个既有非常典型瑞典本土色彩而又非常国际化的作家，虽然从未到过中国②，为什么对中国文化有如此浓厚兴趣，以及他如何对待中国文化，并用之于自己的写作。作为一个来自中国的作家，对我来说，这也是和一位瑞典作家的文化对话，是偿还我们积欠他的文化债务。

一、马丁松的生平与创作

要了解马丁松对中国文化的兴趣，了解他为什么能捕捉"露珠"而又能展示宇宙视野，我们必须了解他的生平和文学创作活动。特别是对不熟悉马丁松的中国读者来说，有必要多加介绍，尽管在会议发言时间限制下我也只能比较概括简单地介绍。

马丁松 1904 年出生在瑞典南部布列京郡（Bleking）与斯科纳郡（Skåne）交界处的延姆斯赫格（Jämshög）。幼年时父亲即因受破产打击而早亡，家境贫寒，母亲丢弃孩子移居美国。马丁松从七岁开始就由社区安排寄

---

① 拜里耶伦（Lars Berglund）：《自然轮回》（"Det Naturiga kretsloppet"），载《劳动报》（*Arbete*），1989 年 6 月 14 日。

② 在撰写本文时，笔者咨询过好友、瑞典"马丁松学会"现主席约然·贝克斯特朗（Goeran Baeckstrand）有关马丁松是否去过中国的问题。约然表示否定并向马丁松的女儿爱娃（Eva）确认，后者亦表示否定。马丁松曾经做过远洋海轮水手，1962年应瑞典《每日新闻》（*DN*）之约再做环球海上旅行并做报道，到过美国、日本、澳洲、印度等地，但是没有经过中国。参见马丁松：《环球旅行记》（*Jordenruntresan*，2003）。

养在别人家，直到十五岁时逃离家乡出海当水手闯荡世界。关于寄养生活，马丁松在他著名的自传体小说《荨麻开花》和《出路》（Vägenut，1936）中曾经用幽默而又感伤、充满幻想而又陌生间离的语气进行过描写。其中的主人公马丁自然是他本人的影子，也早已显示了文学的才能，善于用文字来给现实和自然镀金绘彩。从小说中可以看出，由于孤独，幼年的马丁松时常一人在森林漫游独自遐想，就近观察自然，这段经历对他一生注重与自然的关系颇有影响。自然既是他的归宿也是他的出发点。在他的文学作品中，充满描写自然的丰富词汇和细节，而同时结合了作家自称的"草丛中的思考"①，他从自然出发探索丰富精神世界和宇宙的奥秘。

离开森林投奔大海担任水手，马丁松在另一自然环境中获得了更多人生体验。他漂泊游历南美、印度、日本和澳洲等很多国家和地区。这段海上生活的经历后来他在游记《无目的的旅行》（Resor utan mål，1932）以及广播剧《拯救》（Salvation，1937）、《来自摩鲁卡斯的鲁特生》（Lotsen från Moluckas，1937）中有生动描述。这些剧本后来收入《瑞典广播剧，1947—1948》中出版。

结束海上生活回到瑞典后，马丁松在斯德哥尔摩零散打工数年，当过伙夫。这时的经历后来都在小说《到达钟国之路》（Vägen till Klockrike，1948）中反映出来，其主人公布勒（Bolle）身上就表现出马丁松本人的哲学观念。这本小说残剩的资料在他死后以《布勒故事》（Bollesagor，1983）结集出版。

还是在做水手和伙夫期间，马丁松就在工会杂志如《水手》（Sjömanen）以及社会主义的刊物如《火焰》（Brand）等杂志上发表文学作品，主要是抒情诗歌。而他自己出版的首部单本作品是 1929 年的幻想小说《鬼船》，明显受到英国作家吉普林的影响。从 1929 年起马丁松和瑞典著名无产阶级女作家莫阿·马丁松（Moa Martinson）同居，后来正式结婚。他也参加了伦德奎斯特发起的文学小组并共同出版《五青年》（1929），已经成为比较引人注目的作家。1931 年，他的现代主义自由体诗集《诺玛德》（Nomad）出版，以其清新的语言和丰富的形象而深受好评。从其诗歌中我们不仅能看出美国

---

① 拉森（Ulf Larsson）：《哈瑞·马丁松：捕捉露珠反映宇宙》（"Harry Martinson: Catching the Dewdrop, Reflecting the Cosmos"），瑞典文学院（Swedish Academy）网页，2004 年 6 月 4 日发布。

现代派诗人惠特曼及马斯特斯等人的影响，也能看到他和同代的很多欧美现代诗人一样，已从中国抒情诗歌中学习比兴手法。1934 年他又出版了诗集《自然》（*Natur*），由于涉及了一系列当代的重大问题，某些评论家甚至谐称书名更可叫作《不自然》（*Onatur*），从此诗集中也能看到超现实主义和印象派的抒情诗包括苏联诗人马雅可夫斯基的影响。作为富有幻想和艺术气质的作家，马丁松不仅擅长语言创作，也有绘画才能。他和瑞典现代主义画派"X-ET"的很多画家过往甚密，同时自己也创作了很多油画，主要是工人肖像和自画像，富有超现实主义手法和异国情调的风景。

20 世纪 30 年代马丁松除了出版一系列诗集和自传体小说外，还有一些散文和游记，都收入在《蝗虫与螳螂》（*Svärmare och Harkänk*，1937）、《仲夏山谷》（*Midsommaldalen*，1938）、《简单的与困难的》（*Det enkla och clet svåra*，1939）之中，在最后这本书中他自己还画了插图。

马丁松在瑞典文坛崭露头角之后，一度被人评为"最金黄"的无产阶级作家。这让我想起另一位在中国很有影响的苏联无产阶级作家高尔基。两人有很多相似之处：一样有不幸童年，一样有底层生活经历和工人阶级背景，一样是在社会、在人间完成自己的"大学教育"。但马丁松和高尔基个性不同，生活社会环境迥异，因此文学创作和思想发展也有不同：在文学上，马丁松像同代多数西方作家一样走向现代主义，而高尔基被纳入苏联"社会主义现实主义"轨道；在思想上，马丁松保持自由主义姿态而不是像高尔基那样"左"倾。因为童年生活非常不幸，所以马丁松一度表现出的光明乐观的生活观更让人感到特殊。但后来的世界局势，包括第二次世界大战和原子弹的令人恐怖的发展，使他对工业社会的发展越来越持否定态度。现代工业技术给马丁松带来的忧虑很早就明显反映在他的第一本原创性小说《失去的美洲豹》（*Den forlorade jaguaren*，1941）中。但在二战期间，他创作很少，主要原因也是因为得了肺病，此后身体状况就一直不佳，直到去世。不过二战刚发生时，马丁松曾自愿报名参加芬兰的冬季战役，并把自己在战场上看到的写成报告文学集《走向死亡的现实》（*Verklighet till döds*，1940）。

1945 年他又出版了一本最引人注目的诗集《顺其自然》（*Passad*）。和他早先的乐观而外向的理想对比，诗人现在明显转向内在的哲学思维，特别是东方文化的道家学说。他以表现主义的抒情形式来展现"极端之恶"。除了注重对自然的描述之外，他对文化和哲学的问题也一直有更浓厚的兴趣，而其中的灵感多来自中国文化。这种倾向在他后来的诗集《从一个草丛眺望》(*Utsikt från en grästuva*，1963)以及剧本《魏国三刀》中更为明显。

在 20 世纪 20、30 年代还对现代的"机器文明"表现出赞赏的马丁松，现在对大工业和技术发达的社会野蛮掠夺自然资源的生产表示不满。可以说，马丁松是最早的环保主义者和生态主义诗人。这点最明显地表现在他的诗集《茨卡达》(*Cikada*，1953)、《图勒的青草》(*Gräsen i Thule*，1958)以及《车辆》(*Vagnen*，1960)中。对于未受破坏的自然的呼唤之情，以及人类对自然的责任，还表现在他死后出版的诗集《沿着回声的小径》(*Längs ekots stigar*，1978)及《多丽德人》(*Doriderna*，1980)中。

和这些诗集形成对照的是他的幻想史诗《阿尼阿拉号》。这首长诗描写宇宙飞船"阿尼阿拉号"如何把人类撤出被毁坏的地球，但飞船控制机制也遭毁坏，飞船上的人类最后被抛入了空荡无边而寒冷的外星空间。他对未来的预见以及充满幻想的风格，使这部作品被评论家赞为"我们这个时代的星球之歌"，是当代少有的史诗作品，因此也奠定了他作为斯特林堡之后瑞典文学最伟大作家的地位。

马丁松生命的最后几年有些暗淡。除了肺病的原因，还有部分原因是因为他和约翰松 1974 年分享诺贝尔文学奖之后，招致了瑞典文学界和舆论界的强烈批评，因为他们都是颁奖机构瑞典文学院院士（马丁松在 1949 年当选院士），所以有"自我分赃"嫌疑。这种批评使他郁郁寡欢，四年后就辞别人世。

二、《陀螺》与中国道家哲学

马丁松对中国文化的兴趣最集中表现在他的哲理论文集《陀螺》中。其中收集的十四篇文章大都写于 1947 年前后，即第二次世界大战结束两年前左右，当时曾在不同报刊上发表。二战，尤其是在日本广岛爆炸的原子弹显然对马丁松的思想产生了重大影响，使他重新思考对人类、对西方现代工业化社会及对整个世界的看法，并形成一套独特的个人化的思想体系。面对西方现代工业化社会自身产生的问题，对于资源争夺、战争和屠杀，他希望能从西方之外去寻求解决方法或出路，这应该是不奇怪的，可以说这是导致他对中国文化产生兴趣的大环境。马丁松 1956 年创作的著名长诗《阿尼阿拉号》是他这种出路思想的艺术体现，而他去世七年后收集在《陀螺》中出版的这些文章则是这种思想的直接的哲理陈述。

在《陀螺》中，马丁松发展了一套他称之为"陀螺理论"（gyralitetteori）的学说，明显可见中国文化特别是道家哲学思想对他的影响。"陀螺"的形象动中有静，静中有动，在旋转中保持着稳定，显示老庄思想特有的辩证态度，并且还显示阴阳图像互补相生，似有始有终而又无始无终的形态。在《机械性与陀螺性》一文中，马丁松认为"整个生命其实都在于它是已建立的螺旋性，能把不持续性转化为持续性"（85页）。

同时我们可以想象这种"陀螺"的旋转酷似地球的运动，这里可以看出马丁松作为诗人的特殊想象能力和形象思维能力，他能超越至宇宙太空反观地球并思考关注其运动的形态。所以，他自己强调这不是机械性的理论，不是相对论，也不是哲学，而是"一个诗人的理论，一个诗人的思想体系"（87页）。后来，一些研究马丁松的学者和批评家将其定义为"自然的科学"（nature's science）。马丁松的这种想象和形象，使他和那些理论可能严密、有逻辑但空洞抽象概念化的哲学家区别开来，而他的相对比较系统的理论体系，又使他和许多20世纪的现代作家和诗人有了明显区别。像他这样系统质询现代化问题，并在哲学上、理论上有所发展自成一家的诗人、作家在20世纪是比较少有的，大概只有存在主义作家萨特可以相比。

最清楚表明道家思想对马丁松的影响的是《陀螺》中的一篇《良性可能》（"Den godartade möjligheten"）①。在此文中，马丁松认为，中国的道家学说为人类的健康发展以及重建与自然的关系提供了一种"良性可能"：人"通过自然，通过自身的自然化，可以达到人类普遍之爱，即宁静、平和、自由、开放。人不会疲于奔命，不会精疲力竭"（108页）。

在此文中马丁松提出的第一个问题就是对科学和知识的态度。众所周知，从文艺复兴到启蒙运动都以科学知识为追求目标，因此培根有"知识即力量"一说。中国的五四新文化运动也以科学为口号。知识特别是科技对推动人类社会的发展、建立现代生活方式确实作用巨大。但马丁松却意识到，人类掌握知识越多，对自然的破坏越厉害。科技的发展，包括原子弹的制

---

① 笔者已将此文翻译成中文，载《跨文化对话》，第21辑，260～265页。

造，带来的不仅是进步，也可能是灾难。科学与理性中缺少了道德和伦理的精细思维。他认为道家保持自然的、不刻意追求知识的态度反而是可取的。对于道家来说，真实和真理，是一种安静稳定而又像"陀螺"旋转的状态。人可以通过所谓"静悟"来达到真实，而不需要像现代科技那样，通过分析理论，通过拆解事实，来发现真实。例如，他强调说，"质量的世界是无法用数量的世界来解释的"（11 页），也就是说，无论怎样做量化分析，也无法认识本质，即自然。无论数量如何增加，也不会影响自然的本质。

由此，还可以看出他对"进步"这一观念的怀疑。进步表现一种线性的时间观念，是属于两维而单向的运动，时间永远向前而不会倒退，所以我们无法恢复过去，只能不断被推向未来，并指向一个终极。但是如果我们在"陀螺"旋转运动中引入时间观念，我们可以认为时间不是线性而是圆周的复始运动，既是向前又是不断重返过去的过程，是一种稳定的多维度状态。这更是模拟式而非数字化的。①

另一个问题就是如何看待城市的发展。从前面介绍的马丁松生平，我们就可以看出他自幼对自然更有亲和态度，而与人的关系反而疏离，对家庭失望，对城市恐惧，对社会怀疑。可以说，马丁松后来虽然也长期居住在哥德堡和斯德哥尔摩这样的大都市，但他在精神上一直是代表着乡村和自然的诗人，总是站在城市的对立面，对城市表现出怀疑和否定的态度。这种态度在《良性可能》中有比较清楚的表达。他认为现代化带来的问题之一就是城市化，而城市化也导致其他种种问题，如生态的失衡、传染性疾病等，而关键就是城市使人远离了自然。

由此我们还可以看出，马丁松对中国文化的肯定和欣赏不是盲目而无知的，而是有选择的。他只欣赏道法自然的道家思想，而明显对中国儒家持有怀疑的态度，因为儒家的道路不是通向自然，而是通向殿堂、通向城市、通向等级的阶梯，也通向执行法律的刑场。

马丁松在《陀螺》中所质疑的问题，可以涉及人类的终极目标问题：我

---

① 参见格兰拜里耶（Ingegerd Bodner Granberg）：《穿戴在画、诗与传奇中的智慧》（"Visdom Klädd I bild, dikt och sage"），见马丁松协会（Harry martinson Society）纪念其百年诞辰的专集《论一个作家之创作的五个声音》（5 *räster om ett författarskap*），Harry martinson Society & ABF Stockholm, 2004。

们到底要什么？现代科技和工业社会是否能和人的更深层的内心需求保持和谐？自然科学，或一般的科学，能否对我们生活的种种问题都提供真正的解答？如果科技依然主宰人的思维，而不遭遇挑战，那么我们人类滋生的价值到底在哪里？由于提出这些问题，马丁松因此也被看成环保运动的先驱人物之一，是 20 世纪 60 年代的绿色和平运动的推动者。他对人类生存环境感到忧虑，因此敲响了警钟，而成为一个格兰拜里耶所说的"诗意的卡桑德拉警告者"（Kassandravanare）①。"马丁松成为对现代文明所行路线发出声音警告的人。但当人们对于将社会改造为最好的世界非常乐观的时候，几乎没有悲观主义或怀疑主义的活动余地。"②

　　尽管马丁松在《陀螺》中表达了他对人类现代社会发展和科技发展破坏自然的失望，对二战和投在广岛的原子弹的失望，但他和当时弥漫西方文化界的悲观论调和存在主义哲学还是不同，他实际上还保持着对自然的信心，对生命源泉的信心，而这种信心获得了来自东方文化的呼应。在《良性可能》中，他提到了《道德经》，提到了老子和庄子。这些中国经典早有瑞典文的译本③，所以马丁松虽然没有到过中国，仍然有很多机会了解道家思想。但我不认为道家思想给了马丁松启示，不认为他像学生接受老师的教诲一样接受道家的理论，而是马丁松本人天性中对自然的热爱，他和自然的亲密关系，他对城市的厌倦，他对宇宙的想象思考，使他在阅读道家著作时感到了回应，"陀螺理论"可以看成是他和东方文化对话的结果。

　　当然，马丁松对中国道家思想的理解及其在"陀螺理论"上的运用未必是符合道家本意的，或者说是"正确的"。这种文化"误读"在跨文化研究中已经是常见现象。是否正确理解"他者"其实并不重要，重要的是借助"他者"确立了自己的位置。即使"误读"，马丁松对自然的关注，对科学的

---

① 参见格兰拜里耶（Ingegerd Bodner Granberg）：《穿戴在画、诗与传奇中的智慧》（"Visdom Klädd I bild, dikt och sage"），见马丁松协会（Harry martinson Society）纪念其百年诞辰的专集《论一个作家之创作的五个声音》（*5 räster om ett författarskap*）。

② 马丁松协会（Harry Martinson Society，1980/2004）：《哈瑞·马丁松百年纪念碑——多面的马丁松》（"The centennial commemoration of Harry Martinson—2004 The multifaceted Martinson"），见该会网页：http://www.harrymartinson.org/goesinside/。

③ 参见《跨文化对话》第 21 辑介绍瑞典汉学的有关文章。

批评,对知识力量的理解和质疑,确实可以为我们打开一条思路,确实提供了一种"良性可能"。

三、《魏国三刀》的中国背景

在西方文学中,戏剧艺术占有崇高的地位,很多作家以莎士比亚为楷模,很多诗人和小说家都做舞台梦,而马丁松也一直想成为戏剧家。但他一生只创作了一个剧本,这就是以中国历史为背景的《魏国三刀》。此剧本的构思与创作也是在 1947 年前后就已经开始了,与《陀螺》所收文章的写作同时。但作者为此剧花费的时间、精力却不可相提并论,历时十七年才算基本完成,现存乌普萨拉大学卡罗琳图书馆的剧本底稿就占了四个纸箱。有的是打字机正式打出的,有的则是涂鸦式的草稿手迹;有的是正规稿纸,也有的就是便笺信纸,甚至香烟壳的内面,显示作者捕捉某些想法时的匆忙。这说明作者经常苦思剧本的细节,整整十七年都在磨炼这一剧作,数易其稿,增删取舍,呕心沥血。他的开头就有过多种不同草稿。每有新的想法,他就赶紧写在随手可抓到的纸片上。

1964 年,享誉世界的瑞典影剧导演英格玛·伯格曼(Ingmar Bergman)帮助马丁松从仍然零乱的草稿中整理出了一个演出本,亲自执导,终于把它搬上了瑞典皇家剧院(即国家剧院)舞台,这大概也是送给作者的六十岁生日礼物。但是,这次演出并不成功,未引起戏剧界的重视,连伯格曼的声誉也帮不了什么忙,所以首演数场之后,世界上就再没有一个剧院、一名导演有兴趣把它搬上舞台。如此过了四十年,2004 年瑞典皇家剧院借马丁松百年诞辰的时机再次尝试,而且是花费很高的大制作。导演是现为瑞典戏剧导演、皇家剧院院长兼艺术总监斯达番·瓦德玛尔·霍尔姆(Staffan Valdmar Holm),舞台美术设计则是他的夫人、丹麦籍著名舞美设计本特·吕克·摩勒(Bengt Lykke Moeller),演员中包括了瑞典戏剧界公认的头牌女伶斯迪娜·艾克布拉德(Stina Ekblad)等十四名著名女演员,而编舞和动作设计则特邀旅居瑞典的华裔著名现代舞蹈家江青,如此强大阵容在瑞典大概无出其右,应该是台出彩好戏。但首演之后,瑞典报纸的评论还是毁誉参半,有些评论家承认导演、表演、舞美动作皆可圈可点,有可赞之处,但批评的人恐怕更多一些,而主要还是针对剧本本身。

　　马丁松要做戏剧家的梦想显然不太成功。我在翻译剧本时就感到，马丁松虽然是诗歌、小说的大师，还因此得了诺贝尔文学奖，却绝不是好的剧作家，不熟悉舞台，也不懂得戏剧性，所以他的剧本结构比较杂乱，原来就不适合上演，把它搬上舞台确实是吃力不讨好的事情。但笔者的目的不是研究其失败之因，不是分析剧本的缺陷，而是追问他为什么会编写一个以中国为背景的剧本。西方作家利用中国题材写剧本并不多见，比较著名的有 18 世纪意大利剧作家高基创作过《图兰朵》（1762），后被歌剧作曲家普契尼改编成著名歌剧 （1921）；再有现代德国剧作家布莱希特创作过《四川好人》（1940）和《高加索灰阑记》（1948）；等等。《图兰朵》追求异国情调，而布莱希特力图使观众保持理性的 "间离效果"，都绝非引领观众进入真正的中国。那么，马丁松又是出于什么样的目的，也舍近求远去中国历史中寻求素材呢？

　　《魏国三刀》取材于 7 世纪中国唐代，主要剧情是：唐朝女皇武则天当政时期排斥异己大兴冤狱，迫害当时众多贵族世家，诛三代灭九族，也把有些贵族女眷流放北方边陲，在一个修道院似的女校严格修行，美其名曰 "罪减半等"，而这一宽大还有一个条件：如果北方鞑靼人来犯，这些女眷就必须自尽，不可被奸污而失节失身，不敢自尽者就由一个女祭司用刀处死，而这些贵族女眷的头饰有三把尖刀，是谓 "魏国三刀"。主管女校的女教头施嬷忠实于女皇规范，兢兢业业，严格训导女囚，同时又有恻隐之心，希望女囚都有条活路，然而她的种种努力最后都告失败，结果是在鞑靼人攻入之前，全体女囚包括施嬷本人都引颈就戮，让女祭司用刀杀死毙命。落幕时满台死尸，甚是悲壮，或称悲惨。

　　我在翻译此剧本的过程中就感到，此剧的创作颇能凸现跨文化层次上的问题，也是现在的文化批评经常触及的模式：在 "他者—自我" 文化对立中，对 "他者" 的描述、图解和诠释实际是为了 "自我" 的认同。表面上，尤其是对于不熟悉中国历史的瑞典观众来说，他们自然会以为他们从舞台上所看到的、所听到的一切都具有历史再现的意义，可以带领他们进入历史的中国。舞台诠释似乎也对应一个历史现实，力图通过服装和舞蹈来表现东方色彩，包括介绍演出的小册子也都介绍唐代历史和女皇武则天，还请汉学家来写序，等等。然而，这种准东方主义的表演其实在实质上和中国的历史现实并无多少关联。我也曾经花费一定时间去查证历史资料，包括考证唐代是否存在这样的女校，是否有这样的佩刀头饰，是否有"罪减半等"之类，但很快意识到自己险入歧途。因为马丁松实际上绝非再现中国历史的真相，依据真实的历史，作为戏剧艺术创作他完全有想象、拼接和编造的权力。实际上他已经说明其中有的场景是采用巴厘岛的佛教仪式，有些是和日本的祭祀仪式有关。

可以说，马丁松需要的其实仅仅是一个中国历史的背景，而非真正想引领读者回到历史的中国。借助这个背景，他能提供一种与当时流行欧洲的存在主义戏剧不同的思路，而他对独裁专制的描写也反映了一个当代的主题，可以看出他从早年的社会主义立场的转变。个人选择、自由与专制规范的冲突在本剧中是鲜明突出的。他通过剧作想研究的是个人处于一个封闭、压抑甚至荒诞的情景中是否可以做出选择。因此，他在结构上采取了欧洲古典戏剧的"三一律"原则（即一个地点、一天或者一个比较短暂的固定时间、一件事件）。"中国"的意义在这种结构中就自然消解了。

四、结论

20 世纪受中国传统文化影响的欧美作家可谓群星灿烂，受中国古典诗歌启示而发展意象派诗歌的诗人庞德，受中国戏剧特别是梅兰芳舞台艺术影响而发展其"史诗剧"理论的布莱希特，算是其中翘楚。就中国哲学思想而言，卡夫卡与中国禅宗的渊源曾有美国当代著名女作家奥茨点破机关。美国剧作家，亦为诺贝尔文学奖获得者（1936）尤金·奥尼尔（Eugene O'Neill）晚年也对中国的道家哲学有明显兴趣，并将自己最后设计建造的住宅命名为"道宅"（Tao House）。所以，马丁松也从中国文化中吸吮乳汁营养毫不奇怪。

不过将奥尼尔与马丁松比较，我们可以看出他们对道家的兴趣有不同的出发点：奥尼尔几乎完全出自个人化的出世解脱目的，而马丁松是希图用道家来解释和解决现代人类社会的弊端问题，与他的自然观和宏观视野密切相关，也和他对社会制度与个人命运的联系思考相关。只有从这个背景上，从第二次世界大战后的整个西方文化背景上看，我们才能理解马丁松对中国文化的兴趣所在。"他山之石，可以攻玉"，他是要借中国文化中的利器，来破解现代社会的问题。而与这段时间泛滥于西方的存在主义哲学或荒诞戏剧相比，和庞德或艾略特那样的现代派诗人相比，马丁松的诗文戏剧创作既独特又清新，确实如露珠晶莹，而又透射出宇宙思辨的哲理光辉。

可惜的是，从文化对话来看，他的"走近中国文化"仿佛是条单行道，只有他走来而没有我们向他走去。在中国，马丁松至今没有一本中文译著出版，甚至很多中国作家都不知其名。希望借助这次会议发言，这篇短文，这一现象有所改观。更重要的是，在我们追求知识，在我们如此迷恋城市文明，在我们相信进步和现代化的时候，我们不可忘记马丁松的警告。

参考文献：

1. 拜里耶伦（Lars Berglund）：《自然轮回》（"Det Naturiga kretsloppet"），载《劳动报》（*Arbete*），1989 年 6 月 14 日，星期三。

2. 艾尔富尔特（Sonja Erfurth）：《哈瑞·马丁松的童年世界》（"Harry Martinsons barndoms värld"），见《哈瑞·马丁松风景研讨会文集》（*Harry Martinsons landskap，dokumentation av ett symposium*），Brevskolan，1984。

3. 艾斯普马克（Kjell Espmark）：《哈瑞·马丁松与微型艺术》（"Harry Martinson och miniatyrens konst"），见《哈瑞·马丁松风景研讨会文集》（*Harry Martinsons landskap，dokumentation av ett symposium*），Brevskolan，1984。

——《大师哈瑞·马丁松》（*Harry Martinson Mästaren*），Norsteds，2005。

4. 格兰拜里耶（Ingegerd Bodner Granberg）：《穿戴在画、诗与传奇中的智慧》（"Visdom Klädd I bild，dikt och sage"），见马丁松协会（Harry martinson Society）纪念其百年诞辰的专集《论一个作家之创作的五个声音》（*5 röster om ett författarskap*），Harry martinson Society & ABF Stockholm，2004。

——《到魏国之路》（"Vaegen till Wei"），见纪念马丁松百年诞辰《魏国三刀》演出的节目手册，瑞典王家剧院出版，2004。

5. 哈尔（Tord Hall）：《自然哲学家哈瑞·马丁松》（"Naturfilosofen Harry Martinson"），见《哈瑞·马丁松风景研讨会文集》（*Harry Martinsons landskap，dokumentation av ett symposium*），Brevskolan，1984。

6. 拉森（Ulf Larsson）：《哈瑞·马丁松：捕捉露珠反映宇宙》（"Harry Martinson：Catching the Dewdrop，Reflecting the Cosmos"），瑞典文学院网

页（Swedish Academy），2004 年 6 月 4 日发布。

7. 朗（Helmer Lång）：《诺贝尔文学奖》（*De Litterära Nobel Prisen*），瑞典学院，Stockholm，1990。

8. 叙朵（Carl-Otto von Sydow）：《哈瑞·马丁松存在乌普萨拉大学图书馆的档案》（"Harry Martinsonarkivet i Uppsala universitetsbibliotak"），见《哈瑞·马丁松风景研讨会文集》（*Harry Martinsons landskap，dokumentation av ett symposium*），Brevskolan，1984。

网络资料：

1. 马丁松协会（Harry Martinson Society，1980/2004）：《哈瑞·马丁松百年纪念碑——多面的马丁松》（"The centennial commemoration of Harry Martinson-2004 The multifaceted Martinson"），见该会网页：http://www. harrymartinson. org/goesinside。

2. 有关马丁松的生平与创作的英语、瑞典语和法语方面的介绍，可参考瑞典文学院介绍诺贝尔文学奖的网页：http://nobelprize. org/nobel_prizes/literature/laureates/1974/index. html。

3. 马丁松长篇小说《荨麻开花》（*Nässlorna Blomma*）的中文节译《小社区的寄养生活》可查看中文笔会网页的万之文集：http://www. boxun. com/hero/wanzhi/12_1. shtml。

怎样言说他者*

——谈于连教授对中国古典文论概念的梳理和阐释

秦海鹰

　　我对于连教授思想的了解仅限于十几年前读过的他的几本书，如《隐喻的价值》①、《过程还是创造》②、《淡之颂》③ 以及他主编的中西比较诗学研究刊物《远东远西》上的文章。《隐喻的价值》这本书给我印象很深，这是他的国家博士论文，也是他第一部论述中国古代思想的书，其副标题是《中国传统中诗阐释的原始范畴（对文化相异性的思考）》，书中涉及的许多主题都在他后来的著作中得到了延伸和扩展。

　　当时我印象最深的是，他的研究方法很独特，有别于大多数汉学家，重点不在于考据和实证，而在于思想的阐发，更接近哲学，而不是汉学，没有沉闷的学究气。并且，他的阐发结果常令人耳目一新，甚至惊奇不已。比如我们现代汉语中天天都在使用"创造""创作""作者"之类的词，而他告诉我们，中国古代从未有过西方意义上的"创造观"，所以，用"创造""创作""作者"这样的建立在本原意识上的概念来谈论中国古代思想和文学观念是不合适的，中国没有创世说，中国人对本原、起源之类的问题并不关注，

　　* 原载《跨文化对话》，第 23 辑，96～103 页。

　　① François Jullien, *La valeur allusive des catègories originales de l'interprétation poétique dans la tradition chinoise* (*contribution à une réflexion sur l'altérité interculturelle*), Paris：École Française d'Extrême-Orient, 1985.

　　② François Jullien, *Procès ou création. Une introduction à la pensée des lettrés chinois*, Paris：Seuil, 1989.

　　③ François Jullien, *Eloge de la fadeur*, à partir de la pensée et de l'esthétique de la Chine, Paris：Editions Philippe Picquier, 1991.

中国人的宇宙观是一种"过程观"，古代汉语中虽然没有"过程"这个词，但"过程"的思想渗透在古文的"道""变""易""神""化"等词汇中；又如，他认为"想象""浪漫主义"之类的词都是根植于西方思想背景的概念，也不适合用来说明中国的传统文学观念，不能把《文心雕龙》中的"神思"说成中国古代的"想象"理论。所有这些西方概念是中国学者一百年来一直在使用的、被认为具有足够普遍性的概念，而他却提醒我们，这些都是西方语言，要警惕用西方语言把中国特有的问题西方化。显然，于连教授是坚定的反欧洲中心论者，他明确反对用西方的标准来框定中国的问题，他的全部研究也都在努力实践这个原则。不过他也可能因此而受到误解，因为他说中国没有"创造"概念，没有"想象"理论，没有对"本质"的思考，总之西方有的东西，中国都没有，这就容易造成误解，让人以为他妄自尊大，持"欧洲中心主义"。

我想只要读了他的著作，了解了他的研究方法和目的，这类表层意义的误解应该是容易消除的。事实上，正是在这一系列的"没有"中，他找到了把握中国独特性的切入点。如果真有争论的话，争论的学术意义将在于弄清：人类思想普遍性的边界在哪里？哪一类概念可以用来谈论全世界不同文化的普遍问题？或者，不同的人类语言能否言说共同的人类思考？

这其实又回到了海德格尔在《在通向语言的途中》里与日本人的那篇对话所讨论的问题。那篇对话谈到了东方语言和西方语言这两个完全不同的"家"能否沟通的困惑，提出了"对东亚人来说，去追求欧洲的概念系统，这是否有必要，并且是否恰当"的疑问，指出了用西方的概念来"道说"东方思想的危险性：这样的语言"不断地摧毁了去道说所讨论的内容的可能性"，因为它"把所谈的一切都欧洲化了"。于连在《隐喻的价值》的导言中恰恰引用了这篇对话中的一些片段：海德格尔对日本人说，用"美学"这个源于欧洲哲学的词来研究东方思想，"终究是格格不入的"；日本人坦言，西方美学毕竟可以提供一些有助于把握东方艺术和诗歌的"必要的概念"，海德格尔反问："你们需要概念吗？"① 引完了这段对话之后，于连接着表达了他自己对西方化的担忧：

① 海德格尔：《从一次关于语言的谈话而来——在一位日本人与一位探问者之间》，见《在通向语言的途中》，74~76页，北京，商务印书馆，1999。

"远东的美学概念一旦被移植到西方思想的框架中，一旦用西方的语言来表述，必然会被扭曲，失去其丰富性。"① 于连这本书还用了海德格尔对话中的另一个片段作为导言部分的题词，这段话是："因此，我还没有看出，我力图思之为语言的本质的那个东西，是否也适合于东亚语言的本质；我也还没有看出，最终（这最终同时也是开端），运思经验是否能够获得语言的某个本质，这个本质（ein Wesen）将保证欧洲—西方的道说（Sagen）与东亚的道说以某种方式进入对话中，而那源出于唯一的源泉的东西就在这种对话中歌唱。"② 这段话的意义大概不在于它表达了对人类交流的悲观态度，而在于提醒我们，当我们谈论他者的独特性时，永远要谨慎，永远要警觉。在我看来，于连教授便是以这样的警觉意识开始他的中国研究的，他充分意识到了中国的特殊性，意识到了西方化的言说方式可能会抹杀这种特殊性，同时也意识到西方人没有现成的语言来谈论中国的"他性"。

出于惊奇和好奇，也是为了确认我对他的某些观点的理解，我 1992 年利用在法国的一次机会对他做过一次访谈，访谈的内容主要围绕着比较诗学展开，因为他在《隐喻的价值》中把自己的研究计划定位于比较诗学。我后来把访谈记录整理出了法文版和中文版，分别发表于《法国研究》和《中国比较文学》。③ 下面的发言很大部分还是对以前的阅读笔记和访谈记录的再反思，也许跟当下人们有关他的讨论热点稍有些不同，但却处于他思想的源头。

概括地讲，在中西诗学及思想的比较研究中，于连教授对差异性的关注远远多于对相似性的关注，他认为"辨异"比"求同"更有必要，更有认识价值，所以在他的国家博士论文中他把自己的方法称为"差异性比较"。他的主要理由是，由于中西方历史上的长期隔绝，以事实联系为依据的"影响研究"成果有限，价值不大："比较文学是从影响研究起步的，但当我们转而研究中国时，比较的前提条件发生了变化，因为这方面的事实联系非常有

---

① *La valeur allusive*, p. 10.

② 海德格尔：《从一次关于语言的谈话而来——在一位日本人与一位探问者之间》，见《在通向语言的途中》，79 页。

③ "Possibilités et stratégie d'une poétique comparée entre Chine et Occident"，载《法国研究》，1994 年第 1 期，53～73 页；《关于中西诗学的对话——弗朗索瓦·于连访谈录》，载《中国比较文学》，1996 年第 2 期，77～87 页。

限，或者不存在，或者很晚才出现，所以，与中国的比较具有另一种旨趣，基于另一种原则，它不以事实联系为保障，它的价值不是历史的，而是哲学的、思辨的。"① 又由于中西方的思想文化框架在整体上很难吻合，它们各自为政，互不渗透，不存在一个共同参照系和现成可比的对应范畴，所以他认为以同类相比为原则的"平行比较"其实也难以奏效。他把寻找相通之处、以证明大家最终说的都一样的研究法称为"近似法"，认为这种方法容易落入无边的相似性，所以没多大兴趣；而对于那种用西方的理论框架来梳理和建构中国思想传统的做法，他更是坚决反对，称之为"投射法"。投射法用自己文化的框架和范畴去解释他者文化，结果只是和自己的影子做比较，完全无视他者的独特性。

与相似法、投射法不同的，就是于连提出的"差异性比较法"。这种方法可以理解为：既承认相异性是不可比的，又要尝试在充分理解的基础上进行比较。可以想象，这样的比较诗学计划有相当大的难度。

难度之一就是上面所说的，西方人没有现成的语言来谈论中国的特殊性，却又必须谈论它。于连明确反对用西方的概念框架来谈论中国传统，他设想的解决方案是用属于中国自己的话语方式，在中国体系的内部理解和解说中国思想，这也便是他在自己的著作中努力完成的任务。至于他是否做到了这一点，还有待精通国学的专家去评说。此外，如果他只是按照中国自己的传统去解说中国，那么他同其他汉学家也就没有什么区别了，而他的不同之处在于，他希望在充分阐释的基础上，从中国的特例中提炼出一些具有一般意义的共同问题，然后就这些问题，把中国和西方作比较，以达到从外部重新认识西方的目的。

难度之二就是，既然还是要比较，那么就可能面临 X＋Y 的陷阱。在比较文学方面，X＋Y 的模式也许容易避免，但是在观念层面，我们好像还逃不出这个顽固的模式。我们往往先有一个 X，想找一个 Y 与之对应，但那个 Y 究竟是什么，我们并不能马上说清楚；或者，我们有一个已知的 Y，于是我们会找来一个 X，事先调整和打磨一下，让它尽量能与 Y 相匹配。在自发的比较时，我们会以这样的方式提问：中国有"道"，西方有

---

① 《关于中西诗学的对话——弗朗索瓦·于连访谈录》，载《中国比较文学》，1996 年第 2 期，79 页。

什么？我们可能会在西方找到"绝对精神""逻各斯"等最高范畴与之对应；中国有"天"，与之对应的西方概念大约应该是"自然"或"上帝"；中国有"有"和"无"、"虚"和"实"，西方也有"存在"和"虚无"；中国有"形而上""形而下"的说法，西方有一个被我们翻译成"形而上学"的东西；中国有"神"这个概念，这是我们用以评价艺术成就的最高标准——"神韵""有神""出神入化"，西方有什么？有"超越性""彼岸""神性"？这些概念似乎都可能拿来对比一下，都是一个比较的诱惑，而且都可以说出不少东西。但于连方法的特点在于，他并不急于寻找对应关系，不急于比较，因为他认为这些貌似相近的概念各自所属的框架和性质各不相同；不仅"不相同"（different），而且根本"不相关"（indifferent），因为中国的思想结构不同于西方的那种二元框架，根本不存在"此岸和彼岸""现象和本质"这样的二分法："对本质的思考意味着要隔离出一个超时间的、知性的状态，将这种状态与所有变化的事物相对立，中国思想从未有过这样的划分。我不是说中国思想更高级或更低级：西方思想把'本质'隔离出来，这具有理论上的丰富性，但中国思想不把'本质'隔离出来，不把一种超时间的、固定不变的性质隔离出来，这也是一种丰富性，是另一种丰富性。""中国古代思想正在逐渐变成各种西方概念，其实中国思想有它自身的逻辑。在中国古文中，引发思考的往往是词与词之间的相关性、对称性、网络性，是它们相互作用的方式，如果忽略了这些，中国思想的精华就丢掉了。"①

如前所述，为了对中西诗学或中西思想进行有效的比较，于连认为他要做的首先是对中国的独特性进行充分阐释，而且是按照中国思想自身的逻辑去阐释和归类，彻底吃透中国文本的内在精神，找出其特有的意义网络，然后再将阐释结果同西方的思想体系相对照，做差异性比较。在我的访谈记录中，他说："我不以比较开始，但以比较结束。我认为我探讨的问题是一些普遍性的问题，但这些问题的根基是特殊的。所以我不是泛泛地谈中国，而是谈某个概念，某个具体的文本，某种特殊的传统。我的工作就是阐释这种特殊的传统，使它向外开放，使它承受一种更具普遍性的阐释。中国的概念

---

① 《关于中西诗学的对话——弗朗索瓦·于连访谈录》，载《中国比较文学》，1996 年第 2 期，82 页。

体系是封闭的，但我们可以对这些概念进行梳理，使它们进入问题状态，而这些问题是开放的。"① 这就是说，只有完成了对 X 的阐释工作，才能知道那个可能用来比较的 Y 究竟是什么。比如，经过对中国古代变易思想的充分阐释，于连得出了中国的宇宙观是一种过程观的结论，并把这种宇宙观与西方的创造观做差异性比较，所以他的那本有关王夫之思想研究的书的题目就叫作《过程还是创造》。

于连明确主张用中国的语言，按照中国思想特有的逻辑去阐释中国传统，这也确实是他多年来所做的主要工作，但我们没有忘记，中国思想本来的逻辑是什么，这本身也是需要阐释的，更何况于连的著作毕竟不是用汉语写成的，而是用法语写成的，他难免要翻译，要转述，而任何翻译和转述都是带有独创意义的阅读和理解。这也便是他有关中国古代思想的著作在我们今天的意义。仅从最细微的语句层面来讲，从他的法文翻译和转述中，我们仍能获得一些在汉语文本中不大明确的含义，至少他是用现代法语解说了中文古文的文义，如"不著一字，尽得风流"在他那里是这样翻译的："不直接写出一个字，世界的内在活力却全部被揭示出来了。"② "世界的内在活力"便是他对"风流"的解释。从这个角度讲，如果中译本能把他对中国古代典籍的大量引文的法文译文再翻译成现代汉语，我们或许会有更多的发现和惊奇。

我访问于连教授时，很想知道他是否感到翻译方面的困难，想知道他怎样保证用法语表述中国概念而又不失去中国特有的内涵。他承认是有困难，他说："没有现成的工具和现成的解决办法，我只能慢慢摸索。西方汉学家的任务首先是在中国的阐释背景中阅读中国文化，就是说我们要以语文学为基础，然后才能阐释。"③

我们读他的著作时，感到既熟悉又新鲜，这不单是因为他的法文表述传递了他对中国古文字句的独特理解，而且是因为他对中国资源的使用和组织

---

① 《关于中西诗学的对话——弗朗索瓦·于连访谈录》，载《中国比较文学》，1996 年第 2 期，80 页。

② "Ne pas écrire directement un seul mot, et toute l'animation intime du Monde se trouve entièrement révélée," in *La valeur allusive*, p. 259.

③ 《关于中西诗学的对话——弗朗索瓦·于连访谈录》，载《中国比较文学》，1996 年第 2 期，80 页。

方式本身也很独特。他经常是从中国古代文论典籍的某个关键字出发，通过旁征博引中国古代经学大师的各种解说，逐渐建立起一个他认为符合中国特点的意义网络，进而把这个意义网络引向一个可以与之对照比较的某个西方问题上。再到后来，这些来自中国古代思想的关键字在他那里逐渐被提升为一些非常另类的哲学术语。

具体地讲，当他谈到某个中国概念时，一般先不提供一个明确的法文译法，而是一律采用音译或直译法，并附上汉字，也就是几乎不翻译，先以这种方式把这个中国概念在法语中原汁原味地固定下来，如"风"就是 feng（vent），"风骨"就是"风和骨骼"（vent-ossature），"风神"就是"风和精神"（vent-esprit），"风流"就是"风和气流"（vent-flux），然后在古文的上下文中对这个概念进行解说。比如《淡之颂》这本书全部是围绕"淡"这个字展开的，他认为这是体现中国审美方式乃至处世方式的一个关键概念。他从各种古文典籍中找出与"淡"有关的词汇和论述："淡而无味""平淡""冲淡""恬淡""淡泊名利"等，通过深入阐释，试图概括出一个能打通这些词组的基本含义。在我的访谈记录中他也对此做了解释："'淡'是对'可见物'的超越，但不是分裂；是对感性的深化，但不是抛弃。'淡'不是西方象征诗人追求的那个彼岸。[……]我之所以对中国美学中'淡'的问题感兴趣，是因为'淡'是回归空白和无声之前的最后一点色彩，最后一点声音。"①

再比如他对"风"字的阐释。在《隐喻的价值》的第三部分，他围绕"风"这个形象分析评论了中国古代的诗歌观。他看到，"风"是中国有关诗歌功能的最古老意象和称谓。通过考察中国各个时代出现的与"风"有关的词语含义，尤其是通过考察《诗经·大雅》两首诗中"风"的含义②、《论

---

① 《关于中西诗学的对话——弗朗索瓦·于连访谈录》，载《中国比较文学》，1996 年第 2 期，85 页。

② 《诗经·大雅·崧高》："吉甫作诵，其诗孔硕，其风肆好，以赠申伯。"于连的法文译文见 *La valeur allusive*, p.93，回译成现代汉语如下："我，吉甫，我作此歌；此诗如此典雅，此风如此美妙，用以赠送申伯。"

《诗经·大雅·烝民》："吉甫作诵，穆如清风。仲山甫永怀，以慰其心。"于连的法文译文见 *La valeur allusive*, p.93，回译成现代汉语如下："我，吉甫，我作此歌；愿此歌如清风般深深浸透仲山甫那永远的思绪，以慰藉他的心灵。"

语》关于"君子之德"的比喻①、司马迁《太史公自序》中对《诗经》特点
的评价②、《毛诗序》对《诗经》中作为标题的"风"和作为六艺之一的
"风"的解释③、刘勰在《文心雕龙》中对《诗经》的定义④，他试图勾勒出
"风"所传达的中国特有的诗歌观："风"的形象最初表达的是儒家赋予诗歌的
政治道德功能，即风化、教化、讽刺；后来，"风"的形象逐渐用来说明诗人
的个人品性，如"风骨""风格"。由此可知中国传统习惯于把对诗歌艺术的定
义和对艺术家精神品格的定义联系在一起，于连把这看作中国传统文学批评中
的"心理学倾向"。又因为"风"具有以无形无影的方式发生作用的特点，所
以"风"也可以表达道家崇尚言外之意和大象无形的诗歌美学。总之，他认为
"风"的形象作为诗歌的指称，既承载了儒家的诗歌观，也承载了道家的诗歌
观。而这一切含义的基本条件就在于，中国人充分挖掘了"风"这个意象的某些
自然属性："风"具有传播和吹拂的作用，"风"以柔和、间接、隐喻的方式影响

---

① 《论语·颜渊第十二》："君子之德风，小人之德草。草上之风，必偃。"于连
的法文译文见 *La valeur allusive*，p. 94，回译成现代汉语如下："高尚之人的德行就像
风，低劣之人的德行就像草。当风从草上吹过时，草就会低头。"

② 《史记·太史公自序》："《诗》记山川谿谷禽兽草木牝牡雌雄，故长于风。"于
连的法文译文见 *La valeur allusive*，p. 97，回译成现代汉语如下："《诗经》记述的是山
川溪谷禽兽草木牝牡雌雄，所以它在风方面见长。"

③ 《毛诗序》："《关雎》，后妃之德也，风之始也，所以风天下而正夫妇也。……
风，风也，教也。风以动之，教以化之。……故诗有六义焉：一曰风……。上以风化
下，下以风刺上，主文而谲谏，言之者无罪，闻之者足以戒，故曰风。"于连的法文译
文见 *La valeur allusive*，pp. 98—99，回译成现代汉语如下："《关雎》一诗赞扬后妃的
美德，是《风》的开篇。有了这首诗，就能（像风一样）在天下各处产生影响，男人
和女人之间的关系就得以规范。……风在此表达的是教育之影响：风使人感动，教育
使人变化。……风是诗歌语言的六种方式之一。……上级可以（像风之'风化'那样）
对下级产生具有变化作用的影响，下级可以（像风之'风刺'那样）向上级表达他们
的批评意见。人们努力挖掘文学表达的资源（'主文'），用迂回和间接的方式来表达所
谏之言：用这种方式表达的人不至于冒犯，听到这种话的人也足以感知其义，进而改
正自己，这就是人们所说的风。"

④ 《文心雕龙·宗经》："《诗》主言志……摛风裁兴，藻辞谲喻，温柔在诵，故
最附深衷矣。"于连的法文译文见 *La valeur allusive*，p. 98，回译成现代汉语如下：
"《诗经》的主旨是表达情志……它把风传播开来，建立一种形象的描述，其语言是经
过修饰的，其含义是以间接的方式表达的：人们吟诵这些诗时会有一种温和的感觉，
所以诗的话语能够附着在心灵深处。"

他人；风本身是无影无踪的，它的作用只有在被它吹拂过的客体身上才能显示出来，只有地上的草低头了，树上的叶子摇动了，我们才会感到有风吹过。

在对"风"进行充分阐释的基础上，于连试图找出西方传统与之对应的概念或形象，他找到的形象是"琴"（Lyre）或"竖琴"。在西方语言里，"竖琴"和"抒情"（lyrique，lyrisme）是同源词，"抒情"的概念是从"竖琴"这个具体形象派生而来的。于连在此引用了艾田蒲对"抒情"这个概念的现代含义的定义："抒情诗是这样一类诗歌，它借助一些适合向读者传递诗人情感的节奏和意象来表达诗人的内心情感。"① 于连由此认为，在"抒情"这个概念上，中西诗学出现了"例外的巧合"，中国人"以诗言志"的诗歌观念恰好对应于西方的"抒情"概念，并且"风"和"琴"的形象都点明了诗歌与音乐的密切关系（在庄子那里，"风"是自然的音乐）。而西方的"诗"，即亚里士多德的《诗学》所说的"poiesis"，则含有中国"诗"所没有的内容；也就是说，根据我对于连论述的理解，中国的"诗"与西方的"诗"并不是对应概念，但中国的"诗"与西方的"抒情诗"则是对应的。中国人用"风"指称"诗"，西方人用"竖琴"指称"抒情诗"，所以于连关于"风"的那部分论述的总标题是：《琴或风：对中国传统特有的抒情性的阐释》② 。不过，即使在这样一个难得的相似性个案中，于连关心的仍然是同中辨异：中国和西方分别用"风"和"琴"这两个不同的形象来指称诗歌，那么这其中必然有其深层的原因。

于连对中国古典文论的许多概念的阐发都是用这样的方法进行的。我不敢轻易断言他的阐释是否还原了中国本来的逻辑，更没有资格评价他是否在训诂学方面存在欠缺和遗漏。我只是看到，中国古代文论经典中的这些重要的单音字以及相关的词组确实给他提供了丰富的思想资源和阐发空间，比如他在《隐喻的价值》中围绕"文"这个字而对中国特有的文学观所做的阐释也相当壮观。可以说，他使用的材料都是中国的，他的许多阐释也许都没有偏离中国的经学传统，但他最终是在做自己的文章，他毕竟要对中国资源进行筛选和组织，或者说是建构。所以他最能引起我们兴趣的，也许就是他言

---

① 转引自 *La valeur allusive*，p. 91。

② "La lyre ou le vent：une interprétation du lyrisme propre à la tradition chinoise," in *La valeur allusive*，p. 89.

说中国的这种方式。正如他在《迂回与进入》的前言中所说的那样，中国虽然是一个理想的他者，可以经由中国反思西方，但这个理想他者并不是一个给定的客体，不是一个现成的对象，他者究竟是怎样的，其独特性究竟在哪里，还需要言说他者的人去建构。他原文中没有用"建构"这个词（construire），他用的是"建设"（édifier）①，我猜想也许是因为"建构"这个词现在听起来会有"虚构"之嫌，而 édifier 更具有建设性。édifier，就是建筑，就是盖房子。房子的材料都是现成的，都来自中国丰富的经典文献，但每个人盖出来的房子还是会不一样。于连对中国古代诗学范畴的梳理和阐释便是这样一个"建筑"过程，而且他要建的是一幢能向西方打开的房子。正因为每个认识主体都不可避免地要对其认识对象有所"建筑"，所以关于他者的话题才会不断地说下去，也就是不断地思考、探讨甚至争论下去。比如：是用静止的眼光还是用动态的眼光认识他者？静止的范围该有多大？动态的范围该有多大？现代化进程中的他者是否也构成他者的一部分？有没有真正纯粹的、封闭的他者？即便是中国，当他者变成了一种明确的理论需要的时候，我们应该提防什么？如此等等。

---

① See "Encore cet 'autre' point de vue, que nous fournit la 'Chine', n'est-il pas donné d'avance et faut-il réussir à l'édifier," in François Jullien, *Le détour et l'accès*, Le Livre de Poche, p. 9.

欧洲文明的复杂性[*]

——读莫兰的《欧洲的文化与野蛮》

［法］陈力川

> 一个"好的欧洲人"是能够"超越欧洲思想的人"。[①]
>
> ——尼采

《欧洲的文化与野蛮》是法国当代社会学家、思想家埃德加·莫兰（Edgar Morin）于 2005 年 10 月出版的一本小书，其中的三个章节来自当年 5 月他在法国国家图书馆的三篇演讲稿：《人类的野蛮与欧洲的野蛮》《欧洲文化的解毒剂》《反思 20 世纪的野蛮》。如果要用一句话来概括这本书的意义，或许可以说，这是"思想的欧洲"反省"行动的欧洲"。作者的目的不是忏悔，而是通过对欧洲文明复杂性的深刻认识找到消弭野蛮性的解毒剂，抵抗野蛮要从反思野蛮和正视受害者开始。

从野蛮的罗马征服文明的希腊开始，西方文明的发展伴随着武力征服、贩卖黑奴、殖民掠夺、种族歧视、宗教迫害、世界大战、纳粹集中营、古拉格群岛、极权主义等多种形式的野蛮行为。从 1492 年哥伦布发现美洲新大陆开始的殖民化算起，到第二次世界大战后的非殖民化运动开始，欧洲对世界的殖民统治持续了近五百年。在这个漫长的历史时期，非洲、南美洲和亚洲都曾饱受欧洲殖民主义的祸害。殖民形式的野蛮一方面与欧洲民族国家的兴起有关，另一方面与一神教，特别是与天主教的排他性有关。欧洲历史上

---

[*] 原载《跨文化对话》，第 23 辑，275~281 页。

[①] Jean-Pierre Faye, *L'Europe une*, *Les philosophes et l'Europe*, Paris：Editions Gallimard，1992，pp. 233-234.

反复出现的宗教清洗和种族清洗就是证明。从反犹太教到仇视犹太人，从反伊斯兰教到仇视阿拉伯人，能看出从宗教清洗到种族清洗的过渡。莫兰从既不美化欧洲也不丑化欧洲的立场出发，客观地考察欧洲文明的复杂性。基督教无疑成了他的重要分析对象。

罗马帝国在基督教成为国教以前对其他信仰和神灵还是相当宽容的。基督教作为一神教在罗马帝国取得统治地位以后，在传播普世福音的同时也暴露出它的强烈的排他性，在这一点上，基督教继承了犹太教的不宽容性。这种排他性，或者说不宽容性的神学基础是：只有上帝启示的真理是唯一的真理，其他教义都是异端邪说。但犹太教与基督教至少有一点不同，犹太教可以将自己锁在与上帝达成的《圣约》之中，以上帝的选民自居；然而基督教传布信仰和劝人改变信仰的热忱发展到极端却可以导致摧毁其他宗教和信仰。

例如 1492 年以前的西班牙，在伊斯兰地区安达卢西亚（Al Andalus），基督教徒和犹太教徒也能被接受；而在基督教地区，穆斯林和犹太教徒也相安无事。那么 1492 年这一年发生了什么事呢？世人都知道这一年哥伦布发现了美洲新大陆，从此开始了欧洲殖民主义的历史。这一年也是西班牙天主教国王费迪南二世和伊莎贝尔女王的军队在历时十年的战争后，攻占了伊斯兰教的最后一个堡垒——摩尔人统治的格拉纳达（Granada），随即颁布法令，强迫穆斯林和犹太教徒在改信基督教和被驱逐出境之间做出最后选择。1502 年西班牙驱逐了大量拒绝改教的穆斯林和犹太教徒。那些真心改信基督教的摩尔人和犹太人的作为基督徒的权利先是受到了承认和尊重，但是很快发现有许多穆斯林和犹太教徒口是心非，表面上是基督教徒，暗中却继续信奉阿拉和耶和华，而且还有使基督教伊斯兰化或犹太教化的行为，这就变得不可容忍了。于是西班牙设立了天主教宗教裁判所，惩罚那些被判定口是心非的穆斯林和犹太教徒，当很难断定他们是否真心诚意改信基督教的时候，就开始驱逐男性摩尔人。这就从宗教清洗开始走向种族清洗了。同时在美洲，宗教的不宽容也导致西班牙的殖民者彻底摧毁了哥伦布发现新大陆以前存在的宗教。在欧洲大陆，民族国家的建立过程也伴随着大规模的宗教清洗和宗教战争。例如 16 世纪马丁·路德和加尔文宗教改革后发生的宗教战争，开始是天主教徒和新教徒之间的内战，在 1618 年到 1648 年演变为十多个欧洲国家卷入的宗教战争，历时三十年，直到 1648 年 10 月神圣罗马帝国与参战各国签订《威斯特发里亚和约》才告终，这个和约同意各国和各公国君主将各自信奉的宗派作为国教，这等于放手让各国进行宗教清洗。不用说，参加德意志天主教联盟的公国确立了天主教的统治地位，参加德意志新教联盟的各路诸侯确立了新教的统治地位。英国国教的确立也伴随着对天主教徒的驱逐，16世纪有大量英国天主教徒避难法国。法国国王亨利四世于1598年签署的《南特敕令》虽然暂时实现了宗教和解，亨利四世本人也放弃了新教，改信天主教，但是路易十四于1685年废除了《南特敕令》，限制新教徒的权利，并发生龙骑兵有组织地迫害新教徒的事件。当时只有在宗教战争后获得独立的荷兰还略有宗教宽容的气氛，天主教徒、路德教徒、犹太教徒和无神论者基本上相安无事。许多在其他国家禁止出版的著作也得以在阿姆斯特丹出版发行。

莫兰在《欧洲的文化与野蛮》这本书中提出的一个重要观点是欧洲人道主义的两副面孔："欧洲的人道主义形成于文艺复兴时代。当我们考察人道主义本质的时候，却会得出两种非常不同的答案。第一个答案来自波兰哲学家科拉科夫斯基（Leszek Kolakowski）。在他看来，欧洲人道主义源于犹太、基督教教义：《圣经》中说，上帝按照自己的形象创造了人；在《新约全书》中，上帝化身为人。对此，捷克哲学家帕托卡（Jan Patocka）反驳说，欧洲人道主义的源头在古希腊，因为人的精神和理性是在古希腊思想中获得了独立……我们可以说事实上这两个源头互不排斥，是犹太、基督教教义和古希腊思想的结合创造了欧洲的人道主义。第一个源头，人具有上帝的形象，上帝化身为人，如果说能带来对人的生命的尊重，也会导致幼稚的人类中心主义和狂妄自大。人一旦摆脱了上帝，就会抢占宇宙的主体和中心的位置。……这个人道主义有两副面孔，一个是统治者，另一个是博爱者。……人道主义的第一副面孔如果不说是狂妄的，至少也是虚妄的，将人置于上帝的位置，并使人成为宇宙唯一的主宰，并赋予人征服世界的使命。这就是笛卡儿赋予科学的使命：使人成为自然的主人和占有者。笛卡儿的使命感被布封和卡尔·马克思继承，直到很晚的时候，也就是从1970年开始，这个普罗米修斯式的人定胜天的使命感才破碎。人们发现征服实际上不可控制的自然导致了对生物圈的破坏，还会因连锁反应使生命和人类社会遭到破坏：这种征服具有自杀性。我们应当转向人道主义的第二副面孔，对所有人的尊重，不论性别、种族、文化和国家。"①

我们知道欧洲人并不是从一开始就承认人道主义博爱思想的普世性，而是将其视为欧洲人，特别是西欧人的特权，将世界上的其他人种或视为不文明的野蛮人，或视为落后的劣等民族，或视为神秘莫测的民族。在一个漫长的历史岁月中，人道主义的第二副面孔"博爱"是与理性批判精神，或者说是与理性的自我批评精神的发展联系在一起的。欧洲历史上的宗教迫害所产生的一种特殊现象对人道主义的博爱思想和理性批判精神的发展做出了很大的贡献：就在欧洲将野蛮施加给自己，也施加给世界的时候，一个"思想的欧洲"开始了对这个"行动的欧洲"的反省和批判，其中的几个代表人物正是在改信天主教的犹太人后裔中产生的，莫兰在书中列举了三个人：西班牙的德拉斯·卡萨斯、法国的蒙田和荷兰的斯宾诺莎。

天主教神甫、历史学家德拉斯·卡萨斯（Bartolom de Las Casas，1474—1566）的直系亲属中就有改信天主教的犹太人，他在作为随军神甫参加西班牙远征队期间，见证了西班牙征服者对美洲印第安人的残酷杀戮，联想到天主教迫害犹太教徒的家史，他对印第安人产生了强烈的同情心。返回西班牙后，他谴责殖民制度，呼吁停止对印第安人的虐杀，被授予"印第安人保护官"的称号。他晚年著有《印第安人史》一书，他说："印第安人与其他人一样，也是有灵魂的人。"他的观点遭到教廷的拒绝："既然耶稣从来没有到过南美洲，怎么能把印第安人看作人呢！"② 或许出于策略的考虑，德拉斯·卡萨斯回避了黑人是否与白人一样也有灵魂的问题，但他保护美洲印第安人的立场无疑宣扬了人道主义的博爱思想，是对欧洲种族歧视、殖民行为的反戈一击。

16 世纪法国思想家蒙田（Michel de Montaigne，1533—1592）的母亲那一支是改信天主教的犹太人后裔。蒙田的思想以怀疑主义著称，他也拒绝将美洲印第安人视为蛮族。他说："被人们称为野蛮人的人是不同于我们文明的文明人。"莫兰评论说："欧洲野蛮的表现之一是把他人说成不同于自己的野蛮人，而不是赞赏这种不同，并把它看作丰富自己的知识和增进人类关系的机会。……在政治方面，蒙田一向谨小慎微，但他始终坚持宽容的伦理

---

① Edgar Morin, *Culture et barbarie européennes*, pp. 36-38.

② Ibid., p. 40.

学。他支持国王为避免宗教战争而做的一切温和的努力。"① 从古希腊把不讲希腊语的民族叫作野蛮人，到中世纪基督教将异教徒视为野蛮人，再到蒙田将所谓"野蛮人"称为另一种文明人，"思想的欧洲"在对"行动的欧洲"的纠偏上迈出了重要的一步。

荷兰哲学家斯宾诺莎（Baruch Spinoza，1632—1677）本身就是犹太人，他的初衷本来是成为犹太教的教士，但他质疑犹太人是"上帝选民"的说法，或者说试图重新解释这个观念。斯宾诺莎在生前匿名发表的唯一著作《神学政治论》中讨论"希伯来人的天职"时说："每个人的真正幸福和天佑完全在于享受善良的事物，而不在于自负只有自己有这种享受，别人都在被摈弃之列。"② "天赋的才能并不为任一民族所专有，而是为人类所共有。"③ "犹太人和非犹太人并无分别。上帝对所有的人都是一样的仁厚，慈爱。"④ 他还引用使徒保罗的话说："上帝是犹太人的上帝，也是非犹太人的上帝。"⑤ 莫兰评论说："斯宾诺莎否定不现实的上帝选民说，使犹太人的身份世俗化，从而超越了基督教，回归普遍主义的哲学。"⑥ 尽管斯宾诺莎生活在相对宽容的阿姆斯特丹，但他被犹太教会开除后成为一个手工艺者，以打磨眼镜片为生，有一次还险遭暗杀。我们知道，当年耶稣遭到法利赛派控制的犹太教会的迫害，原因之一是他宣扬的爱与仁慈超出犹太人的范围，他以上帝之子的身份宣布天国并非只是为犹太人准备的，而是所有上帝信仰者的归宿，这就将基督教的普世精神与犹太教的神选教条对立起来。由此可以看出，斯宾诺莎继承的其实是耶稣的精神衣钵。

我们知道欧洲人道主义的博爱精神和理性批判精神经过 18 世纪启蒙哲学家的弘扬，最终产生了 1789 年法国大革命的《人权和公民权利宣言》，该宣言开宗明义地宣告："人人生而自由，在权利上是平等的。""政治联合体的目的是保护天赋人权。这些权利就是自由、财产、安全和反抗压迫。"莫

---

① Edgar Morin, *Culture et barbarie européennes*, 2005, p. 42.

② 斯宾诺莎：《神学政治论》，温锡增译，50 页，北京，商务印书馆，1982。

③ 同上书，52 页。

④ 同上书，57 页。

⑤ 同上书，61 页。

⑥ Edgar Morin, *Culture et barbarie européennes*, p. 43.

兰在《欧洲的文化与野蛮》一书中列举的历史人物中，有一个叫维克多·舒乐彻尔（Victor Schoelcher，1804—1893）的人。1848 年，当时负责法国海军与殖民地事务的副国务秘书的舒乐彻尔，推动法国议会通过了在法属殖民地废除奴隶制的法令，从而使 26 万奴隶获得了自由。在欧美国家废黜奴隶制的历史上，法兰西第一共和国首先于 1794 年废除了奴隶制，但是 1802 年又被拿破仑重新恢复。接下来是英国于 1807 年通过了在大英帝国境内禁止奴隶贸易的法律，但是直到 1834 年才在大英帝国全境禁止了奴隶制。法国于 1848 年再次废除奴隶制后，美国总统林肯于 1862 年南北战争期间发表了《解放黑奴宣言》，并于 1865 年彻底废除了奴隶制。之后，葡萄牙、西班牙跟进，最后是古巴和巴西分别在 1886 年和 1888 年废除了奴隶制。① 20 世纪中叶在亚非拉三大洲发生的非殖民化运动可以看作废除奴隶制的逻辑结果，殖民地国家的民族解放运动领导人以子之矛，攻子之盾，他们以自由的名义要求民族自决。这说明西欧在征服和统治世界的同时也发明了野蛮性的解毒剂：自由、平等和博爱的思想。作为法兰西共和国的箴言，自由和平等的口号是在 1789 年的法国大革命时代提出来的，而博爱的口号是在 1848 年的共和革命中补充的。正是在这一年，法国议会颁布了在法属殖民地废除奴隶制的法令。

　　莫兰在《欧洲的文化与野蛮》一书中还提出了"两个全球化"的概念。首先，全球化时代不是从现在才开始的，而是从哥伦布发现美洲新大陆和接踵而来的殖民征服和贩卖奴隶时就开始了。16 世纪初麦哲伦的环球航行使地球真正进入了互通有无的全球贸易体系。然而就在对其他民族进行征服和奴役的同时，就在商品和贸易全球化的同时，欧洲也将它的自由与人道主义思想传播到世界各地，奴隶制的废除、殖民地的独立与这个思想的全球化过程密切相关，有为数不少的欧洲移民都直接或间接地参与到殖民地的独立解放运动中去，例如欧洲移民中的精英分子投身于阿根廷和巴西的独立运动。每个时代的霸权，从黄金世纪的西班牙到现在的美国，都为了争夺经济利益而推行经济贸易全球化，虽然人道主义思想全球化与经济贸易全球化相比始终处于次要地位，也没有强权政治的推动，但它时缓时急的进展从来没有停止

---

　　①　2001 年 5 月，法国议会还率先立法承认奴隶制是反人类罪行，但迄今为止，英国、西班牙、荷兰和葡萄牙尚未对历史上实行的奴隶制做正式道歉。

过。莫兰最关心的好像是经济贸易全球化和人道主义思想全球化之间的辩证关系。例如市场经济的全球化导致苏联体制和官僚主义经济的崩溃，而苏联的解体又使人权民主思想不仅在苏联的加盟共和国，同时在拉丁美洲和非洲传播开来。因此我们不能把经济贸易全球化简单归结为同化或平庸化，它也在引发人道主义思想的全球化，两者虽然不可等同，但是存在一种对立统一的辩证关系。

莫兰还提出一个"地球祖国"（Terre-patrie）的概念。他认为祖国的概念有两层含义，一是生养我们的母亲大地，二是公正合理的父权国家。莫兰承认"地球祖国"这个概念尚未得到全世界大部分人的认同，但他相信技术与经济的全球化会促进这个地球意识的觉醒。因为全球化时代危机四伏：

> 文明与野蛮一向并肩而行。我们看到种族主义、民族主义和宗教狂热在许多国家和地区卷土重来。所引发的某些事端告诫我们一场宗教战争，或一场文化或文明之间的战争是可能的。[1]
>
> 野蛮的威胁甚至藏在貌似对抗野蛮的战略后面，最好的例子是广岛。就奥斯威辛和古拉格我谈了很多，我们也不能忘记广岛。[2]
>
> 今天技术经济的发展导致生物圈的破坏，生物圈的破坏带来人类文明的破坏。换句话说，（地球）这艘太空船正在驶向灾难，而且任何人都无法控制。[3]

莫兰主张欧洲人对历史上发生的野蛮行为，既不能心安理得、问心无愧，也不应背负内疚的负罪感，而需要一种双重意识：一是对野蛮的意识，二是对人道主义、普世精神、地球祖国的意识，这种双重意识既是欧洲文明自身野蛮性的解毒剂，也是战胜新危险的有效办法。"反思野蛮是为更新人道主义做贡献。"[4]

人类的历史不能简单地说成一个从野蛮走向文明的历史。文明和野蛮在许多情况下是相反相成的，而且人类的事情也没有什么是不可逆转的。不唯

---

[1]　Edgar Morin, *Culture et barbarie européennes*, p. 58.

[2]　Ibid. , p. 92.

[3]　Ibid. , p. 59.

[4]　Ibid. , p. 94.

欧洲文明如此，任何一个文明都是文化和野蛮的混合物，任何文明都有其深刻的双重性和复杂性。但不是任何文明都善于反省自身的野蛮性，从而找到消弭野蛮的解毒剂。在这一点上，莫兰不愧是尼采说的那种能够"超越欧洲思想"的欧洲人。

言无言和相无相*

——庄子和禅宗在高行健作品中的现代相遇

萧盈盈

一

　　长期以来，关于中国文学中的自我概念，海外汉学界有一个较为普遍的通识，即个体自我意识觉醒于 20 世纪初中国与西方的碰撞，在与传统对抗的现代化过程中激荡成形，成为现当代文学中最常被讨论的主题之一。诚然，20 世纪中国文学在很大程度上可以被视为一部建构个体自我的文学史，五四时期的新文学以及"文化大革命"结束后的现代派、朦胧诗派和先锋派都以张扬明显受西方影响的自我意识为特征。

　　然而这从历史角度看来似乎无可厚非的观点却容易让人忽略其背后所折射的认识自我的镜像视角：自我通过镜子或他人的眼睛被看到，中国与作为他者的西方相遇，在他者眼里看见自己，并以之为参照寻找自我。这来自于西方传统的侧重于从外部参照的镜像论在给当代中国文学提供一种新视角时，却也使得另一种从自身审视的内视角被忽视，而原本更为本质更应追问的"何为自我"的问题被轻易滑过。如果说西方文学中的自我概念始于古希腊哲学和悲剧，启发于本体论和基督神学，以拷问存在的方式来诠释，那么中国传统文学中的自我则以一种几乎完全异质的方式出现：在儒家思想中，对自我的思考显现于人际关系中，而在道家和佛教里，自我以"非存在"（无/ 空）的方式存在。

---

　　* 原载《跨文化对话》，第 32 辑，298～307 页。

在《20世纪中国文学史》中，顾彬毫不掩饰对斯洛伐克汉学家高利克（Marián Gálik）观点的赞赏："20世纪的中国文学如果脱离了西方语境就无法被理解"①，并将其贯彻到自己的评论实践中。正因此，他把朦胧诗派的诗学背景归于"两次世界大战期间罗曼语族国家的文学流派"，而完全没有提及朦胧诗人特别是顾城对中国古典诗学中自然和自我关系的当代继承；评价阿城的《棋王》是在"庆祝灵性的胜利"，而这是"依靠回复到人们从道家和禅宗实践中早已熟知的入定态度，才成为可能"，因此"阿城在世界观上没有提供什么新东西"；说到高行健，则是"许多欧洲作家的继承者"，但"很少有自己的东西，如果有，那也是无关紧要的"②，却忽略了他的作品其实很大程度上延续了庄子和禅宗对自我的思考。

是什么原因让具有相当深厚中国古典文学修养的顾彬在面对这些当代几乎最经典的作家时，对他们作品中对传统的传承和反思视而不见？是因为过分倚重外部他者的视角，还是因为对他来说，传统审美最好停留在传统时代，在现今已太落伍？

然而传统从未真正远离，即便早已不复往昔并在现代化进程中被撕裂为无数碎片，但传统并不是停留在文字表面的装饰，而是深藏在思维深处的活泉。否则，为何20世纪中国文学在持续百年的强劲西方思潮影响下，在历经打破偶像的五四和传统受到很大摧毁的"文化大革命"之后，对自我价值的思考和追寻方式与西方文学中的依然大为迥异？更何况，传统之所以成为可传承的传统，并不在于是否可以一直保持原貌（如果一直以"原貌"出现，那就是僵化），而是在某一点或多点上与我们生存的时代契合，或者说，找到某种现代的表达方式。因此，传统必然是被遗忘的又是被延续的，是确定的同时又是流动的，它是活生生的，并非被供养在博物馆，而是存在我们的生活里，无时不被回忆、讨论、更新和反思。

二

诚然，开20世纪80年代现代派先声的高行健受西方影响极深，去国之

---

① ［德］顾彬：《二十世纪中国文学史》，30页，上海，华东师范大学出版社，2009。

② 参见上书，309～337页。

后更开始用法语写戏剧，但如果离开中国文化背景审视他，同样也无法深刻理解其作品。高行健所倾心的是庄子和禅宗。他曾反复读《庄子》，其语言和对语言的质疑使他受益匪浅；而慧能则让他学到在全球商业化、消费主义无孔不入的今天，还可以有另一种保持个体精神独立从而得到大自在的生存方式。但或许更重要的是，他们还提供了别样审视自我的角度。

作为印度达摩禅老庄化和玄学化的禅宗，在如何认识自己的问题上与庄子独有默契。不同于从本体论存有角度出发的自我追寻"有什么"和"是什么"，庄子和禅宗既不以概念的形式来表达自我，也从未单独将其提出解释，但又将何为自我揭示得非常彻底。与其说它们在寻找自我，不如说是用一种A是非A的思维来探讨什么是真正的自我本性：我何以不是通常意义上的我，既不是语言表述的我，又不是肉眼所见的我。

《灵山》独特的人称叙述法早已为评论家所注意，相关文章也已很多，但似乎还没有评论涉及其与道家及禅宗的渊源。小说共81章，在内心世界神游的"你"是第一章的叙述者，和在第二章出现的在外部世界游荡的叙述者"我"相呼应，开始了他们各自一章的循环交替叙述。"你"决定寻找在火车上偶然听说的灵山，在路上遇见了"她"并结伴同行；而"我"则是一个来自北京的作家，为了逃避令人窒息的论战，只身到大西南漫游，寻找真正的真实。以代表内视角的"你"和"她"为叙述者的章节用对话展开，同时也是自我的内心独白，但叙述并不遵循时空顺序，而是随着对话的"语言流"① 穿梭在各种民间传说、历史故事和神话之间；以代表外视角的"我"为叙述者的章节则记录一路上的旅途经历，以他的所见在空间轴上展开。作为小说的主题和线索，灵山和真实互为倒影，同时也是寻找自我的隐喻：灵山／自我，如何可见？如何可寻？灵山的真实恰如自我的真实，是可用语言表述的还是实实在在可见的？

"你"和"我"的并列交替叙述恰恰暗示了两种寻找自我的方式：语言和视觉。现实世界里游荡的"我"在经历了一系列的视觉上的迷失后（特别是在第10、16和18章里，"我"分别迷失在森林浓雾里、黑夜的山林中以及

---

① "语言流"是高行健提出的一个概念，他认为所谓的意识流还是要落实到叙述语言上。（参见高行健：《论创作》，66～67页，香港明报月刊出版社和新加坡青年书局联合出版，2008）

陷在湖边的泥沼里），在第 26 章开始探讨真实的自我如何可见：

> 我不知道你是不是观察过自我这古怪的东西，往往越看越不像，越看越不是，就好比你躺在草地上凝视天上一片云彩，先看像一头骆驼，继而像一个女人，再看又成为长着长胡须的老者，这还不确切，因为云彩在瞬息变化。
>
> …………
>
> 我有一次注意到我扔在桌上的公共汽车月票上贴的照片，起先觉得是在做个讨人欢喜的微笑，继而觉得那眼角的笑容不如说是一种嘲弄，有点得意，有点冷漠，都出于自恋，自我欣赏，自以为高人一等。……我也就不愿意再看这张照片了。我然后去观察别人，在我观察别人的时候，我发现那无所不在的讨厌的自我也渗透进去，不容有一副面貌不受到干涉，这实在是非常糟糕的事，当我注视别人的时候，也还在注视我自己。……我观察别人的时候，也总把他人作为我内视自己的镜子，这种观察都取决于我当时的心境。……问题就出在内心里这个自我的醒觉，这个折磨得我不安宁的怪物。人自恋、自残、矜持、傲慢、得意和忧愁、嫉妒和憎恨都来源于他，自我其实是人类不幸的根源。那么，这种不幸的解决又是否得扼杀这个醒觉了的他？
>
> 于是，佛告诉菩提：万相皆虚妄，无相也虚妄。

当万物都变成了"我"的镜子，"我"反而无法捕捉到真正的自己：以云为镜，看到瞬息万变的影像；以照片为镜，看到他者化的自我；以他人为镜，则看到自我化的他人。但这不无自恋的目光又与古希腊神话里的那喀索斯不同：后者在水中看见自身倒影惊喜不已，从此爱上自己；而"我"却因看见自己无处不在的影像而陷入惶恐。高行健借用《金刚经》的句子反问自己：那可见的影像是否就是真正的自己？可见的是否就是真实的？禅宗有见诸相非相和实相无相之说，裴休在《筠州黄檗山断际禅师传法心要》里有一段公案记载：禅师黄檗希运在洪州开元寺时，一日裴休来到寺里，见墙上挂着壁画，便问寺主画的是什么，答是高僧。裴休追问："形影在这里，高僧在什么地方？"寺主无对。于是请出禅师问同样的问题。禅师当下大喝："裴休！"裴休应诺。禅师接着问道：你又在什么地方？裴休当下了悟，请禅师坐堂讲法。

人迷失于相的虚幻，因为他以为可以循"我相"而求"自性"，同样，循话语求自我也不可得。《灵山》第 58 章里"你"的思考既是对第 26 章里"我"的回答，同时也是对用语言表述自我的否定：

> 不要去摸索灵魂，不要去找寻因果，不要去搜索意义，全都在混沌之中。
>
> 人不认可才叫喊，叫喊的也都还没有领会。人就是这么个东西，难缠而自寻烦恼。
>
> 你中的那个自我，无非是镜中的映像，水中花的倒影，你走不进镜子里面，什么也捞取不到，只徒然顾影自恋，再不就自怜。
>
> ············
>
> 你只有陈述的意愿，靠的是超越因果和逻辑的语言。人已经讲了那许多废话，你不妨再讲一遍。你无中生有，玩弄语言，恰如儿童在玩积木。积木只能搭固定的图像，结构的种种可能已经包含在积木之中，再怎样变换，也玩不出新鲜。
>
> ············
>
> 语言如同一团糨糊，挑断的只有句子。你一旦摒弃句子，便如同陷入泥潭，只落得狼狈不堪。
>
> 狼狈也如同烦恼，人全都是自我。你跌了进去，再独自爬出来，没有救世主去管这类闲事。
>
> 你拖着沉重的思绪在语言中爬行，总想抽出一根丝线好把自己提起，越爬却越加疲惫，被语言的游丝缠绕，正像吐丝的蚕，自己给自己织一个罗网，包裹在越来越浓厚的黑暗中，心里的那点幽光越趋黯淡，到头来网织的无非是一片混沌。

道、禅语意里的"真正自我"，庄子称之为"真人"，禅宗称之为"自性"，是基于非"有"，以"无知"和"空"为本性。《大宗师》里说真人"不知说生，不知恶死；其出不䜣，其入不距；翛然而往，翛然而来而已矣。不忘其所始，不求其所终；受而喜之，忘而复之"。而慧能那首著名的偈子"菩提本无树，明镜亦非台，佛性常清净，何处惹尘埃"，揭示了自性是空和无，是"自本清净，本无生灭，本自具足，本无动摇，能生万法"[①]。因此真

---

① 《坛经》。

正的自我是齐一，是无区别："天地与我并生，而万物与我为一。"而禅宗说得更彻底："尽乾坤大地，只是一个自己，寒则普天普地寒，热则普天普地热，有则普天普地有，无则普天普地无。"从这个角度来说，真正的自我与"道"同质。南伯子葵问女偊何处得道，女偊说："闻诸副墨之子，副墨之子闻诸洛诵之孙，洛诵之孙闻之瞻明，瞻明闻之聂许，聂许闻之需役，需役闻之於讴，於讴闻之玄冥，玄冥闻之参寥，参寥闻之疑始。"① 正因为道是齐一，无始无终，亦无内无外，循着文字（副墨）、背诵（洛诵）、目视明晰（瞻明）、私语（聂许）等追本溯源，寻到的正是无所本的迷惘。语言自以为可明辨事物，但"辩也者，有不辩也"，无论何种辨析，终有偏颇。故"大道不称，大辩不言"，只有"和以天倪"、自然而然随流动没有成见的卮言，"因以曼衍，所以穷年"。因此话语并不能真正展现事物齐一的自然本质，甚至与其相悖，说了如同没说："不言则齐，齐与言不齐，言与齐不齐也，故曰无言。言无言，终身言，未尝不言；终身不言，未尝不言。"②

　　高行健的自我概念事实上更接近西方哲学和文学中的自我：人之所以是独立的个体，首先是因为自我与他人的根本差异，每一个自我都是独一无二的。德勒兹在评论普鲁斯特的《追忆似水年华》时曾说，内在、终极、绝对的差异构成主体的最核心本质，只有在音乐、文学等艺术形式里才有主体间沟通的可能。③《灵山》中无论是内在的"你"的痛苦还是外在的"我"的痛苦，都来自那"觉醒"了的自我。因秉持自己的独特和有分别，才需要用视觉审视，用语言阐述这独一。岂料那可见的无所不在的自我却是"自己制造的幻象，再用以迷惑我自己"，让"我"从此备受煎熬；而这语言，却"正像吐丝的蚕"，给"你"织一个罗网，"包裹在越来越浓厚的黑暗中，心里的那点幽光越趋黯淡，到头来网织的无非是一片混沌"。

　　或许又是禅宗启发了高行健放下这以相观以言表的自我，于万仞绝壁之上，了无退路之时，在万籁俱寂的绝境中，灭断心机，澄澈清明，方体证万物自我一一。在小说最后几章中，随着"你"和"我"的叙述方式越来越接近，内心世界和外部世界的界限也越来越模糊，最终"她"在小说最后两章

---

① 《庄子·大宗师》。

② 《庄子·寓言》。

③ See *Proust et les signes*，Quadrige/PUF，2007，pp. 53-65.

中彻底消失，只剩下"你"和"我"的内心感知。第80章中"你"逆冰川而行，在生死之间挣扎，如同经历冰雪的涅槃，尔后听见了"无声而充盈的音乐"：在"黑暗的边沿，你听见了音乐，这有形之声逐渐扩大，蔓延，一颗颗亮晶晶的声音穿透你的身体，你无法辨别你自己的方位……声音的波动却一次比一次更有力，涌载你，推向高潮，那纯粹的精神的高潮"。这有形无声的音乐像是一个通道，连接到最后的第81章，在那里"我"看到了无声的话语：

> 窗外的雪地里我见到一只很小很小的青蛙，眨巴一只眼睛，另一只眼圆睁睁，一动不动，直望着我。我知道这就是上帝。他就这样显示在我面前，只看我是不是领悟。
>
> 他用一只眼睛在同我说话，一张一合，上帝同人说话的时候不愿人听到他的声音。
>
> 我也毫不奇怪，似乎就应该这样，仿佛上帝原来就是只青蛙，那一只聪明的圆眼睛一眨不眨。他肯审视我这个可怜的人，就够仁慈的了。
>
> 他另一只眼，眼皮一张一合，在讲人类无法懂得的语言，我应该明白，至于我是否明白，这并不是上帝的事情。
>
> 我尽可以以为这眨动的眼皮中也许并没有什么意义，可它的意义也许就正在这没有意义之中。

青蛙那只眨巴的眼睛似乎在向"我"透露真谛却又似乎什么也没说，而另一只不眨的眼睛似乎洞察一切却又似乎什么都没有看到，而"我"能不能明白都不太重要，因为意义与无意义齐一，就如我此刻也和上帝（青蛙）齐一。因此，青蛙也是自我的另一个隐喻，他出现在结尾正暗示了小说中从不曾被找到的灵山其实就在自己身上。在放弃执着于内心世界和外部世界的追寻、放弃语言和可见之相后，"我"遇见了自我。言无言，相无相，庄子和禅宗就在此时在《灵山》里相遇。

三

《灵山》的写作无疑与高行健的特殊经历有关：被诊为晚期肺癌又奇迹般不治而愈，被置于绝境而又突然绝处逢生。也正是从《灵山》起，庄子和禅宗的影响一直贯穿在他之后的作品中并形成独特风格。比如戏剧《对话和反诘》，在对话中不断落入语言泥沼的男女主角和同台只做动作不发一言的禅宗和尚彼此对照；又如另一出戏《生死界》，无台词的男性角色（小丑、老人）的形体表演恰恰是独白女主角的公案式阐释。赵毅衡将高行健《彼岸》之后的剧作称为禅式写意剧，是不无道理的。但是，与其说高行健继承了庄子和禅宗的思想，不如说他借用了其非常理非逻辑思考自我的方式，来重新审视他承自西方的自我意识，并与此形成反参式对照。正如高行健 20世纪 90 年代初在与法国作家朗格里的对谈中所坦承的，不可能如禅者那样忘记自己，但同时又被参禅方式吸引。① 他因此徘徊于自我的觉醒和忘我的倾向之间，混沌自我和清明本性之间，我的独一无二和万物齐一之间，并在这无法排解的矛盾中发现美学和文学创作的动力。与他同时代的作家不同，比如顾城和阿城，他们在传承老庄时有一种"同"的底色，他们作品里或纯真或冲淡的美在高行健作品中杳无踪迹。高行健跨在两种文化之间，无论相对哪种都是"异"，他作品更多呈现的是质疑和追问，同时又追求超脱。这尤为体现在自我之不可言、不可见和自我之不得不表达的张力中。或许戏剧《生死界》里的一段独白最能表明这种不能说又不得不说、不可见又明明在眼前的矛盾：

> 女人：说的是他，说的是你，说的是我，说的是那女子那个她，说的是她又并不是她，又并不是你，又并不是我，也不是您或者你们，恰如你们看见的她并非她，并非我，也非你，仅仅是那个自我，而你们看见的我也不是我，也不是她，只不过是那个所谓自我看着她，看着我，你我还又有什么可说？

附录：2014 年 6 月初，蒙 Pierre-Pache 和 Patrick-Hochart 教授盛情，在法国社会科学高等研究院（EHESS）和两位教授一起上了一堂关于高行健小说艺术的课。课后大家都没有散，就又去附近的咖啡馆继续讨论到傍晚，气氛让我想到 20 世纪左岸学生们的讨论，热烈而无所拘束。学生和教授们反馈了一个很有意思的信息：他们说第一次读《灵山》时完全没有头绪，不明

---

① See *La raison d'être de la littérature suivi de Au plus près du réel*，*dialogues avec Denis Bourgeois*，L'Aube，1997.

白作者的意图，后来读了《一个人的圣经》，通过主人公在中国和西方的经历再回过头去读《灵山》这样一部相对更"纯粹"中国文化的小说，才能领略小说艺术和了解老庄、禅宗思想。我想这大概不仅是因为《灵山》独特的结构和叙述手法难以让普通读者进入，还因为其文字也很有中国文化的特质：简单却有力量，同时又像谜一样费思量。

图书在版编目（CIP）数据

全球视野下的中国文化本位：《跨文化对话》第17辑至36辑精选Ⅰ / 乐黛云，陈越光主编. —北京：中国人民大学出版社，2018.3

（跨文化研究丛书. 第三辑）

ISBN 978-7-300-25479-1

Ⅰ.①全… Ⅱ.①乐… ②陈… Ⅲ.①文化研究—世界—文集 Ⅳ.①G112-53

中国版本图书馆 CIP 数据核字（2018）第 027040 号

"跨文化研究"丛书（第三辑）

[法]金丝燕　董晓萍　总主编

全球视野下的中国文化本位
——《跨文化对话》第 17 辑至 36 辑精选Ⅰ

乐黛云　陈越光　主编

Quanqiu Shiyexia de Zhongguo Wenhua Benwei

出版发行	中国人民大学出版社				
社　　址	北京中关村大街 31 号		**邮政编码**	100080	
电　　话	010 - 62511242（总编室）		010 - 62511770（质管部）		
	010 - 82501766（邮购部）		010 - 62514148（门市部）		
	010 - 62515195（发行公司）		010 - 62515275（盗版举报）		
网　　址	http://www.crup.com.cn				
	http://www.ttrnet.com（人大教研网）				
经　　销	新华书店				
印　　刷	北京联兴盛业印刷股份有限公司				
规　　格	160 mm×230 mm　16 开本		**版　　次**	2018 年 3 月第 1 版	
印　　张	35.5 插页 3		**印　　次**	2018 年 3 月第 1 次印刷	
字　　数	571 000		**定　　价**	119.00 元